Collection Revue générale du droit

www.revuegeneraledudroit.eu

Série Manuels

Collection dirigée par Philippe Cossalter

Agrégé des facultés de droit

Chaire de droit public français de l'Université de la Sarre

http://lfoer.cjfa.eu

AF878696

Pierre Tifine

Droit administratif français - Tome II

Les actes administratifs - Les activités administratives - La responsabilité administrativeSixième édition

Editions juridiques franco-allemandes

Imprint

Any brand names and product names mentioned in this book are subject to trademark, brand or patent protection and are trademarks or registered trademarks of their respective holders. The use of brand names, product names, common names, trade names, product descriptions etc. even without a particular marking in this work is in no way to be construed to mean that such names may be regarded as unrestricted in respect of trademark and brand protection legislation and could thus be used by anyone.

Cover image: www.ingimage.com

Publisher:
Editions juridiques franco-allemandes
is a trademark of
Dodo Books Indian Ocean Ltd. and OmniScriptum S.R.L publishing group

120 High Road, East Finchley, London, N2 9ED, United Kingdom
Str. Armeneasca 28/1, office 1, Chisinau MD-2012, Republic of Moldova, Europe
Printed at: see last page
ISBN: 978-620-2-48455-8

Copyright © Pierre Tifine
Copyright © 2021 Dodo Books Indian Ocean Ltd. and OmniScriptum S.R.L publishing group

Parus chez le même éditeur
Im gleichen Verlag erschienen

Dans la collection / in der Schriftenreihe *Revue générale du droit*

Série « Colloques » / Serie „Kolloquien"

- COSSALTER Ph. (dir.), *Die grenzüberschreitende Zusammenarbeit in der Großregion / La coopération transfrontalière dans la Grande Région*, 2016.
- N'DIAYE F. (dir.), *Le crowdfunding ou financement participatif : état des lieux en Europe*, 2016.

Série « Manuels » / Serie „Handbücher"

- CAILLE P., *Contentieux administratif*, 3ème édition, 2018 (1ère édition, 2016 ; 2ème édition, 2017).
- HLAWON M. et JAILLET L., *Staatsrecht I – Droit constitutionnel allemand I*, 2de édition, 2017.
- MANCOSU G., *La transparence publique à l'ère de l'Open Data*, 2019.
- de NANTOIS Ch., *Approche empirique de la science politique*, 2ème édition 2019 (1ère édition, 2016).
- TIFINE P., *Droit administratif français*, 5ème édition, 2020 (1ère édition, 2014 ; 2ème édition, 2015 ; 3ème édition, 2016 ; 4ème édition, 2018).

Dans la collection / in der Schriftenreihe BIJUS

Série « Manuels » / Serie „Handbücher"

- HLAWON M., *Droit international privé allemand et européen du patrimoine - Guide pour la pratique notariale franco-allemande*, 2018.

Série « Thèses » / Serie „Dissertation"

- KORDEVA M., *Le principe de séparation des pouvoirs en droit allemand : étude doctrinale et jurisprudentielle*, 2019.

L'ensemble des œuvres publiées dans les collections « Revue générale du droit » et « BIJUS » est également consultable gratuitement sur www.revuegeneraledudroit.eu et www.bijus.eu

Alle Veröffentlichungen der Schriftenreihen „Revue générale du droit" und „BIJUS" sind auf www.revuegeneraledudroit.com bzw. www.bijus.eu kostenlos abrufbar

Dans la collection / in der Schriftenreihe *Études et Documents du CJFA* (EDCJFA)

- EDCJFA n°1 : AUTEXIER Ch., FLAUSS J.-F., FROMONT M., GREWE C., KOENIG P., RIEG A., *Le Glossaire de la Loi fondamentale allemande*, 1987.
- EDCJFA n°2 : AUTEXIER Ch., *La Loi relative à la Cour constitutionnelle fédérale*, 1987.
- EDCJFA n°3 : AUTEXIER Ch., *La Loi fondamentale*, 1996.
- EDCJFA n°4 : AUTEXIER Ch., *Constitution du 4 octobre 1958*, 7ème éd., 2009.
- EDCJFA n°5 : AUTEXIER Ch., *Traité d'Union*, 1991.
- EDCJFA n°6 : AUTEXIER Ch., *Gemeinsame lothringisch-saarländische administrative Einrichtungen und Verfahrensweisen – Rechtsgutachten*, 1993.
- EDCJFA n°7 : AUTEXIER Ch., CATHALY A., *Loi sur la juridiction administrative*, 1995.
- EDCJFA n°8 : FRIED K., QUECKENSCHEID D., HOSER A., KUDER A., WOLF M., *Etudes comparatives : droit d'asile, le statut constitutionnel du juge en France, la condition juridique de la femme mariée, l'acquisition de la nationalité en France et en Allemagne*, 1995.
- EDCJFA n°9 : AUTEXIER Ch., *La Constitution du* Land *de Sarre*, 1995.
- EDCJFA n°10 : AUTEXIER Ch., CATHALY-STELKENS A., *Loi sur la procedure administrative non contentieuse*, 1996.
- EDCJFA n°11 : LANGE C., *Le Statut constitutionnel de l'enseignement privé en France, éléments de comparaison avec le droit allemand*, 1997.
- EDCJFA n°12 : AUTEXIER Ch., GLAAB K., *Einführung in das französische Verfassungsrecht*, 1998.
- EDCJFA n°13 : GROSSHANS R., WERNET M., *Le droit au travail – son développement et sa portée actuelle en France et en Allemagne*, 2000.
- EDCJA n°14 : HLAWON M., JAILLET L., *Deutsches Staatsrecht / Droit constitutionnel allemand I*, 2nde éd., 2017 (1ère édition, 2015).

L'ensemble des EDCJFA est consultable gratuitement sur www.bijus.eu.

Alle Veröffentlichungen der EDCJFA sind auf www.bijus.eu kostenlos abrufbar.

Dans la collection / in der Schriftenreihe *Cahiers juridiques franco-allemands*

- WITZ Cl., *La coopération commerciale dans la convention ACP – CEE du 31 octobre 1979 de Lomé I à Lomé II,* 1979.
- HUET-WEILLER D., *Bilan de 10 ans d'application de la réforme de la filiation, conférence du 15 mai 1983 dans le cadre du "Dialogue franco-allemand"*, 1983.
- PRADEL J., *Le médecin devant la loi pénale, conférence du 18 novembre 1983 dans le cadre du "Dialogue franco-allemand"*, 1984.
- AUTEXIER Ch., *L'action extérieure des régions*, 1984.
- ROUDAUT R., *Les relations commerciales et industrielles franco-allemandes, conférence du 25 avril 1984 au Centre d'Études Juridiques Françaises de l'Université de la Sarre dans le cadre du "Dialogue franco-allemand"*, 1984.
- JUNG H., *Le système des sanctions dans le droit pénal des mineurs en R.F.A., conference du 30 septembre 1983 à la* Richterakademie *de Trèves à l'occasion d'un session de formation continue sur le système des sanctions*, traduction : HAUPTMANN J.-M., 1985.
- BRIGOULEIX B., *L'opinion publique française et l'Allemagne dans la perspective européenne*, résumé de la conférence prononcée le 22 novembre 1984 à l'Université de la Sarre, 1985.
- FERRETTI R., *La nouvelle décentralisation et les finances locales*, 1985.
- VITU A., *Les traits caractéristiques de la procédure pénale française, conférence du 10 mai 1985 à l'Université de la Sarre dans le cadre du "Dialogue franco-allemand"*, 1985.
- MENUDIER H., *L'Allemagne à la télévision française*, 1985.
- VARII AUCTORES, *Le trentenaire du Centre d'Études Juridiques Françaises (15–25 novembre 1985)*, 1985.
- FLAUSS J.-F., *Le règlement amiable devant la CEDH*, 1986.
- BRUNET A., *Le sort des créanciers dans le nouveau droit français de la faillite*, 1987.
- PRADEL J., *Trente ans de politique pénitentiaire française*, 1987.
- AVRIL P., *L'influence des institutions sur les partis politiques - Der Einfluß der*
- *Verfassungsordnung auf die politischen Parteien*, 1988.
- ROBERT J., *Terrorisme et libertés publiques - Terrorismus und Freiheitsrechte*, 1988.
- TUNC A., *La loi Badinter après cinq ans d'application*, 1991.
- FROMONT M., *Asylrecht in Frankreich*, 1993.
- LUCHAIRE F., *L'Europe et la souveraineté des États*, 1994.

Les Cahiers juridiques franco-allemands sont consultables gratuitement sur www.bijus.eu.

Die Cahiers juridiques franco-allemand sind auf www.bijus.eu kostenlos abrufbar.

QUATRIEME PARTIE – LES ACTES ADMINISTRATIFS

915.- Actes administratifs unilatéraux et contrats adminitratifs.- Classiquement l'identification d'un acte administratif résulte de la conjonction de trois éléments.

Un élément organique selon lequel l'acte doit être pris par une personne publique ou au nom d'une personne publique.

Un élément matériel dont il résulte que l'acte doit être pris dans le cadre d'une mission d'intérêt général.

Un élément formel en vertu duquel l'acte est soumis à un régime juridique particulier, dérogatoire du droit commun, et soumis en conséquence à la compétence du juge administratif.

Cette définition classique a été remise en cause. En effet, il a notamment été admis que des personnes privées peuvent prendre des actes administratifs. En réalité, seul l'élément formel est réellement déterminant, le caractère exécutoire des décisions administratives constituant la principale manifestation des prérogatives de puissance publique.

Le régime applicable à ces actes n'est pas uniforme. On opère ainsi une distinction entre deux grandes catégories d'actes, en fonction de la manifestation de volonté qui est l'origine de l'acte : on va ainsi distinguer les actes administratifs unilatéraux des contrats administratifs.

Si elle paraît évidente, la distinction entre ces deux types d'actes peut néanmoins susciter des difficultés. Ainsi, certains administratifs unilatéraux ne peuvent intervenir que si le consentement du destinataire de l'acte a été obtenu.

> Exemple :
> -L'article L. 341-6 du Code de l'environnement prévoit que le classement d'un monument naturel ou d'un site appartenant à une personne privée par arrêté du ministre chargé des sites ne peut intervenir en l'absence du consentement du propriétaire.

On verra également que certains contrats contiennent des clauses réglementaires qui sont imposées au cocontractant de l'administration, laquelle dispose de pouvoirs de modification et de résiliation du contrat pour motif d'intérêt général.

CHAPITRE UN – LES ACTES ADMINISTRATIFS UNILATERAUX

916.- Plan.- Si la notion d'acte administratif unilatéral paraît simple de prime abord, son appréhension suscite en réalité un certain nombre de difficultés. On évoquera ensuite l'élaboration, l'application et la sortie de vigueur des actes administratifs unilatéraux

Section I – Notion d'acte administratif unilatéral

917.- Difficultés.- Il n'est pas toujours évident d'identifier les actes administratifs unilatéraux. Par ailleurs, certains actes administratifs unilatéraux sont insusceptibles de recours contentieux.

§I – Identification des actes administratifs unilatéraux

918.- Eléments d'identification.- Les actes administratifs unilatéraux peuvent être identifiés au moyen de deux critères : un critère organique et un critère matériel.

Le critère organique est toujours prédominant de nos jours. D'utilisation simple, il permet de considérer qu'un acte administratif est un acte dont l'auteur est une autorité administrative. Le second critère s'attache non plus à l'auteur de l'acte mais à son contenu, ce qui permet de considérer que tous les actes pris par des autorités administratives ne sont pas nécessairement des actes administratifs et que des personnes privées peuvent prendre de tels actes. Il résulte de la combinaison de ces deux critères qu'un acte administratif peut émaner d'un organe non administratif et qu'un organe administratif peut prendre des actes qui ne sont pas des actes administratifs. Enfin, caractérisant également l'importance du critère matériel, il est admis que des organes administratifs peuvent prendre des actes de droit privé.

I – Actes administratifs émanant d'organes non administratifs

919.- Organes concernés.- Les organes juridictionnels, les organes participant au pouvoir législatif, mais également les personnes privées sont susceptibles de prendre des actes administratifs.

A-Actes administratifs adoptés par des organes juridictionnels

920.- Organisation du service public de la justice.- Les mesures prises par les autorités judiciaires qui sont relatives à l'organisation du service public de la justice présentent un caractère administratif, à la différence des mesures prises dans le cadre de l'exécution de ce service public (TC, 27 novembre 1952, requête numéro

01420, Préfet de Guyane, préc.- V. également TC, 7 septembre 2015, requête numéro 4019, Hoareau, préc.).

921.- Mesures relatives au recrutement et à la carrière des magistrats.- Cette solution ne pose guère de difficultés lorsque sont en cause des mesures relatives au recrutement et à la carrière de magistrats lesquelles, à l'évidence, présentent le caractère d'actes administratifs.

Exemples :
- CE, 27 janvier 1982, requête numéro 29523, Bertin (Rec. p. 37 ; AJDA 1982, p. 401, obs. SS ; D. 1982, p. 177, concl. Stirn) : pour l'établissement de la liste des candidats au concours de recrutement des magistrats, le procureur de la République et le garde des Sceaux interviennent « comme autorités administratives et non comme autorités judiciaires ».
- CE, 14 mai 2003, requête numéro 251481, Maron (JCPA 2003, 1637, note Taillefait) : constitue un acte administratif la décision du garde des Sceaux de procéder à l'évaluation d'un magistrat.

922.- Mesures liées à une procédure juridictionnelle.- En revanche, la notion d'acte administratif est entendue plus strictement dès lors que la mesure contestée a un lien, même étroit, avec une procédure juridictionnelle. Ainsi, les actes des organes administratifs « intervenus au cours d'une procédure judiciaire ou se rattachant directement à celle-ci ne peuvent être appréciés soit en eux-mêmes, soit dans leurs conséquences que par l'autorité judiciaire » (TC, 2 juillet 1979, requête numéro 02134, Agelasto : Rec. p. 273).

Exemples :
- CE Sect., 27 juillet 1984, requête numéro 33630, Association SOS Défense (Rec. p. 284 ; AJDA 1984, p. 560) : la demande d'une association tendant à ce que le garde des Sceaux donne des instructions aux secrétariats-greffes de diverses juridictions de l'ordre judiciaire relatives aux conditions de la délivrance de copies de jugements ou d'arrêts, intéresse le fonctionnement du service public de la justice et ressort de la compétence de la juridiction judiciaire.
- CE Ass., 7 juillet 1978, requête numéro 10079, Croissant (Rec. p.292) : lorsqu'une chambre d'accusation donne un avis motivé sur une demande d'extradition, elle doit être considérée comme ayant exercé une attribution administrative. Cependant, si un requérant peut contester la régularité de la composition de la chambre d'accusation lors de l'examen de sa demande d'extradition, il n'est pas recevable à mettre en cause la légalité d'une délibération de l'assemblée générale et d'une ordonnance du premier président de la cour d'appel fixant la composition de cette chambre, lesquelles constituent des décisions prises par l'autorité judiciaire pour assurer le fonctionnement du service public de la justice.
- CE Sect., 15 avril 2011, requête numéro 346213, Ribailly : la décision par laquelle le juge d'instruction décide de suspendre ou de supprimer le permis qu'il a accordé à une personne pour qu'elle rende visite à un prévenu, qu'elle soit prise en application des dispositions de l'article D. 408 du Code de procédure pénale en raison des troubles causés par le visiteur et signalés par le chef d'établissement pénitentiaire ou d'une autre

disposition du Code de procédure pénale, ne saurait être regardée comme détachable de la conduite de la procédure judiciaire et relever de la compétence de la juridiction administrative.
- TC, 11 juin 2011, requête numéro 3795, Brugia : l'avis donné, en application de l'article 493 du Code civil dans sa rédaction alors en vigueur, par le président du conseil général de l'Essonne au juge des tutelles, relatif à la situation de danger dans laquelle se trouvait, selon lui, l'intéressée n'est pas détachable de la décision par laquelle le juge des tutelles a décidé de l'ouverture de la procédure judiciaire.

923.- Mesures relatives à l'exécution des peines.- Une autre difficulté se pose en matière de décisions des organes administratifs relatives à l'exécution des peines. La jurisprudence distingue les décisions relatives au fonctionnement du service public pour lesquelles les juridictions administratives sont compétentes et celles qui sont « relatives à la nature et à la limite d'une peine infligée par une juridiction judiciaire » (TC, 22 février 1960, requête numéro 1647 ; Dame veuve Fargeaud d'Epied : Rec. p. 855 ; AJDA 1960, II, p. 147). Il en résulte que les mesures d'individualisation de la peine, telles une semi-liberté ou une mesure de libération conditionnelle sont des mesures qui modifient le prononcé initial d'une peine et elles relèvent donc de la compétence du juge judiciaire. En revanche « les décisions (d'un) magistrat prises pour l'exécution du service pénitentiaire constituent des décisions administratives qui ne relèvent que de la juridiction administrative » (CE Sect., 5 février 1971, requête numéro 74850, Dame veuve Picard : Rec. p. 101 ; AJDA 1971, p. 147, chron. Labetoulle et Cabannes ; D. 1971, p. 503, note Moderne ; JCP 1973, G, II, comm. 17517, note Franses-Magre).

Exemple :
- CE, 26 octobre 2011, requête numéro 350081, Beaumont (Rec. tables, p. 838 ; Droit adm. 2012, 9, note Fleury) : si la décision par laquelle le juge chargé de l'application des peines détermine la durée du placement sous surveillance électronique mobile, modifie, complète ou supprime les obligations résultant de ce placement, est relative au contenu et aux limites d'une modalité d'aménagement de la peine, les mesures prises par les services de l'administration pénitentiaire pour assurer le bon état du dispositif de surveillance se rattachent au fonctionnement du service public de l'administration pénitentiaire.

B – Actes administratifs adoptés par des organes participant au pouvoir législatif

924.- Les décisions des autorités des assemblées ne sont pas en principe contestables devant le juge administratif.- En principe, les décisions prises par les autorités des assemblées, élues ou non, ne sont pas des actes administratifs unilatéraux.

Exemples :
- CE Sect., 29 décembre 1995, requête numéro 153187, Sabaty : les décisions prises par l'Assemblée nationale d'allouer des secours à d'anciens députés se trouvant sans emploi,

ainsi que la lettre refusant de communiquer ces décisions n'ont pas le caractère d'actes administratifs susceptibles d'être déférés à la juridiction administrative.
- CE, 21 juillet 1995, requête numéro 16179, Mayneris : la décision d'un parlementaire refusant de saisir le médiateur de la République n'a pas le caractère d'une décision administrative.
- CE, 16 avril 2010, requête numéro 304176, Fédération chrétienne des témoins de Jéhovah de France : l'acte par lequel le président de l'Assemblée nationale rend public le rapport d'une commission d'enquête parlementaire est indissociable de la fonction parlementaire de contrôle dont les commissions créées par cette Assemblée et les rapports qu'elles élaborent, notamment en vue de les rendre publics, sont l'un des éléments. Il échappe de ce fait par nature au contrôle du juge de l'excès de pouvoir. La circonstance qu'en vertu de la tradition constitutionnelle française de séparation des pouvoirs, aucune juridiction ne puisse être saisie d'un tel litige, ne saurait avoir pour conséquence d'autoriser le juge administratif à se déclarer compétent.

925.- Exception pour les litiges d'ordre individuel concernant les agents titulaires des assemblées.- Par exception, cependant, l'ordonnance n°58-1110 du 17 novembre 1958 relative au fonctionnement des assemblées parlementaires a prévu la compétence de la juridiction administrative pour connaître de tous litiges d'ordre individuel concernant les agents titulaires des services des assemblées parlementaires (V. par ex. CAA Paris, 9 octobre 2006, requête numéro 03PA00167, M. Frédéric X.). En revanche, le juge administratif demeure incompétent pour connaître des recours exercés directement contre les actes règlementaires des assemblées parlementaires relatifs à leurs personnels (CAA Paris, 18 mai 2006, requête numéro 05PA03662, requête numéro 05PA03663, Becq et Szabo : AJDA 2006, p. 1482, note Trouilly). Il accepte toutefois de contrôler par voie d'exception la légalité des dispositions règlementaires adoptées par les assemblées et relatives à leurs agents, à l'occasion d'un litige portant sur la situation individuelle de ces derniers (CE, 16 janvier 1996, Escriva, requête numéro 148631 : Rec. p.10.- CE, 28 janvier 2011, requête numéro 335708, Patureau : JCP G 2011, act. 154, obs. Dubreuil).

Il est à noter que par une décision du 13 mai 2011 (numéro 2011-129 QPC : JCP A 2011, 2212, note Domingo) le Conseil constitutionnel a déclaré conformes à la Constitution, et plus précisément au droit à un recours juridictionnel effectif visé par l'article 16 de la Déclaration des droits de l'Homme et du citoyen, les dispositions de l'article 8 de l'ordonnance du 17 novembre 1958 concernant les litiges relatifs aux agents des assemblées parlementaires. Les juges ont considéré « qu'en ne permettant pas à une (organisation syndicale) de saisir directement la juridiction administrative d'un recours contre un acte statutaire pris par les instances d'une assemblée parlementaire, le législateur a assuré une conciliation qui n'est pas disproportionnée entre le droit des personnes intéressées à exercer un recours juridictionnel effectif et le principe de séparation des pouvoirs garantis par l'article 16 de la Déclaration de 1789 ».

Si une évolution s'est donc produite concernant les agents des assemblées parlementaires, tel n'est pas le cas s'agissant du statut des parlementaires eux-mêmes ce qui se comprend aisément au regard du principe de séparation des pouvoirs. Sont en effet en cause des décisions mettant en cause un statut qui « se rattache à l'exercice de la souveraineté nationale par les membres du Parlement » (CE Ass., 4 juillet 2003, requête numéro 254850, Papon : Rec. p. 308 ; AJDA 2003, p. 1603, chron. Donnat et Casas ; RDP 2003, p. 1227, note Camby ; RFDA 2003, p. 917, concl. Vallée). Le juge administratif refuse en conséquence de se prononcer sur ce statut, par voie d'action comme par voie d'exception. Dans l'affaire Papon, il a ainsi été jugé qu'il n'appartient pas au juge administratif de connaître des litiges relatifs au régime des pensions des parlementaires (V. dans le même sens CE, 28 décembre 2009, requête numéro 320430, Ouattara). Une solution identique s'applique en matière de sanctions infligés aux parlementaires (CE, ord. réf., 28 mars 2011, requête numéro 347869, Gremetz : D. 2011, p. 1540, note Renaudie. – CAA Paris, 12 juillet 2016, requête numéro 15PA03424, Aubert : AJDA 2016, p. 2058, concl. Cantié ; AJDA 2017, p. 41, note Sorin).

926.- Exception pour les litiges d'ordre individuel en matière de marchés publics.- Une seconde exception, qui concerne les litiges individuels en matière de marchés publics, a été introduite dans l'ordonnance du 17 novembre 1958 par loi n°2003-710 du 1er août 2003. Est ainsi consacrée la solution retenue par le Conseil d'Etat dans son arrêt d'Assemblée du 5 mars 1999, Président de l'Assemblée nationale (requête numéro 163328 : Rec. p. 42, concl. Bergeal ; AJDA 1999, p. 409, chron. Raynaud et Fombeur ; D. 1999, jurispr. p. 627, Brunet ; Dr. adm. 1999, comm. 142, note Haquet ; JCP G 1999, II, comm. 10090, note Desclodures ; Rev. adm. 1999, p. 164, note Molandin ; RDP 1999, p. 1785, note Thiers ; CJEG 1999, p. 181, concl. Bergeal ; RFDA 1999, p. 333, concl. Bergeal ; RFDC 1999, p. 615, note Trémeau).

Cette solution a été récemment étendue aux de recours en contestation de la validité de l'ensemble des contrats des assemblées parlementaires soumis à des obligations de publicité et de mise en concurrence, ce qui peut concerner des autorisations d'occupation du domaine public en application de l'article L. 2122-2-1 du Code de la propriété des personnes publiques créé par l'ordonnance n° 2017-562 du 19 avril 2017 (CE, 10 juillet 2020, requête numéro 434582, Société Paris Tennis : JCP A 2020, act. 437 ; Contrats-Marchés publ. 2020, comm. 266, obs. Eckert).

C – Actes administratifs adoptés par des personnes privées

927.- Actes mettant en œuvre des prérogatives du puissance publique.- Sont des actes administratifs les actes des personnes privées investies d'une mission de service public dès lors qu'elles mettent en œuvre des prérogatives de puissance publique confiées par habilitation à ces organismes. Pour le dire autrement, l'acte est administratif s'il est pris « dans l'accomplissement d'un service public et dans l'exercice de prérogatives de puissance publique » (CE Sect., 22 novembre 1974, requête numéro 89828, Fédération des industries françaises de sport : Rec. p. 577).

Exemple :
- CE, 25 juin 2001, requête numéro 234363, SAOS Toulouse football club (préc.) : constitue un acte administratif la décision de la fédération française de football portant homologation des résultats du championnat de France.

Cette hypothèse concerne notamment certaines décisions prises par les ordres professionnels, par des organismes financiers ou sociaux, ou encore par des fédérations sportives. S'agissant des fédérations sportives, les juges contrôlent également le respect des règles de procédure internes auxquelles elles se sont elles-mêmes soumises.

Exemple :
- CAA Versailles, 29 juin 2006, requête numéro 06VE00038, Fédération française de handball : l'article 6 du règlement du jury d'appel de la fédération français de handball, lequel a pour mission de traiter tous les appels formés contre les décisions des commissions nationales, précise que cette instance « comporte au moins au minimum 5 membres et au maximum 18 membres en réunion … Des membres compétents en matière de gestion économique et financière (au minimum 3, au maximum 10), peuvent être appelés à se joindre au jury d'appel pour traiter en appel des dossiers traités en première instance par la commission nationale du contrôle de gestion ». Si le jury d'appel n'est pas tenu de faire appel à des personnalités qualifiées en matière de gestion économique et financière, cette possibilité n'étant qu'une faculté qui lui est offerte, il résulte cependant des dispositions susvisées que lorsque le jury d'appel exerce cette faculté, les membres compétents en matière de gestion économique et financière doivent être au moins au nombre de trois. Or en l'espèce, le jury d'appel a eu recours, lors de la séance au cours de laquelle a été prise la décision attaquée, à une seule personnalité compétente en matière de gestion économique et financière. Ainsi, la composition de la commission était entachée d'une irrégularité de nature à avoir influé sur le sens de la décision attaquée.

928.- Actes ne concernant pas l'exécution même du service public.- En revanche, lorsque l'acte en cause ne concerne pas l'exécution même du service public, mais l'organisation interne de l'activité et notamment, pour les fédérations sportives, les règles purement sportives, il sera considéré comme une simple décision qui ne se distingue en rien de celles que peuvent prendre n'importe quelles personnes privées.

Exemples :
- CE, 29 septembre 2003, requête numéro 248140, Société UMS Pontault-Combault handball : ni l'application des dispositions techniques propres à chaque discipline ni l'appréciation des performances des participants ne peuvent être discutées devant le juge administratif. L'association requérante ne peut donc pas utilement invoquer des moyens tendant à contester l'application par un jury d'appel de la règle technique de la fédération française de handball relative au temps mort au cours d'un match.
- CE, 12 décembre 2003, requête numéro 21913, Syndicat national des enseignants professionnels de judo, jujitsu (AJDA 2004, p. 992, note Joubert-Rifaux) : le requérant demandait l'annulation de la décision implicite de rejet opposée par la fédération

française de judo, jujitsu, kendo et disciplines associées à sa demande d'abrogation de certaines dispositions de ses statuts et de son règlement intérieur. La juridiction administrative est incompétente, le litige portant, d'une part, sur les statuts d'une fédération sportive qui sont des actes de droit privé et, d'autre part, sur des dispositions du règlement intérieur de cette fédération qui se bornent à reprendre lesdites clauses statutaires.

Ce raisonnement s'applique également dans d'autres domaines que celui des activités sportives.

Exemple :
- TC, 16 juin 1997, requête numéro 3050, Breton : Une assistante maternelle a reçu des enfants confiés par des associations qui, même si elles sont investies d'une mission de service public et bénéficient de financements publics, constituent des personnes morales de droit privé. Les rapports entre cette assistante maternelle et ces associations ne peuvent être que des rapports de droit privé.

II – Actes non administratifs émanant d'organes administratifs

929.- Actes législatifs et actes de gouvernement.- Les plus hautes autorités administratives peuvent édicter certains actes de nature législative ainsi que des actes de gouvernement qui ont pour point commun de ne pas constituer des actes administratifs.

A – Actes législatifs

930.- Circonstances de crise.- Dans des périodes de crise, des mesures prises par le pouvoir exécutif peuvent se voir reconnaître valeur législative par le juge. Tel a été le cas, notamment, des ordonnances prises par le Comité français de libération nationale et par le gouvernement provisoire de la République entre 1944 et 1946 (CE, 22 février 1946, Botton : Rec. p. 58 ; S. 1946, III, p. 56, note P.H.) ou encore des ordonnances de l'article 92 qui ont permis au gouvernement de mettre en place les institutions de la Cinquième République (CE, 12 février 1960, requête numéro 46922, Société Eky, préc.). Il faut également mentionner les ordonnances de l'article 16 qui permettent au Président de la République de prendre des actes qui relèvent normalement de la compétence du législateur, et qui seront inattaquables devant le juge administratif (CE Ass., 2 mars 1962, Rubin de Servens, requête numéro 55049, requête numéro 55055, préc.).

B – Actes de gouvernement

931.- Immunité juridictionnelle.- Les actes de gouvernement sont des actes pris par des autorités administratives dans différents domaines qui, en raison de leur nature, échappent à la compétence du juge administratif et plus généralement à tout contentieux de la légalité, par voie d'action ou par voie d'exception (CE, 12 février

2016, requête numéro 387931, Lecuyer). L'immunité juridictionnelle conférée aux actes de gouvernement n'a été jugé contraire ni à l'article 6§1 de la Convention européenne des droits de l'homme (CEDH, grde ch., 14 décembre 2006, affaire numéro 1398/03, Markovic c/ Italie) ni à l'article 13 de la même Convention garantissant un recours effectif (CE, 30 décembre 2015, requête numéro 384321, Dupin : Rec. p. 486 ; Dr. adm. 2016, comm. 35, note Eveillard).

932.- L'engagement possible de la responsabilité sans faute de l'Etat.- En revanche, les conséquences d'un acte de gouvernement peuvent entraîner la responsabilité de l'Etat. Certes, en la matière, la responsabilité pour faute de l'Etat est exclue (CE Sect., 1er juin 1951, Société des étains et wolfram du Tonkin : Rec. p. 312.- CE Sect., 3 octobre 2018, requête numéro 410611, Tamazount et a. : Rec. p. 359 ; AJDA 2018, p. 2187, chron. Nicolas et Faure ; Dr. adm. 2018, comm. 61, note Lemaire ; JCP G 2018, comm. 1247, note Crespy-De Coninck ; RFDA 2018, p. 1131, concl. Bretonneau.- TC, 11 mars 2019, requête numéro C4153 : JCP G 2019, comm. 467, note Rouault). En revanche, sa responsabilité sans faute peut le cas échéant être engagée sur le fondement de la rupture de l'égalité devant les charges publiques, mais seulement si ce préjudice est lié à l'application d'une convention internationale (CE Ass., 30 mars 1966, requête numéro 50515, Compagnie générale d'énergie radioélectrique : Rec. p. 257 ; AJDA 1966, p. 350, chron. Puissochet et Lecat ; D. 1966, p. 582, note Lachaume ; JCP 1967, comm. 15000, note Dehaussy ; RDP 1966, p. 774, concl. Bernard et p. 995, note Waline.- V. sur ces questions infra Sixième Partie, Chapitre trois, Section trois).

933.- Une notion délicate à appréhender.- La catégorie des actes de gouvernement est assez difficilement appréhendable, ce qui tient notamment au fait que l'expression même d'acte de gouvernement n'apparaît pratiquement dans aucune décision (V. cependant, pour des contre-exemples récents : CE, 20 octobre 2000, requête numéro 201061, requête numéro 201063, requête numéro 201137, Bukspan : RDP 2001, p. 311, concl. Mitjaville.- CE, 21 novembre 2017, requête numéro 415289, Association nationale d'assistance aux frontières pour les étrangers et a.- CE, 17 avril 2019, requête numéro 418679, Société Society of Architects and Developers).

934.- Une notion en recul.- Elle est également en constant recul, les exigences de l'Etat de droit n'étant guère compatibles avec l'idée que certains actes sont « au-dessus » de tout contentieux. La catégorie des actes de gouvernement persiste néanmoins ce qui doit conduire à s'interroger sur le contenu de cette notion ainsi que sur son évolution.

D'abord conçue de façon assez large, la catégorie des actes de gouvernement a en grande partie été vidée de son contenu. Cette évolution, qui n'est certainement pas achevée, a été rendue possible par l'abandon du critère du mobile politique qui soutenait la conception originelle de l'acte de gouvernement.

1° Conception originelle de l'acte de gouvernement

935.- Un acte pris en considération d'un mobile politique.- Au début du XIX° siècle, l'acte de gouvernement pouvait être défini comme tout acte de l'administration pris en considération de raisonspolitiques.

Cette conception apparaît très clairement dans l'arrêt du Conseil d'Etat Laffitte du 1er mai 1822 (requête numéro 5363 : Rec. p.371). Dans cette affaire, le Conseil d'Etat refuse de connaître de la demande d'un banquier relative au paiement des arrérages d'une rente qui lui avait été cédée par un membre de la famille Bonaparte. Les juges estiment en effet que cette réclamation « tient à une question politique dont la décision appartient exclusivement au gouvernement ».

Cette jurisprudence était confortée par le règlement du Conseil d'Etat qui prévoyait que de fortes amendes pouvaient être infligées aux avocats qui le saisissaient de recours contre des actes relevant de cette catégorie. Toutefois, une telle immunité accordée à certains actes émanant d'organes administratifs n'était guère choquante. En effet, dans un système de justice retenue et sous l'empire de la théorie de l'administrateur juge, c'est de toute façon toujours le gouvernement et le chef de l'Etat qui statuaient en dernier ressort.

936.- Abandon du critère du mobile politique.- L'octroi définitif au Conseil d'Etat de la justice déléguée par la loi du 24 mai 1872 lui a conféré une nouvelle liberté d'action par rapport au pouvoir politique, ce qui a permis de revenir à une conception plus étroite de l'acte de gouvernement, concrétisée par l'arrêt Prince Napoléon du 19 février 1875 (requête numéro 46707 : Rec. p. 155, concl. David ; D. 1875, III, p.18, concl. David). Cet arrêt marque l'abandon du critère du mobile politique au profit de critères plus objectifs.

En l'espèce, le Conseil d'Etat était saisi d'un recours du neveu de l'Empereur déchu contre la décision radiant son nom de la liste des généraux figurant sur l'annuaire militaire. A l'évidence, cette mesure avait été prise pour un mobile politique lié au changement de régime consécutif à la défaite de 1870. Le Conseil d'Etat a pourtant décidé de suivre les conclusions de son commissaire du gouvernement selon lesquelles « pour présenter le caractère exceptionnel qui le mette en dehors et au-dessus de tout contrôle juridictionnel, il ne suffit pas qu'un acte, émané du gouvernement ou de l'un de ses représentants, ait été délibéré en Conseil des ministres ou qu'il ait été dicté par un motif politique ».

Cependant, l'arrêt Prince Napoléon n'a pas fait disparaître la catégorie des actes de gouvernement. Il a seulement restreint leur domaine, cette restriction étant la conséquence de l'abandon du critère du mobile politique.

2° Conception actuelle de l'acte de gouvernement

937.- Une notion désormais cantonnée à deux domaines.- Comme l'expose R. Odent l'acte de gouvernement peut être défini comme « un acte accompli par le pouvoir exécutif, dans ses relations avec une autorité échappant à tout contrôle juridictionnel, c'est-à-dire principalement le législateur ou une puissance étrangère » (Contentieux administratif, cours IEP Paris 1970-1971, p. 304). Les actes de gouvernement peuvent être ainsi répartis en deux catégories : une première catégorie concerne le fonctionnement des pouvoirs publics constitutionnels, une seconde la conduite des relations internationales.

a- Actes se rattachant au fonctionnement des pouvoirs publics constitutionnels

938.- Rapports entre le pouvoir législatif et le pouvoir exécutif.- Cette première catégorie concerne d'abord les différents actes liés aux rapports constitutionnels entre le pouvoir exécutif et le pouvoir législatif.

Ainsi, constituent des actes de gouvernement :

- Une décision refusant de déposer un projet de loi (CE, 29 novembre 1968, requête numéro 68938, Tallagrand : Rec. p. 607 ; D. 1969, p. 386, note Silvera ; RDP 1969, p. 686, note Waline), alors même qu'il s'agirait de respecter les engagements internationaux de la France (CE, 26 novembre 2012, requête numéro 350492, Krikorian et a. : Rec. tables, p. 528.- TC, 6 juillet 2015, requête numéro 3995, Krikorian et a., préc.).

- Un décret de promulgation d'une loi (CE, 3 novembre 1933, requête numéro 25040, Desreumaux : Rec. p. 993 ; D. 1934, III, p.9, note Allibert.- CE, 27 octobre 2015, requête numéro 388807, Fédération démocratique alsacienne).

- Une décision de nommer un membre du Conseil constitutionnel (CE Ass., 9 avril 1999, requête numéro 195616, Ba : Rec. p. 124 ; AJDA 1994, p. 409, chron. Raynaud et Fombeur ; D. 2000, p. 335, note Serrand ; Droit adm. 1999, comm. 141 ; RDP 1999, p. 1573, note Camby ; RDP 2000, p.376, obs. Guettier ; RFDA 1999, p.566, concl. Salat-Baroux).

- Le refus du ministre de la Défense de faire droit à une demande de modification des « conditions d'application » d'une loi (CE, 18 décembre 2009, requête numéro 310317, Association des ingénieurs divisionnaires en retraite et des anciens préparateurs en laboratoire d'électronique ministère de la Défense : JCP A 2010, comm. 2047, note Rouault).

En revanche, il a été jugé que ne constituent pas des actes de gouvernement :

- La décision du Premier ministre de mettre en œuvre, ou de ne pas mettre en œuvre, la procédure de délégalisation de l'article 37 al. 2 de la Constitution (CE Sect., 3 décembre 1999, requête numéro 164789, requête numéro 165122, Association ornithologique et mammalogique de Saône-et-Loire, préc.).

- Un décret du Président de la République déclarant l'état d'urgence en application des dispositions de la loi du 3 avril 1955, l'intervention du Parlement appelé à décider de la prorogation de ce régime d'exception n'étant pas certaine au moment de l'édiction du décret (CE, 24 mars 2006, requête numéro 286834, Rolin et Boisvert : préc).

- La délibération par laquelle le bureau du Conseil économique, social et environnemental déclare l'irrecevabilité d'une pétition qui lui est remise (CE, 15 décembre 2017, requête numéro 402259, Brillault : Dr. adm. 2018, comm. 18, note Eveillard).

939.- Extension aux rapports entre le Parlement et les institutions de l'Union européenne.- Par extension, la théorie de l'acte de gouvernement a également vocation à s'appliquer aux rapports entre le Parlement et les institutions de l'Union européenne. Le Conseil d'Etat a ainsi jugé, à l'occasion d'un arrêt d'Assemblée du 7 novembre 2008, Comité national des interprofessions des vins à appellation d'origine et a. (requête numéro 282920 : JCPA 2008, act. 956 ; RFDA 2009, p. 111) qu'un recours contre une décision du Premier ministre notifiant une loi instituant une aide d'Etat « n'est pas détachable de la procédure d'examen par la Commission » du projet d'aide. En revanche, il ressort du même arrêt qu'une décision refusant de notifier un texte au titre de la règlementation européenne des aides d'Etat se rattache à l'exercice, par le gouvernement, d'un pouvoir qu'il détient seul aux fins d'assurer l'application du droit de l'Union européenne et le respect des exigences inhérentes à la hiérarchie des normes. Une telle décision est, y compris lorsque le texte en cause est de nature législative, susceptible d'être contestée par la voie du recours pour excès de pouvoir. Le juge devra alors déterminer si le texte dont la notification est demandée est relatif à une aide d'Etat dont la Commission doit être informée.

940.- Rapports entre autorités relevant du pouvoir exécutif.- Peuvent également être qualifiés d'actes de gouvernement des actes concernant les rapports entre le Président de la République, le Premier ministre et le gouvernement. Ainsi, les décrets relatifs à la nomination du Premier ministre et à la composition du gouvernement mettent en cause les « rapports d'ordre constitutionnel institués entre le Président de la République, le Premier ministre et le gouvernement » et sont donc insusceptibles de contentieux (CE, 16 septembre 2005, requête numéro 282171, requête numéro 282172, requête numéro 282173, Hoffer : JCPA 2005, act. 582).

941.- Pouvoir judiciaire.- Pour ce qui concerne maintenant l'autorité judiciaire, qui fait l'objet du titre VIII de la Constitution du 4 octobre 1958, il existait traditionnellement une seule illustration de la théorie des actes de gouvernement, celle où le chef de l'Etat exerçait son droit de grâce. La position du Conseil d'Etat a toutefois évolué sur cette question puisque s'il se déclare toujours incompétent pour connaître de telles décisions, c'est pour d'autres motifs que ceux tenant à la théorie de l'acte de gouvernement. Dans l'arrêt d'Assemblée Gombert du 28 mars 1947, le Conseil d'Etat a ainsi motivé l'irrecevabilité du recours contre une décision prise par le Président de la République dans l'exercice de son droit de grâce par le fait que cette décision est relative à la nature et aux limites d'une peine et relève donc de la compétence des juridictions de l'ordre judiciaire (requête numéro 80338 : Rec. p. 138 ; RDP 1947, p. 95, note Waline ; S. 1947, III, p. 89, concl. Celier.- CE, 30 juin 2003, requête numéro 244965, Observatoire international des prisons, section française : AJDA 2003, p. 1790). Une solution identique a été appliquée pour un recours dirigé contre une circulaire du garde des Sceaux relative à l'application d'un décret de grâce collective (CE, 19 avril 2011, requête numéro 339518, Boissier).

b- Actes se rattachant à la conduite des relations internationales

942.- Illustrations.- Les actes concernant la conduite des relations internationales sont insusceptibles de faire l'objet d'un recours contentieux.

Ont ainsi le caractère d'un acte de gouvernement :

- La décision par laquelle le gouvernement a suspendu les stipulations des accords en vigueur entre la France et un certain nombre d'Etats en vertu desquelles les ressortissants de ces Etats étaient dispensés de la formalité du visa pour l'entrée sur le territoire national (CE, 30 juillet 1997, requête numéro 155760, Etienne : Rec. p. 626) ;

- Le choix du mode de conclusion des traités et accords internationaux (CE Ass., 18 décembre 1998, requête numéro 181249, SARL du parc d'activités de Blotzheim et SCI Haselaecker, préc.) ainsi que l'appréciation de la validité d'une réserve par rapport au traité qu'elle accompagne (CE Ass., 12 octobre 2018, requête numéro 408567, SARL Super Coiffeur).

- La décision du Président de la République de reprendre des essais nucléaires (CE Ass., 29 septembre 1995, requête numéro 171277, Association Greenpeace France : Rec. p. 347 ; AJDA 1995, p. 749, chron. Stahl et Chauvaux ; RDP 1996, p. 256, concl. Sanson ; JCP G 1996, II, comm. 22582, note Moreau ; LPA 1995, n° 141, p. 23, note Nguyen Van Tong ; RFDA 1996, p. 383, chron. Ruzié ; D. 1996, p. 205, note Braconnier) ;

- La décision du chef de l'Etat d'engager des troupes en Yougoslavie et les décisions déterminant les objectifs militaires à atteindre et les moyens à mettre en œuvre (CE, 5 juillet 2000, requête numéro 206303, requête numéro 206965, Mégret et Mekhantar: AJDA 2001, p. 95, note Gounin ; RFDA 2000, p. 1144) ;

- Une circulaire par laquelle le ministre de l'Education nationale demande aux établissements d'enseignement supérieur de ne plus inscrire des étudiants irakiens pendant la première guerre du golfe (CE, 23 septembre 1992, requête numéro 120437, requête numéro 120737, GISTI et MRAP : Rec. p. 346 ; JCP G 1992, IV, comm. 2796, obs. Rouault ; AJDA 1992, p. 572, concl. Kessler).

- Les décisions par lesquelles le groupe français de la Cour permanente d'arbitrage propose ou refuse de proposer une candidature à l'élection des juges à la Cour pénale internationale, dès lors qu'elles ne sont pas détachables de la procédure d'élection de ces juges par l'Assemblée des Etats parties à la convention portant statut de cette juridiction internationale (CE, 28 mars 2014, requête numéro 373064, de Baynast : Rec. p. 58 ; Dr. adm. 2014, comm. 43, note Eveillard).

- Une décision par laquelle le gouvernement s'oppose à la tenue, sur le territoire français, d'opérations permettant aux ressortissants d'un Etat étranger - l'Etat syrien en l'espèce - qui résident en France de voter à un scrutin politique organisé par les autorités de ce pays (CE, 23 mai 2014, requête numéro 380560, Daoud : Dr. adm., comm. 57, note de Montis).

- Une décision du ministre des Affaires étrangères reconnaissant le statut diplomatique d'une institution étrangère, en l'occurrence l'Institut pour le commerce extérieur italien (CE, 30 décembre 2015, requête numéro 384321, Dupin).

- La décision résultant de l'absention de l'Etat qui n'a pas fait obstacle aux représailles et aux massacres dont les Harkis et leurs familles ont été victimes sur le territoire algérien, après le cessez-le-feu du 18 mars 1962 et la proclamation de l'indépendance de l'Algérie, en méconnaissance des accords d'Evian et de ne pas avoir organisé leur rapatriement en France (CE Sect., 3 octobre 2018, requête numéro 410611, Tamazount et a., préc.).

-Des décisions refusant des demandes de rapatriement de ressortissantes françaises djihadistes retenues avec leurs enfants dans des camps syriens. En effet, leur rapatriement nécessiterait des négociations internationales préalables, ce qui a pour effet de rendre indétachables ces mesures de la conduite des relations internationales (CE, ord. réf., 23 avril 2019, requête numéro 429668, requête numéro 429669, requête numéro 429674, requête numéro 429701, Dubreuil et a : AJDA 2019, p. 1644, note Slama ; Dr. adm. 2019, comm. 38, note Saunier).

943.- Restriction du domaine de l'acte de gouvernement par le recours à la notion de détachabilité.- Cependant, le régime juridique des actes de gouvernement n'a vocation à s'appliquer qu'aux seuls actes qui concernent les relations d'Etat à Etat. Puisqu'il s'agit d'un régime dérogatoire au droit commun, il n'a ainsi vocation à s'appliquer qu'à des hypothèses précisément circonscrites. Par conséquent, lorsque des éléments juridiques peuvent être détachés d'un acte de gouvernement, ils ne seront pas eux-mêmes qualifiés comme tels et pourront dès lors être soumis au contrôle du juge administratif. Plus précisément, comme l'expose M. Ricci « l'acte est dit détachable lorsqu'il peut être examiné, en droit ou en fait, en lui-même, car il forme un tout suffisamment cohérent en soi et suffisamment autonome par rapport à son environnement juridique pour être appréhendé et traité juridiquement tout seul » (Droit administratif général, 5ème éd., Hachette 2006, p.128).

Cette théorie, qui peut également concerner le fonctionnement des pouvoirs publics constitutionnels (V. par exemple, à propos d'un décret chargeant un parlementaire d'une mission temporaire CE, 25 septembre 1998, requête numéro 195499, Mégret : Rec. p. 341 ; Dr. adm. 1998, comm. 351 ; RFDA 1999, p. 345, note Baghestani-Perrey ; AJDA 1999, p. 240 et p. 409, chron. Fombeur et Raynaud) a surtout vocation à s'appliquer en matière de relations internationales.

Ainsi, par exemple, sont détachables des relations diplomatiques :

- Une décision rejetant une demande d'extradition (CE Ass., 15 octobre 1993, requête numéro 142178, Royaume-Uni de Grande Bretagne et d'Irlande du Nord, Gouverneur de la Colonie royale de Hong-Kong : Rec. p. 267, concl. Vigouroux ; RFDA 1993, p. 1179, concl. Vigouroux ; AJDA 1993, p. 886, chron. Maugüé et Touvet ; RDP 1994, p. 525, note Fines ; D. 1994, p. 108, note Julien-Laferriere, JCP G 1993, IV, comm. 2643, obs. Rouault) ;

- Une décision retirant un décret d'extradition (CE, 14 décembre 1994, requête numéro 156490, Gouvernement suisse : Rec. p. 549 ; AJDA 1995, p. 56, concl. Vigouroux ; RDP 1995, p. 781, note Chappez ; RFDA 1995, p. 109, obs. Labayle) ;

- Une décision d'inscription d'un organisme sur la liste des entités dont les opérations de change, mouvements de capitaux et règlements financiers de toutes sortes sont soumis à autorisation (CE, 3 novembre 2004, requête numéro 262626, Association Secours mondial de France).

-Si la notification de la décision de la France de réintroduire temporairement le contrôle aux frontières intérieures prévue à l'article 27 du Code frontières Schengen n'est pas détachable de la procédure d'information des autres Etats membres et de la Commission dans laquelle elle s'inscrit, la décision nationale que cette notification porte à connaissance constitue une décision administrative dont il appartient au juge administratif de connaître par la voie du recours pour excès de pouvoir (CE, 28 décembre 2017, requête numéro 415291, Association nationale d'assistance aux frontières pour les étrangers : Rec. p. 400 ; AJDA 2018, p. 1613, note Escach-Dubourg).

944.- Autre hypothèse de recul de la notion d'acte de gouvernement.- La jurisprudence concernant les actes de gouvernement est donc extrêmement subtile. Un dernier exemple, qui ne concerne pas la théorie de la détachabilité, est fourni par l'arrêt d'Assemblée du Conseil d'Etat du 30 juillet 2014, Kodric et Heer (requête numéro 349789 : AJDA 2014, p. 2145, note Pontier ; JCP G 2014, comm. 995, note Biagini-Girard ; JCP A 2014, act. 676, obs. Tesson ; RFDA 2014, p. 1092, note Lavialle). Il ressort de cet arrêt que si la décision de la France de saisir une œuvre d'art à la fin de la Seconde Guerre mondiale inscrite au répertoire « Musées nationaux récupération » est un acte de gouvernement, la décision de refus de restituer l'œuvre à celui qui se prétend son légitime propriétaire est un acte administratif unilatéral susceptible de recours devant le juge administratif. Et encore, dans cette hypothèse, le juge judicaire devra-t-il être saisi à titre préjudiciel en cas, notamment, de questions accessoires relatives à la propriété de l'œuvre concernée.

III – Actes de droit privé pris par des organes administratifs

945- Une hypothèse atypique.- L'édiction d'actes administratifs constitue la principale manifestation de l'exercice des prérogatives de puissance publique par les autorités administratives, et le cas échéant par des personnes privées. Il arrive toutefois que des décisions prises par des autorités administratives ne manifestent pas l'exercice de telles prérogatives et qu'elles se voient alors qualifiées d'actes de droit privé.

946.- Actes individuels relatifs à la gestion des SPIC.- La principale hypothèse concerne les actes individuels relatifs à la gestion des services publics industriels et commerciaux, y compris ceux pris en charge par des personnes publiques (CE Sect., 15 décembre 1967, requête numéro 65807, Level : Rec. p. 501 ; AJDA 1968,

p. 230, chron. Massot et Dewost, concl. Braibant ; D. 1968, p. 387, note Leclercq), par opposition aux actes réglementaires qui constituent des actes administratifs (CE, 26 juin 1989, requête numéro 91356, Association Etudes et consommation - CFDT : CJEG 1990, p. 180, note Lachaume). Il s'agit ici d'éviter de compliquer les règles de répartition des compétences juridictionnelles en refusant d'opérer une distinction entre les services publics industriels et commerciaux selon qu'ils sont pris en charge par une personne publique ou bien par une personne privée.

947.- Actes unilatéraux concernant la gestion du domaine privé.- Un autre cas particulier concerne les actes unilatéraux de gestion du domaine privé des collectivités publiques, conformément à la célèbre distinction établie par le commissaire du gouvernement Romieu dans ses conclusions sur l'arrêt Terrier du 6 février 1903 (requête numéro 07496, préc.). En effet, ces actes ne sont pas pris dans le cadre d'une mission de service public (TC, 15 janvier 2007, requête numéro 3521, Ouhramoune c/ Ville de Paris) et ils ne mettent « en œuvre aucune prérogative de puissance publique distincte de l'exercice par un particulier de son droit de propriété » (TC, 24 octobre 1994, requête numéro 02922, Duperray et SCI Les Rochettes : Rec. p. 606 ; Bull. confl. n°15, p. 18 ; Dr. adm. 1995, comm. 69.- CE, 3 juin 1988, requête numéro 173186, requête numéro 173186, Commune de Saint-Palais-sur-Mer).

Dans son arrêt Brasserie du théâtre du 22 novembre 2010 (requête numéro 3764 : AJDA 2010, p. 2423, chron. Botteghi et Lallet ; BJCP 2011, p. 55, concl. Collin ; JCP A 2011, comm. 2041, note. Sorbara ; Dr. adm. 2011, comm. 20 note Melleray ; BJCL 2011, p. 439, note Martin ; Contrats-Marchés publ. 2011, comm. 26, note Devillers ; RJEP mars 2011, p. 12, note Pélissier), le Tribunal des conflits a précisé les règles de compétence juridictionnelle en cas de litige concernant l'une de ces décisions. Le tribunal a considéré que « la contestation par une personne privée de l'acte par lequel une personne morale de droit public ou son représentant, gestionnaire du domaine privé, initie avec (une) personne privée, conduit ou termine une relation contractuelle, quelle qu'en soit la forme, dont l'objet est la valorisation ou la protection de ce domaine … ne met en cause que des rapports de droit privé et relève, à ce titre, de la compétence du juge judiciaire ».

Toutefois, c'est le juge administratif qui est compétent pour statuer sur les refus d'une commune de conclure un contrat relatif à la gestion de son domaine privé avec une personne privée, alors même que c'est le juge judiciaire qui est compétent une fois le contrat conclu (TC, 5 mars 2012, requête numéro 3833, Dewailly c/ Centre communal d'action sociale de Caumont : AJDA 2012, p. 1684, note Mokhtar ; JCPA 2012, comm. 2180, note Martin ; RD imm. 2013, p. 159, note Foulquier). Cette solution est conforme au principe selon lequel le contentieux des contrats ayant pour objet le domaine privé relève en principe du juge judiciaire, dès lors que le requérant qui a refusé de conclure une telle convention reste un tiers à l'égard de l'administration.

Le juge administratif est également compétent dans deux autres cas.

Le premier, visé par l'arrêt Brasserie de théâtre, est celui où la décision en cause affecte le périmètre ou la consistance du domaine public. C'est le cas, notamment, de décisisions d'acquisition (CE, 22 novembre 2002, requête numéro 229192, Commune de Gennevilliers : Rec. tables, p. 653, AJDA 2003, p. 848, note Deschamps ; AJDI 2003, p. 298, note Brouant ; RD imm. 2002, p. 173, obs. Brouant et Carraz) ou de cession de biens (CE Sect., 3 novembre 1997, requête numéro 169473, Commune de Fougerolles : Rec. p. 391 ; AJDA 1997, p. 1010, note Richer ; CJEG 1998, p. 16, concl. Touvet ; D. 1998, p. 131, note Davignon ; JCP G 1998, II, comm. 10007, note Piastra ; JCP E 1998, comm. 270, note Chouvel ; JCP N 1998, p. 64, note Bardon ; LPA 7 octobre 1998, p. 24, chron. Morand- Deviller ; RD imm. 1998, p. 227, chron. Maugüé ; RFDA 1998, p. 12, concl. Touvet). Il en va de même, également, s'agissant d'un acte mettant fin à une promesse unilatérale de vente portant sur un bien du domaine privé (CE, 2 avril 2015, requête numéro 364539, Commune de Case-Pilote : JCP A 2015, comm. 2251, note Martin). Dans cette dernière hypothèse, cependant, ce sont les règles du Code civil et non pas celles de droit administratif qui ont vocation à s'appliquer.

La seconde concerne le cas où le contrat relatif au domaine privé contient une clause exorbitante du droit commun. Il s'agit en effet ici d'un contrat administratif (CE, 19 novembre 2010, requête numéro 331837, Office national des forêts : AJDA 2011. 281, note Dreyfus ; Dr. adm. 2011, comm. 19, note Brenet ; JCP A 2011, comm. 2020, note Moreau ; RJEP 2011, comm. 9, concl. Dacosta).

§II – Actes administratifs unilatéraux insusceptibles de recours contentieux

948.- Les multiples formes des actes administratifs unilatéraux.- L'acte administratif unilatéral peut revêtir différentes formes : décret, arrêté, délibération, décision, etc. Mais par-delà cet aspect formel, il peut être établi une distinction entre deux catégories d'actes administratifs : les actes administratifs décisoires et les actes administratifs non décisoires.

949.- Distinction classique entre les actes à caratère décisoire et les actes dépourvus de caractère décisoire.- En principe, selon une approche classique, seuls les actes présentant un caractère décisoire peuvent être attaqués devant le juge administratif, sauf s'ils présentent le caractère d'actes de gouvernement. Ils relèvent du droit dur, lequel est caractérisé par la contrainte exercée sur les administrés, par l'existence de droits et d'obligations que ces actes édictent.

Selon la définition donnée par le commissaire du gouvernement Laroque dans ses conclusions sur l'arrêt Laboratoire Goupil du 27 mai 1987 « Le caractère décisoire de l'acte résulte de la modification qu'il apporte à l'ordonnancement juridique : la circonstance qu'il fasse grief à un administré ne suffit pas à rendre ce dernier recevable à former un recours pour excès de pouvoir, si cet acte n'est pas susceptible par lui-même de modifier sa situation juridique » (requête numéro 83292 : Rec. p. 181).

A l'opposé, les actes qui n'ont pas de caractère décisoire ne peuvent normalement pas faire l'objet d'un recours pour excès de pouvoir. Ils relèvent en principe du droit souple mais, comme on le verra en examinant plus précisément les actes concernés, cette distinction pose en réalité de nombreuses difficultés, notamment parce qu'il n'est pas toujours facile de déterminer si un acte relève ou non du droit souple et s'il produit ou non des effets juridiques. C'est le cas en particulier des circulaires, lesquelles sont attaquables dès lors qu'elles présentent, selon la terminologie originellement employée par le Conseil d'Etat, un caractère réglementaire, ce qui vise les cas où elles ne se limitent pas à l'interprétation d'un texte mais où elles créent une règle nouvelle.

950.- Le recours à la notion d'impérativité.- La jurisprudence a ensuite évolué en dégageant le critère de l'impérativité pour déterminer la recevabilité du recours pour excès de pouvoir contre certains actes de droit souple, notamment les circulaires, cette notion ne se réduisant plus aux seules circulaires créant une règle nouvelle.

Si cette appréciation peut être délicate, elle s'inscrit néanmoins dans une approche traditionnelle que l'on peut qualifier de kelsénienne selon laquelle la recevabilité du recours dépend de la contrainte résultant de l'acte attaqué.

Plus novatrice, en revanche, est la récente jurisprudence du Conseil d'Etat qui admet que des actes relevant du droit souple et dénués d'effets juridiques peuvent néanmoins faire l'objet d'un recours pour excès de pouvoir, eu égard aux autres effets qu'ils sont susceptibles de produire.

951.- Le recours à la notion d'effets notables.- Cette prise en considération des « effets notables » pouvant être autres que juridiques que peuvent produire les actes administratifs a conduit le Conseil d'Etat à redéfinir récemment les conditions de recevabilité du recours pour excès de pouvoir contre les actes de droit souple en général, et plus précisément contre les documents de portée générale de l'administration dont les circulaires mais aussi les lignes directrices font aussi partie (CE Sect., 12 juin 2020, GISTI, requête numéro 418142 : AJCT 2020, p. 523, note Renard et Péchillon ; AJDA 2020, p. 1407, chron. Malverti et Beaufils ; AJ fam. 2020, p. 426, obs. Bruggiamosca ; Dr. adm. 2020, comm. 39, note Eveillard ; JCP A 2020, act. 351, Libres-propos Touzeil-Divina ; JCP A 2020, comm. 2189, étude Koubi ; Procédures 2020, comm. 160, note Chifflot ; RFDA 2020, p. 798, concl. Odinet, note Melleray). Ce sont désormais les effets « notables » de ces actes, qu'ils créent une règle nouvelle, qu'ils présentent un caractère impératif ou des effets extra-juridiques « notables » qui détermine la recevabilité du recours pour excès de pouvoir.

Il existe enfin une catégorie d'actes administratifs décisoires - relevant donc incontestablement du droit dur - qui sont inattaquables : les mesures d'ordre intérieur.

I – Actes administratifs unilatéraux à caractère non décisoire

952.- Evolution des règles de recevabilité du recours pour excès de pouvoir.- Cette catégorie comprend d'abord trois types d'actes : les mesures préparatoires, les circulaires et les lignes directrices. Traditionnellement, ces actes sont inattaquables sauf dans les cas où ils produisent, en dépit de leur qualification, des effets juridiques suffisamment importants pour justifier l'exercice d'un contrôle juridictionnel. Mais dans cette hypothèse précise, il y a lieu de considérer que les actes concernés ne relèvent plus du droit souple. Il en va autrement pour d'autres types d'actes relevant du droit souple qui peuvent néanmoins faire l'objet d'un recours pour excès de pouvoir alors même qu'ils ne produisent pas d'effets juridiques.

On verra toutefois ici que dans son arrêt de Section GISTI du 12 juin 2020 (requête numéro 418142, préc.) le Conseil d'Etat a remis en cause cette approche traditionnelle et réorganisé les règles de recevabilité du recours pour excès de pouvoir dirigé contre ces différentes catégories d'actes - y compris les circulaires et les lignes directrices - en prenant en considération le fait qu'ils produisent ou non des « effets notables ».

A – Mesures préparatoires

953.- Définition.- En principe, les mesures préparatoires, qui participent à l'élaboration d'un futur acte normateur, sont insusceptibles de faire l'objet d'un recours contentieux.

Exemples :
- CE Ass., 15 avril 1996, requête numéro 120273, Syndicat CGT des hospitaliers de Bédarieux (AJDA 1996, p. 405, chron. Stahl et Chauvaux ; RFDA 1996, p. 610) : l'irrecevabilité du recours pour excès de pouvoir « s'étend aux délibérations à caractère préparatoire des collectivités territoriales et de leurs établissements publics, même à raison des vices propres allégués … il ne peut être fait exception à la règle selon laquelle un acte préparatoire ne saurait donner lieu à un recours pour excès de pouvoir que dans les cas où il en est ainsi disposé par la loi » (cette exception s'applique également au référé du préfet. V. CE, 5 avril 2019, requête numéro 418906, Ministre de l'Intérieur c/ Communauté de communes du pays de Fayence : JCPA 2020, 2064, note Molinero).
- CE, 19 janvier 2011, requête numéro 332635, Mazroui : les avis des autorités consulaires saisies par le préfet dans le cadre de l'examen d'une demande de titre de séjour sont insusceptibles de recours contentieux.

En revanche, la convocation d'un étranger en préfecture en vue du dépôt d'une demande de titre de séjour ne constitue pas une mesure préparatoire. En effet, parce qu'il ne s'agit que d'un préalable au dépôt de la demande elle n'est pas véritablement intégrée au processus décisionnel, et elle constitue pas par conséquent une mesure d'ordre intérieur (CE, avis, 1er juillet 2020, numéro 436288, Labassi : Dr. adm. 2020, comm. 47, note Eveillard ; JCP A 2020, act. 440).

Rappelons en revanche, que le préfet peut exercer son déféré contre une mesure préparatoire et en contester tant la légalité interne que la légalité externe (CE, 15 juin 2018, requête numéro 411630, Département du Haut-Rhin, préc.).

La jurisprudence peut aussi évoluer sur ces questions. Ainsi, le Conseil d'Etat a longtemps rejeté les recours formés contre la notation des fonctionnaires au motif qu'il s'agissait de simples mesures préparatoires à l'établissement des tableaux d'avancement. Ce n'est qu'à partir de l'arrêt Camara du 23 novembre 1962 que le juge a opéré un revirement en admettant la recevabilité de ces recours (requête numéro 50328 : Rec. p.627 ; AJDA 1962, p.666, chron. Gentot et Fournier; JCP 1963, II, comm. 13111, note Gandolfi).

954.- Exception d'illégalité.- En revanche, par la voie de l'exception d'illégalité, il est possible d'obtenir l'annulation de la décision finale en invoquant l'illégalité d'une mesure préparatoire. La solution paraît opportune du point de vue du principe de bonne administration de la justice. D'une part, elle évite la multiplication des recours contentieux éventuellement dilatoires pour des actes concourant à la même procédure. D'autre part, elle permet au juge saisi d'un recours contre l'acte normateur final de porter un regard rétrospectif sur l'ensemble de la procédure.

Exemples :
- CE, 26 octobre 1990, requête numéro 69039, Ministre de l'Intérieur (Rec. p. 818 ; LPA 28 octobre 1991, n° 129, p. 6, note Holleaux) : l'illégalité de la délibération d'un conseil municipal demandant au préfet qu'il soit recouru à la procédure d'expropriation peut être invoquée à l'appui d'un recours dirigé contre la déclaration d'utilité publique.
- CE, 30 décembre 2013, requête numéro 355556, Société immobilière d'économie mixte de la Ville de Paris et Ville de Paris (Dr. rur. 2014, 47, note Tifine) : l'acte par lequel une personne privée chargée d'une mission de service public et ayant reçu délégation à cette fin en matière d'expropriation demande au préfet l'expropriation d'un immeuble pour cause d'utilité publique traduit l'usage de prérogatives de puissance publique et constitue ainsi un acte administratif. Cette délibération constitue un acte préparatoire aux arrêtés portant déclaration d'utilité publique et cessibilité. Par suite, son illégalité peut être utilement invoquée à l'appui d'un recours contre l'arrêté déclarant d'utilité publique l'acquisition de cet immeuble et contre celui qui le déclare cessible.
- CE, avis, 6 avril 2016, requête numéro 395916 : la décision imposant la réalisation d'une évaluation environnementale en vertu du IV de l'article R. 122-18 du Code de l'environnement est un acte faisant grief. Tel n'est pas le cas, en revanche, de l'acte par lequel l'autorité de l'Etat compétente en matière d'environnement décide de dispenser d'évaluation environnementale un plan, schéma, programme ou autre document de planification mentionné à l'article L. 122-4 du Code de l'environnement. Un tel acte a le caractère d'une mesure préparatoire à l'élaboration de ce plan, schéma, programme ou document, insusceptible d'être déférée au juge de l'excès de pouvoir, eu égard tant à son objet qu'aux règles particulières prévues au IV de l'article R. 122-18 du Code de l'environnement pour contester la décision imposant la réalisation d'une évaluation

environnementale. Cette décision pourra toutefois être contestée à l'occasion de l'exercice d'un recours contre la décision approuvant le plan, schéma, programme ou document.

955.- Actes ne présentant pas le caractère de mesures préparatoires.- En outre, certaines mesures en apparence préparatoires entraînent des effets décisoires notables, et se détachent de l'acte administratif en cours d'élaboration. Dans de telles hypothèses, ils peuvent faire isolément l'objet d'un recours pour excès de pouvoir. Tel est le cas, par exemple, d'une délibération d'un conseil municipal prise en vue de la passation d'un marché public ou d'une délégation de service public. De même, si l'acte qui décide du principe même d'un projet d'aménagement est attaquable (CE Sect., 30 octobre 1992, requête numéro 140220, Ministre des Affaires étrangères et Secrétaire d'Etat aux Grands travaux c/ Association de sauvegarde du site Alma Champ de Mars : Rec. p. 384.- CE Sect., 6 mai 1996, requête numéro 121915, Association Aquitaine Alternatives : Rec. p. 144), il en va autrement de la décision d'approbation du dossier de réalisation d'une zone d'aménagement concerté (CE, avis, 4 juillet 2012, requête numéro 356221, Biglione : Rec. p. 269 ; JCP A 2012, 2331, note Sire) ou encore de la délibération qui arrête le dossier définitif d'un projet d'aménagement (CE Sect., 30 mars 2016, requête numéro 383037, Molinier).

956.- Absence d'effets de la jurisprudence GISTI.- Dans le prolongement de la jurisprudence GISTI de 2020 (requête numéro 418142, préc.), ce sont certainement les « effets notables » produits par les mesures préparatoires qui doivent désormais déterminer la recevabilité du recours pour excès de pouvoir contre elles. Il est toutefois probable, eu égard aux caractéristiques de ces actes, que la prise en compte de ces effets restera limitée aux seuls cas où ils présentent un caractère décisoire. Or cette hypothèse, seul l'acte final doit pouvoir faire l'objet d'un recours pour excès de pouvoir.

B – Circulaires

957.- Définition et régime contentieux.- On évoquera la notion de circulaire avant d'étudier la question de la recevabilité du recours contre les circulaires, celle de leur invocabilité et celle de leur légalité.

1° Notion de circulaire

958.- Définition.- La circulaire - appelée également note de service ou instruction - est l'instrument par lequel les chefs de service, et notamment les ministres, exercent leur pouvoir hiérarchique sur leurs subordonnés. En effet, le pouvoir hiérarchique implique la possibilité d'adresser aux agents du service des instructions qui vont les guider dans l'accomplissement de leurs missions. Le but recherché est que l'ensemble des agents du service adoptent une solution identique aux problèmes qui leurs sont soumis. La circulaire est une manifestation de ce pouvoir d'instruction :

elle a pour principal objet d'interpréter la législation et la règlementation en vigueur et de définir la politique à suivre par l'administration concernée.

959.- Compétence de Premier ministre.- Il est à noter que si le Premier ministre n'est pas à proprement parler le chef hiérarchique des autres membres du gouvernement, il est également compétent pour édicter des circulaires, conformément aux dispositions de l'article 21 de la Constitution qui fait de lui le chef du gouvernement (CE, 26 décembre 2012, requête numéro 358226, Association « Libérez les Mademoiselles » : Rec. p. 501 ; JCP A 2013, comm. 30, note Tollinchi et comm. 31, note Pauliat ; RFDA 2013, p. 233, concl. Bourgeois-Machureau).

960.- Un instrument fréquemment utilisé par les chefs de service.- Les circulaires sont extrêmement nombreuses ce qui peut nuire à la lisibilité du droit. En réaction, une circulaire du Premier ministre du 17 juillet 2013 (numéro 5667/SG) a voulu limiter leur usage à « la diffusion d'instructions pour la mise en œuvre d'une politique publique ». Elles seront signées personnellement par les ministres et ne pourront comporter plus de cinq pages. Un examen rapide des dernières circulaires publiées démontre que ces principes ne sont pas toujours respectés. Notons enfin que la circulaire du 17 juillet 2013 mentionne que les précisions techniques ou méthodologiques nécessaires à la mise en œuvre d'un texte sont désormais transmises via les outils intranet des ministères, ce qui devrait éviter l'édiction de trop nombreuses nouvelles circulaires. L'objectif de limitation du nombre de circulaires ministérielles paraît en effet atteint. Une consultation du site circulaires.gouv.fr permet en effet de constater que si 876 circulaires et instructions ont été publiées en 2012, seulement 142 l'ont été en 2020

961.- Publicité des circulaires.- L'article L. 312-2 du Code des relations entre le public et l'administration précise quant à lui que les instructions, les circulaires ainsi que les notes et réponses ministérielles qui comportent une interprétation du droit positif ou une description des procédures administratives font l'objet d'une publication.

Il a été jugé que ne relève pas du champ d'application de cet article une circulaire par laquelle le ministre de l'Intérieur « en sa qualité de chef de service, a défini à destination des seuls services et unités chargés du maintien de l'ordre les conditions d'utilisation des armes de force intermédiaire ». En effet, elle ne comporte pas interprétation du droit positif ou une description des procédures administratives au sens de ces dispositions. Cette circulaire ne peut donc être regardée comme abrogée en raison de son absence de publication sur un des supports légalement prévus à cette fin (CE, 7 juillet 2019, requête numéro 427638, requête numéro 428895, requête numéro 429621, Ligue des droits de l'Homme et Confédération générale du travail et a.).

L'article R. 312-8 du même code prévoit que les circulaires et instructions adressées par les ministres aux services et établissements de l'Etat doivent être tenues à la disposition du public sur un site internet relevant du Premier ministre (circulaires.legifrance.gouv.fr). Toutefois, l'article R. 312-9 précise que les

« circulaires et instructions intervenant dans certains domaines marqués par un besoin régulier de mise à jour portant sur un nombre important de données » peuvent être publiées sur un autre site (par exemple, en matière fiscale, V. bofip.impots.gouv.fr.- sur l'application dans le temps des règles de publication des ciculaires et instructions en matière fiscale V. CE Sect., 13 mars 2020, requête numéro 435634, Société Hasbro European Trading BV : Dr. adm. 2020, comm. 35, note Eveillard).

Une circulaire ou une instruction qui ne figure pas sur ce site n'est pas applicable et les services ne peuvent en aucun cas s'en prévaloir à l'égard des administrés dans le cadre de la prise de décisions individuelles (CE, ord. réf., requête numéro 405471, association La Cimade, service oecuménique d'entraide.- CE, 24 juillet 2019, requête numéro 427638, Ligue des droits de l'homme). Mais puisque ces actes conservent une existence juridique, ils peuvent faire l'objet d'un recours pour excès de pouvoir (CE, 7 avril 2011, requête numéro 343387, Association SOS Racisme : Rec. p. 155), comme comme la décision refusant de les abroger (CE, 26 juillet 2018, requête numéro 414151, Syndicat national des guides professionnels de canoë-kayak et disciplines associées).

Notons également que la circulaire du Premier ministre du 15 juillet 2015 précise que ces documents doivent aussi être rendus publics sur les sites internet de chaque ministère.

Le décret n°2008-1281 du 8 décembre 2008, qui était seul à organiser avant l'entrée en vigueur au 1er janvier 2016 du Code des relations entre le public et l'administration la publication des circulaires, prévoyait également que les circulaires et instructions déjà signées étaient réputées abrogées si elles n'avaient pas été reprises sur le site internet dédié à la date du 1er mai 2009 (V. par ex. CE, 23 février 2011, requête numéro 334022, Association la Cimade), ce qui avait amené un auteur à parler de « Saint-Barthélémy des circulaires et instructions ministérielles » (S. Slama).

2° Recevabilité des recours dirigés contre les circulaires

962.- L'ancienne distinction entre les circulaires interprétatives et les circulaires réglementaires.- Les circulaires ne présentent pas, en principe, de caractère décisoire puisqu'elles ne modifient pas l'état du droit. Cependant, une circulaire peut contenir des éléments qui ne se limitent pas à un simple rappel des règles applicables, et dans cette hypothèse le recours sera recevable. Dans son arrêt d'Assemblée du 29 janvier 1954, Institution Notre-dame du Kreisker, le Conseil d'Etat a ainsi opéré une distinction entre les circulaires interprétatives - inattaquables - et les circulaires contenant des dispositions règlementaires qui peuvent faire l'objet d'un recours pour excès de pouvoir (requête numéro 07134 : Rec. p.64 ; AJDA 1954, 2 bis, p. 5, chron. Gazier et Long ; Droit adm. 1954, p. 50, concl. Tricot).

Dans cette affaire, un recours pour excès de pouvoir était dirigé contre une circulaire du ministre de l'Education nationale relative à la constitution de dossiers de demandes de subvention présentées par des établissements d'enseignement privés. Certaines dispositions de cette circulaire ne faisaient manifestement qu'interpréter la loi en vigueur, et donc la mettre en application : par exemple, le ministre pouvait dresser une liste des documents que les établissements privés devaient produire à l'appui de leurs demandes de subvention. De cette façon, le ministre ne faisait que permettre aux conseils académiques de statuer efficacement sur les demandes, ce qui est une compétence qui leur était reconnue par la loi en vigueur. En revanche, d'autres dispositions présentaient un caractère règlementaire. En particulier, la circulaire soumettait l'octroi des subventions à l'acceptation, par les établissements privés, d'un contrôle de leurs enseignements et de leur gestion financière. Or, ces conditions n'étaient pas instituées par la loi. Par conséquent, la circulaire avait modifié l'état du droit résultant des textes applicables et présentait donc un caractère règlementaire.

La reconnaissance du caractère règlementaire de certaines dispositions d'une circulaire permettait au requérant de demander leur annulation au juge administratif. Sur le fond, les circulaires à caractère règlementaire étaient souvent illégales, puisque leur auteur n'était généralement pas compétent pour modifier les textes en vigueur. Si tel n'était pas le cas, et si elle n'était pas entachée de vices autres que l'incompétence de leur auteur, la circulaire était invocable par les administrés et elle leur était opposable.

963.- La nouvelle distinction entre les circulaires impératives et les circulaires dénuées de caractère impératif.- Dans l'arrêt de Section Duvignères du 18 décembre 2002 (requête numéro 233618 : RFDA 2003, p. 280, concl. Fombeur ; AJDA 2003, p. 487, chron. Donnat et Casas ; JCP A 2003, comm. 5, note Moreau ; LPA 23 juin 2003, p.8, note Combeau : Dr. adm. 2003, comm. 73 et repère 3), le Conseil d'Etat a inauguré une nouvelle distinction entre les circulaires dénuées de caractère impératif et les circulaires impératives. Cependant, la portée de cette évolution doit être relativisée : si la terminologie évolue, cette nouvelle distinction recoupe en partie l'ancienne distinction entre circulaires interprétatives et circulaires réglementaires.

964.- Les circulaires impératives présentent toutes des « effets notables ».- Cette solution n'a pas été remise en cause par le récent arrêt GISTI du 12 juin 2020 (requête numéro 418142, préc.). En effet, selon cet arrêt, la « notion d'effets notables » qui détermine la justiciabilité des actes de droit souple recouvre celle de circulaire impérative. Il faut se représenter cette évolution favorable à une admission plus large de la recevabilité du recours pour excès de pouvoir sous la forme de cercles concentriques : le cercle le plus large concernant les actes présentant des « effets notables » englobe celui des actes impératifs, celui-ci englobant à son tour le cercle constitué par les actes réglementaires.

965.- Circulaires dénuées de caractère impératif.- Il ressort de l'arrêt Duvignères que l'interprétation que l'autorité administrative donne, par voie de circulaires, des lois et règlements qu'elle a pour mission de mettre en œuvre, n'est pas susceptible d'être déférée au juge de l'excès de pouvoir dès lors qu'elle est dénuée de caractère impératif. En d'autres termes, une circulaire est inattaquable si elle n'a pas pour objectif de conditionner les décisions qui seront ultérieurement prises.

Exemples :
- CE, 1er mars 2004, requête numéro 254081, Syndicat national des professions du tourisme CGC : le précis de fiscalité édité par le ministère des finances, qui a pour seul objet de présenter sous une forme facilement consultable les dispositions essentielles du droit fiscal et qui indique, dans son avant-propos, ne pas se substituer aux documentations administratives officielles, ne peut être regardé comme étant au nombre des prises de position de l'administration fiscale pouvant lui être opposées par un contribuable sur le fondement de l'article L. 80 A du livre des procédures fiscales. Par suite, il ne contient aucune disposition impérative à caractère général.
- CE, 4 février 2004, requête numéro 248647, OPHLM de Seine-et-Marne : une instruction fiscale qui se borne à résumer les modifications apportées par le législateur à un dispositif donné et à rappeler le régime en vigueur n'a pas pour objet de donner de ces dispositions législatives une interprétation qui, par son caractère impératif, devrait être regardée comme faisant grief. Par suite, le recours pour excès de pouvoir dirigé contre une telle instruction n'est pas recevable.
- CE, 3 octobre 2003, requête numéro 240270, Boonen (AJDA 2003, p.1847) : ne fait pas grief une circulaire de la Commission nationale informatique et libertés qui n'écarte pas de manière impérative la possibilité de photocopier des documents contenus dans le fichier des renseignements généraux.
- CE, 6 avril 2006, requête numéro 280303, Paris : en faisant connaître par avance les aspects de la contribution au bon fonctionnement du service public de la justice qu'il entendait plus particulièrement prendre en compte à l'occasion de la fixation des taux individuels de prime des magistrats de son ressort, un premier président de cour d'appel ne fixe aucune règle impérative.
-CE, 27 juin 2018, requête numéro 419030, SA Confraternelle d'exploitation et de répartition pharmaceutique (CERP) Rhin Rhône Méditerranée (Dr. fisc. 2018, comm. 515, concl. Victor) : sont irrecevables les conclusions tendant à l'annulation des commentaires administratifs publiés au BOFiP en tant qu'ils ne mentionnent pas la contribution sur la vente en gros de médicaments remboursables dans la liste non exhaustive des impositions déductibles pour le calcul de la valeur ajoutée. Les commentaires attaqués, dont les contributions déductibles qu'ils mentionnent ne sont pas présentées comme exhaustives, ne comportent aucune mention relative, à titre d'exemple, à la contribution sur la vente en gros de médicaments remboursables et ne prennent nullement position sur le traitement de cette contribution pour la détermination de la base d'imposition à la cotisation sur la valeur ajoutée des entreprises. Ils ne contiennent ainsi, pour ce qui concerne cette contribution, aucune disposition impérative à caractère général.

966.- Circulaires impératives.- En revanche, les dispositions impératives à caractère général d'une circulaire ou d'une instruction font grief, tout comme le refus de les abroger.

Ainsi, le recours pour excès de pouvoir est notamment recevable contre les circulaires qui dictent aux agents une conduite à tenir, sans qu'il soit nécessaire de déterminer si elles modifient ou non l'état du droit.

Exemples :
- CE, 8 octobre 2004, requête numéro 269077, Union française pour la cohésion nationale (Rec. p. 367 ; AJDA 2005, p. 43, note Rolin ; RFDA 2004, p. 977, concl. Keller ; JCPA 2004, comm. 1849, note Tawil) : en rappelant que la loi n°2004-228 du 15 mars 2004 interdit, dans les écoles, collèges et lycées publics, le port de signes ou tenues par lesquels les élèves manifestent ostensiblement une appartenance religieuse et en reprenant des exemples cités lors des travaux préparatoires de cette loi, le ministre de l'Education nationale, de l'Enseignement supérieur et de la Recherche a précisé l'interprétation de ce texte qu'il prescrit à ses services d'adopter. Le recours pour excès de pouvoir est donc recevable.
- CE, 6 mars 2006, requête numéro 262982, Syndicat national des enseignants et artistes : une instruction qui se borne à résumer les modifications apportées par le législateur au dispositif concernant les déductions pour frais professionnels est susceptible d'être déférée au juge de l'excès de pouvoir dès lors qu'elle présente un caractère impératif.
- CE, 26 décembre 2012, Association « Libérez les Mademoiselles » (préc.) : dans la circulaire litigieuse le Premier ministre a prescrit aux membres du gouvernement, aux préfets de région et aux préfets de département de donner instruction aux services placés sous leur autorité « d'éliminer autant que possible de leurs formulaires et correspondances » le terme « Mademoiselle » en lui substituant celui de « Madame ». La circulaire litigieuse présente donc un caractère impératif.
- CE, 26 avril 2018, requête numéro 407989, Préfet du Val d'Oise : l'instruction portée à la connaissance du préfet du département par courrier du 30 juin 2014, par laquelle le président du conseil général du Val-d'Oise a demandé aux services du département d'orienter systématiquement vers le service intégré d'accueil et d'orientation, à compter du 1er septembre suivant, toute demande d'hébergement d'urgence et d'évaluer la situation des femmes enceintes et des mères isolées avec leurs enfants de moins de trois ans exclusivement « dans le cadre d'une information préoccupante », telle que prévue au 5° de l'article L. 221-1 du Code de l'action sociale et des familles, présente un caractère impératif.

Comme l'a exprimé le Conseil d'Etat dans son rapport public de 2013, même si ces circulaires ne créent pas de règles nouvelles « leur caractère impératif et le fait qu'elles émanent d'une autorité exerçant un pouvoir hiérarchique doivent (…) conduire à retenir (…) leur appartenance au droit dur » ce qui n'est pas le cas des circulaires dénuées de caractère impératif (Le droit souple, la Documentation française 2013, p. 59).

En outre, bien évidemment, une circulaire qui créée une règle nouvelle est nécessairement impérative et donc attaquable. Il peut arriver que dans une telle hypothèse les juges se réfèrent au caractère « règlementaire » de la circulaire - comme dans l'ancienne jurisprudence Institution Notre-Dame du Kreisker - ce qui n'a aucune incidence sur les règles qui seront appliquées.

Exemple :
- CE, 30 septembre 2011, requête numéro 337334, requête numéro 337389, Comité d'action syndicale de la psychiatrie et a. : la circulaire contestée a pour objet de fixer plusieurs conditions de forme qu'il était demandé aux représentants de l'Etat dans le département de faire respecter, lorsque leur étaient adressées des propositions de sorties d'essai formulées par les psychiatres des établissements d'accueil. Au nombre de ces conditions, dont le respect conditionne la recevabilité de la demande, figurent notamment plusieurs pièces et renseignements individuels non spécifiquement prévus par le Code de la santé publique, un délai minimum d'examen de 72 heures, ou le principe selon lequel la demande doit être dactylographiée. Ces dispositions qui précisent la forme, le contenu et le délai de présentation des propositions de sortie à l'essai formulées par les psychiatres des établissements d'accueil, revêtent un caractère règlementaire.

967.- Possibilités de requalification.- D'une façon générale il ne faut pas s'arrêter aux termes utilisés par l'auteur de l'acte contesté. On l'a vu, une circulaire peut avoir d'autres dénominations (instruction, note, etc.) et elle peut recéler une décision. Le juge va dans tous les cas de figure déterminer le régime contentieux applicable en fonction du contenu de l'acte attaqué. Il arrive ainsi qu'une circulaire soit requalifiée de mesure préparatoire (CE, 5 décembre 2018, requête numéro 416487, Bubbe : Rec. tables, p. 815), de la même façon que des lignes directrices peuvent être requalifiées de circulaires (V. sur ce point infra).

3° Invocabilité des circulaires

968.- Une invocabilité initialement réservée aux seules circulaires réglementaires légales.- En principe, selon l'approche traditionnelle retenue par la jurisprudence Notre-Dame du Kreisker, les circulaires n'étaient pas invocables par les administrés dès lors qu'en principe elles n'ajoutent rien au droit.

Il en allait toutefois autrement concernant les circulaires réglementaires : de la même façon que le recours pour excès de pouvoir était recevable contre elles, elles pouvaient être invoquées par les administrés, à condition toutefois qu'elles étaient légales.

969.- Une invocabilité progressivement élargie.- On l'a vu, toutefois, depuis l'arrêt Duvignères, une circulaire ne créant pas de règles nouvelles peut être impérative, dans le sens où elle peut conditionner l'application des textes dont elle fait l'application. C'est certainement pour cette raison que le décret n° 83-1025 du 28 novembre 1983 avait prévu l'invocabilité des circulaires légales. Ce texte avait toutefois été interprété de façon restrictive par le Conseil d'Etat qui avait limité sont champ d'application aux seules circulaires réglementaires légales (CE, 27 mai 1987, requête numéro 76213, Arnaudies : Rec. p. 187). Il avait ensuite été abrogé par le décret n° 2006-672 du 8 juin 2006.

Si à l'occasion de l'arrêt Duvignères, le Conseil d'Etat a admis la recevabilité du recours pour excès de pouvoir contre les circulaires impératives non réglementaires, ces circulaires n'étaient donc pas invocables par un administré, ce qui pouvait sembler tout à fait contestable.

Cette règle a toutefois évolué suite à l'entrée en vigueur de la loi n° 2018-727 du 10 août 2018 pour un Etat au service d'une société de confiance (dite ESSOC) créant l'article L. 312-3 du Code des relations entre le public et l'administration. On notera toutefois que cette loi limite sa portée aux seules circulaires émanant d'autorités étatiques. Il convient aussi certainement de considérer, même si elle ne le précise pas expressément, qu'elle n'a vocation à s'appliquer qu'aux circulaires impératives, celles qui n'ont pas ce caractère ne produisant, de toute façon, aucun effet sur la situation des administrés. S'inspirant des règles déjà applicables en matière fiscale (Livre des procédures fiscales, art. L. 80 A) et sociale (Code de la sécurité sociale, art. L. 243-6-2), cet article précise désormais que « toute personne peut se prévaloir (d'une instruction ou d'une circulaire) émanant des administrations centrales et déconcentrées de l'Etat et publiés sur des sites internet désignés par décret ». De même, dans une logique proche de celle du rescrit fiscal « toute personne peut se prévaloir de l'interprétation d'une règle, même erronée, opérée par ces documents pour son application à une situation qui n'affecte pas des tiers, tant que cette interprétation n'a pas été modifiée ». Une limite à l'invocabilité des circulaires est toutefois prévue ces nouvelles dispostions ne pouvant « pas faire obstacle à l'application des dispositions législatives ou réglementaires préservant directement la santé publique, la sécurité des personnes et des biens ou l'environnement ».

4° Légalité des dispositions des circulaires pouvant faire l'objet d'un recours

970.- Circulaire entachée d'incompétence.- Une fois la recevabilité du recours admise, les juges procèdent à l'examen du contenu de la circulaire dont les dispositions litigieuses pourront fait l'objet d'une annulation dans deux hypothèses.

Il s'agit, tout d'abord, de l'hypothèse où la circulaire fixe une règle nouvelle entachée d'incompétence, ce qui sera souvent les cas, comme dans le cadre de la jurisprudence concernant les anciennes circulaires règlementaires illégales. Dans cette hypothèse, la circulaire crée des droits et des obligations supplémentaires sans que la personne qui l'édicte ne détienne de pouvoir règlementaire. Elle est donc susceptible d'être annulée pour vice d'incompétence.

Exemples :
- CE, 6 mars 2006, Syndicat national des enseignants et artistes (préc.) : le ministre de l'Economie, des Finances et de l'Industrie a, par l'instruction attaquée, prévu, en faveur des artistes musiciens, la possibilité d'opérer des déductions de 14 % et 5 % du montant total de leur rémunération nette annuelle au titre des frais réels. Le ministre ne tenant d'aucune disposition législative le pouvoir d'édicter de telles normes, la circulaire attaquée est annulée.
- CE, 30 septembre 2011, Comité d'action syndicale de la psychiatrie et a. (préc.) : les psychiatres des établissements d'accueil n'étant pas placés sous l'autorité hiérarchique des ministres, ceux-ci ne tenaient pas dès lors de leurs pouvoirs d'organisation de leurs services la compétence pour édicter des dispositions relatives à la forme, au contenu et

au délai de présentation des propositions de sortie à l'essai. La circulaire attaquée est donc annulée.
- CE, 16 juin 2008, requête numéro 306295, Association Vivre et vieillir ensemble en citoyens et Association des directeurs au service des personnes âgées (JCPA 2008, act. 587) : la circulaire du ministre de la Santé attaquée déterminait, notamment, les modalités de calcul de la dotation de soins allouée aux établissements hébergeant des personnes âgées dépendantes pour l'année 2007. Les juges estiment que le ministre ne s'est pas borné à interpréter les dispositions législatives applicables à la fixation des dotations en cause mais a édicté des règles nouvelles relatives au plafonnement des dotations et aux engagements devant être souscrits par les établissements en contrepartie de leur allocation. Or, il ne résulte ni des dispositions de l'article L. 314-3 du Code de l'action sociale et des familles, ni d'aucune autre disposition législative ou règlementaire que le ministre serait compétent pour édicter de telles règles.

971.- Circulaire entachée d'erreur de droit.- La seconde hypothèse est celle où la circulaire est entachée d'erreur de droit.

Tel est le cas, tout d'abord, où l'interprétation méconnaît le sens et la portée des textes qu'elle interprète.

Exemples :
- CE, 10 janvier 2007, requête numéro 286701, Collectif pour la défense des loisirs verts: l'annexe 1 de la circulaire du 6 septembre 2005 du ministre de l'Ecologie et du Développement durable relative à la circulation des quads et autres véhicules à moteur dans les espaces naturels méconnaît la portée de la règlementation en vigueur en indiquant que le permis de conduire de la sous-catégorie B1 est obligatoire pour la conduite des quads, sans mentionner qu'il n'est requis que pour les quadricycles lourds à moteur.
- CE, 26 juillet 2006, requête numéro 284930, Société Natexis Banques Populaires (Droit fisc. 2006, comm. 69, note Gest et comm. 791, concl. Collin) : le Conseil d'Etat interprète comme conformes à la convention fiscale franco-brésilienne les dispositions du paragraphe II de l'instruction du 5 décembre 1997 du ministre chargé des Finances qui précise que les intérêts de source brésilienne ne donnent droit à aucun crédit d'impôt en France lorsqu'ils n'ont pas été imposés au Brésil.
- CE, 26 mars 2012, requête numéro 338856, Syndicat national des inspecteurs en santé publique vétérinaire : en ordonnant à ses services de recruter des vétérinaires inspecteurs non titulaires à temps incomplet par voie de contrats conclus sur le fondement de l'article 4 de la loi n°84-16 du 11 janvier 1984, alors que cet article ne permet pas le recrutement d'agents contractuels pour assurer des fonctions qui, correspondant à un besoin permanent, impliquent un service à temps incomplet, le ministre a entaché sa note de service d'erreur de droit.
- CE, 20 septembre 2017, requête numéro 401294, Association Enerplan : il résulte des dispositions de l'article 266 quinquies C du Code des douanes qu'elles prévoient l'exonération de l'électricité consommée pour les besoins de l'activité de son producteur, à condition que la production annuelle des installations qu'il exploite n'excède pas 240 millions de kilowattheures par site de production. Ces dispositions, qui visent à favoriser l'autoconsommation d'électricité, n'ont pas subordonné le bénéfice de cette exonération à la condition que le producteur consomme l'intégralité de l'électricité qu'il produit. Dès

lors, en prévoyant que celui-ci ne peut pas en bénéficier pour la partie autoconsommée de l'électricité produite si l'autre partie est revendue à des tiers, le ministre des Finances et des Comptes publics a ajouté à la loi une condition d'éligibilité à l'exonération qu'elle ne prévoit pas. Il suit de là que les dispositions contestées de la circulaire sont entachées d'incompétence.

972.- Circulaires réitérant une règle juridique contraire à une norme supérieure.- Enfin est concernée l'hypothèse, plus rare, où la circulaire réitère une règle juridique contraire à une norme supérieure. Ainsi, est désormais recevable le recours contre une circulaire prescrivant l'application d'un décret non conforme à une loi, ce qui n'était pas le cas dans la jurisprudence antérieure.

Exemple :
- CE, 2 décembre 2011, requête numéro 333472, CFTC (Rec. p. 602 ; JCP A 2011, act. 763, obs. Dubreuil ; JCP S 2012, comm. 1069, note d'Allende) : si la circulaire contestée du 26 mars 1997 se borne à tirer les conséquences de l'article 2 du décret n°91-1266 du 19 décembre 1991 portant application de la loi n°91-647 du 10 juillet 1991 relative à l'aide juridique elle réitère néanmoins, au moyen de dispositions impératives à caractère général, la règle qu'a illégalement fixée cette disposition.

Dans le cas, en revanche, où la circulaire litigieuse interprète une décision de justice, il n'appartient pas au juge de l'excès de pouvoir d'apprécier le bien-fondé de cette décision. Il ne pourra qu'apprécier, dans la limite des moyens soulevés, si l'interprétation retenue par la circulaire ne méconnaît pas le sens et la portée de cette décision (CE, 24 avril 2012, requête numéro 345301, Afane-Jacquard : Rec. tables, p. 924 ; AJDA 2012, p. 915).

C – Les lignes directrices

973.- Des directives aux lignes directrices.- La notion de lignes directrices est nouvelle puisqu'elle est apparue à l'occasion de l'arrêt du Conseil d'Etat Jousselin du 19 septembre 2014 (requête numéro 364385 : Rec. p. 272 ; AJDA 2014, p. 2262, concl. Dumortier ; Dr. adm. 2014, comm. 70, note Auby ; JCP A 2014, act. 759, obs. Tesson ; JCP A 2014, act. 821, Libres propos Cassia). Elle succède à l'ancienne notion de directive, sans pour autant présenter de différences notables avec cette dernière. Le Conseil d'Etat se conforme ici aux préconisations de son propre rapport public de 2013 (Le droit souple, préc. p. 13). De fait, le terme de directive pouvait prêter à confusion avec les directives de l'Union européenne, qui ont peu à voir avec elles, tant du point de vue de leur fonction que de celui de leur régime juridique. Ensuite, le terme même de directive évoque l'idée d'une contrainte et d'une impérativité qui ne leur est justement pas reconnue L'appellation de « ligne directrice » apparaît plus fidèle au contenu de ces actes qui visent avant tout à orienter les agents. Il s'agit, plus précisément, de documents d'orientation dotés, certes, d'une valeur fortement incitative à l'égard des agents qui en sont destinataires, mais non absolument impérative puisqu'il leur est permis d'y déroger. Comme l'énonce le Conseil d'Etat elles ont pour objet de définir « des critères permettant de mettre en œuvre le texte en cause, sous réserve de motifs d'intérêt général conduisant à y déroger et de l'appréciation particulière de chaque situation » (CE Sect., 4 février 2015, requête numéro 383267, requête numéro 383268, Ministre de l'Intérieur c/ Cortes Ortiz : Rec. p. 17, concl. Bourgeois-Machureau ; AJDA 2015, p. 443, chron. Lessi et Dutheillet de Lamothe ; Dr. adm. 2015, doctr. 637, note Eveillard ; JCP A 2015, comm. 2196, note Marti.- V. également CE, 16 octobre 2017, requête numéro 408344, Sadeqi.- CE, 16 octobre 2017, requête numéro 408374, M. et Mme Khodadad : AJDA 2017, p. 2424, concl. Odinet ; Dr. adm. 2018, comm. 10, note Mouchette ; JCP A 2017, act. 501 et 502, obs. Erstein).

974.- Un substitut à l'absence de pouvoir réglementaire.- Telles qu'elles sont conçues à l'origine, les lignes directrices s'apparentent à un substitut à l'absence de pouvoir réglementaire, particulièrement pour les ministres qui sont en principe dépourvus d'un tel pouvoir (CE Sect., 23 mai 1969, requête numéro 71782, Société distillerie Brabant et Cie., préc.). En revanche, une autorité investie d'un pouvoir réglementaire ne pouvait agir aux moyens de lignes directrices. Cette solution a toutefois été remise en cause par le Conseil d'Etat dans un récent arrêt Durand du 21 septembre 2020 (requête numéro 428683 : Dr. adm. 2021, comm. 1, note Eveillard).

975.- Une alternative à l'exercice du pouvoir réglementaire.- Le Conseil d'Etat admet pour la première fois que « l'autorité compétente peut, qu'elle dispose ou non en la matière du pouvoir réglementaire, encadrer l'action de l'administration, dans le but d'en assurer la cohérence, en déterminant, par la voie de lignes directrices sans édicter aucune condition nouvelle, des critères permettant de mettre en œuvre le texte en cause, sous réserve de motifs d'intérêt général conduisant à y déroger et de l'appréciation particulière de chaque situation ». Le recours aux lignes directrices est ainsi censé assurer plus de souplesse à l'action administrative et elle autorise une modulation des décisions prises par les autorités déconcentrées en fonction des réalités concrètes auxquelles elles sont confrontées. On peut considérer que cette évolution est opportune et qu'elle correspond à une logique d'approfondissement de la déconcentration qui est de plus en plus présente dans les textes. On songe notamment ici à la loi n° 2019-828 du 6 août 2019 de transformation de la fonction publique qui permet l'édiction de lignes directrices de gestion dans les trois versants de la fonction publique ou encore au décret n°2020-412 du 8 avril 2020 qui reconnaît au préfet un droit de dérogation aux normes nationales. De nombreuses autorités administratives indépendantes et autorités publiques indépendates édictent également de nombreuses lignes directrices. En d'autres termes, le recours aux lignes directrices ne peut plus être conçu comme un simple palliatif de l'absence de pouvoir réglementaire : il s'agit aujourd'hui d'un mode de plus en plus privilégié de gestion de l'action administrative ce dont prend acte le Conseil d'Etat.

976.- Lignes directrices et circulaires.- Sur le fond, l'ancienne jurisprudence consacrée aux directives peut être transposée aux nouvelles lignes directrices.

Comme les circulaires, les lignes directrices - anciennement dénommées directives - constituent un moyen par lequel les chefs de service indiquent à leurs subordonnés la façon d'interpréter et mettre en œuvre un texte. Il s'agit ainsi de rationaliser et de rendre cohérente l'action des agents appartenant à un même service.

L'objet des lignes directrices n'est toutefois pas identique à celui des circulaires. Comme on l'a vu, les circulaires s'intéressent à expliquer le contenu du texte qu'elles interprètent. A l'opposé, les directives définissent un cadre pour les décisions individuelles qui seront prises en application de ces textes. Il s'agit donc, en quelque sorte, de définir une politique à suivre par le service. Ainsi, par exemple, une circulaire peut définir de quelle façon seront composés des dossiers de demande de subvention, alors que des lignes directrices peuvent fixer le cadre d'analyse selon lequel ces subventions seront attribuées. Certes, une circulaire impérative peut aussi indiquer aux agents le sens des décisions qu'ils doivent prendre – par exemple en indiquant quelles sont les tenues interdites dans les écoles, collèges et lycées publics par lesquels les « élèves manifestent ostensiblement une appartenance religieuse » en application de la loi n°2004-228 du 15 mars 2004 – elle ne laisse, à la différence des lignes directrices, aucune marge de manœuvre à ces agents.

Comme les circulaires, les lignes directrices devaient être publiées, conformément à la loi n°78-753 du 17 juillet 1978. Toutefois, de façon assez inexplicable, cette obligation de publication n'a pas été expressément reprise par le Code des relations entre le public et l'administration.

977.- Lignes directrices et orientations générales.- Il ne faut pas non plus confondre les lignes directrices et les orientations générales qui peuvent être définies par une circulaire. A propos de la circulaire dite « Valls » du 28 novembre 2012 relative aux conditions d'examen des demandes d'admission au séjour déposées par des ressortissants étrangers en situation irrégulière le Conseil d'Etat, au terme d'un raisonnement qui ne manque pas de subtilité, a ainsi pu considérer que si un étranger « peut, à l'appui d'un recours pour excès de pouvoir formé contre une décision préfectorale refusant de régulariser sa situation par la délivrance d'un titre de séjour, soutenir que la décision du préfet, compte tenu de l'ensemble des éléments de sa situation personnelle, serait entachée d'une erreur manifeste d'appréciation, il ne peut utilement se prévaloir des orientations générales que le ministre de l'Intérieur a pu adresser aux préfets pour les éclairer dans la mise en œuvre de leur pouvoir de régularisation » (CE Sect., 4 février 2015, requête numéro 383267, requête numéro 383268, Ministre de l'Intérieur c/ Cortes Ortiz, préc.). Il s'agit donc ici, pour l'autorité compétente, de définir des « orientations générales » en vue de l'adoption de « mesures de faveur » susceptibles d'être octroyées à titre gracieux aux personnes intéressées (V. sur ce point J. Mouchette, note précitée).

978.- Possibilités de requalification.- On notera que comme pour les circulaires, le juge ne s'arrête pas à la dénomination de l'acte pour en déterminer le régime juridique. Ainsi, il n'est pas rare qu'une circulaire contienne en réalité des lignes directrices, l'inverse étant également possible

Exemple :
- CE, 21 septembre 2020, requête numéro 425960 : la circulaire du 28 avril 2014 sur l'application des dispositifs de poursuite d'activité au-delà de la limite d'âge des agents titulaires et non titulaires du CNRS, au regard de laquelle l'administration a examiné la demande (d'un chargé de recherches), prévoyait, à titre d'orientation générale, de privilégier le recrutement de jeunes chercheurs plutôt que le maintien en activité des agents ayant atteint la limite d'âge, tout en invitant à procéder à un examen particulier de chaque demande et en précisant qu'il devait être dérogé à cette orientation générale lorsque les circonstances propres au cas particulier le justifient dans l'intérêt du service. Cette circulaire s'est ainsi bornée à fixer, à l'attention des services de l'établissement, des lignes directrices pour l'appréciation des demandes de maintien en activité au regard de l'intérêt du service.

979.- Absence de caractère impératif.- Si elles n'ont pas un caractère impératif, puisque les agents peuvent y déroger, les lignes directrices conditionnent néanmoins assez fortement les décisions qu'ils vont prendre. C'est pour cette raison qu'un auteur parle à propos de ces actes d'une « force mi-impérative mi-référentielle » (D. Costa, Des directives aux lignes directrices : une variation en clairs-obscurs : AJDA 2015, p. 806) et que le Conseil d'Etat, les classe dans une catégorie intermédiaire entre le droit souple et le droit dur (Le droit souple, préc. p. 69), ce qui ne saurait être le cas, même si la frontière entre ces notions est pour le moins imprécise, des orientations générales.

Le régime juridique des directives - nouvellement lignes directrices - a été précisé par le Conseil d'Etat dans son arrêt de Section du 11 décembre 1970 Crédit foncier de France c. Dlle Gaupillat et Dame Ader (requête numéro 78880 : Rec. p. 750, concl. Bertrand ; AJDA 1971, p. 196, chron. HTC ; RDP 1971, p. 1224, note Waline ; D. 1971, p. 674, note Loschak ; JCP G 1972, II, comm. 17232, note Fromont) complété par l'arrêt de Section du 29 juin 1973, Société Géa (Rec. p. 453 ; AJDA 1973, p. 587, chron. Franc et Boyon, note Vier ; RDP 1974, p. 547, note Waline ; D. 1974, p. 141, note Durupty).

Les lignes directrices ne présentent pas de caractère décisoire - ni même impératif - puisqu'elles se contentent d'orienter les mesures qui seront prises ultérieurement. Il s'agit de déterminer des critères permettant de mettre en oeuvre le texte en cause mais sans édicter aucune condition nouvelle par rapport à ce texte ni méconnaître les buts qu'ils visent. L'arrêt de Section Société Géa du 29 juin 1973 avait également précisé que l'autorité compétente devait respecter, dans l'édiction des directives, les principes généraux du droit (préc.).

Par conséquent, comme les circulaires, il était de jurisprudence constante que ces actes ne pouvaient pas faire l'objet d'un recours pour excès de pouvoir, à moins qu'ils ne présentaient un caractère impératif, c'est-à-dire s'ils ne laissaient aucune marge de manœuvre à l'autorité compétente.

Exemple :
-CE, 3 mai 2004, requête numéro 254961, Comité anti-amiante Jussieu et a. (Rec. p. 193 ; JCP A 2004, comm.1466, note Benoît ; Dr. adm. 2004, comm. 131) : les

délibérations du conseil d'administration du fonds d'indemnisation des victimes de l'amiante se bornent à définir des orientations et ne font pas obstacle à ce que, en fonction de la situation de chaque demandeur, les autorités compétentes s'écartent des directives qui leur sont ainsi adressées. Dès lors, ces délibérations dont les termes sont dénués de caractère impératif, ne sont pas susceptibles de faire l'objet d'un recours pour excès de pouvoir.

Il en allait de même lorsque les lignes directrices définissaient des orientations contraires ou nouvelles au regard des actes législatifs ou réglementaires en vigueur.

Exemple :
- CE 18 novembre 2013, requête numéro 358046, Syndicat Sud travail affaires sociales : en l'absence de disposition législative ou réglementaire prévoyant une telle condition, le ministre chargé du travail ne pouvait compétemment subordonner la promotion de grade d'un membre du corps de l'inspection du travail à l'accomplissement d'une mobilité au moment de cette promotion ou antérieurement à celle-ci. La note de service ici attaquée paraît assimilable à des lignes directrices.

Ainsi, comme pour les circulaires, le recours pour excès de pouvoir est recevable lorsqu'il apparaît que les lignes directricesa directive contient des éléments décisoires et plus généralement si elle est dotée d'un caractère impératifne laissent en réalité aucune marge de manœuvre dans la prise de décision à l'autorité compétente. Dans ce cas, la directiveles lignes directrices pourronta directement faire l'objet d'un recours pour excès de pouvoir. Il peut aussi arriver qu'un texte qui est dénommé « lignes directrices » directive s'apparente, matériellement, à une circulaire, l'inverse étant également possiblevrai.

980.- Elargissement progressif du recours pour excès de pouvoir aux lignes directrices.- Le Conseil d'Etat a toutefois récemment admis, en droite ligne de sa jurisprudence récente consacrée au droit souple (V. sur ces questions infra), la recevabilité du recours pour excès de pouvoir contre les lignes directrices des autorités de régulation alors mêmes qu'elles ne produisent pas d'effets juridiques (CE, 13 décembre 2017, requête numéro 401799, Société Bouygues télécom : Rec. p. 357, concl. Daumas ; AJDA 2018, p. 571, note de Fontenelle ; Dr. adm. 2018, comm. 26, note Mouchette; JCP A 2018, comm. 2137, note Eveillard). Est ainsi recevable le recours contre des lignes directrices « introduit par un requérant justifiant d'un intérêt direct et certain à leur annulation lorsqu'elles sont de nature à produire des effets notables, notamment de nature économique, ou ont pour objet d'influer de manière significative sur les comportements des personnes auxquelles elles s'adressent ». Sont ici particulièrement visées les lignes directrices prises par certaines autorités administratives indépendantes - l'ARCEP en l'espèce - et l'influence qu'elles peuvent avoir sur le comportement des acteurs du marché.

Surtout, dans son arrêt de Section GISTI du 12 juin 2020 (requête numéro 418142, préc.), le Conseil d'Etat a admis que parce qu'elles emportent des « effets notables », de la même façon que les circulaires à caractère impératif, les lignes directrices peuvent désormais directement faire l'objet d'un recours pour excès de pouvoir.

981.- Possibilités de déroger aux lignes directrices.- Il faut insister sur le fait que les lignes directrices ne s'imposent pas nécessairement à l'administration. En effet, avant d'appliquer les critères retenus par la directive, l'administration doit procéder « à un examen particulier de chaque affaire », cet examen pouvant permettre à l'administration de déroger à la ligne fixée par la directive.

Cependant, la dérogation à l'application de directives n'est possible que dans deux cas : s'il existe des motifs d'intérêt général ou s'il existe des motifs tirés des particularités de la situation de l'intéressé par rapport aux normes édictées.

> Exemple :
> -CE, 12 décembre 1997, requête numéro 147007, ONIFLHOR (Rec. tables, p.676 ; Dr. adm. 1998, comm. 4, concl. Stahl) : pour refuser à la société Hortiflor la subvention qu'elle sollicitait en vue de la construction de serres horticoles, l'office national interprofessionnel des fruits, des légumes et de l'horticulture s'est fondé sur un motif tiré de ce que le capital social de cette société était détenu par des actionnaires n'ayant pas le statut d'exploitant agricole. Il ne résulte ni de la loi du 6 octobre 1982 relative à la création d'offices d'intervention dans le secteur agricole, ni du décret du 18 mars 1983 modifié portant création d'un office national interprofessionnel des fruits, des légumes et de l'horticulture, que les aides que cet office est susceptible d'accorder en vue d'améliorer la rentabilité et la compétitivité des entreprises ainsi que la qualité des productions soient réservées aux entreprises dont les actionnaires ont le statut d'exploitant agricole. Un tel motif qui n'est pas davantage prévu par la circulaire - qui matériellement s'apparente à une directive - du 2 novembre 1988 n'est pas susceptible de fonder légalement la décision attaquée.
> -CE, 20 mars 2017, requête numéro 401751, Région Aquitaine-Limousin-Poitou-Charentes (JCPG 2017, comm. 772, note Lanneau) : L'Autorité de régulation des activités ferroviaires et routières a adopté des lignes directrices relatives à l'instruction des demandes d'interdiction ou de limitation des services routiers sur les liaisons régulières interurbaines par autocar inférieures ou égales à 100 kilomètres. Si l'Autorité était tenue de suivre la méthode d'analyse qu'elle s'était ainsi donnée pour prendre l'avis contesté, il lui incombait, pour porter son appréciation sur le projet d'interdiction du service d'une société de transport par autocar, de prendre en compte l'ensemble des circonstances pertinentes de la situation particulière qui lui était soumise. Si les lignes directrices applicables prévoyaient que l'analyse de la substituabilité entre le service conventionné et le service librement organisé au regard de certaines caractéristiques de l'offre et de la demande devait porter sur la comparaison des horaires, les fréquences journalières et hebdomadaires proposées et les temps de parcours, il incombait à l'Autorité, eu égard au projet qui lui était soumis, de prendre en compte également, pour apprécier de façon pertinente la substituabilité, la localisation des arrêts du service proposé par la société.

Par conséquent, les lignes directrices sont opposables aux administrés. De même elles sont invocables par eux, ce qui n'est pas le cas en principe pour les circulaires (CE Sect., 4 février 2015, requête numéro 383267, requête numéro 383268, Ministre de l'Intérieur c/ Cortes Ortiz, préc.). Ainsi, l'administration peut fonder une décision individuelle sur des lignes directrices. De même, un administré peut fonder un recours contre une décision rejetant sa demande au motif que l'auteur de cette décision aurait dû se fonder sur les indications contenues dans des lignes directrices ou, au contraire, y déroger.

D – Les actes relevant du droit souple.

982.- Notion de droit souple.- Apparue dans le domaine du droit international dans les années 1930, puis en droit de l'Union européenne, la notion de droit souple ou « soft law » a progressivement pénétré le droit interne, et plus particulièrement le droit administratif, jusqu'à faire l'objet de l'étude thématique insérée dans le rapport public annuel du Conseil d'Etat pour 2013. Comme on l'a vu, dès lors qu'elles n'ont pas d'effets juridiques, les circulaires dénuées de caractère impératif relèvent du droit souple, alors que les lignes directrices et certainement les mesures préparatoires se rapportent à un acte normateur futur, ce qui les situent à la frontière entre droit dur et droit souple.

Dans un contexte où la notion de régulation se substitue parfois à celle de réglementation, le droit souple se manifeste plus généralement par l'édiction d'actes qui ont pour point commun de ne pas prescrire des droits et des obligations précises. Ces actes sont très divers : il peut s'agir d'avis, de chartes, de guides de déontologie, de codes de conduite, de lettres d'intention ou encore de recommandations d'autorités administratives indépendantes.

983.- Un acte de droit souple peut receler une décision.- Comme on l'a vu, la distinction entre actes décisoires et actes non décisoires doit être appréciée non pas d'un point de vue formel, en fonction du type d'acte qui fait l'objet d'un recours, mais d'un point de vue matériel, au regard du contenu de l'acte et des effets juridiques qu'il emporte. En d'autres termes, un acte relevant en principe du droit souple pourra néanmoins faire l'objet d'un recours pour excès de pouvoir dès lors qu'il comporte des éléments impératifs.

Dans ce sens, le Conseil d'Etat a pu juger qu'un communiqué par lequel la Commission des sondages donne l'interprétation des lois et règlements qu'elle a pour mission de mettre en œuvre, au moyen de dispositions impératives à caractère général, peut faire l'objet d'un recours pour excès de pouvoir (CE 18 juin 1993, requête numéro 137317, IFOP : Rec. p. 178). De même, peut faire l'objet d'un recours une délibération du Conseil supérieur de l'audiovisuel énonçant les critères devant lui permettre d'apprécier le respect, par les services de radio et de télévision, de leurs obligations en matière de pluralisme politique et, en cas de méconnaissance de ces critères, d'adresser à ces services une mise en demeure puis, le cas échéant, une sanction (CE, 8 avril 2009, requête numéro 311136, Hollande et Mathus : Rec. p. 140 ; AJDA 2009, p. 1096, chron. Liéber et Botteghi ; RFDA 2009, p. 351, concl. de Salins). Plus récemment, à l'occasion d'un arrêt Formindep du 27 avril 2011 (requête numéro 334396 : AJDA 2011, p. 1326, concl. Landais : D. 2011, p. 2565, obs. Laude ; RDSS 2011, p. 483, note Peigné) le Conseil d'Etat a accepté de connaître du recours dirigé contre une recommandation de bonnes pratiques de la

Haute autorité de santé au motif que celle-ci, en définissant ce qu'est l'état de l'art, était susceptible d'être ultérieurement prise en compte pour apprécier l'obligation déontologique du médecin.

984.- Un acte de droit souple peut présenter un caractère impératif.- Toutefois, la recevabilité du recours pour excès de pouvoir n'est pas exclusivement déterminée par la distinction traditionnellement opérée entre les actes décisoires et les actes non décisoires, comme l'illustre l'arrêt Dame Duvignères (requête numéro 233618, préc.) qui admet la recevabilité du recours pour excès de pouvoir contre les circulaires impératives ne créant pas de règles juridiques nouvelles.

C'est cette solution qui a été transposée pour les actes de droit souple dans un arrêt du Conseil d'Etat du 26 septembre 2005, Conseil national des médecins (requête numéro 270234 : Rec. p. 395 ; AJDA 2005, p. 308, note Markus). Il a été jugé dans cette affaire que si les recommandations de bonnes pratiques établies par l'Agence nationale d'accréditation et d'évaluation en santé et homologuées par arrêté du ministre chargé de la santé n'ont pas en principe le caractère de décision faisant grief « elles doivent toutefois être regardées comme ayant un tel caractère, tout comme le refus de les retirer, lorsqu'elles sont rédigées de façon impérative ». De même, il a été jugé que si les recommandations de la HALDE ne peuvent en principe faire l'objet d'un recours pour excès de pouvoir, « il en irait, en revanche, différemment de recommandations de portée générale, qui seraient rédigées de façon impérative » (CE, 13 juillet 2007, requête numéro 294195, Société Editions Tissot : Rec. p. 335 ; AJDA 2007, p. 2145, concl. Derepas).

Il y a donc deux éléments qui sont pris en compte pour déterminer la recevabilité du recours pour excès de pouvoir dirigé contre des actes relevant en principe du droit souple : la rédaction impérative de l'acte ; la possibilité qu'interviennent ultérieurement des décisions dont le contenu est susceptible d'être influencé par le sens de cet acte. Il faut toutefois considérer, dans ces différentes hypothèses, que les actes litigieux, en dépit de leur apparence, ne sont pas des actes de droit souple, dès lors qu'ils emportent des effets juridiques, même limités. Dans ses arrêts Société Casino Guichard-Perrachon (requête numéro 357193 : AJDA 2012, 2373, chron. Domino et. Bretonneau ; RTD com. 2012, p.747, obs. Claudel) et Société ITM Entreprises et a. du 11 octobre 2012 (requête numéro 346378, requête numéro 346444 : D. 2013, p. 732, obs. Ferrier), le Conseil d'Etat a systématisé ces solutions en précisant que si les prises de position et les recommandations de l'Autorité de la concurrence « ne constituent pas des décisions faisant grief (...) il en irait toutefois différemment si elles revêtaient le caractère de dispositions générales et impératives ou de prescriptions individuelles dont l'Autorité pourrait ultérieurement censurer la méconnaissance ». C'est ce considérant de principe qui est repris par le Conseil d'Etat dans ses arrêts d'Assemblée du 21 mars 2016 Société Fairvesta International GMBH et a. (requête numéro 368082, requête numéro 368083, requête numéro 368084 : Rec. p. 77, concl. Van Coester ; AJDA 2016, p. 717, chron. Dutheillet de Lamothe et Ondinet ; Dr. adm. 2016, 10, concl. von Coster et concl. Daumas ; Gaz. Pal. 2016, n°22, p. 31, note Seiller ; JCP 2016, comm. 623, note Perroud et comm. 671, note Aguila et Froger ; LPA 2016, n°185, p. 11, note Chaltiel ; RDP 2017, p. 482, note Pauliat ; RFDA 2016, p. 506, concl. von Coester ; RTD civ. 2016, p. 571, note Deumier ; RTD com. 2016, p. 298, obs. Rontchevsky et p. 711, note Lombard) et Société NC Numéricable (requête numéro 390023 : Rec. 89, concl. Daumas ; RFDA 2016, p. 497, concl. Daumas).

L'évolution de la jurisprudence du Conseil d'Etat l'a ainsi conduit à appréhender des instruments de droit souple, mais seulement dans les hypothèses où ils entraînent des effets juridiques, ce qui fait que dans ces hypothèses on ne peut plus considérer qu'ils relèvent du droit souple.

985.- Un acte de droit souple peut entraîner des effets notables.- Cette approche, somme toute classique, ne rend toutefois pas parfaitement compte des effets concrets que sont susceptibles de produire certains de ces actes, particulièrement lorsqu'ils émanent des autorités de régulation dans l'exercice de leurs missions. C'est cette dimension qui a été prise en compte, exclusivement pour certains actes émanant de ces autorités, par les arrêts d'Assemblée du 21 mars 2016.

986.- Effets notables de nature économique.- Désormais, le recours pour excès de pouvoir est également recevable contre les normes de droit souple qui « sont de nature à produire des effets notables, notamment de nature économique » ou qui « ont pour objet d'influer de manière significative sur les comportements des personnes auxquelles ils s'adressent ». De tels actes font grief, alors même qu'ils ne créent ni droits ni obligations, et ils peuvent donc être contestés devant le juge de l'excès de pouvoir » (sur la transposition de ce raisonnement aux lignes directrices V. supra p.410).

Si l'on prend l'hypothèse visée par l'arrêt Fairvesta International GMBH et a., ce sont des communiqués de presse publiés par l'Autorité des marchés financiers (AMF) sur son site internet qui font l'objet d'un recours contentieux. Dans ces communiqués, l'AMF avait voulu inviter les investisseurs à la vigilance concernant certains placements immobiliers qu'elle estimait commercialisés de façon « très active par des personnes tenant des discours parfois déséquilibrés au regard des risques encourus ».

Certes, les communiqués de presse publiés par l'AMF - ainsi que la prise de position de l'Autorité de la concurrence dans l'arrêt Société NC Numéricable - n'emportaient aucune conséquence juridique, dans le sens où ils n'avaient pas pour effet de prescrire aux acteurs du marché un comportement à suivre. Il n'en demeure pas moins, cependant, que de par leur contenu, ces actes exercent une forte influence sur ces acteurs. Concrètement, si l'on revient à l'arrêt Fairvesta International GMBH et a., les conseils de prudence de l'AMF à destination des investisseurs concernant les placements immobiliers proposés par les sociétés requérantes auront certainement pour effet de détourner une partie d'entre eux de ces placements, ce qui entraîne des conséquences économiques notables pour ces sociétés.

Mais s'il autorise la contestation de certains actes de droit souple, le Conseil d'Etat a voulu réserver l'accès au juge aux seuls requérants pouvant justifier d'un « intérêt direct et certain à leur annulation ». En d'autres termes, si le Conseil d'Etat a fait sauter un verrou, il entend canaliser le contentieux que ne manquera pas de susciter l'évolution de sa jurisprudence.

Concernant l'appréciation de la légalité des actes de droit souple pouvant faire l'objet d'un recours pour excès de pouvoir, le Conseil d'Etat précise qu'il appartient au juge de vérifier que les actes contestés entrent bien dans les compétences de leur auteur. C'est bien le cas s'agissant de l'AMF qui est compétente, dans sa mission de régulation, pour adresser des mises en garde aux épargnants ou investisseurs.

Enfin, du point de vue de la légalité interne, l'intensité du contrôle sur la qualification juridique des faits opérée par l'autorité compétente est variable. S'agissant des communiqués de l'AMF appelant les investisseurs à faire preuve de vigilance à l'égard de placements immobiliers offerts au public, le contrôle opéré est restreint et en conséquence seule une erreur manifeste d'appréciation, qui n'est pas retenue en l'espèce, peut donner lieu à une annulation par le juge.

En revanche, concernant les prises de position de l'Autorité de la concurrence, visées par l'arrêt Société NC Numéricable, dont les effets sont plus directs, c'est un contrôle normal qui doit être opéré par le juge de l'excès de pouvoir. Dans cette seconde affaire, le juge considère toutefois que l'Autorité de la concurrence n'a commis aucune erreur dans son analyse et elle l'a donc confirmée. Cette différence de degré de contrôle des actes concernés démontre à quel point il y aura lieu pour le juge de l'excès de pouvoir d'opérer une analyse précise des actes de droit souple portés devant lui en vue de leur appliquer le régime juridique approprié, ce qui n'a pas manqué de donner naissance à une jurisprudence assez peu fournie qui ne pouvait être rien d'autre que casuistique (V. ainsi annulant des actes de droit souple : CE Sect., 13 juillet 2016, requête numéro 388150, Société GDF Suez : JCP A 2016, act. 632 ; JCP A 2016, 2252, note Le Bot .- CE, 19 juillet 2017, requête numéro 399766, Société Menarini France et Société Daiichi Sankyo France : Rec. tables, p.2017. V. en revanche estimant le recours irrecevable CE, 22 juillet 2016, requête numéro 397014, Alliance française des industries du numérique. V. enfin rejetant le recours au fond CE, 10 novembre 2016, requête numéro 384691, Marcilhacy et a.- CE, 20 juin 2016, requête numéro 384297, Fédération française des sociétés d'assurances : Rec. tables p.2016 ; RD bancaire et fin. 2016, comm. 186).

Si l'exposé de ces nouvelles solutions jurisprudentielles a été nécessairement long il faut encore insister sur le fait qu'elles semblaient, à l'origine, avoir vocation à s'appliquer de façon exceptionnelle à certains actes pris par des autorités de régulation.

987.- Rescrits fiscaux produisant des effets extra-fiscaux.-Une solution assez proche a toutefois été également retenue par le Conseil d'Etat concernant la recevabilité du recours pour excès de pouvoir dirigé contre les rescrits fiscaux, dès lors qu'ils produisent des conséquences extra-fiscales que le contentieux devant le juge de l'impôt ne permettrait pas de réparer dans le cadre d'un recours de plein contentieux (CE, 2 décembre 2016, requête numéro 387613, requête numéro 387631, requête numéro 387632, requête numéro 387633, requête numéro 387635, requête numéro 387636, requête numéro 387637, requête numéro 387638, Ministre des Finances et des Comptes publics c/ Société Export Press : Dr. adm. 2017, comm. 1, note Rigaudeau et comm. 1143, note Eveillard ; Dr. fisc. 2017, comm. 172, note Ménard et Lieb ; JCP G 2017, comm. 88, note Collet ; RFDA 2017, p. 351, note Plessix). Les juges admettent d'abord qu'une « prise de position formelle de l'administration sur une situation de fait au regard d'un texte fiscal en réponse à une demande présentée par un contribuable (…) a, eu égard aux effets qu'elle est susceptible d'avoir pour le contribuable et, le cas échéant, pour les tiers intéressés, le caractère d'une décision ». Le recours pour excès de pouvoir est admis dès lors que « le fait de se conformer à la prise de position de l'administration aurait pour effet, en pratique, de faire peser sur le contribuable de lourdes sujétions, de le pénaliser significativement sur le plan économique ou encore de le faire renoncer à un projet important pour lui ou de l'amener à modifier substantiellement un tel projet ». En d'autres termes, c'est le fait que les prises de position de l'administration fiscale peuvent représenter des « enjeux économiques » essentiels qui justifie la recevabilité du recours pour excès de pouvoir.

Même précisément circonscrit le champ de la jurisprudence Société Fairvesta / Société numéricable est donc susceptible de s'étendre dans d'autres domaines comme le démontrent plusieurs décisions récentes.

988.- Effets notables de nature politique.- A l'occasion de l'arrêt d'Assemblée Le Pen du 18 juillet 2019 (n°426389 : Rec. p. 326 ; AJDA 2019, p. 1994, chron. Malverti et Beaufils ; Dr. adm. 2019, comm. 51, note Boda et Pouyau), le Conseil d'Etat a ainsi admis que l'appréciation dont la Haute autorité pour la transparence de la vie publique (HATVP) décide d'assortir la déclaration de situation patrimoniale d'un parlementaire fait grief à celui-ci. Les conséquences de cette appréciation ne sont ni juridiques, ni économiques, comme dans le cadre des arrêts de 2016, mais politiques et il faut aussi noter que l'autorité en cause n'est pas intervenue dans le cadre d'une mission de régulation. Plus précisément, ce qui est pris en considération c'est le fait que la prise de position de la HATVP qui est rendue publique « est de nature à produire, sur la personne du député qu'elle concerne, des effets notables, notamment en termes de réputation, qui au demeurant sont susceptibles d'avoir une influence sur le comportement des personnes, et notamment des électeurs, auxquelles elle s'adresse ».

989.- Effets notables de nature « pratique ».- Plus récemment, cette solution été étendue aux lignes directrices de la Commission nationale de l'informatique et des libertés (CE, 16 octobre 2019, requête numéro 433069, Association La Quadrature du net et a. : AJDA 2019, p. 2474, chron. Malverti et Beaufils ; Dr. adm. 2020, comm. 6, note Benezech ; JCP G 2019, comm. 1235, note Deroulez ; JCP A 2019, act. 664, obs. Friedrich ; Procédures 2019, comm. 337, obs. Chifflot ; RFDA 2019,

p. 1075, concl. Lallet) ainsi qu'aux recommandations de l'Agence nationale de sécurité du médicament et des produits de santé (CE, 21 octobre 2019, requête numéro 419996, AFIPA : Dr. adm. 2020, comm. 6, note Benezech).

On insistera d'abord sur le fait que, concernant la dernière affaire, la jurisprudence Société Fairvesta / Société numéricable a été étendue pour la première fois à une entité juridique qui est ni une autorité administrative indépendante, ni une autorité publique indépendante, mais un simple établissement public. Ensuite, les effets des actes attaqués ne sont ni juridiques ni économiques, ni même politiques, mais ils ont une dimension que l'on pourrait qualifier de « pratique ». Dans la première affaire les juges se bornent à constater que l'entrée en vigueur volontairement différée des nouvelles modalités de recueil du consentement est de « nature à produire des effets notables tant sur ces opérateurs que sur les utilisateurs et abonnés de services électroniques » (CE, 16 octobre 2019, requête numéro 433069). Dans, la seconde, ils relèvent que la modification de la dénomination et du conditionnement des médicaments ont pour objet « d'influer de manière significative sur les comportements des demandeurs et titulaires d'autorisations de mise sur le marché, ainsi que sur les comportements de consommation des patients recourant à l'automédication »

990.- La notion « d'effets notables », nouveau critère de justiciabilité des actes administratifs unilatéraux.- Ces différentes décisions démontrent, comme l'a soulevé le rapporteur public Alexandre Lallet que le juge se montre de plus en plus « accueillant à l'égard de mesures dépourvues d'effets juridiques propres mais produisant des effets notables d'une autre nature » (conclusions sur CE, 4 octobre 2019, requête numéro 418521, Association génération Harki et a.).

C'est bien comme cela qu'il faut comprendre le récent arrêt GISTI du Conseil d'Etat du 12 juin 2020 (requête numéro 418142, préc.) qui fait de cette notion « d'effets notables » le critère de la justiciabilité des actes administratifs. Cette notion englobe évidemment les actes décisoires ainsi que ceux qui, sans être décisoires, ont un caractère impératif ainsi que, comme on l'a évoqué les lignes directrices qui peuvent désormais directement faire l'objet d'un recours pour excès de pouvoir. Elle s'applique surtout, plus généralement aux « documents de portée générale émanant d'autorités publiques, matérialisés ou non, tels que les circulaires, instructions, recommandations, notes, présentations ou interprétations du droit positif peuvent être déférés au juge de l'excès de pouvoir lorsqu'ils sont susceptibles d'avoir des effets notables sur les droits ou la situation d'autres personnes que les agents chargés, le cas échéant, de les mettre en œuvre ».

II – Mesures d'ordre intérieur

991.- « la vie intérieur » des services.- Les mesures d'ordre intérieur sont des décisions qui concernent, selon l'expression de Jean Rivero, la « vie intérieure » des services (Les mesures d'ordre intérieur administratives. Essai sur les caractères juridiques de la vie intérieure des services : Sirey 1934). Bien qu'il s'agisse de décisions, les recours en annulation dirigés contre elles sont irrecevables, ce qui se justifie de deux points de vue.

992.- Justifications de l'irrecevabilité du recours pour excès de pouvoir.- D'un point de vue juridique, tout d'abord, certaines décisions ont des conséquences juridiques très limitées (de minimis non curat prætor). C'est le cas, notamment, des sanctions bénignes, telles celles qui consistent à infliger une retenue à un élève ou à supprimer la permission d'un militaire. L'annulation de telles décisions ne présente guère d'intérêt, dans la mesure où elles ne modifient pas la situation juridique de leurs destinataires. Selon une expression classique, « elles ne font pas grief », et par conséquent les recours dirigés contre elles sont irrecevables.

D'un point vue pratique, ensuite, les mesures d'ordre intérieur sont extrêmement nombreuses et déclarer recevables les recours dirigés contre elles aboutirait à un encombrement inutile des tribunaux. Cela conduirait à remettre en cause l'autorité des donneurs d'ordre et nuirait à la nécessaire rapidité dans l'élaboration et l'exécution des décisions mineures.

993.- Recul de la notion de mesure d'ordre intérieur.- Cependant, la jurisprudence a une conception de plus en plus restrictive de la notion de mesures d'ordre intérieur qui résulte de la prise de conscience, par les juges, de l'effet que peuvent avoir certains actes sur la situation juridique de leurs destinataires. Cette évolution est particulièrement sensible dans deux domaines : les recours dirigés contre les mesures touchant à l'aménagement interne des services et les recours dirigés contre les mesures prises à destination des détenus et des militaires.

A – Mesures d'aménagement interne des services

994.- Approche traditionnelle.- Traditionnellement, le juge administratif refusait de connaître des recours dirigés contre de tels actes, particulièrement contre les règlements internes régissant le fonctionnement du service.

Exemples :
- CE, 21 octobre 1938, Lote (Rec. p. 786 ; DH 1939, p. 25) : irrecevabilité du recours dirigé contre une décision interdisant aux élèves d'une école le port d'insignes religieux.
- CE, 20 novembre 1954, Chapou (Rec. p. 541 ; D. 1954, p. 789) : irrecevabilité du recours dirigé contre une décision interdisant le port de pantalons de ski dans une école.

995.- Nouvelle approche.- La position du Conseil d'Etat a finalement évolué avec l'arrêt Kherouaa du 2 novembre 1992 relatif au port du voile islamique (requête numéro 130394, préc.). Dans cet arrêt, le Conseil d'Etat déclare recevable le recours pour excès de pouvoir exercé contre la décision d'un directeur d'école d'interdire « le port de tout signe distinctif, vestimentaire ou autre, d'ordre religieux, politique ou philosophique ».

L'arrêt Kherouaa ne signifie pas, pour autant, que le Conseil d'Etat déclare désormais recevables l'ensemble des recours dirigés contre des décisions touchant l'aménagement interne des services. En revanche, l'irrecevabilité de ces recours n'est plus systématique. Le Conseil d'Etat vérifie, au cas par cas, si la décision contestée porte ou non atteinte à la situation juridique de ses destinataires. Ainsi, la solution qui est retenue en matière de port d'insignes religieux - avant la loi n°2004-228 du 15 mars 2004 qui les interdit dans les écoles, collèges et lycées publics - ne remet pas en cause, par exemple, la jurisprudence Chapou.

996.- Cas des mesures prononcées à l'égard des agents publics.- La même réflexion peut être faite à propos des mesures prononcées à l'égard des agents publics par leur chef de service. Comme l'a récemment rappelé le Conseil d'Etat à l'occasion d'un arrêt Bourjolly du 25 septembre 2015 (requête numéro 372624 : Rec. p. 322 ; AJDA 2015, p. 2147, chron. Dutheillet de Lamothe et Odinet ; Dr. adm. 2015, comm. 5, note Eveillard ; RFDA 2015, p. 1107, concl. Pellissier, note Defoort) sont considérées comme des mesures d'ordre intérieur celles qui « tout en modifiant leur affectation ou les tâches qu'ils ont à accomplir, ne portent pas atteinte aux droits et prérogatives (que les agents) tiennent de leur statut ou à l'exercice de leurs droits et libertés fondamentaux, ni n'emportent perte de responsabilités ou de rémunération ». Ces actes demeurent toutefois attaquables s'ils constituent une sanction - déguisée ou non - ou s'ils emportent une discrimination, de telles mesures faisant nécessairement grief. Ainsi, dans cette affaire, le Conseil d'Etat conclut-il à l'irrecevabilité du recours pour excès de pouvoir dirigé contre une décision changeant le lieu d'activité d'un agent communal, étant entendu que ce nouveau lieu d'activité est toujours situé sur le territoire de la commune. En revanche, une décision retirant à un professeur des universités-praticien hospitalier des responsabilités d'animation et de coordination, si elle est sans incidence sur la rémunération et les perspectives de carrière de l'intéressé et ne porte pas atteinte à son statut ou à une garantie, entraîne une diminution sensible de ses attributions et responsabilités et ne constitue donc pas une simple mesure d'ordre intérieur insusceptible de recours (CE, 7 octobre 2015, requête numéro 377036, X.)

997.- Règlements intérieurs des collectivités territoriales.- Dans un autre domaine, les règlements intérieurs des collectivités territoriales sont également désormais susceptibles de recours pour excès de pouvoir, conformément à l'article L. 2121-8 du Code général des collectivités territoriales dont la rédaction est issue de la loi n°92-125 du 6 février 1992. A l'opposé, les recours dirigés contre les règlements intérieurs des assemblées parlementaires sont toujours irrecevables (CE, 28 janvier 2011, requête numéro 335708, Patureau : Rec. p. 23 ; AJDA 2011, p. 1851, note Chifflot ; AJFP 2011, p. 199, note Jeannard).

B – Mesures prises à l'encontre des militaires et des détenus

998.- Irrecevabilité initiale du recours pour excès de pouvoir.- Traditionnellement, le juge administratif considérait que les mesures de sanction prises à l'encontre des militaires et des détenus ne faisaient pas grief et qu'elles ne pouvaient, par conséquent, faire l'objet d'un recours pour excès de pouvoir.

Exemples :
- CE, 27 janvier 1984, requête numéro 27329, Caillol (Rec. p. 541 ; AJDA 1984, p. 72, chron. Lasserre et Delarue ; D. 1983, jurispr. p. 587, note Regourd) : est irrecevable le recours dirigé par un détenu contre la décision de le placer dans un « quartier de plus grande sécurité ».
- CE Sect., 11 juillet 1947, Dewavrin (Rec. p.307) : une solution identique avait été appliquée au cas d'un militaire puni de plusieurs jours de forteresse.

999.- Critiques de cette solution.- Pourtant, dans les deux cas, les mesures prises avaient des conséquences indéniables sur la situation juridique de leur destinataire. En effet, les décisions contestées ont un caractère disciplinaire avéré et, en outre, elles ont des conséquences qui ne se limitent pas à une simple punition. En effet, pour ce qui concerne le détenu, la décision qui le concerne pourra avoir des conséquences sur des mesures futures d'aménagement de sa peine, notamment sur l'obtention d'une libération conditionnelle. Pour ce qui concerne le militaire, s'il est sous contrat, la sanction subie pourra notamment justifier un non renouvellement ultérieur de ce contrat.

De telles solutions étaient contestables puisque le juge s'interdisait de connaître de décisions portant gravement atteinte à la situation juridique des intéressés et surtout, éventuellement, de censurer de telles décisions qui seraient illégales.

1000.- Revirement.- La jurisprudence a toutefois fini par évoluer à l'occasion de deux arrêts d'Assemblée du 17 février 1995, Hardouin et Marie (requête numéro 107766, requête numéro 97754 : Rec. p. 84, concl. Frydman ; AJDA 1995, p. 420, chron. Touvet et Stahl, p. 379 ; LPA 1995, n° 51 p. 11, note Vlachos ; LPA 1995, n° 69, p. 16, note Nguyen Van Tuong ; LPA 1995, n° 93, p. 28, note Otekpo ; RDP 1995, p. 1340, note Gohin).

L'affaire Hardouin concernait un recours dirigé contre une punition de 10 jours d'arrêts infligée à un militaire qui avait refusé de se soumettre à un alcootest à un retour sur l'unité navale sur laquelle il servait. Les juges relèvent que « tant par ses effets directs sur la liberté d'aller et venir du militaire, en dehors du service, que par ses conséquences sur l'avancement ou le renouvellement des contrats d'engagement, la punition des arrêts constitue une mesure faisant grief, susceptible d'être déférée au juge de l'excès de pouvoir ».

L'affaire Marie concernait, quant à elle, un recours dirigé par un détenu contre une décision lui infligeant une punition de cellule. Comme dans l'affaire précédente, le Conseil d'Etat examine si cette décision fait grief pour décider de la recevabilité du recours. Les juges relèvent que cette punition consiste à enfermer un détenu dans une cellule qu'il doit occuper seul, qu'elle le prive de cantine, de visites et qu'elle impose une restriction de sa correspondance. En outre, elle peut avoir des conséquences sur l'octroi de réductions de peine. Il en résulte « eu égard à la nature et à la gravité de cette mesure, que la punition de cellule constitue une décision faisant grief susceptible d'être déférée au juge de l'excès de pouvoir ». Le recours est donc recevable, ce qui permet au juge de contrôler la légalité interne de la décision.

1001.- Une jurisprudence fortement inspirée par la CEDH.- Cette évolution, fortement inspirée par la jurisprudence de la Cour européenne des Droits de l'homme (V. notamment CEDH, 28 juin 1994, affaire numéro 7818/77, affaire numéro 7819/77, Campbell et Fell c. Royaume-Uni) est à mettre en parallèle avec le décret n°96-287 du 2 avril 1996 qui encadre étroitement le régime disciplinaire appliqué aux détenus. Le droit des sanctions disciplinaires infligées aux prisonniers a par la suite été réformé par la loi pénitentiaire n° 2009-1436 du 24 novembre 2009 précisée par le décret n° 2010-1634 du 23 décembre 2010 modifiant le Code de procédure pénale. Le juge de l'excès de pouvoir exerce désormais un plein contrôle proportionnalité des sanctions (CE, 1er juin 2015, requête numéro 380449, Boromée, préc.). Ainsi il vérifie que « la nature et le quantum (de la sanction ne soient pas) manifestement disproportionnés à la nature et à la gravité de la faute disciplinaire commise » (V. par ex. CAA Douai, 7 décembre 2017, requête numéro 16DA00715, M. A...D...).

Dans le même sens, le nouveau statut général des militaires, issu de la loi n°2005-270 du 24 mars 2005, abolit la catégorie des punitions en les fusionnant avec les sanctions disciplinaires (Code de la défense, art. L. 4137-1 s.). Le Conseil constitutionnel a eu l'occasion de préciser, quant à lui, que la sanction des arrêts prévue par l'article L. 4137-2 du Code de la défense n'est pas contraire à la Constitution (CC, 27 février 2015, numéro 2014-450 QPC : Rec. CC p. 159 ; AJFP 2015, p. 244, note Videlin ; RFDA 2015, p. 608, note Roblot-Troizier).

1002.- Un jurisprudence nuancée.- Si les juges n'opposent plus une irrecevabilité de principe aux recours dirigés contre les mesures prises à l'encontre des détenus et des militaires, ils n'acceptent de connaître que des mesures qui portent réellement atteinte à leur situation juridique, ce qui n'est toujours aisé à déterminer.

1003.- Le cas particulier des décisions de sanction.- Toutefois, dans une décision récente, le Conseil d'Etat, qui statuait en l'espèce sur une mesure d'avertissement, a considéré que désormais toutes les décisions de sanction infligées aux détenus peuvent faire l'objet d'un recours pour excès de pouvoir (CE, 21 mai 2014, requête numéro 359672, Garde des Sceaux : JCP A 2014, act. 444, obs. Touzeil-Divina ; Rec. p. 139).

1004.- Une problématique qui n'est pas limitée aux seuls détenus et militaires.- La solution retenue dans les arrêts Hardouin et Marie concerne d'autres hypothèses que celle des recours exercés par des détenus ou des militaires. Ainsi, s'agissant des fonctionnaires, les juges considèrent que si une décision de changement d'affectation constitue une mesure d'ordre intérieur relative « à l'organisation du service », elle devient attaquable dès lors qu'elle porte atteinte aux droits statutaires de l'agent (CE, 29 décembre 1999, numéro 202822, Saint-Aubin.- CE, 14 mars 2012, requête numéro 343768, Carmier.- CE, 4 décembre 2013, requête numéro 359753, X.).

1005.- Le recours pour excès de pouvoir n'est pas réservé aux seules mesures disciplinaires.- Si l'on revient au cas des détenus, le Conseil d'Etat a considéré, dans un premier temps, qu'à partir du moment où, d'après le Code de procédure pénale, une mesure prise à l'encontre d'un détenu ne présentait pas un caractère disciplinaire, elle ne pouvait être attaquée. Dans un arrêt Fauqueux du 28 février 1996, les juges ont ainsi rejeté un recours pour excès de pouvoir dirigé contre une mesure prononçant la mise à l'isolement d'un détenu contre la volonté de celui-ci (requête numéro 106582 : RFDA 1996, p. 397 ; JCP G 1996, IV, comm. 1102, obs. Rouault). Les juges ont en effet constaté que d'après l'article D.171 du Code de procédure pénale la « mise à l'isolement (d'un détenu) ne constitue pas une mesure disciplinaire. Les détenus qui en font l'objet sont soumis au régime ordinaire de détention ». Le Conseil d'Etat en a déduit qu'une telle mesure, qui n'a pas pour effet d'aggraver les conditions de détention, n'est pas, par nature, susceptible d'exercer une influence sur la situation juridique de la personne qui en est l'objet. Elle constitue donc une mesure d'ordre intérieur qui ne peut être déférée au juge administratif par la voie du recours pour excès de pouvoir.

Cette solution pouvait paraître contestable. En effet, même si la mise à l'isolement n'est pas une sanction selon le Code de procédure pénale, elle peut être prise contre la volonté du détenu et constituer ainsi une sorte de sanction déguisée. En tout cas, le fait même qu'une décision de ce type soit attaquée par son prétendu bénéficiaire paraît aller dans ce sens.

Le Conseil d'Etat a finalement opéré un revirement de jurisprudence à l'occasion de l'arrêt Remli du 30 juillet 2003 (requête numéro 252712 : Rec. p. 366 ; JCP G 2004, II, 10067, note Petit ; Droit adm. 2003, comm. 224, note Lombard ; AJDA 2003, p. 2090, note Costa). Les juges ont relevé en l'espèce que cette mesure prive la personne qui en fait l'objet de l'accès aux activités qui sont proposées de façon collective aux autres détenus (sport, enseignement, travail rémunéré…). En outre, une telle mesure peut être prononcée pour une durée qui peut atteindre trois mois et être prolongée. Il en résulte que « dans ces conditions, et alors même que l'article D. 283-2 du Code de procédure pénale dispose que la mise à l'isolement ne constitue pas une mesure disciplinaire… le placement à l'isolement d'un détenu contre son gré constitue, eu égard à l'importance de ses effets sur les conditions de détention, une décision susceptible de faire l'objet d'un recours pour excès de pouvoir ». Il ne s'agit donc plus d'une mesure d'ordre intérieur.

1006.- Autres hypothèses.- Une solution identique a été également retenue à propos du placement d'un détenu en régime différencié de détention « portes fermées » dans un arrêt Bennay du 28 mars 2011 (requête numéro 316977 : JCP G, act. 430, obs. Dubreuil.- CAA Nancy, 23 février 2012, requête numéro 11NC00318, Garde des Sceaux, ministre de la Justice et des Libertés). En effet « par sa nature et par ses effets sur ses conditions de détention, notamment au regard de l'objectif de réinsertion sociale (cette décision) alors même qu'elle n'affecte pas ses droits d'accès à une formation professionnelle, à un travail rémunéré, aux activités physiques et sportives et à la promenade, constitue une décision susceptible de faire l'objet d'un recours pour excès de pouvoir ». Cette solution se justifie eu égard à la durée de la mesure – un mois renouvelable – et à ses conséquences sur la vie quotidienne du détenu. Celui-ci est en effet isolé en cellule individuelle, y compris pendant les repas, et soumis à une surveillance accrue. Ses déplacements sont réduits, et son accès aux activités culturelles et d'enseignement est limité.

De même, le Conseil d'Etat considérait à l'origine qu'une décision de placement à titre préventif dans une cellule disciplinaire en vue de préserver l'ordre intérieur dans l'établissement, conformément à l'article D.250-3 du Code de procédure pénale, était une mesure d'ordre intérieur (CE, 12 mars 2003, requête numéro 237437, Ministre de la Justice c. Frérot : Rec. p. 121 ; AJDA 2003, p. 1271, concl. Olson ; JCP A 2003, comm. 1703, note Guillet). Désormais toute mesure de mise à l'isolement prononcée contre la volonté du détenu est attaquable, quelle que soit ses motifs (CE, 17 décembre 2008, requête numéro 293786, Section française de l'Observatoire international des prisons : Rec. p. 463 ; Gaz. Pal. 2009, n° 55, concl. Guyomar ; JCP G 2009, II, comm. 10049, note Merenne).

En revanche, d'autres mesures qui affectent de manière beaucoup plus superficielle la situation personnelle d'un détenu ou d'un militaire ne sont toujours pas considérées comme faisant grief et ne peuvent donc faire l'objet d'un recours pour excès de pouvoir.

Exemples :
- CE, 7 juin 2006, requête numéro 275601, Matelly : l'ordre verbal donné à un officier de gendarmerie de s'abstenir désormais de toute communication avec la presse audiovisuelle, à la suite et sur les sujets d'un entretien donné à un quotidien national, relatif à la présentation des statistiques de la gendarmerie nationale sur la délinquance est une mesure d'ordre intérieur, insusceptible de faire l'objet d'un recours pour excès de pouvoir.
- CAA Lyon, 19 mai 2011, requête numéro 10LY00334, Nouri : la privation de téléviseur pendant une durée de 10 jours, au surplus assortie d'un sursis, n'a entraîné que peu d'effets sur les conditions de détention du requérant alors même qu'elle sanctionnait la méconnaissance de l'interdiction de fumer dans l'établissement qui, n'étant pas l'objet mais le motif de la mesure, ne saurait entrer en ligne de compte dans l'appréciation du caractère décisoire de celle-ci.
- CAA Marseille, 3 février 2011, requête numéro 09MA01135, Garde des Sceaux, ministre de la Justice : s'il résulte des dispositions des articles D. 99 à D.102 du Code de procédure pénale que le travail auquel les détenus peuvent prétendre constitue pour eux non seulement une source de revenus mais encore un mode de meilleure insertion dans la vie collective de l'établissement, tout en leur permettant de faire valoir des capacités de réinsertion, et si par suite, eu égard à sa nature et à l'importance de ses effets sur la situation des détenus, une décision de déclassement d'emploi constitue un acte administratif susceptible de faire l'objet d'un recours pour excès de pouvoir, il en va autrement d'une mesure suspendant le requérant de ses fonctions d'auxiliaire d'étage à titre conservatoire dans l'attente de sa comparution devant la commission de discipline. En effet, de par son caractère provisoire et conservatoire en l'attente du passage de l'intéressé en commission de discipline, cette mesure n'a pu par elle-même affecter de manière substantielle la situation de l'intéressé, ni mettre en cause ses libertés et ses

droits fondamentaux. Cette mesure d'ordre intérieur est donc insusceptible de faire l'objet d'un recours pour excès de pouvoir.

-CAA Marseille, 23 avril 2018, requête numéro16MA01968, M. D... C... : le refus de laisser au requérant l'usage en cellule d'un sceau et de cire à cacheter, qui ne constitue pas une mesure disciplinaire, a été motivé par l'administration par l'objectif d'éviter un détournement de l'utilisation de ces objets pour des raisons de maintien de la sécurité. Cette décision n'a pas eu d'effet notable sur les conditions de vie en détention de l'intéressé qui n'a pas été privé de la propriété de ces objets. Enfin, la mesure en litige n'entraîne aucun effet par elle-même ni sur le libre exercice par le détenu de son droit de correspondre avec des personnes extérieures, ni sur le respect par l'administration du secret des correspondances dans les conditions prévues par les textes. Elle ne met, dès lors, pas en cause les libertés et droits fondamentaux des détenus. Par suite, le refus opposé à la demande de restitution de ces objets par le directeur de la maison d'arrêt de Grasse constituait une mesure d'ordre intérieur insusceptible de recours pour excès de pouvoir.

Le Conseil d'Etat a eu également l'occasion de préciser la portée de la jurisprudence Hardouin et Marie à l'occasion de trois arrêts d'Assemblée du 14 décembre 2007 (CE Ass., 14 décembre 2007, requête numéro 290420, Planchenault.- CE Ass., 14 décembre 2007, requête numéro 290730, Garde des sceaux, ministre de la Justice c. Boussouar.- CE Ass., 14 décembre 2007, requête numéro 306432, Payet). La première affaire concerne une mesure de déclassement d'emploi édictée à l'encontre d'un détenu (V. également CAA Bordeaux, 12 février 2008, requête numéro 05BX01961, Turquin). La seconde porte sur une décision de transfèrement d'un détenu d'un établissement vers un autre. Enfin, la troisième est relative à des mesures constituant une « rotation de sécurité », visant à prévenir notamment les tentatives d'évasion en changeant fréquemment l'affectation d'un détenu. Dans ces différentes affaires, le Conseil d'Etat admet la recevabilité du recours pour excès de pouvoir (V. également, concernant une mesure d'inscription au répertoire des détenus particulièrement signalés, CAA Paris, 22 mai 2008, requête numéro 05PA00853, Kehli : AJDA 2008, p. 1483, note Bachini).

En particulier, l'arrêt Boussouar permet au Conseil d'Etat de censurer le raisonnement des juges de la cour administrative d'appel de Paris qui avaient estimé qu'une mesure de transfèrement d'un détenu est attaquable dès lors que les modalités de la détention sont appréhendées par des dispositions législatives et règlementaires venant avec détail encadrer les pouvoirs de l'administration et conférer des garanties aux usagers (CAA Paris, 19 décembre 2005, requête numéro 05PA00868, Boussouar : RFDA 2006, p. 981, concl. Bachini).

Cet arrêt était donc en décalage par rapport à la jurisprudence Marie puisque, selon la cour, le recours pour excès de pouvoir était automatiquement recevable contre certaines catégories de décisions sans qu'il soit nécessaire de déterminer, au cas d'espèce, si la décision contestée fait grief « eu égard à (sa) nature et à (sa) gravité ».

Cet arrêt est cassé par le Conseil d'Etat qui en profite pour préciser la jurisprudence Marie : « pour déterminer si une décision relative à un changement d'affectation d'un détenu d'un établissement pénitentiaire à un autre constitue un acte administratif susceptible de recours pour excès de pouvoir, il y a lieu d'apprécier sa nature et l'importance de ses effets sur la situation des détenus ». On relèvera toutefois que cette approche très concrète n'est plus valable dans les cas où c'est une mesure de sanction qui est attaquée. Comme on l'a vu, en effet, les sanctions disciplinaires prises à l'encontre des détenus peuvent désormais faire l'objet d'un recours pour excès de pouvoir, et cela quelle que soit leur gravité (CE, 21 mai 2014, requête numéro 359672, Garde des Sceaux, préc.).

Dans l'affaire Boussouar, les juges relèvent que d'après le Code de procédure pénale, le régime de la détention en établissement pour peines constitue le mode normal de détention des condamnés. Il se caractérise, par rapport aux maisons d'arrêt, par des modalités d'incarcération différentes et, notamment, par l'organisation d'activités orientées vers la réinsertion. Ainsi « eu égard à sa nature et à l'importance de ses effets sur la situation des détenus, une décision de changement d'affectation d'un établissement pour peines, à une maison d'arrêt constitue un acte administratif susceptible de faire l'objet d'un recours pour excès ». En revanche, les juges précisent qu'il en va autrement pour « des décisions d'affectation consécutives à une condamnation, des décisions de changement d'affectation d'une maison d'arrêt à un établissement pour peines ainsi que des décisions de changement d'affectation entre établissements de même nature, sous réserve que ne soient pas en cause des libertés et des droits fondamentaux des détenus » (V. également CE, 13 novembre 2013, requête numéro 355742, requête numéro 355817, Ministre de la Justice et Puci.- CE, 13 novembre 2013, requête numéro 338720, Agamemnon : Rec. tables, p. 748).

L'hypothèse dans laquelle sont en cause des libertés et des droits fondamentaux a été illustrée par l'arrêt du Conseil d'Etat Rogier du 9 avril 2008 (requête numéro 308221 : AJDA 2008, p.1827, note Costa). En l'espèce, le requérant avait fait l'objet d'un changement d'affectation d'une maison d'arrêt vers un établissement pour peines. Selon lui, sa nouvelle affectation n'était pas adaptée à son état de santé et elle constituait un traitement inhumain et dégradant au sens de l'article 3 de la Convention européenne des droits de l'homme. Le Conseil d'Etat rejette cette demande au motif que le requérant est en phase de rémission depuis deux ans et qu'il peut être efficacement suivi par un centre hospitalier disposant d'un service adapté à sa pathologie. Ainsi, la mesure d'affectation du requérant ne portant pas atteinte à ses droits fondamentaux, il s'agit donc d'une mesure d'ordre intérieur insusceptible de recours. En revanche, il a été jugé que le transfert d'un détenu d'une maison centrale située à 60 kilomètres des domiciles de ses filles et de sa compagne, qui pouvaient lui rendre visite chaque semaine, à une autre située à plus de 800 kilomètres de leurs domiciles, les moyens financiers de sa famille ne leur permettant que de procéder à des visites mensuelles, alors qu'il a fait l'objet d'une condamnation à une longue peine d'emprisonnement, bouleverse, dans des conditions qui excèdent les restrictions inhérentes à la détention, son droit de conserver des liens familiaux. Le Conseil d'Etat estime en conséquence que les libertés et droits fondamentaux de l'intéressé étant en cause, et que ce transfèrement constitue une décision susceptible de recours (CE, 27 mai 2009, requête numéro 322148, Miloudi : Rec. p. 209).

Une autre illustration de cette évolution jurisprudentielle peut être fournie par l'arrêt du Conseil d'Etat du 26 novembre 2010, Ministre de la Justice c. Bompard (requête numéro 329564). Les juges considèrent ici que la décision par laquelle un chef d'établissement pénitentiaire fixe les modalités essentielles de l'organisation des visites aux détenus, notamment le nombre de visiteurs admis simultanément à rencontrer un détenu, est indissociable de l'exercice effectif du droit de visite. Cette décision affecte directement le maintien des liens des détenus avec leur environnement extérieur. Eu égard à sa nature et à ses effets sur les détenus, notamment sur leur vie privée et familiale, elle ne constitue pas une mesure d'ordre intérieur et est toujours un acte faisant grief qui peut donc faire l'objet d'un recours pour excès de pouvoir. A contrario, seule est donc susceptible de continuer à constituer une mesure d'ordre intérieur la détermination des modalités non essentielles du droit de visite, c'est-à-dire celles n'affectant pas le nombre de personnes que le détenu est autorisé à rencontrer.

Enfin, dans un arrêt du 9 novembre 2015 (requête numéro 383712 : JCP A, act. 963, obs. Touzeil-Divina), le Conseil d'Etat, a considéré que « « si une mesure de contrôle par l'administration pénitentiaire des équipements informatiques des détenus, eu égard à sa nature et à l'importance de ses effets sur la situation des détenus, ne constitue pas, en elle-même, un acte administratif susceptible de faire l'objet d'un recours pour excès de pouvoir, tel n'est en revanche pas le cas de la décision distincte de retenue de ces équipements ». Concrètement si une décision refusant au détenu la possibilité d'acquérir un système d'exploitation pour son ordinateur - le système « linux » en l'occurrence - ne constitue pas un acte susceptible de faire l'objet d'un recours pour excès de pouvoir, il en va autrement s'agissant d'une mesure qui aurait pour effet de priver la personne détenue de la possibilité effective d'utiliser cet équipement.

Section II – Elaboration des actes administratifs unilatéraux

1007.- Compétence, procédure et forme.- L'acte administratif unilatéral doit émaner d'une autorité compétente. Il doit également respecter des règles de procédure et des règles de forme.

§I – Autorité compétente

1008.- Des règles de compétence d'ordre public.- Une autorité administrative ne peut intervenir que si une règle de droit l'y autorise. Généralement, cette règle de droit désigne précisément l'autorité compétente pour prendre la mesure. Celle-ci doit donc, pour être valable, être signée par l'autorité désignée.

La violation des règles de compétence est sévèrement sanctionnée par le juge administratif. En effet, il s'agit de règles d'ordre public, ce qui signifie que l'incompétence de l'auteur de l'acte contesté est un moyen d'annulation qui doit être soulevé d'office par le juge, et cela même si les parties ne l'ont pas invoqué.

La compétence peut être appréciée de différents points de vue : en fonction de la matière traitée (compétence ratione materiae), en fonction du lieu du siège de l'auteur de l'acte (compétence ratione loci), en fonction de la date d'intervention de l'acte (compétence ratione temporis). Ces règles connaissent une dérogation commune lorsque à vocation à s'appliquer la jurisprudence des fonctionnaires de fait.

I – Compétence ratione materiae

1009.- Principes et exceptions.- On évoquera les principes en vigueur et les exceptions à ces principes.

A – Principes

1010.- Compétences établies par les textes.- Seule l'autorité habilitée à intervenir dans un domaine particulier peut prendre un acte administratif relatif à ce domaine, cette habilitation émanant en général de normes écrites constitutionnelles ou législatives.

Exemples :
- Le pouvoir règlementaire de droit commun est confié au Premier ministre par les articles 21 et 37 de la Constitution du 4 octobre 1958.
- Le pouvoir règlementaire et le pouvoir de nomination du Président de la République sont définis par l'article 13 de la Constitution du 4 octobre 1958.
- L'article L. 2212-1 du Code général des collectivités territoriales prévoit que « le maire est chargé, sous le contrôle administratif du représentant de l'Etat dans le département, de la police municipale, de la police rurale et de l'exécution des actes de l'Etat qui y sont relatifs ».

Notons également que lorsqu'une compétence est reconnue conjointement à plusieurs autorités, il ne suffit pas que chacune de ces autorités consulte l'autre lorsqu'elle prend une décision au titre de cette compétence. Ces autorités doivent prendre conjointement la décision, cette compétence conjointe étant attestée par leur signature personnelle (CAA Nancy, 12 novembre 2009, requête numéro 09NC00398, Garde des Sceaux, ministre de la Justice c. Wiesser).

Cependant, il arrive que certaines compétences dont l'exercice s'avère indispensable ne soient attribuées à aucune autorité, ce qui donne lieu à l'application de règles supplétives d'origine jurisprudentielle.

1011.- Pouvoir réglementaire autonome des chefs de service.- Ainsi, à l'occasion de l'arrêt de Section Jamart du 7 février 1936, le Conseil d'Etat a reconnu que les chefs de service et notamment les ministres disposent d'un pouvoir règlementaire de droit commun pour l'organisation de leurs services (préc.).

Exemples :
- Dans l'affaire Jamart, le ministre de la Santé avait interdit à un médecin l'accès à ses services dont il troublait le fonctionnement. Le Conseil d'Etat annule la mesure prise mais il juge, pour des raisons pratiques, que « même dans le cas où les ministres ne tiennent d'aucune disposition législative un pouvoir réglementaire, il leur appartient, comme à tout chef de service, de prendre les mesures nécessaires au bon fonctionnement de l'administration placée sous leur autorité ».
- CE Sect., 29 décembre 1995, requête numéro 143017, Syndicat national des personnels de préfecture CGT-FO (Dr. adm. 1996, comm. 57 ; Cah. fonct. publ. 1996, n° 147, p. 19, concl. Maugüé) : en l'absence d'habilitation textuelle, le ministre de l'Intérieur et de la Sécurité publique est néanmoins compétent pour instituer des organes départementaux chargés de participer à la définition et à la gestion de l'action sociale au profit des agents du ministère.
-CE, 21 septembre 2015, requête numéro 382119, Uguen (Rec. p. 311 ; AJDA 2015, p. 1935, concl. Dumortier) : un décret s'était borné à déterminer le plafond d'une indemnité et les possibilités d'en moduler le montant en fonction de l'ancienneté de l'agent, sans fixer ce montant. Il revient ainsi à chaque ministre, dans l'exercice de ses prérogatives d'organisation des services placés sous son autorité, d'établir, dans le respect des règles générales fixées par le décret, la réglementation applicable au versement de cette indemnité au sein de son administration.
-CE, 24 septembre 2014, requête numéro 362472, Association Ban Public (Rec. p. 493) : le ministre de la Justice est compétent pour édicter des règles relatives aux mesures de bon ordre à l'égard de détenues mineures au titre de son pouvoir réglementaire d'organisation des services placés sous son autorité.

Ce pouvoir règlementaire, qui s'exprime fréquemment par des circulaires, est également reconnu aux autres chefs de service, par exemple les maires (CE, 25 juin 1975, requête numéro 90273, Biscarrat et Rouquairol : Rec. p.898), les organes dirigeants des établissements publics (CE, 7 janvier 1976, requête numéro 92162, Centre hospitalier régional d'Orléans : Rec. p. 10 ; AJDA 1976, p. 57) ou encore les directeurs de services de l'Etat (CE, 13 novembre 1992, requête numéro 83177, requête numéro 83702, Syndicat national des ingénieurs des études et de l'exploitation de l'aviation civile et Union syndicale de l'aviation civile CGT, p. 966).

Il peut même être reconnu aux dirigeants d'un organisme privé responsable d'un service public (CE Ass., 12 avril 2013, requête numéro 329570, requête numéro 329683, requête numéro 330539, requête numéro 330847, Fédération FO énergie et mines et a. : Rec. p. 94 ; AJDA 2013, p. 1052, chron. Bretonneau et Domino ; Dr. adm. 2013, comm. 59, note Eveillard ; Dr. Soc. 2013, p. 608, note Gadoun ; JCP A 2013, act. 373, obs. Dubreuil et comm. 2308, note Pauliat ; RFDA 2013, p. 637, concl. Aladjidi et p. 663, chron. Roblot-Troizier).

Enfin, le Conseil d'Etat a reconnu, concernant le Premier ministre, qu'il « lui est toujours loisible, sur le fondement des dispositions de l'article 21 de la Constitution en vertu desquelles il dirige l'action du gouvernement, d'adresser aux membres du gouvernement et aux administrations des instructions par voie de circulaire, leur prescrivant d'agir dans un sens déterminé ou d'adopter telle interprétation des lois et règlements en vigueur (CE, 26 décembre 2012, requête numéro 358226, Association « Libérez les Mademoiselles », préc.).

1012.- Règle de parallélisme des compétences.- Par ailleurs, la jurisprudence a reconnu que lorsqu'une autorité est compétente en vertu d'un texte pour prendre une décision, elle est également compétente pour prendre la décision contraire. C'est ce qu'on appelle la règle du parallélisme des compétences.

Exemple :
- CE, 9 février 1995, requête numéro 148127, Ministre de la Défense c. Delprat (Rec. p.61) : en l'absence de toute disposition contraire, le pouvoir de mettre fin au report d'incorporation de l'article L. 9 du Code du service national appartient au ministre compétent pour accorder le report.

B – Hypothèses les plus courantes d'incompétence ratione materiae

1013.- Empiètement d'une autorité sur les compétences d'une autre autorité.- Comme l'a exposé le président Odent, « toute autorité administrative qui sort de ses attributions légales est... incompétente, que l'autorité à la compétence de laquelle elle porte atteinte lui soit hiérarchiquement supérieure ou inférieure ou lui soit étrangère » (Contentieux administratif : Les cours de droit 1972, p. 1796). Il existe donc deux grands types d'incompétence ratione materiae : l'empiètement d'une autorité supérieure sur les compétences d'un subordonné et l'empiètement d'un subordonné sur les compétences de son supérieur hiérarchique.

1° Empiètement d'une autorité supérieure sur les compétences d'un subordonné

1014.- Limites du pouvoir hiérarchique.- Le supérieur hiérarchique peut donner à son subordonné des instructions, le sanctionner, et réformer ses actes. En revanche, le pouvoir hiérarchique n'implique pas la possibilité, pour le supérieur hiérarchique, de se substituer à son subordonné pour prendre un acte relevant de la compétence de celui-ci. Pour que cette substitution puisse être réalisée, il faut en effet qu'elle soit organisée par un texte.

Exemple :
- Le préfet est compétent, après une mise en demeure restée sans résultat, pour se substituer au maire en cas de carence de celui-ci dans l'utilisation de ses pouvoirs de police en application des dispositions de l'article L. 2215-1 du Code général des collectivités territoriales.

2° Empiètement d'un subordonné sur les compétences de son supérieur hiérarchique

1015.- Limites des compétences des chefs de service.- Il s'agit d'un cas manifeste d'incompétence ratione materiae. Toutefois, si la solution est aisément compréhensible lorsque les compétences sont clairement fixées par les textes, un problème particulier se pose dans le cadre de l'application de la jurisprudence Jamart et du pouvoir réglementaire des chefs de service.

L'étude de la jurisprudence permet d'observer que le pouvoir des chefs de service connaît trois types de limites.

Tout d'abord, la mesure prise par le chef de service doit réellement concerner l'organisation ou le fonctionnement du service.

Exemple :
- CE Sect., 23 mai 1969, requête numéro 71782, Société distillerie Brabant et cie (Rec. p. 264, concl. Questiaux ; AJDA 1969, p. 64, concl. Questiaux, note Tournié ; D. 1970, p. 762, note Fromont ; RDP 1969, p. 1127, concl. Questiaux) : le ministre des Finances est incompétent pour fixer les critères d'octroi d'agréments fiscaux.

Ensuite, ce pouvoir ne peut s'exercer que dans la mesure où les nécessités du service l'exigent.

Exemples :
- CE Sect., 6 janvier 1995, requête numéro 91224, Syndicat national des personnels de l'équipement CGT (Rec. p. 5 ; JCP G 1995, IV, comm. 769, obs. Rouault ; Dr. adm. 1995, comm. 260) : le président du conseil général est compétent pour prendre les mesures relatives à l'organisation interne des services dont il est le chef et à la gestion de leurs agents. En revanche, il appartient à la seule assemblée délibérante de décider de créer ou de supprimer des services publics, d'en fixer les règles générales d'organisation et, de façon générale, de prendre toutes les mesures portant sur la définition des missions remplies par les services du département. Ainsi, la décision de confier les missions assumées par un service du département à une entreprise privée relève de la seule compétence du conseil général.
- CE, 27 novembre 2013, requête numéro 359801, Syndicat Sud (JCP A 2014, 2198, concl. Lallet) : s'il était loisible au ministre, en sa qualité de chef de service, de fixer un délai raisonnable d'information préalable, il a, en retenant un délai de 48 heures pour informer de la venue d'un représentant syndical dans les services du ministère, fixé une condition excessive au regard des nécessités d'un bon fonctionnement du service et, par suite, excédé sa compétence.

Enfin, l'exercice de ce pouvoir ne peut en aucun cas aller à l'encontre de dispositions législatives ou règlementaires.

Exemples :
- CE Ass., 30 juin 2000, requête numéro 216130, Association Choisir la vie et a. (JCP G 2000, II, comm. 10423, note Peigné ; AJDA 2000, p. 729, concl. Boissard ; Dr. adm. 2000, comm. 183) : le Conseil d'Etat relève que s'il appartient au ministre de l'Education nationale de promouvoir la santé des élèves, « il ne peut faire usage de ce pouvoir que sous réserve des compétences attribuées à d'autres autorités par des textes législatifs et règlementaires et dans le respect des lois et règlements qui régissent les activités qu'il entend confier à ces agents ». Or, en l'espèce, le ministre a violé un texte de loi en

confiant le rôle de prescription et de délivrance d'un médicament aux infirmières scolaires, alors que la loi prévoyait que ce médicament devait être délivré en pharmacie.
- CE, 22 octobre 2003, requête numéro 243332, Ecole nationale supérieure des arts et industries textiles : l'école nationale supérieure des arts et industries textiles n'entre pas dans le champ du décret du 21 mars 1959 qui fixe la durée de l'année universitaire à 39 semaines. En l'absence de texte règlementaire fixant la durée de l'année dans cet établissement, avant l'intervention du décret du 4 janvier 2000 qui la fixe désormais à 35 semaines, il appartenait à l'établissement de fixer ce nombre de semaines compte tenu d'une part des obligations hebdomadaires de service fixées par le décret du 27 mars 1973 relatif à cette école et d'autre part de la durée des études dans l'année.
- CE, 11 avril 2008, requête numéro 298059, Union générale des syndicats pénitentiaires CGT (AJDA 2008, p.1142, concl. Landais) : le Garde des Sceaux pouvait, sans méconnaître ni sa compétence ni les dispositions de l'article L. 232-2 du Code du travail et celles de l'article D. 220 du Code de procédure pénale, proscrire la détention et la consommation d'alcool dans l'ensemble du périmètre des établissements pénitentiaires, aux fins d'assurer le bon fonctionnement du service et de prévenir les risques liés à la consommation d'alcool pour la sécurité des personnels et des détenus. Il pouvait également déterminer des modalités d'entrée en vigueur progressive de ces mesures.
- CE, 8 février 2010, requête numéro 306558, Ministre de la Défense : le ministre de la Défense ne tient d'aucune disposition législative ou règlementaire compétence pour fixer par instruction les conditions d'accès au cycle de formation des aspirants, lesquelles relèvent, en application de l'article 5 de la loi n°72-662 du 13 juillet 1972, d'un décret en Conseil d'Etat.

1016.- Cas particulier du ministre de la Défense.- Il est à noter, cependant, concernant cette dernière condition, la particularité des pouvoirs reconnus au ministre de la Défense en tant que « responsable de l'emploi des militaires placés sous son autorité et du maintien de l'aptitude de ces derniers aux missions qui peuvent à tout moment leur être confiées ». Dans ce cadre précis, en effet, le ministre peut empiéter sur le domaine de la loi, et plus précisément sur celles qui régissent les libertés, notamment en imposant des vaccinations aux militaires appelés à servir outre-mer ou en opérations extérieures (CE Ass., 3 mars 2004, requête numéro 222918, Association « Liberté, information, santé » : Rec. p. 112 ; AJDA 2004, p. 971, chron. Donnat et Casas ; RDSS 2004, p. 608, note Deguergue ; RFDA 2004, p. 581, concl. Le Chatelier).

C – Exceptions aux règles normales de compétence ratione materiae

1017.- Hypothèses.- Il existe deux catégories d'exceptions aux règles de compétence ratione materiae : les délégations d'une part, l'intérim et la suppléance d'autre part.

1° Délégation

1018.- Une solution dictée par le pragmatisme.- En principe, les compétences ne se délèguent pas. Toutefois, ce principe connaît un certain nombre d'atténuations pour une raison pratique évidente : il est matériellement impossible pour certaines autorités de signer l'ensemble des décisions qui relèvent de leur compétence. Certaines compétences pourront donc être déléguées, voire subdéléguées.

a- Conditions de la délégation

1019.- Conditions propres aux délégations.- Quatre conditions doivent être réunies pour que la délégation soit possible.
Elle doit d'abord être établie par un texte législatif ou règlementaire.

Exemple :
- Le décret n°2005-850 du 27 juillet 2005 définit le régime de la délégation de signature des membres du gouvernement aux agents des administrations centrales.

Elle doit être suffisamment précise quant au contenu des matières déléguées et quant à l'identité du déléguant et du délégataire.

Exemple :
- CE, 27 mai 1991, requête numéro 104723, requête numéro 105548, requête numéro 105572, requête numéro 105768, requête numéro 106176, requête numéro 106671, requête numéro 106711, requête numéro 111211, Ville de Genève (AJDA 1991, p.690, chron. Maugüé et Schwartz ; CJEG 1991, p. 317, concl. Legal et note Cardon) : il résulte de l'article 3 du décret du 11 décembre 1963 relatif aux installations nucléaires qu'en cas de modification d'une installation, les conditions auxquelles est soumise la mise en exploitation de l'installation ainsi modifiée doivent être déterminées par décret. Plus précisément, l'article 3 du décret du 10 janvier 1989 pris en application de ce texte renvoie à des décisions ministérielles le pouvoir de mettre en exploitation la centrale sans y apporter d'autres restrictions que la durée de la mise en exploitation et son point de départ. En omettant ainsi de fixer les autres conditions auxquelles une décision de mise en exploitation est subordonnée et de définir, avec une précision suffisante, les modalités suivant lesquelles ces conditions doivent être mises en œuvre, le gouvernement a illégalement subdélégué les pouvoirs qu'il tient des dispositions précitées du décret du 11 décembre 1963. Par suite, est illégal l'article 3 du décret du 10 janvier 1989.

La délégation doit faire l'objet de mesures de publicité suffisantes. Il pourra s'agir d'une publication au journal officiel ou, pour les actes des autorités locales, dans un recueil des actes administratifs des collectivités territoriales. A défaut, les actes pris en vertu de la délégation ne seront pas opposables aux administrés.

Exemples :
- CE, 21 mai 2008, requête numéro 294711, Groupe hospitalier SUD Réunion : la décision par laquelle le directeur d'un établissement public hospitalier délègue sa signature n'entre en vigueur que si elle a fait l'objet d'une publicité suffisante. Les juges estiment que l'affichage constitue une mesure de publicité suffisante dès lors qu'il est fait sur des panneaux spécialement aménagés à cet effet et aisément consultables par les personnels et les usagers.

- CAA Nancy, 15 novembre 2007, requête numéro 06NC01331, Ville de Metz : l'arrêté de délégation est exécutoire à compter de la date de son affichage, sans qu'il soit besoin d'attendre qu'il soit publié dans le recueil des actes administratifs de la commune. Par suite, c'est à tort que le tribunal administratif a annulé le refus de titularisation d'un agent municipal au motif qu'il aurait été signé par une autorité incompétente qui ne détenait pas une délégation de signature régulière.

La preuve de la publication doit être rapportée par l'autorité qui a pris l'acte attaqué.

Exemple :
- CAA Douai, 13 novembre 2007, requête numéro 06DA01520, B. c. Université Lille II (JCP A 2008, comm. 2114, obs. Mesmin) : il ressort des pièces du dossier que le président de l'Université de Lille II a, par arrêté du 1er mars 2004, donné à M. Y délégation pour signer « tous documents administratifs ou comptables en cas d'absence ou d'empêchement du président », comme l'y autorisait l'article L. 712-2 du Code de l'éducation. Mais si l'université soutient que cet arrêté a fait l'objet d'une publicité par voie d'affichage dans les locaux de l'université comme l'est « traditionnellement » ce type d'actes, cette affirmation est sérieusement contestée par la requérante. En s'abstenant notamment de préciser la date, la durée et le lieu exact de cet affichage et de produire toute pièce de nature à établir l'effectivité de celui-ci, l'Université de Lille II ne peut être regardée comme justifiant de la régularité de la publicité de l'arrêté de délégation du 1er mars 2004.

Enfin, la délégation doit être partielle. Dans le cas contraire, les actes pris en vertu d'une délégation de compétence ou de signature seront annulés pour incompétence. Cette règle est reprise par différents textes et notamment par l'article 21 alinéa 2 de la Constitution qui prévoit que le Premier ministre peut déléguer « certains » de ses pouvoirs.

1020.- Condition supplémentaire pour les subdélégations.- Une condition supplémentaire est exigée lorsqu'est en cause une subdélégation : en toute logique, seul le titulaire d'une délégation de compétence peut subdéléguer, et seulement sous la forme d'une délégation de signature. En effet, comme l'a précisé à plusieurs reprises le Conseil d'Etat « le bénéficiaire d'une délégation de signature … s'il est habilité à exercer les pouvoirs du délégant, n'est pas autorisé à en disposer » (V. par ex. CE, 28 juin 1996, requête numéro 167824, Groupement français de l'hélicoptère). Quant au titulaire d'une délégation de signature, il n'a pas la possibilité de subdéléguer sa signature, sauf si un texte le prévoit expressément. Ainsi, par exemple, l'article L. 2122-23 du Code général des collectivités territoriales prévoit que « sauf disposition contraire dans la délibération portant délégation, les décisions prises en application de celle-ci peuvent être signées par un adjoint ou un conseiller municipal agissant par délégation du maire ».

b- Effets de la délégation

1021.- Délégations de compétence et délégations de signature.- Il existe deux types de délégations : les délégations de compétence (ou de pouvoir), et les délégations de signature.

Dans la première hypothèse, il y a transfert de compétence d'une autorité vers une autre. Le déléguant est privé de la compétence ainsi transférée au délégataire. Pour reprendre cette compétence, il devra, en vertu de la règle du parallélisme des procédures, prendre un acte de la même nature que celui qui a réalisé le transfert. A défaut, l'acte pris par le déléguant dans l'une des matières transférées sera illégal pour incompétence de son auteur.

Dans la seconde hypothèse, le déléguant conserve sa compétence, mais il allège sa tâche en confiant au délégataire la mission de prendre certains actes. Il peut donc à tout moment décider en lieu et place du délégataire.

Il existe une autre différence majeure entre délégation de compétence et délégation de signature. Dans le premier cas, on estime que la délégation se fait d'autorité à autorité, alors qu'elle se fait de personne à personne dans le second. Par conséquent, le changement d'identité du bénéficiaire de la délégation ou du déléguant n'a pas de conséquences dans la première hypothèse, alors que cet événement met fin à la délégation de signature.

1022.- Cas particulier du décret n°2005-850 du 27 juillet 2005.- Cette distinction n'est toutefois pas valable concernant la délégation de signature des membres du gouvernement aux agents des administrations centrales telle qu'elle est organisée par le décret n°2005-850 du 27 juillet 2005. En effet, selon l'article 1er du décret « le changement de ministre ou de secrétaire d'Etat ne met pas fin … » à la délégation de signature, ce qui permet d'assurer la continuité des activités de l'exécutif. En revanche, la subdélégation consentie en application de ce décret relève du régime traditionnel des délégations de signature.

1023.- Cas de la délégation de fonctions.- Par ailleurs, il convient de mentionner l'hypothèse particulière de la « délégation de fonctions » visée par le Code général des collectivités territoriales. Cette technique permet au maire, au président du conseil départemental ou du conseil régional de déléguer « sous sa surveillance et sa responsabilité … une partie de ses fonctions » à un ou plusieurs adjoints ou vice-présidents, voire à de simples conseillers (CGCT, art. L. 2122-18, art. L. 3221-3 et art. L. 4231-3). Elle présente des traits communs à la fois avec la délégation de compétence et avec la délégation de signature. Comme la délégation de compétence elle permet de transférer un certain nombre de compétences à l'autorité déléguée. Elle a également pour effet de dessaisir l'autorité délégante de ses compétences pour les matières déléguées. Mais d'un autre côté, la délégation de fonctions se fait de personne à personne. Elle va donc tomber en cas de changement de la personne du déléguant ou du délégataire, ce qui rapproche cette technique de la délégation de signature.

2° Suppléance et intérim

1024.- Point commun.- La suppléance et l'intérim constituent deux mécanismes qui permettent de pallier l'absence ou la cessation de fonctions du titulaire normal d'une compétence.

1025.- Suppléance.- C'est la suppléance qui entraîne les effets les plus complets : le suppléant assure de plein droit les mêmes fonctions que la personne qu'il supplée (CE, 29 janvier 1955, Mollaret : Rec. p.61). Cependant, cette solution ne peut être mise en œuvre que lorsqu'elle a été prévue par un texte.

Exemples :
- L'article L. 2122-17 du Code général des collectivités territoriales prévoit qu'en cas d'absence, de révocation ou d'empêchement du maire, celui-ci est suppléé par un adjoint.
- L'article 65 de la Constitution précise que le Conseil supérieur de la magistrature est présidé par le Président de la République. Le ministre de la Justice en est le vice-président de droit et il peut suppléer le Président de la République.

La mise en œuvre d'une suppléance est susceptible de poser un certain nombre de problèmes au contentieux.

Exemple :
- CE Sect., 30 décembre 2010, requête numéro 329513, Robert (AJDA 2011, p. 4) : le ministre de la Justice, qui assurait la présidence de la séance du Conseil supérieur de la magistrature et qui, en sa qualité de suppléant, exerçait la plénitude des attributions relevant du Président de la République et pouvait notamment décider de surseoir à l'examen d'un point inscrit à l'ordre du jour, a différé l'examen du projet de nomination du requérant en qualité d'avocat général à la Cour de cassation. En conséquence est irrégulière la nomination par le président de la République qui n'a pas été précédée de l'avis du Conseil supérieur de la magistrature.

1026.- Intérim.- En l'absence de texte législatif ou règlementaire organisant la suppléance c'est la solution de l'intérim qui est appliquée. L'intérim résulte soit d'une décision spéciale de l'autorité supérieure qui organise ainsi son remplacement, soit d'une adaptation ponctuelle à un empêchement de l'autorité normalement compétente. Il peut également être prévu par un texte.

Exemple :
- L'article R. 222-19-2 du Code de l'éducation prévoit que « en cas de vacance momentanée du poste de recteur, le secrétaire général d'académie assure l'intérim ».

L'intérim doit nécessairement être de brève durée (CE, 6 février 1970, Association des administrateurs civils du ministère du Travail : AJDA 1970, p. 506, note V. S.) prend fin dès que le titulaire d'une fonction est en mesure d'occuper effectivement son emploi.

Exemple :
- CE Ass., 31 octobre 1980, requête numéro 11629, requête numéro 11692, requête numéro 11733, requête numéro 11739, Fédération de l'éducation nationale et a. (Rec. p. 394 ; RDP 1981, p. 499, concl. Franc ; JCP G 1983, II, comm. 20003, note Auby) : en conférant au garde des Sceaux, par un décret du 18 janvier 1978, les pouvoirs du Premier ministre que « celui-ci n'exercera pas en raison de son absence », le Président de la République a pris les dispositions nécessaires pour assurer la continuité de l'action gouvernementale. Ce texte n'est contraire à aucune disposition de la Constitution. Par suite, le garde des Sceaux est compétent, en application de ce décret du 18 janvier 1978, pour signer un décret.

II – Compétence ratione loci

1027.- Difficultés.- Une décision administrative doit être prise par l'autorité localement compétente, ce qui peut soulever ponctuellement un certain nombre de difficultés.

Exemple :
- CE Sect., 9 mai 1980, requête numéro 15533, Commune de Champagne-de-Blanzac (Rec. p. 221 ; Dr. adm. 1980, comm. 208 ; AJDA 1981, p. 103, note Bélanger.- V. également CAA Douai, 25 mai 2004, requête numéro 01DA00413, Marin : JCPA 2004, comm. 1474, note Moreau) : la police de la circulation sur une voie communale dont l'axe délimite les territoires de deux communes doit être exercée en commun par les maires de ces communes, et la règlementation doit être édictée sous forme, soit d'arrêtés concordants signés par chacun d'eux, soit d'un arrêté unique signé par les deux maires.

En principe, l'autorité administrative ne peut intervenir que dans le cadre de sa circonscription, mais il existe des exceptions. Ainsi, une commune peut agir sur le territoire d'une autre commune sur le territoire de laquelle elle possède un bien. Cette hypothèse concerne essentiellement les cimetières (CE, 15 mai 1914, requête numéro 43185, Commune de Livry : Rec. p. 514.- CE Sect., 18 février 1972, requête numéro 77277, Chambre syndicale des entreprises artisanales du bâtiment de Haute-Garonne : JCP G 1973, II, comm. 17446, note Bouyssou). Il a également été reconnu qu'une commune peut décider de recourir à la procédure d'expropriation en vue d'implanter un ouvrage public sur le territoire d'une autre commune, si elle ne dispose pas sur son territoire des terrains nécessaires à cette implantation (CE Sect., 6 mars 1981, requête numéro 00120, Association de défense des habitants du quartier de Chèvre-Morte et a. : Rec. p. 125 ; AJDA 1981, p. 250, chron. Feffer et Pinault ; Rev. adm. 1981, p. 600, concl. Labetoulle ; RDP 1981, p. 600, concl. Labetoulle et p. 1695, note Auby ; D. 1981, inf. rap. p. 281, obs. Delvolvé).

III – Compétence ratione temporis

1028.- Principales difficultés.- L'auteur de l'acte doit être compétent à la fois au jour de la signature de l'acte et au jour de l'entrée en vigueur de cet acte et ces deux dates doivent être séparées par un délai raisonnable. Dans la pratique, l'application de ces principes pose trois problèmes majeurs.

A – Décisions prises par des autorités non encore investies ou qui ont cessé d'être investies

1029.- Autorités non encore investies.- Une autorité ne peut jamais exercer sa compétence avant son investiture officielle. L'effet de l'investiture part, dès lors qu'est en cause un acte individuel favorable à son destinataire, à compter de la signature de l'acte de nomination, et non pas à compter de la publication de cet acte (CE Sect., 10 janvier 1958, Deville : Rec. p. 27).

1030.- Autorités qui ont cessé d'être investies.- Pour ce qui concerne les autorités qui ont cessé d'être investies, la règle est moins rigoureuse ce qui s'explique par la nécessité d'assurer la continuité du service public, jusqu'à la prise de fonction par le successeur de l'autorité concernée.

Dans certains cas, la compétence de l'autorité anciennement investie est expressément prévue par un texte.

Exemple :
-L'article L. 2122-15 du Code général des collectivités territoriales prévoit que « le maire et les adjoints continuent l'exercice de leurs fonctions jusqu'à l'installation de leurs successeurs ».

Dans tous les cas qui ne sont pas réglés par un texte, il résulte de la jurisprudence que l'autorité qui n'est plus investie peut procéder à la gestion des affaires courantes. C'est notamment le cas dans l'hypothèse d'un changement de gouvernement ou d'un remaniement ministériel.

Exemples :
- Des précisions sur la notion d'affaires courantes ont été apportées par le Conseil d'Etat dans un arrêt d'Assemblée du 4 avril 1952, Syndicat régional des quotidiens d'Algérie pour l'hypothèse précise d'un gouvernement démissionnaire (requête numéro 86015 : Rec. p.210 ; S. 1952, III, p.49, concl. Delvolvé ; RDP 1952, p.1029, note Waline ; JCP 1952, II, 7138, note Vedel ; Gaz. Pal. 1952, I, p.261, concl. Delvolvé). Dans ses conclusions, le commissaire du gouvernement Delvolvé a ainsi distingué trois types d'affaires : les affaires courantes par nature qui ne présentent aucune particularité par rapport à la masse des affaires traitées et qui peuvent être réglées par un gouvernement démissionnaire ; les affaires importantes qui ne peuvent être réglées qu'en cas d'urgence par un gouvernement démissionnaire ; « les grands règlements statutaires et les règlements modifiant les dispositions légales ou les droits reconnus par la loi » qui ne peuvent jamais être pris par un gouvernement démissionnaire. En l'espèce était contesté un décret d'application d'une loi, celle-ci prévoyant qu'un tel décret d'application pouvait étendre ses dispositions à l'Algérie et éventuellement en adapter le contenu. Cet acte relevant de la troisième catégorie, son auteur était donc incompétent.
- CE, 23 décembre 2011, requête numéro 348647, requête numéro 348678, Ministre de l'Intérieur, de l'Outre-mer, des Collectivités territoriales et de l'Immigration (préc.) :

l'organe délibérant d'un établissement public de coopération intercommunale, à la suite du renouvellement général des conseils municipaux des communes membres de cet établissement, ne peut que gérer les affaires courantes jusqu'à l'installation du nouvel organe délibérant. Cependant, les circonstances que la procédure de passation d'un marché avait été engagée antérieurement aux élections municipales et que la commission d'appel d'offres avait émis un avis favorable, ne permettaient à elles seules de regarder la conclusion du marché litigieux comme relevant de la gestion des affaires courantes.

B – Décisions anticipées et décisions tardives

1031.- Décisions anticipées.- L'auteur d'une décision ne peut prévoir une date d'entrée en vigueur trop lointaine. En effet, dans un tel cas, l'autorité anticipe sur sa compétence future. Le juge administratif estime donc qu'il s'agit d'un cas d'incompétence ratione temporis.

Exemple :
-CE, 24 décembre 1926, Silvain (Rec. tables, p. 1505) : est illégale une décision de mise en retraite qui ne doit entrer en vigueur qu'un an après son édiction.
-CE, 31 janvier 1986, requête numéro 56445, Ministre de l'Intérieur et de la Décentralisation : un arrêté d'expulsion pris à l'égard d'un étranger incarcéré en France et qui doit encore y subir deux ans d'emprisonnement n'est pas entaché d'illégalité pour erreur de droit du fait de sa précocité, dès lors que la décision est suffisamment motivée au regard de la loi du 11 juillet 1979 et qu'elle n'est pas fondée sur le seul fait de la condamnation pénale, mais résulte de l'examen complet du cas de l'intéressé.

De même, une circulaire qui fait connaître aux préfets, avant l'adoption de textes législatifs ou réglementaires, les modifications que le gouvernement entend apporter aux textes en vigueur « doit être regardée comme ayant elle-même édicté, à la date où elle a été signée, des dispositions relevant du domaine de la loi ou du décret qui (n'ont) pas encore été adoptées et se trouve donc entachée d'incompétence » (CE, 9 juillet 1997, requête numéro 183880, Office public d'HLM de Saint-Priest)

1032.- Non respect des délais pour l'intervention d'un texte.- En revanche, sauf disposition expresse dans ce sens, les délais impartis par un texte à une autorité administrative pour prendre ses mesures d'application ne sont pas prescrits à peine de nullité.

Exemple :
-CE ; 23 octobre 1992, requête numéro 138187, Diemert (Rec. p. 374, concl. Legal ; AJDA 1992, p.785, chron. Maugüé et Schwartz) : si le législateur a manifesté sa volonté que le gouvernement prenne, avant la date fixée par la loi, les mesures nécessaires pour que le permis à points puisse être effectivement appliqué à l'échéance qu'il a fixée, il n'a pas entendu décider que la loi ne sera pas appliquée, au cas où le gouvernement ne prendrait pas de décret dans le délai prévu. Il en résulte que le gouvernement n'était pas incompétent pour prendre le décret litigieux au-delà de ce délai.

C – Décisions rétroactives

1033.- Cas de la loi.- Il résulte de la jurisprudence du Conseil constitutionnel que « sauf en matière pénale, la loi peut comporter des dispositions rétroactives » (CC, 22 juillet 1980, numéro 80-119 DC, Loi portant validation d'actes administratifs, préc.). Elle peut également valider implicitement la rétroactivité des décisions administratives (CE, 30 janvier 1952, Syndicat de la boulangerie d'Indre-et-Loire : Rec. p. 72).

1034.- Principe de non rétroactivité des actes administratifs.- Cette hypothèse mise à part, le Conseil d'Etat a estimé, dans son arrêt d'Assemblée du 25 juin 1948 Société du journal l'Aurore, qu'il existe un principe général du droit « en vertu duquel les règlements ne disposent que pour l'avenir » (requête numéro 94511 : Rec. p. 289 ; S. 1948, III, p. 69, concl. Letourneur ; D. 1948, jurispr. p. 437, note Waline ; JCP G 1948, II, comm. 4427, note Mestre). Puisqu'il s'agit d'un principe général du droit, que l'on peut aujourd'hui rattacher au principe plus large de sécurité juridique, cette règle s'impose à l'administration sauf dans l'hypothèse où un texte de loi l'habilite à y déroger.

Exemple :
-CE, 23 mars 2005, requête numéro 261252, requête numéro 261253, requête numéro 261940, requête numéro 261941, requête numéro 261942, requête numéro 261943, Smart (AJDA 2005, p. 1309) : est entachée de rétroactivité illégale une circulaire définissant de nouvelles règles de calcul d'exonérations partielles de frais de scolarité prise postérieurement au début de l'année scolaire à laquelle elle s'applique. L'irrégularité de la circulaire est invocable à l'encontre des décisions individuelles qui l'ont appliquée.

Le principe de non rétroactivité des actes administratifs est aujourd'hui reconnu par la loi (Code des relations entre le public et l'administration, art. L. 221-4).

Toutefois, l'existence de dispositions rétroactives n'entraîne pas nécessairement l'annulation de tout l'acte administratif incriminé, mais seulement des dispositions qui lui confèrent un effet rétroactif.

Exemple :
-CE, 10 février 1995, requête numéro 78545, Royer et Magnat (Rec. p. 642) : un arrêté recrutant un agent contractuel, qui fixe son entrée en vigueur à une date antérieure à celle de son édiction, comporte un effet rétroactif illégal. Il est annulé mais seulement en tant qu'il s'applique rétroactivement.

1035.- Application immédiate possible des actes règlementaires.- Par ailleurs, le principe de rétroactivité ne s'oppose pas à une application immédiate des règlements. Comme l'a précisé le Conseil d'Etat dans l'arrêt de Section Angeli du 11 décembre 1998 « si la situation présente a été définitivement constituée dans le passé, l'application de mesures nouvelles relatives à la constitution même de cette activité ne constituerait pas une application immédiate, mais comporterait rétroactivité » (requête numéro 170717 : Rec. p. 46, concl. Lamy ; CJEG 1999,

p. 134, concl. Lamy). Si une règlementation nouvelle peut s'appliquer aux prolongements actuels d'une situation constituée sous l'empire d'une règlementation ancienne, elle ne peut donc s'appliquer à la constitution de cette situation.

Exemple :
- CE, 28 juillet 1989, requête numéro 93722, Biscay : un décret est applicable aux demandes formées avant son entrée en vigueur dès lors que la décision qui en résulte est née postérieurement à cette date.

1036.- Prise en compte du principe de sécurité juridique.- En outre, comme l'a précisé le Conseil d'Etat à l'occasion de l'arrêt Lacroix du 13 décembre 2006 « l'exercice du pouvoir règlementaire implique pour son détenteur la possibilité de modifier à tout moment les normes qu'il définit sans que les personnes auxquelles sont, le cas échéant, imposées de nouvelles contraintes, puissent invoquer un droit au maintien de la règlementation existante .... en principe, les nouvelles normes ainsi édictées ont vocation à s'appliquer immédiatement, dans le respect des exigences attachées au principe de non-rétroactivité des actes administratifs » (requête numéro 287845, préc.) Cependant, pour préserver les intérêts publics ou privés d'une atteinte excessive, il appartient à « l'autorité investie du pouvoir règlementaire, agissant dans les limites de sa compétence et dans le respect des règles qui s'imposent à elle, d'édicter, pour des motifs de sécurité juridique, les mesures transitoires qu'implique, s'il y a lieu, cette règlementation nouvelle ... il en va ainsi lorsque l'application immédiate de celle-ci entraîne, au regard de l'objet et des effets de ses dispositions, une atteinte excessive aux intérêts publics ou privés en cause ». Il s'agit ici d'une application du principe de sécurité juridique (CE Ass., 24 mars 2006, requête numéro 288460, requête numéro 288465, requête numéro 288474, requête numéro 288485, Société KPMG, préc.).

1037.- Exception au principe de non rétroactivité.- Il existe enfin un certain nombre d'exceptions au principe de non rétroactivité prévues par la jurisprudence. En particulier, le Conseil d'Etat admet aujourd'hui la possibilité de régulariser les décisions administratives entachées d'un vice de forme ou de procédure (CE Sect., requête numéro 363047, Commune d'Emerainville et Syndicat d'agglomération nouvelle de Marne-la-Vallée- Val Maubué, préc.). Il peut également admettre la rétroactivité d'actes administratifs dans des cas où ne pas l'admettre conduirait à des difficultés inextricables (V. ainsi admettant la rétroactivité de nouveaux tarifs applicables aux usagers d'un service de distribution d'eau auxquels les tarifs initiaux n'avaient pu être appliqués suite à une décision juridictionnelle les déclarant illégaux CE, 28 avril 2014, Anschling, requête numéro 357090, préc.).

IV – Dérogations exceptionnelles aux règles de compétence : la jurisprudence des fonctionnaires de fait

1038.- Principe et aménagements.- Lorsqu'un acte est pris par une personne extérieure à l'administration, cet acte est en principe considéré comme illégal en raison de l'incompétence de son auteur.

Cependant, une position trop stricte sur ce point pourrait présenter de graves inconvénients, puisqu'elle peut aboutir à la remise en cause de situations qui paraissaient acquises, pour les bénéficiaires de la décision comme pour les tiers.

Pour éviter de tels inconvénients, la jurisprudence a prévu deux types d'aménagements.

1039.- Conséquences de l'annulation de l'acte de désignation d'une autorité administrative.- Le premier aménagement concerne le cas de l'annulation par le juge administratif de l'acte désignant une autorité administrative. L'annulation d'un acte administratif ayant un effet rétroactif, tous les actes pris par l'autorité concernée devraient être anéantis. Le Conseil d'Etat, pour des raisons évidentes d'opportunité, a toutefois adopté une règle contraire en vertu de laquelle les actes pris par l'autorité dont l'acte de désignation a été annulé subsistent, lorsqu'ils sont intervenus avant la date du jugement devenu définitif (CE, 2 novembre 1923, Association des fonctionnaires de l'administration centre des postes et télégraphes : Rec. p.699).

Exemple :
- CE, 16 mai 2001, requête numéro 231717, Préfet de police c. Mtimet (AJDA 2001, chron. Guyomar et Collin, p. 643 et p.672, note Legrand ; Dr. adm. 2001, comm. 178, note Laurent ; JCP G 2001, comm. 344, obs. Aubin ; RDP 2001, p. 645, note Prétot ; AJFP janvier 2002, p. 27, étude Traoré ; Droit et Défense 2001, n° 3, p. 29, note de la Burgade) : un arrêté de reconduite à la frontière n'est pas illégal du seul fait que le préfet de police qui en est l'auteur avait été maintenu en fonctions au-delà de la limite d'âge.

1040.- Possibilité de moduler dans le temps les effets de l'annulation.- Dans de telles hypothèses, les juges plutôt que de se référer à la théorie des fonctionnaires de fait, peuvent choisir de moduler dans le temps les effets de la décision annulant une nomination ou une élection, conformément à la jurisprudence Association AC ! (CE Ass., 11 mai 2004, requête numéro 255886, préc.). Dans un arrêt Sire du 12 décembre 2007, le Conseil d'Etat a ainsi considéré que si «l'irrégularité de la nomination d'un magistrat est de nature à entraîner la nullité des jugements et procédures auxquels il a concouru ... compte tenu de la nature du motif d'annulation retenu et alors qu'aucun autre moyen n'est de nature à justifier l'annulation prononcée par la présente décision, l'annulation rétroactive de la nomination de M. Sire porterait, eu égard à la nature et à la durée des fonctions qu'il a exercées en qualité de procureur de la République près le tribunal de grande instance de Narbonne, une atteinte manifestement excessive au fonctionnement du service public de la justice » (requête numéro 296072 : Rec. p. 471 ; AJDA 2008, p. 368, concl. Guyomar ; AJFP 2008, p. 172, note Gueguen).

1041.- Principe d'intangibilité des droits acquis par le bénéficiaire d'une décision individuelle définitive.- Notons aussi qu'il existe un principe d'intangibilité des droits acquis par le bénéficiaire d'une décision individuelle devenue définitive, y compris dans le cas où l'acte antérieur qui en conditionne l'intervenion est illégal. Cette solution s'applique, notamment, aux décisions de nomination de fonctionnaires prises à l'issue d'un concours administratif entaché d'illégalités, lorsque le délai de recours contentieux et le délai de quatre mois pour les retirer est expiré (CE Sect., 10 octobre 1997, requête numéro 170341, Lugan, préc.).

Exemple :
-CE, 10 janvier 2007, requête numéro 297864, Grass et a. (Rec. p. 8 ; JCP A 2007, act. 60 ; RFDA 2007, p. 1071, concl. Vérot) : le déroulement des épreuves de gestion publique et de questions européennes au concours de sortie de l'ENA est entaché d'illégalité. Les requérants sont par suite fondés à demander l'annulation du classement des élèves de la promotion 2002-2004 de l'ENA. Toutefois, par un arrêté du 9 avril 2004, le ministre de la fonction publique et de la réforme de l'Etat a affecté les élèves de la promotion 2002-2004 de l'ENA ayant terminé leur scolarité au mois de mars 2004 dans les différents corps qu'ils avaient choisis. Cet arrêté n'a pas fait l'objet de recours contentieux. Ces nominations, qui étaient créatrices de droits pour leurs bénéficiaires, étant devenues définitives, l'annulation prononcée par la présente décision est sans influence sur la situation individuelle des agents issus de la promotion.

Il est à noter qu'avant l'arrêt Lugan c'est une solution contraire qui était reconnue par le Conseil d'Etat (CE, 21 novembre 1962, requête numéro 50470, Sieur Pelbois: Rec. p. 624 ; AJDA 1963, p. 29, note V. S.).

1042.- Cas exceptionnel d'une personne totalement étrangère à l'administration.- Le second aménagement concerne l'hypothèse d'une personne totalement étrangère à l'administration. Dans des circonstances exceptionnelles, les juges considèrent que les actes pris par ces personnes sont des actes administratifs et qu'ils permettent notamment d'engager la responsabilité de l'administration.

Exemple :
- CE Ass., 7 janvier 1944, Lecocq (Rec. p.5 ; JCP 1944, II, comm. 2663, note Charlier ; RDP 1944, p.331, concl. Léonard, note Jèze.- V. également CE, 5 mars 1948, Marion : Rec. 1948, p. 113 ; D. 1949, p. 147 ; S. 1948, III, p. 53, note Calon) : pendant la débâcle, des habitants de la ville de Fécamp ont constitué un comité local d'administration de la ville. Ce comité a décidé de la réouverture de commerces, désigné des gérants pour ces commerces et créé une taxe sur les ventes. Ces actes sont considérés comme légaux par le Conseil d'Etat, compte tenu des circonstances exceptionnelles durant lesquelles ils ont été élaborés.

§II – Procédure d'adoption des actes administratifs unilatéraux

1043.- Apport du CRPA.- La procédure d'adoption des actes administratifs unilatéraux peut être fixée par des textes. A défaut, l'administration devra respecter un certain nombre de règles qui ont été fixées par la jurisprudence.

Longtemps dispersées dans différents textes, de nombreuses règles applicables à la procédure d'adoption des actes administratifs ont été regroupées dans le Code des relations entre le public et les administrations créé par l'ordonnance n°2015-1341 du 23 octobre 2015.

1044.- Introduction d'un droit à régularisation en cas d'erreur.- On n'omettra pas de mentionner que ce code a été récemment complété par loi n°2018-727 du 10 août 2018 pour un Etat au service d'une société de confiance (Loi Essoc). Cette loi ajoute notamment deux nouveaux chapitres au livre Ier du code. Le premier consacre un « droit à régularisation en cas d'erreur » (CRPA, art. L. 123-1 s.). Il permet à l'administré, sauf exceptions, d'échapper à une sanction lorsqu'il commet, pour la première fois, une erreur tenant soit à la méconnaissance d'une règle soit à une méprise matérielle. Il peut alors régulariser sa situation, de sa propre initiative ou sur l'invitation de l'administration.

1045.- Introduction d'un droit au contrôle.- Le second chapitre prévoit un « droit au contrôle», c'est-à-dire la possiblité pour l'administré de se soumettre volontairement au contrôle d'une autorité administrative (CRPA, art. L. 124-1). Relevons aussi que désormais, une pièce manquante dans une demande adressée à l'administration ne conduit plus systématiquement à la suspension de la procédure (CRPA, art. L. 114-5-1). Il existe donc désormais un véritable « droit à l'instruction du dossier » au bénéfice des administrés.

1046.- Déroulement de la procédure.- La procédure d'élaboration de l'acte peut donner lieu, le cas échéant, à des consultations et à des enquêtes préalables. Qui plus est, pour ce qui concerne certains types de décisions, l'autorité compétente sera tenue de respecter le principe du contradictoire.

I – Consultations préalables

1047.- Catégories de consultations préalables.- Il existe deux types de consultations préalables : celles qui présentent un caractère facultatif et celles qui sont obligatoires.

A – Consultations facultatives

1048.- Sanction possible des vices de procédure en cas de consultation irrégulière.- Une autorité peut toujours s'assurer de tous les avis qu'elle juge opportuns, et cela même si ces avis ne sont pas prévus par des textes. A partir du moment où elle s'est elle-même astreinte à cette formalité elle est tenue de respecter une procédure régulière. Si tel n'est pas le cas, et si l'avis a influencé le sens de la décision, celle-ci sera annulée pour vice de procédure.

Exemples :
- CE, 25 février 1998, requête numéro 150708, requête numéro 150819, Commune d'Evreux (Rec. p.696) : dès lors que le maire d'une commune, alors même qu'aucune disposition législative ou règlementaire ne lui en fait obligation, a constitué, en vue de l'élaboration d'un projet de plan d'occupation des sols révisé, un groupe de travail, ce groupe ne peut siéger valablement que si le quorum de ses membres est atteint. Or, lors de l'unique réunion du groupe, moins de la moitié des personnes convoquées étaient présentes et des personnes qui n'étaient pas membres de ce groupe ont participé à la réunion. Ces irrégularités sont susceptibles d'avoir exercé une influence sur la délibération du conseil municipal et entachent donc d'illégalité la décision arrêtant le projet de révision du plan d'occupation des sols de la commune
- CE, 5 septembre 2008, requête numéro 301506, requête numéro 301668, Société Seroba, ministre du Travail : en l'absence de changement dans les circonstances de fait ou de droit, un inspecteur du travail peut prendre une nouvelle décision relative à l'autorisation de licenciement d'un salarié protégé sans procéder à nouveau à l'enquête contradictoire prévue par l'ancien article R. 463-4 du Code du travail. Cependant, dès lors qu'il procède à une nouvelle enquête, celle-ci doit être conduite dans des conditions régulières.

1049.- Remise en cause de la distinction entre vices substantiels et vices non substantiels.- Cette solution a été consacrée par l'article 70 de la loi n°2011-525 du 17 mai 2011 de simplification et d'amélioration de la qualité du droit selon lequel « lorsque l'autorité administrative, avant de prendre une décision, procède à la consultation d'un organisme, seules les irrégularités susceptibles d'avoir exercé une influence sur le sens de la décision prise au vu de l'avis rendu peuvent, le cas échéant, être invoquées à l'encontre de la décision ». La loi ne distingue plus, comme le faisait auparavant la jurisprudence, les vices non substantiels, qui ne pouvaient jamais entraîner l'annulation de la décision contestée, des vices substantiels qui entraînaient l'annulation de la décision, dès lors que les irrégularités soulevées avaient eu une influence sur la décision prise.

On rappellera que dans son arrêt d'Assemblée Danthony du 23 décembre 2011 (requête numéro 335033, préc.- V. par ailleurs supra Troisième partie, Chapitre Deux, Section une) le Conseil d'Etat a considéré qu'il existe un principe dont s'inspire la règle énoncée par l'article 70 selon lequel : « si les actes administratifs doivent être pris selon les formes et conformément aux procédures prévues par les lois et règlements, un vice affectant le déroulement d'une procédure administrative préalable, suivie à titre obligatoire ou facultatif, n'est de nature à entacher d'illégalité la décision prise que s'il ressort des pièces du dossier qu'il a été susceptible d'exercer, en l'espèce, une influence sur le sens de la décision prise ou qu'il a privé les intéressés d'une garantie ».

De même, le non-respect d'une règle de procédure n'est pas sanctionné, dès lors que le respect de cette règle s'est avéré impossible au cas d'espèce.

Exemple :
- CE, 29 juillet 1994, requête numéro 135097, Commune de Grand-Bourg-de-Marie-Galante : si le délai de deux mois imparti au conseil de discipline pour donner son avis n'est pas prescrit à peine de nullité, la carence de ce conseil ne saurait avoir pour effet de priver le maire du pouvoir d'exercer ses attributions en matière disciplinaire.

1050.- Modification du texte après une consultation facultative.- Sur le fond, lorsque l'administration se conforme à une procédure consultative alors qu'elle n'y était pas obligée, elle reste libre d'apporter au projet de texte qu'elle avait soumis volontairement pour avis toutes les modifications, même substantielles, qu'elle souhaite, sans être contrainte de soumettre de nouveau le projet à l'instance sollicitée (CE Sect., 15 mars 1974, requête numéro 85703, Syndicat national CGT-FO des fonctionnaires et agents du commerce intérieur et des prix : Rec. p. 188 ; AJDA 1974, p. 432, chron. Boyon et Franc.- CE, 4 juin 2012, requête numéro 351976, Société BT France : AJDA 2013. 1733, chron. Domino et Bretonneau).

Enfin, il faut relever qu'une autorité administrative peut renoncer à la consultation en prenant sa décision sans attendre que l'avis ait été formulé (CE Sect., 28 avril 1967, Fédération nationale des syndicats pharmaceutiques : Rec. p. 180 ; AJDA 1967, p. 401, concl. Galabert).

B – Consultations obligatoires

1051.- Issue des consultations obligatoires et alternative.- Dans l'hypothèse où la consultation est rendue obligatoire par un texte, deux cas de figure doivent être envisagés : l'avis rendu peut être simple ou bien l'autorité qui le sollicite doit s'y conformer. Par ailleurs, l'article 16 de la loi du 17 mai 2011, dont les dispositions sont désormais reproduites dans le Code des relations entre le public et l'administration, permet de substituer, dans certains cas, un mécanisme de consultation ouverte aux consultations obligatoires.

1° Avis simple

1052.- Modalités de fonctionnement des commissions consultatives.- Lorsque l'avis rendu a un caractère facultatif, l'accomplissement régulier de la formalité de consultation est suffisant. Les modalités de fonctionnement des commissions consultatives sont désormais visées par les articles R. 133-3 et suivants du Code des relations entre le public et l'administration. Toutefois, elles peuvent également résulter de règles particulières applicables à des organes consultatifs en particulier.

1053.- Délai entre la date de l'avis et celle de la décision subséquente.- Dans les cas où la consultation est régulière, un problème est susceptible d'intervenir concernant le délai entre la date à laquelle l'avis a été rendu et celle de la décision.

Exemple :
- CE, 2 octobre 1996, requête numéro 91296, Ministre de l'intérieur c. Consorts Hottinguer (Rec. p. 950 ; Dr. adm. 1996, comm. 533, obs. L.T.- comp. CE, 3 février 2016, requête numéro 387140, Bordeaux Métropole) : le service des domaines doit être

obligatoirement consulté dans le cadre d'une procédure d'expropriation avant que l'opération ne soit déclarée d'utilité publique. Cependant, l'avis rendu, qui concerne la valeur des biens à exproprier, a une portée facultative. Dans cette affaire, il s'est écoulé onze ans entre la date de l'avis et l'acte portant déclaration d'utilité publique. Le Conseil d'Etat décide que le changement de circonstances de droit et de fait nécessitait que soit requis un nouvel avis. En effet, la règlementation en matière d'urbanisme avait changé ainsi que la valeur des terrains. Par conséquent, l'acte portant déclaration d'utilité publique est annulé.

1054.- Décrets en Conseil d'Etat.- La principale hypothèse de consultation obligatoire débouchant sur un avis simple concerne les décrets en Conseil d'Etat, qui s'opposent à la catégorie des décrets simples. Ces décrets sont facilement identifiables par la mention « le Conseil d'Etat entendu » et ils se rencontrent dans quatre hypothèses :

- En application de l'article 37 alinéa 2 de la Constitution les textes de forme législative antérieurs à 1958, et qui relèvent désormais du domaine du règlement, peuvent être modifiés par décrets pris après avis du Conseil d'Etat ;

- En application d'une loi qui précise que ses décrets d'application doivent être pris sur avis du Conseil d'Etat ;

- En application d'un décret qui renvoie lui-même à de futurs décrets en Conseil d'Etat ;

- En raison de la volonté du gouvernement lorsqu'il souhaite donner une certaine solennité à un texte qui lui paraît particulièrement important. Mais il s'agit ici d'une hypothèse de consultation facultative qui obéit, par conséquent, aux règles susvisées.

Lorsque la consultation du Conseil d'Etat, ou d'une autre autorité, est obligatoire en vertu d'une disposition formelle, le défaut de consultation rend le décret illégal (CE Ass., 3 juillet 1998, requête numéro 177248, requête numéro 177320, requête numéro 177387, Syndicat national de l'environnement CFDT : Rec. p. 272 ; AJDA 1998, p. 780, chron. Raynaud et Fombeur ; JCP G 1999, I, comm. 128, chron. Petit ; RFDA 1998, p. 1059 ; LPA 12 janvier 1999, n° 8, note Moniolle. – CE, 24 mai 2000, requête numéro 204657, Conseil supérieur de l'administration de biens : RJF 2000, 976).

Si l'autorité compétente peut retenir un texte qui diverge de l'avis rendu, il ne peut s'agir d'un texte différent de celui dont l'autorité qui doit émettre l'avis a été saisie. La consultation sera considérée comme régulière lorsqu'elle a porté sur l'ensemble des questions traitées par le texte définitif (CE, 26 janvier 2007, requête numéro 276928, Syndicat professionnel de la géomatique, préc.- V. également à propos de la consultation d'un comité technique paritaire : CE, 12 mars 2007, requête numéro 277979, Syndicat national de l'environnement). Dans le cas où, après avoir recueilli son avis, l'autorité compétente pour prendre le texte envisage d'apporter à son projet des modifications qui posent des questions nouvelles, elle doit procéder à une nouvelle consultation de cet organisme (CE Ass., 23 octobre 1998, requête numéro 169797, Union des fédérations CFDT : Rec. p. 360.- CE Sect., 5 novembre 2014, requête numéro 378140, Ceccaldi : Rec. p. 324, concl. Bretonneau ; AJDA

2014, p. 2419, chron. Lessi et Dutheillet de Lamothe). Par ailleurs, l'autorité compétente peut retenir, sur certains points, le texte initial de son projet et faire siennes, sur d'autres points, les modifications souhaitées par l'autorité consultée (CE, 16 octobre 1968, Union nationale des grandes pharmacies de France et a. : Rec. p. 488).

2° Avis conforme

1055.- Obligation se se conformer à l'avis.- Dans certains cas, l'autorité qui sollicite l'avis a l'obligation de s'y conformer. Dans ces hypothèses, on peut pratiquement considérer que l'institution qui rend l'avis possède en réalité un véritable pouvoir de codécision, celle-ci ne pouvant intervenir sans son aval.

Exemple :
- Les articles L. 521-1 et L. 522-1 du Code de l'expropriation précisent que la procédure d'expropriation d'extrême urgence, qui limite les garanties des personnes expropriées, doit faire l'objet d'un décret pris sur avis conforme du Conseil d'Etat.

3° Consultations ouvertes

1056.- Alternative à une consultation obligatoire.- Selon l'article L. 132-1 du Code des relations entre le public et l'administration, qui reprend l'essentiel des dispositions de l'article 16 de la loi n°2011-525 du 17 mai 2011 « lorsque l'administration est tenue de procéder à la consultation d'une commission consultative préalablement à l'édiction d'un acte réglementaire, elle peut décider d'organiser une consultation ouverte permettant de recueillir, sur un site internet, les observations des personnes concernées ». Dans ce cadre, les commissions administratives qui auraient dû normalement être saisies peuvent toutefois formuler un avis dans le cadre de la procédure de consultation ouverte.

L'autorité qui organise la consultation ouverte est tenue d'assurer l'information des personnes concernées ainsi que la publication des résultats de la consultation sous la forme d'une synthèse des observations formulées.

En principe, cette consultation ouverte se substitue à la consultation obligatoire. Plusieurs interdictions du recours aux consultations ouvertes sont toutefois prévues : pour les consultations d'autorités administratives indépendantes prévues par les textes législatifs et réglementaires ; pour les procédures d'avis conforme ; pour celles qui concernent l'exercice d'une liberté publique, constituent la garantie d'une exigence constitutionnelle, traduisent un pouvoir de proposition ou mettent en œuvre le principe de participation visé par la Charte de l'environnement.

Enfin, il est également possible d'organiser une consultation ouverte sur internet sans que celle-ci ne se substitue à la consultation d'une commission, ce qui peut être utile en vue d'une meilleure association du public au processus de décision.

1057.- Précisions sur le régime juridique des consultations ouvertes.- Le régime juridique applicable aux consultations ouvertes a été précisé par le Conseil d'Etat dans un arrêt d'Assemblée du 11 juillet 2016, Association citoyenne « Pour Occitanie Pays Catalan » et a. (requête numéro 403928 : AJDA 2017, p. 1662, chron. Odinet et Roussel ; Dr. adm. 2017, comm. 49, note Eveillard ; JCP A 2017, act. 515 ; JCP A 2017, comm. 2228, concl. Daumas JCP G 2017, comm. 942, note Testard ; Procédures 2017, comm. 253, note Chifflot). Les juges ont d'abord considéré que cette procédure pouvait être utilisée pour demander aux personnes consultées d'exprimer un choix parmi plusieurs propositions qui leur sont formulées, alors même qu'il existe dans les textes des procédures de référendum local (CGCT, art. LO. 1112-1) et de consultation locale (CGCT, art. L. 1112-15) qui sont susceptibles de remplir la même fonction. D'un point de vue procédural, aux garanties prévues par le Code des relations entre le public et l'administration, dont la portée est précisée, le Conseil d'Etat ajoute une exigence de respect des principes d'égalité et d'impartialité, dont il découle que la consultation doit être sincère. Enfin, dans l'hypothèse où la consultation ouverte serait entachée d'un vice de procédure, dans la droite ligne de la jurisprudence Danthony (V. supra Troisième partie, Chapitre deux, Section une), « il appartient au juge administratif, avant d'en tirer les conséquences sur la légalité de l'acte pris à l'issue de la procédure comportant cette consultation, d'apprécier si elle a privé les intéressés d'une garantie ou a été susceptible d'exercer une influence sur l'acte attaqué ».

II – Enquêtes préalables

1058.- Un complément d'information.- Ce sont des opérations destinées à compléter les informations de l'administration avant la prise de décision. Elles vont lui permettre de réaliser une consultation la plus large possible de toutes les personnes intéressées par cette décision.

Exemple :
- L'enquête publique préalable à la déclaration d'utilité publique permet d'informer les intéressés sur la nature du projet qui nécessite des expropriations. Le Code de l'expropriation et le Code de l'environnement prévoient une procédure très complexe et très formaliste en la matière dont le non-respect permet de faire annuler les actes subséquents pris par l'autorité administrative compétente.

III – Principe du contradictoire

1059.- Homogénéisation des règles applicables par le CRPA.- Longtemps, le caractère contradictoire de la procédure d'élaboration de certaines décisions administratives était garanti à la fois par un principe général du droit et par une disposition législative issue de la loi n°2000-321 du 12 avril 2000, dont le champ d'application et les modalités de mise en œuvre se recoupaient en partie. Le Code des relations entre le public et l'administration, tout en reprenant l'essentiel des acquis du droit positif, a voulu clarifier et homogénéiser les règles applicables en les regroupant dans un texte unique. Il conviendra également de mentionner que pour l'élaboration de certaines sanctions administratives, les règles du procès équitable doivent être respectées, ce qui renforce encore les exigences.

A – Droit de présenter des observations avant l'intervention de certaines décisions

1060.- Champ d'application et mise en œuvre du principe du contradictoire.- On évoquera le champ d'application du principe du contradictoire avant d'aborder la question de la mise en œuvre de ce principe.

1° Champ d'application du principe du contradictoire

1061.- Principe du caractère non contradictoire de la procédure administrative non contentieuse.- A la différence de la procédure juridictionnelle, la procédure administrative non - contentieuse ne présente pas, en principe, un caractère contradictoire. Ceci signifie que les personnes intéressées n'ont pas la possibilité d'imposer à l'auteur d'un acte administratif de les entendre avant l'adoption de cet acte.

1062.- Exception.- Cependant, cette règle connaît une exception importante dans les cas où il est reconnu aux administrés le droit de présenter des observations avant l'intervention de la décision.

1063.- Apparition du principe général du droit de respect des droits de la défense.- C'est d'abord dans la jurisprudence du Conseil d'Etat qu'est apparu ce droit sous la forme d'un principe général du droit. Ce principe résulte d'une extrapolation par le Conseil d'Etat des obligations imposées à l'administration par la loi du 22 avril 1905. Cette loi avait été adoptée suite à « l'affaire des fiches » qui avait consisté à répertorier les opinions politiques et religieuses dans l'armée française en vue de favoriser la promotion d'officiers républicains. Elle prévoit que « tous les fonctionnaires civils et militaires, tous les employés et ouvriers de toutes administrations publiques ont droit à la communication personnelle et confidentielle de toutes les notes, feuilles signalétiques et tous autres documents composant leur dossier, soit avant d'être l'objet d'une mesure disciplinaire ou d'un déplacement d'office, soit avant d'être retardé dans leur avancement à l'ancienneté. Il s'agit de lui permettre de connaître les griefs qui lui sont reprochés et d'organiser sa défense devant l'administration puis, en cas de sanction, devant le juge.

Comme on le voit, le champ d'application de ce texte était doublement limité : il ne bénéficiait qu'aux seuls fonctionnaires et il ne concernait que des hypothèses de sanction.

Le Conseil d'Etat s'est pourtant inspiré de ce texte pour dégager un principe général du droit susceptible de s'appliquer, même sans texte, à l'ensemble des administrés, à l'occasion de son arrêt de Section du 5 mai 1944, Dame Veuve Trompier-Gravier (requête numéro 69751 : préc.).

Dans cette affaire, le Conseil d'Etat était saisi d'un recours dirigé contre une décision du préfet de la Seine retirant une autorisation d'exploiter un kiosque à journaux au motif que sa titulaire aurait voulu extorquer des fonds à son gérant. Le Conseil d'Etat annule cette décision au motif que le préfet a commis une violation des droits de la défense. En effet, « eu égard à la gravité de cette sanction, une telle mesure ne pouvait légalement intervenir sans que la dame veuve Trompier-Gravier eût été mise à même de discuter les griefs formulés contre elle ».

Cette solution a ensuite été confirmée par l'arrêt d'Assemblée Aramu du 26 octobre 1945 lequel, à la différence de l'arrêt Dame Veuve Trompier-Gravier, se réfère expressément à la notion de principe général du droit (requête numéro 77726 : préc.). Elle a reçu une consécration constitutionnelle avec la décision du Conseil constitutionnel du 28 décembre 1990, Loi de finances pour 1991 (numéro 90-285 DC : JO, 30 décembre 1990, p. 1609 ; AJDA 1991, p. 475, note Prétot ; RDP 1991, p.136, note Philip et p.145, note Favoreu).

A l'époque des arrêts Dame Veuve Trompier-Gravier et Aramu, le principe du respect des droits de la défense ne concerne que les décisions de sanction.

1064.- Extension du champ d'application du principe.- La jurisprudence a ensuite étendu ce principe à l'ensemble des mesures prises en considération de la personne ou pour des motifs relatifs à la personne, qu'il s'agisse ou non d'une sanction.

Exemples :
- CE Sect., 9 décembre 1955, Ministre des Postes et des Télécommunications c./Garysas (Rec. p.585 ; AJDA 1956, p.46 ; RDP 1956, p.330, note Waline) : le principe du respect des droits de la défense a vocation à s'appliquer à une décision de licenciement pour cause d'insuffisance professionnelle.
- CE, 6 avril 1992, requête numéro 119653, Procureur de la République près le tribunal de grande instance d'Aix-en-Provence c. Pirozzelli (Rec. p. 150 ; RFDA 1992, p. 609) : la décision par laquelle le procureur de la République retire l'agrément donné à un agent de police municipale est prise en considération de la personne de l'intéressé. Elle ne peut donc intervenir sans que l'intéressé ait pu présenter ses observations.

Plus généralement, le principe du respect des droits de la défense a vocation à s'appliquer à des décisions individuelles qui ne constituent pas des sanctions, mais qui ont des conséquences négatives sur leurs destinataires. En somme, comme l'avait indiqué le président Genevois « le principe des droits de la défense implique qu'une mesure individuelle d'une certaine gravité, reposant sur l'appréciation d'une situation personnelle, ne peut être prise par l'administration sans entendre au préalable la personne qui est susceptible d'être lésée dans ses intérêts moraux ou matériels par cette mesure » (conclusions sur CE Sect., 9 mai 1980, requête numéro 10404, Société des établissements Cruse fils et frères : Rec. p. 127).

Exemples :
- CE, 5 juin 2002, requête numéro 219840, Simoens (JCP E 2002,1768, note D.F.) : lorsqu'une imposition est, telle la taxe professionnelle, assise sur la base d'éléments qui doivent être déclarés par le redevable, l'administration ne peut établir, à la charge de celui-ci, des droits excédant le montant de ceux qui résulteraient des éléments qu'il a déclarés qu'après l'avoir, conformément au principe général des droits de la défense, mis à même de présenter ses observations.

- CE, 20 décembre 2006, requête numéro 259019, Matringhem (JCP G 2007, IV, comm. 122) : l'article L. 411-32 du Code rural prévoit qu'une autorisation préfectorale est nécessaire, dans certains cas, pour permettre à un propriétaire de résilier le bail sur des parcelles dont la destination agricole peut être changée. Cette autorisation ayant pour effet de priver le preneur du droit d'utiliser et d'exploiter les parcelles dont le bailleur entend changer la destination, elle ne peut légalement intervenir sans que le preneur ait été mis en mesure de présenter ses observations, en application du principe général de respect des droits de la défense.

1065.- Limites.- En revanche, d'autres mesures étaient clairement exclues du champ d'application du principe jurisprudentiel de respect des droits de la défense.

C'est le cas, tout d'abord, des mesures par lesquelles l'administration se borne à tirer les conséquences d'une situation objective, sans porter d'appréciation sur le comportement du destinataire de la mesure.

Exemples :
- CE, 26 mars 1982, requête numéro 20155, Dlle Sarrabay (Rec. p.720 ; Rev. adm. 1982, p. 389, obs. Pacteau) : le principe du respect des droits de la défense n'a pas vocation à s'appliquer dans le cadre d'une procédure de licenciement d'un stagiaire résultant de son échec à un examen.

Sont ensuite concernées, sauf texte contraire, les mesures de police.

1066.- Loi n°2000-321 du 12 avril 2000.- Toutefois, l'élaboration des mesures visées par l'article 24 de la loi n°2000-321 du 12 avril 2000, qui peuvent être des mesures de police, devaient également respecter une procédure contradictoire en application de ces dispositions.

1067.- Réagencement du principe du contradictoire par le CRPA.- L'article L. 121-1 du Code des relations entre le public et l'administration permet de simplifier les principes applicables en supprimant cette distorsion entre les règles jurisprudentielles et les règles législatives relatives au principe du contradictoire. Désormais, en effet « exception faite des cas où il est statué sur une demande, les décisions individuelles qui doivent être motivées en application de l'article L. 211-2, ainsi que les décisions qui, bien que non mentionnées à cet article, sont prises en considération de la personne, sont soumises au respect d'une procédure contradictoire préalable ». Ces dispositions s'appliquent à « l'administration », c'est-à-dire à l'ensemble des organes visés par l'article L. 100-3, 1° du code, ainsi qu'à tous les organismes et personnes chargés d'une mission de service public industriel et commercial pour les décisions prises dans le cadre de cette mission.

Le renvoi à l'article L. 211-2 du Code des relations entre le public et l'administration remplace celui qui était fait par l'article 24 de la loi du 12 avril 2000 aux articles 1 et 2 de la loi n°79-587 du 11 juillet 1979 relative à la motivation des actes administratifs.

Les décisions visées par la loi de 1979, dont l'adoption devait donc respecter le principe du contradictoire, étaient : les décisions administratives individuelles défavorables (et donc notamment certaines mesures de police) et les décisions administratives individuelles qui dérogent aux règles générales fixées par la loi ou le règlement.

Il faut toutefois relever deux points de différences entre les règles résultant de l'article L. 121-1 du Code des relations entre le public et l'administration et celles qui étaient issues de la loi du 12 avril 2000.

D'une part, l'article L. 121-1 intègre la notion de décisions « prises en considération de la personne », lesquelles ne relevaient pas à l'origine du champ d'application de la loi du 12 avril 2000.

D'autre part, le même article renvoie aux seules dispositions de l'article L. 211-2 du même code qui vise exclusivement les décisions individuelles défavorables. Il ne renvoie pas, en revanche, à l'article L. 211-3 relatif aux décisions administratives individuelles qui dérogent aux règles générales fixées par la loi ou le règlement, lesquelles se retrouvent donc soustraites à l'application du principe du contradictoire.

Une liste des décisions individuelles défavorables - qui doivent donc être motivées et prises selon une procédure contradictoire figure à l'article L. 211-2 susvisé. Il s'agit des décisions qui : restreignent l'exercice des libertés publiques ou, de manière générale, constituent une mesure de police ; Infligent une sanction ; Subordonnent l'octroi d'une autorisation à des conditions restrictives ou imposent des sujétions ; Retirent ou abrogent une décision créatrice de droits ; Opposent une prescription, une forclusion ou une déchéance; Refusent un avantage dont l'attribution constitue un droit pour les personnes qui remplissent les conditions légales pour l'obtenir; Refusent une autorisation, sauf lorsque la communication des motifs pourrait être de nature à porter atteinte à l'un des secrets ou intérêts protégés par les dispositions du l'article L. 311-5; Rejettent un recours administratif dont la présentation est obligatoire préalablement à tout recours contentieux en application d'une disposition législative ou réglementaire.

Enfin, l'article L. 121-2 du Code des relations entre le public et l'administration, confirmant l'état du droit antérieur, prévoit plusieurs exceptions au respect du principe du contradictoire, en dehors de l'hypothèse susvisée où il est statué sur une demande, notamment en cas d'urgence, de circonstances exceptionnelles, lorsqu'il existe une loi instituant une procédure législative particulière (par ex. en matière d'extradition V. CE Ass., 8 mars 1985, requête numéro 64106, Garcia Henriquez : Rec. p. 70) et lorsque la mise en œuvre de ce principe serait de nature à compromettre l'ordre public ou la conduite des relations internationales. Le même article précise, toujours dans le même esprit de continuité, que les agents publics ne bénéficient pas des dispositions de l'article L. 121-1 dès lors qu'ils se voient principalement appliquer les règles résultant de leur statut.

2° Mise en œuvre du principe du contradictoire

1068.- Règles applicables.- Le Code des relations entre le public et l'administration a également voulu corriger les distorsions qui résultaient de la dualité des sources - jurisprudentielle et législative - du principe du contradictoire. En particulier, les obligations mises à la charge de l'administration étaient plus lourdes en application de la loi du 12 avril 2000 qui mentionnait non seulement des observations écrites, mais également des observations orales. Ainsi, sauf en cas de demande abusive, le refus opposé à l'intéressé de présenter des observations orales en complément d'observations écrites entachait la procédure d'irrégularité.

Exemple :
- CE, 3 avril 2002, requête numéro 232628, Société Labo'Life Espana (Rec. p. 120) : la suspension par le directeur de l'agence française de sécurité sanitaire des produits de santé de l'importation de médicaments homéopathiques pour défaut d'autorisation constitue une mesure de police. A ce titre, elle entre dans le champ d'application de l'article 24 de la loi du 12 avril 2000. Il en résulte que le refus de faire droit à la présentation d'observations orales en complément d'observations écrites justifie l'annulation de la procédure.

Désormais, l'article L. 122-1 du code impose que les décisions concernées n'interviennent qu'après que la personne intéressée a été mise à même de présenter des observations écrites et, le cas échéant, sur sa demande, des observations orales. Si le texte ne le mentionne pas expressément, il est utile de préciser que pour que l'intéressé puisse efficacement faire connaître ses observations, il doit bénéficier d'un délai raisonnable qui le mette en mesure de présenter utilement sa défense (V. par ex. CE, 12 juin 1995, requête numéro 117244, Ministre de la protection sociale). L'administration doit respecter le délai qu'elle a fixé et elle ne peut s'y soustraire que dans les cas d'urgence (CE, 4 avril 2005, requête numéro 266665, BASF-AGRO).

En outre, la personne concernée peut se faire assister par un conseil ou représenter par un mandataire de son choix. Toutefois, le même article précise que l'administration n'est pas tenue de satisfaire les demandes d'audition abusives, notamment par leur nombre ou leur caractère répétitif ou systématique.

L'article L. 122-2 précise quant à lui des règles spécifiques concernant les mesures de sanction qui ne peuvent intervenir qu'après que la personne en cause a été informée des griefs formulés à son encontre et a été mise à même de demander la communication du dossier la concernant (CE, 29 juin 2016, requête numéro 398398, Eurl DLM Sécurité). Sur ce point, il résulte de la jurisprudence que ce principe n'impose pas de communiquer à l'intéressé préalablement tous les éléments de preuve dont dispose l'administration (CE, 25 juillet 2008, requête numéro 315723, Association nouvelle Boulogne Boys : JCPA 2008, act. 730). Surtout, en matière de sanctions, l'administration est soumise à d'autres obligations.

B – Règles applicables à certaines sanctions administratives

1069.- Principes constitutionnels en matière de répression pénale.- En matière répressive, les autorités compétentes pour édicter des sanctions administratives devront se conformer à la jurisprudence du Conseil constitutionnel et à des règles qui ont été initialement conçues pour les sanctions pénales.

Dans un premier temps, le Conseil constitutionnel a ainsi considéré que le législateur avait la possibilité de conférer un pouvoir répressif à des autorités administratives. En effet « le principe de séparation des pouvoirs non plus qu'aucun principe ou règle de valeur constitutionnelle ne fait obstacle à ce qu'une autorité administrative agissant dans le cadre de prérogatives de puissance publique, puisse exercer un pouvoir de sanction dès lors, d'une part, que la sanction susceptible d'être infligée est exclusive de toute privation de liberté, d'autre part, que l'exercice du pouvoir de sanction est assorti par la loi de mesures destinées à sauvegarder les droits et libertés constitutionnellement garantis » (CC, 28 juillet 1989, décision numéro 89-260 DC, préc.). En application de ces principes, le Conseil constitutionnel a pu considérer que dès lors qu'une mesure d'interdiction d'accès à l'internet est une mesure privative de liberté, et plus spécialement parce qu'elle porte atteinte à la liberté de communication et d'expression, elle ne peut être prononcée que par une juridiction (CC, 10 juin 2009, numéro 2009-580 DC du 10 juin 2009, Loi sur la protection de la création sur internet : D. 2009, p. 1770, note Bruguière ; JCP 2009, II, comm. 101, note Feldman).

Il faut aussi préciser que l'exercice du pouvoir de sanction doit être assorti par la loi de mesures destinées à sauvegarder les droits et libertés constitutionnellement garantis ». En particulier « doivent être respectés les principes de la nécessité et de la légalité des peines, ainsi que les droits de la défense, principes applicables à toute sanction ayant le caractère d'une punition, même si le législateur a laissé le soin de la prononcer à une autorité de nature non juridictionnelle » (CC, 27 juillet 2000, numéro 2000-433 DC, Loi modifiant la loi n°86-1067 du 30 septembre 1986 relative à la liberté de communication, préc.). Il en résulte que dans le cadre de la procédure d'élaboration des sanctions administratives, les autorités compétentes sont tenues de respecter les principes de la répression pénale.

Exemple :
-CE Sect., 6 juin 2008, requête numéro 299203, Société Tradition Securities and Futures (AJDA 2008, p. 1321, chron. Bourgeois-Machureau et Geffray ; JCP A 2008, I, comm. 191, chron. Plessix.- V. également CE Sect., 6 juin 2008, requête numéro 300619, Société CM CIC Securities) : principe du caractère personnel des sanctions.
-CE, 23 avril 2009, requête numéro 31284, Société Air France (Rec. tables, p. 850) : principe de proportionnalité des sanctions.
-CE, 21 juin 2013, requête numéro 345500, B. (Dr. adm. 2014, comm. 3, note Eveillard): principe selon lequel nul ne peut être condamné deux fois pour les mêmes faits (ou principe non bis in idem).
-CE Sect., 17 novembre 2006, requête numéro 276926, Société CNP assurances (Rec. p.473 : JCP 2007, I, comm. 120, obs. Plessix; LPA 2007, no 133, p. 14, note Dubrulle, RGDA 2007, p. 379, note Bigot) : principe non-rétroactivité de la loi pénale.

- CE Sect., avis, 5 avril 1996, requête numéro 17661, Houdmond (Rec. p. 116 ; RFDA 1997, p. 843, note Petit) : exception au principe de non-rétroactivité de la loi pénale pour la pénale plus douce.

1070.- Autres règles nationales appliquées aux sanctions administratives.- Le statut des sanctions administratives ne trouve toutefois pas sa source unique dans la Constitution. En effet, l'obligation de motivation de ces actes ainsi que leur procédure d'élaboration sont également régis, on l'a vu, par le Code des relations entre le public et l'administration. De même, le principe d'impartialité et le principe d'égalité des armes sont des principes généraux du droit (CE, 28 avril 2006, requête numéro 261706, requête numéro 261712, Karsenty et fondation d'Aguessau, préc.).

1071.- Règles du procès équitable.- En revanche, Le Conseil d'Etat a longtemps considéré que les règles du procès équitable définies par l'article 6§1 de la Convention européenne des droits de l'homme n'étaient pas applicables à la procédure d'élaboration des actes administratifs.

Exemple :
- CE, 4 mai 1998, requête numéro 164294, Société de Bourse Patrice Wargny (préc.) : l'ancien Conseil du marché à terme, même lorsqu'il statue en matière disciplinaire, n'est pas une juridiction. Ainsi, le moyen tiré de ce que la procédure suivie devant lui ne respecterait pas les stipulations de l'article 6§1 de la Convention européenne des droits de l'homme est inopérant.

L'arrêt d'Assemblée Didier du 3 novembre 1999 marque un important revirement de jurisprudence, le Conseil d'Etat décidant que les règles du procès équitable peuvent s'appliquer à certaines procédures non juridictionnelles (CE Sect., 3 novembre 1999, requête numéro 207434, Didier, préc.). Désormais « eu égard à sa nature, à sa composition et à ses attributions » un organisme administratif peut être qualifié de « tribunal » au sens de l'article 6§1 de la convention. Plus précisément, comme l'expose Mathias Guyomar, ces trois critères recouvrent « la composition collégiale de l'autorité administrative, la procédure applicable devant elle, le large pouvoir dont elle dispose dans l'appréciation des infractions et enfin la nature et la gravité des sanctions qu'elle peut prononcer » (M. Guyomar, Le principe vu par le Conseil d'État, in Le droit au juge indépendant et impartial : AJDA 2001, p. 518). Cette évolution concerne un certain nombre d'autorités collégiales non juridictionnelles, notamment les autorités administratives indépendantes et les autorités publiques indépendantes, lorsqu'elles exercent un pouvoir de sanction puisque, même s'il s'agit d'actes administratifs, sont en cause des « accusations en matière pénale » au sens de l'article 6§1.

Ainsi, notamment, doivent respecter les règles du procès équitable lorsqu'elles statuent dans le cadre d'une procédure de sanction :

- Le Conseil supérieur de l'audiovisuel (CE, 6 janvier 2006, requête numéro 279596, Société Lebanese communication group, préc.).

- La Commission de contrôle des assurances (CE, 28 octobre 2002, requête numéro 244643, Laurent : Rec. p.361 ; AJDA 2002, p.1492, note Costa ; RDP 2002, p.1607, note Prétot ; RFDA 2002, p.1176).

-La formation restreinte de la Commission nationale de l'informatique et des libertés (CE, 12 mars 2014, requête numéro 353193, Société pages jaunes groupe : AJDA 2014, p. 590).

-L'autorité de la concurrence, lorsqu'elle retire une autorisation de concentration en raison du non-respect de leurs engagements par les parties à cette opération (CE, 21 décembre 2012, requête numéro 353856, Société Groupe Canal Plus).

-Le comité de règlement des différends et des sanctions de la Commission de régulation de l'énergie lorsqu'elle refuse de donner suite à la demande de sanction qu'elle avait préalablement formée (CE, 18 mars 2019, requête numéro 410628, Association UFC-Que Choisir).

En revanche ne doivent pas être considérés comme un tribunal au sens de l'article 6§1 de la Convention européenne et ne sont pas astreints au respect des règles du procès équitable :

- Le Conseil supérieur de la magistrature lorsqu'il émet des avis (CE, 18 octobre 2000, requête numéro 208168, Terrail, préc.).

- Le Conseil national de l'ordre des médecins lorsqu'il se prononce en matière d'inscription au tableau (CE, 6 novembre 2000, requête numéro 196407, Lefebvre : Rec. p.486).

-l'Agence nationale de l'habitat à la tutelle de l'Etat, en raison de l'absence d'apparence de fonctionnement juridictionnel de ses organes (CE 21 décembre 2018, requête numéro 424520, Agence nationale de l'habitat, préc.).

De même, le droit au procès équitable n'est pas applicable à la procédure d'élaboration des mesures de police. En effet « Les sanctions administratives se distinguent des mesures de police par leur finalité. Les sanctions sont d'une nature essentiellement répressive (...) Au contraire, les mesures de police ont une finalité essentiellement préventive » (Conseil d'Etat, Les pouvoirs de l'administration dans le domaine des sanctions : Documentation française 1995, p. 35).

Puisque ces mesures ne sont pas des sanctions, elles ne relèvent pas du champ de l'article 6§I (CE Ass., 21 décembre 2012, requête numéro 362347, Société Groupe Canal Plus : AJDA 2013, p. 215, chron. Domino et Bretonneau ; Dr. adm. 2013, 18 et 27, note Bazex ; RFDA 2013, p. 55, concl. Daumas.- CE, avis, 6 février 2013, requête numéro 363532, A.). Ceci s'explique par le fait que la mesure de police doit intervenir en vue de la préservation de l'ordre public, et en conséquence son existence ne dépend pas de l'existence d'une faute. Ceci étant, la distinction entre mesures de police et sanctions administratives n'est pas toujours aisée à établir.

Exemples :

-La suspension administrative du permis de conduire d'un automobiliste menaçant la sécurité routière est une mesure de police administrative, alors pourtant qu'il s'agit bien de réprimer un automobiliste fautif (CE, 19 mars 2003, requête numéro 191271, Leclerc). En revanche, une mesure de retrait de points est qualifiée de punition dès lors qu'elle tend à empêcher la réitération des agissements qu'elle vise (CE, avis, 27 septembre 1999, requête numéro 208242, Rouxel : RFDA 1999, p. 1290)
-CE, 16 mars 2001, requête numéro 207646, Ministre de l'Intérieur c/ Provensal (Dr. adm. 2002, comm. 151) : le retrait de l'agrément délivré à un employé de casino est une mesure de police s'il est destiné à préserver le bon ordre de l'établissement. En revanche, il s'agit d'une sanction dès lors qu'il punit un comportement.
-CE, 17 juin 2019, requête 427921, Ministre de l'Action et des Comptes publics (Dr. fisc. 2019, comm. 424 ; JCP A.2019, act. 427, obs. Friedrich) : la fermeture temporaire d'un établissement décidée sur le fondement de l'article 1825 du Code général des impôts, si elle est subordonnée au constat des infractions mentionnées à l'article 1817, a pour objet de prévenir le risque d'atteinte à l'ordre public que constituerait la réitération des manquements constatés et présente, par suite, le caractère non d'une sanction mais d'une mesure de police.

1072.- Cas des mesures de police.- Pour ce qui concerne les mesures de police, seul le respect des dispositions issues du Code des relations entre le public et l'administration vont s'imposer.

Exemple :
-CE, 22 juin 2001, requête numéro 193392, Société Athis (AJDA 2012, p. 634, chron. Guyomar et Collin) : les stipulations de l'article 6, paragraphe 1 de la Convention européenne de sauvegarde des droits de l'homme et des libertés fondamentales ne sauraient être utilement invoquées à l'encontre d'une décision de retrait de l'agrément d'une société de gestion de portefeuille prononcée par la commission des opérations de bourse au titre de ses pouvoirs de police.

1073.- Caractère contraignant des règles du procès équitable.- En revanche, lorsqu'elles s'appliquent aux sanctions administratives, les règles du procès équitable sont plus contraignantes que celles résultant de l'application du principe du contradictoire. Elles impliquent le respect de l'ensemble des principes visés par l'article 6§1, mais également des principes de la répression pénale mentionnés par l'article 6§2 et 3 de la Convention.

Exemples :
-CE, 13 novembre 2013, requête numéro 344490, SAS Novartis pharma (RDSS 2013, p. 1134, obs. Peigné) : principe d'impartialité.
-CE, 24 mars 2006, requête numéro 257330, SA Martell § Co : principe de présomption d'innocence.

Toutefois, la procédure que doivent suivre les organismes concernés, si elle est très proche de celle que suivent les juridictions, n'a pas à être totalement identique à partir du moment où leurs décisions sont susceptibles d'un recours de pleine juridiction devant une juridiction dotée d'un régime procédural conforme aux exigences de l'article 6§1 (ce qui est généralement le cas). De cette façon les éventuels manquements constatés durant la phase d'élaboration de l'acte pourront être corrigés par le juge compétent.

§III – Formes de l'acte administratif unilatéral

1074.- Présentation extérieure de l'acte.- Ce qui est pris ici en considération, ce n'est pas le processus d'élaboration de l'acte mais sa présentation extérieure, dans la mesure toutefois où cet acte est exprès. Même si le droit administratif est peu formaliste, l'acte devra dans certains cas être motivé.

I – Actes à caractère exprès et actes à caractère implicite

1075.- Actes à caractère exprès.- L'acte administratif unilatéral peut se présenter sous une forme écrite. Toutefois, il peut également se présenter sous deux autres formes différentes : il peut être verbal et il peut être implicite.

1076.- Actes implicites.- L'acte implicite résulte en principe du silence gardé par l'administration et de l'expiration d'un délai. La règle originelle avait été introduite par un décret du 2 novembre 1864, qui concernait l'hypothèse du silence en cas de recours hiérarchique formé devant les ministres contre les décisions de leurs subordonnés. Cette solution avait été ensuite étendue à toutes les autorités administratives par une loi du 17 juillet 1900.

En dépit de sa rigueur apparente, elle était bénéfique aux administrés, puisqu'elle permettait de considérer que l'inertie de l'administration n'empêchait pas la naissance d'une décision attaquable devant les juridictions administratives. La loi du 17 juillet 1900 avait en effet créé un véritable droit au juge, en définissant une règle permettant de susciter une décision attaquable devant lui.

L'article 21 de la loi n°2000-321 du 12 avril 2000 a modifié la règle applicable en la matière en faisant passer le délai au terme duquel une demande faite à l'administration est réputée rejetée de quatre mois à deux mois.

La règle en vertu de laquelle le silence gardé par l'administration vaut décision de rejet était donc fermement ancrée dans la tradition juridique française, à tel point d'ailleurs qu'elle a été qualifiée à deux reprises de principe général du droit par le Conseil constitutionnel (CC, 26 juin 1069, décision numéro 69-55 DC, Protection des sites : Rec. CC, p. 27.- CC, 18 janvier 1995, décision numéro 94-352 DC, Vidéosurveillance : Rec. CC, p. 170).

Ces dispositions ont pourtant été modifiées par la loi n°2013-1005 du 12 novembre 2013 qui renverse, en apparence, le principe jusqu'alors en vigueur. L'actuel article L. 231-1 du Code des relations entre le public et l'administration prévoit en effet désormais que « le silence gardé pendant deux mois par l'autorité administrative sur une demande vaut décision d'acceptation ».

Toutefois, cette évolution est moins significative qu'il n'y paraît de prime abord, en raison des nombreuses exceptions prévues par l'article L. 231-4 du Code des relations entre le public et l'administration. En particulier, cette solution ne s'applique pas, et c'est l'ancienne règle qui prévaut, « lorsque la demande ne tend pas à l'adoption d'une décision présentant le caractère d'une décision individuelle » ou encore lorsqu'elle concerne « les relations entre les autorités administratives et leurs agents ».

Plus généralement encore, des décrets en Conseil d'Etat et en conseil des ministres peuvent écarter le principe selon lequel le silence de l'administration vaut décision implicite de rejet « eu égard à l'objet de la décision ou pour des motifs de bonne administration » (CRPA, art. L. 235-5). En outre, des décrets en Conseil d'Etat peuvent fixer un délai plus long que le délai de deux mois, « lorsque l'urgence ou la complexité de la procédure le justifie » (CRPA, L. 235-6). La loi a donc été complétée dans un premier temps par quarante-deux décrets intervenus le 23 octobre 2014, énumérant pas moins de 1686 nouvelles dérogations à la règle qu'elle définit. D'autres textes sont ensuite intervenus. On peut citer, à titre d'exemples, trois décrets en date du 10 novembre 2015 introduisant de nouvelles dérogations pour les actes des collectivités territoriales et de leurs établissements publics.

En dépit de l'apparente révolution réalisée par la loi du 12 novembre 2013, l'équilibre entre le régime de décision implicite de rejet et le régime de décision implicite d'acceptation, qui concernait tout de même plusieurs centaines d'hypothèses (la plus célèbre étant celle de l'article R. 424-1 du Code de l'urbanisme qui prévoit que le silence de l'administration sur une demande de permis de construire vaut permis de construire tacite), n'a donc pas été modifié de façon significative. On comprend bien, eu égard à la complexité des règles en vigueur, que les articles D. 231-2 et D. 231-3 du Code des relations entre le public et l'administration contraignent les pouvoirs publics à publier sur legifrance la liste des procédures pour lesquelles le silence gardé sur une demande vaut décision d'acceptation, en mentionnant pour chaque procédure l'autorité à laquelle doit être adressée la demande ainsi que le délai au terme duquel l'acceptation est acquise. En réalité ce ne sont pas moins de quatre listes qui ont été établies dont la principale - qui concerne les services de l'Etat - fait pas moins de 114 pages au 1er mai 2018 ! On peut douter dans ses conditions que l'ambition de simplification du droit qui a présidé à l'élaboration de la loi du 12 novembre 2013 ait été réalisée.

II – Signature des actes administratifs

1077.- Formalisme.- L'article 4 de la loi n°2000-321 du 12 avril 2000 relative aux droits des citoyens dans leurs relations avec l'administration avait eu pour effet de lever l'anonymat de l'administration dans ses rapports avec le public. Cet article précisait dans son alinéa 2 que toute décision prise par une administration comporte « outre la signature de son auteur, la mention, en caractères lisibles, du prénom, du nom et de la qualité de celui-ci ». Cette règle a été reprise à l'article L. 212-1 du Code des relations entre le public et l'administration. Elle est toutefois appréciée de façon assez souple par les juges.

Exemple :
-CE, 7 mai 2012, requête numéro 337077, Commune de Lapalud : si les arrêtés attaqués ne mentionnent pas, en méconnaissance des dispositions de l'article 4 de la loi du 12 avril 2000, le nom et le prénom du maire, ils comportaient sa qualité et sa signature et il n'en résultait, en l'espèce, pour l'intéressé aucune ambiguïté quant à l'identité du signataire.
- CE, 3 juin 2013, requête numéro 342673, Commune de Lamastre (préc.) : si l'arrêté contesté ne comporte pas, en méconnaissance des dispositions de l'article 4 de la loi du 12 avril 2000, l'indication du prénom et du nom de son signataire, il ressort des pièces du dossier, notamment de la circonstance que le requérant avait été destinataire de plusieurs autres arrêtés du maire comportant ces indications, que le maire de la commune pouvait être identifié comme étant également l'autorité signataire de l'arrêté litigieux. Dès lors, la méconnaissance des dispositions susvisées n'a pas, dans les circonstances de l'espèce, revêtu un caractère substantiel justifiant l'annulation de la décision attaquée.
-CE, 11 mars 2009, requête numéro 307656, Commune d'Auvers-sur-Oise (préc.) : un permis de construire mentionne la qualité de son auteur, le maire de la commune d'Auvers-sur-Oise. En revanche, il ne comporte pas l'indication du nom et du prénom de celui-ci. Par ailleurs, ni la signature manuscrite, qui est illisible, ni aucune autre mention de ce document ne permet d'identifier la personne. En conséquence, le permis de construire est annulé.
-CE, 1er mars 2021, requête numéro 436013 (préc.) : le premier alinéa de l'article 4 de la loi n° 2000-321 du 12 avril 2000, aujourd'hui codifié à l'article L. 111-2 du Code des relations entre le public et l'administration, qui garantit à toute personne, dans ses relations avec une autorité administrative, le droit de connaître le prénom, le nom, la qualité et l'adresse administratives de l'agent chargé d'instruire sa demande ou de traiter l'affaire qui la concerne, est applicable à toutes les procédures dans le cadre desquelles un agent est chargé du traitement d'une affaire, y compris les procédures disciplinaires. Toutefois, la méconnaissance de ces dispositions est, par elle-même, sans incidence sur la légalité de la décision prise, au terme de la procédure, par l'autorité administrative compétente. Ainsi, l'absence des mentions exigées sur un compte-rendu établi après un manquement à la discipline reproché à un détenu n'affecte pas la régularité de la décision de sanction prise à son terme.

1078.- Exception à l'obligation de signature.- Notons enfin que la loi n°2017-258 du 28 février 2017 relative à la sécurité intérieure a introduit une exception à l'obligation de signature des actes administratifs. Cette exception concerne les décisions fondées sur des motifs en lien avec la prévention d'actes de terrorisme qui « sont prises dans des conditions qui préservent l'anonymat de leur signataire ». Concrètement seule une ampliation de la décision peut être notifiée à la personne concernée ou communiquée à des tiers. L'original signé, qui seul fait apparaître les nom, prénom et qualité du signataire, est conservé par l'administration.

II – Motivation des actes administratifs

1079.- Objet de la motivation.- Un acte administratif ne saurait être arbitraire. Il est en effet réputé avoir des motifs qui le justifient, ces motifs résultant d'une combinaison d'éléments de droit et de fait. La motivation d'un acte administratif consiste, par conséquent, à exposer dans l'acte lui-même ces différents motifs.

A – Champ d'application de l'obligation de motivation

1080.- Situation antérieure à la loi n°79-587 du 11 juillet 1979.- Avant l'entrée en vigueur de la loi n°79-587 du 11 juillet 1979, la règle était que l'administration n'avait pas à motiver ses décisions, à l'exception des hypothèses où la loi en disposait autrement (comme par exemple l'actuel article L. 2121-6 du Code général des collectivités territoriales qui impose la motivation des décrets portant dissolution des conseils municipaux), et dans le cas des décisions prises par des organismes collégiaux composés de représentants des professions intéressées (CE Ass., 27 novembre 1970, requête numéro 74877, Agence maritime Marseille-fret : Rec. p. 704 ; D. 1971, juripr. p. 344, note Pacteau ; JCP G 1971, III, 16757, note Moderne ; RDP 1971, p. 987, concl. Gentot).

1081.- Apport de la loi du 11 juillet 1979.- Si elle ne remet pas en cause ces solutions ponctuelles, la loi du 11 juillet 1979 posait comme principe, comme on l'a vu, que doivent être motivées les décisions individuelles défavorables ainsi que les décisions individuelles qui dérogent aux règles générales fixées par la loi ou le règlement. Ces dispositions ont été reprises par les articles L. 211-2 et suivants du Code des relations entre le public et l'administration.

Toutefois, l'obligation de motivation, s'agissant de ces deux catégories d'actes, comporte deux exceptions majeures.

La première concerne les cas d'urgence absolue. Toutefois, si l'intéressé en fait la demande, dans le délai du recours contentieux, l'autorité qui a pris la décision devra, dans un délai d'un mois, lui en communiquer les motifs (CRPA, art. L. 211-6).

La seconde exception concerne le cas où la communication des motifs de la décision porterait atteinte au secret médical, ainsi qu'à d'autres secrets tels ceux des délibérations du gouvernement et de la défense nationale.

L'article L. 232-4 du code précise également qu'une décision implicite intervenue dans les cas où la décision explicite aurait dû être motivée n'est pas illégale du seul fait qu'elle n'est pas assortie de cette motivation. Cependant, à la demande de l'intéressé, formulée dans les délais du recours contentieux, les motifs de toute décision implicite de rejet devront lui être communiqués dans le mois suivant cette demande. Dans ce cas, le délai du recours contentieux contre cette décision est prorogé jusqu'à l'expiration d'un délai de deux mois suivant le jour où les motifs auront été communiqués (V. CAA Nancy, 10 décembre 2007, requête numéro 06NC00839, Société Royal kebab).

B – Contenu de l'obligation de motivation

1082.- Enoncé des considérations de droit et de fait qui constituent le fondement de la décision.- L'article L. 211-5 du Code des relations entre le public et l'administration exige une motivation écrite comportant l'énoncé des considérations de droit et de fait qui constituent le fondement de la décision.

Ces dispositions impliquent que la motivation des actes administratifs ne saurait être stéréotypée, l'application de la règle de droit qui constitue le fondement de la décision devant être justifiée en fonction des faits à l'origine de cette décision.

Exemple :
- CE, 18 mai 1990, requête numéro 91858, Association arménienne d'aide sociale (Rec. p.128 ; AJDA 1990, p.722, concl. Stirn) : une lettre-type de refus, adressée à plusieurs demandeurs, ne permet pas de déterminer le critère retenu par la Commission nationale de la communication et des libertés pour fonder son refus d'une demande relative à l'usage d'une fréquence pour la diffusion d'un service de radiodiffusion sonore.

Toutefois, l'interprétation du texte par les juges demeure assez libérale. En particulier, il ressort de la jurisprudence que l'obligation de motiver est satisfaite dès lors que les motifs sont exposés, non pas dans la décision elle-même, mais dans un document qui lui est joint.

Exemple :
- CE, 9 novembre 1984, requête numéro 44983, Comité dauphinois d'hygiène industrielle (Rec. p. 355 ; RFDA 1985, p. 439, concl. Lasserre ; AJDA 1985, p. 287, chron. Hubac et Schoettl) : une décision du directeur régional du travail et de l'emploi comportant refus partiel d'approbation de décisions du comité définissant la compétence géographique et professionnelle du service doit être motivée. En l'espèce, la lettre d'accompagnement de la décision précisant à l'association requérante les éléments de fait et de droit qui en constituent le fondement, l'obligation de motivation a été respectée.

Section III – Application des actes administratifs unilatéraux

1083.- Actes individuels et actes réglementaires.- En principe, les conditions d'application des actes administratifs unilatéraux sont uniformes. Cependant, certaines modalités d'application de ces actes varient selon leur contenu. On distingue à cet égard deux grandes catégories d'actes administratifs unilatéraux : les actes individuels et les actes règlementaires. Les premiers concernent une ou plusieurs personnes qu'ils désignent nommément, alors que les seconds ont un caractère général et impersonnel.

Il est important de préciser que cette distinction présente un caractère qualitatif et non pas quantitatif. Ainsi, un acte peut être règlementaire alors même qu'il ne concerne qu'une personne (ce sera par exemple le cas d'un décret relatif au statut du maire de Paris). A l'inverse, un acte administratif individuel peut viser plusieurs dizaines de personnes, citées nommément (comme, par exemple, un acte portant nomination des différents membres de jurys de concours administratifs). On désigne cette sous-catégorie d'actes individuels par la qualification « d'actes collectifs ».

1084.- Actes non individuels et non réglementaires.- Il existe une troisième catégorie d'actes administratifs unilatéraux qui correspondent à un certain nombre de décisions qu'il serait difficile de classer dans l'une ou l'autre des deux premières catégories. Ces actes sont qualifiés d'actes non individuels et non règlementaires ou de décisions d'espèce. Comme les actes règlementaires, ils présentent un caractère impersonnel et général. Cependant, à la différence des actes règlementaires, qui s'appliquent sans restriction, ce caractère général et abstrait se rapporte à une situation précise et ponctuelle, ce qui rapproche ces actes d'actes individuels. Pourtant, il ne s'agit pas non plus d'actes individuels dans la mesure où ils ne visent pas une ou plusieurs personnes en particulier.

Exemple :
- Une déclaration d'utilité publique autorise l'autorité administrative à procéder ultérieurement à une opération d'expropriation. Il s'agit donc bien d'un acte qui s'applique à une opération précise et ponctuelle -une opération d'expropriation déterminée- mais qui ne s'adresse pas à une ou plusieurs personnes en particulier.

De la nature de l'acte administratif dépendent les mesures d'information des administrés qui devront être prises par l'auteur de l'acte. Une fois les mesures de publicité accomplies se pose la question de l'exécution de l'acte administratif.

§I – Information des administrés

1085.- Mesures de publicité et accès aux documents administratifs.- L'acte administratif, quel qu'il soit, doit en principe faire l'objet de mesures de publicité. L'information des administrés est complétée par la possibilité d'avoir accès aux documents administratifs.

I – Mesures de publicité

1086.- Règles applicables.- On évoquera l'importance que revêtent les mesures de publicité avant d'étudier les modalités qu'elles peuvent revêtir et l'aménagement aux principes que constitue la théorie de la connaissance acquise.

A – Importance des mesures de publicité

1087.- Nécessité d'une publicité suffisante.- Un acte administratif n'est applicable à l'égard des tiers que s'il a fait l'objet de mesures de publicité suffisantes, ce qui est conforme à l'idée de sécurité juridique. Lorsque ces formalités sont accomplies, les décisions administratives deviennent opposables aux administrés et elles sont invocables par eux.

1088.- Publicité et entrée en vigueur des actes administratifs.- L'ordonnance n° 2004-164 du 20 février 2004 relative aux modalités et effets de la publication des lois et de certains actes administratifs, a modifié l'article 1er du Code civil qui dispose désormais que « les lois et, lorsqu'ils sont publiés au Journal officiel de la République française, les actes administratifs entrent en vigueur à la date qu'ils fixent ou, à défaut, le lendemain de leur publication. Toutefois, l'entrée en vigueur de celles de leurs dispositions dont l'exécution nécessite des mesures d'application est reportée à la date d'entrée en vigueur de ces mesures ». Selon le même texte, cependant, ces dispositions ne sont pas applicables aux actes individuels.

1089.- Conséquence de l'absence de publicité.- L'absence de publicité n'a en revanche aucune conséquence sur la légalité de l'acte, et puisqu'il ne s'agit ni d'une question de légalité ni d'une question d'interprétation, l'inopposabilité pourra être constatée sans restriction par les juges de l'ordre judiciaire.

La date à laquelle l'acte devient opposable a plus d'importance que celle à laquelle il a été édicté. En effet, jusqu'à la date d'accomplissement des formalités de publicité, l'administration ne peut légalement imposer l'application d'un acte administratif aux administrés. De même, la date d'accomplissement des formalités de publicité détermine en principe le déclenchement du délai du recours pour excès de pouvoir. Dès que ces formalités sont accomplies, toute personne intéressée peut exercer ce recours dans un délai de deux mois. En revanche, tant qu'elles n'ont pas été réalisées, le délai de recours demeure perpétuellement ouvert.

1090.- L'absence de publicité ne conditionne pas l'existence de l'acte.- Ceci ne signifie pas pour autant que la date à laquelle l'acte a été édicté n'est pas importante. En effet, comme l'a précisé le Conseil d'Etat dans l'arrêt de Section Daunizeau du 27 janvier 1961 (Rec. p. 57 ; AJDA 1961, p. 106, chron. Galabert et Gentot), « l'existence d'un acte législatif ou administratif n'est pas conditionnée par sa publication », ce qui entraîne cinq conséquences majeures.

Tout d'abord, si les décisions défavorables ne sont applicables qu'après avoir été notifiées, les décisions individuelles favorables à leurs destinataires, particulièrement celles qui sont créatrices de droits, entrent en vigueur dès leur signature, sans attendre leur notification (CE Sect., 19 décembre 1952, requête numéro 7133, Demoiselle Mattei : Rec. p.594). Il a ainsi été jugé qu'un « décret de promotion dans la Légion d'honneur « crée par lui-même des droits au profit du bénéficiaire » (CE Ass., 14 mai 1954, Clavel : Rec. p. 270, concl. Laurent ; D. 1954, p. 574, note Marion ; RDP 1954, p. 801, note Waline). Concrètement, dès lors que la personne concernée a acquis la connaissance de l'existence de l'acte, elle peut exiger son exécution à son profit. Le fait que l'acte soit considéré comme créateur de droits aura notamment pour conséquence de limiter les possibilités de retrait ou d'abrogation par l'autorité compétente (CE Sect., 19 décembre 1952, Mattei, préc.- sur ces questions V. infra Section quatre).

Ensuite, le recours pour excès de pouvoir dirigé contre un tel acte est recevable, ce qui constitue également une manifestation de la théorie de la connaissance acquise. Ceci se justifie par le fait que le refus de procéder aux mesures de publicité requises prive les personnes concernées par la décision de la possibilité de se prévaloir de ses dispositions. Le Conseil d'Etat a d'ailleurs estimé, à l'occasion d'un arrêt du 12 décembre 2003, Syndicat des commissaires et hauts fonctionnaires de la police nationale, que l'obligation dans laquelle l'autorité administrative se trouve de publier dans un délai raisonnable les règlements qu'elle édicte, sauf lorsqu'elle justifie, sous le contrôle du juge, de circonstances particulières y faisant obstacle, constitue un principe général du droit (requête numéro 243430, préc.).

De même, toujours en cas de recours pour excès de pouvoir, c'est à la date de la signature de l'acte que le juge appréciera sa légalité (CE, 9 novembre 1951, Lassus et Cottin : Rec. p. 518.- V. également CE, 30 juillet 2003, requête numéro 237201, Groupement des éleveurs mayennais de trotteurs : Rec. p. 346).

En outre, c'est à partir de la date de la signature de l'acte que sera calculé le délai de retrait de cet acte (V. sur ce point infra Section quatre).

Enfin, l'acte non publié peut servir de fondement à d'autres décisions administratives qui ont pour objet d'en assurer la mise en œuvre. Sur ce dernier point, cependant, une distinction doit être opérée entre les actes règlementaires et les actes individuels.

Les actes règlementaires ne seront pas jugés illégaux du fait de la non-entrée en vigueur du texte dont ils procèdent à la date à laquelle ils ont été édictés. En revanche, ils n'entreront en vigueur qu'à compter de la date à laquelle le texte de base sera lui-même entré en vigueur (CE, 18 juillet 1913, Syndicat national des chemins de fer : Rec. p. 875, concl. Helbronner ; RDP 1913, p. 506, concl., Helbronner, note Jèze ; S. 1914, III, p.1, concl., Helbronner, note Hauriou). Cette solution a été confirmée par l'article L. 221-2 du Code des relations entre le public et l'administration.

Quant aux actes individuels, ils seront annulés pour défaut de base légale en cas de recours, l'entrée en vigueur ultérieure de l'acte dont elles procèdent n'ayant aucune influence en la matière.

Exemple :

- CE, 7 juillet 1999, requête numéro 197499, Glaichenhaus (Rec. p. 241 ; RFDA 1999, p. 1119) : la circonstance que le décret par lequel le ministre de l'Aménagement du territoire, de l'Equipement et des Transports a fixé les modalités d'attribution des majorations d'une prime n'a pas été publié, si elle est sans incidence sur la légalité du décret, a pour effet de le rendre insusceptible de recevoir exécution. Ainsi, la décision par laquelle le ministre a réduit le montant de la majoration de la prime du requérant, qui a été prise en application de ce décret, est dépourvue de base légale.

B – Différentes modalités de publicité des actes administratifs

1091.- Publicité adaptée à la nature de l'acte.- Les règles en vigueur sont inspirées par une idée très simple : les personnes concernées par un acte administratif doivent être informées de son existence pour que cet acte puisse leur être appliqué et pour leur permettre, le cas échéant, de l'attaquer devant le juge administratif. Elles sont aujourd'hui codifiées aux articles L. 221-2 et suivants du Code des relations entre le public et l'administration.

1092.- Publicité des actes réglementaires.- Ainsi, les actes règlementaires doivent faire l'objet d'une publicité de caractère général, la publication ou l'affichage. La publication aura généralement lieu dans un organe officiel.

Pour les autorités centrales de l'Etat, dans la majorité des cas, ces actes doivent faire l'objet d'une publication au Journal Officiel de la République française. Pour les actes des autorités locales, décentralisées ou déconcentrées, les règles sont plus variables.

Exemple :
- Les articles L. 3131-1 et s. du Code général des collectivités territoriales précisent que les actes des autorités départementales doivent faire l'objet d'une publication au recueil des actes administratifs du département ou d'un affichage. Ils peuvent aussi faire l'objet d'une publication par voie électronique.

Si l'une où l'autre de ces modalités de publicité a pour effet de rendre opposable l'acte aux administrés, elles ne font pas toutes courir le délai de recours contentieux. En effet, l'article R. 421-1 du Code de justice administrative, n'envisage comme point de départ possible de ce délai que la notification et la publication. Dans une affaire qui concernait justement un département, le Conseil d'Etat a ainsi considéré que si la publication de l'acte au recueil des actes administratifs du département, ou une publication sous forme électronique en complément d'un affichage à l'hôtel du département suffisent à déclencher le délai de recours contentieux, il n'en va pas de même d'un simple affichage (CE Sect., 3 décembre 2018, requête numéro 409667, Ligue des droits de l'homme : AJDA 2019, p. 706, note Janicot ; Dr. adm. 2019, comm. 11, note Eveillard ; JCP A 2018, act. 903, obs. Friedrich ; JCP A 2019, comm. 2106, note Molinero ; Procédures 2019, comm. 100, note Deygas).

Dans certains cas la publication ou l'affichage doivent être accompagnés d'autres mesures.

Exemple :
- Selon l'article L. 2131-1 du Code général des collectivités territoriales, les actes des autorités communales qui doivent être transmis au préfet n'entrent en vigueur que s'ils ont été non seulement publiés, affichés, ou notifiés, mais également si cette transmission a été réalisée.

Ces solutions s'appliquent à la fois aux actes réglementaires (CRPA, art. L 221-1) et aux actes ni réglementaires ni individuels (CRPA, art. L. 221-7).

Dans un arrêt Voies navigables de France du 24 avril 2012 (requête numéro 339669 : Rec. p. 166 ; AJDA 2013, p. 998, note Joubert), le Conseil d'Etat a considéré, en l'absence de précisions textuelles, que « les délibérations ayant un caractère réglementaire d'un établissement public sont opposables aux tiers à compter de la date de leur publication au bulletin officiel de cet établissement ou de celle de leur mise en ligne, dans des conditions garantissant sa fiabilité, sur le site internet de cette personne publique … toutefois, compte tenu de l'objet des délibérations et des personnes qu'elles peuvent concerner, d'autres modalités sont susceptibles d'assurer une publicité suffisante ».

1093.- Actes individuels.- Pour les actes individuels la situation est plus complexe.

L'article L. 221-8 du Code des relations entre le public et l'administration précise que « Sauf dispositions législatives ou réglementaires contraires ou instituant d'autres formalités préalables, une décision individuelle expresse est opposable à la personne qui en fait l'objet au moment où elle est notifiée ».

Il existe nombre de règles définies par la loi ou par le règlement qui s'appliquent dans certaines hypothèses précisément circonscrites.

Exemple :
- Selon l'article R. 424-15 du Code de l'urbanisme, mention du permis construire explicite ou tacite ou de la déclaration préalable de travaux doit être affichée sur le terrain, de manière visible de l'extérieur, par les soins de son bénéficiaire. Un extrait du permis ou de la déclaration est également publié par voie d'affichage à la mairie pendant deux mois.

Ceci étant, en principe, les décisions individuelles doivent faire l'objet d'une notification à leur destinataire et l'acte n'est opposable qu'à la réception de la lettre de notification. Toutefois, si la décision individuelle concerne un nombre important de personnes ou si, comme un permis de construire, elle produit aussi des effets à l'égard des tiers, il pourra être exigé par les textes une publicité collective. Il en va de même pour les actes ni réglementaires ni individuels

Exemple :
-L'arrêté d'ouverture de l'enquête publique préalable à la déclaration d'utilité publique donne lieu à la publication d'un avis au public l'informant de l'ouverture de l'enquête dans deux journaux régionaux ou locaux diffusés dans tout le département ou tous les départements concernés. Cet avis est publié huit jours au moins avant le début de l'enquête. Il est ensuite rappelé dans les huit premiers jours suivant le début de celle-ci. Huit jours au moins avant l'ouverture de l'enquête et durant toute la durée de celle-ci, l'avis prévu est, en outre, rendu public par voie d'affiches et, éventuellement, par tous autres procédés, dans au moins toutes les communes sur le territoire desquelles l'opération projetée doit avoir lieu (Code de l'expropriation, art. R. 112-14 et R. 112-15).

Enfin, les décisions implicites sont opposables au demandeur dès la date à laquelle elles interviennent.

Ces questions donnent lieu à un contentieux important, qui présente un caractère casuistique marqué.

Exemple :
- CAA Bordeaux, 8 janvier 2008, requête numéro 05BX01139, Commune de Le Barp : le public peut être avisé de la mise à disposition des documents constitutifs du budget communal par tout moyen de publicité au choix du maire. En conséquence, ce dernier n'est pas tenu de procéder à l'affichage sur la porte de la mairie dès lors qu'il a choisi de procéder à l'affichage sur les panneaux habituellement utilisés à cet effet dans les locaux de l'hôtel de ville.

C – Théorie de la connaissance acquise

1094.- Notion de connaissance acquise.- La théorie de la connaissance acquise s'applique dès lors qu'il est établi que le requérant avait connaissance de l'existence de la décision contre laquelle il exerce un recours. Elle permettra d'opposer la forclusion à des requérants qui, en raison de leur situation, ne pouvaient ignorer l'existence de l'acte et cela en dépit de l'absence des publicités officielles requises.

Exemples :
-CE, 11 avril 2008, requête numéro 307085, Société Défi France (JCP A 2008, comm. 2160, note Pacteau) : les requérants contestent une autorisation donnée par arrêté municipal à une entreprise d'installer un dispositif publicitaire lumineux sur un toit d'immeuble. En l'espèce, les formalités de publicité exigées n'ont pas été accomplies, mais le requérant avait reçu communication individuelle de la décision litigieuse, laquelle a eu pour effet de déclencher le délai de recours contentieux.
- CE, 4 août 1905, requête numéro 14220, Martin (Rec. p. 749, concl. Romieu ; D. 1907, III, p. 49, concl. Romieu ; RDP 1906, p. 249, note Jèze ; S. 1906, III, p. 49, note Hauriou) : le requérant, membre de l'organe collégial ayant adopté la décision qu'il conteste, est censé connaître cette décision dès le jour de la réunion au cours de laquelle elle a été adoptée. Cette solution s'applique dès lors que le requérant a été régulièrement convoqué et que l'ordre du jour de la réunion lui a été communiqué, alors même qu'il n'y a pas assisté.

1095.- Recul de la théorie.- La théorie de la connaissance acquise est toutefois en recul, ce qui s'explique par une exigence de plus en plus marquée d'information des administrés à la fois sur l'existence et sur le contenu des décisions administratives et sur la façon de les contester. Il ne s'agit toutefois pas d'une évolution linéaire et les règles en la matière sont aujourd'hui d'une redoutable complexité.

Cette théorie ne s'applique pas, tout d'abord, aux actes règlementaires (CE, 19 février 1993, requête numéro 106792, Nainfa : Rec. tables, p. 946) et, plus généralement, à l'ensemble des actes qui doivent faire l'objet d'une publication (V. à propos d'un arrêté préfectoral de création d'un établissement public de coopération intercommunale CE, 2 octobre 1996, requête numéro 158247, Ministre de l'Intérieur et de l'Aménagement du territoire c/ Commune de Boncourt-le-Bois :

Rec. tables, p. 1079 ; AJDA 1996, p. 1022, concl. Touvet). Pour ces actes, seule la publication fait courir les délais de recours.

S'agissant des décisions individuelles, la théorie de la connaissance acquise ne s'applique pas en cas d'absence d'indication des voies et délais de recours, lorsque celle-ci est exigée, dans la décision contestée ou dans la décision rejetant le recours administratif dirigé contre elle. Rappelons ici que l'article R. 421-5 du Code de justice administrative précise que « les délais de recours contre une décision administrative ne sont opposables qu'à la condition d'avoir été mentionnés, ainsi que les voies de recours, dans la notification de la décision ». C'est cette règle que fait prévaloir le Conseil d'Etat sur la théorie de la connaissance acquise qui pourrait être déduite du fait que le requérant a exercé au préalable un recours gracieux contre l'acte litigieux (CE Sect., 13 mars 1998, requête numéro 120079, Mauline : Rec. p. 80 ; Dr. adm. 1998, comm. 167, concl. Combrexelle ; JCP G 1998, I, comm. 181, chron. Petit. – CE Sect., 13 mars 1998, requête numéro 175199, Assistance publique – Hôpitaux de Paris : Rec. p. 81 ; JCP G 1998, IV, 2385 ; AJDA 1998, p. 613). Comme l'explique P. Caille cette solution est logique dès lors que « ce n'est pas parce qu'il connaît l'existence d'une décision qu'un administré est nécessairement au fait de la juridiction compétente pour en connaître et du délai pour la saisir » (Contentieux administratif, EJFA 2016, p. 224). Cette solution s'applique y compris dans l'hypothèse où c'est l'exercice d'un recours contentieux en référé qui révèle la connaissance que le justiciable avait de la décision (CE, 8 juillet 2002, requête numéro 229843, Hôpital local de Valence-d'Agen : Rec., p. 265 ; AJDA 2003, p. 42, note Claeys). Ainsi, seul l'exercice d'un recours au fond est susceptible de démontrer que le requérant avait la connaissance acquise de la décision contestée. On n'omettra pas cependant de rappeler qu'à rebours de ce raisonnement, la jurisprudence Czabaj limite désormais à un an, en principe, le délai de recours contre une décision dont le destinataire a eu connaissance alors même que toutes les formalités requises pour le déclenchement de ce délai n'ont pas été accomplies (requête numéro 387763, préc.).

La jurisprudence Mauline ne s'applique pas, en revanche, dans les hypothèses où l'article R. 421-5 du Code de justice administrative n'est pas applicable. Elle ne s'applique pas non plus dans le cas où le requérant n'est pas le destinataire de la décision (CE, 18 décembre 2002, requête numéro 244925, Haagen et Stocky : Rec. tables, p. 965). Ceci étant, le Conseil d'Etat a récemment appliqué cette théorie dans une affaire où la connaissance acquise résule du fait de l'exercice par autrui d'un recours contre l'acte que le requérant souhaite contester. Cette solution s'applique au sein de la cellule familiale, pour des parents et enfants habitant le même domicile et exerçant consécutivement un recours contre le même acte (CE, 24 septembre 2018, requête numéro 408825, Krumeich : Dr. adm. 2019, comm.4, note Eveillard). La jurisprudence Mauline ne s'applique pas, en revanche, dans le cas où le requérant soulève plus de deux mois après la date de saisine du tribunal des moyens qui relèvent d'une cause juridique différente de celle dont relevaient les moyens invoqués dans ce délai (CE, 28 octobre 2009, requête numéro 299252,

Delanoue : Rec. tables, p. 885). Elle ne s'applique pas non plus lorsque le recours est dirigé contre une décision implicite, laquelle ne peut évidemment pas être concernée par l'obligation de mention des délais et voies de recours (CE, 17 décembre 2010, requête numéro 314431, Tissot : Rec. tables, p. 893).

Doit également être mentionné le cas très particulier où un recours en contestation d'un titre de pension est exercé postérieurement à un recours en révision de la pension. Dans ce cas, l'exercice du premier recours démontre que le requérant a eu connaissance de la pension contestée (CE, 22 février 2012, requête numéro 340353, Lesage : Rec. tables, p. 902).

Plus récemment, le Conseil d'Etat a également fait jouer la théorie de la connaissance acquise dans une hypothèse où l'article R. 421-5 avait pourtant également vocation à jouer. L'hypothèse visée est celle où le requérant exerce deux recours successifs (CE, 11 décembre 2013, requête numéro 365361, N'dre Regnault : Rec. p. 311 ; AJDA 2014, p. 358, concl. Pelissier ; Dr. adm. 2014, comm. 24, note Eveillard ; JCP A 2014, comm. 2218, note Le Bot). Dans cette hypothèse, en effet, « l'auteur d'un recours juridictionnel tendant à l'annulation d'une décision administrative doit être réputé avoir eu connaissance de la décision qu'il attaque au plus tard à la date à laquelle il a formé son recours ». Ainsi, lorsqu'un premier recours contre une décision notifiée sans mention des voies et délais de recours a été rejeté, son auteur ne peut introduire un second recours contre la même décision que dans un délai de deux mois à compter de la date d'enregistrement du premier au greffe de la juridiction saisie.

Il n'est pas exclu que cette exception à une application rigoureuse de l'article R. 421-5 du Code de justice administrative n'aboutisse, à terme, à un abandon de la jurisprudence Mauline. Toutefois, le Conseil d'Etat a récemment précisé que le principe défini par la jurisprudence N'dre Regnault ne s'applique que dans l'hypothèse où ce sont deux recours consécutifs devant des juridictions administratives compétentes qui ont été exercés. En revanche, ni le recours contre un acte notifié sans mention des voies et délais de recours devant une juridiction incompétente, ni la notification d'une décision de rejet par une telle juridiction ne sont de nature à faire courir les délais de recours devant le juge administratif à l'encontre de la décision contestée (CE, 25 mars 2016, requête numéro 387755, Mission locale régionale de Guyane).

Enfin, doit être mentionné le cas où un requérant a saisi le juge de l'excès de pouvoir d'un recours tendant à l'annulation partielle d'un acte administratif divisible qui n'a pas fait l'objet d'une publicité régulière. Dans ce cas « le délai de recours contre d'autres dispositions divisibles du même acte court, au plus tard, à compter, pour ce qui concerne ce requérant, de l'introduction de son recours initial » (CE, 17 avril 2015, requête numéro 375685, Stade Toulousain Rugby : JCP A 2015, comm. 2305, chron. Le Bot).

II – Accès aux documents administratifs

1096.- Principe originel de secret des documents administratifs.- Les documents administratifs sont l'ensemble des pièces préparatoires ou annexes aux actes administratifs. Avant la loi n°78-753 du 17 juillet 1978 la communication de ces documents constituait l'exception, la règle générale étant celle du secret des documents administratifs. Ainsi, le droit d'accès aux documents administratifs n'était garanti que dans les cas précis visés par une loi.

Exemple :
- La loi du 5 avril 1884 relative à l'organisation municipale reconnaît aux habitants des communes le droit à la communication des procès-verbaux du conseil municipal, des budgets et des comptes de la commune, ainsi que des arrêtés municipaux (V. l'actuel art. L. 2121-26 CGCT).

1097.- Nouveau principe de libre accès aux documents administratifs.- Le principe a été renversé par la loi du 17 juillet 1978 qui ouvre aux intéressés, dans son article 1er, le libre accès aux documents administratifs. La loi définit quels sont les documents concernés par ce droit d'accès ainsi que les modalités pratiques selon lesquelles ce droit est mis en œuvre. Ses dispositions ont été reprises par les articles L. 300-1 et suivants du Code des relations du public et de l'administration.

A – Champ d'application du droit d'accès

1098.- Règles applicables.- Le champ d'application du droit d'accès aux documents administratifs est très vaste. Cependant, un certain nombre de ces documents sont exclus du droit d'accès, ou leur accès fait l'objet de restrictions.

1° Documents concernés

1099.- Une définition large.- Les documents concernés par le droit d'accès sont très largement définis par l'article L. 300-2 du Code des relations entre le public et l'administration : il s'agit « notamment » des « dossiers, rapports, études, comptes rendus, procès-verbaux, statistiques, instructions, circulaires, notes et réponses ministérielles, correspondances, avis, prévisions et décisions ».

Exemple :
- CE, 6 octobre 2008, requête numéro 289389, Fromentin (AJDA 2008, p.1920 ; JCPA 2008, act. 891) : un document comptable établi pour le compte d'un organisme chargé de gérer un service public par un prestataire extérieur est un document administratif relevant du droit d'accès.

1100.- Supports.- Ces documents peuvent être écrits, mais il peut aussi s'agir d'enregistrements sonores ou visuels et de documents informatiques. Sont tout aussi bien concernés des « rushes » tournés par la Société nationale de télévision France 2 (TA Paris, 8 février 2007, requête numéro 06-7137, Société Media Ratings : AJDA 2007, p.752, concl. Célérier), l'enregistrement sonore d'une séance d'un conseil municipal (CADA, 25 août 2005, numéro 20053313, Maire de Saint-Jean-de-Védas) ou encore des clichés radiographiques figurant dans un dossier médical (CADA, 23 janvier 2003, numéro 20030330, Directeur de l'hôpital « Le Bocage »).

1101.- Identité des auteurs.- L'identité de l'auteur de ces documents importe peu. Il peut bien évidemment s'agir de personnes publiques, mais sont également concernées les personnes privées chargées de la gestion d'un service public.

Exemple :
- CE, 5 mai 2008, requête numéro 294645, Thiebeaux : les pièces administratives et comptables qui retracent les conditions dans lesquelles sont opérées les préemptions et rétrocessions de terres par les SAFER se rattachent directement à l'activité de service public de ces organismes et constituent, par leur nature et par leur objet, des documents administratifs au sens de la loi du 17 juillet 1978.

Toutefois, parmi les documents détenus par un organisme privé chargé d'une mission de service public qui exerce également une activité privée, seuls ceux qui présentent un lien suffisamment direct avec la mission de service public peuvent être regardés comme des documents administratifs (CE, 17 avril 2013, requête numéro 342372, La Poste : Rec. tables, p. 601.- CE, 14 février 2018, requête numéro 401352, Association des propriétaires de la ZAC « Mes Coteaux de Sainte-Musse »).

Exemples :
-CE, 24 avril 2014, requête numéro 338649, Lesain : les documents relatifs à l'élection d'un organe délibérant d'une fédération sportive, qui a le statut d'une association à but non lucratif régie par la loi du 1er juillet 1901, relèvent du fonctionnement interne de celle-ci et ne sont pas des documents administratifs, faute d'un lien suffisamment direct avec la mission de service public impartie à la fédération.
- CE, 21 avril 2017, requête numéro 395952, Régie autonome des transports parisiens : l'instruction contestée était relative aux règles générales et impersonnelles de rémunération de l'encadrement supérieur d'un établissement public industriel et commercial. Dès lors qu'il n'était pas soutenu qu'elle aurait en tout ou partie concerné des personnels exclusivement affectés à la poursuite des activités à caractère privé de l'établissement, cette instruction présentait un lien suffisamment direct avec la mission de service public impartie à la RATP et devait être regardée comme un document administratif.

L'obligation porte également sur les documents « détenus » par l'administration, c'est-à-dire les documents dont elle est en possession, quand bien même elle n'en est pas l'auteur, comme des copies d'examen par exemple.

1102.- Décision individuelle prise sur le fondement d'un traitement algorithmique.- Notons enfin que des règles particulières s'appliquent dans les hypothèses où une décision individuelle est prise sur le fondement d'un traitement algorithmique. L'article L. 311-3-1 du Code des relations entre le public et l'administration exige dans ce cas que la décision individuelle prise comporte une mention explicite informant l'intéressé de ce traitement. Dans cette hypothèse, de plus fréquente à l'heure des big data et de la révolution numérique, le destinataire de cette décision a le droit de se voir communiquer des informations concernant : le degré et le mode de contribution du traitement algorithmique à la prise de décision ; les données traitées et leurs sources ; les paramètres de traitement et, le cas échéant, leur pondération, appliqués à la situation de l'intéressé ; les opérations effectuées par le traitement. Compte-tenu de la complexité technique des algorithmes et de l'inutilité pour un administré lambda de se voir communiquer un code source, ces informations doivent être présentées « sous une forme intelligible et sous réserve de ne pas porter atteinte à des secrets protégés par la loi » (CRPA, art. R. 311-3-1-2).

1103.- Documents établis par extraction des bases de données.- Une autre difficulté, liée à la numérisation des actes administratifs, concerne les documents qui sont susceptibles d'être établis par extraction des bases de données dont l'administration dispose. Ces documents sont communicables - alors même qu'ils n'existent pas au moment où la demande de communication est faite - sauf si cela fait peser sur l'administration « une charge de travail déraisonnable », particulièrement si cela nécessite un travail important d'assemblage et d'occultation d'informations protégées par le secret de la vie privée (CE, 13 novembre 2020, requête numéro 432832 : Dr. adm.2021, comm.11, note Attali).

1104.- Documents stockés sur un espace numérique personnel.- Enfin, le Conseil d'Etat a précisé qu'un administré doir être considéré comme détenant, au même titre que l'administration, des documents administratifs disponibles sur son espace de stockage numérique hébergé sur une plate-forme. L'administration n'est donc pas tenue de lui communiquer ces documents, dès lors qu'il peut accéder librement à cet espace par internet, au moyen d'un identifiant et d'un code lui permettant de télécharger les documents recherchés. Il en ira autrement, toutefois, en cas de circonstances particulières faisant obstacle à un accès effectif à ces documents, comme par exemple dans l'hypothèse de difficultés de connexion (CE, 30 janvier 2020, requête numéro 418797, Société Cutting Tools Management Services : Dr. fisc. 2020, n° 14, comm. 220, concl. Lallet ; JCP A 2020, act. 68, obs. Erstein ; JCP G 2020, comm. 165, obs. Erstein).

2° Hypothèses d'exclusion du droit d'accès

1105.- Avis du Conseil d'Etat et documents de la Cour des comptes.- Sont exclus du droit d'accès les actes visés par l'article L. 311-5 du Code des relations entre le public et l'administration. Sont notamment concernés les avis du Conseil d'Etat et des juridictions administratives ainsi que les documents de la Cour des comptes.

1106.- Atteinte à un secret.- Le même article précise également que ne sont pas communicables les documents dont la consultation ou la communication porterait atteinte, notamment au secret des délibérations du gouvernement et des autorités responsables relevant du pouvoir exécutif, au secret de la défense nationale ou encore à la conduite de la politique extérieure de la France.

Ceci étant ces exceptions sont généralement interprétées strictement par le juge.

Exemple :
- CE, 5 mai 2008, requête numéro 309518, SA Baudin Châteauneuf (Dr. adm. 2008, comm. 91, note Melleray ; JCP A 2008, comm. 2182, note Darcy ; RJEP 2008, comm. 33, concl. Landais ; JCP G 2008, act. 341, obs. Rouault) : le Conseil d'Etat annule le refus de communication d'un rapport transmis à l'autorité judiciaire. En effet, d'une part, un tel document ne perd pas son caractère de document administratif du fait de sa transmission au parquet ou au juge d'instruction. D'autre part, cette transmission ne suffit pas par elle-même à établir que la communication du document porterait automatiquement atteinte au bon déroulement de la procédure judiciaire ou au secret de l'instruction. Par conséquent, c'est à l'autorité administrative qu'il revient, sous le contrôle du juge, d'apprécier, au cas par cas, si la communication est ou non possible.

1107.- Documents préparatoires.- Sont également exclus du droit à communication, en application de l'article L. 311-2 du Code des relations entre le public et l'administration, certains documents préparatoires, en tout cas tant que la décision administrative est en cours d'élaboration.

Exemple :
- CE, 13 avril 1992, requête numéro 106816, Association SOS défense : le rapport établi par l'inspection générale des finances sur « les dépenses consenties par l'Etat au titre des frais de justice » a été demandé par le Garde des Sceaux en vue d'une réforme de l'aide judiciaire. En raison des propositions qu'il comporte, il n'est pas séparable du processus de décision qui devait conduire à l'intervention de cette réforme. Dès lors, il n'a pas le caractère de document auquel s'applique le droit à communication.

Il en va de même, en vertu du même article, concernant les documents qui ne sont pas achevés. Dans un arrêt de Section du 11 février 1983, Ministre de l'Urbanisme et du Logement, le Conseil d'Etat avait déjà précisé que la loi de 1978 alors en vigueur « ne s'applique qu'à des documents achevés et non aux états partiels ou provisoires d'un document tant qu'il est en cours d'élaboration » (requête numéro 35565 : Rec. p. 56 ; Dr. adm. 1983, comm. 80 ; CJEG 1983, p. 374, concl. Dondoux ; AJDA 1983, p. 432, chron. Lasserre et Delarue ; Rev. adm. 1983, p. 473, note Pacteau ; D. 1983, inf. rap. p. 237, obs. Delvolvé ; Quot. jur. 26 mai 1983, p. 3, note Ch. B. ; LPA 1er juin 1983, p. 9, note Morand-Deviller). Dans cet arrêt, le Conseil d'Etat a estimé que les états successifs d'un projet de schéma directeur d'aménagement et d'urbanisme ne sont communicables qu'après l'adoption du projet par la commission chargée de son élaboration. Il en va de même de tous les documents préparatoires, fussent-ils par eux-mêmes achevés, inséparables du travail d'élaboration, tels que les procès-verbaux des réunions de la commission.

1108.- Documents ayant déjà fait l'objet d'une diffusion publique.- De même, ne relèvent pas non plus du champ d'application du droit d'accès les documents qui ont déjà fait l'objet d'une diffusion publique (CE, 23 octobre 1987, requête numéro 36546, Bertin : Dr. adm. 1987, comm. 573 ; JCP 1988, IV, p.15). Dans ce cas, en effet, la communication perd tout objet puisque le document est censé être connu de tous.

En revanche, le dépôt aux archives publiques des documents administratifs communicables ne fait pas obstacle au droit à communication à tout moment.

1109.- Demandes abusives.- Enfin, l'administration n'a pas l'obligation d'accéder à des demandes qui présentent un caractère abusif « en particulier par leur nombre ou leur caractère répétitif ou systématique ». Présente ce caractère une demande « qui a pour objet de perturber le bon fonctionnement de l'administration sollicitée ou qui aurait pour effet de faire peser sur elle une charge disproportionnée au regard des moyens dont elle dispose » (CE, 14 novembre 2018, requête numéro 420055, Ministre de la Culture c/ Société pour la protection des paysages et l'esthétique de la France).

3° Hypothèses de restriction du droit d'accès

1110.- Documents communicables seulement à la personne intéressée.- Certains documents ne peuvent être communiqués qu'à la personne directement intéressée. Selon l'article L. 311-6 du Code des relations entre le public et l'administration, il s'agit : des documents dont la publication porterait atteinte au secret de la vie privée et des dossiers personnels, au secret médical et au secret en matière commerciale et industrielle ; des documents qui portent une appréciation ou un jugement de valeur sur une personne physique, nommément désignée ou facilement identifiable ; des documents faisant apparaître le comportement d'une personne, dès lors que la divulgation de ce comportement pourrait lui porter préjudice. La loi précise également que les informations à caractère médical sont communiquées à l'intéressé, selon son choix, directement ou par l'intermédiaire d'un médecin qu'il désigne à cet effet, conformément aux dispositions de l'article L. 1111-7 du Code de la santé publique.

1111.- Occultation des documents et disjonction.- Enfin, dans le cas où le document comporte des mentions qui ne sont pas communicables, mais où une occultation ou une disjonction est possible, le document peut être communiqué au demandeur après qu'il a été opéré à cette occultation ou à cette disjonction (CRPA, art. L. 311-7). Si le juge ne peut déterminer avec certitude le « caractère légalement communicable ou non de ces documents ou (...) apprécier les modalités de cette communication », il devra ordonner la production de ces éléments afin d'apprécier au préalable « l'ampleur des éléments protégés et la possibilité de communiquer le document après leur occultation » (CE, 27 mars 2020, requête numéro 426623, Association contre l'extension et les nuisances de l'aéroport de Lyon-Saint-Exupéry).

B – Modalités d'accès aux documents administratifs

1112.- Procédure.- Les règles gouvernant les modalités d'accès aux documents administratifs sont définies par les articles L. 311-9 et suivants du Code des relations entre le public et l'administration.

L'administré doit adresser une demande à l'administration concernée. Si celle-ci accepte, il peut venir consulter gratuitement sur place le document ou se voir délivrer une copie réalisée à ses frais. L'ordonnance n°2005-650 du 6 juin 2005, avait modifié l'article 4 de la loi du 17 juillet 1978 en précisant que l'accès peut également s'exercer par courrier électronique et sans frais lorsque le document est disponible sous forme électronique. Ces dispositions sont aujourd'hui reprises à l'article L. 311-9 du Code des relations entre le public et l'administration. Cet article a été complété par la loi L. n°2016-1321 du 7 octobre 2016 qui précise que l'accès aux documents administratifs peut se faire par une publication des informations en ligne, à moins que les documents ne soient communicables qu'à l'intéressé en application de l'article L. 311-6 du même code

1113.- Recours administratif préalable obligatoire auprès de la CADA.- En cas de refus, exprès ou résultant de l'écoulement d'un délai d'un mois, l'intéressé dispose d'un délai de deux mois pour saisir la Commission d'accès aux documents administratifs (CADA.- V. CRPA, art. R. 342-1 s.). La saisine de cette autorité administrative indépendante est obligatoire, ce qui implique qu'un recours contentieux contre une décision de refus de communication est irrecevable si cette formalité n'a pas été préalablement accomplie dans les délais. Il s'agit d'une « irrecevabilité manifeste insusceptible d'être couverte en cours d'instance » (CE, 24 février 1984, requête numéro 47141, Rompler).

Le délai de saisine d'un mois n'est toutefois opposable que si la décision de refus de communication a été notifiée avec indication des voies et délais de recours, y compris l'obligation de saisir préalablement la commission (CADA, avis numéro 200080701, 6 mars 2008).

1114.- Suite de l'avis de la CADA.- La CADA émet un avis relatif au caractère communicable du document demandé. Cet avis est ensuite adressé à l'administration concernée qui dispose alors d'un nouveau délai de deux mois pour se prononcer. Si elle réitère son refus de laisser l'intéressé accéder au document, que ce refus soit exprès ou qu'il résulte de l'écoulement d'un délai de deux mois, l'auteur de la demande dispose de deux mois, à compter de la date de ce nouveau refus, pour attaquer cette décision.

§II – Exécution des actes administratifs

1115.- Privilége du préalable.- Les conditions d'exécution des actes administratifs sont marquées par l'idée de puissance publique. En effet, contrairement à une personne privée, l'administration peut prendre unilatéralement des actes directement exécutoires, sans avoir besoin de recourir au préalable à un juge. C'est ce qu'on appelle le privilège du préalable, ou encore le privilège de la décision exécutoire, qui constitue, selon l'arrêt d'Assemblée Huglo du 2 juillet 1982 « la règle fondamentale du droit public » (requête numéro 25288, requête numéro 25323, préc.).

1116.- Impossibilité de renoncer à ce privilège.- Cette règle a pour corollaire le principe selon lequel l'administration n'a pas la possibilité de saisir le juge pour obtenir le prononcé de mesures qu'elle pourrait elle-même édicter (CE, 30 mai 1913, requête numéro 47115, Préfet de l'Eure, préc.). Elle n'a donc pas la possibilité de renoncer au privilège du préalable et elle se doit donc d'assurer l'exécution des décisions qu'elle prend.

1117.- Distinction entre privilège du préalable et exécution forcée.- Ceci étant, ce privilège est d'ordre purement juridique. Il ne permet pas à l'administration, sauf exceptions, d'exécuter elle-même, matériellement, sa propre décision en employant la force. En effet, le privilège du préalable ne doit pas être confondu avec l'exécution forcée : en d'autres termes si l'administration prend, contrairement aux personnes privées, des actes exécutoires, elle ne peut en principe procéder à leur exécution forcée. Pour contraindre les administrés à respecter les décisions administratives, des sanctions pénales, des sanctions administratives, voire des sanctions civiles, peuvent leur être infligées. Dans de rares hypothèses, contrairement au principe susvisé, l'administration se verra également reconnaître le droit de recourir à l'exécution forcée.

I – Sanctions pénales et sanctions administratives

1118.- Insuffisance des sanctions pénales.- En cas de refus d'exécution d'une décision administrative, c'est en principe le juge pénal qui doit être saisi en application de l'article R. 610-5 du Code pénal qui permet d'infliger une contravention de première classe en cas de « violation des interdictions ou (de) manquement aux obligations édictées par les décrets et arrêtés de police ».

Ceci étant, les sanctions pénales ne sont possibles que pour autant qu'elles sont prévues par un texte. Or, tous les actes administratifs ne sont pas visés par cet article. Qui plus est, la procédure est longue et les sanctions prévues sont tout à fait modestes puisque actuellement le montant d'une contravention de première classe est fixé à 38 euros au maximum (Code pénal, art. 131-13).

1119.- Recours de plus en plus fréquent aux sanctions administratives.- Pour pallier l'inefficacité de ces mécanismes, il est de plus en plus recouru aux sanctions administratives.

Dans cette hypothèse, c'est l'administration elle-même qui sanctionne le non-respect des actes administratifs. Il faut toutefois préciser que lorsque la définition des obligations auxquelles est soumis l'exercice d'une activité relève du législateur, il n'appartient qu'à la loi de fixer le régime des sanctions administratives dont la méconnaissance de ces obligations peut être assortie (CE Sect., 18 juillet 2008, requête numéro 300304, Fédération de l'hospitalisation privée : AJDA 2008, p.1812, note Geffray et Liéber). En outre, la circonstance que la loi a renvoyé à un décret le soin de définir ses modalités ou ses conditions d'application n'a eu ni pour objet, ni pour effet d'habiliter le pouvoir règlementaire à intervenir dans le domaine de la loi pour définir ces éléments (même arrêt).

1120.- Un pouvoir fréquemment reconnu aux AAI et aux API.- Le pouvoir de sanction est fréquemment reconnu aux autorités administratives indépendantes et aux autorités publiques indépendantes.

Exemple :
- L'article L. 36-11 du Code des postes et télécommunications prévoit que l'Autorité de régulation des communications électroniques et des postes peut, soit d'office, soit à la demande du ministre chargé des communications électroniques, d'une collectivité territoriale ou d'un groupement de collectivités territoriales, d'une organisation professionnelle, d'une association agréée d'utilisateurs ou d'une personne physique ou morale concernée, sanctionner les manquements qu'elle constate de la part des exploitants de réseau, des fournisseurs de services de communication au public en ligne ou des gestionnaires d'infrastructures d'accueil.

1121.- Autres autorités pouvant prononcer des sanctions administratives.- En dehors des autorités étatiques, d'autres autorités administratives peuvent également se voir reconnaître ce pouvoir.

Exemple :
- L'article L. 262-52 du Code de l'action sociale et des familles, prévoit que la fausse déclaration ou l'omission délibérée de déclaration ayant abouti au versement indu du revenu de solidarité active est passible d'une amende administrative prononcée par le président du conseil départemental.

1122.- Encadrement du pouvoir de prononcer des sanctions administratives.- Le pouvoir de prononcer des sanctions administratives, s'il a été reconnu conforme au principe de séparation des pouvoirs, est toutefois strictement encadré, l'autorité compétente devant notamment se conformer au principe du respect des droits de la défense (CC, 17 janvier 1989, numéro 88-248 DC, Loi modifiant la loi n° 86-1067 du 30 septembre 1986 relative à la liberté de communication : Rec. CC, p. 18 ; JO 18 janvier 1989, p. 754 ; JCP 1994, II, comm. 22350, note Rouault ; RDP 1989, p.429, note Favoreu ; Rev. Adm. 1989, p. 223). Mais surtout, depuis l'arrêt d'Assemblée Didier du 3 décembre 1999, le Conseil d'Etat admet que certains organes administratifs, eu égard à leur nature, leur composition et leurs attributions relèvent de l'article 6§1 de la Convention européenne des droits de l'homme, dans la mesure où sont en cause des « accusations en matière pénale » (requête numéro 207434, préc.). L'édiction de sanctions administratives est donc soumise aux règles du procès équitable ce qui emporte un certain nombre de conséquences : impartialité de la procédure, respect du contradictoire, respect des principes de la répression pénale et existence obligatoire d'un contrôle juridictionnel.

II – Recours à l'exécution forcée

1123.- Exceptions à l'interdiction de recourir à l'exécution forcée.- En principe, l'administration n'a pas le droit d'exécuter directement par la contrainte physique ses propres décisions.

Toutefois, ce principe connaît trois exceptions majeures.

Dans certains cas, tout d'abord, l'exécution forcée par l'administration de ses propres décisions est autorisée par les textes.

Exemple :
- Les articles R. 413-48 et suivants du Code de l'environnement précisent qu'en cas d'inobservation des conditions imposées à l'exploitant d'un établissement détenant des animaux d'espèces non domestiques ou des règles de détention des animaux, le préfet met ce dernier en demeure de satisfaire à ces conditions ou de se conformer à ces règles dans un délai déterminé. A l'expiration de ce délai, si l'exploitant n'a pas obtempéré à cette injonction, le préfet peut faire procéder d'office, aux frais de l'exploitant, à l'exécution des mesures prescrites.

Les deux autres exceptions ont été dégagées par le Tribunal des conflits dans son arrêt du 2 décembre 1902, Société immobilière de Saint-Just (requête numéro 00543 : Rec. p.713 ; S. 1904, 3, p. 17, note Hauriou).

L'exécution forcée est possible, tout d'abord, en cas d'inexistence de voie de droit permettant de sanctionner le comportement des administrés. En d'autres termes, l'exécution forcée est possible dans les cas - très rares - où il n'existe pas de sanctions pénales civiles ou administratives permettant d'exercer une contrainte sur l'administré récalcitrant.

Ensuite, l'exécution forcée est possible en cas d'urgence, et cela même si d'autres voies de droit sont ouvertes. Comme l'a exposé le commissaire du gouvernement Romieu dans ses conclusions sur l'arrêt Société immobilière Saint-Just : « il n'est pas besoin de textes en cette matière ; tout le monde reconnaît qu'il est de l'essence même du rôle de l'administration d'agir immédiatement et d'employer la force publique sans délai ni procédure, lorsque l'intérêt immédiat de la conservation publique l'exige ; quand la maison brûle, on ne va pas demander au juge l'autorisation d'y envoyer les pompiers ».

1124.- Exécution forcée illégale et voie de fait.- En dehors des cas de figure où l'exécution forcée est permise, l'administration commet normalement une voie de fait en procédant à l'exécution forcée de ses propres décisions (V. par exemple TC, 16 janvier 1995, requête numéro 02938, Préfet de la Gironde : Rec. p.490). Au moins commet-elle, compte tenu de la restriction du domaine de la voie de fait opérée par l'arrêt Bergoend du 17 juin 2013 (requête numéro 3911 : préc.), une grave illégalité qui peut être désormais sanctionnée par le juge administratif. Au demeurant, l'existence d'une voie de fait était écartée en cas de circonstances exceptionnelles, conformément à la solution retenue par le Tribunal des conflits dans son arrêt Dame de la Murette du 27 mars 1952 (requête numéro 01339 : Rec.

p. 626 ; S. 1952, III, p. 81, note Grawitz ; Rev. adm. juin 1952, p. 268, note Liet-Veaux ; D. 1954, 291, note Eisenmann; JCP G 1952, II, comm. 7158, obs. Blaevoet).

Section IV – Sortie de vigueur des actes administratifs unilatéraux

1125.- Retrait et abrogation.- En dehors de l'annulation juridictionnelle de l'hypothèse de caducité (cas où un texte dispose qu'il cessera d'être applicable à partir d'une certaine date ou d'un évènement prédéterminés, ce qui concerne par exemple une circulaire lorsque la loi où le règlement qu'elle commente sort de vigueur, V. CE, 12 novembre 2014, requête numéro 360264, Fédération de l'hospitalisation privée-Médecine chirurgie obstétrique : AJDA 2015, p. 166, concl. Vialettes) et de celle de péremption (anéantissement d'un acte en raison du non-respect d'un délai), il existe deux techniques qui permettent de faire sortir de vigueur un acte administratif : le retrait qui fait disparaître l'acte de façon rétroactive et l'abrogation qui consiste à faire disparaître un acte pour l'avenir. Les règles applicables à ces techniques ont longtemps résulté d'un enchevêtrement complexe de textes de lois et de principes jurisprudentiels. Elles résultent désormais des dispositions des articles L. 240-1 et s. du Code des relations entre le public et l'administration. Ces nouvelles règles s'appliquent, selon l'article L. 241-1, « sous réserve des exigences découlant du droit de l'Union européenne et de dispositions législatives et réglementaires spéciales ».

1126.- Prise en compte du caractère créateur de droits ou non de l'acte retiré ou abrogé.- Si ces règles opèrent toujours une distinction entre deux types de techniques, elles dépendent en réalité moins de la technique utilisée que de la nature des droits en cause. C'est d'ailleurs cette présentation, qui correspond à l'état antérieur du droit, qui est reprise par le Code des relations entre le public et l'administration qui est articulé autour d'une opposition entre les décisions créatrices de droits, d'une part, et les décisions réglementaires et non réglementaires non créatrices de droits, d'autre part. La distinction entre les techniques d'abrogation et de retrait ne concerne, en réalité, que cette seconde catégorie d'actes.

§I – Prise en compte de la nature des droits en cause

1127.- Distinction entre les actes réglementaires et les actes non réglementaires.- Les règles applicables au retrait et à l'abrogation des actes administratifs unilatéraux dépendent essentiellement du caractère créateur de droit ou non de ces actes.

Les actes règlementaires ne sont pas créateurs de droits alors que les actes non réglementaires sont susceptibles d'être créateurs de droits. Cette distinction apparaît dans le Code des relations entre le public et l'administration. Elle aurait toutefois pu être libellée autrement, dès lors que les actes non individuels et non réglementaires, comme les actes réglementaires, ne sont jamais créateurs de droits. En réalité, seules les décisions individuelles sont donc susceptibles d'être créatrices de droits.

1128.- Evolution concernant les décisions accordant un avantage financier.- S'agissant de cette dernière catégorie d'actes, la jurisprudence a pu dans certains cas évoluer. Le Conseil d'Etat a ainsi opéré un revirement de jurisprudence à l'occasion de l'arrêt de Section Soulier du 6 novembre 2002 (requête numéro 223041 : Rec. p. 369 ; JCP A 2002, comm. 1176, note Jean-Pierre ; JCP A 2002, comm. 1342, note Moreau ; RFDA 2002, p. 225, concl. Austry, note Delvolvé) en considérant qu'une décision accordant un avantage financier est créatrice de droits, y compris dans des cas où l'administration avait l'obligation de refuser cet avantage. Cependant, le maintien indu du versement d'un avantage financier, alors même que le bénéficiaire a informé l'ordonnateur qu'il ne remplit plus les conditions de l'octroi de cet avantage, n'a pas le caractère d'une décision accordant un avantage financier et constitue une simple erreur de liquidation. Il ne s'agit donc pas d'une décision créatrice de droits (CE Sect., 12 octobre 2009, requête numéro 310300, Fontenille : Rec. p. 360, concl. Boulouis ; AJDA 2009, p. 2167, chron. Liéber et Botteghi ; Dr. adm. 2009, comm. 158, note Melleray ; JCP A 2009, comm. 2271, note Jean-Pierre).

1129.- Décisions recognitives.- Il est en revanche de jurisprudence constante que des décisions recognitives ne sont pas créatrices de droits, puisqu'elles se contentent de tirer les conséquences juridiques d'une situation de droit ou de fait préexistante.

Exemple :
- CAA Lyon, 18 septembre 1998, requête numéro 96LY00895, Touati : l'attestation de rapatriement délivrée par l'administration en vue de l'obtention des avantages prévus par l'article 2 de la loi n°85-1274 du 4 décembre 1985 portant amélioration des retraites des rapatriés, se borne à constater que les intéressés remplissent les conditions prévues par ces dispositions, à une date qu'elle précise, en ce qui concerne notamment le lieu d'établissement, conformément à l'article 3 du décret du 13 mars 1986. Dès lors, cette attestation ne constituant pas une décision créatrice de droits, elle pouvait être rapportée à tout moment et la requérante n'est pas fondée à soutenir que l'attestation qui lui avait été délivrée lui avait reconnu définitivement la qualité de rapatriée et soutenir que le ministre ne pouvait revenir sur sa décision après l'expiration du délai de recours contentieux.

1130.- Autorisations domaniales ou de police, permissions de voirie et agréments.- De la même façon, certaines décisions ne confèrent pas à leurs destinataires un droit acquis à leur maintien. C'est le cas en particulier des autorisations domaniales ou de police, des permissions de voirie et des agréments.

1131.- Décisions assorties d'une condition.- Il en va de même pour les décisions administratives assorties d'une condition, suspensive ou résolutoire, explicite ou même implicite. Ces décisions sont créatrices de droits, mais seulement dans la mesure où la condition, fixée par l'acte lui-même ou par le texte le régissant, est satisfaite. Dès lors que cette condition n'est plus satisfaite, l'acte litigieux n'est plus considéré comme créateur de droits.

Exemple :
- CE, 8 février 1985, requête numéro 42940, Syndicat intercommunal de la Marana (Rec. p. 28 ; AJDA 1985, p. 293, obs. Moreau) : les arrêtés d'un préfet, pris pour l'exécution des délibérations d'un conseil général et portant attribution de subventions en annuités à un syndicat intercommunal, permettant l'allègement des charges d'emprunt contracté par le syndicat pour la réalisation de travaux d'adduction d'eau, sont, par nature, des décisions individuelles à caractère pécuniaire créatrices de droits. Le versement d'une subvention ayant cependant pour objet d'alléger la charge annuelle du syndicat, l'exécution des décisions accordant les subventions en annuités doit être regardée comme implicitement subordonnée à la condition que la charge supportée par le syndicat demeure au moins égale au montant de la subvention annuelle prévue pour l'emprunt considéré. Il s'ensuit que les arrêtés litigieux n'étaient susceptibles de créer des droits que dans la mesure où la condition précitée demeurait, pour chacun d'entre eux, satisfaite.

1132.- Décisions accordant une subvention.- S'agissant des décisions accordant une subvention, elles ne sont considérées comme créatrices de droit que si le « le bénéficiaire de la subvention respecte les conditions mises à son octroi, que ces conditions découlent des normes qui la régissent, qu'elles aient été fixées par la personne publique dans sa décision d'octroi, qu'elles aient fait l'objet d'une convention signée avec le bénéficiaire, ou encore qu'elles découlent implicitement mais nécessairement de l'objet même de la subvention » (CE, 5 juillet 2010, requête numéro 308615, Chambre de commerce et de l'industrie de l'Indre : JCP A 2010, comm. 2285, note Markus ; RJEP 2011, comm. 38, concl. Cortot-Boucher).

Ces solutions sont reprises par l'article L. 242-2 du Code des relations entre le public et l'administration. Ce texte confirme cependant qu'une distinction doit être établie entre les décisions créatrices de droits dont le maintien est subordonné à une condition qui n'est plus remplie et les décisions accordant une subvention lorsque les conditions mises à son octroi n'ont pas été respectées : au-delà du délai de quatre mois, les premières peuvent être seulement abrogées alors que les secondes peuvent être retirées. Cette différence de solutions peut s'expliquer par le fait que, pour la première catégorie de décisions, le fait de remplir les conditions détermine le caractère créateur de droit ou non de l'acte en cause, alors que pour la seconde catégorie, le fait de ne pas remplir les conditions doit conduire à considérer que l'acte est illégal.

Exemples :
-CE, 20 septembre 2019, requête numérro 423639 : le placement en congé de longue maladie ou de longue durée d'un agent maintenu en activité peut justifier l'abrogation, par l'autorité compétente, de la décision de maintien en activité au motif que la condition d'aptitude physique requise par l'article 1-1 de la loi du 13 septembre 1984 n'est plus satisfaite.

- CE, 25 mai 2018, requête numéro 412502, Société civile immobilière Marphi : il est possible, eu égard à l'importance et à la gravité des irrégularités relevées de retirer la totalité d'une subvention de l'Agence nationale pour l'habitat alors même que les erreurs ne portent que sur une partie seulement des factures produites pour justifier de la réalisation des travaux et de leur conformité avec les caractéristiques du projet au vu duquel la subvention a été octroyé.

Conformément à cette distinction, les décisions individuelles prises en exécution d'une décision de justice ont été qualifiées de décisions conditionnelles. En conséquence, ces actes ne peuvent être retirés que dans le délai de quatre mois à compter de leur naissance, et pour illégalité. En revanche, ils peuvent être abrogés à tout moment lorsque la décision de justice en exécution de laquelle ils ont été pris fait l'objet d'une infirmation (CE, 19 décembre 2014, requête numéro 384144, Ministre des Finances c/ Société H et M Hennes et Mauritz SARL : Dr. adm. 2015, comm. 31, note Eveillard).

1133.- Décisions inexistantes.- Les décisions inexistantes, c'est-à-dire celles affectées d'une irrégularité grossière, ne sont pas non plus créatrices de droit.

Exemple :
- CE, 11 janvier 2006, requête numéro 281704, Benavent (AJDA 2006, p. 621) : la survenance de la limite d'âge d'un fonctionnaire, telle qu'elle est déterminée par les dispositions législatives et réglementaires en vigueur, entraîne de plein droit la rupture du lien de cet agent avec le service. En conséquence, une décision de prolongation d'activité au-delà de la limite d'âge ne crée pas de droits.

1134.- Décisions obtenues par fraude.- Il faut aussi relever qu'il peut être procédé au retrait ou à l'abrogation d'un acte obtenu par fraude, sans qu'aucune condition de délai ne soit exigée. Cependant, un acte non créateur de droits n'est pas pour autant inexistant. Ainsi, tant que cet acte n'est pas retiré, l'administration doit en tirer toutes les conséquences (CE, 29 novembre 2002, requête numéro 223027, Assistance publique – hôpitaux de Marseille : Rec. p.414 ; AJDA 2003, p.277, chron. Donnat et Casas ; Dr. Adm. 2003, comm. 1 ; RFDA 2003, p. 233, concl. Bachelier et p.240, note Delvolvé).

Enfin, lorsque le recours contentieux à l'encontre d'une décision créatrice de droits est subordonné à l'exercice préalable d'un recours administratif et que ce recours a été régulièrement présenté, le retrait ou l'abrogation de la décision est possible jusqu'à l'expiration du délai imparti à l'administration pour se prononcer sur le recours administratif préalable obligatoire (CRPA, art. L. 242-5).

§II – Retrait

1135.- Anéantissement de l'acte.- Le retrait a les mêmes effets qu'une annulation d'un acte prononcée par un juge : il fait non seulement disparaître l'acte pour l'avenir, mais il l'anéantit également de façon rétroactive. Ainsi, le retrait a des conséquences beaucoup plus graves que l'abrogation, puisqu'il remet en cause de façon plus radicale des situations qui paraissaient acquises. Une distinction doit être opérée, du point de vue de ces conditions, entre les actes créateurs de droits et les actes non créateurs de droits.

I – Actes créateurs de droits

1136.- Un principe simple assorti de multiples exceptions.- Si le juge administratif a posé des principes relativement simples pour le retrait des actes créateurs de droit, ces principes connaissent un certain nombre d'exceptions.

A – Principe

1137.- Hypothèses dans lesquelles le retrait est impossible.- Il n'existe aucune possibilité, pour l'administration, de procéder au retrait des actes créateurs de droits réguliers, sauf comme on le verra en cas de demande du bénéficiaire de l'acte. Cette impossibilité concerne également les décisions administratives entachées d'un vice de procédure qui n'a pas été susceptible d'exercer une influence sur le sens de cette décision ou qui n'a pas privé les intéressés d'une garantie au sens de la jurisprudence Danthony (CE, 7 février 2020, requête numéro 428625 : Procédures 2020, comm. 88, note Chifflot. Sur la jurisprudence Danthony V. supra).

1138.- Anciennes règles issues de la juriprudence Dame Cachet.- En revanche, pour les actes irréguliers, le retrait est possible sous certaines conditions. Les règles applicables résultaient à l'origine de l'arrêt Dame Cachet du 3 novembre 1922 (requête numéro 74010 : Rec. p. 790 ; RDP 1922, p. 552, concl. Rivet). Pour que le retrait soit possible, il résultait de la jurisprudence Dame Cachet que l'acte devait être illégal et ne pas être devenu définitif, c'est-à-dire qu'il devait pouvoir encore faire l'objet d'une annulation juridictionnelle. Par conséquent, l'arrêt Dame Cachet posait le principe d'un parallélisme entre le délai dont disposent les administrés pour demander l'annulation d'un acte administratif au juge, qui court en principe à compter de l'accomplissement des formalités de publicité, et celui dont dispose l'administration pour retirer cet acte.

1139.- Nouvelles règles issues de l'arrêt Ternon et codifiées dans le CRPA.- Ces règles ont été modifiées de façon substantielle par l'arrêt d'Assemblée Ternon du 26 octobre 2001 (requête numéro 197018 : Rec. p.497, concl. Seners ; RFDA 2002, p. 77, concl. Seners et note Delvolvé ; Dr. adm. 2001, comm. 253, obs. Michallet ; Dr. adm. 2001, repère p. 3, obs. Auby ; BJDU 5/2001, p. 353 ; AJDA 2001, p. 1034, chron. Guyomar et Collin). Cet arrêt opère une dissociation totale entre le délai du recours contentieux et celui du retrait. Plus précisément, cet arrêt modifie le délai dans lequel l'administration peut opérer le retrait d'une décision individuelle créatrice de droits mais illégale.

En application de cette jurisprudence, l'administration ne peut plus retirer une décision illégale au-delà d'un délai de quatre mois qui suit son intervention expresse.

La jurisprudence Ternon change donc deux choses essentielles par rapport à la jurisprudence Dame Cachet.

D'une part, le délai du retrait n'est pas le même. Il est porté de façon prétorienne à quatre mois, ce qui ne tient pas à des considérations juridiques, mais à un impératif pratique puisque, comme l'a relevé le commissaire du gouvernement Seners dans ses conclusions, le délai de deux mois « laisserait peu de recul à l'administration ». Comme les autres délais en matière administrative il ne s'agit pas d'un délai franc (CE, 14 octobre 2002, requête numéro 246583, SARL Détroit c/ Commune de Granville).

Exemple :
- CE, 30 juillet 2003, requête numéro 255368, Ministre de l'Equipement, des Transports et du logement c/ Thénault : le délai de quatre mois ouvert pour prononcer le retrait d'un acte créateur de droits intervenu le 6 août 2002 expire le 6 décembre 2002.

D'autre part, et surtout, ce n'est plus la date à laquelle l'acte a été publié qui permet de calculer le point de départ du délai à partir duquel l'administration peut retirer l'acte. Ce qui est pris en compte c'est, d'après l'arrêt Ternon, « la prise de décision de l'acte », c'est-à-dire sa date de signature.

Ces règles ont été confirmées et leur champ d'application a été étendu par le Code des relations entre le public et l'administration. En effet, les règles définies à l'origine par l'arrêt Ternon s'appliquent désormais aux décisions implicites en application de l'article L. 242-1 du Code des relations entre le public et l'administration. Il résulte de cette évolution la disparition des régimes spécifiques de retrait des décisions implicites d'acceptation (Loi n° 2000-321, 12 avril 2000, art. 23) et des décisions implicites de rejet créatrices de droits à l'égard des tiers (CE, 26 janvier 2007, requête numéro 284605, SAS Kaefer-Wanner ; Rec. p. 24 ; AJDA 2007, p. 537, concl. Struillou ; RDP 2007, p. 1617, note Ba).

1140.- Conséquences de l'annulation d'une décision de retrait d'une décision créatrice de droits.- Dans le cas de l'annulation par le juge d'une décision de retrait d'une décision créatrice de droits, cette annulation a pour effet de rétablir la décision initiale à compter de la date de lecture de la décision juridictionnelle prononçant cette annulation. Mais la question se pose alors de savoir si le retrait de la décision ainsi rétablie est possible. Le Conseil d'Etat a rendu sur ce point une décision qui veut concilier les intérêts du bénéficaire de l'acte et ceux des tiers éventuellement lésés. Il a précisé que l'annulation du retrait n'a pas pour effet d'ouvrir un nouveau délai de quatre mois pour retirer la décision initiale, et cela alors même que celle-ci comporterait des irrégularités pouvant en justifier légalement le retrait. En revanche, le délai de recours contentieux court à nouveau à l'égard des tiers « à compter de la date à laquelle la décision créatrice de droits rétablie fait à nouveau l'objet des formalités de publicité qui lui étaient applicables ou, si de telles formalités ne sont pas exigées, à compter de la date de notification du jugement d'annulation ». Enfin, pour les actes des collectivités territoriales, le délai du déféré préfectoral est également rouvert (CE, avis, 26 juillet 2018, requête numéro 419204, Beaumont : AJDA 2018, p. 2020, concl. Burguburu ; Dr. adm. 2018, alerte 113, Hourson ; Dr. adm. 2018, comm. 58, note Eveillard ; JCP A 2018, act. 675, obs. Friedrich ; Procédures 2018, comm. 315, note Chifflot).

B – Exceptions

1141.- Exceptions prévues par un texte.- L'application des nouveaux principes issus de l'article L. 242-3 du Code des relations entre le public et l'administration est exclue dans les hypothèses où un texte législatif ou règlementaire aurait explicitement organisé des règles qui dérogent aux principes qu'elle définit.

Des textes peuvent ainsi instituer un mécanisme de recours préalable obligatoire où ils peuvent fixer, pour certaines catégories d'actes créateurs de droits, une autre règle que celle dégagée par cet arrêt. Il est à noter que la modification par les textes des conditions du retrait ne saurait avoir pour conséquence de rouvrir des délais de retrait déjà expirés (CE, 21 octobre 2013, requête numéro 361173, Anane : Rec. p. 258 ; Dr. adm. 2014, comm. 10, note Eveillard).

Ainsi, l'article L. 55 du Code des pensions civiles et militaires de retraite prévoit que les pensions accordées aux fonctionnaires peuvent, en cas d'erreur de droit, être révisées dans un délai d'un an à compter de la notification de la décision de concession initiale. Il a également été jugé que l'article R. 436-6 du Code du travail, résultant du décret n°2001-532 du 20 juin 2001, en vertu duquel le ministre, saisi d'un recours hiérarchique sur une décision de licenciement d'un salarié protégé dans le délai de deux mois suivant la notification de la décision de l'inspecteur du travail, dispose d'un délai de quatre mois pour statuer, son silence à l'expiration de ce délai valant rejet du recours, constitue une exception aux principes du retrait (CE, 28 septembre 2005, requête numéro 266023, Société Soinne et associés : Rec. p. 397 ; JCP S 2005, comm. 1336, note Kerbourc'h .- V. également CE, 26 janvier 2007, requête numéro 284605, SAS Kaefer Wanner : JCP S 2008, comm. 1576, note Noury).

1142.- Circonstances sans incidence sur l'application des principes.- En revanche, est sans incidence sur l'application ces principes, puisqu'il ne s'agit pas d'un recours administratif obligatoire, la circonstance que le préfet peut demander des pièces complémentaires et présenter un recours gracieux, avant de déférer la décision en cause au juge administratif (CE, avis contentieux, 27 juin 2007, requête numéro 300143, Viaud : Dr. adm. 2008, comm. 15, note Glaser). De même, le recours gracieux du préfet demandant au maire de retirer un permis de construire n'a pas pour effet d'interrompre le délai de quatre mois dont dispose l'autorité administrative pour retirer une décision individuelle explicite créatrice de droits (CAA Nancy, 19 octobre 2006, requête numéro 05NC00146, Commune de Schiltigheim, JCPA 2007, comm. 2087, chron. Dubuy).

1143.- Exceptions jurisprudentielles permettant le retrait au-délà de quatre mois.- L'impossibilité du retrait au-delà d'un délai de quatre mois à compter de la date à laquelle l'acte a été pris connaît un certain nombre d'exceptions qui sont d'origine jurisprudentielle et qui ont été reprises par le Code des relations entre le public et l'administration.

1144.- Demande du bénéficiaire de l'acte.- Tout d'abord, ce qui est logique, le retrait peut intervenir à tout moment dans la mesure où il est prononcé pour satisfaire à une demande du bénéficiaire de l'acte qui veut obtenir une décision encore plus favorable ou une autre décision (CRPA, art. L. 242-4). En effet, dès lors qu'il ne lèse les droits d'aucun tiers, l'acte doit pouvoir continuer à être retiré au-delà du délai de quatre mois.

Exemple :
- CE, avis, 6 juillet 2005, requête numéro 277276, Corcia (AJDA 2005, p. 2138) : si un permis de construire modificatif peut être requalifié du fait de son objet et de sa portée, en nouveau permis de construire, qui se substitue alors au permis initial, la délivrance d'un tel permis n'entre pas dans le champ du principe de la jurisprudence Ternon, dès lors qu'elle intervient sur la demande du bénéficiaire.

Il est à noter, concernant cette hypothèse, que le retrait est même obligatoire si la décision en cause est illégale et si le retrait peut intervenir dans le délai de quatre mois suivant l'édiction de la décision (CRPA, art. L. 242-3).

1145.- Décisions assorties d'une condition.- Ensuite, comme on l'a vu, les décisions administratives assorties d'une condition, suspensive ou résolutoire, explicite ou même implicite, sont créatrices de droits mais seulement dans la mesure où la condition, fixée par l'acte lui-même ou par le texte le régissant, est satisfaite. Dès lors que cette condition n'est plus satisfaite, l'acte en litige n'est plus considéré comme créateur de droits et peut être retiré à tout moment (CE, 5 juillet 2010, requête numéro 308615, Chambre de commerce et de l'industrie de l'Indre, préc.).

1146.- Décisions obtenues par fraude.- La même solution s'applique en cas de fraude commise par le bénéficiaire de l'acte (CE, 29 novembre 2002, requête numéro 223027, Assistance publique – hôpitaux de Marseille, préc.- CRPA, art. L. 241-2). Conformément à cette logique, il a été récemment jugé qu'un « tiers justifiant d'un intérêt à agir est recevable à demander, dans le délai du recours contentieux, l'annulation de la décision par laquelle l'autorité administrative a refusé de faire usage de son pouvoir d'abroger ou de retirer un acte administratif obtenu par fraude, quelle que soit la date à laquelle il l'a saisie d'une demande à cette fin ». Si cette décision permet donc à un tiers de présenter sans condition de délai une demande de retrait ou d'abrogation d'un acte obtenu par fraude, cette possibilité est doublement limitée. D'une part, lorqu'il contrôle la décision refusant de procéder à l'abrogation ou au retrait, le juge limite ce contrôle à la question de savoir si l'acte a été effectivement obtenu par fraude. D'autre part, même si l'acte a été obtenu par fraude, la décision de refus de retrait ou d'abrogation ne sera pas nécessairement annulée. En effet, il incombe au juge « de contrôler que l'appréciation de l'administration sur l'opportunité de procéder ou non à l'abrogation ou au retrait n'est pas entachée d'erreur manifeste, compte tenu notamment de la gravité de la fraude et des atteintes aux divers intérêts publics ou privés en présence susceptibles de résulter soit du maintien de l'acte litigieux soit de son abrogation ou de son retrait » (CE, 5 février 2018, requête numéro 407149, SCI Cora).

1147.- Exception liée à la prise en compte des exigences découlant du droit de l'Union européenne.- L'article L. 241-1 du Code des relations entre le public et l'administration prévoit également que les règles générales applicables au retrait des décisions créatrices de droit sont mises en œuvre « sous réserve des exigences découlant du droit de l'Union européenne ». Cette exception avait été à l'origine dégagée par la jurisprudence à l'occasion de l'arrêt Centre d'exportation du livre français du 29 mars 2006 (requête numéro 274923 : Rec. p. 173 ; Droit adm. 2006, comm. 112, note Bazex et Blazy ; JCP A 2006, p. 635, note Karpenschif ; RJEP 2006, p. 378, note Girardot). Pour le Conseil d'Etat « les règles de droit national selon lesquelles les décisions pécuniaires créatrices de droit ne peuvent être retirées au-delà d'un délai de quatre mois, dès lors que ces règles ne peuvent faire obstacle à la pleine effectivité du droit communautaire et remettre en cause l'obligation pour l'Etat de tirer toutes les conséquences de l'illégalité des aides qu'il a accordées ». Saisie dans la même affaire de questions préjudicielles concernant la restitution d'aides illégales mais non reconnues incompatibles avec le droit de l'Union européenne, la Cour de justice a interprété les stipulations des traités comme n'imposant pas aux juges nationaux d'ordonner la récupération d'une aide versée en méconnaissance de ces stipulations lorsque la Commission a finalement déclaré cette aide compatible avec le marché commun. Toutefois, dans cette hypothèse, les juges nationaux doivent ordonner au bénéficiaire de l'aide le paiement d'intérêts au titre de la période pendant laquelle cette aide a pu être regardée comme illégale (CJCE, 12 février 2008, affaire numéro C-199/06, CELF c/ SIDE : Rec. CJCE 2008, I, p. 469 ; Dr. adm. 2008, comm. 50, note Bazex et Blazy ; AJDA 2008, p. 277 ; LPA 13 mars 2008, p. 4, chron. Chaltiel). Le Conseil d'Etat a ensuite précisé que la récupération d'une aide illégale peut être effectuée conformément aux règles nationales. Mais dans ce cas, l'application de ces règles devra respecter les principes établis par le droit de l'Union européenne. En d'autres termes, l'application des principes aujourd'hui codifiés à l'article L. 242-1 du Code des relations entre le public et l'administration ne doit pas avoir pour effet de rendre pratiquement impossible la répétition de l'indu ni bénéficier à un opérateur qui n'est pas de bonne foi (CE, 28 octobre 2009, requête numéro 302030, Office national interprofessionnel des fruits, des légumes, des vins et de l'horticulture (VINIFLHOR) : Rec. p. 400 ; AJDA 2009, p. 2437, chron. Nicinski ; JCPA 2010, comm. 2087, note Martin.- V. également CE Sect., 13 mars 2015, requête numéro 364612, Office de développement de l'économie agricole d'outre-mer : AJDA 2016, p. 1646, note Mamoudy ; Dr. adm. 2015, comm. 45, note Eveillard.- CAA Nancy, 17 septembre 2015, requête numéro 14NC1766, EARL Ferme de la

Holhmatt : Dr. rur. 2015, comm. 30, concl. Favret). Si ce n'est pas le cas, au regard notamment des modalités d'instruction des demandes d'aides, de versement des aides et de contrôle définies par les textes, la décision de retrait survenue au-delà du délai de quatre mois est illégale. Notons enfin, sur ces questions, que la restitution d'aides indues n'est pas contraire au principe de la confiance légitime (CE, 27 juillet 2009, requête numéro 292620, Société Lactalis Industrie : RJEP 2010, comm. 4, concl. Glaser).

1148.- Retrait d'une mesure prise suite à une injonction du juge des référés dans le cadre d'un recours contre une décision de refus.- Une dernière hypothèse de retrait autorisé par le juge a été dégagée par le Conseil d'Etat dans son arrêt de Section Commune de Bordeaux du 7 octobre 2016 (requête numéro 395211, Commune de Bordeaux, préc.). Est ici en cause le retrait d'une mesure prise par l'administration suite à une injonction prononcée par le juge des référés dans le cadre d'un recours dirigé contre une décision de refus. Dans cette hypothèse, le retrait de cette mesure favorable à l'administré doit intervenir « dans un délai raisonnable » qui est décompté selon des modalités particulières : soit à partir de la notification de la décision de justice infirmative, soit de l'infirmation de sa position initiale par le juge des référés lui-même (V. CJA, art. L. 521-4) ou au terme de l'exercice d'une voie de recours en référé, soit à compter du désistement par le requérant de son recours au fond.

1149.- Exceptions rendant impossible le retrait d'un acte.- Il existe également deux exceptions aux règles du retrait des actes créateurs de droits qui n'ont pas pour effet de faciliter le retrait des actes administratifs unilatéraux, mais au contraire de le rendre impossible.

Dans un arrêt de Section Mme Tacite du 1er octobre 2010 (requête numéro 311938 : Dr. adm. 2010, comm. 153, note Melleray ; JCP A 2011, comm. 2090, note Balfanti ; JCP G 2010, act. 136, obs. Erstein ; RDP 2011, p. 554, note Pauliat) le Conseil d'Etat a ainsi considéré qu'excepté dans les cas où le statut de la magistrature le prévoit - c'est-à-dire jamais - l'acte de nomination d'un magistrat ne peut jamais être retiré. Ce n'est bien sûr pas la sécurité juridique qui motive cette décision, mais le principe de séparation des pouvoirs et celui de l'indépendance de l'autorité judiciaire - que traduisent les dispositions de l'article 64 de la Constitution et de l'article 16 de la Déclaration des droits de l'homme et du citoyen - ces principes imposant que des garanties particulières s'attachent à la qualité de magistrat de l'ordre judiciaire. Or, à l'évidence, le retrait de l'acte de nomination d'un magistrat porte atteinte à ces principes. Si cette hypothèse s'apparente à un cas d'espèce, elle n'est pas expressément visée par les dispositions du Code des relations entre le public et l'administration. Elle devrait néanmoins se maintenir eu égard à la nature constitutionnelle des principes auxquels une décision de retrait d'un acte de nomination d'un magistrat est susceptible de porter atteinte. Elle pourrait même, selon le rapporteur public Matthias Guyomar (cité dans sa note sur l'arrêt Tacite par F. Melleray), être étendue dans sa portée aux membres des juridictions administratives.

La seconde hypothèse entraîne des effets moins radicaux. Si le Conseil d'Etat a en effet considéré que le retrait d'un décret portant libération des liens d'allégeance avec la France est impossible, même sur la demande de l'intéressé, dès lors qu'il n'est pas prévu par le Code civil, il en va toutefois autrement si ce dernier démontre qu'il n'a pas réellement consenti à cette libération ou que son consentement a été vicié. Hors ces deux hypothèses, la seule possibilité ouverte à l'intéressé consiste à solliciter sa réintégration dans la nationalité française (CE, 28 janvier 2021, requête numéro 435279, Chopard : Dr. adm. 2021, comm.21, note Eveillard).

II – Actes non créateurs de droits

1150.- Distinction initiale entre les actes réglementaires et les actes non réglementaires.- S'agissant des actes non créateurs de droits, la jurisprudence opérait une distinction entre les actes réglementaires et les actes non réglementaires.

S'il n'existe pas de droit au maintien pour l'avenir des actes réglementaires, qui peuvent donc être abrogés à tout moment (V. infra), l'exercice du retrait pour ces actes se heurte au principe de non-rétroactivité.

En vertu des règles jurisprudentielles, dans les hypothèses, nécessairement rares, où l'acte réglementaire n'avait reçu aucune application, le retrait pouvait être opéré à tout moment et pour tout motif tenant à son illégalité ou à son inopportunité (CE Ass., 21 octobre 1966, requête numéro 61851, requête numéro 61935, Société Graciet : Rec. p.560). Dans les autres cas, en revanche, l'acte réglementaire ne pouvait être retiré que s'il était illégal et seulement dans le délai du recours contentieux (CE, 19 mars 2010, requête numéro 305047, Syndicat des compagnies aériennes autonomes). Ce sont donc les règles issues de la jurisprudence Dame Cachet qui continuaient à s'appliquer dans cette hypothèse, ce qui pouvait apparaître normal, dès lors que l'arrêt Ternon avait pour seul effet de régir le retrait des décisions administratives individuelles.

Pour ce qui concernait les décisions non réglementaires non créatrices de droits, le retrait était permis à toute époque dès lors que la décision en cause était entachée d'illégalité. En revanche, si l'acte était régulier, l'exercice du retrait était impossible. Toutefois, pour des raisons d'opportunité, les juges admettaient la possibilité de retirer des actes individuels défavorables, dès lors qu'ils n'avaient pas créé de droits pour des tiers.

Exemple :
-CE, 30 juin 1950, requête numéro 99882, Quéralt (Rec. p.413 ; Dr. soc. 1951, p.246, concl. Delvolvé) : l'administration peut retirer à tout moment une décision autorisant le licenciement d'un salarié protégé.

Il faut enfin relever que l'autorité compétente, lorsqu'elle était saisie d'une demande de retrait d'un acte irrégulier, et que les conditions de ce retrait étaient remplies, avait l'obligation d'y procéder.

Exemple :
-CE, 10 février 1992, requête numéro 96124, Roques (Rec. p.55 ; RFDA 1992, p. 841, concl. Laroque) : l'autorité compétente était tenue d'annuler la délibération d'un jury de thèse dès lors d'une part, que l'un des actes précédant la décision relative à la délivrance du diplôme, même devenus définitifs ou cette décision seraient intervenus en méconnaissance de la réglementation en vigueur, d'autre part, que le délai du recours contentieux n'aurait pas été expiré à l'encontre de cette dernière décision.

Toutefois, l'auteur d'une décision administrative illégale n'était tenu de la retirer que s'il était saisi d'une demande dans ce sens. Si tel n'était pas le cas, le retrait était une simple faculté.

Exemple :
-CE, 7 juillet 2008, requête numéro 310985, Auquier (AJDA 2008, p. 1407) : s'il résulte de l'article 23 de la loi du 12 avril 2000 qu'à supposer qu'un permis tacite illégal ait été délivré à l'intéressé, le maire était fondé à le retirer dans les délais prévus par ces dispositions, ce retrait constituait une faculté et non une obligation dès lors que le maire n'était pas saisi d'une demande en ce sens.

1151.- Homogénéisation des règles par le CRPA.- Ces règles complexes ont finalement été modifiées par l'article L. 243-3 du Code des relations entre le public et l'administration. Désormais, les règles applicables sont identiques que l'acte non-créateur de droit en cause présente un caractère réglementaire où un caractère non-réglementaire. C'est le principe général de l'article L. 242-3 qui prévaut : l'administration ne peut donc retirer un acte réglementaire ou un acte non réglementaire non créateur de droits que s'il est illégal et si le retrait intervient dans le délai de quatre mois suivant son édiction. Ce principe connaît toutefois une exception visée par l'article L. 243-4 qui concerne les mesures à caractère de sanction infligées par l'administration qui peuvent être retirées à tout moment.

§III – Abrogation

1152.- Règles applicables.- Le régime juridique de l'abrogation des actes administratifs unilatéraux a été considérablement simplifié par l'arrêt d'Assemblée Compagnie Alitalia du 3 février 1989 (requête numéro 74052, préc.). Le régime applicable dépend de la nature de l'acte en cause.

I – Abrogation des actes réglementaires

1153.- Abrogation possible à tout moment.- En principe, les actes règlementaires peuvent être abrogés à tout moment par l'autorité administrative compétente et cela y compris avant même que le texte ne soit entré en vigueur (CE Sect., 29 mars 2000, requête numéro 198264, Confédération nationale des syndicats dentaires : Rec. p.146 ; RFDA 2000, p.1021, concl. Fombeur), ou avant même le terme qu'il a lui-même fixé (CE, 25 juin 1954, Syndicat national de la meunerie à seigle : Rec. p.379 ; D. 1955, p. 49, concl. Jean Donnedieu de Vabres).

1154.- Mise en place de mesures transitoires.- Cependant, le principe de sécurité juridique impose désormais à l'autorité compétente l'obligation d'édicter les mesures transitoires qu'implique, s'il y a lieu, une règlementation nouvelle (CE Ass., 24 mars 2006, requête numéro 288460, requête numéro 288465, requête numéro 288474, requête numéro 288485, Société KPMG, préc.). Il en va ainsi, en particulier, lorsque les règles nouvelles sont susceptibles de porter une atteinte excessive à des situations contractuelles en cours qui ont été légalement nouées.

Ces règles ont été reprises et synthétisées par l'article L. 243-1 du Code des relations entre le public et l'administration dont il résulte que « un acte réglementaire ou un acte non réglementaire non créateur de droits peut, pour tout motif et sans condition de délai, être modifié ou abrogé sous réserve, le cas échéant, de l'édiction de mesures transitoires … ».

Comme le précise l'article L. 221-6 du même code ces mesures peuvent être de trois ordres. Il peut s'agir :

- de prévoir une date d'entrée en vigueur différée des règles édictées ;

- de préciser, pour les situations en cours, les conditions d'application de la nouvelle réglementation ;
- d'énoncer des règles particulières pour régir la transition entre l'ancienne et la nouvelle réglementation.

1155.- Obligation d'abroger les actes réglementaires illégaux.- La possibilité d'abroger les actes règlementaires se transforme en obligation pour les actes règlementaires illégaux (CE Ass., 3 février 1989, requête numéro 74052, Compagnie Alitalia, préc.). Cette obligation s'applique aux règlements illégaux ab initio (V. par exemple CE, 20 octobre 1999, requête numéro 196702, Lavau : Rec. p. 319 ; Dr. adm. 2000, comm. 34, obs. R. S.) mais également aux règlements dont l'illégalité résulte de circonstances de droit ou de fait postérieures à cette date. Dans la lignée de cette solution, le Conseil d'Etat a récemment précisé que « lorsqu'elle est saisie d'une demande tendant à la réformation d'un règlement illégal, l'autorité compétente est tenue d'y substituer des dispositions de nature à mettre fin à cette illégalité », cette obligation étant toutefois écartée en cas d'impossibilité pratique d'opérer une modification légale (CE, 31 mars 2017, requête numéro 393190, FGTE-CFDT : Dr. adm. 2017, comm. 37, note Eveillard).

Exemples :
- CE, 7 février 2003, requête numéro 243634, GISTI (Rec. p. 30 ; Dr. adm. 2003, comm. 84, note Tchen ; AJDA 2003, p. 996, note Julien-Laferrière ; RDP 2003, p. 903, note Mouzet ; RFDA 2003, p. 972, chron. Fitte-Duval et Rabiller) : est illégale la décision du Premier ministre refusant d'abroger les dispositions du décret du 6 mai 1939 relatif au contrôle de la presse étrangère, modifiant l'article 14 de la loi du 29 juillet 1881

sur la liberté de la presse, ces dispositions méconnaissant les stipulations de l'article 10 de la Convention européenne des droits de l'homme.
- CE, 30 juin 2004, requête numéro 264295, Commune de Bertrange (AJDA 2004, p. 1839) : un arrêté interdisant la circulation des véhicules de plus de 3,5 tonnes sur une route ou sur un pont est susceptible d'être abrogé dès lors qu'il apparaît que cette route et ce pont ont fait l'objet d'une réfection.

Il faut toutefois se garder de considérer que l'obligation d'abrogation faite à l'administration pour les règlements illégaux représente une réelle contrainte pour elle. En effet, cette obligation ne pourra être sanctionnée, en cas d'inertie de l'administration, que si un administré lui demande expressément de procéder à l'abrogation d'un règlement illégal. En cas de refus, cette décision pourra faire l'objet d'un recours pour excès de pouvoir assorti d'une demande d'injonction tendant à ce que l'autorité compétente procède effectivement à l'abrogation demandée.

Les principes ainsi définis connaissent toutefois une exception lorsque l'illégalité du règlement a cessé à la date où l'administration se prononce sur la demande d'abrogation, en raison d'un changement de circonstances de droit ou de fait (CE, 10 octobre 2013, requête numéro 359219, Fédération française de gymnastique : Rec. p. 251 ; AJDA 2014, p. 213, chron. Bretonneau et Lessi ; Dr. adm. 2014, comm. 23, note Mauger ; JCP A 2014, JCP G 2013, act. 1109, obs. Touzeil-Divina). Cette jurisprudence a été également consacrée par l'article L. 243-2 du Code des relations entre le public et l'administration et son champ d'application étendu aux actes non réglementaires non créateurs de droits. La même solution s'applique si l'illégalité du règlement a été corrigée (CE, 20 mars 2017, requête numéro 295126, Section française de l'observatoire international des prisons : AJDA 2017, p. 655).

Dans le cas où l'administration procède de manière expresse ou implicite à l'abrogation demandée avant que le juge n'ait statué, il est logique de considérer que le litige né du refus d'abroger a perdu son objet et qu'il n'y a donc plus lieu pour le juge de statuer (CE, 24 janvier 2007, requête numéro 243976, GISTI : JCP 2007, I, comm. 120).

En revanche, une difficulté se pose lorsque la décision ultérieure de l'autorité administrative a pour effet de modifier au fond les dispositions dont le refus d'abrogation est contesté. Le Conseil d'Etat, après avoir considéré dans un premier temps que le litige ne perdait pas son objet (même arrêt), a finalement estimé qu'une modification de fond est équivalente à une abrogation et que, dans ce cas, le litige perd également son objet (CE Sect., 5 octobre 2007, requête numéro 282321, Ordre des avocats du barreau d'Evreux : JCP G 2007, IV, comm. 2983). En revanche, il en ira autrement lorsque l'autorité compétente reprend, dans un nouveau règlement, les dispositions qu'elle abroge, sans les modifier ou en ne leur apportant que des modifications de pure forme (même arrêt).

1156.- Obligation d'abroger les actes règlementaires « sans objet ».- L'article 1er de la loi du 20 décembre 2007 avait repris et complété la jurisprudence Alitalia en insérant dans la loi n°2000-321 du 12 avril 2000, dans un souci d'intelligibilité du droit, un nouvel article 16-1 qui étend l'obligation d'abrogation aux règlements « sans objet ». Ces règles ont été reprises par l'article L. 243-2 du Code des relations entre le public et l'administration. On peut toutefois douter de la volonté de l'administration de procéder à de telles abrogations, sachant que dans cette hypothèse il n'y a guère de chance qu'elle soit aiguillonnée par une demande qui lui serait faite par un administré.

II – Abrogation des actes non réglementaires

1157.- Actes non créateurs de droit.- La possibilité d'abroger à tout moment des actes non réglementaires non créateurs de droits, qu'ils soient légaux ou illégaux, est très largement admise par le juge, à partir du moment où sont invoqués des motifs tenant à l'intérêt général, à l'intérêt du service ou encore au fait que le bénéficiaire de la décision ne remplit plus les conditions requises (CE Ass., 10 mai 1968, requête numéro 71583, Commune de Broves).

Exemple :
- CE, 19 février 2003, requête numéro 232067, Tarpin (Dr. adm. 2003, comm. 122, note Schwartz) : l'ordre des médecins a le pouvoir d'accorder des exemptions à l'obligation de participer au service de garde. Ces exemptions présentent par nature un caractère temporaire et peuvent être abrogées à l'occasion de l'établissement d'un nouveau tableau de garde ou lorsque les conditions qui avaient fondé leur octroi cessent d'être réunies.

Comme on l'a vu, certaines catégories d'actes - notamment les autorisations domaniales ou de police, les permissions de voirie et les agréments - ne confèrent pas à leurs destinataires un droit acquis à leur maintien. Si les conditions de leur retrait sont strictement encadrées - puisqu'elles créent des droits - des motifs d'intérêt général pourront justifier leur abrogation par l'autorité compétente.

L'article L. 243-1 aligne en conséquence les règles applicables à l'abrogation des actes non réglementaires non créateurs de droits sur celui appliqué aux actes réglementaires. En conséquence, l'acte peut être abrogé pour tout motif et sans condition de délai, sous réserve, le cas échéant, de l'édiction de mesures transitoires.

1158.- Actes créateurs de droits.- Pour les actes créateurs de droits, la jurisprudence précisait à l'origine que ces actes ne pouvaient être abrogés que s'ils n'étaient pas devenus définitifs et à condition qu'ils soient illégaux (CE, 21 janvier 1991, requête numéro 100596, Pain : Rec., tables, p. 692 ; Quot. jur. 31 octobre 1991, p. 2, obs. Deguergue). La règle applicable était donc calquée sur celle du retrait des actes créateurs de droit, telle qu'elle résulte de la jurisprudence Dame Cachet.

Les règles ont ensuite évolué à partir de l'arrêt de Section Soulier du 6 novembre 2002 (requête numéro 223041, préc.). Il résulte de cet arrêt que si le retrait est strictement encadré, l'abrogation est possible à toute époque. En effet, aucun principe n'interdit à l'administration de ne pas maintenir ou de ne pas renouveler une décision lorsque les conditions mises à sa délivrance ne sont plus remplies. En l'espèce, le Conseil d'Etat permet à l'autorité compétente d'abroger une décision qui avait accordé illégalement une prime à un agent plus de six mois après l'intervention de cette décision. Cet arrêt opère ainsi une dissociation entre les conditions du retrait pour le passé, qui ne peut intervenir, conformément à la jurisprudence Ternon, que dans un délai de quatre mois à compter de l'édiction de la décision, et de l'abrogation pour l'avenir qui peut intervenir à tout moment.

Les règles vont encore évoluer suite à l'arrêt de Section Coulibaly du 6 mars 2009, (requête numéro 306084 : Rec. p. 79, concl. de Salins ; AJDA 2009, p. 817, chron. Liéber, Botteghi ; Dr. adm. 2009, comm. 64, note Melleray ; RFDA 2009, p. 215, concl. de Salins ; p. 439, note Eveillard). Le Conseil d'Etat était saisi en l'espèce d'une affaire dans laquelle un chirurgien-dentiste d'origine ivoirienne contestait la décision de mettre fin pour l'avenir à son inscription au tableau de l'ordre. Cette décision d'abrogation était intervenue six mois après la décision d'inscription, l'ordre s'étant aperçu que le diplôme de praticien avait été délivré à l'étranger et n'était pas reconnu en France.

1159.- Cas particuliers.- Le Conseil d'Etat précise, au nom du respect des droits acquis, que toute remise en cause d'une décision individuelle créatrice de droits doit être impossible après l'expiration d'un délai de quatre mois suivant son intervention, quand bien même cette décision est illégale. De même, comme en matière de retrait, il n'est pas possible d'abroger une décision administrative entachée d'un vice de procédure qui n'a pas été susceptible d'exercer une influence sur le sens de cette décision ou qui n'a pas privé les intéressés d'une garantie au sens de la jurisprudence Danthony (CE, 7 février 2020, requête numéro 428625, préc.).

Comme on peut l'observer cet arrêt aligne le régime de l'abrogation des actes administratifs individuels créateurs de droits sur celui du retrait : ce qui détermine le régime applicable ce n'est plus la technique utilisée par l'administration, mais la nature des droits auxquels il est porté atteinte.

Comme on l'a déjà mentionné, on retrouve ce principe inscrit à l'article L. 242-1 du Code des relations entre le public et l'administration.

Dans certains cas, cependant, un acte illégal peut être abrogé au-delà d'un délai de quatre mois. Tel est le cas lorsque les conditions légales de l'édiction de l'acte, qui étaient remplies à l'origine, ne sont plus satisfaites. Dans ce cas l'acte ne peut pas être retiré – puisque cela porterait atteinte à des droits acquis – mais il peut être abrogé. Cette exception à la limitation dans le temps de procéder à l'abrogation d'un acte individuel créateur de droit est reprise par l'article L. 242-2 du Code des relations entre le public et l'administration.

Il n'est pas évident, en revanche, que la solution qui permet l'abrogation d'une décision non réglementaire illégale ab initio au-delà de quatre mois soit maintenue. Dans un arrêt de Section Portalis du 14 mars 2008 (requête numéro 283943, Portalis : Rec. p. 99, concl. Boulouis ; AJDA 2008. p. 800, chron. Boucher et

Bourgeois-Machureau ; Dr. adm. 2008, comm. 63, note Melleray ; JCP A 2008, comm. 2123, note Jean-Pierre ; RFDA 2008, p. 482, concl. Boulouis et p. 931, note Seiller), le Conseil d'Etat avait estimé que lorsqu'il est saisi d'une demande de protection fonctionnelle, le ministre ne peut refuser d'y faire droit qu'en opposant le caractère de faute personnelle des faits à l'origine des poursuites au titre desquelles la protection est demandée. Dans le cas où, à l'inverse, il a accordé la protection, il peut mettre fin à celle-ci pour l'avenir s'il constate postérieurement, sous le contrôle du juge, l'existence d'une faute personnelle. En revanche, sauf en cas de fraude, le caractère d'acte créateur de droits de la décision accordant la protection de l'Etat s'oppose à son retrait au-delà d'un délai de quatre mois. La possibilité d'abroger au-delà du délai de quatre mois une telle décision créatrice de droits, qui n'est pas conditionnelle au sens de l'article L 242-2 du Code des relations entre le public et l'administration, paraît devoir être remise en cause.

Font également exception aux principes les décisions obtenues par fraude en application du principe général défini par l'article L. 241-2 du même code. Comme en matière de retrait, il peut aussi exister des régimes spéciaux d'abrogation des actes individuels créateurs de droits et il peut y avoir lieu, le cas échéant, à déroger aux principes en vue de respecter les exigences du droit du l'Union européenne (CRPA, art. L. 241-1). Enfin - autre similitude avec les règles applicables au retrait - sur demande de son bénéficiaire, l'administration peut, sans condition de délai, abroger une décision créatrice de droits, même légale, dès lors que son abrogation n'est pas susceptible de porter atteinte aux droits des tiers et s'il s'agit de la remplacer par une décision plus favorable au bénéficiaire (CRPA, art. L. 242-4).

1160.- Obligation d'abroger les actes non réglementaires non créateurs de droits illégaux.- Comme pour les actes réglementaires, l'administration a l'obligation d'abroger à toute époque les actes non règlementaires et non créateurs de droits devenus illégaux en raison d'une évolution des circonstances de droit ou de fait (CE, 30 novembre 1990, requête numéro 103889, Association Les Verts : Rec. p.339 ; AJDA 1991, p. 114, chron. Honorat et Schwartz ; RFDA 1991, p.571, concl. Pochard.- V. également CE, CE, 24 octobre 2012, requête numéro 343001, Commune de Saint-Ouen : Dr. Adm. 2013, comm. 22, note Eddazi). Cette jurisprudence a été consacrée par l'article L. 243-2, al. 2 du Code des relations entre le public et l'administration. Le même article étend l'obligation d'abrogation aux actes non réglementaires non créateurs de droits devenus sans objet. Il faut noter également que ces dispositions ne soumettent plus l'obligation d'abrogation à une demande faite par un administré. Toutefois, comme on l'a vu, en l'absence d'initiative de l'autorité compétente, seule une demande d'un administré pourra conduire à contraindre l'administration à procéder à l'abrogation d'un acte non réglementaire non créateur de droits.

En revanche, cette obligation n'existe pas lorsque l'illégalité de l'acte existe dès l'origine, ce qui s'explique par le fait que si l'exception d'illégalité est perpétuelle à l'égard des actes réglementaires, elle ne peut plus être soulevée une fois les délais de recours expirés à l'encontre des actes non réglementaires. Comme pour l'exception d'illégalité, la demande d'abrogation n'est donc recevable que si l'acte n'est pas devenu définitif.

En outre, la solution retenue dans l'arrêt Association Les Verts ne s'applique pas aux actes non réglementaires illégaux créateurs de droits. Dans cette hypothèse, l'administration ne pourra faire droit à une demande d'abrogation que si le délai de quatre mois visé par l'arrêt Coulibaly n'est pas expiré au moment où elle statue sur la demande.

Pour aller plus loin :

- **Auby (J.-M)**, Le contentieux administratif du service pénitentiaire : RDP 1987, p.547.

- **Barnabé (Q.)**, Une rénovation limitée du statut des circulaires et instructions par la loi ESSoC : Dr. adm. 2019, étude 6.

- **Bouju (D.)**, Le détenu face aux mesures d'ordre intérieur : RDP 2005, p.597.

- **Boucher (J.) et Bourgeois-Machureau (B.)**, Le juge administratif et le détenu : AJDA 2008, p. 128.

- **Brisson (J.-F)**, Les pouvoirs de sanction des autorités de régulation et l'article 6§1 de la Convention européenne des droits de l'homme : AJDA 1999, p.847.

- **Gounin (Y.), Laluque (L.)**, La réforme du droit d'accès aux documents administratifs : AJDA 2000, p.486.

- **Calandri (L.)**, La justiciabilité variable des actes de soft law des autorités de régulation : retour sur une jurisprudence en construction : Dr. adm. 2020, étude 2.

- **Caudal (S.)**, La procédure contradictoire en dehors du contentieux : RFDA 2001, p.13.

- **Combeau (P.)**, Les fonctions juridiques de l'interprétation administrative : RFDA 2004, p.1069.

- **Combeau (P.)**, note sur CE Sect., 18 décembre 2002, Duvignères : LPA juin 2003, n°124.

- **Costa (D.)**, Des directives aux lignes directrices : une variation en clairs-obscurs : AJDA 2015, p. 806.

- **Costa (J.-P)**, La contradiction sous l'influence de l'article 6§1 : RFDA 2001, p.31.

- **Delvolvé (P.)**, Le nouveau statut des délégations de signature, in : Mélanges en l'honneur de Louis Favoreu, Dalloz, 2007, p. 1173.

- **Desfonds (L.)**, La notion de mesure préparatoire en droit administratif français : AJDA 2003, p.12.

- **Gaudemet (Y.)**, Faut-il retirer l'arrêt Ternon : AJDA 2002, p.738.

- **Gonzalez (G.)**, La caducité des actes administratifs unilatéraux : RDP 1991, p. 1675.

- **Gremaud (W.)**, Le mythe du privilège du préalable : RFDA 2020, p. 435.

- **Guyomar (M.),** Le principe vu par le Conseil d'Etat, in Le droit au juge indépendant et impartial : AJDA 2001, p. 518.

- **Guettier (C.)**, Le contrôle juridictionnel des actes du président de la République : RDP 1998, p.1719.

- Koubi (G.), Des documents de portée générale en « lignes directrices » : JCP A 2020, comm. 2189.

- **Melleray (F.)**, Les documents de portée générale de l'administration : RFDA 2020, p. 801.

- **Melleray (F.)**, L'immunité juridictionnelle des actes de gouvernement en question : RFDA 2001, p.1086.

- **Moderne (F.)**, La sanction administrative : RFDA 2002, p.483.

- **Moderne (F.)**, Le pouvoir de sanction administrative au confluent du droit interne et des droits européens : RFDA 1997, p.1.

- **Nasri (A.)**, De quelques problèmes posés par le retrait des actes administratifs : LPA 25 avril 2000, p. 4.

- **Noguellou (R.)**, L'abrogation des actes administratifs non règlementaires créateurs de droits : Dr. adm. 2003, chron. 12.

- **Perdu (S.)**, Le retrait des aides publiques, à propos d'un revirement de jurisprudence : Dr. adm. 2003, chron. 13.

- **Petit (J.)**, Police et sanction, JCPA 2013, comm. 2073.

- **Ribes (D.)**, Le nouveau principe « Silence de l'administration vaut acceptation » : AJDA 2014, p. 389.

-**Saunier (S.)**, La signature de la décision administrative : RFDA 2010, p.489.

- **Schwartz (R.)**, Le pouvoir d'organisation du service : AJDA 1997, p.47.

-**Seiller (B.)**, La sortie de vigueur des actes administratifs : RFDA 2016, p. 58.

- **Vergely (D.)**, Accessibilité du droit : instructions et circulaires portées à la connaissance du citoyen.- Portée et limite du décret n°2008-1281 du 8 décembre 2008 : JCP A 2009, comm. 2088.

CHAPITRE DEUX – LES CONTRATS ADMINISTRATIFS

1161.- Plan.- Trois problématiques seront successivement évoquées : la notion de contrat administratif, le régime des contrats administratifs et le contentieux des contrats administratifs.

Section I – Notion de contrat administratif

1162.- Qualification législative et critères jurisprudentiels.- La qualification de contrat administratif peut résulter d'un texte de loi. A défaut, les juges ont recours à des critères jurisprudentiels de qualification.

§I – Contrats administratifs par détermination de la loi

1163.- Illustrations.- Lorsque la qualification de contrat administratif est précisée par la loi, le juge administratif est tenu de la respecter :

Exemples :
- Depuis la loi n°2001-1168 du 11 décembre 2001 portant mesures urgentes de réformes à caractère économique et financier (loi dite « MURCEF », art. 2), les marchés passés en application du Code des marchés publics - aujourd'hui du Code de la commande publique (art. L. 6) - sont des contrats administratifs. Ce texte avait mis fin à la jurisprudence du Tribunal des conflits selon laquelle le fait qu'un contrat était soumis, en raison de son montant, au Code des marchés publics, ne pouvait suffire à lui conférer le caractère de contrat administratif (TC, 5 juillet 1999, requête numéro 3142, Commune de Sauve c. Société Gestetner : AJDA 1999, p. 554, chron. Raynaud et Fombeur ; Dr. adm. 1999, comm. 248, obs. Schwartz ; RDP 2000, p. 247, note Llorens ; RFDA 1999, p. 1163, concl. Schwartz).
- L'ordonnance n°2016-65 du 29 janvier 2016 relative aux contrats de concession précise que ces contrats sont des contrats administratifs. Cette qualification est également reprise par l'article L. 6 du Code de la commande publique actuellement en vigueur.

1164.- Hypothèse du changement de la nature juridique du cocontractant public.- Il faut aussi relever que lorsque le cocontractant public devient, en cours d'exécution, une personne privée, par exemple en cas de privatisation d'un établissement public à caractère industriel et commercial, les juges considèrent que « sauf disposition législative contraire, la nature juridique d'un contrat s'apprécie à la date à laquelle il a été conclu » (TC, 16 octobre 2006, requête numéro 3506, Caisse centrale de réassurance c. Mutuelle des architectes français : AJDA 2006, p. 2382, chron. Landais et Lenica ; CJEG 2007, p. 30, concl. Stahl ; Contrats-marchés publ. 2016, comm. 319, note Zimmer ; Dr. adm. 2006, focus 21, obs. Noguellou ; JCPA 2007, comm. 2077, note Plessix ; RFDA 2007, p.284, concl.

Stahl, note Delaunay). Cette solution s'applique y compris en cas de cession du contrat par la nouvelle société à une autre société privée (TC, 11 avril 2016, requête numéro 4043, Société Fosmax Lng c/ Société TCM FR, Tecnimont et Saipem : Contrats-Marchés publ. 2016, comm. 146, note Pietri.- V. également TC, 4 juillet 2016, requête numéro 4055, Société JSC Investissement et Société SODEC Commercialisation et Gestion c/ Société Aéroports de Paris).

§II – Critères jurisprudentiels de qualification

1165.- Critère organique et critère matériel.- Dans le silence des textes, la jurisprudence a dégagé différents critères de qualification des contrats. Un contrat administratif doit d'abord mettre en présence au moins une personne publique (critère organique). Il doit ensuite soit contenir une clause exorbitante du droit commun, soit avoir pour objet l'exécution même du service public (critère matériel). Pour qu'un contrat soit qualifié de contrat administratif le critère organique et le critère matériel doivent être satisfaits de façon cumulative.

I – Critère organique

1166.- Principe et aménagements.- En principe, un contrat ne peut être un contrat administratif que si au moins l'une des parties est une personne publique. Ce principe fait cependant l'objet d'un certain nombre d'aménagements.

A – Principe

1167.- Un principe fermement ancré.- Un contrat passé uniquement entre des personnes privées est en principe toujours un contrat de droit privé soumis aux règles du Code civil.

Ce principe s'applique y compris dans les hypothèses où l'une des personnes privées signataires exerce une mission de service public et dispose de prérogatives de puissance publique.

> Exemple :
> - CE, 15 mars 1999, requête numéro 199889, Union des Mutuelles de la Drôme (RFDA 2002, p. 350, note Lichère) : les conventions d'objectifs passées par les caisses mutuelles régionales, qui sont des personnes morales de droit privé gérant un service public, sont des contrats de droit privé.

Il en va de même lorsque le contrat porte sur l'exécution d'un travail public (TC, 21 juillet 1972, requête numéro 78563, SA Entreprise ossude : Rec. p.562) ou s'il est conclu pour la mise en œuvre d'une mission de service public (CE Sect., 13 décembre 1963, requête numéro 53973, Syndicat des praticiens de l'art dentaire du département du Nord et Merlin : Rec. p. 623).

Ainsi, l'élément organique joue un rôle majeur, ce qui constitue une différence notable entre le régime des contrats et celui appliqué aux actes administratifs unilatéraux. En effet, pour les actes unilatéraux, les considérations organiques s'effacent : lorsqu'est contesté un acte administratif unilatéral pris par une personne privée, c'est le juge administratif qui est compétent.

B – Aménagements

1168.- Hypothèses.- Il existe des hypothèses où un contrat conclu entre deux personnes privées est néanmoins qualifié de contrat administratif. En revanche, ce n'est pas parce qu'un contrat est passé par deux personnes publiques qu'il est nécessairement un contrat administratif.

1° Contrats conclus entre personnes privées

1169.- Un contrat conclu entre deux personnes privées peut être un contrat administratif.- Dans un arrêt Société d'HLM pour Paris du 14 décembre 2009 (requête numéro C3716), le Tribunal des conflits a rappelé que « le contrat conclu entre deux personnes morales de droit privé est présumé être un contrat de droit privé » dès lors en tout cas qu'elles ont agi pour leur « propre compte »

La jurisprudence admet en effet qu'une personne publique dont la présence est exigée au contrat peut ne pas l'avoir signé, à condition qu'elle soit en quelque sorte représentée par l'une des parties privées signataires. Trois hypothèses sont ici à distinguer : celle où le contrat est conclu par une association transparente, celle du mandat et celle où le contrat litigieux est l'accessoire d'un contrat administratif.

a- Contrats conclus par des associations transparentes

1170.- Définition.- Une association est transparente lorsqu'elle est créée à l'initiative d'une personne publique qui en contrôle l'organisation et le fonctionnement et qui lui procure l'essentiel de ses ressources. Il en résulte que « les contrats qu'elle conclut pour l'exécution de la mission de service public qui lui est confiée sont des contrats administratifs » (CE, 21 mars 2007, requête numéro 281796, Commune de Boulogne-Billancourt : Rec. p. 130 ; BJCP 2007, 230, concl. Boulouis, note Ch. M. ; AJDA 2007, p. 915, note Dreyfus ; RJEP 2007, p. 270, note N. E.- V. également CAA Nancy, 22 mars 2012, requête numéro 11NC00238, Si Abdallah : LPA 22 avril 2013, p. 10, note Tifine).

b- Mandat

1171.- Ancienne juriprudence Société entreprise Peyrot.- Avant d'évoquer précisément la question du mandat administratif il faut relever que les juges ont longtemps considéré que l'objet du contrat, c'est-à-dire la nature de certaines prestations réalisées par une personne privée, pouvait permettre de reconnaître le caractère administratif d'un contrat. Plus précisément, le juge estimait, dans certains cas, que la personne privée concernée a agi sans mandat mais pour le compte d'une personne publique, et le critère organique était alors indirectement satisfait.

Cette hypothèse avait été dégagée par le Tribunal des conflits dans son arrêt Société entreprise Peyrot du 8 juillet 1963 (Rec. p. 787 ; AJDA 1963, p. 463, chron. Gentot et Fourré ; D. 1963, jurispr. p. 543, concl. Lasry, note Josse ; JCP G 1963, II, comm. 13375, note Auby ; RDP 1963, p. 766, concl. Lasry ; RDP 1964, p. 767, note Fabre et Morin). Dans cette affaire, les juges relèvent que la construction des routes nationales et des autoroutes appartient par nature à l'Etat. Toutefois elle peut être concédée à des sociétés d'économie mixte, lesquelles sont assimilables à des personnes privées. Mais puisque le concessionnaire agit pour le compte de l'Etat, les contrats passés par le maître de l'ouvrage avec ses sous-traitants - qui ne peuvent être qualifiés de marchés publics - sont soumis aux règles du droit public, que la construction soit assurée par l'Etat ou par un concessionnaire. La solution retenue permettait ainsi de soumettre au seul juge administratif ce type de contrats, que l'autoroute ait été directement construite par l'Etat ou que sa construction ait été concédée.

1172.- Une juriprudence assez précisément circonscrite.- Cette jurisprudence avait été étendue à d'autres hypothèses assez proches.

Exemple :
- TC, 4 novembre 1996, requête numéro 02990, Espinosa (Rec. p.553) : présentent une nature administrative les contrats passés par le concessionnaire d'une autoroute, fût-ce avec d'autres personnes privées, dès lors que leur objet est d'édifier les ouvrages principaux ou accessoires de l'autoroute. Cette règle s'applique aux contrats dont l'objet est de permettre la réalisation des travaux nécessaires pour lutter contre le bruit provoqué par cette infrastructure de transports terrestres, et cela même si ces travaux doivent être réalisés hors de l'emprise de l'autoroute ou sur un immeuble privé.

Ceci étant, cette jurisprudence avait vocation à s'appliquer peu fréquemment, la notion de travaux « appartenant par nature à l'Etat » étant entendue de façon très restrictive.

Exemple :
- TC, 12 décembre 2001, requête numéro C3274, Hartmann et Association P.R.I.S.M.E, (Contrats Marchés publ. 2002, comm. 66 ; RFDA 2002, p. 43) : une association chargée de sélectionner l'artiste qui devra édifier une œuvre d'art sur la place publique d'une commune ne saurait être considérée comme agissant au nom et pour le compte de cette commune.

Le fait même que la jurisprudence Peyrot était demeurée isolée et cantonnée à une hypothèse précise remettait en cause sa pertinence : si l'on peut admettre l'idée selon laquelle certaines activités appartiennent par nature à l'Etat - alors même que l'on serait bien embarrassé de devoir définir exactement le contenu de ces activités - on ne voit pas pourquoi cette notion ne s'appliquerait qu'au type d'activités visées par l'arrêt Peyrot.

1173.- Abandon de la jurisprudence Société entreprise Peyrot.- Finalement, le Tribunal des conflits a opéré un revirement de jurisprudence à l'occasion de son arrêt du 9 mars 2015, Rispal c/ Société des Autoroutes du Sud de la France (requête numéro 3984 : AJCT 2015, p. 403, obs. Dreyfus ; AJDA 2015, p. 1204, chron. Lessi et Dutheillet de Lamothe et p. 601, tribune Clamour ; Dr. adm. 2015, comm. 34, note Brenet ; Contrats-marchés publ. 2015, comm. 110, note Devillers ; JCP A 2015, comm. 2157, note Sestier et comm. 2157, chron. Hul ; RFDA 2015, p. 265, concl. Escaut et p. 273, note Canedo-Paris ; RTD com. 2015, p. 247, chron. Orsoni.- V. également CE, 17 juin 2015, requête numéro 383203, Société des Autoroutes Paris-Rhin-Rhône : JCPA 2015, comm. 2359, note Martin). Il résulte de cet arrêt « qu'une société concessionnaire d'autoroute qui conclut avec une autre personne privée un contrat ayant pour objet la construction, l'exploitation ou l'entretien de l'autoroute ne peut, en l'absence de conditions particulières, être regardée comme ayant agi pour le compte de l'Etat » et « que les litiges nés de l'exécution de ce contrat ressortissent à la compétence des juridictions de l'ordre judiciaire ». Notons toutefois qu'eu égard aux conséquences de ce revirement, le Tribunal des conflits a décidé de moduler ses effets : la qualification des contrats signés avant le 9 mars 2015 – soit la date de lecture de l'arrêt Rispal – n'est pas remise en cause. Le revirement ne vaut donc que pour l'avenir. Par ailleurs, on peut s'interroger sur la portée de la référence faite par le Tribunal des conflits à des « conditions particulières » qui pourraient conduire à considérer que, dans certains cas, le contrat litigieux pourrait malgré tout être qualifié de contrat administratif.

1174.- Hypothèse du mandat.- Ce revirement de jurisprudence ne remet pas en cause le cas où une personne privée, en concluant un contrat, agit en tant que mandataire d'une personne publique. Dans cette hypothèse, ce n'est pas l'objet particulier du contrat, mais le lien de l'une des personnes privées contractante avec une personne publique qui justifie le caractère administratif du contrat. L'hypothèse du mandat administratif est un cas de figure très proche de celui du mandat en droit civil (sur ces questions V. M. Canedo, Le mandat administratif, LGDJ, coll. Bibliothèque de droit public 2001, t. 216). Dans ce cadre, le mandataire a le pouvoir de faire un ou des actes juridiques au nom et pour le compte du mandant.

1175.- Mandat exprès.- Le mandat peut être exprès, et dans ce cas il n'y a aucun obstacle à considérer que le critère organique est satisfait puisque le mandataire ne fait que représenter une personne morale de droit public qui est partie au contrat. Cette hypothèse était notamment visée par l'article 3 de loi n° 85-704 du 12 juillet 1985 relative à la maîtrise d'ouvrage publique et à ses rapports avec la maîtrise d'œuvre privée, dont les dispositions sont reprises à l'article L. 2422-5 du Code de la commande publique. Ces dispositions prévoient que dans la limite du programme et de l'enveloppe financière prévisionnelle qu'il a arrêtés, le maître de l'ouvrage peut confier à un mandataire tout ou partie de ses attributions. Dans un avis du 22 janvier 1998 le Conseil d'Etat a pu ainsi affirmer que « le législateur a entendu faire produire au mandat ainsi institué et réglementé tous les effets du principe de représentation du mandant par le mandataire, dans l'exercice et dans la limite des attributions confiées à ce dernier par la convention de mandat » (requête numéro 361425 : EDCE 1999, n° 50, p. 226).

1176.- Mandat implicite.- Le Conseil d'Etat dans son arrêt de Section du 30 mai 1975, Société d'équipement de la région montpelliéraine a ensuite admis la possibilité d'un mandat implicite dans certaines hypothèses (requête numéro 86738 : Rec. p. 326 ; AJDA 1975, p. 345, chron. Franc et Boyon ; D. 1976, jurispr. p. 3, note Moderne ; RDP 1976, p. 1730.- V. également reprenant la même logique TC, 7 juillet 1975, requête numéro 02013, Commune d'Agde : Rec. p. 798 ; D. 1977, jurispr. p. 8, note Bettinger ; JCP G 1975, II, comm. 18171, note Moderne). Les juges estiment en l'espèce que présente un caractère administratif le contrat par lequel une société, concessionnaire de l'aménagement d'une zone à urbaniser en priorité, a confié à une entreprise la construction des voies publiques traversant cette zone au motif qu'elle « agissait non pas pour son propre compte, ni en sa qualité de concessionnaire mais pour le compte des collectivités publiques auxquelles les voies devaient être remises ».

1177.- Différence avec la jurisprudence Société entreprise Peyrot.- Si les juges se réfèrent également à des contrats conclus « pour le compte » d'une personne publique, ce n'est donc pas le seul objet du contrat, comme dans la jurisprudence Peyrot, qui permet de conclure à son caractère administratif, mais différents indices tirés des relations très étroites entre l'une des parties au contrat et une personne publique extérieure à ce contrat.

Cette différence est patente dans l'arrêt de Section du Conseil d'Etat, du 1er juillet 2010, Société Bioenerg (requête numéro 333275 : Rec. p. 687 ; BJCL 2011, p. 86, concl. Colin ; JCPA 2010, comm. 2359, note Pacteau ; RJEP 2011, 17, concl. Colin). Etait en cause dans cette affaire un contrat conclu entre EDF, société anonyme de droit privé et des producteurs d'électricité privés. Les juges relèvent que ces contrats « contribuent au service public de l'électricité ». Cependant, « les contrats conclus entre eux ne peuvent être regardés comme conclus pour le compte d'une personne publique, alors que la production d'électricité ne relève de l'Etat ou d'une autre personne publique, ni par nature ni par détermination de la loi, et est au contraire une activité économique exercée par des entreprises privées ... ». La jurisprudence Peyrot, qui était encore en vigueur, n'a pas vocation à s'appliquer. Les juges précisent ensuite que « EDF n'exerce donc dans ce domaine aucune mission pour le compte d'une personne publique et n'est pas placée, pour la mission de service public à laquelle elle contribue, sous l'autorité de l'Etat ou d'une autre personne publique ». La jurisprudence Société d'équipement de la région montpelliéraine n'ayant donc vocation à recevoir application, le contrat litigieux est donc un contrat de droit privé.

1178.- Extension de la notion de mandat implicite.- Contrairement à la jurisprudence Peyrot, qui est demeurée limitée au domaine des travaux routiers et autoroutiers, la jurisprudence Société d'équipement de la région montpelliéraine s'est étendue à d'autres hypothèses.

Elle a vocation, tout d'abord, à s'appliquer à d'autres travaux que les travaux routiers et autoroutiers.

Exemple :
- TC, 20 mai 1993, requête numéro 02840, Société Wanner Isofi Isolation et Société Nersa (Dr. adm. 1993, comm. 349 ; RFDA 1994, p. 181 ; CJEG 1994, p. 86, concl. Martin, note Delpirou) : le marché passé par la société Nersa a pour objet la construction d'un ouvrage public concourant à la réalisation des mêmes objectifs que ceux d'Electricité de France.
Les juges relèvent dans cette affaire plusieurs indices.
Tout d'abord, la constitution de la société Nersa a été autorisée par un décret en application d'une loi prévoyant la création d'entreprises exerçant en France une activité d'intérêt « européen » en matière d'électricité et en conformité avec la loi du 8 avril 1946 sur la nationalisation de l'électricité et du gaz.
Ensuite, l'exploitation des centrales doit se faire dans les conditions prévues par la loi du 8 avril 1946.
De même, le personnel français de la société Nersa est soumis au même statut que celui d'Electricité de France.
Enfin, Electricité de France - qui est à l'époque une personne publique - détient 51 % des actions de la société Nersa.
Compte tenu de ces indices, le marché passé par cette société a pour objet la construction d'un ouvrage public concourant à la réalisation des mêmes objectifs que ceux d'Electricité de France. La société Nersa doit donc être regardée comme agissant pour le compte de cet établissement public. Dès lors, le marché litigieux est un marché de travaux publics.

Dans toutes ces hypothèses, la solution retenue présente pour intérêt d'attribuer compétence au juge administratif pour des litiges qui portent sur la construction d'ouvrages qui ont fait l'objet d'un financement public alors même qu'ils n'ont pas été réalisés au moyen d'un marché public de travaux.

1179.- Remise en cause en matière de travaux publics.- S'agissant des travaux publics, la portée de cette solution a toutefois été remise en cause par le Conseil d'Etat dans un arrêt du 11 mars 2011, Communauté d'agglomération du Grand Toulouse (requête numéro 330722 : BJCP 2011, p.222, concl. Boulouis, obs. R.S. ; BJDU 2011, p. 198, concl. Boulouis, obs. Ch. L ; RJEP 2011, étude 4, note Llorens ; Contrats-Marchés publ. 2011, comm. 130, note Devillers ; JCP A 2011, comm. 2205, note Devès ; RD imm. 2011, p. 278, note Noguellou ; Construction - Urb. 2011, comm. 67, obs. Couton). Il résulte de cette décision qu'un aménageur qui ne réalise pas exclusivement des équipements ou ouvrages devant être remis à la collectivité publique dès leur achèvement ou leur réception ne peut être regardé comme agissant pour le compte de la personne publique. Cette solution a été ensuite reprise par le Tribunal des conflits dans son arrêt SARL Port croisade du 15 octobre 2012 (requête numéro 3853 : Rec. tables, p. 653 ; Contrats-Marchés publ. 2013, comm. 17, note Eckert.- V. également TA Strasbourg, 31 mars 2016, requête numéro 1601218, Société Eiffage Énergie Alsace Franche-Comté : Contrats-

Marchés publ. 2016, comm. 131, note Ubaud-Bergeron). Dans cette affaire, sont qualifiés de contrats de droit privé des conventions passées par une société titulaire d'une convention publique d'aménagement, au motif que celle-ci n'a pas pour unique objet la réalisation d'ouvrages publics, dès lors qu'elle prévoit également la construction puis la vente de logements privés par ce titulaire.

Les critères du mandat ont ensuite été reformulés dans un sens tout aussi restrictif par le Tribunal des conflits à l'occasion de l'arrêt Commune de Capbreton du 11 décembre 2017 (requête numéro 4103). Les juges posent d'abord le principe que « le titulaire d'une convention conclue avec une collectivité publique pour la réalisation d'une opération d'aménagement ne saurait être regardé comme un mandataire de cette collectivité ». Il n'en ira autrement que si les stipulations de la convention définissant les missions du cocontractant de la collectivité publique ou un « ensemble de conditions particulières prévues pour l'exécution de celle-ci » permettent d'affirmer que la convention est, en tout ou partie, un « contrat de mandat par lequel la collectivité publique demande seulement à son cocontractant d'agir en son nom et pour son compte, notamment pour conclure les contrats nécessaires ». Il en ira ainsi notamment lorsqu'il est prévu « le maintien de la compétence de la collectivité publique pour décider des actes à prendre pour la réalisation de l'opération ou la substitution de la collectivité publique à son cocontractant pour engager des actions contre les personnes avec lesquelles celui-ci a conclu des contrats ».

1180.- Application dans d'autres hypothèses.- En dépir de ce recul de la théorie du mandat, il faut enfin souligner que la logique de la jurisprudence Société d'équipement de la région montpelliéraine s'est étendue à d'autres hypothèses que celles des travaux publics qui, si elles sont rares, ne paraissent pas devoir être remises en cause.

Exemples :
- CE, avis, 16 mai 2001, requête numéro 229811, requête numéro 229810, Joly et Padroza (Rec. p. 237 ; AJFP 2001, n° 5, p. 4, concl. Fombeur et p. 10, note Boutelet ; RDP 2001, p. 1513, note Canedo) : il appartient au juge administratif de rechercher, en recourant à la méthode du faisceau d'indices, si l'Etat peut être désigné comme l'employeur d'une personne recrutée par une association dans le cadre d'un contrat emploi solidarité.
- TC, 23 septembre 2002, requête numéro C3300, Société Sotrame et Metalform c. GIE SESAM Vitale (Rec. p. 550 ; AJDA 2002, p. 1437, chron. Donnat et Casas) : un litige mettant en cause la responsabilité extra contractuelle de la personne morale de droit privé chargée de l'exécution même du service public administratif de mise en œuvre du système de saisie électronique des données de l'assurance maladie, qu'elle assume au nom et pour le compte des caisses qui l'ont constituée et notamment de la caisse nationale de l'assurance maladie des travailleurs salariés, ressortit à la compétence du juge administratif.

c- Théorie de l'accessoire

1181.- Une application peu fréquente.- Le recours à la théorie de l'accessoire, suivant l'ancien principe civiliste accessorium sequitur principale, peut permettre de qualifier de contrats administratifs des contrats conclus entre personnes privées. Longtemps cette théorie a été essentiellement cantonnée aux contrats de cautionnement accessoires d'un marché public (CE Sect., 13 octobre 1972, requête numéro 79499, requête numéro 79500, SA de Banque Le Crédit du Nord : AJDA 1973, p. 213. – CE, 22 mars 1974, requête numéro 81721, Banque Alexandre de Saint-Phalle : Rec. p. 211.- V. également CE, 10 juillet 2013, requête numéro 361122, Banque calédonienne d'investissement : Rec. tables, p. 698). Cette utilisation limitée a notamment conduit les juges à dénier le caractère administratif d'un contrat de crédit-bail emportant occupation du domaine public, lequel ne saurait être considéré comme l'accessoire d'une délégation du service public (TC, 21 mars 2005, requête numéro 3436, Société Slibail énergie c/ Ville Conflans-Sainte-Honorine : Rec. p. 653 ; AJDA 2005, p. 1186, note Dreyfus ; BJCL 2005, p. 302, concl. Roul, obs. B. P. ; BJCP 2005, p. 241 ; CJEG 2005, 293, concl. Roul ; Contrats-marchés publ. 2005, étude 14, Tenailleau et Tixier ; Dr. adm. 2005, comm. 115, note Ménéménis). Selon cet arrêt, en effet, le contrat de crédit-bail ne pouvait être qualifié de contrat administratif dès lors qu'il « se borne à mettre en place une opération de financement entre deux sociétés commerciales ». De la même façon, il a été récemment jugé qu'un contrat de prestations de sûreté portuaires ne saurait être considéré comme l'accessoire d'une convention d'occupation domaniale (TC, 8 avril 2019, requête numéro 4157 : AJDA 2019, p. 1706, note Roux).

En revanche, une autre hypothèse admise de l'application de la théorie de l'accessoire est celle d'un contrat passé entre des entrepreneurs et des architectes en vue de régler à l'amiable un litige relatif à l'exécution de travaux publics (CE, 23 octobre 1970, requête numéro 73663, Clot et Société Orefice : Rec. p. 616).

Dans un arrêt du 8 juillet 2013 (requête numéro 3906, Société d'exploitation des énergies photovoltaïques : Contrats-Marchés publ. 2013, comm. 241, note Devillers ; Dr. rur. 2013, comm. 14, note Tifine), le Tribunal des conflits a paru vouloir donner une place plus importante à la théorie de l'accessoire, le considérant de principe de cet arrêt visant expressément cette hypothèse comme une dérogation possible à l'exigence du critère organique. Ainsi, « les contrats conclus entre personnes privées sont en principe des contrats de droit privé, hormis le cas où l'une des parties agit pour le compte d'une personne publique ou celui dans lequel ils constituent l'accessoire d'un contrat de droit public ».

Il est toutefois difficile, en l'état actuel de la jurisprudence d'apprécier la portée de cette évolution puisque les juges ont considéré, en l'espèce, que le contrat de raccordement d'une installation de production d'électricité photovoltaïque au réseau EDF ne peut pas être considéré comme l'accessoire du contrat d'achat d'électricité (ce dernier contrat étant un contrat administratif en application de la loi n° 2000-108 du 10 février 2000). Il s'agissait pourtant d'une hypothèse dans laquelle on aurait pu envisager l'application de la théorie de l'accessoire. Quoi qu'il en soit, il n'est pas sûr que l'introduction de cette théorie, parmi les critères de qualification des contrats administratifs, conduira à une extension du domaine des contrats administratifs. S'agissant des montages contractuels complexes, on peut même redouter qu'elle introduise davantage de confusion en rendant plus incertaine la qualification des contrats conclus entre personnes privées dans le cadre de ces montages.

2° Contrats conclus entre personnes publiques

1182.- Présomption d'administrativité.- Pour ces contrats, le respect du critère organique est évident. La question qui se pose est alors de savoir si ces contrats obéissent à un statut particulier, qui diffèrerait de celui des autres contrats administratifs, qu'ils soient passés entre deux personnes privées, ou entre une personne privée et une personne publique. Plus précisément, il s'agit de déterminer si la présence au contrat de deux personnes publiques suffit à qualifier ces contrats de contrats administratifs.

Dans son arrêt du 21 mars 1983 UAP (requête numéro 02256 : Rec. p. 537 ; AJDA 1983, p. 356, concl. Labetoulle ; D. 1984, jurispr. p. 33, note Auby et Hubrecht ; Rev. adm. 1983, p. 368, note Pacteau), le Tribunal des conflits semble s'être prononcé en faveur du statut particulier des contrats conclus entre deux personnes publiques. Il a en effet posé une présomption selon laquelle « un contrat conclu entre deux personnes publiques revêt en principe un caractère administratif ».

1183.- Exigence du critère matériel.- Cependant, la jurisprudence ultérieure a démontré que cette présomption n'avait aucune valeur juridique. La formule de l'arrêt UAP établit une sorte de constat : il est logique de présumer, en effet, qu'un contrat conclu entre deux personnes publiques est un contrat administratif. Cependant, comme pour tous les autres contrats, ces conventions n'ont un caractère administratif que si le critère matériel de qualification est également satisfait. Dans le cas contraire, elles seront qualifiées de contrat de droit privé.

Exemple :

- CE, 11 mai 1990, requête numéro 60247, Bureau d'aide sociale de Blénod-lès-Pont-à-Mousson (Rec. p. 123 ; CJEG 1990, p. 347, concl. Hubert) : aux termes d'une « convention de location » passée entre un office public d'HLM et un bureau d'aide sociale, le premier a donné à bail au second pour une durée d'un an renouvelable un ensemble de bâtiments moyennant une redevance fixée en fonction de la législation sur les HLM, et la convention stipulant que le bureau d'aide sociale aurait « la responsabilité entière et exclusive de tous les services... fonctionnant dans les lieux loués ». Dès lors, eu égard à son objet, le contrat n'a fait naître entre l'office et le bureau que des rapports de droit privé (V. également TC, 4 juillet 2016, requête numéro 4057, Commune de Gélaucourt c/ Office public d'habitat de la ville de Toul : Contrats-Marchés publ. 2016, comm. 230, note Pietri).

Ceci implique clairement qu'en dépit de la rédaction de l'arrêt UAP, les contrats conclus entre deux personnes publiques ne sont pas soumis à un régime particulier. Le critère matériel est également requis.

Un raisonnement inspiré par la jurisprudence UAP a récemment été adopté par le Tribunal des conflits à propos des contrats conclus par les établissements publics industriels et commerciaux avec une personne privée (TC, 7 avril 2014, requête numéro 3949, Société d'édition de ventes publicitaires (SEVP) c/ Office du tourisme de Rambouillet (Dr. adm. 2014, comm. 49, note Sée). Il résulte de cet arrêt que sauf disposition législative contraire, le contrat est un contrat de droit privé « à l'exception de ceux comportant des clauses exorbitantes du droit commun ou relevant d'un régime exorbitant du droit commun ainsi que de ceux relatifs à celles de ses activités qui ressortissent par leur nature de prérogatives de puissance publique ». Là encore, il s'agit plus d'un constat : normalement ces contrats sont de droit privé, mais ce ne sera pas le cas si, le critère organique étant respecté, les autres critères de qualification des contrats administratifs sont également satisfaits.

II – Critère matériel

1184.- Un critère alternatif.- Ce critère se cumule au critère organique, mais il se présente sous une forme alternative : pour être considéré comme administratif, le contrat qui satisfait au critère organique doit en outre soit comprendre des clauses exorbitantes du droit commun, soit avoir pour objet l'exécution même du service public.

A – Clauses exorbitantes du droit commun

1185.- Origine du critère.- Ce critère est apparu à l'occasion de l'arrêt du Conseil d'Etat du 31 juillet 1912, Société des granits porphyroïdes des Vosges (requête numéro 30701 : Rec. p. 909, concl. Blum ; RDP 1914, p. 145, note Jèze). Cette affaire concernait un litige relatif à un contrat entre la ville de Lille et cette société sur le montant du prix d'une livraison de pavés. Le Conseil d'Etat se borne à relever que ce contrat « avait pour objet unique des fournitures à livrer selon les règles et conditions des contrats intervenus entre particuliers ». Par conséquent, les litiges liés à l'exécution de ces contrats, qui ne contiennent aucune clause exorbitante du droit commun, relèvent du juge judiciaire.

Il faut relever que cet arrêt est bien antérieur à la loi MURCEF du 11 décembre 2001 (V. supra). Désormais, en application de l'article L. 6 du Code de la commande publique, les marchés relevant du champ d'application de ce code passés par des personnes morales de droit public sont des contrats administratifs par détermination de la loi.

La notion de « clauses exorbitantes du droit commun » a été constamment utilisée par le juge administratif depuis 1912. Elle a été redéfinie par le Tribunal des conflits à l'occasion de l'arrêt SA Axa IARD du 13 octobre 2014 (requête numéro 3963).

1186.- Définition en creux du critère.- Le recours à cette notion, telle qu'elle résulte de l'arrêt du 31 juillet 1912, présentait un certain nombre d'inconvénients, qui sont tous liés au caractère négatif ou en creux de sa définition. Selon le Conseil d'Etat il s'agit de clauses qui ont « pour effet de conférer aux parties des droits ou de mettre à leur charge des obligations étrangers par leur nature à ceux qui sont susceptibles d'être librement consentis par quiconque dans le cadre des lois civiles et commerciales » (CE Sect., 20 octobre 1950, Stein : Rec. p. 505). Le Conseil d'Etat a pu également se référer à « des clauses attribuant à la puissance publique des prérogatives exorbitantes du droit commun » (CE, 21 janvier 1948, Société Penaroya : S. 1949, III, p. 6). Un arrêt d'une cour d'appel se réfère quant à lui à « une clause qui serait illicite ou impossible à insérer dans un contrat de droit privé » (CA Caen, 26 juin 2008, numéro 08/00826, Le Cleach c/ Commune de Ranes : Loyers et Copropriété 2008, 271, note Vial-Pedroletti). A contrario, ne présentent pas un caractère exorbitant du droit commun les clauses « qui diffèrent par leur nature de celles qui peuvent être stipulées dans un contrat analogue de droit privé » (Cass. 1re civ., 18 février 1992, pourvoi numéro 90-18.826, Compagnie d'assurances La Mondiale : Bull. civ. 1992, I, n° 59) ou qui imposent au cocontractant des « obligations particulières … dans un intérêt public » (CE Sect., 17 décembre 1954, Grosy : Rec. p. 674).

Exemples :
- CE, 19 novembre 2010, requête numéro 331837, Office national des forêts (Contrats-Marchés publ. 2011, 36, note Devillers) : en l'espèce, un particulier avait été autorisé à occuper une parcelle de forêt relevant du domaine privé de l'Etat afin d'établir un centre équestre, avant que l'Office national des forêts (ONF) ne prononce la résiliation du contrat. Le Conseil d'Etat identifie plusieurs clauses exorbitantes du droit commun : l'ONF dispose d'un pouvoir de contrôle direct de l'ensemble des documents comptables du titulaire ; l'ONF peut exécuter des travaux sur la voie publique ou sur des immeubles voisins et dans ce cas le titulaire n'aura aucun recours contre l'ONF et ne pourra prétendre à aucune indemnité, ni diminution de loyer ; le cocontractant doit observer les instructions que pourraient lui donner les agents assermentés de l'ONF, compétents pour rechercher et constater les contraventions et délits dans les forêts et terrains soumis au régime forestier.
-CE, 14 octobre 2005, requête numéro 275446, Commune de Chantonnay c. Robert : cette affaire est relative à un contrat de bail conclu entre une commune et des particuliers. Constitue une clause exorbitante du droit commun, une clause du contrat qui stipule que les preneurs s'engagent, au cas où la commune bailleresse aurait besoin de récupérer le logement, à le libérer dans un délai de deux mois à compter de la réception d'un simple préavis et sans pouvoir prétendre à la moindre indemnité.
- TC, 20 juin 2005, requête numéro C3446, SNC Société hôtelière Guyanaise c. Centre national d'études spatiales : était ici en cause un contrat en vue de la vente d'un hôtel et d'un terrain attenant en vertu duquel la société acquéreuse s'engageait à réaliser des travaux d'extension de l'hôtel au profit du Centre national d'études spatiales (CNES). Pour le Tribunal des conflits, le contrat contenait des clauses exorbitantes car il conférait au CNES un pouvoir de contrôle sur son cocontractant en lui imposant des modalités d'exploitation en lui réservant, postérieurement à la vente, l'appréciation de la qualité du

projet architectural ainsi que des normes et du prix des chambres de l'ensemble hôtelier dont la réalisation était à entreprendre avant la réitération des actes définitifs de vente, en garantissant un taux d'occupation des locaux, et en prévoyant des conditions de remboursement pouvant aboutir à une revente en faveur du CNES à un coût déterminé et non au prix du marché.

-TC, 2 novembre 2020, requête numéro 4196, Institut national de recherches archéologiques préventives (Contrats-Marchés publ. 2021, comm. 3, note M. Ubaud-Bergeron ; Dr. adm. 2021, comm. 13, note Brenet ; JCP G 2020, act. 1316) : la clause attribuant un pouvoir de résiliation unilatérale pour motif d'intérêt général, non pas à une personne publique mais à la personne privée contractante ne confère pas un caractère administratif au contrat.

L'utilisation de cette définition est délicate et elle manque de fiabilité puisqu'elle est entièrement dépendante du droit des obligations, tel qu'il est interprété par le juge administratif.

Or, d'une part, la notion même de clause exorbitante du droit commun est évolutive. Ainsi, une clause de résiliation unilatérale n'est plus nécessairement considérée comme une clause exorbitante du droit commun, ce qui est lié à l'évolution du droit civil des obligations qui admet aujourd'hui plus facilement qu'une telle clause peut être stipulée dans un contrat de droit privé. Ainsi, lorsqu'est en cause une convention d'occupation temporaire du domaine privé, une clause permettant à la personne publique de reprendre la jouissance de l'immeuble à tout moment et pour tout motif n'est pas considérée comme une clause exorbitante du droit commun (TC, 20 février 2008, requête numéro 08-03623, Verrière c. COURLY : Contrats - Marchés publ., 2008, comm. 122, note Eckert.- V. également TC, 12 décembre 2011, requête numéro 3824, Commune de Nouméa c/Société Lima : Rec. tables, p. 843). En effet, la juridiction judiciaire admet la conclusion de conventions d'occupation précaire, exonérées du régime des baux commerciaux, à condition que leur caractère provisoire soit justifié par des circonstances spéciales connues des deux parties (Cass. 3e civ., 14 novembre 1973, pourvoi numéro 72-13.043 : D. 1974, p. 139. – Cass. 3e civ., 25 mai 1977, pourvoi n°76-102.26 : Bull. civ. 1977, III, n° 220).

D'autre part, les juges ne procèdent pas à une analyse clause par clause du contrat, mais ils prennent en compte l'équilibre général de la convention. En d'autres termes, le critère ne sera pas satisfait dès lors qu'une clause imposant une sujétion au cocontractant privé est contrebalancée par un avantage qui lui est concédé et qui est également inusuel dans un contrat de droit privé. Ainsi, dans l'arrêt Verrière c/ COURLY du 20 février 2008 (préc.), si le contrat permet au bailleur d'utiliser librement le bien, l'ensemble des dépenses liées à l'entretien sont à sa charge, ce qui fait que la première clause n'est pas considérée comme étant exorbitante du droit commun.

1187.- Définition positive du critère.- C'est pour tenter de résoudre les difficultés liées à la définition « en creux » de la notion de clause exorbitante que le Tribunal des conflits à fait évoluer sa jurisprudence en imposant une définition positive du critère des clauses exorbitantes.

Dans ses conclusions sur l'arrêt SA Axa IARD (préc.), le commissaire du gouvernement Desportes est revenu sur les difficultés liées à la notion de clause exorbitante en insistant sur le fait qu'en « se bornant à désigner cette clause comme celle qui ne se trouve pas dans les contrats de droit privé, la définition donne peu d'indications permettant de déterminer, de manière positive, l'élément objectif caractérisant l'existence d'une relation de droit public ». Le commissaire du gouvernement a alors proposé de « revenir à ce qui fait la spécificité de l'action administrative : l'accomplissement d'une mission d'intérêt général par la mise en œuvre de prérogatives de puissance publique ».

C'est cette nouvelle approche qui a été choisie par le Tribunal des conflits, les clauses exorbitantes se définissant alors « comme celles qui, dans un but d'intérêt général, soit confèrent à la personne publique, des prérogatives ou des avantages exorbitants, soit imposent à son cocontractant des obligations ou des sujétions exorbitantes ». Ainsi, deux conditions cumulatives sont désormais nécessaires pour considérer qu'une clause est exorbitante du droit commun : elle doit nécessairement s'exercer dans un but d'intérêt général et, soit conférer « à la personne publique, des prérogatives ou des avantages exorbitants », soit imposer « à son cocontractant des obligations ou des sujétions exorbitantes ».

Cette nouvelle approche permet de mieux comprendre des solutions jurisprudentielles qui, comme on l'a évoqué plus haut, sont souvent très nuancées. Si l'on revient sur l'arrêt Verrière c/ COURLY du 20 février 2008 (préc.), on peut ainsi considérer que c'est aussi l'absence d'une telle finalité d'intérêt général dans une convention d'occupation précaire du domaine privé qui a conduit les juges à considérer qu'une clause dotant la collectivité publique contractante d'un pouvoir de résiliation unilatérale n'était pas exorbitante.

Il semble toutefois que cette évolution ne soit pas de nature à dissiper toutes les difficultés liées à l'utilisation du critère des clauses exorbitantes, notamment parce que le juge fait référence à la notion éminemment imprécise « d'intérêt général ». L'intérêt pratique de la jurisprudence SA Axa IARD apparaît limité et il est probable que son application au cas par cas n'emportera pas d'évolutions notables sur la qualification des contrats soumis au juge administratif.

1188.- Variante du critère du régime exorbitant du droit commun.- Il faut enfin relever l'existence d'une variante au critère des clauses exorbitantes du droit commun qui résulte de l'arrêt de Section du Conseil d'Etat du 19 janvier 1973, Société d'exploitation électrique de la rivière du Sant (requête numéro 82338 : Rec. p. 48 ; CJEG 1973, p. 239, concl. Rougevin-Baville, note Carron ; AJDA 1973, p.358, chron. Léger et Boyon ; JCP G 1974, II, comm. 17629, note Pellet ; Rev. adm. 1973, p. 633, note Amselek). Plutôt qu'à la notion de clause exorbitante du droit commun, c'est à celle de régime exorbitant du droit commun en application duquel le contrat a été conclu que se réfère le juge. Prosper Weil a pu écrire, à propos de ces conventions, qu'il s'agit de contrats conclus dans une « ambiance de droit public » (Le critère du contrat administratif en crise, Mélanges Waline, p.847).

L'arrêt de 1973 concernait le régime des contrats passés entre EDF et les producteurs privés propriétaires de mini centrales électriques. Le Conseil d'Etat constate notamment que les producteurs sont obligés de contracter avec EDF pour vendre leur électricité et, en cas de litige, qu'ils doivent obligatoirement saisir le ministre de l'Industrie préalablement à tout recours juridictionnel. L'existence de ce régime particulier conduit à qualifier les conventions en cause de contrats administratifs. Dans cette affaire, c'est donc le régime du contrat qui justifie ce caractère administratif, alors qu'en principe, à l'inverse du raisonnement du Conseil d'Etat, c'est le régime du contrat qui devrait être la conséquence de sa qualification.

Il est à noter cependant, concernant les contrats d'achat d'électricité, que cette jurisprudence n'est plus d'actualité depuis la transformation d'EDF en société anonyme. Dans son arrêt Société Bioenerg du 1er juillet 2010 (requête numéro 333275, préc.) le Conseil d'Etat a en effet estimé que « à supposer que le contrat soit soumis à un régime exorbitant du droit commun, ce qui ne peut résulter des seules conditions relatives à sa passation, cette circonstance serait en tout état de cause sans incidence, s'agissant d'un contrat entre deux personnes privées ».

Notons toutefois que cette jurisprudence a été remise en cause par l'article 88 III de la loi n°2010-788 du 12 juillet 2010 portant engagement national sur l'environnement. Cette loi a modifié l'article 10 de la loi n°2000-108 du 10 février 2000 qui précise désormais que les contrats d'achat d'électricité sont des contrats administratifs.

Quoi qu'il en soit le critère du régime exorbitant du droit commun peut s'appliquer à d'autres catégories de contrats.

> Exemple :
> - Cass. 1re civ., 30 septembre 2003, pourvoi numéro 01-03717, SMPDC c. Société CGU Courtage et a. (AJDA 2003, p. 2205, note Dreyfus) : un syndicat mixte avait souscrit une convention avec une société intervenant comme mandataire de l'Etat, puis d'un établissement public administratif, en vue de gérer un fonds alimenté par des deniers publics dont les interventions étaient limitées par les dispositions qui l'avaient créé et qui ne pouvait fonctionner qu'avec le concours d'assureurs dont l'action s'inscrivait dans un contexte administratif et selon des règles exorbitantes du droit commun et dont les garanties ne pouvaient jouer qu'en fonction du dépassement des engagement financiers dudit fonds administrés par un mandataire de la puissance publique.

La persistance de ce critère a été très clairement rappelée par le Tribunal des conflis à l'occasion de son arrêt du 7 avril 2014, Société d'édition de ventes publicitaires (SEVP) c/ Office du tourisme de Rambouillet (requête numéro 3949 : préc.- V. aussi par ex. TC, 8 avril 2019, requête numéro 4157 : AJDA 2019, p. 1706, obs. Roux). Il résulte en effet de cet arrêt que, sauf disposition législative contraire, lorsqu'un établissement public tient de la loi la qualité d'établissement public industriel et commercial « les contrats conclus pour les besoins de ses activités relèvent de la compétence de la juridiction judiciaire, à l'exception de ceux comportant des clauses exorbitantes du droit commun ou relevant d'un régime exorbitant du droit commun ainsi que de ceux relatifs à celles de ses activités qui ressortissent par leur nature de prérogatives de puissance publique ».

B – Objet du contrat

1189.- Apparition et difficultés.- Apparu au début du XXème siècle, ce critère a connu une éclipse avant d'être à nouveau utilisé à partir du milieu des années 1950. Sa mise en œuvre suscite cependant un certain nombre de difficultés.

1° Apparition du critère de l'objet du contrat

1190.- Origine du critère.- Ce critère a été dégagé par le Conseil d'Etat dès l'arrêt Thérond du 4 avril 1910 (requête numéro 29373 : Rec. p.193 ; D. 1912, III, p.57, concl. Pichat, note Hauriou ; RDP 1910, p.249, note Jèze). Il est donc antérieur à celui tiré de l'existence de clauses exorbitantes du droit commun. Très longtemps, cependant, ces critères ont été exclusifs l'un de l'autre.

Dans l'affaire Thérond, la ville de Montpellier avait confié le service public de capture et de mise en fourrière des chiens errants et d'enlèvement des animaux morts à une personne privée. Le Conseil d'Etat a alors considéré que l'objet du contrat, ajouté au fait qu'une des parties était une personne publique, lui conférait un caractère administratif.

1191.- Un critère un temps éclipsé par le critère des clauses exorbitantes du droit commun.- La solution dégagée par l'arrêt Thérond a cependant été abandonnée à l'occasion de l'arrêt Société des granits porphyroïdes des Vosges (préc.) au profit du critère tiré de l'existence de clauses exorbitantes du droit commun. Cet abandon n'a toutefois jamais été total, ce critère réapparaissant dans des espèces isolées (V. ainsi TC, 6 avril 1946, Société franco-tunisienne d'armement : Rec. p. 327).

1192.- Un critère désormais concurrent du critère des clauses exorbitantes du droit commun.- Ce n'est toutefois qu'avec les arrêts de Section du 20 avril 1956, Epoux Bertin et ministre de l'Agriculture c/ Consorts Grimouard (requête numéro 49837, requête numéro 33961 : Rec. p.167 et 168 ; AJDA 1956, II, p.272, concl. Long, chron. Fournier et Braibant ; RDP 1956, p.869, concl. Long, note Waline ; D. 1956, p.433, note de Laubadère ; Rev. Adm. 1956, p.496, note Liet-Veaux) que le Conseil d'Etat a réhabilité le critère de l'objet du contrat, tout en conservant l'autre critère dégagé en 1912.

1193.- Hypothèses.- Les arrêts de 1956 visent deux hypothèses. Celle, tout d'abord, où le contrat confie au cocontractant privé l'exécution même du service public.

Dans l'arrêt Epoux Bertin, le Conseil d'Etat relève ainsi qu'un contrat conclu entre les requérants et l'administration pour qu'ils assurent l'hébergement et la nourriture de réfugiés « a eu pour objet de confier aux intéressés l'exécution même du service public alors chargé d'assurer le rapatriement des réfugiés de nationalité étrangère ». Ainsi, en vertu de cette jurisprudence, les contrats de délégation de service public étaient des contrats administratifs, bien avant que cette qualification ne leur soit reconnue par l'article 3 de l'ordonnance n°2016-65 du 29 janvier 2016. Cette solution connaît un prolongement dans l'hypothèse de contrats conclus avec des agents en charge d'une mission de service public administratif (V. sur ce point infra).

La seconde hypothèse est celle où le contrat constitue « une modalité d'exécution » du service public par l'administration elle-même.

C'est l'hypothèse de l'arrêt Grimouard dans lequel était en cause une opération de reboisement opérée par l'Etat sur des terrains privés, à la suite d'un contrat conclu avec les propriétaires.

Une dernière hypothèse a été dégagée par le Conseil d'Etat dans son arrêt de Section Département de la Moselle du 31 mars 1989 (requête numéro 57000, requête numéro 60384 : Rec. p. 105 ; AJDA 1989, p. 315, chron. Baptiste et Honorat ; Rev. adm. 1989, p. 341, note Terneyre ; RFDA 1989, p. 466, concl. Fornacciari ; RDP 1989, p. 1171, note Llorens). Elle concerne spécifiquement les contrats conclus entre deux personnes en charge d'une mission de service public, dès lors que le contrat a pour objet l'organisation d'un service public et notamment la coordination entre deux personnes publiques (TC, 16 janvier 1995, requête numéro 02946, Préfet de la région Île-de-France, Préfet de Paris, Compagnie nationale du Rhône c/ EDF : Rec. p. 489 ; CJEG 1995, p. 259, concl. Martin, note Delpirou.- V. également CE, 24 novembre 2008, requête numéro 290540, Syndicat mixte d'assainissement de la région du Pic Saint-Loup : Rec. tables, p. 648 ; AJDA 2009, p. 319, note Dreyfus ; Contrats-Marchés publ. 2009, comm. 7, note Eckert ; Dr. adm. 2009, comm. 19, note Melleray ; JCP G 2009, I, comm. 130, chron. Plessix ; RJEP 2009, 21, note Pellissier).

Ainsi, dans l'arrêt Département de la Moselle, le contrat conclu entre un département et l'Etat, en vertu duquel celui-ci s'engage à continuer d'assurer le service de la paye des personnels de police de l'Etat, est qualifié de contrat administratif.

Par conséquent, désormais, un contrat a un caractère administratif si, d'une part, l'une des parties est une personne publique - sous réserve des aménagements évoqués plus haut - et si, d'autre part, le contrat contient une clause exorbitante du droit commun ou bien s'il concerne l'exécution du service public.

2° Difficultés liées à l'application du critère

1194.- Portée du critère et contrats d'engagement des agents des SPA.- Le critère tiré de l'objet du contrat pose un certain nombre de difficultés. Un premier problème concerne la portée de ce critère. Une seconde difficulté concerne un type particulier de contrats : les contrats d'engagement des agents des services publics à caractère administratif.

a- Portée du critère

1195.- Distinction entre contrats portant sur l'exécution du service et contrats conlus pour les besoins du service.- On pourrait penser, de prime abord, que le critère de l'objet du contrat devrait conduire à une conception très extensive de la notion de contrat administratif, notamment en ce qu'il permet de considérer, conformément à la jurisprudence Grimouard, qu'un contrat peut être administratif dès lors qu'il est conclu par l'administration dans le but d'exercer ses missions de service public. En effet, puisque les contrats conclus par les personnes publiques se rattachent en général à leurs missions de service public, l'outil contractuel apparaît comme le moyen privilégié d'accomplissement de ces missions.

Il convient cependant de distinguer les contrats visant à l'exécution du service public des contrats qui sont conclus pour les besoins du service public. Dans la première hypothèse, la personne privée cocontractante est associée à l'exécution des missions de service public prises en charge par l'administration. Dans la seconde hypothèse, la personne privée ne fait que fournir au service public les biens travaux ou services nécessaires à son exécution. Cette distinction entre ce qui est un contrat de délégation de service public et ce qui est un marché public est essentielle, non pas parce qu'elle aboutit à déterminer la nature publique ou privée du contrat - il s'agit de contrats administratifs par détermination de la loi dans les deux cas - mais parce qu'elle détermine quelle procédure de passation devra utilisée par la collectivité publique contractante. Dans certains cas se pose toutefois la question de savoir si l'activité en cause est ou non une activité de service public, ce qui détermine ici le caractère administratif ou privé du contrat.

1196.- Difficultés à définir la consistance de certains services publics.- La qualification est parfois difficile à établir, puisqu'elle nécessite que soit déterminée exactement la consistance du service public concerné.

Exemples :
- TC, 17 décembre 2007, requête numéro C3646, Société clinique de l'espérance : La convention conclue entre un centre hospitalier intercommunal, personne morale de droit public, et la clinique, personne morale de droit privé, réalisant la cession d'une entité économique, dans le contexte des difficultés financières que cette clinique connaissait, alors même qu'elle a pour effet de concourir à la rationalisation de l'offre locale de soins, ne porte pas sur l'organisation du service public de la santé et n'a pas pour objet de faire participer la clinique à l'exécution de ce service public.
- CE, 2 mai 2016, requête numéro 381370, Centre hospitalier régional universitaire de Montpellier (AJDA 2016, p. 929 ; BJCP 2016, p. 333, concl. Marion ; Contrats-Marchés publ. 2016, comm. 169, note Pietri ; JCP A 2017, comm. 2063, note Harada) une « charte du tour de rôle des transports sanitaires privés agréés et des sociétés de taxis conventionnées » a pour seul objet de faciliter la mise en relation des patients sortants avec des entreprises de transport privé. Ce contrat ne comporte ni de « dispositions relatives au transport des usagers vers le CHRU … ni à leur transport du CHRU vers d'autres établissements ou professionnels de santé au cours de leur prise en charge pour la réalisation d'actes médicaux ». Ce contrat ne confie donc aucune mission de service

public à la société. En l'absence de clause exorbitante, il s'agit donc d'un contrat de droit privé.

Un exemple plus frappant encore peut être fourni par le cas des contrats de location d'appareils de télévision :

- TC, 23 novembre 1998, requête numéro 3124, Bergas (Rec. p.50 ; JCP 1999, IV, comm. 770 ; RFDA 1999, p.426) : un contrat liant une maison d'arrêt à une entreprise par lequel cette dernière s'engage, d'une part, à fournir à la maison d'arrêt le matériel et la technique nécessaires à l'installation d'une antenne collective de télévision et au câblage de tous les locaux de détention, d'autre part, à louer un téléviseur à chaque détenu qui en ferait la demande, n'a pas pour objet de faire participer l'entreprise à l'exécution du service public administratif.
- CE, 28 mai 2003, requête numéro 90818, Assistance publique - Hôpitaux de Paris (BJCP 2003, n° 30, p. 385) : un contrat de location de téléviseurs à des malades hospitalisés relève de la compétence administrative aux motifs que « le service hospitalier comprend non seulement la dispense de soins mais également l'aménagement des conditions de séjour des malades ... la fourniture d'appareils de télévision aux personnes hospitalisées relève des éléments de confort proposés aux intéressés pendant cette période ».

Cette différenciation, assez étonnante, entre deux types d'activités de service public, n'est toutefois pas opérée par le Tribunal des conflits qui considère qu'un contrat portant sur la gestion et l'exploitation d'un réseau d'appareils de télévision mis à la disposition des malades d'un hôpital n'a pas pour objet de faire participer l'entreprise titulaire du contrat à l'exécution du service public administratif, mais seulement de permettre d'assurer les besoins du service (TC, 21 mai 2007, requête numéro C3609, SA Codiam : AJDA 2008, p. 200, note Robbe).

Le Conseil d'Etat a ensuite eu l'occasion de nuancer cette solution en appliquant les critères dégagés par l'arrêt APREI (requête numéro 264541, préc.) pour qualifier un contrat conclu par un établissement de santé pour des prestations de mise à disposition des patients d'abonnements de télévision, mais également de téléphone et d'accès à internet, ainsi que pour des prestations associées (CE, 7 mars 2014, requête numéro 372897, Centre hospitalier universitaire de Rouen : AJDA 2014, p. 1497, note Hardy ; Contrats-Marchés publ. 2014, comm. 151, note Eckert ; Dr. adm. 2014, comm. 32, note Sée). Les juges considèrent que le contrat ne porte pas sur une simple prestation de service mais qu'il a bien pour effet de confier à une personne privée une mission d'intérêt général « liée à l'activité de soins de l'hôpital ». En outre, les éléments contenus dans le cahier des clauses administratives et techniques démontrent que la prestation est effectuée sous le contrôle de la personne publique. Ainsi, le pouvoir adjudicateur a entendu confier à la personne privée contractante une mission de « service public portant sur l'ensemble de la communication extérieure des patients ».

b- Problème des contrats d'engagement des personnels employés dans les services publics administratifs

1197.- Agents concernés.- La résolution de ce problème ne concerne évidemment pas les fonctionnaires qui sont des agents statutaires et qui bénéficient d'un statut de droit public. Elle ne concerne pas non plus les agents des services publics industriels et commerciaux qui se voient appliquer des règles particulières (V. sur ce point supra Troisième partie, Chapitre deux, Section deux).

S'agissant maintenant des agents contractuels des services publics administratifs, la solution est apparemment simple : on devrait considérer, sans difficultés, que ces contrats ont pour objet l'exécution même du service public et qu'ils sont donc des contrats administratifs si le critère organique est également respecté.

1198.- Hypothèse des contrats aidés.- Cette solution trouve exception, logiquement, pour les catégories de contrats qualifiés de contrats de droit privé par le législateur, particulièrement des contrats dits « aidés ». Tel est le cas notamment des contrats uniques d'insertion - contrats d'accompagnement dans l'emploi visés par l'article L. 5134-20 du Code du travail.

1199.- Distinction initiale par le juge entre deux catégories d'agents.- Par ailleurs, l'hypothèse de qualification législative mise à part, la jurisprudence a longtemps considéré qu'une distinction devait être réalisée entre les différents agents contractuels des services publics administratifs. Cette solution avait été dégagée à l'occasion des arrêts de Section du 4 juin 1954, Vingtain et Affortit (requête numéro 17329, requête numéro 8208 : Rec. p.342, concl. Chardeau ; AJDA 1954, II, p.6, chron. Gazier et Long.- V. également CE Sect. 20 mars 1956, requête unméro 98637, Lauthier : Rec. p. 198 ; AJDA 1959, p. 68, chron. Combarnous et Galabert ; D. 1960, jurispr. p. 280, note de Laubadère ; RDP 1959, p. 770, concl. Bernard). Ces arrêts précisaient que seuls étaient unis au service par un lien administratif les agents qui participaient directement à son exécution. Ceci signifiait que seuls les agents dont les qualifications répondaient à la spécialisation du service étaient liés à ce service par un contrat administratif. Tel était le cas, par exemple, d'un enseignant vacataire recruté par un établissement scolaire. A l'inverse, le juge considérait qu'une femme de service, ou qu'une femme de ménage, recrutée dans un même établissement, était liée par un contrat de droit privé. Cette solution s'expliquait par le fait que ces personnels ne participaient pas à l'exécution même du service public de l'enseignement.

Il résultait de cette jurisprudence des situations parfois absurdes.

Exemple :
- TC, 25 novembre 1963, Veuve Mazerand (Rec. p.792 ; JCP G 1964, comm. 13466, note R.L.) : Mme Mazerand, agent contractuel, est employée par une commune comme femme de ménage dans une école. Par la suite, elle a été chargée de prendre en charge la garderie de cette école. Est alors survenu un litige avec la commune concernant la rémunération de Mme Mazerand et couvrant l'ensemble de la durée de son contrat. La détermination du juge compétent va alors dépendre du caractère administratif ou privé de ce contrat. Cette question a été soumise au Tribunal des conflits qui a statué dans le

cadre d'une procédure de conflit positif. Le Tribunal des conflits a estimé que le contrat de Mme Mazerand était d'abord un contrat de droit privé avant de devenir un contrat de droit public lors de son changement de fonction. Ceci impliquait que Mme Mazerand devait intenter deux actions contre la commune devant deux juges différents.

1200.- Simplification opérée par la jurisprudence Berkani.- Finalement, le Tribunal des conflits est revenu à une solution beaucoup plus simple avec l'arrêt du 25 mars 1996, Berkani c CROUS de Lyon Saint-Etienne (requête numéro 03000 : Rec. p.535, concl. Martin ; AJDA 1996, p.355, chron. Stahl et Chauvaux ; D. 1996, p.598, note Saint-Jours ; Droit adm. 1996, comm. 319, obs. J.B.A ; Droit soc. 1996, p.735, obs. Prétot ; JCP G 1996, 22664, note Moudoudou ; RFDA 1996, p.819, concl. Martin). Le litige concernait le contrat d'un aide-cuisinier d'un CROUS. Le Tribunal des conflits précise que « les personnels non statutaires travaillant pour le compte d'un service public administratif sont des agents contractuels de droit public, quel que soit leur emploi ».

Cette solution a été reprise par le Conseil d'Etat (CE, 26 juin 1996, requête numéro 135453, Commune de Céreste : Rec. p. 246 ; Dr. adm. 1996, comm. 536 ; RFDA 1996, p. 851) et par la Cour de cassation (Cass. soc., 18 juin 1996, pourvoi numéro 95-40.491, Gonin : Dr. adm. 1996, comm. 536). Elle est toujours valable sauf - on l'a vu - dans les cas où la loi prévoit que le contrat conclu entre un service public administratif et son agent est un contrat de droit privé. De telles exceptions, qui concernent essentiellement les contrats aidés, ne sont pas motivées par des raisons d'ordre juridique, mais par des considérations d'ordre politique : il s'agit de faire baisser artificiellement les chiffres de l'emploi public en France tout en insistant sur le fait que les personnes recrutées n'ont pas vocation à être intégrées, à terme, dans la fonction publique.

Il ne s'agit toutefois pas de la seule explication de ces exceptions. Ainsi, par exemple, en sens inverse, l'article L. 6322-3 du Code des transports déroge à la règle selon laquelle un agent public mis à la disposition d'un organisme de droit privé pour accomplir un travail pour le compte de celui-ci et sous sa direction est lié à cet organisme par un contrat de travail (V. Cass. soc., 29 septembre 2014, pourvoi numéro 13-11.191).

1201.- Ancienne dérogation à la jurisprudence Berkani en cas de reprise en régie d'un SPA.- Une autre dérogation à l'application de la jurisprudence Berkani avait été prévue par l'arrêt de Section du Conseil d'Etat du 22 octobre 2004, Lamblin (requête numéro 245154 : AJDA 2004, p.2153, chron. Landais et Lenica et p. 2241, obs. de Montecler ; JCP A 2004, comm. 14788, note Jean-Pierre ; Gaz. cnes, 15 novembre 2004, p.82). Cet arrêt concernait l'hypothèse de reprise en régie par une personne publique d'un service public administratif dont la gestion avait été jusqu'alors déléguée à une personne privée. Dans un tel cas, il se pose la question de la reprise des contrats des agents du service. Les juges estiment en l'espèce qu'en « l'absence de dispositions législatives spécifiques, et réserve faite du cas où le transfert entraînerait un changement d'identité de l'entité transférée, la collectivité a le choix soit de maintenir le contrat de droit privé des intéressés, soit de leur proposer un contrat de droit public reprenant les clauses substantielles de leur ancien contrat».

Il résultait donc de l'arrêt Lamblin qu'en cas de reprise en régie par une collectivité publique d'un service public à caractère administratif, les contrats de droit privé des agents concernés pouvaient être maintenus, ce qui faisait échec à la jurisprudence Berkani.

Les règles issues de l'arrêt Lamblin ont toutefois été modifiées par la loi n°2005-843 du 26 juillet 2005 portant diverses mesures de transposition du droit communautaire à la fonction publique. L'article 20 de cette loi, aujourd'hui codifié à l'article L. 1224-3 du Code du travail précise notamment que lorsqu'une personne publique gérant un service public administratif reprend une activité employant des salariés de droit privé, elle doit proposer à ces salariés un contrat de droit public à durée déterminée ou indéterminée selon la nature du contrat dont ils sont titulaires. Précisons également que ce contrat doit reprendre les clauses substantielles du contrat dont les salariés sont titulaires, en particulier celles qui concernent la rémunération. En conséquence, la voie ouverte par l'arrêt Lamblin de conserver les contrats de droit privé des salariés est définitivement fermée.

Section II – Régime juridique des contrats administratifs

1202.- Consensualisme et déséquilibre contractuel.- Même si le régime juridique des contrats administratifs est marqué par un déséquilibre entre les parties au profit de l'administration, le contrat administratif est formé par un échange de consentements. Les règles relatives à la formation de ces contrats sont assez strictement encadrées par les textes, notamment pour ce qui concerne la conclusion des marchés publics, alors que les règles relatives à leur exécution sont essentiellement d'origine jurisprudentielle.

§I – Formation du contrat

1203.- Compétence, forme et procédure.- La question de la formation du contrat administratif suppose que l'on s'interroge sur l'autorité compétente pour contracter, sur la forme des contrats, sur les procédures à respecter et sur le contenu du contrat.

I – Autorité compétente

1204.- Distinction entre les différentes catégories de personnes morales de droit public.- La décision administrative de contracter doit être prise par l'autorité compétente, telle qu'elle est déterminée par les règles générales de compétence applicables à l'Etat, aux collectivités territoriales et aux différents établissements publics.

A – Etat

1205.- Autorité étatique compétente.- Les contrats de l'Etat sont en général signés par le ministre compétent ou par la personne désignée par lui. A l'échelon déconcentré, cette compétence est en principe exercée par le préfet.

Dans certaines hypothèses, le contrat devra faire l'objet d'une approbation par une loi ou par un décret. Ainsi, par exemple, l'article L. 122-4 du Code de la voirie routière prévoit que les contrats de concessions d'autoroutes doivent être approuvés par décret en Conseil d'Etat.

B – Collectivités territoriales

1206.- Rôles de l'exécutif et de l'assemblée délibérante locale.- Pour ce qui concerne les collectivités territoriales, le contrat est signé par l'exécutif de l'autorité, dûment habilité par l'assemblée délibérante. Ce principe, dont la mise en œuvre est assez lourde, connaît néanmoins un certain nombre d'aménagements.

1207.- Délégations en matière de marchés publics.- Ainsi, l'article L. 2122-22 du Code général des collectivités territoriales permet au conseil municipal de déléguer au maire la compétence de « prendre toute décision concernant la préparation, la passation, l'exécution et le règlement des marchés de travaux, de fournitures et de services qui peuvent être passés sans formalités préalables en raison de leur montant, lorsque les crédits sont inscrits au budget » (des dispositions équivalentes sont prévues pour le conseil départemental et le conseil régional, V. respectivement CGCT, art. L. 3221-11 et L. 4231-8).

1208.- Anticipation de l'autorisation de conclure un marché public.- De même, l'article L. 2122-21-1 du Code général des collectivités territoriales prévoit qu'en l'absence de délégation « la délibération du conseil municipal chargeant le maire de souscrire un marché déterminé peut être prise avant l'engagement de la procédure de passation de ce marché. Elle comporte alors obligatoirement la définition de l'étendue du besoin à satisfaire et le montant prévisionnel du marché ». Cette possibilité, instituée par l'ordonnance n° 2005-645 du 6 juin 2005 relative aux procédures de passation des marchés publics des collectivités territoriales, permet de faire échec à la jurisprudence Commune de Montélimar qui avait posé pour principe que le maire ne pouvait signer un marché public au nom de la commune que s'il avait été habilité par une délibération du conseil municipal se prononçant sur les éléments essentiels du contrat (CE, 13 octobre 2004, requête numéro 254007, Commune de Montélimar : Rec. p. 369 ; Contrats-Marchés publ. 2004, étude 10, concl. Casas ; AJDA 2004, p. 2107, note Dreyfus ; Dr. adm. 2004, comm. 172, note Ménéménis ; RD imm. 2004, p. 564, note Dreyfus). La règle définie par l'article L 2122-21-1 est toutefois limitée aux seuls marchés publics, ce qui implique notamment leur exclusion pour les délégations de service public (CE, 10 janvier 2007, requête numéro 284063, Société des Pompes funèbres et conseillers funéraires du Roussillon : AJDA 2007, p. 636, note Dreyfus).

1209.- Transmission de la délibération autorisant la signature du contrat.- Conformément aux dispositions du Code général des collectivités territoriales, la délibération doit être transmise au préfet avant la signature, à défaut de quoi le Conseil d'Etat a longtemps considéré que « l'absence de transmission de la délibération autorisant le maire à signer un contrat avant la date à laquelle le maire procède à sa conclusion entraîne l'illégalité dudit contrat, ou s'agissant d'un contrat privé, de la décision de signer le contrat » (CE, avis, 10 juin 1996, requête numéro 176873, requête numéro 176874, requête numéro 178875, Préfet de la Côte d'Or, préc.). La jurisprudence est longtemps demeurée très ferme sur ce point, les juges estimant en particulier qu'une transmission ultérieure de la décision ne pouvait régulariser la situation (CE, 20 octobre 2000, requête numéro 196553, Citécâble-Est : RFDA 2009, p.359, concl. Savoie). Cette solution a toutefois évolué à l'occasion de l'arrêt d'Assemblée Ville de Béziers du 28 décembre 2009, dit arrêt « Béziers I » (requête numéro 304802, Rec. p. 509, concl. Glaser ; AJDA 2010, p. 142, chron. Liéber et Botteghi ; AJDA 2011, p. 665, chron. Lallet et Domino ; Contrats Marchés publ. 2010, comm. 123, note Rees ; D. 2011, p. 472, obs. Amrani-Mekki et Fauvarque-Cosson ; Gaz. Pal. 16 mars 2010, p. 13, note Seiller ; JCP A 2010, comm. 2072, note Linditch ; RD imm. 2010, p. 265, note Noguellou ; RDP 2010, p. 553, note Pauliat ; RFDA 2010, p. 506, concl. Glaser et p. 519, note Pouyaud). Le Conseil d'Etat estime désormais, en se fondant sur l'exigence de la loyauté contractuelle, que l'absence de transmission de la délibération n'entraîne pas nécessairement la nullité du contrat.

Une solution comparable, mais qui n'a rien avoir avec l'exigence susvisée est retenue lorsque le préfet défère au juge administratif un contrat qui ne lui a pas été transmis, et qu'il accompagne son recours d'une demande de suspension au titre de l'article L. 554-1 du Code de justice administrative. Le Conseil d'Etat a en effet considéré qu'un tel vice n'entraîne pas nécessairement l'illégalité du contrat si les conditions de la transmission n'ont pas privé le préfet de sa capacité à exercer le contrôle de légalité et dès lors que cette délibération a été prise avant la signature du contrat (CE, 9 mai 2012, requête numéro 355665, Syndicat départemental des ordures ménagères de l'Aude : Rec. p. 192 ; AJDA 2012, p.1688, note Martin ; JCP A 2012, comm. 2291, note Pontier).

C – Etablissements publics

1210.- Autorité compétente.- Pour ce qui concerne les établissements publics, l'autorité compétente est déterminée par les textes qui les instituent. Selon le cas, l'exécutif peut être seul désigné, mais il est plus fréquent que cette compétence s'exerce après autorisation de l'assemblée délibérante. L'approbation du contrat par une autre autorité est parfois exigée.

II – Formes du contrat

1211.- Forme orale ou forme écrite.- Un contrat administratif peut, le cas échéant, être conclu verbalement, mais cela demeure une hypothèse exceptionnelle (v. pour un exemple classique de contrat verbal : CE Sect., 20 avril 1956, requête numéro 49837, Époux Bertin, préc.). Qui plus est, l'obligation de l'écrit est fréquemment mentionnée par les textes applicables aux différentes catégories de contrats.

Exemples :
- L'article R. 2112-1 du Code de la commande publique précise que « le seuil à compter duquel les marchés sont conclus par écrit est fixé à 25 000 euros hors taxes. ».
- Les contrats ou engagements d'agents non titulaires de la fonction publique d'Etat, territoriale et hospitalière doivent être obligatoirement écrits (V. respectivement D. n°86-83 du 17 janvier 1986, art. 4 ; D. n°88-145 du 15 février 1988, art. 3 ; D. n°91-155 du 6 février 1991, art. 4 .- V. cependant, sur les conséquences de l'absence d'écrit et la possibilité de reconnaître l'existence d'un contrat verbal : CE, 17 janvier 1996, requête numéro 152713, Thoury : Rec. p. 995 ; AJFP 1/1996, p. 47, note Mathieu.- CAA Marseille, 22 février 2005, requête numéro 03MA00640, Angélique X. c. Commune de Rogliano : JCPA 2005, comm. 1230, note Jean-Pierre).

III – Choix du cocontractant

1212.- Encadrement des procédures.- Sous la pression du droit de l'Union européenne, une règlementation récente a renforcé les mécanismes de publicité et de mise en concurrence sur certains types de contrats conclus par les collectivités publiques. Ces règles sont aujourd'hui regroupées dans le Code de la commande publique qui est entré en vigueur le 1er avril 2019.

L'article L 2 de ce code précise que les « contrats de la commande publique sont les contrats conclus à titre onéreux par un acheteur ou une autorité concédante, pour répondre à ses besoins en matière de travaux, de fournitures ou de services, avec un ou plusieurs opérateurs économiques ». Ces contrats se répartissent en deux grandes catégories : les marchés publics et les contrats de concession.

A – Règles applicables aux marchés publics

1213.- Définition des marchés publics.- Selon l'article L. 1111-1 du Code de la commande publique « un marché est un contrat conclu par un ou plusieurs acheteurs soumis au présent code avec un ou plusieurs opérateurs économiques, pour répondre à leurs besoins en matière de travaux, de fournitures ou de services, en contrepartie d'un prix ou de tout équivalent».

1214.- Procédures.- Les procédures de marché public ont pour objectif, comme le précise l'article L. 2152-7 du même code, de permettre aux collectivités publiques de choisir « l'offre économiquement la plus avantageuse ».

La procédure formalisée de droit commun - même si elle n'est plus expressément qualifiée comme telle par les textes en vigueur - est celle de l'appel d'offres, mais il peut être recouru à une procédure adaptée moins formaliste, en fonction essentiellement du montant du marché. Il existe également des procédures spéciales qui s'appliquent dans différentes hypothèses, et notamment celles où la collectivité acheteuse éprouve des difficultés à définir ses besoins. Tel est le cas, notamment, des marchés à bons de commande, de la procédure de dialogue compétitif, des marchés négociés ou encore de la procédure de concours.

1215.- Problèmes de qualification de certains contrats.- Il faut ajouter que certains contrats qui ne sont pas définis comme des marchés publics, pourront néanmoins être considérés comme tels, et donc soumis aux règles de publicité préalable et de mise en concurrence applicables aux marchés publics, lorsqu'ils répondent à la définition de cette notion donnée par le même code.

Tel est le cas, en particulier, des contrats de mobilier urbain, ainsi que l'a précisé le Conseil d'Etat dans son arrêt d'Assemblée du 4 novembre 2005, Société Jean-Claude Decaux (requête numéro 247299, requête numéro 247299 : Rec. p. 476, concl. Casas ; AJDA 2006, p.120, note Ménéménis ; Dr. adm. 2006, comm. 25, note Auby ; RFDA 2005, p.1083, concl. Casas). Les juges ont en effet estimé que ces contrats, qui portent sur la fourniture, l'installation et l'entretien sur le domaine public d'éléments de mobilier urbain entrent dans le champ d'application du Code des marchés publics alors en vigueur. Une décision plus récente nuance cette solution, le Conseil d'Etat considérant désormais que dans certains cas, au regard de leur contenu, ces contrats peuvent être qualifiés de conventions d'occupation domaniale à l'origine non soumises à une obligation de mise en concurrence (CE, 15 mai 2013, requête numéro 364593, Ville de Paris : AJDA 2013, p. 1271, chron. Domino et Bretonneau ; BJCP 2013, p. 359, concl. Dacosta ; Contrats-Marchés publ. 2013, comm. 199, note Eckert ; Dr. adm. 2013, comm. 63, note Brenet ; JCP A 2013, act. 453, obs. Dubreuil et comm. 2180, note Giacuzzo ; RD imm. 2013, p. 1023, obs. Braconnier ; RJEP 2013, comm. 39, concl. Dacosta.- V. également CE, 3 décembre 2014, requête numéro 384170, Etablissement public Tisséo : BJCP 2015, n° 99, p. 128 ; JCP A 2014, act. 983 ; Contrats-Marchés publ. 2015, comm. 48, concl. Pellissier). C'est le cas dans l'arrêt Ville de Paris où les juges prennent en compte « l'affectation culturelle des mobiliers » dans un litige concernant l'installation et l'exploitation à Paris des célèbres « colonnes Morris ». En effet, si la promotion d'activités culturelles sur son territoire répond à un intérêt général pour la ville « elle ne concerne pas des activités menées par les services municipaux ni exercées pour leur compte ». Il s'agit donc bien ici seulement d'autoriser une personne privée à utiliser le domaine public. En effet, « aucune disposition législative ou réglementaire ni aucun principe n'imposent à une personne publique d'organiser une procédure de publicité préalable à la délivrance d'une autorisation ou à la passation d'un contrat d'occupation d'une dépendance du domaine public, ayant dans l'un ou l'autre cas pour seul objet l'occupation d'une telle dépendance ».

Cette solution était toutefois douteuse au regard de la définition des contrats de concession, notion issue du droit de l'Union européenne et introduite en droit français par l'ordonnance n°2016-65 du 29 janvier 2016 (V. infra). Elle est clairement condamnée par l'ordonnance n° 2017-562 du 19 avril 2017 qui impose la mise en oeuvre, à compter du 1er janvier 2017, d'une procédure de sélection préalable lorsqu'il s'agit de permettre au titulaire du contrat d'occuper ou d'utiliser le domaine public en vue d'une exploitation économique (V. CGCT, art. L. 2122-1-1 s.).

Si un tel contrat, au regard de ses stipulations, peut faire partie des concessions de service, il ne s'agit pas, en revanche, d'une délégation de service public, dès lors que le service concédé n'est pas un service public (CE, 25 mai 2018, requête numéro 416825, Société Philippe Védiaud Publicité et a. : AJDA 2018, p. 1725, note Haulbert ; Contrats-Marchés publ. 2018, comm. 165, note Eckert ; JCP A 2018, act. 495, obs. Erstein ; JCP A 2018, comm. 2260, note Vila ; RTD com. 2018, p. 626, note Lombard).

1216.- Cas des partenariats public-privé.- Enfin, des contrats qui ne sont pas des marchés publics au regard des critères de définition fixés par les textes seront néanmoins considérés comme tels, au regard des directives européennes, lorsque celles-ci ont vocation à s'appliquer en raison du montant du marché. C'était le cas, à l'origine, des contrats de partenariat public privé « qui ont vocation à être passés avec un ou plusieurs opérateurs économiques et en vertu desquels la rémunération du cocontractant fait l'objet d'un paiement par la personne publique » (CE Sect., 29 octobre 2004, requête numéro 269814, requête numéro 271357, requête numéro 271362, Sueur et a.). Plus précisément, les contrats de partenariat public privé étaient considérés comme des marchés publics dès lors qu'ils dépassaient les seuils financiers définis par la directive 2004/18/CE du Parlement européen et du Conseil du 31 mars 2004 relative à la coordination des procédures de passation des marchés publics de travaux, de fournitures et de services. Désormais, en application de l'ordonnance n°2015-899 du 23 juillet 2015, les contrats de partenariat public privé ont été expressément qualifiés des marchés de partenariat. Il s'agit donc bien de marchés publics comme le précise l'article 4 de l'ordonnance et désormais l'article L. 1112-1 du Code de la commande publique.

B – Règles applicables aux contrats de concession

1217.- Notion de contrat de concession.- Il faut entendre ici la notion de concession au sens européen du terme, et non pas au sens restreint qui désigne un type de contrat en particulier relevant de la sous-catégorie des concessions de service et plus précisément de la sous-sous-catégorie des délégations de service public (V. infra Cinquième partie, Chapitre deux, Section quatre). La catégorie des contrats de concession est apparue en droit français lors de l'entrée en vigueur de l'ordonnance n° 2016-65 du 29 janvier 2016 relative aux contrats de concession. Elle a ensuite été reprise par le Code de la commande publique.

Selon l'article L. 1121-1 de ce code, il s'agit d'un contrat par lequel « une ou plusieurs autorités concédantes soumises au présent code confient l'exécution de travaux ou la gestion d'un service à un ou plusieurs opérateurs économiques, à qui est transféré un risque lié à l'exploitation de l'ouvrage ou du service, en contrepartie soit du droit d'exploiter l'ouvrage ou le service qui fait l'objet du contrat, soit de ce droit assorti d'un prix ».

Comme on l'a dit, traditionnellement en droit français, le contrat de concession - tel qu'il est apparu dans le courant du XIX ° siècle - désigne non pas un ensemble de contrats mais un contrat en particulier, relevant de la catégorie des contrats de délégation de service public. La terminologie utilisée par l'ordonnance du 29 janvier 2016 est donc pour le moins ambiguë : un contrat de concession au sens de l'ordonnance de 2016 peut être un contrat de concession relevant de la catégorie des délégations de service public, mais il peut s'agir tout aussi bien d'un contrat d'affermage, lequel se définit habituellement par opposition au contrat de concession parmi les contrats de délégation de service public.

1218.- Encadrement procédural.- Les délégations de service public étaient considérées à l'origine comme des contrats intuitu personae pour lesquels l'administration, pour des raisons tenant à l'intérêt général, disposait d'une grande latitude pour fixer les obligations imposées au délégataire.

La transposition en France de directives communautaires favorisant la libre concurrence a abouti à l'adoption de lois visant à lutter contre la corruption dont le champ d'application a été étendu à l'ensemble des contrats de délégation de service public. C'est le cas en particulier de la loi n° 93-122 du 29 janvier 1993 relative à la prévention de la corruption et à la transparence de la vie économique et des procédures publiques, dite loi « Sapin »).

La loi Sapin avait abouti à nuancer l'opposition existant entre les contrats de délégation de service public et les marchés publics. Elle avait notamment conduit à exiger, pour les contrats de délégation de service public, le respect de mesures de publicité préalable.

1219.- Code de la commande publique.- Suite à la directive concession n°2014/23 du 26 février 2014, la loi Sapin a été partiellement abrogée par l'ordonnance n° 2016-65 du 29 janvier 2016 et les dispositions nationales relèvent désormais du Code de la commande publique

Il ne s'est pas agit seulement de transposer la directive du 26 février 2014. L'idée, était de simplifier et de rationaliser le droit des concessions en rassemblant dans un même texte notamment deux catégories de contrats qui relevaient jusqu'alors de règles distinctes : les délégations de service public régies par la loi Sapin et les concessions de travaux qui relevaient jusqu'alors de l'ordonnance n° 2009-864 du 15 juillet 2009.

Ces nouvelles dispositions font référence non seulement aux concessions de travaux mais également aux concessions de services dont les délégations de service public constituent une sous-catégorie toujours régie par les articles L. 1411-1 et suivant du Code général des collectivités territoriales. Sont concernés, en application de cet article, les contrats de concession qui confient « la gestion d'un service public dont elles ont la responsabilité à un ou plusieurs opérateurs économiques (...) ». L'article L. 1121-3 du Code de la commande publique précise quant à lui qu'une délégation de service public « est une concession de services ayant pour objet un service public et conclue par une collectivité territoriale, un établissement public local, un de leurs groupements, ou plusieurs de ces personnes morales ».

Au final, le droit de la commande publique se retrouve organisé, dans son ensemble, autour de la summa divisio européenne marchés publics-concession.

L'ordonnance n° 2015-899 du 23 juillet 2015 relative aux marchés publics, et l'ordonnance du 29 janvier 2016 avaient poursuivi le mouvement initié par la loi Sapin en rapprochant encore les règles procédurales afférentes aux marchés publics et aux concessions. En particulier, l'article 1er de l'ordonnance du 29 janvier 2016 précisait que, comme pour les marchés publics, les contrats de concession respectent « les principes de liberté d'accès à la commande publique, d'égalité de traitement des candidats et de transparence des procédures ». La rédaction de l'article L3 du Code de la commande publique est presque identique puisque cet article précise que « les acheteurs et les autorités concédantes respectent le principe d'égalité de traitement des candidats à l'attribution d'un contrat de la commande publique. Ils mettent en œuvre les principes de liberté d'accès et de transparence des procédures ».

Comme pour les marchés publics, les formalités de publicité et les règles de mise en concurrence dépendent essentiellement du montant du contrat de concession.

Dans l'hypothèse où le contrat est passé par une collectivité territoriale, il est également nécessaire, après que l'assemblée délibérante s'est prononcée sur le principe même de la délégation (CGCT, art. L. 1411-4), qu'une commission dresse la liste des candidats admis à présenter une offre, en fonction de leurs garanties professionnelles et financières, de leur respect de l'obligation d'emploi des travailleurs handicapés prévue aux articles L. 5212-1 à L. 5212-4 du Code du travail et de leur aptitude à assurer la continuité du service public et l'égalité des usagers devant le service public (CGCT, art. L. 1411-5).

A l'issue de la procédure (V. Code de la commande publique, L.3120-1 à L.3126-3 et R.3121-1 à R.3126-14 et plus spécialement pour les délégations de service public, CGCT, art. L. 1411-4 s.), le principe de l'intuitu personae reparaît, même si le choix du cocontractant est de plus en plus encadré. Ainsi, le titulaire du contrat est en principe choisi à l'issue d'une phase de négociation qui ne peut porter sur l'objet de la concession, les critères d'attribution ou les conditions et caractéristiques minimales indiquées dans les documents de la consultation (Code de la commande publique, art. L. 3124-1). Toutefois, la liberté de négociation doit respecter l'égalité entre les candidats (V. par exemple CE, 9 août 2006, requête numéro 286107, Compagnie générale des eaux : AJDA 2006, p. 2064, note Morel ; BJCP 2006, p. 448, concl. Casas, obs. C.M. ; Contrats - Marchés publ. 2006, comm. 267, obs. Delacour). En outre, l'article L. 3124-5 du Code de la commande publique précise que « le contrat de concession est attribué au soumissionnaire qui a présenté la meilleure offre au regard de l'avantage économique global pour l'autorité concédante sur la base de plusieurs critères objectifs, précis et liés à l'objet du contrat de concession ou à ses conditions d'exécution ». Lorsque c'est la gestion d'un service public qui est concédée « l'autorité concédante se fonde également sur la qualité du service rendu aux usagers ». En tout état de cause, le même article précise que « les critères d'attribution n'ont pas pour effet de conférer une liberté de choix illimitée à l'autorité concédante et garantissent une concurrence effective ».

C – Sanctions du non-respect des règles de publicité et de mise en concurrence

1220.- Référés.- La violation des règles de publicité et de mise en concurrence peut donner lieu à la mise en œuvre de la procédure de référé précontractuel qui permet au juge administratif des référés d'interdire la signature du contrat (CJA, art. L. 551-1 et L. 551-5). Cette procédure s'applique pour les contrats administratifs « ayant pour objet l'exécution de travaux, la livraison de fournitures ou la prestation de services, avec une contrepartie économique constituée par un prix ou un droit d'exploitation, la délégation d'un service public ou la sélection d'un actionnaire opérateur économique d'une société d'économie mixte à opération unique ». Le contrat ne peut être signé à compter de la saisine du tribunal administratif et cela jusqu'à la notification au pouvoir adjudicateur de la décision juridictionnelle (CJA, art. L. 551-4 et L. 551-9).

Il existe également une procédure de référé contractuel qui peut être exercée après que le contrat a été conclu et qui a également pour objet de sanctionner les manquements aux obligations des règles de publicité et de mise en concurrence préalable (CJA, art. L. 551-13 s.). Peuvent agir les personnes qui ont un intérêt à conclure le contrat et qui sont susceptibles d'être lésées par ces manquements, ainsi que le représentant de l'Etat dans le cas des contrats passés par une collectivité territoriale ou un établissement public local. Ce recours n'est toutefois pas ouvert au demandeur qui a fait usage de la procédure de référé précontractuel dès lors que le pouvoir adjudicateur a respecté la suspension prévue à l'article L. 551-4 et à l'article L. 551-9 et qu'il s'est conformé à la décision juridictionnelle rendue sur ce recours (CJA, art. L. 551-14).

1221.- Sanctions pénales.- Enfin, des sanctions pénales sont prévues en cas d'atteintes à l'égalité entre les candidats. Sont plus précisément concernés les délits de prise illégale d'intérêt (Code pénal, art. 432-12) et de favoritisme (Code pénal, art. 432-14).

IV – Contenu du contrat

1222.- Liberté contractuelle et contraintes imposées par les textes.- La liberté contractuelle conduit à considérer que le contenu des contrats administratifs peut être extrêmement variable. Toutefois, ici encore, des textes peuvent imposer un contenu plus ou moins précis, en fonction du type de contrats qu'ils visent, ainsi que la présence de documents annexes.

Exemple :
- Les conditions d'exécution des marchés publics sont définies par des cahiers des charges. Les règles générales sont définies par les cahiers des clauses administratives générales et les cahiers des clauses techniques générales qui sont des documents types établis par arrêté du ministre de l'Economie et des Finances. Les conditions particulières à chaque marché considéré, qui dérogent à ces documents, sont mentionnées, quant à elles, par le cahier des clauses administratives particulières et le cahier des clauses techniques particulières.

§II – Exécution des contrats

1223.-Déséquilibre entre les parties et droits du cocontractant de l'administration.- Les conditions dans lesquelles sont exécutés les contrats administratifs dénotent un fort déséquilibre entre les parties, au profit de l'administration. Toutefois, ce déséquilibre est en partie compensé par la reconnaissance de garanties reconnues aux cocontractants privés de l'administration.

I – Pouvoirs de l'administration

1224.- Prérogatives de l'administration. L'administration contractante dispose d'un certain nombre de prérogatives qu'elle peut exercer sur son cocontractant : pouvoir d'exiger l'exécution personnelle du contrat, pouvoir de contrôle et de direction, pouvoir de sanction et pouvoir de modification et de résiliation unilatérale.

A – Pouvoir d'exiger l'exécution personnelle du contrat

1225.- Principe et exception de la sous-traitance.- Le titulaire d'un contrat administratif, et notamment d'un marché public, est tenu d'exécuter personnellement ses obligations. Ce principe connaît néanmoins une exception dont l'importance pratique est réelle : au titre de la loi n°75-1334 du 31 décembre 1975, le cocontractant de l'administration est en effet autorisé à sous-traiter certaines parties d'un marché public. Cependant, la sous-traitance, qui concerne les marchés de travaux et de service, n'est possible - si elle intervient après le dépôt de l'offre - que lorsqu'elle est autorisée explicitement par l'administration. Plus précisément, l'administration doit agréer la personne du sous-traitant ainsi que ses conditions de paiement. Dans cette hypothèse, un rapport direct est établi entre l'administration et le sous-traitant. Ce dernier peut notamment être directement payé par l'administration pour la partie du marché dont il a assuré l'exécution (Code de la commande publique, art. L. 2193-11).

La sous-traitance doit être distinguée de l'hypothèse de la cession qui correspond à l'hypothèse où un contractant est substitué à un autre, avec l'agrément de la collectivité publique, sans qu'un contrat ne soit conclu entre le cédé et le cessionnaire.

Enfin, précisons que la sous-traitance est possible dans le cadre d'une délégation de service public. Cette hypothèse est asujourd'hui expressément prévue par l'article L. 3134-1 du Code de la commande publique. Il faut alors parler, plutôt que de sous-traitance, de sous-délégation de service public (V. par exemple CE, avis, 16 mai 2002, requête numéro 366305 : EDCE 2003, n° 54, p. 201 EDCE 2003, p. 201 ; BJCP 2003, p. 235, note Glaser et Mauguë.- V. également Rép. min. n°12577 : JO Sénat, 2 juin 2011, p. 1470).

B – Pouvoir de contrôle et de direction

1226.- Pouvoir de contrôle.- L'administration peut vérifier à tout moment que son cocontractant privé se comporte conformément aux clauses du contrat. Ce pouvoir lui est expressément reconnu par l'article L. 6 du Code de la commande publique dont il résulte que « l'autorité contractante exerce un pouvoir de contrôle sur l'exécution du contrat, selon les modalités fixées par le présent code, des dispositions particulières ou le contrat ». Elle peut ainsi exiger que celui lui fournisse tous les renseignements qui lui permettent d'effectuer ces vérifications.

1227.- Pouvoir de direction.- En outre, l'administration exerce un véritable pouvoir de direction. Notamment, elle peut exiger de son cocontractant qu'il emploie certains procédés d'exécution de ses prestations, où encore lui imposer l'ordre dans lequel il devra les réaliser. Elle peut également adresser un ordre de service écrit à son cocontractant, par exemple pour l'enjoindre de débuter ses prestations dans le cadre d'un marché de travaux.

C – Pouvoir de sanction

1228.- Règles générales.- L'administration peut infliger des sanctions à son cocontractant privé en cas d'inobservation, par celui-ci, des clauses du contrat ou des instructions reçues.

Dans un premier temps, si le Conseil d'Etat avait admis qu'un cocontractant défaillant pouvait être sanctionné même en l'absence de sanction prévue par le contrat (CE, 31 mai 1907, requête numéro 16324, Deplanque : Rec. p.513, concl. Romieu ; D. 1907, III, p.81, concl. Romieu ; RDP 1907, p.678, note Jèze ; S. 1907, III. p.113, note Hauriou), seul le juge pouvait allouer une indemnité à l'administration ou prononcer la résiliation du contrat. Mais ensuite, les juges ont admis que l'administration, en vertu du privilège du préalable, pouvait elle-même infliger une sanction au cocontractant défaillant.

Ces sanctions ne peuvent toutefois pas être prononcées d'office, ce qui signifie qu'elles devront en principe donner lieu à une mise en demeure préalable du cocontractant privé réalisée par l'administration. Plus précisément, l'administration sera tenue de respecter les droits de la défense de son cocontractant et de lui notifier précisément les manquements qu'elle lui reproche. Il n'en va toutefois pas ainsi pour la première catégorie de sanctions, les sanctions pécuniaires, qui sont en principe dispensées de mise en demeure (CE, 15 novembre 2012, requête numéro 350867, Hôpital de l'Isle-sur-la-Sorgue). On évoquera ensuite les sanctions coercitives et la sanction de résiliation du contrat.

1° Sanctions pécuniaires

1229.- Sanction des obligations contractuelles.- En matière de marchés publics, les sanctions pécuniaires ont pour objet « de réparer forfaitairement le préjudice qu'est susceptible de causer au pouvoir adjudicateur le non-respect, par le titulaire du marché, des délais d'exécution contractuellement prévus » (CE, 19 juillet 2017, requête numéro 392707, Centre hospitalier interdépartemental de psychiatrie de l'enfant et de l'adolescent : AJDA 2017, p. 116, note Souche ; BJCP 2017, p. 388, concl. Pellissier ; Contrats-Marchés publ. 2017, comm. 229, note Ubaud-Bergeron). Plus généralement, ces sanctions permettent de sanctionner tout manquement du cocontractant de l'administration à ses obligations. Elles se distinguent des dommages-intérêts que peut prononcer le juge dans le cadre d'une action en responsabilité contractuelle. De nature contractuelle, elles sont applicables de droit, sans qu'il soit nécessaire de saisir le juge. L'administration peut également diminuer la sanction ou y renoncer. Les sanctions pécuniaires ont un caractère forfaitaire et automatique et elles s'appliquent donc quel que soit le montant du préjudice effectivement subi par l'administration. Elles ont aussi un caractère libératoire, ce qui interdit à l'administration de demander au juge l'indemnisation d'autres préjudices causés par le manquement déjà sanctionné par la pénalité (CE, 14 avril 1995, requête numéro 75330, Société d'aménagement de la région de Rouen). Enfin, lorsqu'il est saisi de conclusions en ce sens, le juge administratif a la possibilité de modérer ou d'augmenter des pénalités de retard si leur montant est manifestement excessif ou dérisoire (CE, 29 décembre 2008, requête numéro 296930, OPHLM de Puteaux : AJDA 2009, p. 270, note Dreyfus ; BJCP 2009, p. 123, concl. B. Dacosta Contrats-Marchés publ. 2009, comm. 40, note Eckert.- CAA Nancy, 25 février 2020, requête numéro 18NC02081 : Contrats-Marchés publ. 2020, comm. 146, note Hoepffner).

2° Sanctions coercitives

1230.- Substitution de l'administration ou d'un tiers au cocontractant.- Dans ce cas, le cocontractant privé est pénalisé plus fortement, mais sans que cela aboutisse à la rupture du contrat, l'administration se substituant au cocontractant ou lui substituant un tiers.

Dans les deux hypothèses, l'exécution des prestations se poursuit aux frais et risques du cocontractant sanctionné. On parle ainsi, notamment, de « mise sous séquestre » d'un contrat de concession ou encore de « mise en régie » d'un marché de travaux publics.

Dans un arrêt de Section Office public d'HLM d'Avignon du 6 mai 1985 (requête numéro 44130 : RDP 1985 p.1706) le Conseil d'Etat a précisé qu'il s'agit de « pouvoirs de coercition inhérents à tout contrat passé pour l'exécution du service public ». Il a récemment rappelé que la mise en régie d'un contrat en cas de manquement du cocontractant initial « résulte des règles générales applicables aux contrats administratifs » (CE, 14 février 2017, requête numéro 405157, Société de manutention portuaire d'Aquitaine et Grand port maritime de Bordeaux : Contrats-Marchés publ. 2017, comm. 100, note Eckert).

Notons enfin que les prérogatives reconnues à l'administration ne vont pas jusqu'à lui permettre d'obtenir la réalisation de prestations supplémentaires, non prévues par le contrat, y compris pour des motifs liés aux principes de continuité du service public et d'égalité des usagers devant le service public n (CE, 3 mars 2017, requête numéro 398901, Commune de Clichy- sous- bois : AJDA 2017. 1286, comm. Hoepffner ; BJCP 2017, p. 238, concl. Pellissier, obs. S. N. ; CMP 2017, comm. 140, note Eckert).

3° Résiliation sanction

1231.- Une sanction réservée aux fautes les plus graves.- L'administration peut également résilier le contrat à titre de sanction et dans ce cas aucune indemnité ne sera en principe due au cocontractant privé. Toutefois, l'administration ne peut utiliser cette possibilité qu'en cas de faute d'une particulière gravité commise par son cocontractant.

Exemple :
- CE, 12 mars 1999, requête numéro 176694, SA Méribel 92 (Rec. p. 61 ; BJCP 1999, p. 444, concl. Bergeal ; RD imm. 1999, p. 244 ; Dr. adm. 1999, comm. 190) : un retard dans la réalisation de travaux, si elle apparaît constitutive d'une faute en l'espèce, n'est pas d'une gravité suffisante pour justifier la déchéance du concessionnaire.
-CE, 26 février 2014, requête numéro 365546, Société Environnement service (AJDA 2014, p. 1561, note Lombard) : en n'étant pas en mesure d'exécuter les prestations objet du marché à compter du délai stipulé pour la réalisation des installations indispensables au conditionnement des déchets ménagers et assimilés la société requérante a commis une faute de nature à justifier la résiliation à ses torts exclusifs sans qu'y fasse obstacle l'absence de bons de commande, ni l'omission, dans la mise en demeure qui lui a été adressée, d'un délai de réalisation de ces installations.

1232.- Conséquences d'une sanction disproportionnée.- S'il apparaît que la sanction était disproportionnée, l'administration peut être condamnée au versement de dommages-intérêts (V. par exemple CE, 10 février 2016, requête numéro 387769, Société Signacité : Contrats – Marchés publ. 2016, comm. 98, note Ubaud-Bergeron). De même l'indemnité peut être minorée s'il apparaît que la défaillance du cocontractant privé s'explique en partie par des faits imputables à l'administration (V. par exemple CE, 17 mars 2004, requête numéro 24341, Ville d'Aix-en-Provence : Contrats-Marchés publ. 2004, comm. 150 ; Collectivités-Intercommunalité 2004, comm. 167).

1233.- Indemnisation en cas de résiliation d'un contrat de délégation de service public.- En outre, même si la sanction est fondée, lorsqu'est en cause un contrat de délégation de service public, le délégataire de service public a le droit d'être indemnisé des investissements réalisés au profit de la collectivité délégante qui n'ont pas été amortis à la date à laquelle cette rupture est prononcée (CE, 20 mars 1957, requête numéro 33114, Société des Etablissements thermaux d'Ussat-les-Bains : Rec. p. 182). Le Conseil d'Etat a récemment précisé que la circonstance que l'exploitation de la délégation aurait été déficitaire si elle avait été poursuivie jusqu'au terme fixé est indifférente (CE, 4 mai 2015, requête numéro 383208, Société Domaine Porte des neiges : Contrats-Marchés publ. 2015, comm. 182, note Devillers). Les conditions de l'indemnisation du concessionnaire ont été précisées par l'article L. 3136-10 du Code de la commande publique.

1234.- Possibilité de résiliation d'un contrat de concession par l'administration.- Il faut aussi noter que le pouvoir de résiliation ne pouvait, à l'origine, en principe, être exercé par l'administration elle-même en matière de contrats de concession. Notons que dans ce domaine on parle plutôt de déchéance que de résiliation. Ce principe pouvait cependant être contourné lorsque le cahier des charges du contrat prévoyait que l'administration pouvait résilier elle-même le contrat (CE, 20 janvier 1905, requête numéro 8248, Compagnie départementale des eaux et services municipaux : Rec. p. 57, concl. Romieu.- V. également CE, 25 mars 1991, requête numéro 90747, Copel : Rec. tables, p. 1045), ou lorsque le pouvoir de résiliation était conféré par le contrat à une autre autorité (CE, 22 novembre 1967, Société générale technique : CJEG 1969, p. 263, note A.P).

En outre, le pouvoir de résiliation peut toujours être prévu par un texte de loi.

> Exemple :
> - L'article L. 1321-6 du Code de la santé publique, qui concerne le service public de l'alimentation en eau potable et de l'assainissement prévoit que « en cas de condamnation du délégataire par application des dispositions de l'article L. 1324-3, le ministre chargé de la Santé peut, après avoir entendu le délégataire et demandé l'avis de la collectivité territoriale intéressée, et après avis du Haut Conseil de la santé publique, prononcer la déchéance de la délégation, sauf recours devant la juridiction administrative ».

Ces exceptions mises à part, seul le juge pouvait prononcer la résiliation du contrat de concession, ce qui s'expliquait par le fait que dans le cadre d'un tel contrat, le concessionnaire doit à la fois exploiter un service public, mais également en principe construire les ouvrages nécessaires à son fonctionnement. Conférer un pouvoir unilatéral de résiliation sanction à l'administration pouvait donc entraîner des conséquences très graves, ce qui justifiait la compétence de principe du juge en la matière. Ceci explique que cette solution se soit ensuite étendue à l'ensemble des contrats de longue durée exigeant, de la part du cocontractant de l'administration, des investissements importants (CE, 30 septembre 1983, requête numéro 26611, SARL Comexp : Rec. p.393).

Toutefois, l'évolution des règles du contentieux contractuel, dans un sens plus favorable à la préservation des droits des cocontractants de l'administration, avait conduit à relativiser l'intérêt de ce principe du recours au juge. Dans son arrêt du 21 mars 2011, Ville de Béziers, dit « Béziers II » (requête numéro 304806, préc.) le Conseil d'Etat a ainsi admis la possibilité pour le cocontractant de l'administration de contester une décision de résiliation devant le juge du contrat, lequel pourra décider la reprise des relations contractuelles, à compter d'une date qu'il fixe, le cas échéant en ajoutant une indemnité. De même, le Conseil d'Etat a admis la possibilité pour le juge des référés de suspendre, en application de l'article L. 521-1 du Code de justice administrative, une décision de résiliation d'une délégation de service public (CE, 17 juin 2015, requête numéro 388433, Commune d'Aix-en-Provence : AJDA 2015, p. 2127 ; RFDA 2015, p. 930, concl. Pellissier).

C'est dans ce contexte que le Conseil d'Etat a finalement décidé, dans un arrêt Société le jardin d'acclimatation du 12 novembre 2015, de poser le principe en vertu duquel en « l'absence même de stipulations du contrat lui donnant cette possibilité, le concédant dispose de la faculté de résilier unilatéralement le contrat pour faute et sans indemnité ». Il ne s'agit toutefois ici que d'une faculté, l'administration contractante ayant toujours la possibilité de choisir de saisir le juge en vue qu'il prononce la déchéance du contrat (requête numéro 387660 : Rec. tables, p. 395 ; AJDA 2016, p. 911, note Marcantoni ; Contrats-Marchés publ. 2016, comm. 16, note Ubaud-Bergeron et comm. 2123, note Hoffmann). Cette solution a été confirmée par les dispositions combinées des articles L.6, L. 3136-3 et L.2195-1 du Code de la commande publique.

1235.- Conséquences d'une décision de résiliation d'un contrat portant exécution d'un service public.- Le Conseil d'Etat a aussi voulu récemment préciser quelles étaient les conséquences d'une décision de résiliation d'un contrat portant exécution d'un service public (CE Sect., 19 décembre 2014, requête numéro 368294, Commune de Propriano : Contrats-Marchés publ. 2015, comm. 46, note Eckert ; Dr. adm. 2015, comm. 20, note Brenet ; JCP A 2015, act. 32, obs. Langelier). Dans cette hypothèse, en effet, il y a lieu de combiner pouvoir de résiliation de l'administration contractante et principe de continuité du service public. Pour ménager ce dernier principe, l'administration contractante va se substituer de plein droit à son ancien cocontractant pour l'exécution des contrats conclus avec les usagers ou avec d'autres tiers pour l'exécution même du service. Toutefois, la substitution de la personne publique n'emporte pas le transfert des dettes et créances nées de l'exécution antérieure des contrats conclus par l'ancien cocontractant de la personne publique Une exception est également faite au principe de cession du contrat, concernant les « engagements anormalement pris, c'est-à-dire des engagements qu'une interprétation raisonnable du contrat relatif à l'exécution d'un service public ne permettait pas de prendre au regard notamment de leur objet, de leurs conditions d'exécution ou de leur durée, à moins que, dans ce cas, la personne publique n'ait donné, dans le respect de la réglementation applicable, son accord à leur conclusion ».

1236.- Pouvoir de résiliation unilatérale du cocontractant de l'administration.- Notons enfin que, traditionnellement, le juge administratif considérait que le cocontractant de l'administration ne pouvait disposer d'un pouvoir de résiliation unilatérale du contrat (CE, 15 janvier 1986, requête numéro 37321, Société l'habitat moderne). Cette solution est liée à l'idée que conformément au principe de continuité du service public, le cocontractant de l'administration, contrairement à l'hypothèse où le contrat est de droit privé, ne saurait bénéficier d'une exception d'inexécution. Selon cette approche, s'il cessait l'exécution de son contrat, le cocontractant privé commettait une faute susceptible d'engager sa responsabilité. En conséquence, s'il considérait que le contrat devait être résilié, il devait saisir l'administration d'une demande dans ce sens, une décision de refus pouvant ensuite être contestée devant le juge du plein contentieux contractuel (CE, 7 octobre 1988, requête numéro 68729, OPHLM du Havre).

Le Conseil d'Etat a toutefois récemment admis la légalité des clauses pouvant autoriser le cocontractant d'une personne publique à prononcer unilatéralement la résiliation de certains contrats administratifs en cas de méconnaissance par la personne publique de ses obligations contractuelles (CE, 8 octobre 2014, requête numéro 370644, Société Grenke location : Rec. p. 302, concl. Pellissier ; AJDA 2015, p. 396, obs. Melleray ; BJCP 2015, p. 3, concl. Pellissier ; D. 2015, p. 145, note Pugeault ; Dr. adm. 2015, comm. 12, obs. Brenet ; JCP E 2014, comm. 1623, obs. Sée ; JCP A 2014, comm. 2327, obs. Ziani ; Contrats-Marchés publ. 2014, comm. 329, obs. Eckert ; RFDA 2015, p. 47, note Pros-Philippon.- V. également CAA Douai, 4 février 2016, requête numéro 15DA01296, SA d'économie mixte Séquano Aménagement et Communauté d'agglomération creilloise : Contrats-marchés publ. 2016, comm. 110, note Eckert).

Si cette avancée est bénéfique pour le cocontractant privé de l'administration, cette possibilité est toutefois très encadrée, eu égard notamment à la prise en compte de l'intérêt général. En effet, demeure le principe selon lequel « le cocontractant lié à une personne publique par un contrat administratif est tenu d'en assurer l'exécution, sauf en cas de force majeure, et ne peut notamment pas se prévaloir des manquements ou défaillances de l'administration pour se soustraire à ses propres obligations contractuelles ou prendre l'initiative de résilier unilatéralement le contrat ». Une clause de résiliation unilatérale pouvant être utilisée par le cocontractant privé peut toutefois être introduite dans le contrat mais uniquement si celui-ci n'a pas pour objet l'exécution même du service public. En outre, « le cocontractant ne peut procéder à la résiliation sans avoir mis à même, au préalable, la personne publique de s'opposer à la rupture des relations contractuelles pour un motif d'intérêt général, tiré notamment des exigences du service public ». Si ce motif d'intérêt général existe, le cocontractant privé devra poursuivre l'exécution du contrat et il s'expose, en cas de manquement à ses obligations, à une résiliation à ses torts exclusifs. Il ne pourra alors que contester devant le juge du contrat le motif d'intérêt général qui lui est opposé en vue d'obtenir des indemnités.

D – Pouvoirs de modification et de résiliation unilatérale

1237.- Prise en compte de l'intérêt général.- L'existence de tels pouvoirs déroge au principe civiliste selon lequel le contrat est la loi des parties. Ils constituent les principales manifestations du pouvoir exorbitant accordé à l'administration dans le cadre des contrats. Les règles en la matière sont essentiellement d'origine jurisprudentielle. Toutefois, le Code de la commande publique a reconnu l'existence de ces pouvoirs et organisé leurs conditions d'exercice.

La justification théorique de l'existence de ces pouvoirs se trouve dans la notion d'intérêt général qui est en principe poursuivi chaque fois que l'administration conclut un contrat.

1238.- Pouvoir de modification unilatérale.- Le pouvoir de modification unilatérale a été reconnu à l'administration partie à un contrat par le Conseil d'Etat à l'occasion de l'arrêt du 10 février 1902, Gaz de Déville-les-Rouen (requête numéro 94624 : Rec. p. 5 ; S. 1902, III, p. 17, note Hauriou). En l'espèce une commune avait concédé à une société privée le service public d'éclairage. A l'époque où ce contrat avait été conclu, en 1874, l'éclairage des villes était assuré au gaz. Quelques années plus tard, la commune a demandé à son cocontractant de modifier la nature de ses prestations en vue qu'il accepte d'assurer l'éclairage au moyen de l'électricité. Dans cette affaire, le Conseil d'Etat a reconnu que l'administration avait le pouvoir de mettre en demeure son cocontractant d'accepter les modifications des prestations initialement prévues. Ainsi, l'intérêt général commandait une modification du contrat qui pouvait être imposée au cocontractant privé.

Dans l'arrêt du 2 février 1983, Union des transports urbains et régionaux (requête numéro 34027 : Rec. p. 33 ; RFDA 1984, p. 45, note Llorens ; RDP 1984, p.212, note Auby), le Conseil d'Etat a estimé que l'existence d'un tel pouvoir de modification unilatérale est « une règle générale applicable aux contrats administratifs ». Par conséquent, ce pouvoir peut être exercé par l'administration, même s'il n'est pas prévu dans les clauses du contrat. Cette solution, qui sous-tendait déjà le raisonnement du Conseil d'Etat dans l'arrêt Compagnie des tramways du 11 mars 1910 (requête numéro 16178 : Rec. p. 216, concl. Blum ; D. 1912, III, p. 49, concl. Blum ; S. 1911, III, p. 1, concl. Hauriou ; RDP 1910, p. 270, note Jèze), se démarque de la logique de l'arrêt Gaz de Déville-les-Rouen qui fondait le pouvoir de modification unilatérale sur la recherche de la commune volonté des parties.

Le non-respect de l'obligation d'exécution du contrat modifié est constitutif d'une faute de nature à justifier la résiliation du contrat administratif (CE, 27 octobre 2010, requête numéro 318617, Syndicat intercommunal des transports publics de Cannes, Le Cannet, Mandelieu-la Napoule : Dr. adm. 2011, comm. 3, note Brenet).

Bien évidemment, l'exercice de ce pouvoir ne se fait pas sans contrepartie : que la modification soit régulière ou non, si elle met à la charge du cocontractant privé des prestations plus onéreuses, l'administration devra l'indemniser en vue de rétablir l'équilibre financier du contrat. En revanche, sera considérée comme illégale une clause d'un marché public de services qui prévoit que l'indemnité versée au délégataire peut excéder le montant du préjudice subi par celui-ci, du fait de cette résiliation (CAA Versailles, 7 mars 2006, requête numéro 04VE01381, Commune de Davreil : Contrats-marchés publ. 2006, comm. 136, note Delacour). En outre, la réparation n'est due que si c'est bien l'administration qui est à l'origine de la modification. Ainsi, il n'y a aura pas lieu à verser des indemnités lorsque c'est son cocontractant qui a suggéré la modification (CAA Paris, 21 mars 1996, requête numéro 94PA01130, SARL Citra-Pacifique : Dr. adm. 1996, comm. 309).

Par ailleurs, ce pouvoir ne peut s'exercer sur l'ensemble des éléments du contrat. L'acte unilatéral ne peut ainsi modifier la nature globale du contrat de concession (Code de la commande publique, art. L. 3135-1) ou du marché public (Code de la commande publique, art. L. 2194-1). De même, en principe, il ne peut pas concerner les clauses financières qui ne peuvent être modifiées que d'un commun accord entre les parties, sauf rectification d'erreurs matérielles (CE, 23 mai 1936, Commune du Vésinet : Rec. p. 59). Il ne peut donc porter que sur les clauses techniques du contrat. Une cour administrative d'appel a décidé qu'une modification unilatérale pouvait également intervenir au terme d'un processus de renégociation organisé par le contrat (CAA Nancy, 20 décembre 2007, requête numéro 05NC00897, Société Vivendi c. Commune de Saint-Dizier : Contrats-Marchés publ. 2008, comm. 77, note Frérot). Dans ce cas, en effet, la modification unilatérale des clauses financières n'est qu'une conséquence de l'accord initial des parties. L'autorité délégante peut donc modifier unilatéralement les clauses financières du contrat lorsque le délégataire a refusé de signer l'avenant élaboré en application d'une clause du contrat.

On notera aussi que le Conseil d'Etat, contrairement à certains juges du fond, a refusé de reconnaître aux concessionnaires la possibilité de former un recours contestant la validité d'une mesure de modification unilatérale et tendant au rétablissement de l'état antérieur du contrat (CE, 15 novembre 2017, requête numéro 402794, Les fils de Madame Géraud : Contrats-Marchés publ. 2018, comm. 19).

1239.- Pouvoir de résilation unilatérale.- On retrouve la même logique que celle précédemment exposée dans le pouvoir qui est conféré à l'administration de résilier unilatéralement les contrats qu'elle souscrit (CE Ass., 2 mai 1958, requête numéro 32401, requête numéro 32402, requête numéro 32507, requête numéro 34562, Distillerie de Magnac Laval : Rec. p. 246 ; AJDA 1958, II, p. 282 ; D. 1958, p. 73, note de Laubadère). Ici encore, c'est l'intérêt général, ou plus précisément, selon les termes employés dans la plupart des arrêts, l'intérêt du service, qui justifie ce pouvoir.

Exemple :

- Dans cette affaire, le gouvernement avait voulu réduire la quantité totale de production d'alcool qu'il s'était engagé par contrats à acheter ce qui avait eu pour effet de mettre fin au marché conclu avec la société requérante. Celle-ci soutenait qu'en méconnaissant

ainsi les droits que les distillateurs titulaires de ces marchés tenaient de leurs contrats, le gouvernement avait porté atteinte à leurs biens et avait ainsi excédé les pouvoirs que lui conféraient la législation en vigueur. Le Conseil d'Etat décide que le gouvernement pouvait mettre fin, comme il l'a fait, à ces marchés de fournitures.
-CE, 10 juillet 1996, requête numéro 140606, Coisne (Rec. tables, p. 1006, concl. Chantepy ; RFDA 1997, p. 504) : en invoquant pour la résiliation d'une convention de prestation de service relative à l'information communale des motifs tirés de l'imprécision de ses dispositions, des irrégularités de rédaction notamment en ce qui concerne sa résiliation et pour la résiliation de la convention relative à la promotion de la ville, des motifs tirés de la nécessité d'une meilleure cohérence entre les différents organismes intervenant dans ce domaine, la commune de Divonne-les-Bains qui a informé les conseillers municipaux, au cours de cette même séance que la gestion de ces activités serait mieux assurée par le biais d'une régie, a suffisamment motivé sa décision. Ces motifs doivent être regardés comme des motifs d'intérêt général de nature à justifier la mesure litigieuse.

1240.- Différence avec la résiliation sanction.- Dans cette hypothèse, il ne s'agit pas, comme dans le cadre de la résiliation sanction, de punir le cocontractant (sur les difficultés de distinction entre ces deux hypothèses de résiliation, V. CAA Nancy, 27 juin 2013, requête numéro 12NC01799, Commune de Verdun : LPA 5 mai 2014, p.11, note Tifine). Pour cette raison, celui-ci percevra une indemnité, ce qui n'est pas le cas en principe dans le cadre de la résiliation sanction.

Exemple :
- CE, 21 décembre 2007, requête numéro 293260, Région du Limousin (AJDA 2008, p.481, note Dreyfus) : le Conseil d'Etat engage la responsabilité contractuelle de l'Etat à l'égard d'une région avec laquelle il avait conclu une convention relative à la modernisation d'une liaison ferroviaire, pour ensuite modifier unilatéralement son engagement. L'Etat est donc condamné à indemniser la région des dépenses d'études effectuées en application de la convention.

L'administration contractante doit prendre garde de ne pas se tromper de motif de résiliation. Ainsi, dans l'hypothèse où le contrat est résilié pour motif d'intérêt général, elle ne saurait écarter l'indemnisation du manque à gagner en invoquant les fautes qui auraient été commises par le délégataire (CE, 31 juillet 2009, requête numéro 316534, Société Jonathan Loisirs : Rec. tables, p. 739 ; Dr. adm. 2009, comm. 129 ; RJEP 2010, comm. 17, note Chamard-Heim).

Le pouvoir de résiliation est reconnu par la jurisprudence dans des termes aussi généraux que celui de modification unilatérale. Comme l'a précisé le Conseil d'Etat, dans son arrêt d'Assemblée du 2 mai 1958, Distillerie de Magnac-Laval, l'administration contractante peut « en tout état de cause ... en vertu des règles générales applicables aux contrats administratifs ... mettre fin aux contrats administratifs ... sous réserve des droits à indemnité des intéressés » (requête numéro 32401, requête numéro 32402, requête numéro 32507, requête numéro 34562 : préc.).

Dans le cas particulier où est en cause est une convention de coopération entre personnes publiques un simple déséquilibre financier ne constitue pas un motif suffisant. Il est exigé, dans ce cas, un bouleversement de son équilibre où - c'est une autre hypothèse - une disparition de la cause du contrat (CE, 27 février 2014, requête numéro 357028, Commune de Béziers : Contrats-Marchés publ. 2015, comm. 101, note Eckert ; JCP G 2015, act. 301, obs. Erstein ; AJDA 2015, p. 1482, note Bourdon).

1241.- Cas particulier de la résiliation pour motif d'intérêt général dans le cas où le contrat est entaché d'illégalité.-Une variante de la jurisprudence Distillerie de Magnac-Laval a été récemment dégagée par le Conseil d'Etat à l'occasion de l'arrêt Société Comptoir Négoce Equipements du 10 juillet 2020 (requête numéro 430864 : Dr. adm. 2020, comm. 40, note Brenet ; JCP A 2020, act. 431, obs. Erstein). Cet arrêt précise les conditions de mise en œuvre du pouvoir de résiliation du contrat pour motif d'intérêt général dans les hypothèses où celui-ci est entaché d'illégalité, hypothèse qui avait déjà été visée par le Conseil d'Etat dans son arrêt du 7 mai 2013, Société auxiliaire de parcs de la région parisienne (requête numéro 365043 : AJDA 2013, p. 1271, chron. Domino et Bretonneau ; JCP A 2013, comm. 2297, note Vila). D'une part, l'illégalité doit être d'une gravité telle qu'elle permettrait au juge administratif, dans le cadre d'un recours dirigé contre le contrat, de l'annuler. Sont ici concernés une irrégularité tenant au caractère illicite du contenu du contrat ou à un vice d'une particulière gravité relatif notamment aux conditions dans lesquelles les parties ont donné leur consentement, ce qui renvoie à la fois aux jurisprudence Commune de Béziers I (CE Ass., 28 décembre 2009, requête numéro 304802, préc.) et Département du Tarn-et-Garonne (CE Ass., 4 avril 2014, requête numéro 358994, préc.). D'autre part, le pouvoir de résiliation ne peut être exercé par l'administration que sous réserve du principe de loyauté des relations contractuelles, ce qui constitue une autre référence au contentieux de la formation du contrat, et plus précisément une fois encore à la jurisprudence Commune de Béziers I. Ceci implique, très certainement, que l'administration contractante n'a pas la possiblité de résilier le contrat à raison d'un vice dont elle est à l'origine. Ainsi, le pouvoir de résiliation de la personne publique pour invalidité du contrat est désormais soumis aux mêmes exigences que le pouvoir de résilation du juge. Il en va de même concernant l'indemnisation du cocontractant de l'administration, le Conseil d'Etat adaptant la jurisprudence Société Jean-Claude Decaux qui concerne les conséquences pécuniaires de l'annulation de contrat (CE Sect., 10 avril 2008, requête numéro 244950, requête numéro 284439, requête numéro 284607 : Rec. p. 151, concl. Dacosta ; AJDA 2008, p. 1092, chron. Boucher et Bourgeois-Machureau ; BJCP 2008, p. 280, concl. Dacosta.- Contrats-Marchés publ. 2008, comm. 128, note Pietri; Dr. adm. 2008, comm. 78, obs. Melleray ; JCP A 2008, comm. 2116, concl. Dacosta; RJEP 2008, comm. 26, concl. Dacosta). Il en résulte que le cocontractant peut prétendre, sur un terrain quasi-contractuel, pour la période postérieure à la date d'effet de la résiliation - celle-ci n'ayant pas contrairement à l'annulation de caractère rétroactif - au remboursement de celles de ses dépenses qui ont été utiles à la collectivité envers laquelle il s'était engagé. Sur le terrain contractuel, il peut aussi obtenir une indemnisation si l'irrégularité du contrat résulte d'une faute de l'administration, sous réserve du partage de responsabilités découlant le cas échéant de ses propres fautes.

1242.- Aménagement contractuel du pouvoir de résiliation unilatérale.- En application des principes dégagés par la Distillerie de Magnac-Laval, il a été jugé que si une personne publique peut aménager les conditions dans lesquelles elle sera susceptible de procéder à cette résiliation (CE, 11 mai 1990, requête numéro 68689, OPHLM de la Ville Toulon) elle n'a pas la possibilité d'y renoncer à l'avance par une stipulation contractuelle (CE, 6 mai 1985, requête numéro 41589, requête numéro 41699, Association Eurolat et Crédit foncier de France : Rec. p. 141 ; AJDA 1985, p. 620, note Fatôme et Moreau ; LPA, 23 octobre 1985, p.4, note Llorens ; RFDA 1986, p. 21, concl. Genevois ; RDP 1986, p. 21).

1243.- Incidence du Code de la commande publique.- Le Code de la commande publique a limité les cas dans lesquels le cocontractant public peut modifier unilatéralement le contrat. En particulier, comme on l'a vu, les modifications apportées au contrat ne peuvent être « substantielles » ce qui veut dire qu'elles ne peuvent changer « la nature globale » du contrat (V. pour les contrats de concession, Code de la commande publique, art. L. 3135-1.- pour les marchés publics, Code de la commande publique, art. L. 2194-1). Par ailleurs, pour les cas de travaux, fournitures ou services supplémentaires devenus nécessaires, le montant des modifications prévues ne peut être supérieur à 50 % du montant du marché public initial (V. pour les contrats de concession Code de la commande publique, art. R. 3135-3.- pour les marchés publics, Code de la commande publique, art. R. 2194-3)

La question, au regard de ces mêmes textes, de l'exercice d'une pouvoir de résiliation unilatérale pour motif d'intérêt général ne se pose pas exactement dans les mêmes termes. En effet, les articles L. 3136-3 et L. 2195-3 du Code de la commande publique se bornent à reconnaître la possibilité pour l'autorité compétente de résilier la concession ou le marché pour un motif d'intérêt général, en opérant un renvoi à l'article L.6 qui se borne à mentionner que « le cocontractant a droit à une indemnisation, sous réserve des stipulations du contrat ».

II – Droits du cocontractant de l'administration

1244.- Droit à être payé.- Le cocontractant de l'administration bénéficie du droit d'être rémunéré pour les prestations réalisées prévues au contrat, ainsi que du droit d'être indemnisé de certaines dépenses supplémentaires qui n'étaient pas prévues à l'origine.

A – Rémunération du cocontractant

1245.- Paiement des prestations réalisées.- Le cocontractant privé a le droit d'être payé pour les prestations réalisées.

1246.- Marchés publics et délégations de service public.- Les marchés publics donnent lieu au paiement d'un prix, alors que les contrats de délégation de service public, selon la définition donnée par l'article 3 de la loi MURCEF n°2001-1168 du 11 décembre 2001, codifié à l'article L. 1411-1 du Code général des collectivités territoriales, étaient des contrats « par (lesquels) une personne morale de droit public confie la gestion d'un service public dont elle a la charge à un délégataire public ou privé, dont la rémunération est substantiellement liée aux résultats de l'exploitation du service ».

Ainsi, pour qu'un contrat soit qualifié de contrat de délégation de service public, il était nécessaire que la part variable de la rémunération soit suffisamment importante pour que la rémunération du cocontractant puisse être considérée comme « substantiellement liée aux résultats de l'exploitation », ce qui était susceptible de poser un certain nombre de problèmes d'appréciation.

Exemple :
- CE, 30 juin 1999, requête numéro 198147, Syndicat mixte du traitement des ordures ménagères centre-ouest et seine-et-marnais (Rec. p. 299 ; AJDA 1999 p. 714, concl. Bergeal et note Peyrical ; LPA 28 février 2000, p. 10, note Boiteau ; RFDA 1999, p. 1134, note Douence et Vidal ; RGCT 1999, p. 440, note Mescheriakoff) : une part de recettes tirées de l'exploitation du service représentant 30 % du total des recettes perçues doit être considérée comme substantielle.

1247.- Evolution du critère de définition des délégations de service public (et des contrats de concession).- Cet élément de définition du contrat de délégation du service public avait été remis en cause par la jurisprudence du Conseil d'Etat qui avait fini par privilégier le critère du risque d'exploitation. En d'autres termes l'exploitant, s'il attend un bénéfice du contrat, doit également être en mesure de supporter un éventuel déficit. Il s'agissait ici d'un alignement sur la distinction opérée par la Cour de justice des communautés européennes entre les marchés publics et les contrats de concessions (CJCE, 13 octobre 2005, affaire numéro C-458/03, Parking Brixen Gmbh : AJDA 2005, p. 1983. – CJCE, 18 juillet 2007, affaire numéro C-382/05, Commission c. Italie. – CJCE, 10 septembre 2009, affaire numéro C- 206/08, Wasser Gotha : Contrats-Marchés publ. 2009, comm. 329, note Zimmer).

La nouvelle directive sur l'attribution de contrats de concession (PE et Cons. UE 2014/23) précise quant à elle dans son article 5 que « le concessionnaire est réputé assumer le risque d'exploitation lorsque, dans des conditions d'exploitation normales, il n'est pas certain d'amortir les investissements qu'il a effectués ou les coûts qu'il a supportés lors de l'exploitation des ouvrages ou services qui font l'objet de la concession ». Elle indique également que « la part de risque transférée au concessionnaire implique une réelle exposition aux aléas du marché, telle que toute perte potentielle estimée qui serait supportée par le concessionnaire ne doit pas être purement nominale ou négligeable »

Ce critère avait été expressément repris par le Conseil d'Etat dans son arrêt Département de la Vendée du 7 novembre 2008 (requête numéro 291794 : Rec. tables, p. 805 ; AJDA 2009, p. 2454, note Richer et Le Chatelier ; Contrats-Marchés publ. 2009, comm. 296, note Eckert ; CP-ACCP mars 2009, p. 59, note Le Chatelier ; BJCP 2009, p. 76, note Pez ; Dr. adm. 2009, comm. 5.- V. également CE, 5 juin 2009, requête numéro 298641, Société Avenance enseignement santé : Contrats - Marchés publ. 2009, comm. 236, note Eckert.- CE, 1er avril 2009, requête numéro 323585, Communauté urbaine Bordeaux et Société Koélis : Contrats-Marchés publ. 2009, comm. 162, note Soler-Couteaux.- CE, 19 novembre 2010, requête numéro 320169, Dingreville : BJCP 2011, p. 95, concl. Dacosta ; Contrats-Marchés publ. 2011, comm. 22, note Eckert.). En l'espèce, un contrat relatif à un service de transport scolaire est qualifié de convention de délégation de service public seulement parce que le cocontractant assumait « une part significative du risque d'exploitation ».

La transposition en droit français de la directive du 26 février 2014 a conduit à rendre les textes nationaux cohérents avec le droit de l'Union européenne. En effet, l'article 5 de l'ordonnance n°2016-65 du 29 janvier 2016 sur les contrats de concession précise que « les contrats de concession sont les contrats conclus par écrit, par lesquels une ou plusieurs autorités concédantes soumises à la présente ordonnance confient l'exécution de travaux ou la gestion d'un service à un ou plusieurs opérateurs économiques, à qui est transféré un risque lié à l'exploitation de l'ouvrage ou du service, en contrepartie soit du droit d'exploiter l'ouvrage ou le service qui fait l'objet du contrat, soit de ce droit assorti d'un prix ». Cette définition a été ensuite reprise par l'article L. 1121-1 du Code de la commande publique. L'article L. 1411-1 du Code général des collectivités territoriales qui vise plus spécialement, parmi les contrats de concession au sens du droit de l'Union européen, les délégations de service public, adopte une définition similaire en visant les contrats confiant « la gestion d'un service public à un ou plusieurs opérateurs économiques, à qui est transféré un risque lié à l'exploitation du service, en contrepartie soit du droit d'exploiter le service qui fait l'objet du contrat, soit de ce droit assorti d'un prix ». Cet article a ensuite été modifié par l'ordonnance n° 2018-1074 du 26 novembre 2018 qui renvoit désormais à la l'article L. 1121-3 du Code de la commande publique qui rappelle qu'une délégation de service public est une « concession de services ayant pour objet un service public et conclue par une collectivité territoriale, un établissement public local, un de leurs groupements, ou plusieurs de ces personnes morales ». C'est donc désormais à la définition générale des contrats de concession qui figure à l'article L. 1121-1 du même code qu'il y a lieu de se reporter, cet article étant pratiquement identique à l'article 5 de l'ordonnance abrogée du 29 janvier 2016.

B – Droit à l'indemnisation de certaines dépenses

1248.- Catégories de dépenses supplémentaires.- Il peut arriver que le cocontractant privé réalise certaines dépenses non prévues au contrat, ce qui peut être lié à quatre types de circonstances : l'exercice du pouvoir de modification unilatérale du contrat dont dispose l'administration contractante, des difficultés matérielles non prévues, des travaux indispensables, ou encore un aléa administratif ou économique.

1° Dépenses liées à l'exercice du pouvoir de modification unilatérale du contrat

1249.- Règles applicables.- Dans ce cas, comme on l'a évoqué, le cocontractant privé a le droit à une compensation intégrale des charges nouvelles qu'il subit. L'équilibre financier initial du contrat est rétabli, même si le déséquilibre du contrat ne présente qu'un caractère mineur. Comme on l'a vu, cependant, le Code de la commande publique a limité le droit à indemnisation des cocontractants de l'administration.

2° Dépenses liées à des difficultés matérielles non prévues

1250.- Théorie des sujétions imprévues.- Elaborée en matière de travaux publics, la théorie des sujétions imprévues permet à l'entrepreneur qui se heurte à des obstacles naturels exceptionnels non prévus dans le cahier des charges à obtenir une indemnité. Ce droit bénéficie également au sous-traitant (CAA Lyon, 15 mai 2008, requête numéro 07LY02701, Société entreprise Martoia). Plus précisément, le Conseil d'Etat a précisé que les sujétions imprévues sont « des difficultés matérielles rencontrées lors de l'exécution d'un marché, présentant un caractère exceptionnel, imprévisibles lors de la conclusion du contrat et dont la cause est extérieure aux parties » (CE, 30 juillet 2003, requête numéro 223445, Commune de Lens : Rec. p. 862 ; BJCP 2003, p.462, concl. Piveteau ; AJDA 2003, p. 1727, note Dreyfus).

Les difficultés susceptibles de provoquer l'application de la théorie des sujétions imprévues tiennent le plus souvent à des sujétions liées à la composition du sous-sol : roches dures, poches de sable, nappes d'eau dont les sondages n'avaient pu déceler la présence, etc. Elles peuvent également résulter de pluies diluviennes inattendues ayant entravé l'activité d'un chantier (CE, 13 mai 1987, requête numéro 35374, Société Citra-France : Rec. p. 821 ; D. 1987, somm. p. 433, obs. Terneyre ; RDP 1988, p. 1426).

La difficulté consiste, dans tous les cas, à apprécier le caractère imprévisible des obstacles rencontrés.

> Exemple :
> CAA Marseille, 21 novembre 2000, requête numéro 98MA00892, Département du Var : l'augmentation du coût des travaux a été occasionnée par une définition insuffisante de la consistance de ces travaux et non par la rencontre de sujétions techniques imprévues

comme la présence de parties du sous-sol friables ne pouvant permettre l'assise des fondations de l'ouvrage. Les services départementaux étaient, en effet, en mesure d'identifier la nature particulière du terrain en menant des investigations peu onéreuses et ne nécessitant pas la mise en œuvre de moyens techniques exceptionnels.

1251.- Montant de l'indemnisation.- Dans cette hypothèse, une solution identique à celle du cas précédent s'applique et le cocontractant de l'administration a donc le droit au rétablissement de l'équilibre financier initial du contrat. En revanche, l'indemnité ne couvre ni les aléas normaux du chantier ni une marge bénéficiaire supplémentaire, par rapport à celle incluse dans le prix initial du marché (CE, 7 novembre 2008, requête numéro 290699, Société Guintoli et a. : les aléas normaux sont évalués à 5% du surcoût global du chantier).

En matière de marchés publics, les solutions dégagées par la jurisprudence avaient été reprises par le Code des marchés publics de 2006 dont l'article 20 précisait que « sauf en cas de sujétions techniques imprévues ne résultant pas du fait des parties, un avenant ne peut bouleverser l'économie du marché ». On ne manquera toutefois pas de signaler que la question de la pérennité de la théorie des sujétions imprévues doit se poser eu égard aux nouveaux textes relatifs aux marchés publics et aux concessions. Certes, selon le Code de la commande publique un contrat peut être modifié « lorsque ... la modification est rendue nécessaire par des circonstances qu'une autorité concédante (ou un acheteur) diligent(e) ne pouvait pas prévoir » (V. pour les marchés publics, art. R. 2194-5.- pour les contrats de concession, R3135-5). Toutefois, lorsque le contrat est conclu par un pouvoir adjudicateur, le montant des modifications ne doit pas être supérieur à 50 % du montant du contrat initial (V. pour les marchées publics, article R. 2194-3.- pour les contrats de concession, art. R. 3135-3), ce qui pose problème au regard du principe retenu jusqu'alors par la jurisprudence dans le cadre de la théorie des sujétions imprévues en vertu de laquelle cette limitation n'existe pas. Dans la pratique, cependant, il est beaucoup plus recouru à la théorie de l'imprévision, qui ne permet, comme on le verra, que de réparer une partie du préjudice subi, qu'à la notion de sujétions imprévues.

3° Travaux indispensables

1252.- Distinction entre travaux utiles et travaux indispensables.- Dans le cadre d'un marché de travaux, le titulaire du marché peut réaliser spontanément des travaux non prévus, dès lors qu'ils sont « indispensables à la bonne exécution des ouvrages compris dans les prévisions du marché » (CE Sect., 17 octobre 1975, requête numéro 93704, Commune de Canari : Rec. p. 516 ; CJEG 1976, p. 26, note Le Galcher et Michel ; AJDA 1975, p. 562, chron. Boyon et Nauwelaers.- CE, 20 décembre 2017, requête numéro 401747, Communauté d'agglomération du Grand Troyes : Contrats-Marchés pub. 2018, comm. 33, obs. Ubaud-Bergeron.- CAA Nancy, 25 février 2020, requête numéro 18NC02081). Dans ce cas, l'entreprise sera payée conformément aux conditions fixées par le contrat. En revanche, des travaux simplement « utiles » à la bonne exécution du marché, ne feront pas l'objet d'une indemnisation en l'absence d'ordre de service du maître d'ouvrage (même arrêt).

4° Dépenses liées à un aléa administratif ou à un aléa économique

1253.- Hypothèses.- L'aléa administratif et l'aléa économique sont des évènements extérieurs à la volonté des parties, agissant en tant que parties au contrat, imprévisibles, mais en aucun cas irrésistibles. Dans ces deux cas de figure des principes généraux s'appliquent. S'y ajoutent des règles spécifiques à l'aléa économique et à l'aléa administratif.

a- Principes généraux applicables

1254.- Fait du prince et imprévision.- La survenance d'un aléa administratif, ou d'un aléa économique, peut conduire le juge à appliquer, concurremment ou isolément, deux théories jurisprudentielles.

Il s'agit, en premier lieu, de la théorie du fait du prince qui concerne exclusivement le cas d'un aléa administratif. Cette théorie est susceptible de jouer lorsque l'intervention de la puissance publique influe sur l'exécution du contrat.

Il s'agit ensuite de la théorie de l'imprévision qui concerne à la fois le cas d'un aléa administratif et celui d'un aléa économique : on parle d'état d'imprévision lorsque le fait du prince, ou tout autre événement extérieur aux relations contractuelles, aboutit à un bouleversement de l'équilibre financier du contrat.

1255.- Indemnisation du cocontractant de l'administration.- Dans les deux hypothèses visées, le principe, qui connaît quelques exceptions, est que l'existence d'une simple rupture de l'équilibre financier résultant de l'aggravation des charges du cocontractant n'est normalement pas réparée. L'idée générale qui sous-tend la jurisprudence, c'est que l'administration contractante, si elle n'est pas à l'origine de cette aggravation, ne doit pas, en principe, d'indemnités. En effet, les difficultés de la personne privée sont liées, qu'il s'agisse d'un aléa administratif ou bien d'un aléa économique, à un événement extérieur au contrat.

Toutefois, si la réparation n'est pas due, en principe, en cas de simple rupture de l'équilibre financier du contrat, l'administration devra indemniser son cocontractant en cas de véritable bouleversement de cet équilibre mettant en danger l'exécution même du contrat. En effet, un tel déséquilibre peut rendre impossible, pour le cocontractant privé, l'exécution de ses obligations. Dans ce cas, la personne publique partie au contrat devra en quelque sorte aider son cocontractant à continuer d'exécuter ses prestations en lui versant une indemnité, si toutefois cette exécution demeure possible. Là encore, cette solution est justifiée par la notion d'intérêt général.

b- Théorie du fait du prince

1256.- Hypothèses.- La théorie du fait du prince recouvre elle-même deux hypothèses différentes qui donnent lieu à des solutions distinctes. Dans les deux cas, cependant, c'est une intervention de l'administration qui est à l'origine de l'aggravation des charges du cocontractant privé.

α- Intervention d'une personne publique autre que celle qui est partie au contrat

1257.- Absence d'indemnisation sauf en cas d'imprévision.- Un exemple classique de cette jurisprudence est fourni par l'arrêt du Conseil d'Etat du 15 juillet 1949, Ville d'Elbeuf (requête numéro 93431 : Rec. p.359 ; D. 1950, p. 60, note Blaevoet ; S. 1950, III, p.61, note Mestre). Dans cette affaire, l'aggravation des charges du cocontractant privé, concessionnaire du service public d'électricité, résultait, non pas de l'action de la commune liée par la convention, mais de l'intervention d'un décret augmentant de façon substantielle les cours de l'énergie.

Le principe est que le fait du prince extérieur aux parties contractantes n'ouvre pas le droit au rétablissement de l'équilibre financier du contrat. Il n'en va autrement que si ce déséquilibre est tel, qu'il constitue un véritable bouleversement de l'économie du contrat rendant presque impossible l'exécution par le cocontractant privé de ses obligations. Dans cette hypothèse, pour permettre la continuation du contrat, la théorie de l'imprévision s'appliquera et le cocontractant pourra percevoir une indemnité.

β- Intervention de la personne publique contractante agissant à un autre titre que celui de partie au contrat

1258.- Illustration.- Ce cas de figure peut être illustré par l'arrêt du Conseil d'Etat du 18 janvier 1985 Association le relais culturel d'Aix-en-Provence (requête numéro 51534 : RDSS 1985, n° 4, p. 537.- V. également CE, 21 décembre 2007, requête numéro 293260, requête numéro 293261, requête numéro 293262, requête numéro 293263, Région Limousin : JCP A 2008, 205, note Pontier).

Dans cette affaire, était en cause un contrat conclu entre cette association et la ville d'Aix-en-Provence. Une délibération du conseil municipal intervient et supprime la subvention jusqu'alors versée à l'association. Celle-ci est alors dans l'impossibilité de continuer à assurer ses prestations, du fait d'un agissement de son cocontractant agissant à un autre titre que celui de cocontractant.

1259.- Une application incertaine.- Sur ce point précis, la jurisprudence est à la fois rare et incertaine. Elle paraît cependant distinguer deux cas de figure.

Si la mesure prise par la personne publique frappe spécifiquement son cocontractant privé - ce qui est le cas dans l'arrêt du 18 janvier 1985 - l'administration partie au contrat devra verser une indemnité à l'intéressé, comme dans les cas où elle utilise son pouvoir de modification unilatérale. Plus précisément, c'est l'intégralité du préjudice subi qui sera réparé, quelle que soit son importance, même lorsque l'équilibre financier du contrat n'est pas bouleversé.

En revanche, si la mesure prise par la personne publique ne frappe pas exclusivement son cocontractant, si elle présente un caractère général, la réparation du préjudice est en principe écartée.

Exemple :
-CAA Paris, 25 mai 1993, requête numéro 91PA00863, Société Renoveco (Rec. p. 874 ; Dr. adm. 1993, 446) : un contrat conclu entre l'Etat et cette société prévoyait le remboursement partiel ou total d'une aide spéciale en cas de non réalisation des objectifs économiques et financiers fixés par ce contrat. Pour la cour, les modifications règlementaires apportées par l'Etat dans les conditions de passation des marchés de travaux d'économie d'énergie et dans les modalités de prêts ainsi que dans les avantages fiscaux et financiers consentis aux particuliers en ce domaine, ne sont pas constitutives d'un fait du prince de nature à l'exonérer de son obligation de rembourser.

Toutefois, par exception, le cocontractant de l'administration percevra une indemnité si la mesure prise porte atteinte à un élément essentiel du contrat. C'est la solution qui a été retenue par le Conseil d'Etat dans un arrêt Compagnie marseillaise de navigation du 20 mai 1904 (Rec. p. 425 ; D. 1906, III, p. 17, concl. Teissier). Cette affaire mettait en cause un contrat conclu entre l'Etat et une société de transport maritime qui s'engageait à assurer ses prestations à des prix réduits, voire gratuitement dans certains cas. La mise en place par un décret de droits de péage dans les ports constitue ici un fait du prince indemnisable.

Par ailleurs, en application de la théorie de l'imprévision, une indemnité sera due en cas de bouleversement de l'équilibre du contrat. Ainsi, il n'y aura lieu à indemnisation du cocontractant privé que dans les cas où son versement aura pour objet de permettre à la personne privée de continuer d'exécuter ses prestations.

Tel est le cas, par exemple, dans une affaire où des réductions de tarifs importantes, mettant en danger la continuation d'un contrat, avaient été imposées par la signature d'une convention internationale (CE Sect., 22 décembre 1961, SNCF : Rec. p. 738).

Au final, il apparaît que la théorie du fait du prince connaît un certain recul en raison de la concurrence que lui fait la théorie de l'imprévision. En effet, comme on l'a vu, le fait du prince ne donne en principe lieu à une indemnité qu'en cas de bouleversement de l'équilibre financier du contrat. Les seules hypothèses où la théorie du fait du prince s'applique de façon autonome paraissent marginales : il s'agit du cas où le déséquilibre a pour origine une mesure prise par la personne publique, n'agissant pas en sa qualité de cocontractant, et touchant exclusivement son cocontractant privé et celui d'une mesure générale portant atteinte à un élément essentiel du contrat.

c- Imprévision

1260.- Une notion à l'origine réservée aux seuls contrats administratifs.- En principe, toute activité économique est considérée comme soumise à certains aléas. Ainsi, lorsqu'en droit privé l'exécution d'un contrat s'avère être une mauvaise affaire pour l'une des parties, elle n'a le droit à aucune indemnité. C'est ce qui résulte clairement du célèbre arrêt « Canal de Craponne » du 6 mars 1876, rendu au visa de l'article 1134 du Code civil, dans lequel on peut lire que « dans aucun cas, il n'appartient aux tribunaux, quelque équitable que puisse leur paraître leur décision, de prendre en considération le temps et les circonstances pour modifier les conventions des parties et substituer des clauses nouvelles à celles qui ont été librement acceptées par les contractants » (D. 1876, I, p. 193, note Giboulot .- V. infra sur l'introduction récente de la théorie de l'imprévision en droit privé).

Tel n'est pas le cas pour les contrats administratifs ce qui est lié, une fois encore, à la notion d'intérêt général qui, pour une fois, bénéficie au cocontractant privé. Ainsi, lorsque les conditions économiques d'exécution d'un contrat administratif sont bouleversées et compromettent cette exécution, le cocontractant privé doit bénéficier d'une aide financière lui permettant de poursuivre cette exécution.

α- Apparition de la théorie

1261.- Jurisprudence Compagnie générale d'éclairage de Bordeaux.- La théorie de l'imprévision est apparue à l'occasion de l'arrêt du Conseil d'Etat du 30 mars 1916, Compagnie générale d'éclairage de Bordeaux (requête numéro 59928 : Rec. p.125, concl. Chardenet ; RDP 1916, p.206 et p.388, concl. Chardenet, note Jèze ; S. 1916, III, p.17, concl. Chardenet, note Hauriou).

En l'espèce, la société requérante, concessionnaire du service public d'éclairage de la ville de Bordeaux, demande à la ville le versement d'une indemnité réparant la perte que lui a fait subir la hausse du prix du charbon. En un an, le prix du charbon avait en effet été multiplié par quatre, ce qui s'expliquait par les circonstances de guerre et l'occupation par l'ennemi des principales régions productrices.

Le Conseil d'Etat pose alors pour principe que le contrat litigieux règle d'une façon définitive jusqu'à son expiration les obligations respectives des parties. Par conséquent, le cocontractant privé est tenu d'exécuter les prestations prévues, à ses risques et périls. Ainsi, en principe, la variation du prix des matières premières est un aléa du marché qui demeure à sa charge.

Toutefois, ce principe connaît un aménagement qui est lié à la notion d'intérêt général. Les juges précisent que lorsqu'il survient un évènement qui dépasse les prévisions des parties au moment de la conclusion du contrat, et qui aboutit à un bouleversement de son économie, la personne publique cocontractante est tenue de verser une indemnité pour permettre la poursuite du contrat.

β- Conséquences de l'état d'imprévision

1262.- Une indemnisation partielle.- En cas d'imprévision, l'indemnisation du cocontractant n'est pas intégrale. Généralement, l'indemnité ne couvre en effet que 90 à 95% des charges supplémentaires subies par le cocontractant privé, ce qui se justifie de deux points de vue différents.

D'une part, l'alourdissement des charges du contractant privé n'est pas le fait de l'administration agissant en tant que partie au contrat. S'il est logique de la contraindre à indemniser intégralement la personne privée lorsqu'elle use de son pouvoir de modification unilatérale, il est également logique de ne pas mettre entièrement à sa charge les conséquences de circonstances extérieures au contrat.

D'autre part, les juges réalisent une distinction entre les aléas normaux pouvant survenir durant l'exécution du contrat, qui restent à la charge du cocontractant privé, et les évènements exceptionnels qui remettent en cause son équilibre économique. Il convient, dès lors, de prendre en compte, dans le calcul de l'indemnité, la part de l'aléa normal susceptible d'affecter l'exécution du contrat.

Dans le même ordre d'idées, le Conseil d'Etat a récemment précisé que le calcul de l'indemnité doit tenir compte, le cas échéant, des autres facteurs qui ont contribué au bouleversement de l'économie du contrat. Elle ne pourra donc venir qu'en compensation de la part de déficit liée aux circonstances imprévisibles (CE, 21 oct. 2019, requête numéro 419155, Société Alliance).

1263.- Objet de l'indemnisation.- L'indemnité d'imprévision permet à l'administration d'aider son cocontractant privé à exécuter ses prestations. Il s'agit donc d'assurer, dans un but d'intérêt général, la continuité du service public. Il est donc normal de considérer qu'il n'y a pas lieu de verser d'indemnités, quand bien même les conditions visées par la jurisprudence Compagnie générale d'éclairage de Bordeaux seraient respectées, dans deux cas de figure.

En premier lieu, l'indemnité d'imprévision n'est pas due lorsque le cocontractant privé a interrompu ses prestations (CE Sect., 5 novembre 1982, requête numéro 19413, Société Propétrol : Rec. p. 381 ; AJDA 1983, p.259, concl. Labetoulle ; D. 1983, jurispr. p. 245, note Dubois ; JCP G 1984, II, comm. 20168, note Paillet).

En second lieu, l'indemnité d'imprévision n'est versée que si les difficultés d'exécution du contrat présentent un caractère temporaire. Tel n'est pas le cas si ces difficultés constituent un cas de force majeure, c'est-à-dire un événement imprévisible, extérieur à la volonté des parties et également irrésistible. En effet, la survenance d'un cas de force majeure rend inutile le versement d'une indemnité d'imprévision puisque, de toutes façons, le contrat ne peut plus faire l'objet d'une exécution. Comme l'a précisé le Conseil d'Etat dans son arrêt du 9 décembre 1932, Compagnie des tramways de Cherbourg (requête numéro 89655, requête numéro 01000, requête numéro 01001 : Rec. p.1050, concl. Josse) lorsque « contrairement aux prévisions essentielles du contrat … le fonctionnement d'un service a cessé d'être viable … la situation nouvelle ainsi créée constitue un cas de force majeure et autorise à ce titre (les parties) à demander au juge la résiliation du contrat ». Dans cette hypothèse, l'une ou l'autre des parties est habilitée à solliciter la résiliation judiciaire du contrat (CE, 14 juin 2000, requête numéro 184722, Commune de Staffefellden : Rec. p. 227 ; BJCP 2000, p. 434, concl. Bergeal ; LPA 8 décembre 2000, p. 14, note Jégouzo-Viénot). Le cocontractant privé peut également obtenir le remboursement des amendes mises à sa charge pour inexécution de ses obligations contractuelles infligées par l'administration.

En suivant la même logique, on devrait également estimer que la théorie de l'imprévision ne devrait pas recevoir application lorsque le contrat dont l'économie a été bouleversée est venu à son terme. En effet, dans ce cas de figure, il n'y a plus lieu de verser une indemnité qui aurait pour objet d'assurer le prolongement de l'exécution du contrat. Pourtant, depuis l'arrêt de Section du Conseil d'Etat du 12 mars 1976, Département des Hautes-Pyrénées (requête numéro 91471 : AJDA 1976, p.552, concl. Labetoulle), le Conseil d'Etat accepte de condamner l'administration contractante au versement d'une indemnité dans de tels cas. Cette solution, qui est conforme à l'équité, rompt manifestement avec la logique de la théorie de l'imprévision.

Dans le même ordre d'idées, mais de façon plus contestable, le Conseil d'Etat estime désormais que le cocontractant de l'administration peut percevoir une indemnité d'imprévision alors même que le contrat a fait l'objet d'une décision de résiliation par l'administration. Cette solution s'explique par le fait que même si ce contractant n'a pas respecté ses obligations, il a pu subir les conséquences d'un bouleversement imprévisible des conditions d'exécution du contrat (CE, 10 février 2010, requête numéro 301116, Société Prest'action : ACCP 94/2009, p. 15, obs. Jouguelet ; Contrats–Marchés publ. 2010, comm. 133). En revanche, cette solution ne s'applique pas pour un marché entaché de nullité. Ceci s'explique par le fait que la théorie de l'imprévision « a nécessairement un fondement contractuel » et que dans une telle hypothèse le contrat a été anéanti rétroactivement (CAA Marseille, 8 février 2010, requête numéro 07MA02181, Société Securitas France SARL).

1264.- L'effet des clauses de révision dans les contrats administratifs.- Enfin, il faut relever que dans la pratique, la théorie de l'imprévision a conduit à introduire dans les contrats des clauses de révision qui permettent une adaptation aux évolutions de la situation économique et financière, ce qui évite généralement d'avoir recours à cette théorie.

Exemples :
- CAA Bordeaux, 3 mai 2011, requête numéro 10BX01996, Société Gagne (Contrats-Marchés publ. 2011, comm. 207, obs. Llorens) : dans l'hypothèse où un événement extérieur aux parties, imprévisible au moment de la conclusion du contrat, a pour effet de bouleverser l'économie du contrat, le titulaire du marché est en droit de réclamer au maître d'ouvrage une indemnité représentant la part de la charge extracontractuelle qu'il a supportée en exécutant les prestations dont il avait la charge. Une augmentation de 3 % du montant global du marché imputable à la hausse du prix de l'acier ne modifie pas l'économie du contrat dans une proportion suffisante pour ouvrir droit, au profit de l'intéressé, à l'allocation d'une indemnité pour charges extracontractuelles. En tant que professionnel avisé, l'entrepreneur ne pouvait ignorer que la formule contractuelle de révision du prix du marché ne permet de prendre en compte que de manière très partielle les hausses des prix de l'acier utilisé qui doivent ainsi entrer dans ses prévisions.

- CAA Nancy, 27 janvier 2011, requête numéro 10NC00154, Société EUROVIA Champagne Ardenne (Contrats- Marchés publ. 2011, comm. 145, obs. Llorens) : si la société requérante soutient que lors de la formulation de son offre et de la signature des marchés, l'augmentation brutale du prix des produits pétroliers n'était pas prévisible, le prix du pétrole est régulièrement soumis à de fortes variations se répercutant sur le coût de produits à forte teneur en bitume comme ceux utilisés pour la réalisation des prestations des marchés en cause. La société, qui ne pouvait méconnaître la situation du marché des produits pétroliers, n'est pas fondée à soutenir que de telles variations des prix des produits utilisés présentaient un caractère imprévisible. Alors même que les clauses de révision des prix prévues aux contrats n'auraient pas corrigé l'évolution des prix des produits pétroliers, elle ne saurait prétendre à une indemnité d'imprévision.
-CAA Bordeaux, 26 avril 2018, requête numéro 15BX02295, Société Eiffage TP SO : l'augmentation du coût des aciers après la notification différée du marché a constitué un aléa du contrat qui doit rester à la charge du cocontractant et ne peut dès lors motiver l'allocation d'une indemnité au titre de l'imprévision que si, nonobstant l'application de la clause de révision des prix, l'économie du marché s'est trouvée bouleversée. Or, si l'augmentation du coût des aciers a été significative, et n'avait que très partiellement influencé l'indice de révision du prix du contrat, ce que la société ne pouvait ignorer, elle représente un surcoût estimé par la société Eiffage à 466 638 euros hors taxes pour un marché, après signature de l'avenant n°1, de 6 267 415 euros hors taxes, soit 7,4 % du montant du marché. Le département des Landes est, dans ces conditions, fondé à soutenir que c'est à tort que les premiers juges ont regardé ce surcoût comme ayant bouleversé l'économie du marché.

1265.- Introduction de la théorie de l'imprévision en droit privé.- Ceci ne veut pas dire pour autant que la théorie de l'imprévision a perdu de son utilité. On rappellera d'ailleurs qu'elle vient d'être introduite en droit privé par l'ordonnance n°2016-131 du 10 février 2016 qui remet en cause la solution plus que centenaire rendue par la Cour de cassation à l'occasion de l'arrêt « Canal de Craponne » (préc.). Ces dispositions, introduites par l'ordonnance n°2016-131 du 10 février 2016, modifient l'article 1195 du Code civil dont il résulte désormais que « si un changement de circonstances imprévisible lors de la conclusion du contrat rend l'exécution excessivement onéreuse pour une partie qui n'avait pas accepté d'en assumer le risque, celle-ci peut demander une renégociation du contrat à son cocontractant. Elle continue à exécuter ses obligations durant la renégociation ».

γ- Actualité de la théorie de l'imprévision

1266.- Consécration de la théorie de l'imprévision par le Code de la commande publique.- Les textes récents applicables à la fois aux marchés publics et aux concessions, et plus spécialement le décret n°2016-360 et l'ordonnance n° 2016-65 du 29 janvier 2016 relative aux contrats de concession avaient suscité des interrogations quant à une possible une remise en cause de la théorie de l'imprévision, au moment même où cette théorie faisait son entrée dans le Code civil.

Tout d'abord, en effet, ces textes, s'ils étaient inspirés par la notion européenne de « circonstances imprévisibles » ne faisaient pas référence à un fait extérieur aux parties, ni au bouleversement de l'économie du contrat, lesquelles constituent les conditions de reconnaissance de la théorie de l'imprévision.

Ensuite, la mise en œuvre de cette théorie n'entraînait pas nécessairement la modification du contrat, puisqu'il s'agissait en réalité d'un mécanisme d'aide extracontractuelle.

Enfin, comme on l'a évoqué plus haut, la modification du contrat était plafonnée à une augmentation de 50 % du montant du contrat initial, alors que cette limite n'existe pas dans le cadre de la théorie de l'imprévision (D. n° 2016-86, art. 37, I ; D. n° 2016-360, art. 140, I).

Le Code de la commande publique a levé cette incertitude en consacrant la théorie de l'imprévision dans son article L. 6, 3° qui prévoit que « lorsque survient un évènement extérieur aux parties, imprévisible et bouleversant temporairement l'équilibre du contrat, le cocontractant, qui en poursuit l'exécution, a droit à une indemnité ».

Section III – Contentieux des contrats administratifs

1267.- Reconfiguration du contentieux contractuel.- Le contentieux des contrats administratifs est soumis à des règles qui divergent de celles du contentieux de l'annulation des actes administratifs unilatéraux : les règles de compétence juridictionnelle ne sont pas les mêmes et, surtout, le recours pour excès de pouvoir est en principe irrecevable en matière contractuelle. Le contentieux contractuel a été entièrement reconfiguré par plusieurs décisions récentes du Conseil d'Etat, qui sont inspirées par la recherche d'un équilibre entre sécurité des contractants et légalité, qu'il s'agisse du contentieux de la formation des contrats administratifs comme du contentieux de leur exécution. Par ailleurs, le recours pour excès de pouvoir en matière contractuelle demeure recevable, par exception, contre certaines clauses des contrats et contre une catégorie particulière de contrats administratifs.

§I – Contentieux de la formation des contrats administratifs

1268.- Mutiplicité des voies de recours.- L'illégalité de la procédure de conclusion de certaines catégories de contrats administratifs peut être sanctionnée dans le cadre d'une procédure de référé précontractuel. Une fois le contrat conclu, il est également possible pour certains tiers de faire sanctionner la méconnaissance des règles relatives à sa formation dans le cadre d'une procédure de référé contractuel ou dans le cadre d'un recours en contestation de la validité du contrat. Les parties disposent quant à elles d'un recours de plein contentieux. En revanche, le recours contre les actes détachables préalables à la conclusion du contrat n'est plus en principe ouvert aux requérants.

I – Référé précontractuel

1269.- Objet et pouvoirs du juge.- Conformément aux directives communautaires « recours » (Directives 86/665 du 21 décembre 1989 et 92/13 du 25 février 1992, modifiées par la directive 2007/66/CE du 11 décembre 2007), en vue de mieux sanctionner les manquements aux obligations de publicité préalable et de mise concurrence, notamment en matière de marchés publics et contrats de concession, le législateur a créé une procédure de référé précontractuel. Selon l'article L. 551-1 du Code de justice administrative sont concernés les « contrats administratifs ayant pour objet l'exécution de travaux, la livraison de fournitures ou la prestation de services, avec une contrepartie économique constituée par un prix ou un droit d'exploitation, la délégation d'un service public ou la sélection d'un actionnaire opérateur économique d'une société d'économie mixte à opération unique ». Saisi avant la conclusion du contrat - étant précisé que l'autorité compétente doit respecter un délai en principe de 11 jours entre l'attribution du contrat et sa signature (art. R. 2182-1 du Code de la commande publique pour les marchés publics passés selon une procédure formalisé et art. R. 3125-2 pour les contrats de concession) - le juge dispose d'un délai de 20 jours pour statuer (CJA, art. R. 551-5). Il peut « ordonner à l'auteur du manquement de se conformer à ses obligations et suspendre l'exécution de toute décision qui se rapporte à la passation du contrat » (CJA, art. L. 551-2) Il peut également « annuler les décisions qui se rapportent à la passation du contrat et supprimer les clauses ou prescriptions destinées à figurer dans le contrat et qui méconnaissent lesdites obligations » (Ibid.). Toutefois le juge du référé précontractuel dispose d'un pouvoir d'appréciation qui lui permet de renoncer à de telles mesures « s'il estime, en considération de l'ensemble des intérêts susceptibles d'être lésés et notamment de l'intérêt public, que les conséquences négatives de ces mesures pourraient l'emporter sur leurs avantages » (Ibid.).

1270.- Irrecevabilité du référé précontractuel après la signature du contrat.- Le référé précontractuel est irrecevable dès lors qu'il est présenté après la signature du contrat (CE Sect., 3 novembre 1995, requête numéro 157304, Chambre de commerce et d'industrie de Tarbes et des Hautes-Pyrénées, Société Stentofon-Communications : Rec. p. 394, concl. Chantepy ; AJDA 1995, p. 888, chron. Stahl et Chauvaux ; CJEG 1996, p. 167, concl. Chantepy ; RFDA 1995, p. 1177, concl. Chantepy.- CE, 7 mars 2005, requête numéro 270778, Saco : Rec. p. 96).

Il avait été jugé que si le contrat est signé après la saisine du juge des référés, sans attendre sa décision, le juge ne peut que constater qu'il n'y a plus lieu de statuer, la demande ayant perdu son objet (CE, 28 mai 2003, requête numéro 251719, Société PK7-Certinomis : Rec. p. 916). Compte tenu de la « course à la signature » que favorisait cette jurisprudence, l'ordonnance n°2009-515 du 7 mai 2009 a introduit dans le Code de justice administrative un nouvel article L. 551-4 qui précise désormais que « le contrat ne peut être signé à compter de la saisine du tribunal administratif et jusqu'à la notification au pouvoir adjudicateur de la décision juridictionnelle ». Cette solution n'exclut pas que l'administration signe le contrat en méconnaissance de cette obligation de suspension, ce qui provoquera un non-lieu à statuer. Toutefois, dans cette hypothèse le recours en contestation de validité du contrat et surtout le référé contractuel sont désormais ouverts pour contrer une telle manœuvre.

1271.- Subjectivisation du référé précontractuel.- Si cette évolution corrige un travers qui avait été dénoncé à de multiples reprises par la doctrine, une autre évolution, jurisprudentielle celle-ci, a voulu corriger un autre aspect critiquable de la procédure qui conduisait le juge à sanctionner systématiquement tout manquement aux règles de publicité et de mise en concurrence préalable. Dans l'arrêt de Section SMIRGEOMES du 3 octobre 2008 (CE, 3 octobre 2008, requête numéro 305420 : Rec. p. 324, concl. Dacosta ; AJDA 2008, p. 855, 2161, chron. Geffray et Liéber et p. 2374, étude Cassia ; Contrats-Marchés publ. 2008, comm. 264, note Pietri ; Dr. adm. 2008, comm. 154, note Bonnet et Lalanne ; JCP A 2008, comm. 2262, note Linditch ; RD imm. 2008, p. 499, note Braconnier ; RFDA 2008, p. 1128, concl. Dacosta, note Delvolvé), le Conseil d'Etat a ainsi considéré que le requérant ne peut plus se prévaloir des manquements à ces règles que s'il a été lésé ou s'il risque d'être lésé par ces manquements. C'est donc une démarche sujective qui s'est ici substitué à l'ancienne démarche subjective.

1272.- Sanction des seuls manquements aux règles de publicité et de mise en concurrence.- En outre, cette procédure ne vise qu'à sanctionner des manquements aux règles de publicité et de mise en concurrence. Par exemple, il a été jugé qu'il n'appartient pas au juge du référé précontractuel de contrôler le respect par un établissement public de coopération intercommunale du principe de spécialité qui s'impose à lui (CE, 21 juin 2000, requête numéro 209319, Syndicat intercommunal de la Côte d'Amour et de la presqu'île guérandaise : Rec. p. 283 ; BJCP 2000, p. 361, concl. Bergeal ; CJEG 2000, 362, concl. Bergeal ; RFDA 2000, p. 1031, concl. Bergeal). Comme on va le voir, de tels vices peuvent en revanche être sanctionnés dans le cadre du recours en contestation de la validité du contrat.

II – Recours en contestation de la validité du contrat et référé contractuel

1273.- Recours exercés après la signature du contrat.- Classiquement, une fois le contrat signé, le juge du contrat n'était accessible qu'aux seuls cocontractants. Cette solution a toutefois été progressivement remise en cause, d'abord par le juge, qui a admis l'existence d'un recours en contestation de la validité du contrat qui a été progressivement ouvert, puis par le législateur qui a créé une nouvelle procédure de référé contractuel.

A – Le recours en contestation de la validité du contrat

1274.- Un recours initialement réservé aux concurrents évincés (jurisprudence Société Tropic travaux signalisation).- Le Conseil d'Etat a bouleversé des principes fermement établis en créant un nouveau recours à l'occasion de l'arrêt d'Assemblée Société Tropic travaux signalisation du 16 juillet 2007 (requête numéro 291545, préc.).

Cet arrêt a admis que certains tiers peuvent contester la validité d'un contrat administratif soumis à concurrence auprès du juge du plein contentieux qui dispose, en la matière, d'une grande variété de pouvoirs.

Il résulte de cet arrêt que tout concurrent évincé de la conclusion d'un contrat administratif est recevable à former, devant le juge du contrat, un recours de plein contentieux accompagné d'une demande indemnitaire. Plus précisément, est concerné tout candidat évincé dans le cadre de la passation d'un contrat soumis à une mise en concurrence qui se plaindrait d'une violation des règles de concurrence et de publicité préalable. Ce recours ne peut être exercé que dans le délai de deux mois à compter de la date à laquelle la conclusion du contrat est rendue publique, par des mesures de publicité appropriées. Ce délai ne s'impose toutefois pas aux conclusions indemnitaires accessoires lesquelles obéissent aux règles du droit commun de la responsabilité et notamment à la règle de la décision préalable (CE, avis, 11 mai 2011, requête numéro 347002, Société Rebillon Schmit Prevot : AJDA 2011, p. 932 ; BJCP 2011, p. 226, concl. Boulouis, obs. Poitreau ; Contrats-Marchés publ. 2011, comm. 220, note Pietri ; Dr. adm. 2011, comm. 66, note Brenet ; RD imm. 2011, p. 397, obs. Noguellou).

1275.- Elargissement du recours à d'autres tiers au contrat (jurisprudence Département du Tarn-et-Garonne).- Le champ du recours en contestation de la validité du contrat a été ensuite étendu par le Conseil d'Etat dans son arrêt d'Assemblée du 4 avril 2014 Département du Tarn-et-Garonne (requête numéro 358994, préc.). Désormais, ce recours, pour les contrats de la commande publique, est ouvert à « tout tiers à un contrat administratif susceptible d'être lésé dans ses intérêts de façon suffisamment directe et certaine par sa passation ou ses clauses ».

Le recours est donc plus largement ouvert, mais dans l'esprit de la jurisprudence SMIRGEOMES (préc.), seuls seront sanctionnés deux types de manquements. Il s'agit, tout d'abord, des « vices en rapport direct avec l'intérêt lésé dont se prévalent les requérants ».

> Exemple :
> -CE, 27 mars 2020, requête numéro 426291 (Contrats-Marchés publ. 2020, comm. 211, note Dietenhoeffer ; JCPA 2020, comm. 2124 note Hul ; JCPA 2021, comm. 2022, note Boda) : lorsque l'auteur du recours se prévaut de sa qualité de contribuable local, il lui revient d'établir que la convention ou les clauses dont il conteste la validité sont susceptibles d'emporter des conséquences significatives sur les finances ou le patrimoine de la collectivité.

- CE, 9 novembre 2018, requête numéro 420654, Société Cerba, Caisse nationale d'assurance maladie (Rec. 407, concl. Pellissier ; AJDA 2019, p. 412, note Rottoulié ; BJCL 2019, p. 57, concl. Pellissier ; Dr. adm. 2019, comm. 14, note Hul) : si le concurrent évincé peut contester la décision par laquelle son offre a été écartée comme irrégulière, un candidat dont l'offre a été à bon droit écartée comme irrégulière ou inacceptable ne saurait en revanche soulever un moyen critiquant l'appréciation des autres offres.

Il s'agit, ensuite, des vices « d'une gravité telle » que le juge a l'obligation de les soulever d'office, ce qui peut viser le cas de l'incompétence du signataire du contrat ou un objet illicite.

Par exception toutefois, le préfet, compte tenu des intérêts dont il a la charge, peut invoquer tout moyen à l'appui de son recours. Cette possibilité est également ouverte aux membres de l'organe délibérant de la collectivité territoriale ou du groupement de collectivités territoriales concerné.

On relevera ici que « eu égard à l'impératif de sécurité juridique tenant à ce qu'il ne soit pas porté une atteinte excessive aux relations contractuelles en cours », ce nouveau recours « ne pourra être exercé... qu'à l'encontre des contrats signés à compter de la lecture de la présente décision ». En d'autres termes, la jurisprudence Département du Tarn-et-Garonne n'a pas d'éffet rétroactif.

1276.- Fermeture aux tiers du recours pour excès de pouvoir contre les actes détachables préalables à la signature du contrat.- En raison du nouveau recours créé par le Conseil d'Etat, en vertu de l'exception de recours parallèle, le recours pour excès de pouvoir contre les actes détachables préalables à la conclusion du contrat est désormais en principe fermé pour les tiers. Cette solution s'applique également à un avenant signé après l'ouverture aux tiers du recours en contestation de la validité des contrats, soit après le 4 avril 2014, quand bien même il modifie un contrat signé antérieurement à cette date (CE, 20 novembre 2020, requête numéro 428156, Association Trans'Cub : Contrats-Marchés publ. 2021, comm. 62, note Eckert).

1277.- Cas particulier du préfet.- Une exception est toutefois faite pour le préfet, dans le cadre du contrôle de légalité. Il peut en effet, lui seul, demander l'annulation des actes détachables du contrat préalables à sa conclusion tant que celui-ci n'est pas signé. Il peut donc s'opposer à la conclusion du contrat.

1278.- Limites de la jurisprudence Département du Tarn-et-Garonne.- Notons également que la solution issue de la jurisprudence Département du Tarn-et-Garonne ne vaut que dans les hypothèses où le contrat litigieux est un contrat administratif. En revanche, la décision administrative constitutive d'un acte détachable d'un contrat de droit privé conclu par une collectivité publique peut toujours faire l'objet d'un recours pour excès de pouvoir (CE, 27 octobre 2015, requête numéro 386595, Arrou : JCP A 2016, comm. 2247, note Martin). De même, ce recours n'est pas ouvert contre la convention passée entre une collectivité publique et le bénéficiaire d'une subvention. Ceci s'explique par le fait que la décision unilatérale accordant la subvention est détachable du contrat dont elle détermine le régime juridique, ce qui doit conduire à considérer qu'il ne s'agit pas réellement d'un acte contractuel (CE, avis, 29 mai 2019, requête numéro 428040, SAS Royal Cinéma et a. : Contrats-Marchés publ. 2019, comm. 284, note Hoepffner ; JCP A 2019, act. 388, obs. Friedrich ; JCP A 2019, comm. 2236, note Pauliat).

En outre ce sont « la légalité du choix du cocontractant, de la délibération autorisant la conclusion du contrat et de la décision de le signer » qui ne peuvent être contestées dans le cadre d'un recours de plein contentieux. Cette liste est limitative. Ainsi, le recours pour excès de pouvoir demeure recevable contre une délibération se prononçant sur le principe de recourir à une délégation de service public ou encore contre l'acte d'approbation d'un contrat administratif (CE, 23 décembre 2016, requête numéro 392815, Association études et consommation CFDT du Languedoc-Roussillon).

1279.- Procédure.- Le recours en contestation de validité du contrat doit être engagé, dans un délai de deux mois à compter de l'accomplissement, par le pouvoir adjudicateur, des mesures de publicité appropriées. L'exercice d'un recours administratif préalable proroge le délai de recours contentieux (CE, 20 décembre 2019, requête numéro 419993, Communauté de communes de Sélestat). Cette solution s'applique a fortiori lorsque le recours gracieux est exercé par le préfet (CE, 28 juin 2019, requête numéro 420776, Société Plastic omnium systèmes urbain)

1280.- Issue du recours.- Dans le cadre du recours de plein contentieux, lorsqu'il constate l'existence de vices entachant le contrat, le juge en tirera des conséquences, en prenant en compte l'ensemble des intérêts en présence.

Compte tenu de ces éléments, il peut soit décider que la poursuite de l'exécution du contrat est possible, soit inviter les parties à prendre des mesures de régularisation dans un délai qu'il fixe, sauf à résilier ou résoudre le contrat.

En présence d'irrégularités qui ne peuvent être couvertes par une mesure de régularisation et qui ne permettent pas la poursuite de l'exécution du contrat, le juge prononcera, le cas échéant avec un effet différé, après avoir vérifié que sa décision ne portera pas une atteinte excessive à l'intérêt général, soit la résiliation du contrat, soit, si le contrat a un contenu illicite ou s'il se trouve affecté d'un vice de consentement ou de tout autre vice d'une particulière gravité que le juge a l'obligation de relever d'office, l'annulation totale ou partielle de celui-ci.

Exemple :
- CE, 9 novembre 2018, requête numéro 420654, Société Cerba (Rec. p. 407 ; Dr. adm. 2019, comm. 14, note Hul ; Contrats-Marchés publ. 2019, comm. 24, note Ubaud-Bergeron) : était en cause un marché public conclu par la Caisse nationale d'assurance maladie des travailleurs salariés avec la société Cerba, relatif à la fourniture de kits de dépistage immunologique du cancer colorectal et à la gestion de la solution d'analyse des tests immunologiques quantitatifs de dépistage. Les juges du fond avaient estimé que, compte tenu de l'existence d'autres tests de dépistage aisément accessibles et de la circonstance que la campagne de prévention arrivait à son terme sans avoir obtenu les

résultats escomptés, l'annulation du contrat ne pouvait être regardée comme portant une atteinte excessive à l'intérêt général et avait prononcé son annulation, avec effet différé au 1er août 2018. Le Conseil d'Etat relève toutefois, compte tenu de l'enjeu majeur de santé publique que représente le dépistage du cancer colorectal, qui est l'un des cancers les plus meurtriers en France, à l'objet du marché litigieux, qui s'inscrit dans le cadre d'un vaste programme de santé publique, et aux conséquences de l'interruption du service sur l'efficacité du programme de dépistage, la cour a inexactement qualifié les faits qui lui étaient soumis en jugeant que l'annulation du contrat litigieux ne portait pas une atteinte excessive à l'intérêt général.

Il peut également, s'il en est saisi, faire droit, y compris lorsqu'il invite les parties à prendre des mesures de régularisation, à des conclusions tendant à l'indemnisation du préjudice découlant de l'atteinte à des droits lésés.

Il faut enfin relever que la requête contestant la validité du contrat peut être accompagnée d'une demande tendant à la suspension de l'exécution du contrat, conformément aux dispositions de l'article L. 521-1 du Code de justice administrative.

B – Référé contractuel

1281.- Un palliatif des insuffisances de référé précontractuel.- Les règles applicables au contentieux contractuel ont également évolué avec l'ordonnance n°2009-515 du 7 mai 2009 qui crée un « référé contractuel », ouvert aux personnes ayant un « intérêt à conclure le contrat ». Les nouvelles dispositions sont entrées en vigueur après l'adoption du décret n°2009-1456 du 27 novembre 2009. Il s'agit de la transposition en France de la directive 2007/66/CE modifiant les directives 89/665/CEE et 92/13/CEE du Conseil en ce qui concerne l'amélioration de l'efficacité des procédures de recours en matière de passation des marchés publics (directives « recours »).

Ce recours permet aux candidats évincés de faire sanctionner d'éventuels manquements aux obligations de publicité et de mise en concurrence susceptibles de les avoir lésés.

Il pallie les insuffisances du référé précontractuel - qui concerne les mêmes contrats - liées à la brièveté du délai dans lequel il doit être mis en œuvre.

1282.- Pouvoirs du juge.- En matière de référé contractuel, lequel peut être exercé après la conclusion du contrat, le juge dispose d'une large gamme de pouvoirs, allant de l'annulation du contrat, la réduction de sa durée ou le prononcé d'une simple pénalité financière sans incidence sur le contrat lui-même.

La remise en cause du contrat s'impose toutefois pour les manquements les plus graves : passation du contrat sans aucune mesure de publicité préalable ou encore signature du contrat pendant la période qui, après l'attribution du contrat, doit permettre aux candidats non retenus de former un référé précontractuel (sur l'indemnisation du cocontractant de l'administration en cas d'annulation du contrat

V. CE Sect., 10 avril 2008, requête numéro 244950, requête numéro 284439, requête numéro 284607, Société Jean-Claude Decaux, préc.- V. aussi CE, 6 octobre 2017, requête numéro 395268, Société CEGELEC Perpignan : AJDA 2017, p. 2189, chron. Roussel et Nicolas ; Contrats-Marchés pub. 2017, comm. 285, note Ubaud-Bergeron; JCP A 2017, comm. 2282, note Martin).

1283.- Distinction avec le recours en contestation de validité du contrat.- La procédure du référé contractuel est donc très proche du recours en contestation de la validité du contrat. Pour autant, elle s'en distingue sur plusieurs points.

Le premier point de différence porte sur les délais de recours. Alors que le délai est fixé à deux mois pour le recours en contestation de la validité du contrat, il est fixé à trente jours suivant la publication de l'avis d'attribution du contrat ou, en l'absence de publication, à six mois à compter de sa conclusion pour le référé contractuel. Il en résulte, de façon tout à fait paradoxale, que les « petits marchés » qui ne sont pas soumis à l'obligation de publication d'un avis d'attribution sont plus longtemps attaquables que les marchés d'un montant plus important. Pour éviter ce phénomène, le pouvoir adjudicateur peut décider de publier son intention de conclure le contrat et observer un délai de onze jours avant de le signer (CJA, art. L. 551-15). Dans cette hypothèse, le référé contractuel ne pourra plus être exercé contre le contrat.

Il est à noter que si le demandeur a déjà fait usage du référé précontractuel, il ne pourra normalement pas agir dans le cadre du référé contractuel, sauf par exemple en cas de non-respect par l'autorité publique de la décision rendue par le premier juge (CJA, art. L. 551-14).

La seconde différence porte sur les pouvoirs du juge qui sont davantage encadrés et moins modulables avec, comme on l'a vu, l'obligation pour celui-ci de prononcer la nullité du contrat pour les vices les plus graves.

Enfin, la troisième différence porte sur les moyens susceptibles d'être développés, qui sont plus réduits. Il s'agit uniquement des manquements aux obligations de publicité et de mise en concurrence là où tout moyen pouvait être soulevé dans le cadre du recours en contestation de la validité du contrat.

III – Recours de plein contentieux des parties au contrat

1284.- Ancienne action en nullité contre le contrat.- A l'origine, les parties contractantes étaient recevables à demander au juge de constater la nullité de tout ou partie du contrat (CE, 4 mai 1990, requête numéro 17707, Compagnie industrielle maritime : Rec. p. 113 ; RFDA 1990, p. 591, concl. de Guillenschmidt ; AJDA 1990, p. 735, obs. Auby. – CE, 1er juillet 2009, requête numéro 306756, Compagnie des transports de la Roche-sur-Yon : Contrats-Marchés publ. 2009, comm. 287, note Pietri). Elles pouvaient également soulever de tels moyens à l'occasion d'un litige relatif à l'exécution du contrat, afin d'obtenir que le juge en écarte l'application.

Les parties étaient ainsi autorisées à tout moment à porter atteinte à la pérennité du contrat en invoquant devant le juge une cause de nullité de celui-ci. Ces solutions étaient contestables du point de vue de la stabilité juridique puisqu'elles permettaient aux parties de se prévaloir de motifs entachant de nullité le contrat, alors que ces motifs ne constituaient pas un obstacle à la bonne exécution de ce contrat. Le juge se retrouvait contraint de constater la nullité du contrat alors que les parties avaient pourtant trouvé un accord pour l'appliquer. Elles permettaient à une partie de se délier à tout moment d'un contrat administratif en invoquant un vice dans sa conclusion, y compris lorsque ce vice lui était imputable. Tel était le cas, notamment, lorsque la délibération autorisant la conclusion d'un contrat n'était pas transmise au préalable au contrôle de légalité et que ce vice était invoqué par la collectivité publique contractante (CE, 10 juin 1996, avis numéro 176873, requête numéro 176874, requête numéro 176875, Préfet de la Côte d'Or, préc.)

1285.- Nouveau recours de plein contentieux.- L'arrêt Commune de Béziers du 28 décembre 2009 (requête numéro 304802, préc.) entend résoudre ces difficultés en plaçant au centre de son raisonnement le principe de l'exigence de loyauté contractuelle, ce qui renvoie directement à la notion civiliste de bonne foi. Le Conseil d'Etat procède à cette occasion à une véritable reconfiguration du plein contentieux contractuel ouvert aux parties en créant une nouvelle procédure de contestation de la validité du contrat en distinguant l'hypothèse où le juge est saisi dans le cadre d'une action de celle où il est saisi dans le cadre d'une exception.

1286.- Contestation du contrat par voie d'action.- Concernant le premier cas, le juge administratif doit d'abord vérifier si les parties soulèvent avec loyauté les vices entachant de nullité le contrat, ce qui a pour effet de cantonner les cas de nullité. En outre, il n'existe que deux hypothèses dans lesquelles la nullité doit être soulevée d'office : en cas de caractère illicite du contenu du contrat et en cas de vice d'une particulière gravité notamment relatif aux conditions dans lesquelles les parties ont donné leur consentement. En revanche, le Conseil d'Etat a pu préciser que les vices affectant la procédure de publicité et de mise en concurrence d'un contrat ne font pas partie des vices justifiant l'annulation de celui-ci au sens de la jurisprudence Commune de Béziers (CE, 12 janvier 2011, requête numéro 338551, Manoukian : AJDA 2011, p. 665, chron. Lallet et Domino : Contrats-Marchés publ. 2011, comm. 88, note Pietri et repère 3 ; Dr. adm. 2011, comm. 29, note Brenet).

En dehors des deux hypothèses susvisées, le Conseil d'Etat, qui s'inspire manifestement de la jurisprudence « Tropic » (préc.), offre au juge de la contestation de la validité du contrat une large palette de pouvoirs. En prenant en considération la nature de l'illégalité commise et en tenant compte de l'objectif de stabilité des relations contractuelles, il peut : décider que la poursuite de l'exécution du contrat est possible, éventuellement sous réserve de mesures de régularisation prises par la personne publique ou convenues entre les parties ; prononcer, le cas échéant avec un effet différé, après avoir vérifié que sa décision ne portera pas une atteinte excessive à l'intérêt général, la résiliation du contrat.

Le Conseil d'Etat a récemment précisé que l'action en contestation de la validité d'un contrat administratif est ouverte aux parties au contrat pendant toute la durée d'exécution de celui-ci. Dans ce cas, elle n'est soumise à aucune règle de prescription et en particulier elle ne se voit pas opposer la prescription quinquennale prévue à l'article 2224 du Code civil (CE Sect., 1er juillet 2019, requête numéro 412243, Association pour le musée des îles Saint-Pierre et Miquelon : AJDA 2019, p. 1750, chron. Malverti et Beaufils ; Contrats-Marchés publ. 2019, comm. 326, note Eckert ; Dr. adm. 2019, comm. 52, note Brenet ; JCP A 2019, act. 487, obs. Tesson ; RD imm. 2019, p. 568, obs. Noguellou).

1287.- Contestation du contrat par voie d'exception.-Concernant l'exception de nullité soulevée à l'occasion d'un litige relatif à l'exécution du contrat, le Conseil d'Etat précise qu'il incombe au juge, eu égard à l'exigence de loyauté des relations contractuelles, de faire application du contrat. Comme dans l'hypothèse de l'action en nullité, le contrat ne sera écarté que dans le cas où le juge constate une irrégularité invoquée par une partie ou relevée d'office par lui, tenant au caractère illicite du contenu du contrat ou à un vice d'une particulière gravité relatif notamment aux conditions dans lesquelles les parties ont donné leur consentement. Tel n'est pas le cas en l'espèce, le Conseil d'Etat estimant que le contrat n'est pas nul au seul motif que la délibération du conseil municipal n'avait pas été transmise au préfet avant la signature du contrat par le maire.

IV – Le rétrécissement de la catégorie des actes détachables préalables à la conclusion du contrat

1288.- Notion de détachabilité en matière contractuelle.- Les juges estiment que différents actes se détachent du contrat, lorsque leur existence ne repose pas sur un accord de volonté entre les parties, mais sur l'intervention unilatérale de la puissance publique. Par conséquent, ces actes détachables pourront, sous certaines conditions, faire l'objet d'un recours pour excès de pouvoir. Cette exception ne fait que contourner le principe de l'irrecevabilité du recours pour excès de pouvoir contre les contrats, le juge considérant que des actes administratifs unilatéraux peuvent intervenir préalablement à la conclusion du contrat, ou dans le cadre de son exécution.

Toutefois, la catégorie des actes détachables préalables à la conclusion du contrat est quasiment éteinte.

Les actes détachables ici visés pouvaient consister, par exemple, en une délibération d'un conseil municipal autorisant son maire à conclure un contrat, ou encore en une décision d'un préfet ou d'un ministre portant approbation d'un contrat. Plus généralement, était « considéré comme acte détachable tout acte par lequel l'autorité administrative décide ou refuse de passer ou d'approuver le contrat » (M. Long, P. Weil ; G. Braibant ; P. Delvolvé ; B. Genevois, Les grands arrêts de la jurisprudence administrative, Dalloz 13ème éd. 2001, p.94)

Dans son arrêt Martin du 4 août 1905 (requête numéro 14220, préc.), le Conseil d'Etat avait jugé que sont recevables les recours pour excès de pouvoir dirigés contre de tels actes, que le requérant soit une partie au contrat, ou qu'il soit un tiers par rapport au contrat.

Si l'acte détachable est illégal, cet acte devait être annulé. En revanche - ce qui compliquait singulièrement les choses - cette annulation n'emportait pas l'annulation du contrat lui-même qui demeurait la loi des parties. Dans ses conclusions sur l'arrêt Martin, le commissaire du gouvernement Romieu expliquait que cette absence d'effet était liée à la distinction des contentieux en application de laquelle le pouvoir d'annuler le contrat appartient au seul juge du contrat et échappe au juge de l'excès de pouvoir.

1289.- Incertitudes concernant les conséquences de l'annulation d'un acte détachable préalable au contrat.- Les conséquences de l'annulation de l'acte détachable n'ont jamais fait pas l'objet de solutions jurisprudentielles simples, le requérant pouvant dans certains cas saisir trois juges, qui seront souvent organiquement les mêmes :

- Le juge de l'excès de pouvoir qui pouvait annuler les actes détachables qu'il estimait illégaux ;

- Le juge de l'exécution des décisions d'annulation des actes détachables, qui pouvait enjoindre à l'administration, de procéder à la résiliation du contrat ou de saisir le juge du contrat ;

- Le juge du contrat qui pouvait constater la nullité du contrat.

Cependant, le juge de l'exécution de l'annulation de l'acte détachable n'allait pas nécessairement enjoindre à l'autorité compétente de mettre un terme au contrat, comme l'avait précisé le Conseil d'Etat dans son arrêt du 21 février 2011, Société Ophrys et Communauté d'agglomération Clermont-Communauté (requête numéro 337349 : BJCP 2011, p. 133, concl. Dacosta, obs. Dourlens et de Moustier, obs. R.S. ; LPA 2011, n° 127, p. 3, obs. Rouault ; Gaz. Pal. 2011, n° 149-151, p. 12, obs. Seiller ; Gaz. Pal. 2011, n° 140-141, p. 47, obs. Bain-Thouverez ; RD imm. 2011, p. 277, note Noguellou ; Procédures 2011, comm. 190, note Deygas ; Contrats-Marchés publ. 2011, comm. 123, note Pietri ; AJDA 2011, p. 356, obs. de Montecler). Cette évolution était manifestement liée à la place nouvelle qu'occupe « l'objectif de stabilité des relations contractuelles » dans la jurisprudence récente (CE Sect., 28 décembre 2009, Commune de Béziers, requête numéro 304802, préc.).

Pour tenir compte de cet objectif, les pouvoirs du juge de l'exécution devaient en effet être modulés comme l'ont été ceux du juge saisi de ce qui était à l'origine un recours en annulation du contrat par une partie contractante (V. supra).

Dès lors, suite à l'annulation d'un acte détachable, le juge de l'exécution n'avait plus un choix limité entre deux solutions possibles, l'une consistant à ne pas prononcer d'injonction, l'autre consistant à enjoindre à l'autorité compétente de saisir le juge du contrat pour qu'il en prononce nécessairement la nullité. Comme le précise le

Conseil d'Etat dans son arrêt du 21 février 2011 : « l'annulation d'un acte détachable d'un contrat n'implique pas nécessairement la nullité dudit contrat ... il appartient au juge de l'exécution, après avoir pris en considération la nature de l'illégalité commise, soit de décider que la poursuite de l'exécution du contrat est possible, éventuellement sous réserve de mesures de régularisation prises par la personne publique ou convenues entre les parties, soit, après avoir vérifié que sa décision ne portera pas une atteinte excessive à l'intérêt général, d'enjoindre à la personne publique de résilier le contrat, le cas échéant avec un effet différé, soit, eu égard à une illégalité d'une particulière gravité, d'inviter les parties à résoudre leurs relations contractuelles ou, à défaut d'entente sur cette résolution, à saisir le juge du contrat afin qu'il en règle les modalités s'il estime que la résolution peut être une solution appropriée ».

1290.- La quasi extinction de la catégorie des actes détachables préalables à la conclusion du contrat.- Le respect de l'orthodoxie contentieuse aboutissait donc à des solutions extrêmement complexes qui ont été heureusement simplifiées par le Conseil d'Etat dans son arrêt d'Assemblée Département du Tarn-et-Garonne du 4 avril 2014 (préc.).

Désormais, les tiers intéressés n'ont plus la possibilité d'exercer un recours pour excès de pouvoir contre les actes détachables préalables à la conclusion du contrat.

Ils bénéficient en revanche d'un recours de plein contentieux, plus efficace, qui leur permet d'attaquer directement le contrat.

Comme on l'a vu, seul le préfet, dans le cadre du contrôle de légalité, peut continuer à demander l'annulation des actes détachables du contrat préalable à sa conclusion tant que celui-ci n'est pas signé. La portée de cette exception devrait toutefois demeurer limitée. D'une part, en effet, les recours déjà engagés et non encore jugés perdent leur objet à la date de la signature du contrat. D'autre part, le préfet peut également, une fois que le contrat a été signé, exercer le recours en contestation de validité, lequel est par nature plus efficace que le recours pour excès de pouvoir.

En revanche, mais ce n'est pas une hypothèse expressément visée par l'arrêt Département du Tarn-et-Garonne, la décision administrative constitutive d'un acte détachable d'un contrat de droit privé conclu par une collectivité publique peut toujours faire l'objet d'un recours pour excès de pouvoir (CE, 27 octobre 2015, requête numéro 386595, Arrou, préc.). De même, l'irrecevabilité du recours pour excès de pouvoir ne concerne que « la légalité du choix du cocontractant, de la délibération autorisant la conclusion du contrat et de la décision de le signer » qui ne peuvent être contestées que dans le cadre d'un recours de plein contentieux. Cette liste étant, comme on l'a déjà évoqué, limitative, le recours pour excès de pouvoir demeure recevable contre une délibération se prononçant sur le principe de recourir à une délégation de service public ou encore contre l'acte d'approbation d'un contrat administratif (CE, 23 décembre 2016, requête numéro 392815, Association études et consommation CFDT du Languedoc-Roussillon).

§II – Contentieux de l'exécution et de la fin des contrats

1291.- Une jurisprudence évolutive.- Sur ce point encore, la jurisprudence a défini des règles complexes qui pour certaines d'entre elles ont récemment évolué. Elle nécessite de distinguer le cas des tiers de celui des parties au contrat.

I – Le recours exercé par les tiers

1292.- L'ouverture intiale du recours pour excès de pouvoir contre les actes détachables intervenus dans le cadre de l'exécution du contrat.- Jusqu'à récemment, les tiers étaient admis à exercer un recours pour excès de pouvoir contre les actes administratifs unilatéraux intervenus dans le cadre de l'exécution du contrat. Sont principalement concernées des décisions acceptant ou refusant de résilier un contrat. Cette solution avait été admise par le Conseil d'Etat à l'occasion de l'arrêt du 6 mai 1955, Société des grands travaux de Marseille (AJDA 1955, p. 327). Elle avait été exprimée de façon très générale dans un arrêt SA de livraisons industrielles et commerciales du 24 avril 1964, dont il ressort que la société requérante était « en sa qualité de tiers par rapport à ladite convention, recevable à déférer au juge de l'excès de pouvoir, en excipant de leur illégalité, tous les actes qui bien qu'ayant trait soit à la passation soit à l'exécution du contrat, peuvent néanmoins être regardés comme des actes détachables dudit contrat » (requête numéro 53518 : Rec. p. 239 ; AJDA 1964, p.308, concl. Combarnous).

1293.- Nouveau recours de plein contentieux ouvert aux tiers.- Dans la logique de subjectivisation du contentieux contractuel et d'équilibre entre légalité et stabilité contractuelle qui est celle de la jurisprudence Département du Tarn-et-Garonne (préc.), le Conseil d'Etat a finalement substitué au recours pour excès de pouvoir un recours de plein contentieux ouvert aux tiers contre la décision refusant de mettre un terme à l'exécution du contrat à l'occasion d'un arrêt du 30 juin 2017, Syndicat mixte de promotion de l'activité transmanche (requête numéro 398445 : Rec. p. 209, concl. Pellissier ; AJDA 2017, p. 1669, chron. Odinet et Roussel ; BJCP 2017, p. 395, concl. Pellissier et p. 309, note Hoepffner ; Dr. adm. 2017, comm. 51, note Brenet ; JCP A 2017, comm. 2195, note Martin ; JCP G 2017, comm. 1032, note Hourson ; RFDA 2017, p. 937, concl. Pellissier). Il était saisi, en l'espèce, d'un recours dirigé contre une décision de refus de résiliation d'un contrat. Toutefois, les conditions d'accès au juge du contrat pour les tiers, telle qu'elles sont définies par cet arrêt, sont très restrictives. D'une part, en effet, le tiers doit être susceptible d'être lésé dans ses intérêts de façon suffisamment directe et certaine par le refus de résilier le contrat. Comme dans le cadre de la jurisprudence Département du Tarn-et-Garonne (préc.), ce recours est également ouvert aux membres de l'organe délibérant de la collectivité territoriale ou du groupement de collectivités territoriales concerné ainsi qu'au préfet. D'autre part, les moyens susceptibles d'être soulevés à l'appui de ce nouveau recours sont limitativement énumérés. Il s'agit des « moyens tirés de ce que la personne publique contractante était tenue de mettre fin à (l'exécution du contrat) du fait de dispositions législatives applicables aux contrats en cours, de ce que le contrat est entaché d'irrégularités qui sont de nature à faire obstacle à la poursuite de son exécution et que le juge devrait relever d'office ou encore de ce que la poursuite de l'exécution du contrat est manifestement contraire à l'intérêt général ». A ce titre, s'ils peuvent se prévaloir de l'inexécution d'obligations contractuelles qui, par leur gravité, compromettent manifestement l'intérêt général, ils ne peuvent en revanche se prévaloir d'aucune autre irrégularité, notamment pas celles tenant aux conditions et formes dans lesquelles la décision de refus a été prise. Compte tenu des moyens soulevés par le requérant, qui doivent être en rapport direct avec l'intérêt lésé dont le tiers se prévaut, à moins qu'il ne s'agisse du préfet ou du membre de l'organe délibérant de la collectivité publique dont l'acte est contesté « il appartient au juge du contrat d'apprécier si les moyens soulevés sont de nature à justifier qu'il y fasse droit et d'ordonner, après avoir vérifié que sa décision ne portera pas une atteinte excessive à l'intérêt général, qu'il soit mis fin à l'exécution du contrat, le cas échéant avec un effet différé ».

II – Le recours ouvert aux parties

1294.- Alternative au recours contentieux.- En matière d'exécution du contrat, le recours au juge par les parties demeure l'exception. Le recours à la conciliation, à l'arbitrage et à la transaction est en effet assez fréquent.

1295.- Irrecevabilité du recours pour excès de pouvoir contre les actes inrervenus dans le cadre de l'exécution du contrat.- Du point de vue de contentieux, le principe retenu était que le juge de l'excès de pouvoir n'avait pas la possibilité d'annuler les actes intervenus dans le cadre de l'exécution du contrat. En effet, ces actes se rattachent, du point de vue des parties, au cadre contractuel, et plus précisément à l'exécution du contrat : ils ne peuvent donc, dans un tel cas, qu'exercer un recours de plein contentieux en vue de l'obtention d'une indemnité (CE, 20 février 1868, Goguelat). Comme l'avait précisé le Conseil d'Etat dans un arrêt Centre hospitalier de Moutiers du 29 juin 1990, le juge du contrat n'a pas le pouvoir de prononcer, à la demande de l'une des parties, l'annulation de mesures prises par l'autre partie (requête numéro 68025) En d'autres termes, selon la formule du commissaire du gouvernement Kahn, ces actes « ont un caractère essentiellement bilatéral, qui tient tant à leur contexte qu'à leur objet, et ne dépend ni des moyens de la requête, ni de la qualité du requérant » (conclusions sur CE, 5 décembre 1958, Secrétaire d'Etat à l'Agriculture c. Union des pêcheurs à la ligne : AJDA 1959, II, p. 57).

1296.- Recours contre les décisions de résiliation.- Cette règle s'appliquait à l'ensemble des mesures d'exécution du contrat qu'il s'agisse d'ordres de service (CE, 17 février 1978, requête numéro 99193, Société compagnie française d'entreprises : Rec. p. 88), de mesures de modification du contrat (CE, sect., 9 déc. 1983, Lebon 498 ; RFDA 1984, p. 39, concl. Genevois) ou une mesure de résiliation du contrat.

S'agissant de cette dernière hypothèse, les règles applicables ont été modifiées par l'arrêt du Conseil d'Etat du 21 mars 2011 Ville de Béziers dit « Béziers II » (requête numéro 304806, préc.) : les juges admettent désormais la possibilité pour le cocontractant de l'administration de contester une décision de résiliation devant le juge du contrat, lequel peut décider la reprise des relations contractuelles, à compter d'une date qu'il fixe, le cas échéant en ajoutant une indemnité. Cette possibilité est toutefois exclue dans l'hypothèse où le contrat aurait pu faire l'objet d'une résiliation ou d'une annulation à l'occasion d'un recours en contestation de sa validité en application de la jurisprudence « Béziers I » (CE, 1er octobre 2013, requête numéro 349099, Société Espace Habitat Construction : AJDA 2013, p. 1943, obs. Poupeau ; Contrats-marchés publ. 2013, 322, note Devillers).

Ce recours peut être assorti d'un référé suspension, propre à garantir l'effectivité de cette voie de droit, dans la mesure où la demande de reprise des relations contractuelles perd son objet dès lors que le terme du contrat est dépassé (CE, 23 mai 2011, requête numéro 23468, Société d'aménagement d'Isola 2010.- CE, 17 juin 2015, requête numéro 388433, Commune d'Aix- en- Provence : Rec. 752 ; BJCP 2015, p. 381, concl. Pellissier ; RFDA 2015.929, concl. Pellissier, note Delvolvé).

§III – Recours pour excès de pouvoir dirigé contre le contrat

1297.- Exceptions au principe d'irrecevabilité du recours pour excès de pouvoir.- Jusqu'à une époque récente, il n'existait aucune exception directe au principe de l'irrecevabilité du recours pour excès de pouvoir directement exercé contre le contrat. Désormais, il existe deux exceptions de ce type dégagées par la jurisprudence. Toutefois, ces exceptions, qui concernent exclusivement des recours exercés par des tiers, ont vocation à s'appliquer dans des domaines restreints.

I – Recours pour excès de pouvoir contre les clauses réglementaires des contrats

1298.- Des clauses détachables des contrats administratifs.- Dans son arrêt d'Assemblée Cayzeele du 10 juillet 1996, le Conseil d'Etat a admis que le recours pour excès de pouvoir est recevable à l'encontre des clauses règlementaires des contrats (requête numéro 138536 : RFDA 1997, p. 89, note Delvolvé ; AJDA 1996, p. 732, chron. Chauvaux et Girardot ; CJEG 1996, p. 382, note Terneyre ; LPA, 18 décembre 1996, note Viviano).

Cette solution prolonge la jurisprudence Croix-de-Seguey-Tivoli (requête numéro 19167, préc.), et elle s'applique spécifiquement aux contrats qui ont pour objet de confier au cocontractant de l'administration l'exécution d'un service public.

Ainsi, en l'espèce, les juges étaient saisis d'un recours pour excès de pouvoir dirigé contre les clauses d'un contrat relatif à la collecte et à l'évacuation des ordures ménagères obligeant les usagers du service à faire l'acquisition de containers. L'idée est que ces clauses, qui sont relatives à l'organisation et au fonctionnement du service public, ne font pas que fixer les rapports entre l'administration et le cocontractant. Elles ont en effet un caractère règlementaire, puisqu'elles établissent des obligations et des droits, non seulement vis-à-vis du cocontractant, mais également vis-à-vis des administrés.

Le recours pour excès de pouvoir est désormais recevable contre ces clauses qui sont considérées, en raison de leur caractère règlementaire, comme détachables du contrat. Il est à noter que dans son arrêt de Section Association Alcaly et a. du 8 avril 2009 (requête numéro 209604 : JCPA 2009, comm. 2215, note Guillemot), le Conseil d'Etat, mettant fin à une controverse entre certains juges du fond, a précisé que « les clauses règlementaires d'un contrat sont par nature divisibles de l'ensemble du contrat ».

1299.- Irrecevabilité du recours pour excès de pouvoir contre les autres stipulations des contrats.- En revanche, les conclusions à fin d'annulation dirigées contre des stipulations contractuelles qui n'ont pas un caractère règlementaire restent hors de portée du recours pour excès de pouvoir (CE, 14 mars 1997, requête numéro 119055, Compagnie d'aménagement des coteaux de Gascogne : RFDA 1997, p. 349.- CE, 31 mars 2014, requête numéro 360904, Union syndicale du Charvet et a.).

Il est à noter que cette jurisprudence n'a pas été remise en cause par l'arrêt Département du Tarn-et-Garonne en vertu duquel certains tiers sont désormais recevables à exercer un recours de plein contentieux contre un contrat administratif (CE, 9 février 2018, requête numéro 404982, Communauté d'agglomération Val d'Europe agglomération : Rec. p. 34, concl. Henrard).

II – Recours pour excès de pouvoir dirigé contre certains contrats

1300.- Contrats de recrutement des agents publics.- Cette hypothèse concerne des contrats qui ne comportent pas de clauses règlementaires, mais qui ont pour effet de placer le cocontractant privé dans une situation règlementaire. C'est le cas des contrats de recrutement des agents publics, l'idée étant que la situation de ces personnels n'est pas très différente de celle des fonctionnaires. En effet, comme les fonctionnaires, les agents contractuels sont astreints aux règles d'organisation et de fonctionnement du service, lesquelles présentent un caractère règlementaire. Le recours pour excès de pouvoir est donc recevable contre ces contrats, comme l'a précisé le Conseil d'Etat dans son arrêt de Section du 30 octobre 1998, Ville de Lisieux (requête numéro 149663 : Rec. p.375 ; AJDA 1998, p. 969 et 977, chron. Raynaud et Fombeur ; JCP G 1999, II, comm. 10445, note Haïm ; Dr. adm. 1998, comm. 374 ; RFDA 1999, p.128, concl. Stahl et note Pouyaud ; AJFP 1999/1, p. 4 ; LPA 1999, n°4, note Rouault ; RGCT 1999, p.171, note Bourdon ; Procédures 1999, comm. 52, note Deygas). En effet « eu égard à la nature particulière des liens qui s'établissent entre une collectivité publique et ses agents non titulaires, les contrats par lesquels il est procédé au recrutement de ces derniers sont au nombre des actes dont l'annulation peut être demandée au juge administratif par un tiers ».

Cette solution n'a pas non plus été remise en cause par la jurisprudence Département du Tarn-et-Garonne (préc.- V. CE, 2 février 2015, requête numéro 373520, Commune d'Aix-en-Provence : Rec. p. 14)

Pour aller plus loin :

-**Amilhat (M.)**, Le Code, les principes fondamentaux et la notion de commande publique : AJDA 2019, p. 793.

-**Amselek (P.)**, Une méthode peu usuelle d'identification des contrats administratifs : l'identification directe : Rev. Adm. 1973, p.633.

- **Antoine (J.)**, La mutabilité contractuelle née de faits nouveaux extérieurs aux parties : RFDA 2004, p.80.

- **Benoit (F.-P)**, De l'inexistence d'un pouvoir de modification unilatérale dans les contrats administratifs : JCP G 1963, I, 1775.

- **Brenet (F.)**, La théorie du contrat administratif. Evolutions récentes : AJDA 2003, p.919.

-**Canedo (M.)**, Le mandat administratif : LGDJ, coll. Bibliothèque de droit public 2001, t. 216.

- **Clouzot (L.)**, La théorie de l'imprévision en droit des contrats administratifs : une improbable désuétude : RFDA 2010, p.937.

- **De Laubadère (A.)**, Du pouvoir de l'administration d'imposer unilatéralement des changements aux dispositions des contrats administratifs : RDP 1954, p. 36.

- **Delvolvé (P.)**, Les nouveaux pouvoirs du juge administratif dans le contentieux des contrats, Mélanges Perrot : Dalloz, 1996, p. 83.

- **Eckert (G.)**, Les pouvoirs de l'administration dans l'exécution du contrat et la théorie générale des contrats administratifs : Contrats-Marchés publ. 2010, étude 9.

- **Elisabeth (A.), Raynaud (J.)**, Regards dubitatifs de juristes de droit privé sur la clause exorbitante : Mélanges - Guibal, Presses de la Faculté de Droit de Montpellier, 2006, t. 1, p. 783.

- **Fardet (C.)**, La clause exorbitante et la réalisation de l'intérêt général : AJDA 2000, p.115.

- **Haïm (V.)**, Le choix du juge dans le contentieux des contrats administratifs : AJDA 1992, p. 315.

- **Hoepffner (H.)**, La modification des contrats : D. 2016, p. 280.

- **Lichère (F.)**, L'évolution du critère organique du contrat administratif : RFDA 2002, p.341.

- **Llorens (F.), Soler-Couteaux (P.)**, La théorie administrative de l'imprévision est-elle dépassée ?, Contrats-Marchés publ. 2018, repère 3.

- **Luxembourg (F.)**, Le fait du prince : convergence du droit privé et du droit public: JCP 2008, doctr. 119.

- **Macagno (F.)**, Le Grenelle II et la nature administrative des contrats d'achat d'électricité : Contrats-marchés publ. 2011, étude 1.

-**Ménéménis (A.),** Contentieux des contrats : AJDA 2011, p.308.

- **Mollion (G.)**, La théorie de l'accessoire dans les contrats publics : Contrats-Marchés publ. 2009, étude 10.

- **Pouyaud (D.)**, Que reste-t-il du recours pour excès de pouvoir dans le contentieux des contrats ? : RFDA 2015, p. 727.

-**Rassafi-Guibal (H.)**, L'imprévision n'est pas morte, mais elle est moribonde, Note sur CE, 21 octobre 2019, requête numéro 419155, Société Alliance : Revue générale du droit on line, 2019, numéro 49745.

- **Richer (L.)**, Le contrat de mandat au risque du droit administratif : CJEG 1999, p.127.

-**Sorbara (J.-G),** La modernisation du droit des propriétés publiques par l'ordonnance n°2017-562 du 19 avril 2017.

- **Tenailleau (F.), Weill (S.)**, Le marché de partenariat : JCP 2015, 2292.

- **Weil (P.)**, Le critère du contrat administratif en crise, Mélanges Waline, p.847.

CINQUIEME PARTIE – LES ACTIVITES ADMINISTRATIVES

1301.- Distinction entre activités de police et activités de service public.- Les activités administratives sont multiples et hétérogènes. Cependant, elles sont classiquement réparties en deux catégories.

Certaines se rattachent aux missions de règlementation du comportement des particuliers. Elles ont pour objet essentiel de maintenir l'ordre public dans le cadre des relations sociales. On parle alors d'activités de police administrative.

Certaines se rattachent à la prise en charge par des personnes publiques ou privées de besoins considérés d'intérêt général. Dans cette hypothèse, l'administration n'exerce plus une activité de règlementation, mais elle devient prestataire de services. On parle ici d'activités de service public.

1302.- Relativité de la distinction.- Cette distinction classique mérite toutefois d'être relativisée. En effet, le Conseil d'Etat considère que l'activité de police elle-même est un service public (CE Ass., 12 avril 1957, Mimouni, D. 1957 p.413, concl. Contraire Tricot). Cependant, si l'activité de police est bien une activité de service public, elle est assurée dans des conditions différentes que les autres services publics ce qui justifie de la traiter à part.

CHAPITRE UN – POLICE ADMINISTRATIVE

1303.- Plan.- Il est important, tout d'abord, de définir précisément la notion de police administrative, avant d'étudier quelles sont les autorités de police et d'évoquer les particularités du contrôle de légalité opéré sur les mesures de police.

Section I – Définition de la police administrative

1304.- Principales caractéristiques.- Les activités de police administrative se caractérisent par leur caractère préventif et par les objectifs qui leur sont assignés.

§I – Caractère préventif de l'activité de police administrative

1305.- Distinction avec la police judiciaire.- Le caractère préventif de la police administrative permet de la distinguer de la police judiciaire qui a un caractère répressif. Plus précisément, c'est l'intention poursuivie par l'auteur de l'acte qui est prise en compte pour qualifier l'opération de police.

En effet, la police judiciaire a pour but la recherche des infractions et l'identification de leurs auteurs en vue de l'application de sanctions pénales (CE Sect., 11 mai 1951, requête numéro 2542, Consorts Baud : Rec. p.265 ; S. 1952, III, p.13, 1ère esp., concl. Delvolvé, note Drago.- TC, 5 juin 1951, requête numéro 1316, Dame Noualek : Rec. p.636, concl. Delvolvé). L'article 14 du Code de procédure pénale précise quant à lui que la police judiciaire a pour objet de « constater les infractions à la loi pénale, d'en rassembler les preuves et d'en rechercher les auteurs tant qu'une information n'est pas ouverte ». De même « lorsqu'une information est ouverte » elle consiste à exécuter « les délégations des juridictions d'instruction » et à déférer « à leurs réquisitions ».

Exemple :
- TC, 26 septembre 2005, requête numéro 3461, Chauvel c. Ministre de l'Intérieur : l'opération consistant à interpeller et appréhender un individu en application de l'article 12 du Code de procédure pénale relève de l'exercice de la police judiciaire. Les litiges relatifs aux dommages que peuvent causer les fonctionnaires de police dans de telles circonstances, et sans même qu'il soit besoin de déterminer si le dommage trouve son origine dans une faute personnelle détachable du service, relèvent de la compétence des tribunaux judiciaires.

A l'opposé, la police administrative consiste à prévenir la réalisation de telles infractions.

1306.- Conséquences de la distinction.- La distinction entre les deux types de polices a des conséquences du point de vue contentieux : en matière de police administrative, c'est le juge administratif qui est compétent, alors qu'en matière de police judiciaire, les litiges doivent être portés devant le juge judiciaire. En outre, il résulte de la jurisprudence du Conseil constitutionnel qu'en application du principe de séparation des pouvoirs, seule l'autorité judiciaire est compétente pour diriger ou surveiller des opérations de police judiciaire (CC, 19 janvier 2006, DC numéro 2005-532, Loi relative à la lutte contre le terrorisme). En revanche, si les opérations de police administrative relèvent en principe de l'exécutif, le Conseil constitutionnel admet que certaines opérations de police administrative peuvent être soumises à un régime de police judiciaire, celui-ci ayant pour effet de renforcer les garanties des administrés (CC, 19-20 janvier 1981, DC numéro 80-127, Sécurité et liberté).

Si elle paraît assez évidente, la distinction entre les deux types de polices pose un certain nombre de difficultés pratiques, ce qui est lié à l'utilisation du critère finaliste et au fait que ce sont pratiquement les mêmes autorités et agents qui sont en charge de ces missions.

1307.- Difficultés.- Les juges ont donc dû préciser la frontière entre les activités de police administrative et de police judiciaire.

Il a ainsi été jugé que la police judiciaire concerne aussi bien les infractions commises, que celles qui risquent d'être commises.

Exemple :
- TC, 15 janvier 1968, requête numéro 01909, Consorts Tayeb (Rec. p. 791 ; D. 1968, jurispr. p. 417, concl. Schmelck) : pour admettre qu'un acte relève de la police judiciaire

il suffit que les agents aient pu estimer que le comportement d'une personne « était de nature à laisser supposer qu'elle se disposait à commettre un délit ».

De même, relèvent de la police judiciaire les infractions réellement commises, mais également les infractions supposées.

Exemple :
- CE, 18 mai 1981, requête numéro 7502, Consorts Ferran (Rec. p.148 ; D. 1981, inf. rap. p.283, obs. Delvolvé ; RDP 1981, p.1464) : se rattache à la police judiciaire une opération de mise en fourrière d'un véhicule, alors même que l'autorité de police qui a prescrit son enlèvement aurait commis une erreur relative au caractère irrégulier du stationnement.

Dans le même ordre d'idées, le juge s'attache à contrôler l'intention réelle de l'auteur de l'acte, ce qui permet la censure d'éventuels détournements de procédure. Une telle censure a été réalisée à l'occasion d'une affaire qui mettait en cause une opération de saisie de journaux, laquelle peut revêtir, selon les cas un caractère administratif ou judiciaire (CE Ass., 24 juin 1960, requête numéro 4221989, Société Frampar, préc.). Les juges estiment en l'espèce que des saisies qui ont « pour objet, non de constater des crimes ou délits contre la sûreté intérieure ou la sûreté extérieure de l'Etat et d'en livrer les auteurs aux tribunaux chargés de les punir, mais d'empêcher (une) diffusion (...) présente, en réalité, le caractère de mesures administratives ».

D'autres difficultés peuvent concerner, non pas la définition du contenu des activités de police judiciaire et administrative, mais la coexistence entre ces activités ou leur changement de nature.

Il peut ainsi exister des hypothèses de cumul entre une opération de police administrative et une opération de police judiciaire.

Exemple :
- TC, 29 octobre 1990, requête numéro 02617, Morvan (Rec. p.400) : des policiers effectuent une ronde de surveillance tout en ayant reçu la consigne d'intercepter des individus dont le signalement leur a été donné. Dans cette hypothèse, il y a coexistence entre une activité de police administrative et une activité de police judiciaire. Cependant, les dommages dont il était demandé réparation en l'espèce ont été occasionnés lors de la tentative d'interception des individus recherchés, donc à l'occasion d'une activité de police judiciaire.

De la même façon, une opération de police administrative peut se transformer en opération de police judiciaire ou, à l'inverse, une opération de police judiciaire peut se transformer en opération de police administrative.

Exemple :
- TC, 5 décembre 1977, requête numéro 02060, Dlle. Motsch (Rec. p.671 ; AJDA 1978, p.444, chron. Dutheillet de Lamothe et Robineau) : un véhicule prend en stop une autostoppeuse. Sur la route, le véhicule est arrêté à un barrage organisé par la police en

vue de réaliser des contrôles d'identité. Le véhicule force le barrage et les policiers se mettent en chasse. A ce moment précis, l'opération de police administrative se transforme et devient une opération de police judiciaire. Les dommages subis par la victime durant la poursuite relèvent donc de la compétence des juridictions judiciaires.

Dans certains cas, la distinction entre les deux phases de l'opération n'est pas aussi nette que dans le précédent exemple, ce qui peut entraîner de graves problèmes de compétence.

Exemples :
- TC, 12 juin 1978, requête numéro 02082, Société le profil (Rec. p.648, concl. Morisot ; AJDA 1978, p.444, chron. Dutheillet de Lamothe et Robineau ; D. 1978, p.626, note Moulin ; D. 1979, inf. rap. p.50, obs. Moderne) : la caissière d'une société se fait dérober de l'argent de retour de la banque alors qu'elle était escortée par deux policiers. La société réclame réparation à l'Etat, responsable des opérations de police. La difficulté survient en l'espèce du fait que le vol est lié à deux causes différentes : la mauvaise organisation de l'escorte, ce qui relève de la police administrative ; l'inaction des agents, ce qui met en cause la police judiciaire.
- CAA Nancy, 7 janvier 2010, requête numéro 09NC00031, Epoux Girodie c. Ministre de l'intérieur, de l'Outre-mer et des Collectivités territoriales (JCP A 2010, comm. 2122, note Vila ; LPA 10 février 2011, p.12, note Tifine) : exploitants d'une boutique de parfumerie depuis 1979 à Vitry-le-François, les requérants avaient été cambriolés 11 fois en 12 ans et cela en dépit des mesures de protection prises et de la mise en place d'un dispositif d'alarme raccordé au commissariat de police situé seulement à 150 mètres. Leur préjudice peut trouver son origine à la fois dans défaillance des services de police à organiser et à assurer la protection du magasin et dans leur éventuelle incapacité à rechercher et arrêter les auteurs des vols.

Si l'on applique le critère de distinction entre les deux types de polices, les requérants devraient intenter, dans ces affaires, une action contre l'Etat devant le juge judiciaire et une action contre l'Etat devant le juge administratif, ce qui serait extrêmement compliqué.

Pour simplifier les choses, dans de tels cas, il convient de déterminer quelle est la cause principale des dommages subis. Ainsi, dans l'affaire Société le Profil, le préjudice subi résulte « essentiellement » des conditions d'organisation et de transports des fonds, c'est-à-dire d'une opération de police administrative. C'est donc le juge administratif qui est exclusivement compétent. Dans l'affaire Girodie, c'est la mauvaise organisation des services de police qui est également en cause et la même solution s'applique.

1308.- Prévention de la commission d'infractions pénales.- On relèvera enfin que le critère finaliste dégagé à l'occasion des arrêts Consorts Baud et Dame Noualek a été quelque peu perturbé par une ordonnance du juge des référés du Conseil d'Etat du 9 janvier 2014 indiquant « qu'il appartient ... à l'autorité (de police) administrative de prendre les mesures de nature à éviter que des infractions pénales soient commises » (CE, ord. réf., 9 janvier 2014, requête numéro 374508, Ministre de l'Intérieur c/ Société Les Productions de la Plume et M'bala M'bala :

Rec. p. 1 ; AJCT 2014, p. 157, note Le Chatelier ; AJDA 2014, p. 129, tribune Seiller, p. 473, tribune Broyelle et p. 866, note Petit ; D. 2014, p. 200, note Maus ; Dr. adm. 2014, repère 2, obs. Auby, et comm. 33, note Eveillard ; JCP A 2014, act. 56, obs. Touzeil-Divina et comm. 2014, note Tukov ; LPA 20 janvier 2014, p. 3, note Frison-Roche ; RFDA 2014, p. 87, note Gohin). On pouvait alors considérer que la prévention des infractions pénales devenait un but de police administrative, concurrençant ainsi la police judiciaire. Toutefois, le sens de cette jurisprudence a ensuite été précisé par une autre ordonnance du juge des référés du Conseil d'Etat du 9 novembre 2015 (requête numéro 376107, Association générale contre le racisme et pour la défense de l'identité française chrétienne et SARL Les productions de la Plume et a., : Rec. p. 377 ; AJCT 2016, p. 220, obs. Gaté ; Dr. adm. 2016, comm. 17, note Eveillard ; JCP A 2016, comm. 2065, note Pauliat) qui restreint les possibilités d'intervention du titulaire du pouvoir de police administrative générale qui peut « prendre les mesures pour prévenir la commission des infractions pénales susceptibles de constituer un trouble à l'ordre public ». Ainsi, l'intervention de l'autorité de police administrative n'est possible que si le risque de commission d'une infraction pénale est susceptible de porter atteinte à l'ordre public, les notions d'infraction pénale et de trouble à l'ordre public pouvant se recouper.

§II – Objet de l'activité de police administrative

1309.- Police administrative générale et polices administratives spéciales.- Alors que la police administrative générale a pour objet la protection de l'ordre public, les polices administratives spéciales peuvent se voir assigner d'autres buts, ou en tout cas elles présentent un certain nombre de spécificités.

I – Protection de l'ordre public

1310.- Spécificité de la notion publiciste d'ordre public.- La notion d'ordre public est très largement différente de celle retenue par les civilistes, telle qu'on la retrouve notamment à l'article 6 du Code civil selon lequel « on ne peut déroger, par des conventions particulières, aux lois qui intéressent l'ordre public et les bonnes mœurs ». La notion publiciste d'ordre public recouvre tous les aspects de la vie en société, y compris certains aspects de la vie privée.

C'est pour cela que le pouvoir de police peut consister à interdire des comportements dès lors qu'ils nuisent à autrui, conformément à l'article 4 de la déclaration de 1789, ou plus généralement à la société.

Exemple :
-CE, 25 juillet 1975, requête numéro 94012, requête numéro 94967, requête numéro 97867, Chaigneau : compte tenu de l'objet et de l'étendue des pouvoirs de police dont il dispose pour réglementer la circulation sur l'ensemble du territoire, le gouvernement a pu légalement prendre en considération les menaces pesant sur l'approvisionnement du

pays en produits pétroliers et la nécessité d'intérêt national de restreindre la consommation de ces produits pour imposer des limitations de vitesse inférieures à celles qui étaient fixées par les dispositions permanentes du Code de la route, ces mesures étant de nature à diminuer les risques d'accident et à en limiter les conséquences.

1311.- Evolution de la notion d'ordre public.- Il existe une conception traditionnelle assez restreinte de la notion d'ordre public qui a connu une extension assez récente de son champ d'application.

A – Conception traditionnelle de l'ordre public

1312.- « l'ordre matériel et extérieur ».- A l'origine, conformément à une vision libérale du droit administratif, l'ordre public c'est ce que Hauriou appelait « l'ordre matériel et extérieur considéré comme un état de fait opposé au désordre, l'état de paix, opposé à l'état de trouble … en d'autres termes elle ne poursuit pas l'ordre moral dans les idées et dans les sentiments, elle ne pourchasse pas les désordres moraux, elle est pour cela radicalement incompétente : si elle l'essayait, elle verserait immédiatement dans l'inquisition et dans l'oppression des consciences à cause de la lourdeur de son mécanisme » (Précis de droit administratif et de droit public, 12ème éd., Sirey 1933, p.549).

1313.- Trilogie traditionnelle de l'ordre public.- Il résulte de cette définition que les troubles à l'ordre public sont nécessairement matériels et non pas simplement moraux. Ainsi, traditionnellement, la notion d'ordre public recouvre trois éléments, que l'on retrouve notamment dans l'actuelle définition des pouvoirs de police des maires qui figure à l'article L. 2212-2 du Code général des collectivités territoriales.

Il s'agit, tout d'abord, de la sécurité publique. A ce titre, par exemple, le maire est chargé dans sa commune de règlementer la circulation et le stationnement, ce qui vise notamment à éviter les accidents. De même, un préfet peut procéder à la suspension administrative d'un permis de conduire en cas d'infraction grave au Code de la route. Cette mesure relève de la police administrative, puisqu'elle vise à empêcher la réalisation d'autres infractions.

Est ensuite concernée la tranquillité publique qui peut par exemple permettre à l'autorité de police de prendre des mesures visant à lutter contre le bruit ou à éviter les émeutes où les rixes.

Enfin, le troisième élément de cette trilogie traditionnelle est constitué par la salubrité publique qui permet, par exemple, à un maire de prendre un arrêté en vue d'organiser le ramassage des ordures dans sa commune ou encore de lutter contre la pollution. De même, le Premier ministre peut prendre une mesure relative à l'abattage des animaux destinés à l'alimentation humaine (CE, 5 juillet 2013, requête numéro 361441, Œuvre d'assistance aux bêtes d'abattoirs : Dr. adm. 2013, comm. 85, note Eveillard).

1314.- Notions de bon ordre et de sûreté.- Outre les composantes traditionnelles de l'ordre public, l'article L. 2212-2 du Code général des collectivités territoriales se réfère à la notion de bon ordre et à celle de sûreté. Cependant, ces notions paraissent ne pas avoir de signification autonome et devoir se fondre dans les autres composantes de l'ordre public. Selon ce texte, en effet, l'autorité de police garantit « tout ce qui intéresse la sûreté et la commodité du passage dans les rues, quais, places et voies publiques … », ce qui se rattache à l'objectif de sécurité. La même remarque peut être formulée à propos de la notion de bon ordre qui doit être maintenu « dans les endroits où il se fait de grands rassemblements d'hommes, tels que les foires, marchés, réjouissances et cérémonies publiques, spectacles, jeux, cafés, églises et autres lieux publics ».

1315.- Elements ne relevant pas de la définition de l'ordre public.- En revanche, les juges ont refusé de reconnaître que certains motifs, qui pourraient aisément être qualifiés d'intérêt général, pouvaient être englobés dans l'ordre public.

Exemples :
- CE, 12 novembre 1997, requête numéro 169295, Ministre de l'Intérieur c. Association communauté tibétaine en France (Rec. p.417 ; D. 1997, inf. rap. p. 262) : l'autorité de police ne peut interdire des manifestations qui seraient susceptibles de « porter atteinte aux relations internationales de la République ». En effet, ce motif « ne fait pas référence à des risques de troubles à l'ordre public ».
- TA Versailles, 23 janvier 1998, requête numéro 971245, Préfet de l'Essonne (Dr. adm. 1998, comm. 190) : l'autorité de police n'a pas le pouvoir de contraindre les individus à s'abriter car « l'errance de personnes sans domicile fixe en période de grands froids n'est as de nature à porter atteinte à l'ordre public ».
-CE ord. réf., 26 août 2016, requête numéro 402742, requête numéro 402777, Ligue des droits de l'homme et a. et Association de défense des droits de l'homme – Collectif contre l'islamophobie (Rec. p. 390 ; AJDA 2016, p. 2122, note Gervier ; Dr. adm. 2016, comm. 59, note Eveillard ; JCP A 2016, act. 704, obs. Pauliat ; JCP G 2016, comm. 1560, note Lenoir ; RJDH 2017, p. 407, note Wattier ; RFDA 2016, p. 1227, note Bon) : le Conseil d'Etat reconnaît ici de façon implicite que la laïcité n'est pas une composante de l'ordre public.

Sur certaines questions, la position du juge administratif a été amenée à évoluer. Ainsi, le Conseil d'Etat a-t-il longtemps admis que des considérations d'esthétique pouvaient fonder l'intervention d'un maire dans le cadre de ses pouvoirs de police administrative générale, par exemple pour la réglementation des enseignes (CE, 3 juin 1938, requête numéro 58698, requête numéro 58699, Société des usines Renault : Rec. p. 531) ou de l'affichage (CE, 14 mars 1941, Compagnie nouvelle chalets de nécessité : Rec. p. 44). Toutefois, cette jurisprudence paraît abandonnée (CE, 28 février 1972, requête numéro 77277, Chambre syndicale du bâtiment de la Haute Garonne : AJDA 1972, p. 250), ce qui s'explique par le fait que la protection de l'esthétique des villes relève aujourd'hui davantage d'une multitude de polices spéciales, relevant également du maire, notamment en matière d'urbanisme et de réglementation des enseignes et des pré-enseignes.

B – Evolution de la notion d'ordre public

1316.- Moralisation de la notion d'ordre public.- D'abord conçue comme se rapportant à « l'ordre matériel et extérieur », la notion d'ordre public s'est étendue à d'autres domaines, et plus particulièrement à la protection de la moralité publique et au respect de la dignité de la personne humaine.

1° Ordre public et moralité publique

1317.- Une notion étrangère à la conception traditionnelle de l'ordre public.- Si l'on envisage l'ordre public comme « l'ordre matériel et extérieur », il est évident que la moralité publique ne fait pas partie de ses composantes. En effet, dans ce cas, l'atteinte à la moralité publique ne se concrétise pas par des manifestations extérieures, mais seulement par un trouble psychologique, une atteinte portée à la conscience de certains administrés. Elle est exclusivement abstraite.

1318.- Premières illustrations.- La jurisprudence a considérablement évolué jusqu'à intégrer la protection de la moralité publique parmi les composantes de l'ordre public.

Cette jurisprudence a connu de rares illustrations dans la première moitié du XX° siècle. Le Conseil d'Etat, dans un arrêt Chambre syndicale des marchands de vins et liquoristes de Paris du 17 décembre 1909 a ainsi pu considérer que le préfet de police, en prenant des mesures en vue de lutter contre la prostitution « n'a fait qu'user des pouvoirs qu'il tient de la loi des 16-24 août 1790 en vue d'assurer le bon ordre et la moralité publique » (requête numéro 30164 : Rec. p. 990). Peut également être mentionné l'arrêt du Conseil d'Etat du 7 novembre 1924, Club sportif châlonnais (requête numéro 78468 : Rec. p.683 ; D. 1924. III. p.58, concl. Cahen-Salvador). Dans cette affaire, le Conseil d'Etat confirme l'arrêté d'interdiction d'une réunion de boxe pris par un maire pour des raisons « d'hygiène morale ». Enfin, un arrêt Baugé du 30 mai 1930 réglemente la tenue des baigneurs « pour assurer le maintien du bon ordre et de la décence sur le rivage de la mer » (Rec. p. 582).

1319.- Consécration.- Il ne s'agit pas ici d'ordre matériel et extérieur, mais bien de protéger la moralité publique. Cependant, ces arrêts sont demeurés isolés jusqu'à l'arrêt de Section du Conseil d'Etat du 18 décembre 1959, Société les films Lutetia (requête numéro 36385, requête numéro 36428 : Rec. p.693 ; S. 1960, p.9, concl. Mayras ; AJDA 1960, 1, p.20, chron. Combarnous et Galabert ; D. 1960, p.171, note Weil ; JCP 1961, comm. 11898, note Mimin ; Rev. Adm. 1960, p.31, note Juret). Le maire de Nice avait pris un arrêté d'interdiction de projection dans sa commune du film « le feu dans la peau », justifié par des considérations de moralité publique. Le Conseil d'Etat juge « qu'un maire, responsable du maintien de l'ordre dans sa commune, peut interdire sur le territoire de celle-ci la représentation d'un film auquel le visa ministériel d'exploitation a été accordé mais dont la projection est susceptible d'entraîner des troubles sérieux ou d'être, à raison du caractère immoral dudit film et de circonstances locales, préjudiciable à l'ordre public ».

Par conséquent, deux types de circonstances, visées par l'arrêt, sont désormais susceptibles de légitimer l'intervention de l'autorité de police.

Il s'agit, tout d'abord, du risque de « troubles sérieux », c'est-à-dire de manifestations concrètes à l'encontre du film projeté. Ainsi, le maire peut toujours interdire la projection d'un film, notamment si cette projection risque, en raison du thème traité, de porter atteinte à la sécurité publique (on pense par exemple aux incidents violents qui ont pu accompagner la sortie en salle de films comme Je vous salue Marie de Jean-Luc Godard ou la Dernière tentation du Christ de Martin Scorsese). Il s'agit ici de la conception traditionnelle de l'ordre public.

Il s'agit ensuite de troubles à la moralité publique, ce qui renvoie à des troubles de nature exclusivement psychologique. Toutefois, pour que l'autorité de police puisse agir dans ce cas encore faut-il qu'une condition supplémentaire soit remplie : l'intervention de cette autorité, dans un but de protection de la moralité publique, doit être légitimée par l'existence de circonstances locales particulières.

1320.- Critique de l'inclusion de la moralité publique parmi les composantes de l'ordre public.- Cette jurisprudence pouvait être critiquée d'un double point de vue.

En premier lieu, reconnaître qu'une autorité de police peut intervenir au nom de la moralité publique porte atteinte à la liberté de conscience. Elle tend à imposer un ordre moral « municipal ».

En second lieu, la condition de l'existence de circonstances locales particulières ressemble, pour reprendre l'expression utilisée dans sa note par Prosper Weil à « une clause de style ». Ainsi, dans l'arrêt Société les films Lutetia, le Conseil d'Etat confirme l'arrêté du maire qui invoquait, comme circonstances locales particulières, « l'existence d'une vague d'immoralité déferlant sur la ville de Nice au début de l'année 1954 », ce qui est assez peu convaincant.

De fait, la jurisprudence Lutetia paraissait conférer un pouvoir quasi-discrétionnaire d'interdiction des films aux maires dans leur commune.

1321.- Une approche plus restrictive.- Pourtant, l'évolution des mœurs aidant, la jurisprudence s'est dirigée vers une conception de plus en plus restrictive de leur intervention. En particulier, le juge administratif a examiné avec plus de précision les circonstances locales particulières invoquées par les maires (V. par exemple, à propos du film « le pull-over rouge » CE, 26 juillet 1985, requête numéro 43468, Ville d'Aix-en-Provence : Rec. p.236 ; RFDA 1896, p.439, concl. Genevois).

L'évolution des mœurs a entraîné une certaine raréfaction de l'intervention des maires, en tout cas en matière de diffusion d'œuvres cinématographiques. Aujourd'hui, la notion de moralité publique a plutôt tendance à être utilisée dans d'autres domaines.

Exemples :
- CE, 8 décembre 1997, requête numéro 171134, Commune d'Arcueil : le caractère immoral d'un affichage publicitaire en faveur de messageries roses peut justifier son interdiction par un maire.

- CE, ord. réf., 8 juin 2005, requête numéro 281084, Commune de Houilles (JCP A 2005, act. 319, obs. Rouault ; Collectivités territoriales-intercommunalité 2005, comm. 163) : sur le fondement de ses pouvoirs de police générale, le maire peut interdire l'ouverture d'un sex-shop à proximité d'établissements scolaires et de services municipaux destinés aux jeunes.

1322. Police administrative et œuvres cinématographiques.- Le débat sur la moralité publique paraissait apaisé jusqu'à une affaire récente qui a donné lieu à l'arrêt de Section du Conseil d'Etat du 30 juin 2000, Association Promouvoir et a. Toutefois, il ne s'agit plus ici de police administrative générale, mais de la police spéciale du cinéma qui consiste, pour le ministre de la Culture, à délivrer des visas d'exploitation à des œuvres cinématographiques. A l'occasion de l'arrêt du 30 juin 2000, le Conseil d'Etat annule le visa d'exploitation assorti d'une interdiction aux moins de 16 ans accordé au film « baise-moi » (requête numéro 222194, requête numéro 222195 : AJDA 2000, p.674, chron. Guyomar et Collin ; D. 2001, p.590, chron. Boitard ; RFDA 2000, p.1282, note Canedo et p.1311, note Morange ; RDP 2001, p.367, note Guettier ; Com. comm. électr. septembre 2000, comm. 95, obs. Lepage ; LPA, 15 décembre 2000, n° 250, p. 9, note Lecucq) Le Conseil d'Etat motive sa décision par le fait que ce film « composé pour l'essentiel d'une succession de scènes de grande violence et de scènes de sexe non simulées ... constitue ... un message pornographique et d'incitation à la violence ... qui pourrait relever des dispositions de l'art. 227-24 du Code pénal ». Notons au passage que cette jurisprudence ne concerne pas la police administrative générale du maire, mais la police spéciale du cinéma qui relève actuellement de la compétence du ministre de la Culture.

Cet arrêt a été très critiqué. Pourtant, si une critique devait être formulée, elle devait être adressée au gouvernement et non pas au Conseil d'Etat. En effet, dans un but de libéralisation, le décret n°90-174 du 23 février 1990 avait supprimé la possibilité de délivrer le visa d'exploitation assorti d'une interdiction aux moins de 18 ans, en la remplaçant par une interdiction aux moins de 16 ans. Or, l'article 227-24 du Code pénal punit de 3 ans d'emprisonnement le fait d'exposer à la vue d'un mineur un message à caractère violent ou pornographique. En application de ces textes, il paraissait logique d'interdire le film « Baise-moi » aux mineurs. Ainsi, du fait de la suppression de l'interdiction aux moins de 18 ans, le ministre aurait dû le classer X, ce qui entraîne deux conséquences majeures : un régime fiscal très défavorable et une restriction de la distribution en salle. L'arrêt du Conseil d'Etat a eu au moins le mérite de révéler ce problème ce qui a finalement entraîné un changement de règlementation, le décret n°2001-618 du 12 juillet 2001 rétablissant la possibilité de délivrer un visa d'exploitation assorti d'une interdiction aux moins de 18 ans.

Le débat suscité par cet arrêt et le procès gagné par l'association requérante ont conduit à une multiplication des recours dans ce domaine, généralement intentés par la même association.

Exemple :
- CE, 25 novembre 2009, requête numéro 328677, Association promouvoir et a. (AJDA 2010, p. 614, note V. M) : le ministre chargé de la Culture a assorti le visa d'exploitation du film « antichrist » d'une interdiction aux mineurs de 16 ans en reprenant les termes de l'avis de la commission de classification, qui s'était bornée, pour justifier sa proposition, à faire état du climat violent du film. La décision du ministre est annulée pour insuffisance de motivation.

Plus rarement, aujourd'hui, le recours émane d'une société de distribution qui se plaint d'une classification trop restrictive.

Exemple :
- CE, 6 octobre 2008, requête numéro 311017, Société cinéditions : les juges relèvent que le film « Quand l'embryon part braconner » comporte, par la représentation d'une rencontre banale entre un homme et une femme, de nombreuses scènes de torture et de sadisme d'une grande violence physique et psychologique, et présente une image des relations entre les sexes fondée sur la séquestration, l'humiliation et l'avilissement du personnage féminin, dont la mise en scène est de nature à heurter la sensibilité des mineurs. Ainsi, le ministre de la Culture et de la Communication n'a pas commis d'erreur d'appréciation en interdisant la diffusion du film en cause aux mineurs de moins de 18 ans.

2° Ordre public et principe du respect de la dignité de la personne humaine

1323.- L'affaire du lancer de nains.- Cette nouvelle composante de l'ordre public a été dégagée à l'occasion d'une affaire très particulière qui a donné lieu aux arrêts d'Assemblée du Conseil d'Etat du 27 octobre 1995, Commune de Morsang-sur-orge et Ville d'Aix-en-Provence (requête numéro 136727, requête numéro 143578 : Rec. p.372, concl. Frydman ; AJDA 1995, p.878, chron. Stahl et Chauvaux ; D. 1996, p.177, note Lebreton ; JCP G 1996, II, comm. 22630, note Hamon ; RFDA 1995, p. 1204, concl. Frydman ; RDP 1996, p.536, notes Gros et Froment). Le Conseil d'Etat devait ici connaître de la légalité d'arrêtés municipaux interdisant des spectacles de lancers de nains ce qui lui a donné l'occasion d'établir comme principe que « le respect de la dignité de la personne humaine est une composante de l'ordre public ». Le Conseil d'Etat a ensuite fait valoir que le fait d'utiliser « comme un projectile une personne affectée d'un handicap physique et présentée comme telle … porte atteinte à la dignité de la personne humaine ».

1324.- L'affaire des soupes gauloises.- Il n'existe que de rares illustrations de cette jurisprudence. La première est fournie par l'ordonnance du juge des référés du Conseil d'Etat du 5 janvier 2007, Ministre de l'Intérieur c. Association « Solidarité des Français » (requête numéro 300311 : AJDA 2007, p. 601, note Pauvert). Dans cette affaire – généralement appelée l'affaire des « soupes gauloises » - le juge a estimé que l'interdiction de plusieurs rassemblements liés à la distribution sur la voie publique d'aliments contenant du porc pouvait être prononcée pour prendre en considération les risques de réactions à une démonstration susceptible de porter atteinte à la dignité des personnes privées du secours proposé.

1325.- Le cas très particulier des installations classées pour l'environnement.- La seconde illustration concerne l'arrêt du 26 novembre 2008, Syndicat mixte de la vallée de l'Oise, Commune de Fresnières et Communauté de communes du Pays des sources (requête numéro 301151 : Rec. p.439 ; AJDA 2008, p. 2252, obs. Jégouzo ; AJDA 2009, p.32, concl. Guyomar ; BJCL 2009, p. 33, concl. Guyomar ; Dr. adm. 2008, comm. 9 ; Gaz. Pal. 3-4 juillet 2009, p. 32, note Cassara) dans lequel le Conseil d'Etat a décidé que les décisions en matière d'installations classées pour la protection de l'environnement doivent respecter les principes fondamentaux relatifs au respect de la dignité humaine (à propos de restes humains qui pourraient être exhumés à l'occasion de travaux sur un site sur lequel des combats ont eu lieu durant la Première guerre mondiale).

1326.- Les affaires Dieudonné.- Une autre illustration est fournie par les multiples épisodes de la célèbre affaire « Dieudonné ». Etait ici en cause un spectacle intitulé « le mur », contenant notamment des propos de caractère antisémite et incitant à la haine raciale. Dans son ordonnance Ministre de l'Intérieur du 9 janvier 2014 (requête numéro 374508, préc.- V. également CE, ord. réf., 10 janvier 2014, requête numéro 374528, SARL les productions de la Plume.- CE, ord. réf., 11 janvier 2014, requête numéro 374552, SARL les productions de la Plume) le juge des référés du Conseil d'Etat valide l'interdiction du spectacle au regard du « risque sérieux que soient de nouveau portées de graves atteintes au respect des valeurs et principes, notamment de dignité de la personne humaine, consacrés par la Déclaration des droits de l'homme et du citoyen et par la tradition républicaine ». Comme on l'a vu les juges relèvent également qu'il appartient « à l'autorité administrative de prendre les mesures de nature à éviter que des infractions pénales soient commises » ce qui permet donc d'interdire à titre préventif de nouvelles représentations du spectacle. Il est à noter enfin, que concernant un autre spectacle de Dieudonné, édulcoré de ses propos antisémites, le Conseil d'Etat a refusé de faire droit à un nouvel arrêté d'interdiction notamment fondé sur l'atteinte à la dignité de la personne humaine (CE, 6 février 2015, requête numéro 387726, Commune de Cournon d'Auvergne ; Rec. p. 55 ; AJDA 2015, p. 1658, note Saillant-Maraghni ; D. 2015, p. 544, note Quiriny.- V. aussi pour un spectacle organisé à Marseille CE, ord. réf., 13 novembre 2017, requête numéro 415400, Société les productions de La plume et a.- V. par ailleurs dans d'autres affaires refusant d'appliquer les principes de la jurisprudence Commune de Morsang-sur Orge/ Commune d'Aix-en-Provence : CE, 11 décembre 2014, requête numéro 386328, Centre Dumas-Pouchkine des Diasporas et Cultures Africaines et a.- CE, 16 avril 2015, requête numéro 389372, Société Grasse boulangerie : JCP A 2015, comm. 2138, note Pauliat). Dans toutes ces affaires, sont en cause, comme dans la jurisprudence consacrée à la moralité publique, des atteintes abstraites à l'ordre public. L'appréciation de l'existence de telles atteintes est donc, une fois encore, totalement subjective. Le lien entre le nouveau principe dégagé par le Conseil d'Etat et la moralité publique a d'ailleurs été bien mis en valeur par le commissaire du gouvernement Frydman dans ses conclusions sur les arrêts de 1995, celui-ci ayant clairement précisé que le respect de la personne humaine « traduit une exigence morale » et « constitue lui-même l'une des composantes essentielles de la moralité publique ».

Cependant, par exception à la jurisprudence consacrée à la moralité publique, le Conseil d'Etat estime que l'autorité de police peut intervenir « même en l'absence de circonstances locales particulières » lorsqu'est en cause ce principe. L'exigence d'une telle condition aurait, de fait, rendue totalement inutile l'inclusion de cette notion parmi les composantes de l'ordre public. En effet, à la rigueur, on peut estimer que des circonstances locales particulières peuvent être invoquées à l'appui d'une mesure d'interdiction d'un film pour des motifs liés à la moralité publique. A l'opposé, on ne voit pas comment de telles circonstances pourraient être invoquées relativement à un principe aussi absolu que celui du respect de la dignité de la personne humaine.

L'absence de référence à la condition de circonstances locales particulières a été assez vivement critiquée par une partie de la doctrine. On peut en effet penser que le Conseil d'Etat aurait dû annuler les arrêtés municipaux contestés en raison de l'incompétence de leur auteur, ce type de mesure, en l'absence de circonstances locales particulières susceptibles d'être invoquées, devant relever du titulaire des pouvoirs de police au niveau national, c'est-à-dire, en application de la jurisprudence Labonne (requête numéro 56377, préc.) du Premier ministre.

II – Particularités des polices spéciales

1327.- Différences avec la police administrative générale.- Contrairement à la police administrative générale, qui a pour objet la protection de l'ordre public dans un ressort géographique donné, la police administrative spéciale s'exerce dans un cadre plus restreint.

Les différences entre ces deux types de polices peuvent être observées sur trois points et, selon les cas, ces points de différences seront ou non cumulés.

Une police est spéciale si elle est attribuée à une autorité différente de celle qui est en principe territorialement compétente pour protéger l'ordre public. Ainsi, par exemple, la police des gares, des aérodromes, de la chasse et de la pêche relèvent, non pas de la compétence du maire de la commune concernée, mais de celle du préfet. De même, la police spéciale du cinéma, qui consiste à délivrer les visas d'exploitation et d'importation des films, appartient non pas au Premier ministre mais au ministre de la Culture.

Une police est également spéciale si elle est exercée selon des procédures différentes de celles auxquelles la police générale est assujettie. Ainsi, par exemple, dans le cadre de la police du cinéma, le ministre de la Culture ne peut prendre de décisions qu'après avis de la commission de classification des œuvres cinématographiques.

Enfin, une police est spéciale si elle a une finalité en tout ou partie différente de celle de la police générale. Cette finalité, comme c'était le cas à l'origine pour la police du cinéma qui pouvait être exercée « pour la protection de tous les intérêts généraux », peut être plus vaste que de simples considérations liées à la préservation de l'ordre public. Cependant, elle aura généralement un objet qui lui est propre et qui est plus restreint que la notion traditionnelle d'ordre public. C'est le cas, par exemple, de la police de la chasse qui a pour objet la préservation du gibier ou encore de la police de l'affichage, de la publicité et des enseignes qui tend à la sauvegarde de l'esthétique et à la protection de l'environnement. De même, concernant la police du cinéma « le visa peut désormais être refusé ou sa délivrance subordonnée à des conditions pour des motifs tirés de la protection de l'enfance et de la jeunesse ou du respect de la dignité humaine » (Code du cinéma et de l'image animée, art. L. 211-1).

Section II – autorités de police

1328.- Autorités de police administrative générale et autorités de police administrative spéciale.- Les autorités de police se répartissent en deux catégories : certaines ont une compétence générale, alors que d'autres n'exercent qu'une compétence spéciale. Dans le premier cas, on parle d'autorités investies d'un pouvoir de police administrative générale. Ces autorités ont pour mission d'intervenir dans le but de protéger l'ordre public dans tous les domaines de la vie sociale. Dans le second cas, on parle d'autorités investies d'un pouvoir de police administrative spéciale. Cependant, la séparation entre ces deux types d'autorités n'est pas absolue et il existe des possibilités d'interactions entre elles.

§I – Autorités de police administrative générale

1329.- Lien avec l'organisation territoriale.- La répartition des compétences entre les autorités de police administrative générale est intimement liée à l'organisation territoriale : il faut ainsi distinguer les autorités de police au niveau national, des autorités de police au niveau local. La séparation entre ces deux types d'autorités n'est toutefois pas étanche, le concours entre les mesures de police administrative générale émanant de deux autorités différentes étant possible.

I – Autorité de police au niveau national

1330.- Premier ministre.- Le Premier ministre a hérité du pouvoir de prendre des règlements de police applicables à l'ensemble du territoire qui avait été reconnu au chef de l'Etat, chef de l'exécutif sous les Troisième et Quatrième Républiques, à l'occasion de l'arrêt Labonne du 8 août 1919 (requête numéro 56377, préc.).

Reprenant presque mot pour mot le considérant de principe de l'arrêt Labonne, le Conseil d'Etat a ainsi décidé, dans son arrêt du 2 mai 1973, Association culturelle des israélites nord-africains de Paris « qu'il appartient au Premier ministre en dehors de toute délégation législative, et en vertu de ses pouvoirs propres » de déterminer les mesures de police qui sont applicables à l'ensemble du territoire (requête numéro 81861, Rec. p.313 ; Rev. Dr. Rural 1974, p.13, note Moreau). Il peut, par exemple, prendre une mesure dont l'objet est d'assurer la sécurité des conducteurs de voitures automobiles et des personnes transportées (à propos de la ceinture de sécurité obligatoire V. CE, 4 juin 1975, requête numéro 92161, requête numéro 92685, Bouvet de la Maisonneuve : Rec. p.330 ; Dr. adm. 1975, comm. 250). De la même façon, il a été récemment jugé que le Premier ministre est compétent pour réintroduire temporairement un contrôle aux frontières intérieures de l'espace Schengen (CE, 28 décembre 2017, requête numéro 415291, Association nationale d'assistance aux frontières pour les étrangers).

Cette solution a été confirmée par le Conseil constitutionnel qui a estimé que les dispositions de l'article 34 de la Constitution selon lesquelles la loi seule fixe « les garanties fondamentales accordées aux citoyens pour l'exercice des libertés publiques » n'ont pas retiré au Premier ministre « les attributions de police générale qu'il exerçait antérieurement en vertu de ses pouvoirs propres et en dehors de toute habilitation législative » (CC, 20 février 1987, numéro 87-149 DC, Nature juridique de dispositions du Code rural et de divers textes relatifs à la protection de la nature : Rec. CC p.22 ; JO 26 février 1987, p.2208 ; RDP 1987, p.399, note Favoreu).

1331.- Délégations.- Le Premier ministre dispose également de la possibilité de renvoyer à des arrêtés ministériels, à condition toutefois que soit défini avec une précision suffisante le cadre et l'objet des mesures à intervenir (CE, 4 juin 1975, requête numéro 92161, requête numéro 92685, Bouvet de la Maisonneuve, préc.- V. également CE, 23 novembre 2011, requête numéro 345021, Association France nature environnement).

II – Autorités de police au niveau local

1332.- Rôles du maire et du préfet.- Au niveau de la commune, c'est en principe le maire qui exerce les compétences de police administrative générale, alors que cette compétence appartient au préfet dans le département.

A – Maire

1333.- Police administrative générale.- Comme le précise l'article L. 2212-1 du Code général des collectivités territoriales « le maire est chargé, sous le contrôle administratif du représentant de l'Etat dans le département, de la police municipale, de la police rurale et de l'exécution des actes de l'Etat qui y sont relatifs ».

1334.- Polices administratives spéciales.- En dehors de ces dispositions, qui confèrent au maire un pouvoir de police générale, celui-ci dispose de pouvoirs de police administrative spéciale dans des domaines particuliers visés par les articles L. 2213-1 et suivants du Code général des collectivités territoriales. Sont visées par ces dispositions : la police de la circulation et du stationnement (CGCT, art. L. 2213-1 et s.), la police des funérailles et des inhumations (CGCT, art. L. 2213-7 s.), la police dans les campagnes (CGCT, art. L. 2213-16 s.), la police des baignades et des activités nautiques (CGCT, art. L. 2213-23), etc. Il dispose également de nombreux pouvoirs de police administrative spéciale issus d'autres dispositions, par exemple en matière de police rurale et en matière de protection de l'environnement.

1335.- Autorité de police administrative et officier de police judiciaire.- L'activité des maires en matière de police a pour objectif la prévention des infractions. Il s'agit donc essentiellement pour les autorités communales d'édicter des réglementations et de prendre des décisions particulières (autorisations, interdictions, etc.) et non pas de punir des infractions, comme cela a été rappelé à plusieurs reprises par le Conseil constitutionnel. Certes, en vertu de l'article 16 du Code de procédure pénale et de l'article L. 2122-31 du Code général des collectivités territoriales, le maire et ses adjoints ont également la qualité d'officier de police judiciaire, ce qui leur permet notamment de constater des faits constitutifs d'une infraction pénale. Mais il s'agit ici d'une compétence qui relève non pas de la décentralisation, mais de la déconcentration, le maire et ses adjoints se trouvant, dans cette hypothèse, sous l'autorité hiérarchique du procureur de la République.

1336.- Agents de la police nationale.- Logiquement, les activités des agents de la police nationale agissant sous l'autorité du maire pour des compétences en matière de police administrative peuvent permettre d'engager la responsabilité de la commune (CE, 3 avril 1981, requête numéro 12870, requête numéro 18293, Ville de Bayonne : Rec. tables, p. 902 ; D. 1982, inf. rapp. p. 57, obs. Moderne et Bon). Mais comme on le verra, si ces compétences ont été transférées au préfet, c'est la responsabilité de l'Etat qui devra être recherchée.

1337.- Création d'une police municipale.- Pour permettre l'accomplissement des missions de police administrative générale qui lui sont dévolues, le maire peut créer une police municipale (CGCT, art. L. 2212-5 renvoyant au titre 1er du livre 5 du Code de sécurité intérieure). S'ils exercent l'essentiel de leurs missions pour l'exécution des décisions prises par le maire dans le cadre de ses pouvoirs de police administrative, ces personnels n'ont en revanche que la qualité d'agents de police judiciaire adjoints. Ils exercent en conséquence des pouvoirs limités, ce qui a notamment été rappelé par le Conseil d'Etat à l'occasion d'un arrêt Commune de Marcq-en-Bareuil du 19 juin 2002 selon lequel « les missions des agents de police municipale, leurs modalités de recrutement et de formation, ainsi que leurs statuts, diffèrent de ceux des agents de la police nationale » (CE, 19 juin 2002, requête numéro 221500, requête numéro 221502, requête numéro 221503, requête numéro 221504, requête numéro 221505, requête numéro 2215061 : AJDA 2002, p. 852).

De son côté, le Conseil constitutionnel a pu considérer que « l'exigence de direction et de contrôle de l'autorité judiciaire sur la police judiciaire ne serait pas respectée si des pouvoirs généraux d'enquête criminelle ou délictuelle étaient confiés à des agents qui, relevant des autorités communales, ne sont pas mis à la disposition des officiers de police judiciaire ». Il en résulte qu'en permettant aux policiers municipaux de procéder à des contrôles et des vérifications d'identité, alors qu'ils ne sont pas mis à la disposition des officiers de police judiciaire, la loi déférée méconnaissait l'article 66 de la Constitution (CC, 10 mars 2011, décision numéro 2011-625 DC : AJCT 2011, p. 182, étude Dreyfus ; AJDA 2011, p. 1097, note Ginocchi ; Constitutions 2011, p.223, obs. Darsonville). Il n'en demeure pas moins que les compétences de police judiciaire des agents de police municipale se sont considérablement développées ces dernières années. Ils peuvent par exemple verbaliser la grande majorité des contraventions prévues par le Code de la route (V. Code de la route, art. R. 130-2) ainsi que de nombreuses contraventions prévues par le Code pénal ne nécessitant pas d'actes d'enquête et ne réprimant pas des atteintes à l'intégrité des personnes (V. Code de procédure pénale, art. R. 15-33-29-3). Ils peuvent aussi prescrire la mise en fourrière d'un véhicule automobile (V. Code de la route, art. L. 325-2) ou encore constater le délit d'attroupement portant atteinte à la libre circulation dans les parties communes des immeubles (V. Code de la construction et de l'habitation, art. L. 126-3)

1338.- Transfert de pouvoirs de police administrative spéciale au président de l'EPCI à fiscalité propre.- Dans certains cas, le pouvoir de police administrative du maire peut être transféré - ou il doit l'être - au président de l'EPCI à fiscalité propre dont fait partie la commune. L'article L. 5211-9-2 du Code général des collectivités territoriales précise ainsi que les maires des communes de l'EPCI peuvent ou doivent transférer au président de cet établissement tout ou partie des attributions de police spéciale qui se rattachent au champ des compétences transférées à cet établissement.

Le transfert des pouvoirs de police est en principe obligatoire pour les compétences transférées en matière d'assainissement, de collecte des déchets ménagers, de voirie - pour la police de la circulation et du stationnement et pour la délivrance des autorisations de stationnement sur la voie publique aux exploitants de taxi -, de constructions et d'habitation - en matière de lutte contre l'habitat indigne essentiellement - et pour ce qui concerne la réalisation des aires d'accueil ou de terrains de passage des gens du voyage. Toutefois, les maires peuvent s'opposer aux transferts de compétences et les présidents des ECPI y renoncer. Dans le cas où les maires s'opposent à ces transferts, il y est mis fin, mais pour les seules communes dont les maires ont notifié leur opposition.

Le transfert est possible pour les compétences transférées en matière de sécurité des manifestations culturelles et sportives organisées dans des établissements communautaires, de défense extérieure contre l'incendie et concernant les déchets abandonnés, déposés ou gérés contrairement aux prescriptions du Code de l'environnement. Dans ces différentes hypothèses, le transfert se fait sur proposition d'un ou de plusieurs maires des communes intéressées. Il donne lieu à un arrêté du ou des représentants de l'Etat dans le ou les départements concernés, après accord de tous les maires des communes membres et du président de l'EPCI. Cependant, des règles spéciales s'appliquent aux communautés urbaines. Pour cette catégorie d'EPCI, le transfert est décidé par arrêté du ou des représentants de l'Etat dans le ou les départements, après accord du président de la communauté urbaine et des deux tiers au moins des maires des communes membres dont la population représente plus de la moitié de la population totale, ou de la moitié des maires de communes membres dont la population représente plus des deux tiers de la population totale.

B – Préfet de département

1339.- Rôle du préfet de département en matière de police.- Selon les dispositions de l'article 34 de la loi n°82-213 du 2 mars 1982 modifiée, le préfet de département « a la charge des intérêts nationaux, du respect des lois, de l'ordre public ». L'article L. 122-1 du Code de sécurité intérieure précise quant à lui qu'il « anime et coordonne la prévention de la délinquance et l'ensemble du dispositif de sécurité intérieure ». Il est également autorité de police administrative spéciale dans de nombreuses hypothèses (par exemple en matière de chasse, de gares et d'aéroports, ainsi que, notamment, dans de nombreuses hypothèses visées par le Code de l'environnement).

1340.- Possibilité d'agir dans plusieurs communes ou la totalité des communes du département.- En principe, dans le cadre de ses pouvoirs de police administrative générale, il ne peut agir que pour prendre des mesures dont le champ d'application excède le territoire d'une commune, puisque sinon c'est le maire qui est compétent. Qui plus est, cette compétence ne peut être exercée que si des « circonstances particulières » l'exigent.

Exemples :
- CE, 3 juillet 1992, requête numéro 120448, Ministre de l'Intérieur c. Société Carmag (Dr. adm. 1992, 379 ; D. 1992, inf. rap. p. 232 ; RFDA 1992, p. 932) : les juges annulent un arrêté du préfet de Seine-et-Marne interdisant, sur l'ensemble du département, la vente de boissons alcoolisées dans les stations-services entre 22 heures et 6 heures du matin, cette mesure n'ayant pas été prise en considération de circonstances particulières au département concerné.
- CE, 3 mars 1993, requête numéro 116550, SA Carmag (Rec. p. 52 ; Gaz. Pal. 1994, 1, pan. dr. adm. p. 2) : le préfet du Var était compétent pour prendre une mesure interdisant la vente de boissons alcooliques dans l'ensemble des stations -du département entre 22 heures et 6 heures. Le préfet avait en effet pris en considération des circonstances particulières au département concerné, en s'appuyant sur une enquête de gendarmerie et une enquête de police démontrant qu'un pourcentage important des 926 accidents corporels de la circulation survenus dans le département, étaient liés à l'alcoolémie et s'étaient produits entre 22 heures et 6 heures du matin.

La mesure de police administrative générale prise par le préfet peut concerner l'ensemble du département, ou seulement certaines communes. A l'opposé, en principe, le préfet ne peut prendre une mesure de police administrative générale applicable dans une seule commune, ce qui aurait pour effet de concurrencer le pouvoir de police administrative générale des maires.

1341.- Pouvoir de substitution en cas de carence du maire.- Par exception, il existe cependant des cas où le préfet est habilité à prendre des mesures de police qui ont vocation à s'appliquer dans une commune en particulier.

Ainsi, l'article L. 2215-1, 1°du Code général des collectivités territoriales permet au préfet de se substituer au maire, après une mise en demeure restée sans résultat, pour prendre les mesures nécessaires à la préservation de l'ordre public.

Exemple :
- CE, 31 janvier 1997, requête numéro 156276, SARL Camping « Les clos » : un préfet a mis en demeure un maire d'interdire l'installation de tentes, caravanes et maisons mobiles dans le secteur inondable d'un camping situé dans une zone à risque majeur. Cette mise en demeure étant restée sans suite pendant trois semaines, le préfet pouvait légalement se substituer au maire pour prendre à sa place la mesure d'interdiction.

Il faut relever, cependant, qu'en cas d'urgence le préfet est dispensé de mettre en demeure le maire avant de se substituer à lui.

Exemple :
- CE, 25 novembre 1994, requête numéro 148962, requête numéro 149018, Ministre de l'Intérieur (Rec. tables, p. 832 ; Quot. Jur. 28 mars 1995, note Moreno) : l'urgence justifie que le préfet puisse ordonner la fermeture provisoire d'une boucherie-charcuterie dont les produits comportent des souches épidémiques de listériose, sans mise en demeure préalable du maire.

Plus spécifiquement, concernant le service de l'aide sociale à l'enfance, l'inaction du président du conseil départemental - qui rappelons-le ne dispose pas de pouvoir de police administrative générale - susceptible de mettre en cause la santé, la sécurité ou la moralité d'un mineur isolé peut justifier l'intervention de l'autorité de police (CE, 27 juillet 2016, requête numéro 400055, Département du Nord).

Relevons également que l'article L. 2215-1, 1° du Code général des collectivités territoriales n'autorise pas le préfet à donner aux sous-préfets compétence générale à l'effet de se substituer aux maires dans l'exercice de leurs pouvoirs (CE, 31 juillet 1992, requête numéro 101623, Commune de Petite-Île).

Notons aussi que l'article L. 2215-3 du Code général des collectivités territoriales organise un mécanisme de mise en demeure préalable et de substitution identique à celui prévu par l'article L. 2215-1, 1° du même code. Il permet au préfet de se substituer au maire pour interdire, par arrêté motivé, l'accès de certaines voies ou de certaines portions de voies ou de certains secteurs d'une ou de plusieurs communes « aux véhicules dont la circulation sur ces voies ou dans ces secteurs est de nature à compromettre soit la tranquillité publique, soit la protection des espèces animales ou végétales, soit la protection des espaces naturels, des paysages ou des sites ou leur mise en valeur à des fins esthétiques, écologiques, agricoles, forestières ou touristiques ».

La carence du préfet dans l'exercice de ce pouvoir est susceptible d'entraîner la condamnation de l'Etat, à condition qu'elle soit considérée comme constitutive d'une faute lourde.

Exemple :
- CE, 25 juillet 2007, requête numéro 283000, Société France Télécom et Société Axa Corporate Solutions Assurance et CE, 25 juillet 2007, requête numéro 293882, Ministre d'Etat, ministre de l'Intérieur et de l'Aménagement du territoire (Rec. tables, p.707 ; Dr. adm. 2008, comm. 2, note Dieu ; RLCT, décembre 2007, p. 24, obs. Glaser) : suite à des dégradations subies par un central téléphonique depuis l'installation de gens du voyage sur un terrain voisin, le préfet s'est déplacé sur les lieux et a provoqué une réunion au cours de laquelle il a préconisé les mesures à prendre et décidé de maintenir les rondes quotidiennes de gendarmerie aux abords du site. La détermination de mesures nouvelles à prendre était difficile en raison de l'absence de lien de causalité certain entre les déprédations et la présence de gens du voyage. Il en résulte que l'absence de mise en œuvre par le préfet des pouvoirs de substitution ne révèle pas, dans les circonstances de l'espèce, l'existence d'une faute lourde de l'Etat.

1342.- Etatisation de la police.- Le préfet est également compétent pour prendre certaines mesures de police administrative générale dans les communes dont la police a été étatisée. Sont concernés, en application des articles L.2214-1 et R. 2214-1 du Code général des collectivités territoriales : les chefs-lieux de département et les ensembles de communes de plus de 20000 habitants où les caractéristiques de la délinquance sont celles des zones urbaines. Il a été jugé, en application de ces dispositions, que le régime de la police d'Etat peut être supprimé sur le territoire d'une ou de plusieurs communes soit lorsque la population de cette commune ou de cet ensemble de communes est inférieure à 20 000 habitants, soit lorsque les caractéristiques de la délinquance sur le territoire de cette commune ou de cet ensemble de communes ne sont pas celles des zones urbaines (CE, 16 janvier 2008, requête numéro 297648, Commune de Marmande : JCPA 2008, 2063, note Moreau). Il résulte également de la jurisprudence que le juge de l'excès de pouvoir exerce un contrôle normal sur l'appréciation portée par l'autorité administrative quant aux caractéristiques de la délinquance sur le territoire de la circonscription de sécurité publique en cause (CE, 30 novembre 2001, requête numéro 224800, de Courson et a. : Rec. p. 617 ; AJDA 2002, p. 539, concl. Mignon).

Les préfets exercent une fraction des pouvoirs de police administrative générale dans les communes dont la police a été étatisée. Ils exercent en effet, au nom de l'Etat, un pouvoir de police administrative générale dans le domaine de la protection de la tranquillité publique, sauf pour ce qui concerne notamment la lutte contre les bruits du voisinage qui continue de relever du maire (sur cette distinction V. CE, 27 juillet 2005, requête numéro 257394, Commune de Noisy-le-Grand : Rec. tables, p.758). Les préfets ont plus précisément la charge du bon ordre quand il se fait occasionnellement de grands rassemblements d'hommes, par exemple en cas d'émeutes ou de manifestations.

Les juges veillent scrupuleusement à la préservation des compétences du préfet. Ainsi, le Conseil d'Etat a pu juger que dans les communes où est instituée une police d'Etat, le préfet a seule qualité pour prononcer l'interdiction d'une manifestation sur la voie publique de nature à troubler l'ordre public et cela même si le maire a tenté de fonder sa compétence sur la gêne apportée par la manifestation à la circulation publique (CE, 28 avril 1989, requête numéro 74018, Commune de Montgeron : Rec. p. 119 ; AJDA 1989, p. 644, obs. Prétot). En sens inverse, il a été jugé que le maire est compétent pour réglementer les heures d'ouverture des commerces à emporter et des épiceries de nuit pour des motifs tirés de la quiétude du voisinage (TA Nice, 6 juillet 2010, requête numéro 1001757, SARL Anteo et a. : BJCL 2010, p. 601, concl. Laso).

Cette délimitation des pouvoirs du maire et du préfet n'en est pas moins susceptible de poser un certain nombre de difficultés.

Exemples :
- CE, 20 décembre 1995, requête numéro 145908, Commune de Bourg-en-Bresse : la réduction de la durée quotidienne d'exploitation d'une salle de jeux, prise suite à des incidents provoqués en dehors de l'établissement par des bandes de jeunes et dans le but de limiter les troubles à l'ordre public ainsi constatés relève de la compétence du préfet et non de celle du maire.
- TA Caen, 18 novembre 2003, Préfet du Calvados (BJCL 2004, p. 175, concl. Hommeril) : le maire n'est pas compétent pour interdire la prostitution dès lors que l'arrêté litigieux est fondé sur des considérations de tranquillité publique.

III – Concours entre les mesures de police administrative générale

1343.- Conditions.- Cette possibilité de concours a été reconnue par le Conseil d'Etat dans son arrêt du 18 avril 1902 Commune de Néris-les-bains (Rec. p.275 ; S. 1902, III, p.81, note Hauriou ; Rev. Gen. d'adm. 1902, II, p.297, note Legouix).

L'idée qui sous-tend cette jurisprudence est que les actes pris par l'autorité hiérarchiquement supérieure établissent des règles qui constituent un minimum. Par conséquent, l'autorité hiérarchiquement inférieure ne peut prendre de mesures qui atténuent leur portée. En revanche, en raison de circonstances particulières de temps et de lieu, elles peut décider d'aggraver ces mesures.

En l'espèce, un préfet avait interdit les jeux d'argent dans son département, sauf dérogation accordée par le ministre de l'Intérieur pour les stations thermales. Le maire de Néris-les-bains a alors pris un arrêté interdisant de manière absolue les jeux d'argent dans sa commune, sans possibilité de dérogation. Cet arrêté est légal alors même qu'il établit une interdiction plus rigoureuse que celle édictée par le préfet.

§II – Autorités de police administrative spéciales

1344.- Autorités compétentes.- Contrairement à la police administrative générale, qui a pour objet, comme on l'a vu, la protection de l'ordre public dans un ressort géographique donné, la police administrative spéciale s'exerce dans un cadre plus restreint. Les pouvoirs de police administrative spéciale peuvent être dévolus à de nombreuses autorités. Parfois, comme on l'a vu, elles coïncident avec celles compétentes en matière de police administrative générale, mais ce n'est pas nécessairement le cas.

1345.- Concours entre police administrative générale et police administrative spéciale.- Les concours entre la police administrative spéciale et la police administrative générale sont envisageables si deux conditions sont réunies.

Pour que le concours soit possible, les objectifs des pouvoirs de police concernés doivent se recouper, ce qui implique que la police administrative spéciale considérée doit avoir, parmi ses objets, la préservation de tout ou partie des éléments composant l'ordre public.

De même, le concours n'est possible que s'il n'est pas exclu par un texte, ce qui est fréquemment le cas.

Exemples :
- CE, 10 avril 2002, requête numéro 238212, Ministre de l'Equipement et des Transports (Rec. p. 123 ; RFDA 2002, p. 676) : l'existence du pouvoir de police spéciale confié au ministre chargé de l'aviation civile en matière de circulation aérienne exclut la possibilité pour le maire d'user des pouvoirs de police administrative générale pour règlementer les évolutions des aéronefs d'écoles de pilotage au-dessus du territoire de sa commune.
- CE, 8 mars 1993, requête numéro 102027, Commune des Molières (Rec. tables, p.655 ; RFD aérien, p.333, concl. Lasvignes ; JCP 1993, II, comm. 22157, note Lascombe et Vandendriessche ; D. 1994, somm. 110, obs. Maillard Desgrées du Loû) : les dispositions du Code de l'aviation civile, qui confient au ministre chargé de l'Aviation civile la faculté d'interdire le survol de certaines zones du territoire français pour des raisons de sécurité publique, n'ont pas pour objet et ne sauraient avoir pour effet de priver le maire d'une commune de la possibilité d'user de ses pouvoirs de police administrative générale pour réglementer, en vue d'assurer la tranquillité et la sécurité des habitants de sa commune, l'utilisation des appareils d'aéromodélisme sur le territoire de cette commune.
- CE, 29 septembre 2003, requête numéro 18217, Houillères du bassin de Lorraine (AJDA 2003, p. 2164, concl. Olson ; Gaz. Pal. 19 juill. 2004, pan. dr. adm. p. 112) : s'il appartient au maire, responsable de l'ordre public sur le territoire de sa commune, de prendre les mesures de police générale nécessaires au bon ordre, à la sûreté, à la sécurité et à la salubrité publiques, la police spéciale des installations classées a été attribuée au préfet et, à l'échelon national, au Gouvernement par la loi du 19 juillet 1976. En l'absence de péril imminent, le maire ne saurait par conséquent s'immiscer dans l'exercice de cette police spéciale.
- CE Ass., 26 octobre 2011, 3 arrêts, requête numéro 326492, requête numéro 329904, requête numéro 341767, requête numéro 341768, Commune de Saint-Denis, Commune

des Pennes-Mirabeau, SFR (AJCT 2012, p.37, obs. Moliner-Dubost ; AJDA 2011, p.2219, chron. Stahl et Domino ; Dr. adm. 2012, comm. 8, note Melleray ; JCP A 2012, comm. 2004, note Charmeil et comm. 2005, note Billet ; JCP G 2012, comm. 60, note Del Prete et Borel ; RD imm. 2012, p. 153, obs. Van Lang) : le législateur a organisé une police spéciale des communications électroniques confiée à l'Etat et règlementée par le Code des postes et des communications électroniques. Si le législateur a prévu par ailleurs que le maire serait informé à sa demande de l'état des installations radioélectriques exploitées sur le territoire de la commune et si les articles L. 2212-1 et L. 2212-2 du Code général des collectivités territoriales habilitent le maire à prendre les mesures de police générale nécessaires au bon ordre, à la sûreté, à la sécurité et à la salubrité publiques, celui-ci ne saurait, sans porter atteinte aux pouvoirs de police spéciale conférés aux autorités de l'Etat, adopter sur le territoire de la commune une règlementation portant sur l'implantation des antennes relais de téléphonie mobile et destinée à protéger le public contre les effets des ondes émises par ces antennes.
- CE, 24 septembre 2012, requête numéro 342990, Commune de Valence (JCP A 2013, comm. 2006, note Billet) : s'il appartient au maire, responsable de l'ordre public sur le territoire de sa commune, de prendre les mesures de police générale nécessaires au bon ordre, à la sûreté, à la sécurité et à la salubrité publiques, il ne saurait en aucun cas s'immiscer dans l'exercice de la police spéciale de la dissémination volontaire d'organismes génétiquement modifiés confiée à l'Etat par l'édiction d'une réglementation locale.
-CE, 11 juillet 2019, requête numéro 426060, Commune de Cast (Energie - Environnement - Infrastructures 2019, comm. 54, concl. Cytermann) : concernant le déploiement des compteurs « linky », le Conseil d'Etat a jugé qu'il appartient aux autorités de l'Etat de veiller, pour l'ensemble du territoire national, non seulement au fonctionnement optimal du dispositif de comptage au vu notamment des exigences d'interopérabilité mais aussi à la protection de la santé publique par la limitation de l'exposition du public aux champs électromagnétiques, en mettant en œuvre des capacités d'expertise et des garanties techniques indisponibles au plan local. Dans ces conditions, si les articles L. 2212-1 et L. 2212-2 du Code général des collectivités territoriales habilitent le maire à prendre, pour la commune, les mesures de police générale nécessaires au bon ordre, à la sûreté, à la sécurité et à la salubrité publiques, il ne saurait adopter sur le territoire de la commune des décisions portant sur l'installation de compteurs électriques communicants qui seraient destinées à protéger les habitants contre les effets des ondes émises.
-CE, 31 décembre 2020, requête numéro 439253, Commune d'Arcueil (Dr. adm. 2021, comm. 18, note Eveillard ; JCP A 2021, comm. 2150, note Malblanc) : l'existence d'une police spéciale des produits phytopharmaceutiques, organisée au profit de l'Etat par les articles L. 253-1 et suivants et R. 253-1 et suivants du Code rural et de la pêche maritime, interdit à un maire d'adopter, pour des motifs tenant à la protection de la santé humaine, un arrêté « antipesticides » limitant l'utilisation du glyphosate sur le territoire de sa commune.

Récemment, le juge des référés du Conseil d'Etat a été amené à statuer sur la possibilité de concours, dans le contexte de la crise du covid-19, entre les autorités de police spéciale désignées comme telles par la loi n° 2020-290 du 23 mars 2020 sur l'urgence sanitaire et le pouvoir de police administrative du maire. Il a considéré que le maire peut agir en vue de la « la bonne application, sur le territoire de la commune, des mesures décidées par les autorités compétentes de l'Etat, notamment en interdisant, au vu des circonstances locales, l'accès à des lieux où sont susceptibles de se produire des rassemblements ». Toutefois, de manière exceptionnelle, le maire peut prendre des mesures plus rigoureuses si « des raisons impérieuses liées à des circonstances locales en rendent l'édiction indispensable et à condition de ne pas compromettre, ce faisant, la cohérence et l'efficacité de celles prises dans ce but par les autorités compétentes de l'Etat ». Tel n'est pas le cas ici d'un arrêté par lequel un maire avait subordonné les déplacements dans l'espace public des personnes de plus de dix ans au port d'un dispositif de protection buccal et nasal (CE, 17 avril 2020, requête numéro 440057, Commune de Sceaux, préc.). Dans une autre affaire, le juge des référés du Conseil d'Etat a décidé que la décision du maire de Nice d'interdire les locations touristiques à l'occasion des vacances d'hiver, afin de lutter contre la propagation de l'épidémie de Covid-19 dans sa commune, ne répond pas à une nécessité impérieuse liée à des circonstances locales particulières (CE, ord., 16 février 2021, requête numéro 449605, Commune de Nice : Dr. adm. 2021, comm. 415, note Eveillard).

Lorsqu'elle est reconnue, la possibilité de concours entre la police administrative spéciale et la police administrative générale entraîne trois conséquences majeures.

Tout d'abord, une autorité détentrice d'un pouvoir de police administrative spéciale et d'un pouvoir de police administrative générale peut préférer utiliser l'une ou l'autre de ses compétences, dans le respect des conditions posées pour leur exercice (à défaut, il y aurait en effet détournement de procédure).

Exemples :
- CE, 2 juillet 1997, requête numéro 161369, Bricq (D. 1997, inf. rap. p. 199 ; Quot. jur. 6 nov. 1997 ; Dr. adm. 1997, comm. 323 ; Lettre J.-Cl. Env. 4/1997, p. 2) : l'existence de pouvoirs de police spéciale attribués au maire par l'ancien article L.2 du Code de la santé publique, ne fait pas obstacle à ce qu'il use de ses pouvoirs de police générale pour règlementer l'utilisation en plein air d'outils à moteurs tels que les tondeuses à gazon dans le but de sauvegarder la tranquillité publique.
-CE, 27 juillet 2015, requête numéro 367484, Baey (Rec. p. 285 ; AJDA 2015, p. 2277, note Perrin) : l'octroi au maire de pouvoirs de police spéciale en matière de contrôle des installations d'assainissement non collectif (CGCT, art. L. 2224-8 et Code de la santé publique, art. L. 1331-1-1) ne l'empêche pas d'intervenir dans le cadre de ses pouvoirs de police générale. Il peut ainsi intervenir en se fondant sur la salubrité publique pour faire cesser les pollutions de toute nature.

De même, lorsque, dans une situation déterminée, un pouvoir de police administrative spéciale n'a pas été utilisé par son détenteur, l'autorité détentrice du pouvoir de police administrative générale peut agir pour assurer le maintien de l'ordre public. Cependant, l'intervention de cette autorité devra être justifiée par l'existence de circonstances locales particulières.

Exemple :

- CE, 8 avril 1998, requête numéro 165034, Commune de Lattes : un maire peut prendre une mesure relative à la diffusion de publications destinées à la jeunesse alors même que le ministre de l'Intérieur, détenteur de la police spéciale des publications dangereuses pour la jeunesse n'est pas intervenu. En l'espèce, cependant, la mesure prise est jugée illégale, en l'absence de circonstances locales particulières.

Enfin, alors même que l'autorité investie d'un pouvoir de police administrative spéciale est intervenue, l'autorité détentrice de la police administrative générale peut prendre une mesure plus rigoureuse, une fois encore si des circonstances locales particulières le justifient.

Exemple :
- CE Sect., 18 décembre 1959, Société Les films Lutetia (préc.) : le maire peut interdire un film sur le territoire de sa commune en cas d'atteinte à la moralité publique et si des circonstances particulières le justifient, alors même que ce film a obtenu du ministre compétent, chargé de la police spéciale du cinéma, un visa d'exploitation.

Section III – Légalité des mesures de police administrative

1346.- Soumission au principe de légalité.- Comme tous les actes administratifs, les mesures de police sont soumises au principe de légalité, qu'il s'agisse de légalité externe ou de légalité interne.

Exemples :
- CE Sect., avis, 22 novembre 2000, requête numéro 223645, Société L§P Publicité SARL (JO, 19 décembre 2000 ; AJDA 2001, p.198, note Rouault ; Dalloz-affaires 2001, n°26, p.2110, note Albert ; RDP 2001, p.393, obs. Guettier ; RGCT 2000, p.551, note Bonfils) : dès lors que l'exercice de pouvoirs de police administrative est susceptible d'affecter des activités de production, de distribution ou de services, la circonstance que les mesures de police ont pour objectif la protection de l'ordre public ou, dans certains cas, la sauvegarde des intérêts spécifiques que l'administration a pour mission de protéger ou de garantir n'exonère pas l'autorité investie de ces pouvoirs de police de l'obligation de prendre en compte également la liberté du commerce et de l'industrie et les règles de concurrence.
- CE, 5 mars 2008, requête numéro 288540, Bermond (AJDA 2008, p.1334, note Deliancourt) : un maire ne peut décider de rouvrir à la circulation publique une voie privée qui avait, pour des raisons de sécurité, été interdite à la circulation, si les propriétaires, ou même une partie d'entre eux, s'y opposent.

Le juge contrôle que l'acte contesté émane bien de l'autorité compétente, et que les règles de forme et de procédure ont été respectées. S'il s'agit d'une mesure prise dans le cadre de la police administrative générale, il vérifie qu'elle a bien pour objet la protection de l'ordre public, à défaut de quoi elle sera annulée pour détournement de pouvoir (V. par exemple CE, 23 avril 1997, requête numéro 115523, Commune des Gets : Rec. p. 662). De même, lorsque la mesure de police intervient dans un domaine où une loi a déjà été adoptée, les juges vérifient que cette mesure n'a pas pour effet ni de « méconnaître la loi ni (d'en) altérer la portée » (CE Sect., 22 décembre 1978, requête numéro 04605, Union des chambres syndicales d'affichage : Rec. p. 530.- CE, 5 juillet 2013, requête numéro 361441, Œuvre d'assistance aux bêtes d'abattoirs, préc.).

1347.- Particularités.- Mais surtout, ce qui est plus original, le juge vérifie que la mesure contestée est bien de celles que l'autorité de police est habilitée à édicter et qu'elle est nécessaire à la réalisation de son objet.

§I – Mesures prohibées

1348.- Régimes de déclaration et d'autorisation préalable.- Si l'autorité de police a le pouvoir d'édicter des interdictions, elle n'est pas compétente, sauf si cela est expressément prévu par la loi (V. par exemple pour l'activité des casinos, Code de sécurité intérieure, art. L. 321-1 et L. 321-2.- pour l'exercice d'activités privées de sécurité, Code de sécurité intérieure, art. L. 612-6), pour prendre des règlementations subordonnant l'exercice d'une activité à une déclaration ou à une autorisation préalable.

Exemples :
- CE Ass., 22 juin 1951, requête numéro 00590, requête numéro 02551, Daudignac (Rec. p.362 ; D. 1951, p.589, concl. Gazier, note J.C.) : est illégale une décision subordonnant à autorisation l'activité de photographes-filmeurs.
- CE, 8 décembre 1999, requête numéro 154395, Commune de Pont-à-Mousson (JCP 2000, comm. 10331, note Strebler) : si la loi n°79-1150 du 29 décembre 1979 donne compétence au maire pour délimiter des zones de publicité autorisée, restreinte ou élargie, et pour fixer les prescriptions qui s'y appliquent, aucune disposition de cette loi n'habilite le maire, sauf cas particuliers régis par les articles 8 et 42-II de la loi, à instituer des règles de procédure à caractère contraignant, telles qu'une obligation de déclaration préalable ou un régime d'autorisation.

Ce principe se justifie par la protection de « la liberté de l'industrie et du commerce garantie par la loi ». Il en résulte que si une activité ne trouble pas l'ordre public, il n'y a aucune raison que l'administration, de son propre chef, décide de restreindre cette liberté par la mise en place de régimes de déclaration ou d'autorisation préalables.

Il ne connaît qu'une exception, en dehors des textes, qui concerne les hypothèses où l'exercice de l'activité en cause suppose une occupation privative du domaine public.

Exemple :
- CE, 22 juin 1983, requête numéro 38274, Ville de Lyon (Rec. p.269 ; Droit adm. 1983, comm. 338) : en subordonnant l'occupation d'un emplacement dans le marché aux timbres à une autorisation municipale, soit provisoire, soit permanente qu'il lui appartient, le cas échéant, et sous le contrôle du juge, de retirer pour un motif tiré de

l'intérêt général, le maire de la commune a pris une mesure de police qui ne porte pas, par elle-même, une atteinte illégale au principe de la liberté du commerce.

1349.- Gratuité et interdiction de principe de délégation des activités de police.- En outre, les pouvoirs de police doivent nécessairement être exercés à titre gratuit et se manifester par l'édiction d'actes unilatéraux, ce qui interdit de déléguer ces activités en absence d'habilitation législative. Ce principe a été reconnu par le Conseil d'Etat à l'occasion de l'arrêt d'Assemblée Commune de Castelnaudary du 17 juin 1932 (requête numéro 12045 : Rec. p.595 ; D. 1932, p. 26, note Josse.- V. également CE, 8 mars 1985, requête numéro 24557, Association Les amis de la Terre : Rec. p. 73 ; AJDA 1985, p. 382, obs. Moreau RFDA 1985, p. 363, concl. Jeanneney).

Il peut être regardé comme une conséquence de l'article 12 de la Déclaration des droits de l'homme et du citoyen de 1789 dont il résulte que « la garantie des droits de l'homme et du citoyen nécessite une force publique : cette force est donc instituée pour l'avantage de tous, et non pour l'utilité particulière de ceux auxquels elle est confiée ».

1350.- Association de plus en plus fréquente de personnes privées à des activités de police.- Le Conseil d'Etat a toutefois jugé que cette prohibition n'avait pas de valeur constitutionnelle (CE, 4 avril 2012, requête numéro 350952, SNIASS). Plus précisément, l'article 12 de la Déclaration de 1789, pas plus qu'aucun principe de valeur constitutionnelle « n'exige (...) que les missions de police administrative comportant l'exercice de prérogatives de puissance publique ne soient confiées par des personnes publiques qu'à des fonctionnaires ou à des agents liés à elles par des contrats de droit public ».

Il semble aujourd'hui qu'une distinction puisse être établie entre les activités normatives de police, qui ne sauraient être déléguées, parce qu'elles sont directement liées à l'exercice de prérogatives de puissance publique, et les activités matérielles de police qui peuvent dans certains cas être déléguées.

Il est ainsi interdit d'investir unilatéralement une personne privée de pouvoirs de police « aux lieu et place de la puissance publique » (CC, 25 février 1992, décision numéro 92-307 DC). A l'occasion de sa décision « LOPPSI 2 » du 10 mars 2011 (décision numéro 2011-625 DC, préc.), le Conseil constitutionnel a pu considérer qu'une loi ne saurait habiliter des personnes privées à contrôler, dans le cadre d'opérations de vidéosurveillance, les abords de « lieux susceptibles d'être exposés à des actes de terrorisme ou particulièrement exposés à des risques d'agression ou de vol » ni déléguer l'exploitation et le visionnage des images. De telles dispositions sont inconstitutionnelles puisque les prérogatives qu'elles confient à des personnes privées sont assimilables à une délégation de « compétences de police administrative générale inhérentes à l'exercice » de la force publique.

A l'opposé, les hypothèses où des personnes privées sont associées à des activités matérielles de police, pour des tâches techniques sont nombreuses.

Exemples :
-L'article L. 332-1 du Code du sport précise que les organisateurs de manifestations sportives à but lucratif peuvent être tenus d'y assurer un service d'ordre dans les conditions prévues à l'article L. 211-11 du Code de la sécurité intérieure. Ils peuvent même, en application de l'article L. 613-3 de ce code procéder, sous le contrôle d'un officier de police judiciaire et avec le consentement exprès des personnes, à des palpations de sécurité. Ils peuvent enfin procéder à l'inspection visuelle des bagages et, avec le consentement de leur propriétaire, à leur fouille.
-CE, 10 octobre 2011, requête numéro 337062, Ministre de l'Alimentation, de l'Agriculture et de la Pêche (Rec. p. 556 ; BJCP 2012, p. 51, concl. Liéber ; RFDA 2012, p. 481, note Delaunay ; RJEP 2012, 8, note Bon) : est en cause un contrat administratif passé entre l'Etat et une société à qui a été confiée l'exécution de tâches matérielles se rapportant à des mesures de police sanitaire prescrites dans le cadre de sa mission de lutte contre les épizooties. Ce contrat qui associe une personne privée à la mise en œuvre d'une opération décidée dans le cadre de pouvoirs de police, devait être exécuté sous le contrôle et la responsabilité de l'administration.

Le Conseil constitutionnel a eu l'occasion de préciser sa jurisprudence à l'occasion de sa décision du 29 mars 2018 rendue à propos de la loi n°2017-1510 30 octobre 2017 renforçant la sécurité intérieure et la lutte contre le terrorisme (CC, 29 mars 2018, numéro 2017-695 QPC, préc.). Cette décision confirme que ce qui est illégal c'est l'absence de subordination directe de la personne privée à l'autorité publique. Le Conseil constitutionnel valide ainsi les dispositions de la loi permettant « d'associer des personnes privées à l'exercice de missions de surveillance générale de la voie publique » justement parce qu'elle précise que « lorsqu'est institué un périmètre de protection en application de cette loi les agents de sécurité privée agissent sous l'autorité d'un officier de police judiciaire ». Le Conseil constitutionnel formule ici une réserve d'interprétation en vertu de laquelle « il appartient aux autorités publiques de prendre les dispositions afin de s'assurer que soit continûment garantie l'effectivité du contrôle exercé sur ces personnes par les officiers de police judiciaire ».

1351.- Le cas du stationnement payant des véhicules sur voirie.- On notera enfin qu'il existe une problématique spécifique concernant la question du stationnement payant des véhicules sur voirie. Le juge administratif considérait, à l'origine, que cette activité relevait du pouvoir de police administrative spéciale du maire et que l'absence ou l'insuffisance de règlement des droits de stationnement constituait une infraction qui pouvait être sanctionnée. En conséquence, les délégations contractuelles à une personne privée du contrôle du stationnement étaient considérées comme illégales, car portant sur des pouvoirs de police.

Exemple :
-CE, 1er avril 1994, requête numéro 144152, requête numéro 144241, Commune de Menton et a. (Rec. p. 175 ; D. 1994, inf. rap. p. 138 ; Dr. adm. 1994, 10, concl. Lasvignes; Quot. jur. 18 oct. 1994, p. 2 ; RDP 1994, p. 1825, note Auby. – V. aussi CAA Lyon, 7 mai 2003, requête numéro 0162009, Communauté de communes de Vallons du Lyonnais c. préfet du Rhône) : une convention de délégation de service public ne peut

confier au délégataire, en plus des missions de surveillance des accès et des vestiaires d'un centre nautique, celle d'intervenir en cas de nécessité sur les bassins et les pelouses en vue d'empêcher des incidents provoqués par certains usagers, cette mission relevant de l'exercice de pouvoirs de police. Le service de la police du stationnement, par sa nature, ne saurait être confié qu'à des agents placés sous l'autorité directe du maire. Sont illégales des conventions prévoyant que les agents municipaux chargés de la constatation des infractions au stationnement payant sur la voie publique seront mis à la disposition d'une société chargée par ces mêmes conventions de la gestion du stationnement payant sur voirie de la commune qui assurera l'encadrement et l'organisation de leur travail.

La loi « MAPTAM » n° 2014-58 du 27 janvier 2014 a voulu dépénaliser le stationnement payant sur voirie qui se retrouve dès lors totalement déconnecté du pouvoir de police en matière de circulation et de stationnement. En conséquence, une personne privée peut désormais être chargée par contrat de la mission de service public du stationnement payant sur voirie. Plus précisément, l'article L. 2333-87 du Code général des collectivités territoriales précise que le stationnement payant donne désormais lieu à la perception d'une redevance de stationnement par l'autorité gestionnaire du domaine public routier. En cas d'absence de paiement ou de paiement insuffisant, un forfait de « post-stationnement » est émis par l'autorité administrative, qui a pour effet d'autoriser l'occupant à stationner sur l'emplacement pour un temps forfaitairement déterminé.

§II – Nécessité des mesures de police

1352.- Conciliation entre protection de l'ordre public et le respect des libertés publiques.- Les mesures de police portent généralement atteinte aux libertés publiques, ce qui justifie certaines restrictions. Il s'agit, plus précisément, de concilier protection de l'ordre public et respect des libertés publiques dans la mesure où, comme l'a écrit le commissaire du gouvernement Corneille dans ses conclusions sur l'arrêt Baldy du 10 août 1917 « la liberté est la règle et la restriction de police l'exception » (requête numéro 59855 : Rec. p.638).

1353.- Contrôle de proportionnalité.- Par conséquent, le juge va toujours contrôler que les mesures de police qui ont pour effet de restreindre une liberté publique, sont bien nécessaires en vue d'assurer la préservation de l'ordre public. Il annule la mesure contestée s'il apparaît que l'ordre public n'était pas menacé et également lorsqu'une mesure moins attentatoire aux libertés publiques aurait pu être prise pour assurer sa préservation.

Cette solution a été consacrée par le Conseil d'Etat dans son arrêt de Section du 15 décembre 1933, Benjamin (requête numéro 17413, requête numéro 17520 : Rec. p.541 ; S. 1934, I, concl. Michel, note Mestre ; D. 1933, III, p.354, concl. Michel).

Dans cette dernière affaire, M. Benjamin voulait organiser à Nevers une conférence publique intitulée « deux auteurs comiques : Courteline et Sacha Guitry ». Le maire, saisi par des syndicats d'instituteurs qui avaient annoncé qu'ils s'opposeraient par tous les moyens à un homme « qui avait sali dans ses écrits le personnel de l'enseignement laïc » décide alors d'interdire la manifestation. Suite à ce premier arrêté d'interdiction, M. Benjamin décide d'organiser une conférence privée qui est également interdite par le maire. Le Conseil d'Etat décide que « s'il incombe au maire de prendre les mesures qu'exige le maintien de l'ordre public, il doit concilier l'exercice de ses pouvoirs avec le respect de la liberté de réunion ». Par conséquent, les arrêtés attaqués sont annulés. L'idée, c'est que la menace à l'ordre public représentée par l'organisation des conférences n'était pas telle qu'elle justifiait une mesure d'interdiction. En l'espèce, un simple déploiement des forces de l'ordre aurait certainement suffi à assurer la préservation de l'ordre public.

1354.- Triple test de proportionnalité.- Le contrôle des mesures de police administrative s'est ensuite perfectionné dans le sillage de la décision du Conseil constitutionnel du 21 février 2008 qui inaugure en droit français la méthode dite du « triple test de proportionnalité » (CC n°2008-562 DC : AJDA 2008, p.714, note Jan ; D. 2008, p. 1359, note Mayaud). Cette méthode - sous-jacente jusqu'alors - a été appliquée de façon explicite par le juge administratif à partir de l'arrêt d'Assemblée du 26 octobre 2011, Association pour la promotion de l'image (requête numéro 317827 : Rec. p. 505, concl. Boucher ; AJDA 2012, p. 35, chron. Guyomar et Domino ; Dr. adm. 2012, comm. 1, note Tchen.- V. également CE Ass., 21 décembre 2012, requête numéro 353856, Groupe Canal Plus, Vivendi Universal : Rec. p.446 ; AJDA 2013, chron. Domino et Bretonneau ; RFDA 2013, p. 55, concl. Daumas). Elle implique de contrôler que les mesures de police administrative soient « adaptées, nécessaires et proportionnées ».

On retrouve ce raisonnement dans l'arrêt du Conseil d'Etat Commune de Cournon d'Auvergne du 6 février 2015, concernant l'interdiction d'un spectacle de Dieudonné (requête numéro 387726, préc.). Se plaçant uniquement sur le terrain de l'ordre public matériel et extérieur, le Conseil d'Etat relève notamment que le spectacle incriminé avait déjà été joué de nombreuses fois sans heurts (ce qui n'était pas le cas pour les spectacles interdits en janvier 2014). De même, les juges relèvent qu'il n'avait pas encore été démontré, notamment dans le cadre d'actions en justice qu'il comprenait notamment les propos antisémites prêtés à Dieudonné. Enfin, les contextes généraux (suite aux actes terroristes de janvier 2015) et locaux n'étaient pas assez caractérisés pour fonder un arrêté d'interdiction.

Le même type de raisonnement se retrouve dans l'arrêt rendu par le Conseil d'Etat jugeant illégal un arrêté d'un conseil municipal interdisant le port du burkini sur une plage (CE ord. réf., 26 août 2016, requête numéro 402742, requête numéro 402777, Ligue des droits de l'homme et a. et Association de défense des droits de l'homme – Collectif contre l'islamophobie, préc.). Les juges estiment en effet que « les mesures de police que le maire d'une commune du littoral édicte en vue de réglementer l'accès à la plage et la pratique de la baignade doivent être adaptées, nécessaires et proportionnées au regard des seules nécessités de l'ordre public, telles qu'elles découlent des circonstances de temps et de lieu, et compte tenu des exigences qu'impliquent le bon accès au rivage, la sécurité de la baignade ainsi que l'hygiène et la décence sur la plage » (V. également sur les modalités particulières de contrôle des mesures de police lorsqu'elles sont susceptibles de présenter un caractère discriminatoire CE, 15 novembre 2017, requête numéro 403275, Ligue des droits de l'homme : Dr. adm. 2018, comm. 15, note Eveillard).

La jurisprudence Benjamin implique également, en principe, la prohibition des interdictions présentant un caractère général et absolu.

Exemples :
- CE, 5 février 1960, requête numéro 42735, Commune de Mougins (Rec. p.83.- V. dans le même sens TA Lille, 26 juin 2002, requête numéro 002270, Sculba : Rec. tables, p.831) : le Conseil d'Etat annule un arrêté municipal précisant que « seraient réprimés les aboiements et les hurlements des chiens ».
- CE, 12 novembre 1997, requête numéro 169295, Association Communauté tibétaine en France (préc.) : le Conseil d'Etat annule une mesure d'interdiction générale des manifestations prévues par cette association à l'occasion de la visite à Paris du Premier ministre chinois.

1355.- Légalité de certaines interdictions.- Ceci étant, la jurisprudence est plus nuancée qu'il n'y paraît et cela pour trois raisons.

Tout d'abord, dans certains cas, l'interdiction est la seule mesure que peut prendre l'autorité de police pour faire cesser un trouble à l'ordre public. Une telle mesure sera alors légale.

Exemples :
- CE Ass., 23 décembre 1936, requête numéro 51755, Bucard (Rec. p.1151) : cet arrêt s'inscrit en contrepoint de la jurisprudence Benjamin. Le Conseil d'Etat confirme ici un arrêté d'interdiction de plusieurs réunions publiques et privées, disséminées en plusieurs points d'un département, au motif que les forces de l'ordre étaient insuffisantes pour assurer la préservation de l'ordre public
- CE Ass., 27 octobre 1995, requête numéro 136727, requête numéro 143578, Commune de Morsang-sur-Orge et Ville d'Aix-en-Provence (préc.) : l'interdiction pure et simple de la manifestation projetée était la seule mesure que pouvait prendre le maire en vue de la préservation du respect de la dignité de la personne humaine.
- CE, ord. réf., 5 janvier 2007, requête numéro 300311, Ministre de l'Intérieur c. Association « Solidarité des Français » (préc.) : le respect de la liberté de manifestation ne fait pas obstacle à ce que l'autorité de police administrative interdise une activité si une telle mesure est seule de nature à prévenir un trouble à l'ordre public.

Dans d'autres cas, il est difficile d'apprécier si une mesure d'interdiction présente ou non un caractère général et absolu. Comme l'écrit R. Chapus, ce que censure le juge, ce sont en fait ce qu'il va considérer comme des interdictions « trop générales et trop absolues », c'est-à-dire des interdictions qu'il n'estime pas nécessaires en vue de la protection de l'ordre public (Droit administratif général, Montchrestien, t .1, ouv. précité, p.730). Or, une telle appréciation portée par le juge sera fréquemment très subjective.

Exemples :

-CE, ord. réf., 18 mai 2020, requête numéro 440366, requête numéro 440410, requête numéro 440531, requête numéro 440550, requête numéro 440562, requête numéro 440563, requête numéro 440590 : le juge des référés enjoint au ministre de l'Intérieur de modifier, dans un délai de huit jours les dispositions du décret numéro 2020-548 du 11 mai 2020 interdisant les réunions dans les lieux de culte en prenant les mesures strictement proportionnées aux circonstances de temps et de lieu dans une période de début de « déconfinement » dans le contexte de l'épidémie de covid-19, pour encadrer les rassemblements dans ces établissements.
- TA Bastia, ord. réf., 6 septembre 2016, requête numéro 1600975, Association Ligue des droits de l'homme : contrairement à ce qui avait été jugé dans une autre affaire (CE, ord., 26 août 2016, requête numéro 402742, requête numéro 402777, Ligue des droits de l'Homme et a., préc.) le juge des référés considère que compte tenu d'évènement violents récents survenus sur la plage de la commune de Sisco, de leur retentissement et du fait que l'émotion n'est pas retombée, que la présence sur cette plage d'une femme portant un burkini serait dans les circonstances particulières de l'espèce de nature à générer des risques avérés d'atteinte à l'ordre public qu'il appartient au maire de prévenir. Le tribunal considère que le maire de Sisco n'a donc pas pris une mesure qui ne serait pas adaptée, nécessaire et proportionnée au regard des nécessités de l'ordre public.
- CE, 13 mars 1968, Epoux Leroy (Rec. p.178 ; AJDA 1968, p.221, chron. Massot et Dewost) : le Conseil d'Etat est saisi d'un recours dirigé contre un arrêté du préfet de la Manche interdisant l'activité des photographes filmeurs pendant la saison touristique sur la route conduisant au Mont-Saint-Michel. Pour le Conseil d'Etat, l'affluence exceptionnelle des touristes pendant l'été, l'encombrement de la voie concernée, justifient l'interdiction, ce qui n'était pas si évident.
- CAA Bordeaux, 3 juin 2008, requête numéro 06BX01912, Société Dolphin jet school (AJDA 2008, p.1725, concl. Viard) : en désignant un point unique de mise à l'eau autorisé pour les scooters de mer, le maire n'a pas porté une atteinte excessive à la liberté du commerce et de l'industrie. En effet, l'interdiction de procéder à la mise à l'eau en d'autres lieux que celui autorisé est motivée par la nécessité de règlementer en période estivale cette mise à l'eau qui, s'effectuant en tout point de la presqu'île et à toute heure, se traduit par des nuisances sonores importantes portant atteinte à la tranquillité des riverains ainsi que par des troubles à la circulation liés à un stationnement désordonné des remorques des jets skis dans les ruelles durant les sorties en mer.

1356.- Constestation de mesures de police considérées comme trop laxistes.- Dans certains cas, enfin, il sera reproché à la mesure de police, non pas son caractère trop rigoureux, mais au contraire son caractère trop laxiste. Les juges vont également vérifier, dans cette hypothèse, que la mesure prise est bien proportionnée à la menace à l'ordre public qu'elle est censée prévenir.

Exemples :
- CE, 5 juillet 2013, requête numéro 361441, Œuvre d'assistance aux bêtes d'abattoirs, (préc.) : le Conseil d'Etat juge que sont légales les dispositions de l'article R. 214-70 du Code rural et de la pêche maritime, concernant l'abattage rituel, et la dérogation qu'elles consentent à l'obligation d'étourdissement préalable des animaux dans un souci de

« concilier les objectifs de police sanitaire et l'égal respect des croyances et traditions religieuses ».
- CE ord. réf., 22 mars 2020, requête numéro 439674, Syndicat des jeunes médecins (préc.) : dans le cadre de la lutte contre l'épidémie de covid-19, l'économie générale des différents arrêtés par lesquels le ministre de la santé a interdit les rassemblements de plus de cent personnes, décidé la fermeture, sauf exceptions, des établissements recevant du public ainsi que des établissements d'accueil des enfants et des établissements d'enseignement scolaire et supérieur, et du décret n° 2020-260 du 16 mars 2020 par lequel le Premier ministre a interdit jusqu'au 31 mars 2020 le déplacement de toute personne hors de son domicile, sous réserve d'exceptions limitatives, tenant à diverses nécessités, ainsi que tout regroupement avec la possibilité, pour le représentant de l'Etat dans le département d'adopter des mesures plus strictes si des circonstances locales l'exigent, ne révèle pas une carence des autorités de police. Toutefois, celle-ci est susceptible d'être caractérisée si ces dispositions sont inexactement interprétées et leur non-respect inégalement ou insuffisamment sanctionné, ce qui amène le juge du référé liberté à enjoindre au Premier ministre de préciser la portée des mesures déjà prises en application du décret n°2020-260 du 16 mars 2020. Suite à cette ordonnance, le décret n°2020-293 du 23 mars 2020 a redéfini les différentes dérogations à l'obligation de confinement dans le sens plus restrictif prescrit par le juge des référés du Conseil d'Etat.

Dans le même ordre d'idées, un maire commet une illégalité s'il s'abstient de prendre des mesures en cas de menace pour l'ordre public. Dans cette hypothèse, la démonstration d'une faute simple suffit à engager la responsabilité de la commune (CE, 28 novembre 2003, requête numéro 238349, Commune de Moissy-Cramayel : AJDA 2004, p. 989, note Deffigier ; BJCL 2004, p. 60, concl. le Chatelier, obs. Bonichot ; Dr. adm. 2004, comm. 36 ; RFDA 2004, p. 205 ; JCP A 2004, comm. 1053, note Moreau).

Pour aller plus loin :

- Ach (N.), Tifine (P.), La police du cinéma et la liberté artistique (à propos du décret n°2001-618 du 12 juillet 2001) : LPA 18 décembre 2001, p. 14.

-Delvolvé (P.), L'ordre public immatériel : RFDA 2016, p. 890.

- Deliancour (S.), Concours de polices : l'identification des compétences et moyens des autorités locales : JCP A, 2114.

- Dreifuss (M.), L'articulation entre les pouvoirs de police générale et de police spéciale en matière de risques industriels : D. 2000, chron. p.642.

- Fardet (C.), L'acte de police : acte pénalement sanctionnable : AJDA 2019, p. 1625.

-Frydman (P.), Le juge administratif et la police : anniversaire de trois grands arrêts : Couitéas, Benjamin et Maspero : RFDA 2013, p. 1001.

- Lebreton (G.), Le juge administratif face à l'ordre moral : Mélanges Peiser, P.U. Grenoble, 1995, p.363.

- **Lavaine (M.)**, Contrat et police : la facturation des activités des forces de l'ordre à des personnes privées : AJDA 2018, p. 2226.

- **Ligneau (P.)**, Le procédé de déclaration préalable : RDP 1976, p.679.

- **Moreau (J.)**, De l'interdiction faite à l'autorité de police d'utiliser une technique d'ordre contractuel : AJDA 1965, p.3.

- **Moreau (J.)**, police administrative et police judiciaire, Recherche d'un critère de distinction : AJDA 1963, p.68.

- **Péchillon (E.)**, Protection de la jeunesse et contrôle des publications. Les limites d'un pouvoir de police spéciale : Rev. Jur. Centre-Ouest 1998, p.467.

- **Petit (J.)**, Nouvelles d'une antinomie. Contrat et police : Mélanges Moreau, Economica 2003, p.345.

- **Pontier (J.-M.)**, La multiplication des polices spéciales : pourquoi ?, JCP G 2012, 2113.

- **Roulhac (C.)**, La mutation du contrôle des mesures de police administrative – retour sur l'appropriation du « triple test de proportionnalité » par le juge administratif : RFDA 2018, p. 343.

- **Saint-James (V.)**, Réflexions sur la dignité de l'être humain en tant que concept juridique du droit français : D. 1997, chron. p.61.

- **Thérond (J.-P)**, Dignité et libertés. Propos sur une jurisprudence contestable : Mélanges Mourgeon, Bruylant 1998, p.295.

- **Vandermeeren (R.)**, Police administrative et service public : AJDA 2004, p.1916.

- **Videlin (J.-C)**, Le régime juridique des rave parties : AJDA 2004, p.1070.

CHAPITRE DEUX – SERVICES PUBLICS

1357.- Plan.- Il conviendra de tenter de définir la notion de service public avant d'évoquer les grands principes de son fonctionnement et les modalités selon lesquelles ces activités peuvent être prises en charge.

Section I – Notion de service public

1358.- Une notion insaisissable et profondément impactée par le droit de l'Union européenne.- Il est particulièrement malaisé de définir ce qu'est un service public. Il s'agit d'un concept vague dont l'existence même, ou en tout cas les spécificités, sont remises en cause par l'influence grandissante du droit de l'Union européenne.

§I – Difficultés d'appréhension de la notion de service public

1359.- Différentes approches de la notion de service public.- Comme on l'a déjà évoqué il existe trois approches possibles de la notion de service public.

Une approche organique qui désigne les agents et les services d'une personne publique qui est en charge d'une mission de service public.

Une approche matérielle qui désigne une activité d'intérêt général prise en charge par l'administration.

Une approche formelle selon laquelle le service public se caractérise par le caractère exorbitant des règles qui lui sont appliquées.

1360.- Crises du service public.- Ces trois approches concordaient à l'époque de l'arrêt Blanco, mais suite à ce qu'on a appelé les « crises » du service public, les éléments matériels et organiques de la définition du service public ont été remis en cause. D'une part, il est aujourd'hui admis qu'une activité de service public peut être prise en charge selon des règles similaires à celles appliquées dans le secteur privé, ce qui a donné naissance à la notion de service public industriel et commercial. D'autre part, il est également acquis qu'une mission de service public peut être prise en charge par une personne privée.

1361.- le « label » service public.- Seule l'approche matérielle demeure donc pertinente pour rendre compte de ce qu'est un service public. Cependant, cette approche matérielle, c'est-à-dire la justification de l'application d'un régime juridique qui est de moins en moins spécifique par le caractère d'intérêt général de l'activité en cause, et donc la notion de service public elle-même, est aujourd'hui remise en cause par une partie de la doctrine. On ne peut en effet que constater que réduire la notion de service public à la notion d'intérêt général aboutit à une impasse, ces deux notions étant aussi imprécises l'une que l'autre.

C'est ce constat qui a conduit M. Truchet à considérer que le service public serait non pas une notion juridique devenue insaisissable mais un simple « label » attribué à certaines autorités par les pouvoirs publics ou par le juge dans les affaires qui lui sont soumises (Nouvelles récentes d'un illustre vieillard, label de service public et statut de service public » : AJDA 1982, p. 427). En d'autres termes, pour reprendre l'expression du président Chenot, le service public relèverait d'une approche « existentialiste » qui rendrait une définition d'ensemble impossible (B. Chenot, La notion de service public dans la jurisprudence économique du Conseil d'Etat : EDCE 1950, p. 77).

Un exemple récent de cette approche est fourni par la loi n°2016-1321 du 7 octobre 2016 pour une République numérique qui porte création d'un nouveau service public de la donnée dont la mission consiste en la « mise à disposition des données de référence en vue de faciliter leur réutilisation ». Il ne s'agit donc pas ici de créer de nouvelles catégories de données mais de constituer un « élément structurant » de la nouvelle infrastructure de données. En d'autres termes, comme l'expose l'étude d'impact de la loi de 2016 il s'agit de « constituer, dans un univers de données très dense et dont les sources ne sont pas toujours indentifiables ou maîtrisées, une ressource fiable et authentifiée par la puissance publique ». Il s'agit non seulement de prendre en compte la valeur économique de ces données, dans le cadre de la nouvelle économie numérique, mais également d'afficher la volonté de replacer la puissance publique au centre du jeu, ce que permet la reconnaissance du caractère de service public de l'activité en cause.

§II – Influence du droit de l'Union européenne

1362.- Droit de l'Union eurpéenne et « services publics à la française ».- La remise en cause de la notion de service public est en partie liée à l'influence du droit de l'Union européenne. Plus précisément est en cause la confrontation du « service public à la française » à la notion de service d'intérêt économique général qui est issue des traités.

Traditionnellement, dans la conception française, le service public est considéré comme un facteur de cohésion sociale. Selon la formule de Léon Duguit la notion de service public désigne « toute activité dont l'accomplissement doit être assuré, réglé et contrôlé par les gouvernants, parce que l'accomplissement de cette activité est indispensable à la réalisation et au développement de l'interdépendance sociale, et qu'elle est de telle nature qu'elle ne peut être réalisée complètement que par l'intervention de la force gouvernementale » (Traité de droit constitutionnel, Fontemoing, 2ème éd. 1911, p. 71).

1363.- SIG, SIEG et service universel.- Pour dire les choses simplement, si le service public est traditionnellement considéré comme « hors du marché », il est conçu « dans le marché » par le droit de l'Union européenne. Plus précisément, le droit de l'Union européenne fait référence aux services d'intérêt général (SIG) qui sont des services marchands ou non marchands « que les autorités publiques considèrent comme étant d'intérêt général et soumettent à des obligations de service public » (Livre blanc de la Commission européenne du 12 mai 2005). C'est une notion fonctionnelle, ce type de service pouvant être indifféremment pris en charge par une personne publique ou privée. Les services non marchands sont exclus de la logique du marché et ils échappent aux règles de la concurrence. Il s'agit notamment des services régaliens, mais également de l'éducation, de la culture, de la santé ou encore de l'environnent.

A l'opposé, parmi les services d'intérêt général, figurent les services d'intérêt économique général (SIEG) qui concernent « les activités de service marchand remplissant des missions d'intérêt général et soumises de ce fait, par les Etats membres à des obligations spécifiques de service public » (Communication de la commission, 20 septembre 2000). C'est le cas en particulier des services en matière de réseaux de transport, d'énergie, de communication ou plus récemment en matière d'accès au progrès génétique au bénéfice des éleveurs (V. Ord. n°2021-485 du 21 avril 2021 relative à la reproduction, à l'amélioration et à la préservation du patrimoine génétique des animaux d'élevage).

Relevons cependant qu'il existe également dans le droit de l'Union européenne une notion de « service universel » qui sous-tend, appliquée dans le secteur des services de réseau, l'idée de mise à disposition des personnes les plus démunies d'un service de qualité mais avec des prestations basiques, à un coût abordable (V. par exemple les dispositions des articles L. 1 et suivants du Code des postes et des communications électroniques définissant le service public universel postal et les articles L. 35-2 et R. 20-30 du même code définissant le service public universel des communications électroniques).

Très proches par la nature des activités en cause de la notion de service public, les services d'intérêt économique général sont en principe ouverts à la concurrence. En effet, selon l'article 106-1 du Traité sur le fonctionnement de l'Union européenne « les Etats membres, en ce qui concerne les entreprises publiques et les entreprises auxquelles ils accordent des droits spéciaux ou exclusifs, n'édictent ni ne maintiennent aucune mesure contraire aux règles des traités, notamment à celles prévues aux articles 18 et 101 à 109 inclus ».

Toutefois l'article 106-2 prévoit un assouplissement en mentionnant que « les entreprises chargées de la gestion de services d'intérêt économique général ou présentant le caractère d'un monopole fiscal sont soumises aux règles des traités, notamment aux règles de concurrence, dans les limites où l'application de ces règles ne fait pas échec à l'accomplissement en droit ou en fait de la mission particulière qui leur a été impartie ».

La Cour de justice a ainsi considéré que des droits exclusifs conférés à une entreprise en charge d'un service d'intérêt économique général n'étaient pas incompatibles avec les principes susvisés, dès lors qu'ils étaient « nécessaires pour permettre à l'entreprise investie d'une telle mission d'intérêt général d'accomplir celle-ci » (CJCE, 19 mai 1993, affaire numéro C-320/91, Corbeau : AJDA 1993, p. 865, note Hamon ; LPA 15 mars 1995, note Raymundie ; Europe 1993, comm. 304, note Idot ; RTDE 1994, p. 125, étude Wacshmann et Berrod). – CJCE, 27 avril 1994, affaire numéro C-393/92, Commune d'Almelo : AJDA 1994, p. 637, note Hamon ; CJEG 1994, p. 623, concl. Darmon ; D. 1995, jurispr. p. 17, note Dutheil de la Rochère) et qu'elles n'affectaient pas le développement des échanges dans une mesure contraire à l'intérêt de la Communauté (CJCE, 23 octobre 1997, affaire numéro C-158/94, Commission c. Italie. – CJCE, 23 octobre 1997, affaire numéro C-159/94, Commission c. France).

Ces solutions ont manifestement inspiré le Conseil d'Etat à l'occasion d'un arrêt Union nationale des industries de carrières et de matériaux de construction et a. du 30 avril 2003 (requête numéro 244139 : Rec. p.191 ; AJDA 2003, p. 1508, note Frier ; Dr. adm. 2003, 168, note Bazex et Blazy ; JCP A 2003, comm. 1516, obs. Moreau). Dans cette affaire, les juges considèrent que les activités de l'Institut national de recherches archéologiques préventives (INRAP), qui consistent en la réalisation de diagnostics et d'opérations de fouilles d'archéologie préventive, doivent être regardées comme des activités économiques. Malgré son statut d'établissement public à caractère administratif, l'INRAP doit donc être considéré, du fait de l'exercice de telles activités, comme une entreprise au sens de l'art. 86 du Traité instituant la communauté européenne (actuel article 106 du Traité sur le fonctionnement de l'Union européenne). Toutefois, les juges considèrent que ces activités relèvent, compte tenu de la nécessité de protéger le patrimoine archéologique à laquelle elles répondent et de la finalité scientifique pour laquelle elles sont entreprises, de missions d'intérêt général. Eu égard aux liens que ces opérations comportent avec l'édiction des prescriptions d'archéologie préventive et le contrôle de leur respect par l'Etat, aux conditions matérielles dans lesquelles elles doivent être entreprises, et au besoin de garantir l'exécution de ces opérations sur l'ensemble du territoire et, en conséquence, de les financer par une redevance assurant une péréquation nationale des dépenses exposées, le législateur pouvait doter l'établissement public national de droits exclusifs en vue de permettre l'accomplissement des missions d'intérêt général.

Section II – Création et suppression des services publics

1364.- Exigence d'un acte formel.- La création ou la suppression d'un service public résulte nécessairement d'un acte formel d'une autorité publique.

De façon tout à fait exceptionnelle, il est cependant admis que l'administration a la possibilité de transformer des activités privées d'intérêt général en activités de service public. En application de la théorie des services publics virtuels, une autorisation unilatérale donnée à une personne privée pour exercer une activité d'intérêt général sur le domaine public peut ainsi être subordonnée à l'accomplissement de véritables obligations de service public, alors même qu'aucune décision de création expresse n'a été prise (V. à propos des services publics portuaires, CE Sect., 5 mai 1944, requête numéro 66679, Compagnie

Maritime de l'Afrique orientale : Rec. p.129 ; D. 1944, jurispr., p. 164, note Chenot ; RDP 1944, p. 236, note Jèze).

Toutefois, cette catégorie de services publics a perdu de son actualité, notamment au regard du droit de l'Union européenne qui, comme on l'a vu, tend à limiter les interventions des pouvoirs publics en la matière. Il faut donc considérer qu'un acte formel est nécessaire pour créer mais aussi pour supprimer un service public. Il convient dès lors de déterminer l'autorité compétente pour prendre un tel acte et les conditions selon lesquelles cette compétence peut être exercée.

§I – Autorité compétente

1365.- Etat et collectivités territoriales.- Les règles applicables en la matière varient selon que l'on envisage les services publics au niveau de l'Etat ou au niveau des collectivités territoriales.

I – Autorité compétente au niveau de l'Etat

1366.- Création du service public.- Avant 1958, la compétence pour créer un service public de caractère national appartenait exclusivement au législateur. Or, désormais, l'article 34 de la Constitution du 4 octobre 1958 ne vise pas expressément, parmi les matières réservées au Parlement, la création des services publics nationaux.

Cependant, la compétence législative en cette matière résulte indirectement de certaines dispositions constitutionnelles du même article, lorsque celles-ci sont en cause.

Tout d'abord, le législateur est compétent pour fixer les règles concernant « la création de catégories d'établissements publics ». Il ressort de la jurisprudence que relèvent d'une même catégorie d'établissements publics, et ne constituent donc pas deux catégories distinctes, les établissements publics qui ont un même rattachement territorial et qui exercent une mission analogue.

Exemples :
-CC, 25 juillet 1979, numéro 79-108 DC, Nature juridique des dispositions des articles L. 330-1 à L. 330-9 du Code du travail relatifs à l'Agence nationale pour l'emploi (Rec. CC p.45) : l'ANPE entre dans une catégorie déjà représentée par l'Office national d'immigration (ONI actuellement dénommé Office des migrations internationales). En effet, ces deux établissements publics sont rattachés à l'Etat et ont pour mission d'agir sur le marché de l'emploi. Par conséquent, c'est au pouvoir règlementaire qu'il appartient de décider de la création de l'ANPE.
-CE, 29 juillet 1994, requête numéro 130503, CAMIF : eu égard à son objet, à la nature de ses activités et aux règles de tutelle auxquelles cet établissement est soumis, l'Union de groupement des achats publics (UGAP) est comparable à l'Economat des armées, établissement public industriel et commercial créé par la loi n° 59-869 du 22 juillet 1959 et chargé, sous la tutelle de l'Etat, de l'approvisionnement en denrées et fournitures des

corps de troupe. Ne constituant pas à elle seule une catégorie d'établissements publics, l'UGAP pouvait être créée par le décret n°85-801 du 30 juillet 1985.

Il résulte également de l'article 34 de la Constitution que la loi fixe les règles concernant « les nationalisations d'entreprises ».

Enfin, toujours en application du même article, la loi détermine les principes fondamentaux de « l'organisation générale de la défense nationale », de « l'enseignement » et de « la sécurité sociale ». On peut en déduire que la création de services publics relevant de ces trois domaines relève du législateur.

1367.- Organisation du service public.- Une fois que le service public a été créé par le législateur, celui-ci est également compétent pour en déterminer les modalités d'organisation. Toutefois, le pouvoir règlementaire dispose d'une certaine marge de manœuvre en la matière.

En effet, d'une part, le législateur peut laisser au pouvoir règlementaire le soin de définir des règles d'organisation du service, à condition toutefois qu'il ne soit pas porté atteinte à « des règles de nature législative » (CE, 17 décembre 1997, requête numéro 181611, Ordre des avocats à la Cour de Paris, préc.).

D'autre part, en vertu de la jurisprudence Jamart, les chefs de service disposent d'un pouvoir règlementaire autonome qui leur permet de prendre des mesures d'organisation des services dont ils ont la charge (CE Sect., 7 février 1936, requête numéro 43321, préc.).

Enfin, en application de la règle de parallélisme des compétences, l'autorité qui a pris la décision de créer un service public peut également le supprimer, si elle respecte un certain nombre de conditions que l'on verra plus loin.

II – Autorité compétente au niveau des collectivités territoriales

1368.- Clause générale de compétence.- Les assemblées délibérantes des collectivités territoriales sont compétentes pour créer les services publics propres à satisfaire, dans la limite des compétences attribuées à ces collectivités, les besoins de la population. Rappelons simplement que depuis l'entrée en vigueur de la loi NOTRe n°2015-991 du 7 août 2015, les départements et les régions, à la différence des communes, ne disposent plus d'une clause générale de compétence. Les départements et les régions ont une compétence d'attribution déterminée par les textes, ce qui ne doit toutefois pas conduire à considérer, particulièrement pour les régions, que cette évolution marque un reflux de leurs compétences. En outre, si les communes bénéficient bien d'une clause de compétence générale, la portée de cette clause est triplement limitée : par le législateur qui peut réserver l'exercice de certaines compétences à d'autres niveaux de collectivités territoriales, par les moyens financiers plus ou moins importants dont dispose la commune, mais également par le fait que de nombreuses compétences qui lui appartenait à l'origine ont été transférées à l'EPCI à fiscalité directe dont elle est membre.

§II – Droit à la création et au maintien des services publics

1369.- Caractère obligatoire ou facultatif du service public.- Des règles différentes s'appliquent selon que le service public considéré présente un caractère obligatoire ou seulement facultatif.

I – Services publics obligatoires

1370.- Droit à la création et au maintien des services publics obligatoires.- Les administrés ont le droit à la création ou au maintien des services publics dont l'existence est prévue par un texte.

C'est le cas, en particulier, pour les services publics visés par les lois de décentralisation. Ainsi, notamment, la loi n°2004-809 du 13 août 2004 relative aux libertés et responsabilités locales a transféré de nombreux services publics autrefois à la charge de l'Etat, aux régions, aux départements et aux communes.

Exemples :
- Les départements ont en charge le service public de la construction et de l'entretien de la voirie départementale (CGCT, art. L. 3321-1, 16°).
- Les régions ont pour mission de créer et d'assurer le fonctionnement des lycées et des établissements d'éducation spécialisée (Code de l'éducation, art. L. 214-6).

1371.- Services publics constitutionnels.- De même, comme l'a précisé le Conseil constitutionnel dans sa décision des 25-26 juin 1986, Loi autorisant le gouvernement à prendre diverses mesures d'ordre économique et social, « la nécessité de certains services publics nationaux découle de principes ou de règles de valeur constitutionnelle » (numéro 86-207 DC : Rec. CC, p. 61 ; JO 27 juin 1986, p. 7978 ; AJDA 1986, p.575, note Rivero).

Il en résulte que le législateur ne peut porter atteinte à l'existence de ces services publics constitutionnels.

Exemples :
- L'existence des services de police et de gendarmerie peut être reliée aux dispositions de l'article 12 de la Déclaration des Droits de l'Homme et du Citoyen selon lequel « la garantie des droits de l'Homme et du Citoyen nécessite une force publique ».
- L'existence d'un enseignement public trouve son fondement à l'alinéa 13 du Préambule de la Constitution de 1946 qui prévoit que « la Nation garantit l'égal accès de l'enfant et de l'adulte à l'instruction, à la formation professionnelle et à la culture ».

1372.- Autres services publics nationaux obligatoires.- A côté des services publics constitutionnels, il existe un certain nombre de services publics nationaux dont l'existence « est laissée à l'appréciation du législateur ou de l'autorité règlementaire selon les cas » (CC., 25-26 juin 1986, Loi autorisant le gouvernement à prendre diverses mesures d'ordre économique et social, préc.). Il en résulte que « le fait qu'une activité ait été érigée en service public par le législateur sans que la

Constitution l'ait exigé ne fait pas obstacle à ce que cette activité fasse, comme l'entreprise qui en est chargée, l'objet d'un transfert au secteur privé » (Ibid.). Toutefois, les dispositions de l'alinéa 9 du Préambule de la Constitution de 1946 qui imposent que « tout bien ou toute entreprise dont l'exploitation a ou acquiert les caractères d'un service public national … doit devenir la propriété de la collectivité », impliquent que les services publics nationaux ne peuvent être transférés au secteur privé qu'après qu'il leur a été enlevé leurs caractéristiques de service public national.

Il est à noter toutefois que la notion de service public national est appréciée de façon assez stricte par la jurisprudence. Ainsi, dans un arrêt de Section du 27 septembre 2006, Bayrou et Association des usagers des autoroutes publiques de France et a. (requête numéro 290716 : AJDA 2006, p. 2056, chron. Landais et Lenica ; Contrats-marchés publ. 2006, comm. 303, note Eckert ; Dr. adm. 2006, p. 22, note Glaser ; RFDA 2006, p. 1147, concl. Glaser et note de Bellescize, p. 1163), le Conseil d'Etat a considéré que « l'exploitation d'une entreprise ne peut avoir les caractères d'un service public national … que si elle est exercée à l'échelon national ». Or, aucune des sociétés chargées de la construction et de l'exploitation de réseaux autoroutiers ne s'est vue attribuer de concession, à l'échelon national, pour l'ensemble des autoroutes (et cela alors même que le réseau d'autoroute innerve l'ensemble du territoire national). Il en résulte que l'exploitation des concessions autoroutières n'est pas un service public national.

Une solution similaire a été récemment retenue par le Conseil constitutionnel à propos de la société Aéroports de Paris (CC, 16 mai 2019, numéro 2019-781 DC : Rev. CMP 2019, comm. 243, obs. Eckert). En effet, si cette société « est chargée, à titre exclusif, d'exploiter plusieurs aérodromes civils situés en Île-de-France, parmi lesquels les deux principaux aérodromes du pays, il existe sur le territoire français d'autres aérodromes d'intérêt national ou international ». Au demeurant, « si Aéroports de Paris domine largement le secteur aéroportuaire français, cette société est en situation de concurrence croissante avec les principaux aéroports régionaux, y compris en matière de dessertes internationales, ainsi d'ailleurs qu'avec les grandes plateformes européennes de correspondance aéroportuaire ». Enfin, « le marché du transport sur lequel s'exerce l'activité d'Aéroports de Paris inclut des liaisons pour lesquelles plusieurs modes de transport sont substituables. Aéroports de Paris se trouve ainsi, sur certains trajets, en concurrence avec le transport par la route et le transport ferroviaire, en particulier pour ce dernier du fait du développement des lignes à grande vitesse ». Il en résulte que la société Aéroports de Paris ne peut être regardée comme une entreprise dont l'exploitation constitue un monopole de fait au sens du neuvième alinéa du Préambule de la Constitution de 1946.

II – Services publics facultatifs

1373.- Création et suppression.- On envisagera la question de la création des services publics facultatifs avant d'évoquer celle de leur suppression.

A – Création des services publics facultatifs

1374.- Clause générale de compétence.- L'Etat, ainsi que les collectivités territoriales, peuvent créer un service public doit l'existence n'est rendue obligatoire ni par des dispositions constitutionnelles ni par des dispositions législatives. Cette création est toutefois remise en cause pour les régions et les départements par la suppression de la clause générale opérée par la loi NOTRe du 7 août 2015.

La création de ces services publics facultatifs résulte donc, essentiellement, d'un choix politique dont l'exercice est cependant entouré d'un certain nombre de garanties.

1375.- Exigence d'un acte formel.- Comme on l'a déjà souligné, la création de ces services publics doit d'abord donner lieu à un acte formel, qu'il s'agisse d'une loi ou d'un acte administratif.

1376.- Conciliation avec la liberté d'entreprendre.- Il résulte ensuite de la jurisprudence du Conseil constitutionnel que « s'il est loisible au législateur d'apporter à la liberté d'entreprendre, qui découle de l'article 4 de la Déclaration des droits de l'homme et du citoyen de 1789, des limitations liées à des exigences constitutionnelles ou justifiées par l'intérêt général, (c'est à) condition qu'il n'en résulte pas d'atteintes disproportionnées au regard de l'objectif poursuivi» (CC, 16 janvier 2001, numéro 2000-439 DC, Loi relative à l'archéologie préventive : Rec. CC, p. 42 ; JO 18 janvier 2001, p. 931 ; AJDA 2001, p.182, note Frier ; LPA 12 février 2001, p 18, note Schoettl ; RDP 2001 p.947, note Rueda). Cette formule tranche de façon assez nette avec la jurisprudence antérieure qui était moins protectrice de la liberté d'entreprendre.

1377.- Respect du principe de liberté du commerce et de l'industrie.- Lorsqu'est en cause un acte administratif qui porte création d'un service public facultatif, les juges vérifient que cette création ne porte pas atteinte à la liberté du commerce et de l'industrie.

Il est toutefois admis que « la liberté du commerce et de l'industrie ne fait pas obstacle à ce que l'Etat (ou une collectivité territoriale) satisfasse, par ses propres moyens, aux besoins de ses services » (CE, 29 avril 1970, requête numéro 77935, Unipain : RDP 1970, p. 1423, note Waline.- CE Ass., 26 octobre 2011, requête numéro 317827, Association pour la promotion de l'image : Rec. p. 506, concl. Boucher ; AJDA 2012, p. 35, chron. Guyomar et Domino ; Dr. adm. 2012, comm. 1, note Tchen). Dans l'affaire « Unipain », le Conseil d'Etat décide qu'est légale l'extension de la fourniture de pain par une boulangerie militaire à des établissements pénitentiaires, cette décision, motivée par des raisons d'économie, étant conforme à l'intérêt général.

De même, ces collectivités peuvent prendre en charge des activités qui constituent le complément normal d'un service public administratif.

Exemple :
- CE Sect., 17 octobre 1997, requête numéro 181611, Ordre des avocats à la Cour d'appel de Paris (préc.) : le pouvoir règlementaire est compétent pour organiser un service public de diffusion des données publiques en complément de son action de production de ces données.

Ces exceptions mises à part, les personnes publiques n'ont pas la possibilité d'instituer des services publics à vocation industrielle et commerciale susceptibles de concurrencer des entreprises privées.

Ainsi, il résulte des règles définies par le Conseil d'Etat à l'occasion de l'arrêt de Section du 30 mai 1930 Chambre syndicale du commerce de Nevers (requête numéro 06781 : Rec. p.583 ; RDP 1930, p.530, concl. Josse ; S. 1931, III, p.73, concl. Josse, note Alibert), que l'intervention des collectivités publiques est possible si deux conditions cumulatives sont réunies : il est nécessaire que soit constatée une carence de l'initiative privée et que l'intervention de la collectivité publique présente un intérêt général.

Si les conditions posées par cet arrêt sont aujourd'hui appréciées de façon plutôt favorable à l'action des collectivités territoriales, la mise en œuvre de ces principes donne lieu à une jurisprudence contrastée.

Exemples :
- CE, 4 juillet 1984, requête numéro 20046, Département de la Meuse c. Poilera (RFDA 1985, p. 58, obs. Douence ; RDP 1985, p. 199, note de Soto) : les circonstances locales ne justifient pas, en l'espèce, la création, par un conseil général, d'une caisse départementale des incendies.
- CAA Nancy, 17 mai 2001, requête numéro 96NC03097, Fédération départementale de l'industrie hôtelière des Vosges : est légale, compte tenu de la carence de l'initiative privée, la délibération d'un conseil municipal décidant de l'exploitation en régie d'une cafétéria située dans un centre de loisirs communal.

1378.- Une intervention plus largement admise dans secteur concurrentiel.- Par ailleurs, sous l'influence directe du droit de l'Union européenne, qui ignore largement la notion de « service public à la française », la nature des restrictions à l'activité économique des personnes morales de droit public a évolué. A l'époque de l'arrêt Chambre syndicale du commerce de Nevers, Raphael Alibert pouvait évoquer le principe « d'inactivité commerciale » des collectivités territoriales, assortie d'exceptions qui se sont par la suite multipliées. Aujourd'hui, si l'exigence d'un intérêt public local est toujours requise, les autorités publiques et notamment les collectivités territoriales peuvent agir plus largement sur le terrain des activités industrielles et commerciales, mais en respectant les principes du droit de la concurrence, et notamment le principe d'égalité.

Cette évolution est précisément exposée par le Conseil d'Etat dans son arrêt d'Assemblée du 31 mai 2006, Ordre des avocats du barreau de Paris (requête numéro 275531 : JCP A 2006, 1133, note Linditch ; Contrats-Marchés publ. 2006, comm. 2002, note Eckert ; AJDA 2006, p. 1592, chron. Landais et Lenica ; Dr. adm. 2006, comm. 129, note Bazex ; Concurrences 2006, p. 167, obs. du Marais ; BJCP 2006, p. 295, note Casas ; JCP E 2006, comm. 2127 ; JCP G 2006, act. 277 et IV, comm. 2390) : « pour intervenir sur un marché (les collectivités publiques) doivent, non seulement agir dans la limite de leurs compétences, mais également justifier d'un intérêt public, lequel peut résulter notamment de la carence de l'initiative privée ; qu'une fois admise dans son principe, une telle intervention ne doit pas se réaliser suivant des modalités telles qu'en raison de la situation particulière dans laquelle se trouverait cette personne publique par rapport aux autres opérateurs agissant sur le même marché, elle fausserait le libre jeu de la concurrence sur celui-ci ». Deux enseignements peuvent être tirés de cet arrêt. Tout d'abord, l'initiative des collectivités territoriales en matière d'activités industrielles et commerciales est toujours bridée par l'existence d'un intérêt public local, même si celui-ci est assez largement conçu. Ensuite, la carence de l'initiative privée - qui était une condition de cette intervention dans la jurisprudence Chambre syndicale du commerce de Nevers - n'est plus envisagée que comme un élément, parmi d'autres, de l'intérêt public.

Ainsi, l'existence d'un « intérêt public » suffit à lui seul à justifier l'intervention de la collectivité, que cet intérêt réside ou non d'une réponse à la carence de l'initiative privée, mais à condition de respecter le droit de la concurrence.

Exemples :

- CE, 18 mai 2005, requête numéro 254199, Territoire de la Polynésie française (AJDA 2005, p.2130, note Nicinski ; RLCT 2006, n°6, p.50, obs. Clamour) : l'intérêt public justifiant l'intervention économique d'une collectivité publique peut s'apprécier au regard des besoins futurs de développement de cette collectivité. En l'espèce, la bonne desserte aérienne de la Polynésie française, indispensable à ses relations avec le reste du monde et à son développement, constitue un intérêt public local qui peut s'apprécier au regard des besoins futurs du développement touristique du territoire.
- CE, 3 mars 2010, requête numéro 306911, Département de la Corrèze (AJDA 2010, p. 957, concl. Boulouis et p. 1251, note Glaser ; Dr. adm. 2010, comm. 73) : le service de téléassistance aux personnes âgées et handicapées créé par un département dans le cadre de son action en matière d'aide sociale, a pour objet de permettre à toutes les personnes âgées ou dépendantes du département, indépendamment de leurs ressources, de pouvoir bénéficier d'une téléassistance pour faciliter leur maintien à domicile. Même si des sociétés privées offrent des prestations de téléassistance, la création de ce service, ouvert à toutes les personnes âgées ou dépendantes du département, indépendamment de leurs ressources, satisfait aux besoins de la population et répond à un intérêt public local. Par suite, cette création n'a pas porté une atteinte illégale au principe de liberté du commerce et de l'industrie.

Par ailleurs, dans un arrêt Province des îles de Loyauté du 20 octobre 2010 (requête numéro 300347 : JCP A 2011, comm. 2037, note Markus), le Conseil d'Etat a considéré qu'un intérêt public pouvait être reconnu alors même que la collectivité territoriale en cause exerce une partie essentielle d'une activité de fret maritime en dehors de son territoire. Plus précisément, dans la même approche libérale que celle de l'arrêt Ordre des avocats du barreau de Paris, le Conseil d'Etat a considéré que « la circonstance que les moyens par lesquels l'activité sera assurée soient également utilisés en dehors du territoire de la collectivité, que l'équilibre financier de l'activité résulte de ressources provenant de cet usage extérieur au territoire de la collectivité, ou que des activités similaires soient déjà assurées par des entreprises privées, mais dans des conditions ne permettant pas la satisfaction du besoin local tel qu'il revient à la collectivité de l'apprécier, ne peuvent priver d'intérêt local une telle décision ».

B – Suppression des services publics facultatifs

1379.- Pouvoir discrétionnaire des collectivités publiques.- Comme en matière de création des services publics facultatifs, les collectivités publiques disposent en la matière d'un pouvoir discrétionnaire. Les usagers n'ont par conséquent aucun droit acquis au maintien de ces services publics (CE Sect., 18 mars 1977, requête numéro 97939, requête numéro 97940, requête numéro 97941, Chambre de commerce et d'industrie de la Rochelle et a. : Rec. p. 153, concl. Massot).

L'absence d'utilité d'un service public, mais également une rentabilité insuffisante, peuvent ainsi justifier la décision portant suppression de ce service public.

> Exemple :
> - CAA Lyon, 22 novembre 1994, requête numéro 93LY00730, SARL Etablissement Dessert_(Quinzaine jur. 1995, n° 58, p.2) : une collectivité publique peut décider de supprimer un abattoir public qui n'est plus rentable.

1380.- Parallélisme des compétences.- En vertu de la règle du parallélisme des compétences, la décision de supprimer un service public facultatif appartient à l'autorité qui l'a créé. Les juges n'exercent qu'un contrôle restreint sur les décisions de suppression d'un service public, qui est limité au contrôle de l'erreur manifeste d'appréciation (CE, 16 janvier 1991, requête numéro 116212, requête numéro 116224, Fédération nationale des associations d'usagers des transports : Rec. p. 14 ; CJEG 1991, p. 279, note Lachaume).

Section III – Principes régissant le fonctionnement des services publics

1381.- Les « lois de Rolland ».- Ces différents principes sont généralement dénommés les « lois de Rolland », du nom de l'auteur qui est réputé les avoir dégagés dans les années 1930 (Cours de DES, 1934). On regroupe sous cette appellation les principes de continuité, de mutabilité, d'égalité.

Ces principes recoupent en partie ceux visés par l'article 1er du protocole numéro 26 annexé au traité sur l'Union européenne et au traité sur le fonctionnement de l'Union européenne qui précise que « les valeurs communes de l'Union concernant les services d'intérêt économique général au sens de l'article 14 du traité sur le fonctionnement de l'Union européenne comprennent notamment … un niveau élevé de qualité, de sécurité et quant au caractère abordable, l'égalité de traitement et la promotion de l'accès universel et des droits des utilisateurs ».

§I – Continuité du service public

1382.- Une « loi du service public ».- Il s'agit du seul principe que Louis Rolland a expressément qualifié de « loi du service public ». A l'origine, ce principe est particulièrement important et a permis notamment d'exclure le droit de grève dans les services publics. Par la suite, le droit de grève a acquis une importance réelle, et ce développement a amené la jurisprudence à concilier ce droit et le principe de continuité du service public.

I – Rapports entre le principe de continuité et le droit de grève

1383.- Evolutions.- A l'origine le principe de continuité exclut la possibilité de l'exercice du droit de grève dans les services publics. Par la suite ces deux principes ont dû être conciliés.

A – Exclusion initiale du droit de grève

1384.- Une jurisprudence sévère pour les grévistes.- L'exclusion du droit de grève dans les services publics résulte de l'arrêt Winkell du 7 août 1909 (requête numéro 37317 : Rec. p.826 et 1296, concl. Tardieu ; S. 1909, III, p.145, concl. Tardieu, note Hauriou ; RDP 1909, p.494, note Jèze). Dans cette affaire, le Conseil d'Etat a estimé que l'agent qui se met en grève s'exclut de lui-même du service et, par voie de conséquence, du bénéfice des garanties disciplinaires. En l'espèce, le requérant n'était donc pas recevable à contester son licenciement qui avait pourtant été prononcé sans que lui ait été communiqué au préalable son dossier, comme l'exigeait l'article 65 de la loi du 22 avril 1905 portant fixation du budget des dépenses et des recettes de l'exercice 1905.

Comme l'écrivait à l'époque Duguit, la grève était considérée, ni plus ni moins, comme « un crime » contre le service public (Traité de droit constitutionnel, t. 3, de Boccard 1927, p. 221). Sur le même thème Hauriou estimait que « le droit de grève c'est le droit de guerre privé ». Les faits de grève sont « des faits révolutionnaires, des faits de guerre ». En conséquence le gouvernement peut utiliser « le droit de la guerre » et user de « représailles » contre les grévistes (note sur CE, 7 août 1909, Winkell, préc.).

Cette jurisprudence a ensuite été consacrée par la loi du 14 septembre 1941 portant statut des fonctionnaires, ce qui n'est guère surprenant. Toutefois, cette loi vichyste a été déclarée nulle par l'ordonnance du 9 août 1944 portant rétablissement de la légalité républicaine.

B – Conciliation entre droit de grève et principe de continuité

1385.- L'apport du Préambule de la Constitution de 1946.- La position initiale du Conseil d'Etat pouvait s'expliquer par le fait que, jusqu'à une époque récente, il n'existait aucune consécration constitutionnelle du droit de grève.

Cette situation a changé avec le Préambule de la Constitution de 1946 dont l'alinéa 7 prévoit que « le droit de grève s'exerce dans le cadre des lois qui le règlementent ». Ainsi, le droit de grève est reconnu et les auteurs du Préambule de la Constitution invitent le législateur à le règlementer.

Or, si la loi du 19 octobre 1946 relative au statut des fonctionnaires reconnaissait le droit syndical dans la fonction publique, elle demeurait muette sur la question du droit de grève.

1386.- L'interprétation constructive du Préambule par le Conseil d'Etat (arrêt Dehaene).- Le Conseil d'Etat a été amené à statuer sur ce problème à l'occasion de l'arrêt d'Assemblée Dehaene du 7 juillet 1950 (requête numéro 01645, préc.).

Rappelons qu'à cette occasion le Conseil d'Etat a d'abord considéré que le Préambule de la Constitution de 1946, et donc les principes qu'il contient, a une valeur constitutionnelle. Plus tard, le Conseil constitutionnel qualifiera également la grève de principe à valeur constitutionnelle (CC, 28 juillet 1987, numéro 87-230 DC, Loi portant diverses mesures d'ordre social : RFDA 1987, p. 807, note Genevois).

Dans l'arrêt Dehaene, les juges interprètent les dispositions susvisées comme une invitation faite par les rédacteurs de la Constitution au législateur en vue que celui-ci « opère la conciliation nécessaire entre la défense des intérêts professionnels dont la grève constitue une modalité et la sauvegarde de l'intérêt général auquel elle peut être de nature à porter atteinte ».

Ainsi, le principe de continuité n'exclut plus l'exercice du droit de grève. Il s'agit désormais de concilier ces deux notions.

1387.- L'insuffisance des lois réglementant le droit de grève dans les services publics.- En cas d'absence de cadre législatif, les juges précisent qu'il appartient au gouvernement de « fixer la nature et la limitation qui doivent être apportées à ce droit … en vue d'en éviter un usage abusif ou contraire aux nécessités de l'ordre public ». Ainsi, en l'espèce, le gouvernement pouvait légalement faire interdire et réprimer la participation de chefs de bureau de préfecture à une grève, ce mouvement portant « une atteinte grave à l'ordre public ».

Il est à noter que si la loi n° 63-777 du 31 juillet 1963 modifiée relative à certaines modalités de la grève dans les services publics et codifiée aux articles L. 2512-1 et suivants du Code du travail a apporté un certain nombre de précisions sur les conditions d'exercice du droit de grève, le Conseil d'Etat considère que ce texte ne saurait « comme l'indique d'ailleurs son exposé des motifs constituer à (lui seul) l'ensemble de la règlementation du droit de grève annoncée par la Constitution » (CE, 4 février 1966, requête numéro 62479, Syndicat national des fonctionnaires et agents du groupement des contrôles Radio-Electriques, Paul et Longin : Rec. p. 80 ; CJEG 1966, p. 121, concl. Bertrand ; D. 1966, jurispr., p. 720, note Gilli ; JCP G 1966, II, comm. 14802, note Debbasch ; RDP 1966, p. 324, concl. Bertrand.- V. aussi concernant plus spécifiquement la fonction publique territoriale CE, 6 juillet 2016, requête numéro 390031, Syndicat CGT des cadres et techniciens des services publics territoriaux : Rec. p. 756). De fait, ce texte se borne à imposer le dépôt d'un préavis de grève et à interdire les grèves tournantes et les grèves surprise.

Plus récemment, le Conseil d'Etat a rappelé, à propos de la loi n°2007-1224 du 21 août 2007 concernant les transports terrestres réguliers de voyageurs que « en l'absence de la complète législation annoncée par la Constitution, la reconnaissance du droit de grève ne saurait avoir pour conséquence d'exclure les limitations qui doivent être apportées à ce droit, comme à tout autre, en vue d'en éviter un usage abusif ou contraire aux nécessités de l'ordre public » (CE, 11 juin 2010, requête numéro 333262, Syndicat Sud-RATP : Rec. tables, p. 606 ; AJDA 2010, p. 1719, concl. Lenica ; JCP A 2011, comm. 2218, note Terrien ; RJEP 2010, comm. 60, concl. Lenica). Le dispositif organisé par cette loi a ensuite inspiré le dispositif de la loi n° 2012-375 du 19 mars 2012 relative à l'organisation du service et à l'information des passagers dans les entreprises de transport aérien de passagers.

1388.- Autorité compétente pour réglementer le droit de grève au sein des établissements publics.- Il faut aussi relever qu'il n'appartient pas aux ministres de préciser les modalités d'exercice du droit de grève dans les établissements placés sous leur tutelle (CE, 1er décembre 2004, requête numéro 260551, Onesto : Droit adm. 2005, comm. 19, note Lombard). En effet, cette compétence n'appartient qu'aux seuls dirigeants de l'établissement public concerné. La même solution s'applique, en l'absence de loi, aux organes dirigeants des personnes privées chargées d'une mission de service public, en vertu de leurs pouvoirs généraux d'organisation des services (CE Ass., 12 avril 2013, requête numéro 329570, requête numéro 329683, requête numéro 330539, requête numéro 330847, Fédération FO énergie et mines et a., préc.).

1389.- Cas des distributeurs de produits pétroliers.- Dans le même ordre d'idées, le Conseil constitutionnel a récemment validé une limitation au droit de grève de certains opérateurs privés dans le secteur de la distribution de produits pétroliers, au regard de l'objectif de préservation de l'ordre public économique à l'occasion d'une décision du 11 décembre 2015 rendue dans le cadre de la procédure de QPC (CC, 11 décembre 2015, numéro 2015-507 QPC : Dr. adm. 2016, comm. 16, note Boda). Cette décision portait sur l'article L. 671-2 du Code de l'énergie qui prévoit qu'un plan de prévention des ruptures d'approvisionnement de produits pétroliers est établi dans certaines collectivités territoriales de l'outre-mer. Contrairement à l'hypothèse visée par l'arrêt du 12 avril 2013, il ne s'agissait donc pas de transposer la logique de l'arrêt Dehaene dans un service public géré par une personne privée, mais dans une activité purement privée.

1390.- Prolongement de la logique de la jurisprudence Dehaene.- En termes d'exercice du pouvoir de réglementation du droit de grève, le Conseil d'Etat est allé encore plus loin dans la logique de l'arrêt Dehaene à l'occasion des arrêts Hotz et Fédération nationale des syndicats du personnel des industries de l'énergie électrique, nucléaire et gazière du 17 mars 1997 (requête numéro 123912, requête numéro 160684 : AJDA 1997, II, p. 533, note Bellanger et Darcy ; JCP G, IV, comm. 2089 et comm. 2090, obs. Rouault ; Dr. adm. 1997, comm. 209).

Dans l'affaire Hotz, par exemple, le Conseil d'Etat était saisi d'un recours dirigé contre une décision du directeur de la production et du transport d'EDF fixant les modalités de retenue sur salaires en cas de grève des agents de conduite des centrales thermiques ou nucléaires. Le Conseil d'Etat rappelle, tout d'abord, les principes de l'arrêt Dehaene, c'est-à-dire la possibilité pour le gouvernement de prendre une mesure de règlementation du droit de grève en cas de silence du législateur. Cependant, en l'espèce, le gouvernement n'était pas non plus intervenu. Le Conseil d'Etat se réfère alors implicitement à la jurisprudence Jamart (CE Sect., 7 février 1936, requête numéro 43321, préc.), dont l'arrêt Dehaene constitue d'ailleurs une application. Il estime, en effet, que les principes de la jurisprudence Dehaene ne font pas obstacle à ce que les organes chargés de la direction d'un établissement public, agissant en vertu des pouvoirs généraux d'organisation des services placés sous leur autorité, règlementent le droit de grève en vue d'éviter qu'il en soit fait un usage abusif. Par conséquent, le Conseil d'Etat admet que de simples chefs de services peuvent règlementer le droit de grève. Cette solution avait déjà été retenue auparavant pour les directeurs d'administration centrale (CE Sect., 18 janvier 1962, Bernardet : Rec. p. 49 ; D. 1962, jurispr. p. 202, note Leclercq) et les organes exécutifs des collectivités territoriales (CE, 9 juillet 1965, requête numéro 58778, requête numéro 58779, Pouzenc : Rec. p. 421 ; D. 1966, jurispr. p. 720, note Gilli ; JCP G 1967, II, comm. 15058, note Sinay). Dans les arrêts du 17 mars 1997, le Conseil d'Etat va même plus loin puisqu'en l'espèce, ce n'est pas le directeur général d'EDF qui avait pris la mesure contestée, mais, sur délégation, le directeur de la production et du transport.

1391.- Modernisation du considérant de principe de l'arrêt Dehaene.- C'est certainment en raison de ces évolutions que le Conseil d'Etat a changé la rédaction du considérant de principe de l'arrêt Dehaene en précisant que l'autorité compétente pour réglementer le droit de grève dans le silence de la loi n'est pas le gouvernement mais « l'autorité administrative responsable du bon fonctionnement » du service public (CE Ass., 12 avril 2013, requête numéro 329570, requête numéro 329683, requête numéro 330539, requête numéro 330847, Fédération FO énergie et mines et a., préc.).

1392.- Reprise de la jurisprudence du Conseil d'Etat par le Conseil constitutionnel.- Il faut enfin relever que la jurisprudence du Conseil d'Etat a été reprise par le Conseil constitutionnel dans sa décision du 25 juillet 1979, Loi modifiant les dispositions de la loi n° 74-696 du 7 août 1974 relatives à la continuité du service public de la radio et de la télévision en cas de cessation concertée du travail (numéro 79-105 DC : Rec. CC p.33 ; Droit soc. 1980, p.7, note Leymarie et p.440, note Turpin ; Rev. adm. de l'est de la France 1980, p.87, note Jarnevic ; D. 1980, p.101, note Paillet et p.333, note Hamon ; AJDA 1980, p.191, note Legrand ; RDP 1979, p.1705, note Favoreu ; JCP 1981, II, comm. 19547).

Le Conseil constitutionnel reprend ici presque exactement les termes de l'arrêt Dehaene pour poser un principe de conciliation entre la continuité du service public et le droit de grève. En l'espèce, il censure des dispositions de la loi déférée qui permettaient aux présidents des organismes concernés de requérir du personnel en vue d'assurer un service normal. Le Conseil constitutionnel a estimé que ces dispositions faisaient obstacle au droit de grève, dont l'utilisation n'aurait plus été efficace. Pour les juges, en effet, une telle interdiction ne pouvait être prévue que pour les agents dont la présence est indispensable en vue d'assurer le fonctionnement des éléments du service dont l'interruption porterait atteinte aux besoins essentiels du pays.

II – Mise en œuvre de la conciliation

1393.- Une conciliation portant sur des principes antagonistes.- En fonction du service public considéré, et des impératifs liés à la continuité de ce service, l'exercice du droit de grève peut être plus ou moins limité. Le législateur a également prévu la possibilité, pour certains services publics, d'instaurer un service minimum ou d'autres aménagements au droit de grève, et certaines modalités d'exercice du droit de grève sont interdites.

A – Relativité du rapport entre droit de grève et principe de continuité

1394.- Interdiction possible du droit de grève.- Selon le service public en cause, les impératifs de continuité du service public seront plus ou moins limitatifs de l'exercice du droit de grève.

Dans certains cas, la nature du service exercé justifie une interdiction totale par le législateur du droit de grève. Cette interdiction concerne, par exemple, les militaires, les policiers, les magistrats ou encore les agents chargés du contrôle et de la protection des matières nucléaires.

Dans le silence de la loi, en application de la jurisprudence Dehaene, et toujours dans l'hypothèse où la nature du service le justifie, le Gouvernement est compétent pour prendre une mesure d'interdiction du droit de grève.

Exemple :
- CE Ass., 23 octobre 1964, requête numéro 56194, Fédération des syndicats chrétiens de cheminots (Rec. p.484 ; AJDA 1964, p. 682, chr. Puybasset et Puissochet ; JCP 1965, II, comm.14721, note Belorgey ; RDP 1964, p. 1210, concl. Bertrand ; RDP 1965, p.700, note Waline) : le Conseil d'Etat estime qu'est légale une décision gouvernementale refusant le droit de grève aux gardiens de passages à niveaux.

1395.- Illégalité des mesures d'interdiction non indispensables.- Toutefois, le juge censure de telles interdictions lorsqu'il apparaît que l'intérêt général pouvait être préservé par des mesures moins rigoureuses qu'une interdiction pure et simple.

Exemples :
- CE, 4 février 1981, requête numéro 211731, Fédération CFTC des personnels de l'environnement (AJDA 1981, p. 543, obs. S.S) : une grève des agents chargés de la manœuvre des écluses de la section internationale de la Moselle ne mettrait pas nécessairement en péril, quels qu'en soient les motifs, la date et la durée, soit la conservation des installations et des matériels, soit le fonctionnement d'un service dont la continuité est indispensable à l'action gouvernementale ou à l'ordre public. Ainsi, en interdisant le droit de grève à ceux de ces agents placés sous son autorité, le chef du service de la navigation de Nancy a outrepassé les limites qui peuvent être apportées au droit de grève de ceux-ci.
- CE, 9 décembre 2003, requête numéro 262186, Aguillon et a. (Rec. p.497 ; AJDA 2004, p. 1138, note Le Bot ; Dr. soc. 2004, p. 172, concl. Stahl ; JCP A 2004, comm. 1054, obs. Moreau et comm. 1096, obs. Maillard Desgrées du Loû ; JCP G. 2004, II, comm. 10076, note Prétot ; RDFA 2004, p. 306, concl. Stahl et note Cassia) : si le préfet, dans le cadre des pouvoirs qu'il tient du 4° de l'article L. 2215-1 du Code général des collectivités territoriales, peut légalement requérir les agents en grève d'un établissement de santé dans le but d'assurer le maintien d'un effectif suffisant pour garantir la sécurité des patients et la continuité des soins, il ne peut toutefois prendre que les mesures imposées par l'urgence et proportionnées aux nécessités de l'ordre public, au nombre desquelles figurent les impératifs de santé publique.
- CE, ord. réf., 27 octobre 2010, requête numéro 343966, Fédération nationale des industries chimiques et a. (Dr. adm. 2010, comm. 157, obs. Andreani) : le préfet peut légalement, sur le fondement de l'article L. 2215-1 4° du Code général des collectivités territoriales, requérir des salariés en grève d'une entreprise privée dont l'activité présente une importance particulière pour le maintien de l'activité économique, la satisfaction des besoins essentiels de la population ou le fonctionnement des services publics, lorsque les perturbations résultant de la grève créent une menace pour l'ordre public. Il ne peut toutefois prendre que les mesures nécessaires, imposées par l'urgence et proportionnées aux nécessités de l'ordre public. En l'espèce, la réquisition de salariés d'un dépôt pétrolier géré par une entreprise privée est justifiée, entre autres, par l'épuisement des stocks de carburant aérien de l'aéroport Roissy Charles de Gaulle, l'incapacité de l'aéroport à alimenter les avions en carburant aérien pouvant conduire au blocage de nombreux passagers, notamment en correspondance, et menacer la sécurité aérienne en cas d'erreur de calcul des réserves d'un avion. Le préfet, après avoir indiqué les motifs de la réquisition, sa durée, les prestations requises, les effectifs requis ainsi que leur répartition, a laissé à l'exploitant de l'établissement le soin d'en gérer l'activité dans ces

conditions. Cette circonstance ne constitue pas, selon le juge des référés, une illégalité manifeste au sens de l'article L. 521-2 du Code de justice administrative.

B – Organisation d'un service minimum et autres aménagements

1396.- Service minimum.- Le législateur organise fréquemment un service minimum en vue de concilier le droit de grève et les intérêts généraux auxquels ce droit est susceptible de porter atteinte.

Ainsi, la loi n°84-1286 du 31 décembre 1984 organise un service minimum dans les services de la navigation aérienne.

Dans le silence de la loi, en application de la jurisprudence Dehaene, le gouvernement, et subsidiairement les ministres et les autres chefs de service, sont compétents pour organiser un service minimum.

Exemple :
- CE, 30 novembre 1998, requête numéro 183359, Rosenblatt et a. : le directeur d'un centre hospitalier est compétent pour prévoir, en cas de grève d'une durée illimitée des infirmiers spécialisés en anesthésie et réanimation, un tableau du service minimum.

1397.- Cas des services de transports terrestres réguliers de voyageurs.- De même, la loi n°2007-1224 du 12 août 2007 sur le dialogue social et la continuité du service public dans les transports terrestres réguliers de voyageurs prévoit, quant à elle, qu'en cas de grève, l'employeur définit un « plan de prévisibilité » dans lequel il est précisé que « les salariés informent, au plus tard 48 heures avant de participer à la grève, le chef d'entreprise de leur intention d'y participer ». Ainsi, cette loi met en place une obligation de déclaration individuelle en vue de participer à une grève. Dans un arrêt du 19 mai 2008, Syndicat SUD RATP (requête numéro 312329 : Rec. p. 588 ; AJDA 2008, p.1718, note Chifflot ; JCP A 2008, act. 492 ; JCP G 2008, I, comm. 191, chron. Plessix ; RJEP 2008, comm. 32, concl. Lenica) le Conseil d'Etat a estimé que ces dispositions devaient être interprétées comme établissant l'obligation, pour le salarié, de déclarer au chef d'entreprise son intention de participer à la grève au moins 48 heures avant d'y participer lui-même. Est ainsi censurée l'interprétation de la RATP selon laquelle la déclaration préalable devait être faite 48 heures avant le début de la grève fixé par le préavis ou, pour les agents n'étant pas en service le premier jour de grève, 48 heures avant la date de reprise effective de leur service.

1398.- Pouvoir de réquisition.- Relève également de la règlementation du droit de grève l'exercice d'un droit de réquisition.

En particulier, l'article L. 2215-1 du Code général des collectivités territoriales permet au préfet, dans le cadre de ses pouvoirs de police administrative générale de « réquisitionner tout bien ou service, requérir toute personne nécessaire au fonctionnement de ce service ou à l'usage de ce bien (…) ». A l'occasion d'un arrêt du 9 décembre 2003, Aguillon (requête numéro 262186, préc.), le juge des référés du Conseil d'Etat a estimé que ce pouvoir de réquisition pouvait être exercé à l'égard de grévistes. Toutefois, le préfet « ne peut (...) prendre que les mesures imposées par l'urgence et proportionnées aux nécessités de l'ordre public ».

Exemple :
- Dans l'affaire Aguillon, le préfet avait entendu requérir l'ensemble des sages-femmes d'un établissement hospitalier en vue de permettre la poursuite d'une activité complète du service « dans les conditions existantes avant le déclenchement du mouvement de grève». En prescrivant une telle mesure générale, sans envisager le redéploiement d'activités vers d'autres établissements de santé ou le fonctionnement réduit du service, et sans rechercher si les besoins essentiels de la population ne pouvaient être autrement satisfaits compte tenu des capacités sanitaires du département, le préfet a pris une décision entachée d'une illégalité manifeste qui porte une atteinte grave à la liberté fondamentale que constitue le droit de grève.

Dans une ordonnance du 27 octobre 2010, Fédération nationale des industries chimiques (requête numéro 343966, préc.), le juge des référés du Conseil d'Etat a précisé que l'autorité compétente pouvait également requérir « les salariés en grève d'une entreprise privée dont l'activité présente une importance particulière pour le maintien de l'activité économique, la satisfaction des besoins essentiels de la population ou le fonctionnement des services publics, lorsque les perturbations résultant de la grève créent une menace pour l'ordre public ».

1399.- Droit d'accueil des élèves dans les écoles maternelles et primaires.- Enfin, pour ce qui concerne les écoles maternelles et primaires, la loi n° 2008-790 du 20 août 2008 créée un droit d'accueil au profit des élèves (Code de l'éducation, art. L. 133-2 à L. 133-12). Il résulte notamment de cette loi que les communes doivent mettre en place le service d'accueil dès lors que le nombre des personnes qui ont déclaré leur intention de participer à la grève est égal ou supérieur à 25 % du nombre de personnes qui exercent des fonctions d'enseignement dans cette école. Pour l'organisation de ce service public, qui est complémentaire du service public de l'éducation, l'Etat verse aux communes une compensation financière. Il a été jugé qu'une commune ne pouvait utilement se prévaloir des difficultés éventuelles d'organisation du dispositif d'accueil, ni de l'absence de volontaires au sein des services municipaux pour assurer le dispositif d'accueil (CE, 7 octobre 2009, requête numéro 325829, Commune de Plessis-Pâté : Rec. 922 ; JCP A 2009, comm. 2273, note Raimbault ; RLCT 2010, p. 53, note Guglielmi et Koubi).

C – Interdiction de certaines modalités d'exercice du droit de grève

1400.- Interdictions découlant de la définition même de la grève.- En droit public, comme en droit privé, la grève se définit comme « un arrêt collectif et concerté du travail en vue d'appuyer des revendications professionnelles » (Cass. Soc. 23 octobre 2007, pourvoi numéro 06-17.802, D. 2008, p. 662, note Bugada). On peut déjà tirer deux enseignements de cette définition. D'une part, la prohibition de la grève pour motifs politiques, même si naturellement la protestation contre un projet de loi gouvernemental peut conduire à mêler motifs professionnels et motifs politiques. D'autre part, seuls les agents publics peuvent exercer le droit de grève, à l'exclusion des usagers. Si cette assertion semble évidente, elle permet notamment de considérer que des étudiants bloquant les locaux de leur université ne sauraient en aucun cas être qualifiés de grévistes. Enfin « la grève perlée » qui consiste à exécuter le travail au ralenti, partiellement, ou dans des conditions défectueuses, n'est pas une grève au sens légal du terme dès lors qu'il ne s'agit pas d'un arrêt de travail.

1401.- Interdictions prévues par la loi.- La loi n° 63-777 du 31 juillet 1963, actuellement codifiée aux articles L. 2512-1 et s. du Code du travail, encadre partiellement l'exercice du droit de grève dans les services publics.

L'article L. 2512-2 interdit la grève surprise en imposant que toute grève dans les services publics soit précédée par un préavis qui doit parvenir cinq jours francs avant le déclenchement de la grève à l'autorité hiérarchique ou à la direction de l'établissement, de l'entreprise ou de l'organisme intéressé. Ce préavis doit mentionner le champ géographique et l'heure du début ainsi que la durée, limitée ou non, de la grève envisagée.

L'article L. 2512-3 interdit quant à lui la grève tournante par échelonnements successifs ou par roulement affectant les divers secteurs ou catégories professionnelles d'un même établissement ou service

Est également interdite la grève sur le tas, qui consiste en une occupation des lieux de travail. Comme l'a précisé le Conseil d'Etat dans son arrêt de Section Legrand du 11 février 1966 (requête numéro 65509 : Rec : p.110) : « les locaux ne sauraient être utilisés à des fins autres que celles correspondant aux besoins des services publics auxquels ils sont directement affectés ».

Tout comportement relevant de l'une ou l'autre de ces pratiques prohibées est susceptible de faire l'objet de poursuites disciplinaires en sus des retenues sur salaire qu'implique le fait de faire grève.

§II – Mutabilité

1402.- Adaptations du service public.- Ce principe suppose que le régime des services publics doit pouvoir être adapté en fonction de l'évolution des besoins sociaux et des exigences de l'intérêt général.

Au niveau du droit de l'Union européenne, il est ainsi prévu de réexaminer la portée du service universel « à la lumière des évolutions sociale, économique et technologique, compte tenu, notamment, de la mobilité et des débits de données à la lumière des technologies les plus couramment utilisées par la majorité des abonnés » (PE et Cons. UE, directive n° 2002/22/CE, 7 mars 2002, concernant le service universel et les droits des utilisateurs au regard des réseaux et services de communications électroniques, art. 15).

1403.- Illustration en matière contractuelle.- En droit interne, ce principe trouve d'abord à s'appliquer en matière contractuelle. En effet, même s'il n'est jamais mentionné expressément, c'est le principe de mutabilité qui justifie que l'administration dispose vis-à-vis de son cocontractant d'un pouvoir de modification et de résiliation unilatérale pour motif d'intérêt général (CE, 10 janvier 1902, requête numéro 94624, Compagnie nouvelle de gaz de Deville-lès-Rouen, préc.). Cette règle est plus clairement exprimée dans l'arrêt Compagnie générale française des tramways du 11 mars 1910 (requête numéro 16178, préc.). Selon cet arrêt les règles du service public, même pour un service délégué « impliquent pour l'administration le droit, non seulement d'approuver les horaires des trains au point de vue de la sécurité et de la commodité de la circulation, mais encore de prescrire les modifications et les additions nécessaires pour assurer, dans l'intérêt du public, la marche normale du service ».

1404.- Illustrations concernant les usagers et les agents de l'administration.- L'application de ce principe permet également d'expliquer pourquoi les usagers ne sont pas en principe recevables à contester une modification des règles de fonctionnement ou d'organisation des services publics.

Exemple :
- CE, 12 février 1982, requête numéro 27098, requête numéro 27099, requête numéro 27100, Université de Paris VII (Rec. p.70 ; D. 1983, inf. rap. p.233, obs. Delvolvé) : le statut des usagers du service public de l'enseignement supérieur étant défini par des textes législatifs et règlementaires, le droit aux avantages qui en résultent est subordonné au maintien en vigueur de ces textes. Par suite, en ne prévoyant pas de dispositions transitoires pour permettre aux étudiants de troisième cycle d'achever leurs études dans l'établissement où ils les ont commencées, une décision de refus de renouvellement d'habilitation ne méconnaît aucun droit acquis des étudiants en cours d'études.

Le même principe s'applique aux agents des services publics, qu'ils soient titulaires ou bien contractuels.

Exemple :
- CE, 11 octobre 1995, requête numéro 142644, Institut géographique national (Rec. p.620) : l'autorité compétente peut « fixer et modifier librement les dispositions statutaires qui régissent les agents des services publics, même contractuels, et notamment celles qui sont relatives aux conditions de leur rémunération ».

Comme les cocontractants de l'administration, les usagers ne bénéficient pas en principe d'un droit au maintien des services publics (CE Sect., 27 janvier 1961, requête numéro 38661, Vannier : Rec. p. 60, concl. Kahn).

Exemple :
- CE, 2 mars 2010, requête numéro 325255, Réseau ferré de France (JCPA 2010, comm. 2149, note Terrien ; Rev. Dr. transports, 214, note Martin) : Réseau ferré de France a pu, sans commettre d'erreur manifeste d'appréciation, décider la fermeture de la section de ligne en cause où le trafic avait cessé depuis décembre 1980 et alors qu'aucune perspective de reprise n'était prévue.

1405.- Limites au principe de mutabilité.- Il en va autrement, cependant, s'il s'agit de services publics obligatoires visés par la loi ou par la Constitution.

Par ailleurs, si le gestionnaire d'un service public administratif dispose de larges pouvoirs d'organisation, il ne peut toutefois décider d'en modifier les modalités d'organisation et de fonctionnement que pour des motifs en rapport avec les nécessités de ce service (CE Sect., 26 juillet 1985, requête numéro 50132, Association « Défense des intérêts des lecteurs de la Bibliothèque Nationale » : Rec. p. 478). Plus précisément, cette modification doit être justifiée par l'existence de troubles à l'ordre public ou de difficultés particulières en ce qui concerne l'organisation et la gestion du service public (V. à propos de la pratique des menus de substitution dans le cadre de la restauration scolaire CE, 11 décembre 2020, requête numéro 426483, Commune de Chalon-sur-Saône : Dr. adm. 2021, comm. 16, note Eveillard.- V. également dans la même affaire CAA Lyon, 26 octobre 2018, requête numéro 17LY03323, requête numéro 17LY03328, Commune de Châlon-sur-Saône : JCP A 2018, alerte 17, note Roux ; JCP A 2018, comm. 2188, comm. Touzeil-Divina).

Les usagers, comme les agents des services publics, bénéficient d'autres protections visant à les mettre à l'abri de mesures arbitraires.

Tout d'abord, l'administration est tenue, lorsqu'elle prend des mesures modifiant l'organisation ou le fonctionnement d'un service public, de respecter les lois et les règlements en vigueur.

S'agissant plus spécialement des usagers, ceux-ci ont également le droit au fonctionnement normal du service, ce qui signifie que l'administration doit respecter les règles juridiques qui le régissent, tant que ces règles n'ont pas été modifiées.

Exemple :

- TA Versailles, 3 novembre 2003, requête numéro 0104490, Kepeklian c. Ministre de l'Education nationale et a. (Resp. civ. Assurances, 2004, comm. 233, note Guettier) : la mission d'intérêt général d'enseignement qui lui est confiée impose au ministre de l'Education nationale l'obligation légale d'assurer l'enseignement de toutes les matières obligatoires inscrites aux programmes d'enseignement tels qu'ils sont définis par les dispositions législatives et règlementaires en vigueur selon les horaires règlementairement prescrits. Le manquement à cette obligation légale qui a pour effet de priver, en l'absence de toute justification tirée des nécessités de l'organisation du service, un élève d'un enseignement pendant une période appréciable, est constitutif d'une faute de nature à engager la responsabilité de l'Etat

Enfin, les modifications apportées par l'administration ne peuvent valoir que pour l'avenir, en application de la solution dégagée par le Conseil d'Etat dans son arrêt d'Assemblée du 25 juin 1948, Société du journal l'Aurore (requête numéro 94511, préc.). Dans cet arrêt, le Conseil d'Etat précise que le prix des consommations en électricité ne peut pas être calculé sur la base d'un tarif qui est entré en vigueur postérieurement à la date à laquelle ces consommations ont été réalisées.

§III – Egalité

1406.- Sources du principe d'égalité.- Le principe d'égalité trouve sa source dans les articles 1 et de la Constitution et 1 et 6 de la Déclaration des Droits de l'Homme et du Citoyen. En droit interne, il s'agit à la fois d'un principe de valeur constitutionnelle et il est à l'origine de plusieurs principes généraux du droit.

1407.- Un principe aux multiples facettes.- Le principe d'égalité comporte de nombreux aspects : égalité devant l'accès aux emplois publics, égalité devant l'impôt, égalité devant la loi, etc.

S'agissant des questions liées au fonctionnement des services publics, il convient surtout de mentionner le principe de neutralité du service public, qui est une notion très liée à celle d'égalité. Doivent également être relevés le principe d'égal accès au service public ainsi que le principe d'égalité de traitement des usagers du service public.

I – Egalité et neutralité

1408.- Caractère apolitique du service public.- Le principe de neutralité, qui constitue un aspect du principe d'égalité de traitement entre les usagers, comporte lui-même deux principaux aspects.

Il est d'abord censé faire échec à la politisation du service public.

Exemple :
- TA Lille, 18 décembre 2007, requête numéro 0601575, Desurmont (AJDA 2008, p.709, note Deliancourt) : le principe de neutralité s'oppose à ce que soient apposés sur les édifices publics des signes symbolisant la revendication d'opinions politiques, religieuses ou philosophiques. Ce principe fait également obstacle à ce que soit attribué à une école le nom d'un homme politique en activité.
- TA Caen, 26 avril 2010, requête numéro 1000282, Préfet du Calvados : le fait d'accrocher dans une mairie le portrait de Philippe Pétain parmi les portraits des chefs d'Etat français depuis 1871 est contraire au principe de neutralité du service public.
- CAA Bordeaux, 26 octobre 2010, requête numéro 10BX00170, Commune de Billère : les graffitis réalisés à l'initiative du maire de Billère, sur le thème de l'accueil des étrangers en France, opposent la devise de la République aux termes de honte, précarité et arbitraire. Par ces graffitis, qui expriment une critique explicite de l'application de la législation sur l'entrée et le séjour des étrangers en France, le maire de Billère a entendu prendre parti dans un conflit de nature politique, et a ainsi méconnu le principe de neutralité.

1409.- Laïcité et service public.- Le principe de neutralité se veut ensuite garant de la laïcité du service public, conformément à l'article 1er de la Constitution qui garantit le caractère laïc de la République française.

Exemple :
- CE, 7 août 2008, requête numéro 310220, Fédération chrétienne des témoins de Jehovah de France : pour prévenir les risques de dérives sectaires de mouvements qui revendiquent un but religieux, la mission interministérielle de vigilance et de lutte contre les dérives sectaires peut signaler les références d'un ouvrage relatant le témoignage d'un ancien membre des témoins de Jéhovah et reproduire la couverture de l'ouvrage. Cette décision ne méconnaît ni le principe de neutralité et de laïcité de la République, ni l'obligation d'impartialité qui s'impose à l'autorité administrative, ni le principe de liberté du culte.

1410.- Echec à d'autres formes de prosélytisme.- Plus généralement, le principe de neutralité a vocation à s'appliquer pour faire échec au prosélytisme, quel que soit son objet.

Exemples :
- CE, 15 octobre 2014, requête numéro 369965, Confédération nationale des associations familiales catholiques (Dr. adm. 2015, comm. 14, note Eveillard) : en application du Code de l'éducation, les autorités chargées du service public de l'éducation nationale doivent apporter aux élèves de l'enseignement public une information relative à la lutte contre les discriminations fondées notamment sur l'orientation sexuelle, information pour laquelle elles peuvent avoir recours à l'intervention d'associations spécialisées en la matière. L'information ainsi apportée doit être adaptée aux élèves auxquels elle est destinée, notamment à leur âge, et être délivrée dans le respect du principe de neutralité du service public de l'éducation nationale et de la liberté de conscience des élèves. Tel n'est pas le cas en l'espèce. En effet, sur son site internet, l'association « Ligne Azur » présentait l'usage de drogues comme susceptible de « faire tomber les inhibitions » et comme « purement associé à des moments festifs » sans mentionner l'illégalité de cette pratique, et elle définissait la pédophilie comme une « attirance sexuelle pour les enfants », sans faire état du caractère pénalement répréhensible des atteintes ou agressions sexuelles sur mineurs. Le site renvoyait, en outre, à une brochure intitulée « Tomber la culotte », laquelle incitait à la pratique de l'insémination artificielle par sperme frais, interdite par le Code pénal. Même si le site internet n'avait pas entendu faire preuve de complaisance à l'égard de tels comportements, en la seule absence de mention du caractère illégal de ces pratiques, la décision du ministre d'inviter les recteurs à relayer cette campagne de communication relative à la « Ligne azur » portait atteinte au principe de neutralité du service public de l'éducation nationale.
- CAA Nancy, 14 février 2008, requête numéro 07NC00335, Association Couleurs gaies (JCP A 2008, comm. 2132, note Ach) : la lutte contre les discriminations liées à l'orientation sexuelle revêt un caractère d'intérêt général qui justifie l'annulation du refus d'agrément opposé par le rectorat de Nancy-Metz à une association dès lors qu'elle s'est « engagée à respecter le principe de neutralité et à ne faire aucun prosélytisme ».

1411.- Nécessité de prendre en compte le fait religieux.- Ceci étant l'administration peut difficilement éviter le fait religieux, ce qui est le cas particulièrement pour les services de restauration qui doivent prendre en compte, dans une certaine mesure, les croyances religieuses. Cette prise en compte est toutefois à géométrie variable, selon que les usagers sont contraints ou non de recourir à ces services.

Ainsi, concernant les prisons, le Conseil d'Etat a jugé qu'il appartient à l'administration pénitentiaire, qui n'est pas tenue de garantir aux détenus, en toute circonstance, une alimentation respectant leurs convictions religieuses, de permettre, dans toute la mesure du possible eu égard aux contraintes matérielles propres à la gestion de ces établissements et dans le respect de l'objectif d'intérêt général du maintien du bon ordre des établissements pénitentiaires, l'observance des prescriptions alimentaires résultant des croyances et pratiques religieuses (CE, 10 février 2016, requête numéro 385929, Khadar : Rec. p. 26 ; AJDA 2016, p. 1127, note Bioy, concl. Guyomar ; JCP A 2016, act. 145, obs. Erstein.- V. aussi CE, 25 février 2015, requête numéro 375724, Stojanovic : Rec. tables, p. 675 ; JCP A 2015, act. 243, obs. Erstein). Pour ce qui concerne les cantines scolaires, en revanche, les contraintes sont moindres. En effet, le Conseil d'Etat a récemment jugé que si les principes de laïcité et de neutralité du service public ne font, par eux-mêmes, pas obstacle à ce que les usagers du service public facultatif de la restauration scolaire se voient offrir un choix leur permettant de bénéficier d'un menu équilibré sans avoir à consommer des aliments proscrits par leurs convictions religieuses, il n'existe toutefois aucune obligation de proposer aux usagers des menus confessionnels (CE, 11 décembre 2020, requête numéro 426483, Commune de Chalon-sur-Saône, préc.).

Le juge administratif a également été amené à se prononcer sur possibilité pour une personne publique de louer un local à une association aux fins d'y installer un lieu de culte. Selon une interprétation libérale de la loi du 9 décembre 1905 il est possible de donner à bail à une association un local communal « dans le respect du principe de neutralité à l'égard des cultes et du principe d'égalité (…) dès lors que les conditions financières de cette autorisation excluent toute libéralité et, par suite, toute aide à un culte ». Ceci implique également qu'une « commune ne peut rejeter une demande d'utilisation d'un tel local au seul motif que cette demande lui est adressée par une association dans le but d'exercer un culte » et qu'elle ne peut également « décider qu'un local lui appartenant (…) sera laissé de façon exclusive et pérenne à la disposition d'une association pour l'exercice d'un culte et constituera ainsi un édifice cultuel » (CE, 7 mars 2019, requête numéro 417629, Commune de Valbonne : AJDA 2019, p. 980, chron. Malverti et Beaufils ; Contrats-Marchés publ. 2019, comm. 167, note Soler-Couteaux ; Dr. adm. 2019, comm. 35, note Eveillard ; JCP A 2019, act. 178, obs. Erstein ; JCP A 2019, comm. 2108, note Chamard-Heim)

Ces dernières années, c'est souvent du point de vue de la laïcité que la question de la neutralité a été abordée. Il convient d'aborder cette question du point de vue des usagers du service public, principalement dans le domaine de l'éducation, puis de celui des fonctionnaires et agents publics. On envisagera également la question de l'extension du principe de laïcité dans l'espace public.

A – Neutralité et usagers du service public de l'éducation

1412.- Position initiale du Conseil d'Etat.- La question des signes d'appartenance à une religion a alimenté la jurisprudence notamment à travers l'avis du Conseil d'Etat Kherouaa du 27 novembre 1989 (numéro 346893 : AJDA 1990, p. 39, note J.-P. C. ; RFDA 1990, p. 1, note Rivero) qui concerne spécifiquement le service public de l'éducation.

Les juges relèvent en l'espèce que le droit à une formation scolaire est un moyen de contribuer à l'épanouissement de l'enfant et surtout « à l'exercice de ses responsabilités d'homme et de citoyen ». La notion de citoyenneté apparaît ici primordiale, l'exercice de la liberté de conscience, et plus précisément la manifestation des convictions religieuses, ne devant pas faire obstacle à l'accomplissement des missions dévolues à l'école. A ce titre, le Conseil d'Etat relève que le service public de l'éducation doit inculquer aux usagers « le respect de l'individu, de ses origines et de ses différences, garantir et favoriser l'égalité entre les hommes et les femmes ».

Le Conseil d'Etat tire de ces considérations deux conséquences majeures.

Tout d'abord, la manifestation d'appartenance à une religion n'est pas incompatible en soi avec le principe de laïcité. Ceci est justifié par le fait que cette manifestation « constitue l'exercice de la liberté d'expression ».

Cependant, cette liberté comporte des limites, lorsque cette manifestation « constitue un acte de pression, de provocation, de prosélytisme ou de propagande qui porterait atteinte à la dignité ou à la liberté de l'élève ou d'autres membres de la communauté éducative, perturberait les activités d'enseignement et le rôle éducatif des enseignants, troublerait l'ordre dans l'établissement ou le fonctionnement normal du service public ».

Cet avis a donné lieu à une jurisprudence très nuancée.

Exemples :
- CE, 2 novembre 1992, requête numéro 130394, Kherouaa (préc.) : le Conseil d'Etat est saisi de la légalité d'un recours dirigé contre le règlement intérieur d'un collège dont un article interdisait le port de tout signe distinctif notamment d'ordre religieux. Les juges estiment que « par la généralité de ses termes, cet article institue une interdiction générale et absolue en méconnaissance ... notamment de la liberté d'expression reconnue aux élèves dans le cadre des principes de neutralité et de laïcité de l'enseignement public ».
- CE Ass., 14 avril 1995, requête numéro 157653, Koen et Consistoire central des israélites de France (Rec. p.168, concl. Aguila ; AJDA 1995, p.501, chron. Stahl et Chauvaux ; D. 1995, p.481, note Koubi ; JCP 1995, comm. 22437, note Nguyen Van Tuong ; RDP 1996, p.867, note Haguenau ; RFDA 1995, p.585, concl. Aguila) : le Conseil d'Etat est saisi d'un recours dirigé contre un refus d'inscription d'un élève de confession juive en classe préparatoire. Cette mesure était notamment motivée par le fait que le candidat avait demandé une dispense pour les cours du samedi matin, alors que le règlement intérieur de l'établissement prévoyait que tous les cours étaient obligatoires.

Le Conseil d'Etat estime que « les contraintes inhérentes au travail des élèves en classe de mathématiques supérieures font obstacle à ce qu'une scolarité normale s'accompagne d'une dérogation systématique à l'obligation de présence le samedi, dès lors que l'emploi du temps comporte un nombre important de cours et de contrôles de connaissances organisés le samedi matin ».

1413.- Remise en cause de la jurisprudence du Conseil d'Etat par la loi n°2004-228 du 15 mars 2004.- La loi n°2004-228 du 15 mars 2004 encadrant, en application du principe de laïcité, le port de signes ou de tenues manifestant une appartenance religieuse dans les écoles, collèges et lycées publics a remis en cause cette jurisprudence.

Sur le fond, le texte rompt avec la règle très nuancée définie dans les affaires Kherouaa. Elle entend ainsi répondre aux deux critiques majeures que cette jurisprudence suscitait : elle posait un risque soit d'intransigeance, soit de laxisme des règlements intérieurs ; elle faisait peser une responsabilité excessive sur les chefs d'établissement puisqu'il n'existait pas de règles claires et précises pouvant faire l'objet d'une application uniforme.

L'article 1er de la loi qui porte création de l'article L. 141-5-1 du Code de l'éducation précise que « dans les écoles, les collèges et les lycées publics, le port de signes ou tenues par lesquels les élèves manifestent ostensiblement une appartenance religieuse est interdit ». Le même article ajoute que « le règlement intérieur rappelle que la mise en œuvre d'une procédure disciplinaire est précédée d'un dialogue avec l'élève ».

1414.- Interrogations concernant cette loi.- Si elle paraît claire dans sa formulation, la loi a néanmoins suscité un certain nombre d'interrogations.

Tout d'abord, il peut paraître surprenant que son champ d'application ne concerne que les écoles, collèges et lycées publics alors que le principe de laïcité a vocation à s'appliquer à l'ensemble des services publics.

Exemple :
- CE, ord. réf., 6 mai 2008, requête numéro 315631, Bounemcha : les autorités gestionnaires d'une cité universitaire doivent respecter « tant les impératifs d'ordre public, de neutralité du service public et de bonne gestion des locaux que le droit de chaque étudiant à pratiquer, de manière individuelle ou collective et dans le respect de la liberté d'autrui, la religion de son choix ».

Au sein même de l'Education nationale, les dispositions susvisées ne s'appliquent pas aux établissements d'enseignement supérieur ce qui peut également entraîner des difficultés.

Exemple :
- CE, 28 juillet 2017, requête numéro 390740, Boutaleb et a. (Rec. tables, p. 447 ; AJDA 2017, p. 2084, note Juston et Guilbert ; Dr. adm. 2018, comm. 5, note Eveillard) : les instituts de formation paramédicaux étant des établissements d'enseignement supérieur, leurs élèves ont, lorsqu'ils suivent des enseignements théoriques et pratiques en leur

> sein, la qualité d'usagers du service public. Ils sont, en cette qualité, sauf lorsqu'ils suivent un enseignement dispensé dans un lycée public, libres de faire état de leurs croyances religieuses, y compris par le port de vêtement ou de signes manifestant leur appartenance à une religion, sous réserve de ne pas perturber le déroulement des activités d'enseignement et le fonctionnement normal du service public notamment par un comportement revêtant un caractère prosélyte ou provocateur. En revanche, lorsqu'ils effectuent un stage dans un établissement de santé chargé d'une mission de service public, les élèves infirmiers doivent respecter les obligations qui s'imposent aux agents du service public hospitalier (V. sur ce point infra). S'ils bénéficient de la liberté de conscience qui interdit toute discrimination fondée sur la religion, le principe de laïcité fait obstacle à ce qu'ils manifestent leurs croyances religieuses dans le cadre du service public. Lorsque les élèves infirmiers effectuent leur stage dans un établissement n'ayant aucune mission de service public, ils doivent respecter, le cas échéant, les dispositions du règlement intérieur de cet établissement qui fixent les conditions dans lesquelles ses agents peuvent faire état de leurs croyances religieuses.

Ensuite, il était loin d'être sûr que l'interdiction prescrite soit uniformément appliquée et qu'elle pouvait régler les problèmes qu'elle était supposée résoudre.

Pour tenter d'élucider ces difficultés d'interprétation, le ministre de l'Education nationale a voulu préciser le texte dans une circulaire du 27 mai 2004. Selon cette circulaire « les signes et tenues qui sont interdits sont ceux dont le port conduit à se faire immédiatement reconnaître par son appartenance religieuse tels que le voile islamique, quel que soit le nom qu'on lui donne, la kippa ou une croix de dimension manifestement excessive ».

La légalité de ces dispositions de la circulaire a été confirmée par le Conseil d'Etat à l'occasion de son arrêt Union française pour la cohésion nationale du 10 octobre 2004 (requête numéro 269077 : préc.). La Cour européenne des Droits de l'homme a confirmé quant à elle que la loi du 15 mars 2004 n'était pas contraire à l'article 9 de la Convention qui reconnaît le droit de manifester sa religion (CEDH, 4 décembre 2008, affaire numéro 31645/04, Kervanci c/ France et CEDH, 4 décembre 2008, affaire numéro 27058/05, Dogru c/ France : AJDA 2009, p. 882, chron. Flauss.- Solution confirmée par CEDH, 17 juillet 2009, affaire numéro 43563/08, affaire numéro 14308/08, affaire numéro 18527/08, affaire numéro 29134/08, affaire numéro 25463/08, affaire numéro 27561/08, Tuba Aktas c/ France : AJDA 2009, p. 2077, note Gonzalez).

En dépit de cette circulaire, d'autres problèmes se sont posés.

> Exemples :
> - CE, ord. réf., 8 octobre 2004, requête numéro 272926, El Hussein (JCP A 2005, comm. 1849, note Tawil) : l'article L. 141-5-1 du Code de l'éducation prévoit que sont autorisés les « accessoires communément portés par les élèves, en dehors de toute signification religieuse ». La question qui se pose alors est de savoir s'il faut considérer que le bandana porté comme un foulard islamique constitue un signe religieux ostentatoire. En l'espèce, le juge des référés du Conseil d'Etat estime qu'il n'apparaissait pas « que l'administration, en décidant de maintenir en permanence Mlle El Hussein

tout en poursuivant un dialogue avec sa famille, ait procédé à une application de la loi du 15 mars 2004 qui serait entachée d'une illégalité manifeste alors même qu'un doute existe, en l'état de l'instruction, sur le motif du port d'un bandana par la jeune élève ».
- CE, 5 décembre 2007, requête numéro 285394, Singh (Rec. p. 463 ; RFDA 2008, p. 529, concl. Keller) : est fondée la décision d'exclusion d'un lycée d'un élève de confession sikh au motif que le sous-turban, ou keshi sikh, qu'il portait dans l'enceinte de l'établissement constitue un signe par lequel il manifeste ostensiblement son appartenance à une religion.

1415.- Bilan de la loi.- Ceci étant, la loi paraît avoir obtenu immédiatement le succès escompté : alors qu'en 2003, on a compté 1500 signes ostensibles, 600 seulement ont été recensés à la rentrée 2005 et seulement 47 décisions ont été prononcées à l'issue de la procédure de dialogue avec les familles prévue par la loi (Lettre de la justice administrative, n°9, octobre 2005, p.1). Il faut toutefois mettre en balance ces chiffres avec les statistiques récentes concernant les écoles « hors contrat », pour lesquelles les dispositions de l'article L. 141-5-1 du Code de l'éducation ne s'apppliquent pas. Même si seulement 30 % de ces écoles sont de nature confessionnelle, l'augmentation de leur nombre est constant puisque d'après les statistiques du ministère elles étaient 976 en 2019 contre 351 en 2012.

On doit enfin relever que la question de la neutralité dans le domaine de l'enseignement public ne se limite pas à la question du port de signes ou de tenues vestimentaires.

Exemples :
- CAA Lyon, 18 septembre 2007, requête numéro 07LY00704, Charles X c. IA-DSDEN Haute-Loire (AJDA 2008, p.105, note Toulemonde) : un prêtre a intérêt à agir contre la décision d'un inspecteur d'académie d'autoriser un conseil d'école à organiser la semaine scolaire selon la règle d'un mercredi matin travaillé sur deux. Comme le prévoit en effet l'article L. 141-3 du Code de l'éducation : « Les écoles élémentaires vaquent un jour par semaine en outre du dimanche, afin de permettre aux parents de faire donner, s'ils le désirent à leurs enfants, l'instruction religieuse, en dehors des édifices scolaires ». S'il est vrai que l'organisation du temps scolaire arrêtée par l'inspecteur d'académie fait obstacle à ce que l'instruction religieuse puisse être dispensée un mercredi matin sur deux, « cette seule circonstance ne constitue pas une atteinte à la liberté de l'instruction religieuse ».

B – Neutralité des agents des services publics

1416.- Des règles strictes définies à l'origine par le Conseil d'Etat.- Si la jurisprudence antérieure à la loi du 15 mars 2004 était nuancée s'agissant d'usagers du service public de l'éducation, elle appréciait - et elle apprécie encore - plus sévèrement l'application du principe de laïcité s'agissant de fonctionnaires ou plus généralement d'agents publics.

Dans un avis Demoiselle Marteaux du 3 mai 2000 (requête numéro 217017 : RFDA 2001, p. 146, concl. Schwartz ; AJDA 2000, p. 602, chron. Guyomar et Collin ; RRJ

2001, p. 2107, étude Armand), le Conseil d'Etat a ainsi estimé que « le fait pour un agent du service de l'enseignement public de manifester dans l'exercice de ses fonctions ses croyances religieuses, notamment en portant un signe destiné à marquer son appartenance à une religion, constitue un manquement à ses obligations ».

1417.- Des règles tardivement reprises par le législateur.- Ces solutions ont été reprises tardivement par la loi n°2016-483 du 20 avril 2016 qui a modifié l'article 25 du titre I du statut général de la fonction publique qui précise désormais que « dans l'exercice de ses fonctions, (le fonctionnaire) est tenu à l'obligation de neutralité. (Il) exerce ses fonctions dans le respect du principe de laïcité. A ce titre, il s'abstient notamment de manifester, dans l'exercice de ses fonctions, ses opinions religieuses ».

1418.- Illustrations.- Cette règle a vocation à s'appliquer à l'ensemble des agents publics et pas seulement à ceux de l'enseignement public.

Exemples :
- CAA Lyon, 27 novembre 2003, requête numéro 03LY0192, Ben Abdallah : AJDA 2003, p. 1951 ; JCP A 2003, comm. 2026, obs. Taillefait ; JCP G 2003, I, comm. 182, obs. Aubin) : le port, par la requérante, qui détient, eu égard à sa fonction de contrôleur du travail, des prérogatives de puissance publique, d'un foulard dont elle a expressément revendiqué le caractère religieux, et le refus réitéré d'obéir à l'ordre qui lui a été donné de le retirer, alors qu'elle était avertie de l'état non ambigu du droit applicable a, dans les circonstances de l'espèce, constitué une faute grave de nature à justifier légalement la mesure de suspension dont elle a fait l'objet.
- CE, 15 octobre 2003, requête numéro 244428, Odent (JCP A 2003, comm. 2003, note Jean-Pierre ; AJFP janvier 2004, p. 31, obs. Guillaumont ; AJDA 2003, p. 1959 ; D. 2003, inf. rap. p. 2279 ; Cah. fonct. publ., mars 2004, 232, obs. Guyomar ; Comm. com. électr. 2004, comm. 11, obs. Lepage) : constitue une faute disciplinaire, le fait pour un fonctionnaire d'utiliser l'adresse électronique de son service a des fins personnelles d'échanges entrepris en sa qualité de membre de l'Association pour l'unification du christianisme mondial.
- CAA Versailles, 6 octobre 2011, requête numéro 09VE02048, Abderahim : le port d'un bandana est assimilé à un signe religieux ce qui justifie le licenciement d'une assistante maternelle pour faute grave.
-CE, 12 février 2020, requête numéro 418299 : les praticiens étrangers qui sont accueillis en tant que stagiaires associés dans un établissement public de santé doivent respecter les obligations qui s'imposent aux agents du service public hospitalier. A ce titre, s'ils bénéficient de la liberté de conscience qui interdit toute discrimination fondée sur la religion, le principe de laïcité fait obstacle à ce qu'ils manifestent leurs croyances religieuses dans le cadre du service public. Pour juger que le requérant avait manqué à ces obligations, la cour administrative d'appel s'est fondée sur ce que, alors même que la barbe qu'il portait ne pouvait, malgré sa taille, être regardée comme étant par elle-même un signe d'appartenance religieuse, il avait refusé de la tailler et n'avait pas nié que son apparence physique pouvait être perçue comme un signe d'appartenance religieuse. En se fondant sur ces seuls éléments, par eux-mêmes insuffisants pour caractériser la

manifestation de convictions religieuses dans le cadre du service public, sans retenir aucune autre circonstance susceptible d'établir que le requérant aurait manifesté de telles convictions dans l'exercice de ses fonctions, la cour a entaché son arrêt d'erreur de droit.

1419.- Le cas particulier de l'enseignement public.- Concernant les services de l'enseignement, le fait que le candidat ait des convictions religieuses affirmées et qu'il ait poursuivi ses études dans des établissements confessionnels ne constitue pas un motif valable interdisant son recrutement dans la fonction publique (CE, 25 juillet 1939, requête numéro 62361, Demoiselle Beis : Rec., p. 524.- V. aussi CE, 3 mai 1950, requête numéro 98284, Demoiselle Jamet : Rec. p. 247).

Une question plus délicate se pose lorsque c'est un ministre du culte qui souhaite accéder à la fonction publique, notamment aux métiers de l'enseignement. Une loi du 30 octobre 1886, codifiée à l'article L. 141-5 du Code de l'éducation précise sur ce point que « dans les établissements du premier degré publics, l'enseignement est exclusivement confié à un personnel laïque ».

En revanche, il n'existe pas de texte équivalent concernant l'enseignement secondaire. Dans le célèbre arrêt Abbé Bouteyre du 10 mai 1912, le Conseil d'Etat avait confirmé la décision du ministre de l'Education refusant à un ecclésiastique le droit de se présenter à un concours d'agrégation de philosophie (requête numéro 46027 : Rec. 533 ; D. 1914, III, p. 74, concl. Heilbronner ; S. 1912, III, p. 145, note Hauriou.- V. également confirmant cette solution dans la même affaire (CE, 30 juillet 1920, Abbé Bouteyre : Rec. p.794). Si le Conseil d'Etat n'est jamais expressément revenu sur cette jurisprudence, il est toutefois douteux qu'elle reflète l'état du droit positif. Dans une décision Spagnol du 7 juillet 1970, le tribunal administratif de Paris a ainsi jugé qu'était illégal une décision refusant d'admettre un ecclésiastique à participer au concours d'agrégation d'anglais (Rec. 851). Surtout, il ressort d'un avis de l'Assemblée générale du Conseil d'Etat du 21 septembre 1972 que « si les dispositions constitutionnelles qui ont établi la laïcité de l'État et celle de l'enseignement imposent la neutralité de l'ensemble des services publics et en particulier la neutralité du service de l'enseignement à l'égard de toutes les religions, elles ne mettent pas obstacle par elles- mêmes à ce que des fonctions de ces services soient confiées à des membres du clergé » (EDCE, n°55, p. 422). En d'autres termes, il n'y aurait plus d'opposition entre le statut d'écclésiastique et des fonctions d'enseignant dès lors que la personne concernée respecte strictement le principe de neutralité.

C'est dans ce sens que s'est récemment prononcé le Conseil d'Etat et la Commision de déontologie de la fonction publique, dans une décision et un avis qui ne concernent toutefois pas l'enseignement secondaire. Tout d'abord, dans un arrêt SNESUP du 27 juin 2018 le Conseil d'Etat a jugé qu'un ministre du culte peut être élu président d'université celui-ci étant alors tenu « eu égard à la neutralité des services publics qui découle également du principe de laïcité, à ne pas manifester ses opinions religieuses dans l'exercice de ses fonctions ainsi qu'à un devoir de réserve en dehors de l'exercice de ces fonctions » (requête numéro 419595 : AJDA

2018, p. 1364 ; Dr. adm. 2018, comm. 60, note Eveillard ; JCP A 2018, comm. 585 ; JCP G 2018, comm. 2331, concl. Dieu). Suivant la même logique, la Commission de déontologie de la fonction publique a ensuite estimé, dans un avis du 6 novembre 2020, qu'un magistrat pouvait cumuler ses fonctions avec celles de diacre de l'Eglise catholique (avis numéro 2020/5, 6 novembre 2020 : Dr. adm. 2021, Alerte 5, obs. Roux), à condition également de faire preuve d'une stricte neutralité.

C – L'extension du champ du principe de laïcité dans l'espace public

1420.- Un principe de laïcité longtemps cantonné.- Du point de vue des pouvoirs étatiques, tel qu'il a été appréhendé par la jurisprudence du Conseil d'Etat, le principe de laïcité a longtemps été doublement cantonné aux seuls services publics et aux seuls agents du service public.

On l'a vu, la loi n°2004-228 du 15 mars 2004, en interdisant le port de tenues ou signes manifestant ostensiblement une appartenance religieuse aux élèves des écoles primaires, lycées et collèges de l'enseignement public a prévu une exception pour cette catégorie particulière d'usagers du service public. Cette interdiction est alors strictement cantonnée à cette catégorie d'usagers.

1421.- L'interdiction du voile intégral.- La loi n°2010-1192 du 11 octobre 2010 est allée plus loin dans ce sens en interdisant le port du voile intégral, en prohibant la dissimulation du visage non seulement dans le cadre des services publics, mais également dans l'espace public, c'est-à-dire, selon l'article 2 de la loi, sur les voies publiques ainsi que dans les lieux ouverts au public ou affectés à un service public. Cette loi a été jugé conforme à la Convention européenne des droits de l'Homme (CEDH, 1er juillet 2014, affaire numéro 43835/11, SAS c/ France : JCPA 2014, comm. 2355, note Dieu).

Le Conseil constitutionnel a considéré que les pratiques sanctionnées par cette loi « peuvent constituer un danger pour la sécurité publique et méconnaissent les exigences minimales de la vie en société ». Il mentionne également que le législateur a estimé que les femmes dissimulant leur visage, volontairement ou non, se trouvent placées dans une situation d'exclusion et d'infériorité manifestement incompatible avec les principes constitutionnels de liberté et d'égalité » (CC, 7 octobre 2010, numéro 2010-613 DC : AJDA 2010, p. 1273, note Verpeaux ; D. 2011, p. 1166, note Cayla ; JCP G 2010, comm. 1018, note Mathieu et comm. 1043, note Levade ; RFDC 2011, p. 548, note Fatin-Rouge, Stefanini et Philippe).

1422.- La notion de « vivre-ensemble républicain ».- Ce qui est donc en cause ici, plus largement que le principe de laïcité, c'est « le socle minimal d'exigences réciproques et de garanties essentielles du vivre-ensemble républicain » (B. Plessix, Droit administratif général, Lexisnexis 2016, p. 806).

Cette notion est encore peu reprise par la jurisprudence. On en trouve néanmoins une illustration intéressante, dans le domaine de la police spéciale des étrangers, dans un arrêt Aberkane du 27 novembre 2013 (requête numéro 365587 : Rec. p.

304). Dans cette affaire, le Conseil d'Etat a estimé qu'est légal le décret s'opposant à l'acquisition de la nationalité française, pour « défaut d'assimilation », par une personne qui « refuse d'accepter les valeurs essentielles de la société française et notamment l'égalité entre les hommes et les femmes ».

En revanche, on peut considérer que la notion de « vivre ensemble » est au centre de toute une série de problématiques qui ont été récemment soumises au juge administratif et qui concernent le champ d'extension des principes de neutralité et de laïcité.

1423.- Le cas des crèches de noël.- On peut ainsi mentionner la jurisprudence du Conseil d'Etat sur les crèches de noël. Dans deux décisions pour le moins nuancées, le Conseil d'Etat opère une distinction entre les « bâtiments publics, sièges d'une collectivité publique ou d'un service public », dans lesquels l'installation d'une crèche est, sauf circonstances particulières, non conforme au principe de neutralité des personnes publiques, et les « autres emplacements publics » dans lesquels une installation est possible à condition qu'elle ne constitue pas un acte de prosélytisme ou de revendication d'une opinion religieuse (CE Ass., 9 novembre 2016, requête numéro 395122, Commune de Melun et requête numéro 395223, Fédération de la libre pensée de Vendée : AJCT 2017, p. 90, obs. de la Morena et Yazi-Roman ; AJDA 2016, p. 2375, chron. Dutheillet de Lamothe et Odinet ; D. 2016, p. 2456, entretien Maus ; Dr. adm. 2017, comm. 18, note Eveillard ; RFDA 2017, p. 127, note Morange.- V. également CAA Marseille, 3 avril 2017, requête numéro 15MA03863, Garcia : JCPA 2017, comm. 2216, note Dounot.- CAA Douai, 16 novembre 2017, requête numéro 17DA00054, M. C...A...- CAA Marseille, ord. réf., 18 janvier 2021, numéro 20MA04842, Commune de Beaucaire).

1424.- Le cas des parents accompagnateurs de sorties scolaires.- Une autre difficulté concerne les parents accompagnateurs de sorties scolaires, et plus particulièrement le port du voile par les mères des enfants. Dans une décision Osman du 22 novembre 2011 (requête numéro 1012015, Osman : AJDA 2011, p. 2319, obs. de Montecler ; AJDA 2012, p. 163, note Hennette-Vauchez ; Dr. adm. 2012, comm. 16, note Taillefait ; JCP A 2011, comm. 2384, concl. Restino ; D. 2012, p. 72, note Girard) le tribunal administratif de Montreuil avait considéré, en combinant principe de laïcité et théorie de la collaboration occasionnelle - mais sans toutefois recourir expressément à cette notion - que si les parents d'élèves participant au service public de l'éducation bénéficient de la liberté de conscience qui interdit toute discrimination fondée sur leur religion ou sur leurs opinions, le principe de neutralité de l'école laïque fait obstacle à ce qu'ils manifestent, dans le cadre de l'accompagnement d'une sortie scolaire, par leur tenue ou par leurs propos, leurs convictions religieuses, politiques ou philosophiques. Cette solution doit être rapprochée d'une décision plus ancienne du Conseil d'Etat qui avait expressément qualifié une accompagnatrice dans le cadre d'une sortie scolaire de « collaboratrice occasionnelle du service public » dans une affaire où il était question de l'engagement de la responsabilité de l'Etat à son égard (CE Sect.,

13 janvier 1993, requête numéro 63044 et requête numéro 66929, Galtié : Rec. p. 11).
Cette appréciation a toutefois été démentie par le Conseil d'Etat à l'occasion d'une étude du 23 décembre 2013, demandée par le Défenseur des droits en application de l'article 19 de la loi organique n°2011-333 du 29 mars 2011. Le Conseil d'Etat pose ici une règle aussi nuancée que celle issue de l'avis Kherouaa (préc.). Les juges précisent d'abord que les parents accompagnateurs sont de simples usagers. Ils ne sont donc pas directement concernés par « les exigences de neutralité religieuse ». Toutefois, les juges rappellent que la liberté des convictions religieuses doit être conciliée « avec les exigences particulières découlant des principes de laïcité et de neutralité des pouvoirs publics ». Ainsi, « les exigences liées au bon fonctionnement du service public de l'éducation peuvent conduire l'autorité compétente, s'agissant des parents qui participent à des déplacements ou des activités scolaires, à recommander de s'abstenir de manifester leur appartenance ou leurs croyances religieuses ». L'autorité compétente, en l'occurrence le ministre de l'Education nationale ou la direction de l'établissement, peut donc accepter ou non la présence des mères accompagnatrices voilées. Dans ce sens, les directeurs d'établissements peuvent s'appuyer sur la circulaire Chatel du 27 mars 2012 qui recommande de rappeler les principes de laïcité et de neutralité dans les enseignements scolaires, et qui vise notamment le cas des accompagnants scolaires. En l'absence de loi la responsabilité d'interdire ou non le port de signes religieux à ces accompagnants repose sur les chefs d'établissement, ce qui peut donner lieu à des différences notables d'un établissement à l'autre (sur cette question V. encore TA Nice, 9 juin 2015, requête numéro 1305386 : AJDA 2015, p. 1933, notre Brice-Delajoux.- CAA Lyon, 23 juillet 2019, requête numéro 17LY04351 : JCPA 2019, comm. 2307, note Philip-Gay).

Ces solutions, qui rappellent les nuances de la jurisprudence Kherouaa, pourraient être remises en cause par une loi. Au moment où ces lignes sont écrites, un amendement au projet de loi Respect des principes de la République a justement été adopté par le Sénat le 30 mars 2021 en vue de compléter l'article L. 141-5-1 du Code de l'éducation. Si le texte devait être adopté en l'état cet article, cet article qui interdit le port de signes ou de tenues par lesquels les élèves manifestent ostensiblement leur appartenance à une religion, se verrait adjoindre l'alinéa suivant : « la même interdiction s'applique aux personnes qui participent, y compris lors des sorties scolaires, aux activités liées à l'enseignement dans ou en dehors des établissements, organisées par ces écoles et établissements publics locaux d'enseignement. »

1425.- Le cas des marchés.- Dans un sens également favorable à l'extension du champ du principe de laïcité, le Conseil d'Etat a estimé, dans un arrêt Halfon et a. du 23 décembre 2011 (requête numéro 323309 : Rec. p. 646 ; AJDA 2012, p. 833, note Marliac ; BJCL 2012, p. 34, concl. Aladjidi, Dr. Adm. 2012, comm. 29, note Fleury ; JCP A 2012, comm. 2281, note Dieu) que si des commerçants qui exercent leur activité professionnelle au sein des halles et marchés municipaux bénéficient du droit de demander des dérogations au règlement fixant les jours et heures d'ouverture de ces lieux pour motifs religieux, le maire peut refuser de telles dérogations si elles sont de nature à porter atteinte au bon fonctionnement du marché, et notamment à sa continuité. La solution peut paraître ici surprenante puisqu'elle applique le principe de continuité non pas à des agents publics, mais à des usagers de ce service public.

1426.- Le cas des crèches pour enfants en bas âge.- Enfin, la Cour de cassation, privilégiant une approche matérielle à une approche organique, a considéré que les principes de neutralité et de laïcité doivent être appliqués dans les établissements privés gérant un service public (Cass. Soc., 19 mars 2013, pourvoi numéro n°12-11.690, Abibouraguimane : AJDA 2013, p. 1069, note Dreyfus ; D. 2013, p. 1026, note Lokiec et Porta ; Dr. soc. 2013, p. 388, étude Dockès). Tel est le cas pour les salariés d'une caisse primaire d'assurance maladie. La Cour fait ici application des dispositions du Code du travail qui autorisent les restrictions à la liberté religieuse des salariés dès lors qu'elles sont justifiées par la nature de la tâche à accomplir, qu'elles répondent à une exigence professionnelle essentielle et déterminante et qu'elles sont proportionnées au but recherché (V. notamment C. trav., art. L. 1121-1).

En revanche, dans une décision très remarquée, la Cour de cassation a considéré que le principe de laïcité n'a pas vocation à s'appliquer dans les établissements privés non gestionnaires d'un service public. C'est le cas pour une crèche privée, qui même si elle exerce une mission d'intérêt général et si elle perçoit des financements publics, ne saurait être considérée comme étant en charge d'une mission de service public, à défaut de contrôle exercé sur elle par une personne publique (Cass. Soc., 19 mars 2013, pourvoi numéro 11-28.845, Association Baby Loup : AJDA 2013, p. 1069, note Dreyfus ; D. 2013, p. 761, obs. Rome et p. 956, concl. Aldigé ; Dr. adm. 2013, comm. 35, note Brice-Delajoux ; JCP G 2013, comm. 542, note Corrignan-Carsin ; JCP A 2013, comm. 2131, note Dieu ; JCP A 2013, comm. 2132, note Vila ; JCP S 2013, comm. 1146, note Bossu ; Rev. dr. soc. 2013, p. 388, note Dockès ; Rev. dr. trav. 2013, p. 385, étude Adam et 2014, p. 94, étude Calvès). L'Assemblée plénière de la Cour de cassation, après un nouveau pourvoi contre l'arrêt rendu sur renvoi par la cour d'appel de Paris (CA Paris, 27 novembre 2013, pourvoi numéro 13/02981 : AJCT 2014, p. 63, obs. Dreyfus ; D. 2014, p. 65, note Mouly ; Dr. soc. 2014, p. 4, note Ray et p. 100, étude Laronze), a confirmé qu'une entreprise privée qui n'est pas en charge d'une mission de service public n'est pas soumise au principe constitutionnel de laïcité et à l'exigence de neutralité religieuse qui en découle (Cass. Ass. plénière, 25 juin 2014, pourvoi numéro 13-28.369 : AJCT 2014, p. 337, tibune de La Morena ; AJDA 2014, p. 1293, obs. Pastor ; D. 2014, p. 1536, entretien Radé ; Dr. ouvrier 2014, p. 835, note Wolmark ; Dr. soc. 2014, p. 811, note Mouly ; RDT 2014, p. 607, note Adam ; JCP S 2014, comm. 1297, note Bossu). Toutefois, elle considère, contrairement à la chambre sociale, que les restrictions à la liberté de manifester sa religion résultant du règlement intérieur de la crèche est légale au regard des dispositions combinées des articles L. 1121-1 et 1321-3 du Code du travail, dès lors qu'elles sont « justifiées par la nature de la tâche à accomplir et proportionnées au but recherché ». La Cour prend ici notamment en considération la taille de la structure et le nombre réduit de salariés qui conduit nécessairement le personnel à être en contact avec les enfants et leurs parents, et cela quelle que soit la nature exacte de leurs fonctions.

Cette application discutable de la jurisprudence APREI (V. supra Troisième partie, Chapitre deux, Section deux) pourrait être mise en échec par une loi qui reconnaîtrait le caractère de service public des crèches, même privées.

II – Egalité des usagers devant le service public

1427.- Egalité d'accès et égalité de traitement.- Les usagers ont le droit à un égal accès au service public et d'être traités de la même façon. Toutefois, l'existence de tels principes n'exclut pas la légalité de certains types de discriminations réalisées entre les usagers. Ainsi, des conditions peuvent être posées en vue de limiter l'accès à un service public si ces conditions présentent un caractère objectif.

Exemple :
- Seules les personnes ayant obtenu le baccalauréat peuvent en principe s'inscrire en première année de licence à l'université.

Il en va de même lorsque la capacité maximale d'accueil du service public est atteinte.

Exemple :
-CE, 22 mars 2021, requête numéro 429361, Commune de Besançon (JCP A 2021, comm. 2123, note Pauliat ; JCP A 2021, act. 204, obs. Erstein) : il appartient aux collectivités territoriales ayant fait le choix d'instituer un service public de restauration scolaire de prendre en compte l'intérêt général qui s'attache à ce que tous les élèves puissent bénéficier de ce service public, d'autre part, qu'elles ne peuvent légalement refuser d'y admettre un élève sur le fondement de considérations contraires au principe d'égalité. Pour autant, ces dispositions ne font pas obstacle à ce que les collectivités territoriales puissent légalement refuser d'y admettre un élève lorsque, à la date de leur décision, la capacité maximale d'accueil de ce service public est atteinte.

Des différences de situation objectives peuvent également justifier des différences de traitement, d'un point de vue tarifaire où autre.

Exemple :
- CE, 10 octobre 2014, requête numéro 368206, Région Nord-Pas-de-Calais : il est possible de fixer des tarifs plus élevés sur les lignes de chemin de fer qui assurent aux usagers un voyage plus rapide et plus confortable.
-CE, 24 juillet 2019, requête numéro 424260, Fondation pour l'Ecole et alii : compte tenu de la liberté reconnue aux établissements d'enseignement privés qui ne sont pas liés à l'Etat par contrat en matière de programmes d'enseignement et de déroulement de la scolarité pour l'enseignement du second degré, la différence de traitement consistant à

n'organiser, pour les élèves qui y sont scolarisés, qu'une seule session d'examen dans chaque matière se déroulant, à l'exception d'une d'entre elles, à la fin du second trimestre de terminale, alors que les autres candidats sont examinés au cours de trois sessions successives, étagées au long des deux années de première et de terminale, est justifiée par une différence de situation qui est en rapport direct avec l'objet du I de l'article 9 de l'arrêté du 16 juillet 2018, dans sa rédaction issue de l'arrêté du 26 mars 2019 et qui n'est pas manifestement disproportionnée. Ces dispositions ne méconnaissent pas l'égalité de traitement entre candidats à un même diplôme.

1428.- Différenciations tarifaires.- De la même façon, le principe d'égalité de traitement peut s'accommoder de différenciations tarifaires entre les usagers, les cas des différenciations possibles ayant été définis par le Conseil d'Etat dans son arrêt de Section Denoyez et Chorques du 10 mai 1974 (requête numéro 88032, requête numéro 88148 : Rec. p.274 ; AJDA 1974, p.298, chron. Franc et Boyon ; D. 1975, p.393, note Tedeschi ; Rev. Adm. 1974, p.440, note Moderne ; RDP 1975, p.467, note Waline).

Le Conseil d'Etat était saisi dans cette affaire d'un recours pour excès de pouvoir dirigé contre une délibération instituant les tarifs du péage du pont de l'île de Ré. La délibération prévoyait l'édiction de trois tarifs : le premier pour les habitants de l'île, le second pour les habitants non-insulaires du département et le dernier pour les autres usagers. Le Conseil d'Etat précise que de telles discriminations sont possibles dans trois hypothèses : lorsque la loi le prévoit ; lorsqu'il existe un motif d'intérêt général ; lorsqu'il existe une différence de situation appréciable entre les différentes catégories d'usagers. Les deux premières hypothèses n'étant pas applicables en l'espèce, il s'agissait de savoir s'il existait « une différence de situation appréciable » entre les trois catégories visées par la délibération pouvant justifier des différenciations tarifaires. Le Conseil d'Etat adopte une solution nuancée. En effet, s'il est possible de discriminer les usagers qui n'habitent pas dans le département concerné, les juges estiment qu'il n'est pas légal d'opérer une distinction entre les différents habitants du département, selon qu'ils résident ou non sur l'île.

Plus généralement, le Conseil d'Etat a décidé que la redevance versée à une personne privée contre une prestation qui lui est fournie « devait être établie selon des critères objectifs et rationnels, dans le respect du principe d'égalité entre les usagers du service public et des règles de la concurrence » (CE, 16 juillet 2007, requête numéro 293229, Syndicat national de défense de l'exercice libéral de la médecine à l'hôpital .- CE, 7 octobre 2009, requête numéro 309499, Société d'équipement de Tahiti et des Iles.- CE, 21 mai 2010, requête numéro 309734, Société polynésienne des eaux et de l'assainissement.- CAA Marseille, 17 juin 2010, requête numéro 08MA04049, Communauté de communes de Calvi Balagne.- V. également CE, 18 juillet 2008, requête numéro 291602, SNCF).

Plus récemment le Conseil d'Etat a précisé qu'une « redevance pour service rendu peut être légalement établie à la condition, d'une part, que les opérations qu'elle est appelée à financer ne relèvent pas de missions qui incombent par nature à l'Etat et, d'autre part, qu'elle trouve sa contrepartie directe dans une prestation rendue au bénéfice propre d'usagers déterminés » (CE, 28 novembre 2018, requête numéro 413839, SNCF Réseau : JCP 2019, comm. 2125, note Pauliat).

1429.- Egalité d'accès aux services publics facultatifs.- Des règles particulières s'appliquent également aux services publics à caractère facultatif, qui sont ceux que les personnes publiques n'ont pas légalement l'obligation d'assurer. Il peut s'agir notamment - pour ce qui concerne les communes - de crèches municipales, d'écoles de musique ou encore de centres aérés.

La jurisprudence relative à ces services publics s'est notamment développée dans le cadre des discriminations à l'accès au service ainsi qu'aux différences de traitement opérées entre leurs usagers.

Le Conseil d'Etat a notamment précisé la notion de différence de situation appréciable qui est susceptible d'autoriser les différenciations.

Exemple :
- CE, 13 mai 1994, requête numéro 116549, Commune de Dreux (Rec. p.233 ; AJDA 1994, p.652, obs. Hecquard-Théron ; RFDA 1994, p.711, concl. Daël) : le Conseil d'Etat est saisi d'un recours pour excès de pouvoir dirigé contre une délibération d'un conseil municipal prévoyant que l'école de musique communale ne peut accueillir que les enfants dont les parents ont leur domicile dans cette commune, ainsi que les élèves adultes qui y habitent. Pour les autres élèves, la délibération contestée exige qu'un financement extérieur soit apporté. Le Conseil d'Etat relève que le service assuré est un service public non obligatoire « dont l'objet n'exclut pas que son accès puisse être réservé à certaines catégories d'élèves ». Ainsi, le principe d'égalité n'est pas violé si cet accès est limité aux élèves « qui ont un lien particulier avec la commune et se trouvent de ce fait dans une situation différente de l'ensemble des autres usagers potentiels du service ». Pour autant, le Conseil d'Etat annule la délibération contestée. En effet, pour les juges, tous les élèves potentiels qui sont scolarisés ou qui travaillent dans la commune ont un lien particulier avec elle. Par conséquent, il était illégal d'exclure des prestations assurées les élèves adultes qui travaillent à Dreux, sans y résider.

1430.- Egalité de traitement dans le cadre des services publics facultatifs.- Dans sa jurisprudence récente, le Conseil d'Etat s'est également montré de plus en plus favorable à reconnaître que des différences de traitement entre les usagers pouvaient être motivées par des circonstances liées à l'intérêt général.

Cette reconnaissance a pu d'abord être observée dans le cadre des services publics facultatifs à caractère social.

Exemple :
- CE, 20 janvier 1989, requête numéro 89691, Centre communal d'action sociale de la Rochelle (Rec. p.8 ; AJDA 1989, p.398, obs. Prétot) : le Conseil d'Etat était ici saisi de la question de la légalité d'une délibération fixant les tarifs applicables à une crèche. Ces tarifs variaient en fonction d'un quotient familial calculé à partir des ressources des familles ainsi que du nombre de personnes les composant. Le Conseil d'Etat estime que « l'intérêt général qui s'attache à ce que la crèche puisse être utilisée par tous les parents … sans distinction selon les disponibilités financières dont dispose chaque foyer »

justifie une telle discrimination. Toutefois, une limite est instituée : « les tarifs les plus élevés doivent demeurer inférieurs au coût de fonctionnement de la crèche ».

Ainsi, l'intérêt général visé par le Conseil d'Etat réside dans la volonté de faciliter l'accès au service public. De façon assez paradoxale, l'inégalité de traitement apparaît donc comme un moteur de l'égalité d'accès des usagers. La condition limitative des discriminations s'explique de la même façon : il s'agit d'éviter une différenciation trop grande entre les tarifs institués, qui risquerait d'exclure les personnes bénéficiant de revenus hauts et moyens.

Cependant, ce qui était valable pour les crèches a longtemps été exclu pour d'autres services publics à caractère facultatif et notamment pour les écoles de musique, ainsi que l'a décidé le Conseil d'Etat dans son arrêt de Section Ville de Tarbes du 26 avril 1985 (requête numéro 41169 : Rec. p.119, concl. Lasserre ; AJDA 1985, p.409, chron. Hubac et Schoettl ; D. 1985, p.592, note Hamon ; RFDA 1985, p.707, concl. Lasserre). Le Conseil d'Etat annulait ici la délibération d'un conseil municipal établissant un nouveau barème des droits d'inscription à une école de musique, élaborés à partir d'un quotient familial. Les juges estimaient, en effet, qu'aucune nécessité d'intérêt général ne justifiait une différenciation fondée sur les seules différences de ressources entre les usagers.

Par conséquent, on peut estimer que le Conseil d'Etat établissait une distinction entre les services publics facultatifs à vocation sociale et les services publics facultatifs de loisirs. En effet, l'intérêt général d'un égal accès de tous les candidats usagers aux services publics n'était reconnu que pour les services relevant de la première catégorie.

La situation a toutefois évolué avec les arrêts de Section du 29 décembre 1997, Commune de Gennevilliers et Commune de Nanterre, à l'occasion desquels le Conseil d'Etat a aligné le régime juridique appliqué aux services publics facultatifs de loisirs sur celui jusqu'alors réservé aux services publics facultatifs à vocation sociale (requête numéro 157425, requête numéro 134341 : Rec. p.499 ; AJDA 1998, p.102, chron. Girardot et Raynaud ; Droit adm. 1998, comm. 41 ; JCP 1998, I, comm. 165, chron. Petit ; LPA mai 1998, n°59, note Alloiteau ; Rev. adm. 1998, p.406, note Pontier ; RDP 1998, p.899, note Borgetto et p.539, concl. Stahl). Dans la seconde affaire, il était ainsi question de tarifs différenciés en fonction des ressources familiales et du nombre des personnes composant le foyer pour l'accès à un conservatoire de musique et de danse. Le Conseil d'Etat relève qu'il existe un intérêt général qui s'attache à ce que le conservatoire puisse être fréquenté par les élèves qui le souhaitent, sans distinction selon leurs possibilités financières. Par conséquent, dans la mesure également où les droits les plus élevés restent inférieurs au coût par élève du fonctionnement de l'école, le principe d'égalité n'a pas été violé en l'espèce.

Cette jurisprudence a finalement été reprise par la loi n°98-657 du 29 juillet 1998 relative à la lutte contre les exclusions qui dispose dans son article 147 que « les tarifs des services publics administratifs à caractère facultatif peuvent être fixés en fonction des revenus des usagers et du nombre de personnes vivant au foyer. Les droits les plus élevés ainsi fixés ne peuvent être supérieurs au coût par usager de la prestation concernée ».

1431.- Gratuité et égalité de traitement.- Plus récemment, s'est posée la question de savoir si la gratuité de l'accès aux musées, résultant de décisions du centre des monuments nationaux et de l'établissement public du musée du Louvre pouvait implicitement exclure les jeunes non ressortissants d'un Etat de l'Union européenne et de l'Espace économique européen et notamment les résidents irréguliers sur le territoire d'un de ces Etats (CE Sect., 18 janvier 2013, requête numéro 328230, Association SOS Racisme : AJDA 2013, p. 674, chron. Glaser et p. 1010, concl. Hedary ; JCP A 2013, act. 71, obs. Touvier ; JCP A 2013, comm. 2091, note Pauliat). Les juges considèrent qu'il existe un motif d'intérêt général qui justifie de favoriser l'accès à la culture des jeunes usagers, dès lors qu'ils ne disposent pas, en général, des ressources leur permettant de fréquenter les musées et d'en devenir des usagers assidus. En conséquence « il était loisible aux établissements concernés de distinguer les personnes qui ont vocation à résider durablement sur le territoire national, des autres, la gratuité concédée devant avoir pour résultat de rendre durable la fréquentation habituelle des institutions concernées et n'ayant donc nécessairement pas de justification pour les personnes qui ne sont pas appelées à séjourner durablement sur le territoire ».

§IV – La question de la gratuité des services publics

1432.- Une gratuité possible mais pas obligatoire.- S'il n'existe pas de principe général de gratuité des services publics, la gratuité pour les usagers pour certains de ces services publics peut être instituée par un texte.

I – Absence d'un principe de gratuité

1433.- Contenu de la notion de gratuité.- Les auteurs s'accordent pour estimer qu'il n'existe pas de principe de gratuité qui s'applique directement aux différents services publics. Qui plus est, la notion même de gratuité peut être définie de façon différente.

Si l'on entend la notion de gratuité dans un sens général, il est clair qu'elle est inconcevable. En effet, tout service public a un coût de fonctionnement. Or, si le service est gratuit pour l'usager, il sera nécessairement financé par le contribuable.

En revanche, si l'on entend la notion de gratuité dans un sens plus restreint, l'idée est plus acceptable. En effet, certains services publics sont gratuits pour les usagers, même s'ils sont financés, par ailleurs, par le contribuable. C'est le cas, par exemple, des services de l'état civil ou encore du service d'enlèvement des ordures ménagères lorsqu'il est financé par une taxe.

Cependant, même si, dans un sens restreint, la gratuité des services publics est concevable, son existence, en tant que principe de fonctionnement s'imposant directement aux différents services publics, a été clairement déniée par la jurisprudence.

Exemple :
- CE Ass., 10 juillet 1996, requête numéro 168702, requête numéro 168734, requête numéro 169631, requête numéro 169951, Société Direct Mail promotion (Rec. p.277 ; AJDA 1996, p. 189, note Maisl ; RFDA 1997, p. 115, concl. Denis-Linton) : saisi d'un recours pour excès de pouvoir contre un décret relatif à la rémunération de certains services rendus par l'INSEE, le Conseil d'Etat relève « (qu') aucun principe général du droit ni aucune disposition législative ne font obstacle à ce que les services rendus par l'INSEE énumérés par le décret fassent l'objet d'une rémunération ».

Il faut enfin noter, comme on l'a vu, qu'au regard du droit de l'Union européenne, le service public n'est pas envisagé en dehors du marché, mais dans le marché. Le libéralisme économique dont s'inspire le droit de l'Union européenne paraît en effet guère conciliable avec l'idée de gratuité. La notion de gratuité a été en quelque sorte remplacée par celle de « service universel » qui sous-tend l'idée de mise à disposition des personnes les plus démunies d'un service de qualité, non pas gratuit, mais dont le coût est abordable.

II – Possibilité d'instituer la gratuité de certains services publics

1434.- Une gratuité contraire à la logique de fonctionnement des SPIC.- S'il n'existe pas de principe de gratuité des services publics, rien n'empêche le législateur d'instituer la gratuité de tel ou tel service public.

Bien évidemment, cette possibilité ne peut concerner que les services publics administratifs. Pour les services publics industriels et commerciaux, en effet, la gratuité n'aurait aucun sens, ces services se caractérisant justement par le fait qu'ils sont financés par les redevances versées par les usagers. Ceci étant, on n'omettra pas ici de rappeler que le législateur peut parfaitement qualifier d'établissement public industriel et commercial une personne publique dont l'activité est en réalité purement administrative et dont les prestations peuvent être gratuites (V. sur ce point supra Troisième partie, Chapitre deux, Section deux).

1435.- Une gratuité possible pour les usagers des SPA.- Pour les services publics administratifs, en revanche, la gratuité appliquée aux usagers est davantage la norme. Sur ce point, il est cependant utile de réaliser une distinction entre les services publics administratifs à caractère obligatoire et les services publics facultatifs.

A – Services publics obligatoires

1436.- Gratuité des services publics obligatoires.- Il s'agit des services que les collectivités publiques sont légalement tenues d'assurer. En principe, leurs prestations sont gratuites, ce qui peut être expressément prévu par les textes.

Exemples :
-L'alinéa 13 du Préambule de la Constitution de 1946 proclame que « l'organisation de l'enseignement public gratuit et laïque à tous les degrés est un devoir de l'Etat ». Cette exigence s'applique à l'enseignement supérieur. Toutefois, elle « ne fait pas obstacle, pour ce degré d'enseignement, à ce que des droits d'inscription modiques soient perçus en tenant compte, le cas échéant, des capacités financières des étudiants » (CC, 11 octobre 2019, n°2019-809 QPC, UNEDESEP et a. : AJDA 2019, p. 2627, note Verpeaux ; Dr. adm. 2020, comm. 3, note Lanneau ; RFDA 2019, p. 1127, note Roblot-Troizier).
- L'article L. 2224-12-1 du Code général des collectivités territoriales prévoit la gratuité de l'eau fournie par les réseaux publics pour la lutte contre l'incendie.
- L'article L. 324-1 du Code des relations entre le public et l'administration précise que la réutilisation d'informations publiques est gratuite.
- La loi n° 2015-1779 du 28 décembre 2015 énonce un principe de gratuité des modalités de la réutilisation des informations du secteur public.

1437.- Exceptions à la gratuité en cas de prestations personnalisées.- Cependant, des redevances peuvent être exigées lorsqu'il apparaît que les usagers ont directement bénéficié de prestations personnalisées, c'est-à-dire de prestations qui excèdent celles normalement réalisées par le service concerné. Cette solution est justifiée par le fait que, dans de tels cas, le service public a fonctionné non pas dans l'intérêt général, mais dans l'intérêt propre de son bénéficiaire.

Exemple :
- CE, 19 février 1998, requête numéro 49338, requête numéro 49809, SARL Pore gestion (Rec. p.77 ; LPA 14 septembre 1998, p.2, note Moderne) : le Conseil d'Etat reconnaît la légalité de l'institution d'une redevance mise à la charge de brocanteurs exerçant sur un « marché aux puces ». Les juges considèrent en effet que les frais supplémentaires représentés par les interventions de la commune dans les domaines de la circulation, de la sécurité et de la salubrité excédent « les besoins normaux » auxquels elle est tenue de pourvoir dans l'intérêt général.

1438.- Prestations constituant le prolongement normal d'activités obligatoires.- A l'opposé, les juges estiment que des prestations qui constituent le prolongement normal d'activités obligatoires doivent également être gratuites. Cette question se pose notamment à propos des missions du service départemental de lutte contre l'incendie et de secours. Selon l'article L. 1424-2 du Code général des collectivités territoriales ce service exerce « 1° la prévention et l'évaluation des risques de sécurité civile ; 2° La préparation des mesures de sauvegarde et l'organisation des moyens de secours ; 3° La protection des personnes, des biens et de l'environnement ; 4° Les secours d'urgence aux personnes victimes d'accidents, de sinistres ou de catastrophes ainsi que leur évacuation ». L'article L. 742-11 du Code de sécurité intérieure précise quant à lui que toutes ces dépenses sont prises en charge par le service départemental d'incendie et de secours. Il s'agit d'une conséquence du principe de gratuité des secours dont l'origine remonte à l'ordonnance royale de Louis XIV du 11 mars 1733. L'article L. 1424-42 du Code général des collectivités territoriales indique toutefois que « le service départemental d'incendie et de secours n'est tenu de procéder qu'aux seules interventions qui se rattachent directement à ses missions de service public définies à l'article L. 1424-2. S'il a procédé à des interventions ne se rattachant pas directement à l'exercice de ses missions, il peut demander aux personnes bénéficiaires une participation aux frais, dans les conditions déterminées par délibération du conseil d'administration ». L'application de ces dispositions fait l'objet de solutions nuancées.

Exemples :
- CE, 5 décembre 1984, requête numéro 48639, De Arias c/Ville de Versailles (Rec. p. 399 ; Quot. Jur. 30 avril 1985, note Moderne ; AJDA 1985, p. 104, note J. C.) : le Conseil d'Etat est saisi d'un recours pour excès de pouvoir dirigé contre une décision mettant à la charge de la victime d'un accident de la circulation ses frais de transport par des sapeurs-pompiers à l'hôpital. Cette décision était fondée sur les dispositions du Code général des collectivités territoriales qui prévoient que si la commune doit supporter les frais d'intervention des sapeurs-pompiers, « les frais exposés pour des prestations particulières qui ne relèvent pas de la nécessité publique » sont à la charge des personnes secourues. Le Conseil d'Etat a pourtant annulé la décision contestée au motif que le transport par les sapeurs-pompiers a été « le prolongement normal des missions de secours d'urgence » qui leur sont normalement dévolues.
- CAA Douai, 5 juillet 2005, requête numéro 05DA00005, SDIS de l'Eure (AJDI 2006, p.144) : les interventions effectuées par un service d'incendie et de secours qui ont pour seul objet la désincarcération de personnes bloquées dans un ascenseur affecté par un défaut de fonctionnement ne peuvent être regardées comme se rattachant directement à l'exercice des missions de prévention des risques de sécurité civile, d'organisation des moyens de secours, de protection des personnes et de secours d'urgence aux accidentés dévolues au service d'incendie et de secours par l'article L. 1424-2 précité du Code général des collectivités territoriales ». Par suite, la cour juge que le SDIS est fondé, en application des dispositions de l'article L. 1424-42 du Code général des collectivités territoriales, à demander « aux personnes bénéficiaires » de telles interventions une participation aux frais.

B – Services publics facultatifs

1439.- Possibilité de fixer des redevances.- Il s'agit des différents services institués dans un intérêt général par des collectivités publiques, alors même qu'elles n'avaient aucune obligation légale de les créer. Dans ce cas de figure, il n'existe aucun obstacle de principe qui interdise de subordonner les prestations de ces services au versement d'une redevance. Toutefois, comme on l'a vu, l'institution de telles redevances doit respecter le principe d'égalité de traitement entre les usagers du service public.

Section IV – Modes de gestion de services publics

1440.- Principe de libre choix du mode de gestion des services publics.- Dans le silence de la loi, les collectivités publiques sont libres de déterminer le mode de gestion des services publics qu'elles ont en charge. Elles peuvent soit assurer elles-mêmes « en régie » la gestion de ces services soit les confier à une autre personne publique ou à une personne privée.

§I – Gestion en régie

1441.- Régie simple.- La gestion en régie recouvre deux hypothèses distinctes.

Il s'agit tout d'abord de celle de la régie simple. Dans cette hypothèse, rien ne distingue le service géré en régie de la collectivité qui l'assure. Il n'y a aucune individualisation du service en régie parmi les autres activités exercées par la collectivité. Ainsi, s'il s'agit d'un service communal, c'est le budget général de la commune qui finance le service, ce sont les agents de la commune qui l'assurent, et ce sont le maire et le conseil municipal qui prennent les décisions relatives à sa gestion et à son fonctionnement.

1442. Régie dotée de la seule autonomie financière.- Il s'agit ensuite de la régie dotée de la seule autonomie financière : dans cette hypothèse, les services concernés sont individualisés, puisqu'un conseil d'exploitation est institué. Les comptes de ces régies sont retracés dans un budget annexe, ce qui va permettre l'affectation de ressources. Toutefois, le conseil d'exploitation et son directeur n'exercent qu'un rôle secondaire, puisque les principales décisions relatives au fonctionnement et à l'organisation de la régie continuent de relever des organes délibérant et exécutif de la collectivité concernée. En cas de gestion en régie, et à défaut de la création d'une régie personnalisée, c'est ce mode de gestion qui est imposé pour les services publics industriels et commerciaux locaux. Il s'agit ainsi d'assurer le contrôle de l'équilibre financier de ces activités. Le recours à ce type de gestion en régie est cependant également possible pour les services publics administratifs.

La régie - et plus précisément encore la régie simple - constitue le mode de gestion des services publics le plus répandu.

1443.- Distinction avec d'autres modes de gestion des services publics.- Il faut nettement distinguer cette hypothèse de celle de la régie personnalisée, qui consiste à confier le service à une personne publique distincte placée sous le contrôle de la collectivité et qui constitue en réalité une catégorie particulière d'établissement public, et la régie intéressée qui constitue l'une des modalités de délégation d'un service public par une personne privée.

§II – Gestion par une institution spécialisée

1444.- Institution publique ou privée.- Plutôt que de prendre en charge elles-mêmes une activité de service public, l'Etat ou les collectivités territoriales peuvent la confier à une institution spécialisée publique - qui sera généralement comme on l'a vu un établissement public - ou privée, en ayant recours soit à une habilitation unilatérale soit à la voie contractuelle.

I – Habilitation unilatérale d'une personne privée

1445.- Origine.- A l'occasion de l'arrêt du 13 mai 1938, Caisse primaire aide et protection (requête numéro 57302, préc.), le Conseil d'Etat a admis que des personnes privées peuvent être habilitées unilatéralement à gérer un service public.

Ce mode de gestion des services publics s'est depuis considérablement développé, aussi bien pour les services publics administratifs que pour les services publics industriels et commerciaux.

1446.- Conditions et modalités de l'habilitation.- Comme l'a précisé le Conseil d'Etat une personne publique ne peut attribuer la gestion d'un service public par un acte unilatéral que lorsque cela est « prévu par un texte » (CE, avis, 9 mars 1995, requête numéro 356931 : EDCE 1995, n° 47, p. 399. – CE, avis, 28 septembre 1995, requête numéro 357262 et requête numéro 357263 : EDCE 1995, n° 47, p. 402).

Cette habilitation peut résulter d'un texte de loi comme celle du 2 décembre 1940 qui crée les ordres professionnels ou encore l'article L. 301-14 du Code du sport qui prévoit que pour chaque discipline sportive, une seule fédération peut recevoir délégation pour organiser des compétitions sportives. Elle peut également résulter d'un acte règlementaire ou d'un acte individuel lorsqu'un texte le prévoit.

Exemple :

- L'article L. 2223-23 du Code général des collectivités territoriales précise que le préfet peut habiliter une entreprise ou une association dans le cadre du service public de pompes funèbres.

1447.- Hypothèse de création spontanée d'une activité d'intérêt général.- Il existe enfin des hypothèses où, contrairement à l'ordre normal des choses, la création spontanée d'une activité d'intérêt général par une personne privée précède la transformation de cette activité en service public. Ainsi, par exemple, dans l'arrêt de Section Commune d'Aix-en-Provence du 6 avril 2007 (requête numéro 284736, préc.), le Conseil d'Etat considère qu'une activité peut « se voir reconnaître un caractère de service public, alors même qu'elle n'a fait l'objet d'aucun contrat de délégation de service public procédant à sa dévolution, si une personne publique, en raison de l'intérêt général qui s'y attache et de l'importance qu'elle revêt à ses yeux, exerce un droit de regard sur son organisation et, le cas échéant, lui accorde, dès lors qu'aucune règle ni aucun principe n'y font obstacle, des financements ».

Exemples :
- A l'occasion de l'arrêt du 6 avril 2007, le Conseil d'Etat relève que l'Association pour le festival international d'art lyrique et l'Académie européenne de musique d'Aix-en-Provence a pour objet statutaire exclusif la programmation et l'organisation de ce festival et de cette académie. Elle se compose de trois représentants de l'Etat, de quatre représentants des collectivités territoriales et de cinq personnalités qualifiées, dont une est nommée par le maire d'Aix-en-Provence et trois par le ministre chargé de la culture, ainsi que, le cas échéant, de membres actifs ou bienfaiteurs ou encore d'entreprises, dont la demande d'adhésion doit être agréée par le bureau et qui ne disposent pas de voix délibérative au sein de l'association. Son conseil d'administration est composé de quinze membres, dont onze sont désignés par les collectivités publiques. Les subventions versées par les collectivités publiques représentent environ la moitié des ressources de l'association qui bénéficie en outre, de la part de la commune, de différentes aides, comme la mise à disposition de locaux dans lesquels se déroule le festival et des garanties d'emprunt. L'Etat, la région Provence-Alpes-Côte d'Azur, le département des Bouches-du-Rhône et la commune d'Aix-en-Provence ont ainsi décidé, sans méconnaître aucun principe, de faire du festival international d'Aix-en-Provence un service public culturel.
-CE, 15 février 2016, requête numéro 384228, Société Cathédrale d'Images (Contrats Marchés publ. 2016, comm. 108, obs. Eckert et Chron. 1, obs. Eckert ; ibid. mars 2017, chron. Llorens et Soler-Couteaux ; Dr. adm. 2016, comm. 29, note Brenet ; JCPA 2016, comm. 2183, note Pauliat ; RD imm. 2016. 472, obs. Foulquier) : la commune ne fait preuve d'aucune implication dans l'organisation des spectacles ou la tarification des manifestations données par une société. En conséquence l'activité, qui présente pourtant un intérêt général, ne peut être qualifiée de service public.

II – Habilitations contractuelles

1448.- Contrat portant sur l'exécution du service public.- L'Etat, une collectivité territoriale, ou même une personne publique spécialisée, peuvent confier par voie contractuelle l'exécution d'un service public, généralement à une personne privée.

1449.- Cas de l'habilitation contractuelle de personnes morales de droit public.- Il peut s'agir également de personnes publiques, et notamment d'établissements publics de coopération communale, dès lors qu'elles agissent dans des conditions d'égale concurrence envers les autres opérateurs (CE, avis, 8 novembre 2000, requête numéro 222208, Société Jean-Louis Bernard consultant, préc.- V. également CE Ass., 30 décembre 2014, requête numéro 355563, Société Armor SNC, préc.- CE, 14 juin 2019, requête numéro 411444, Société Vinci construction maritime et fluvial : AJDA 2019, p. 1923, obs. Glaser ; AJDA 2019, p. 1946, obs. Hul ; BJCP 2019, p. 317, concl. Le Corre ; Contrats-Marchés publ. 2019, comm. 254, obs. Eckert). Il résulte ainsi de l'arrêt Société Armor SNC que « aucun principe ni aucun texte ne fait obstacle à ce que ces collectivités ou leurs établissements publics de coopération se portent candidats à l'attribution d'un contrat de commande publique pour répondre aux besoins d'une autre personne publique ». Toutefois « ils ne peuvent légalement présenter une telle candidature que si elle répond à un tel intérêt public » et plus précisément un intérêt public local. Plus précisément, cela impose que la candidature publique « constitue le prolongement d'une mission de service public dont la collectivité ou l'établissement public de coopération a la charge, dans le but notamment d'amortir des équipements, de valoriser les moyens dont dispose le service ou d'assurer son équilibre financier, et sous réserve qu'elle ne compromette pas l'exercice de cette mission ».

1450.- Autres modalités de prise en charge des services publics.- Doivent également être mentionnées - en dehors des habilitations contractuelles - certaines formes juridiques visées par le Code général des collectivités territoriales. Il s'agit des sociétés d'économie mixte locales (SEML.- V. CGCT, art. L. 1521-1 s.) ainsi que des sociétés publiques locales (SPL.- V. CGCT, art. L. 1531-1) créées par la loi n°2010-559 du 28 mai 2010 qui se caractérisent, à la différence des premières, par un actionnariat entièrement public. La loi n°2014-774 du 2 juillet 2014 a également créé les sociétés d'économie mixte à opération unique (SEMOP.- V. CGCT, art. L. 1541-1 s.) qui ont vocation à n'exécuter que le seul objet du contrat qui leur est attribué par une collectivité publique, lequel peut porter sur l'exécution d'un service public.

1451.- Publicité et mise en concurrence.- Quelle que soit la nature juridique du délégataire, des règles de publicité et de mise en concurrence préalable doivent être respectées. Une exception est toutefois prévue pour les sociétés publiques locales qui exercent leurs activités pour le compte de leurs actionnaires (V. CAA Lyon, 16 mars 2017, requête numéro 16LY02652, SEMERAP : AJCT 2017, p. 213, obs. Devès ; RTD eur. 2017, p. 810, obs. Muller) et sur le territoire des collectivités territoriales et des groupements de collectivités territoriales qui en sont membres (CGCT, art. L. 1531-1). Cependant, le Conseil d'Etat a précisé que cette solution ne s'applique pas vis-à-vis de personnes publiques qui ne sont que des actionnaires minoritaires de la société et qui ne participent pas à ses organes de direction (CE, 6 novembre 2013, requête numéro 365079, Commune de Marsannay-la-Côte : Rec. p. 261 ; AJDA 2014, p. 60, note Clamour ; Constr.-Urb. 2013, comm. 164, note Santoni ; Contrats-Marchés publ. 2014, comm. 19, note Amilhat ; Dr. adm. 2014, comm. 4, note Brenet ; JCP A 2013, act. 884, obs. Erstein ; JCP A 2014, comm. 215, obs. Linditch ; RJEP 2014, comm. 14, concl. Dacosta.- V. également CAA Marseille, 6 juillet 2015, requête numéro 13MA03152 : Constr.-Urb. 2016, 2, note Santoni). Les sociétés publiques locales ne doivent donc pas être considérées comme des structures « in house » à l'égard de cette catégorie d'actionnaires et elles doivent donc s'astreindre, dans les relations qu'elles entretiennent avec celles-ci, aux règles de publicité et de mise en concurrence exigées par le droit de la commande publique. Relevons également que pour ce qui concerne les SEMOP, la mise en concurrence est organisée non pas pour l'attribution du contrat mais pour le choix de l'actionnaire privé de la structure en voie de constitution.

1452.- Concessions, concessions de service et délégations de service public.- Il faut aussi rappeler que depuis l'entrée en vigueur de l'ordonnance n°2016-65 du 29 janvier 2016 relative aux contrats de concession, les délégations de service public ne sont plus qu'un sous-ensemble au sein de cette nouvelle catégorie. Ces règles ont été reprises par le Code de la commande publique entré en vigueur le 1er avril 2019. Selon l'article L. 1121-1 de ce code : « un contrat de concession est un contrat par lequel une ou plusieurs autorités concédantes soumises au présent code confient l'exécution de travaux ou la gestion d'un service à un ou plusieurs opérateurs économiques, à qui est transféré un risque lié à l'exploitation de l'ouvrage ou du service, en contrepartie soit du droit d'exploiter l'ouvrage ou le service qui fait l'objet du contrat, soit de ce droit assorti d'un prix ». Le code, dans son article L. 1121-3, opère ensuite une distinction entre les concessions de travaux et les concessions de service qui « ont pour objet la gestion d'un service (et qui) peuvent consister à concéder la gestion d'un service public ». Le même article précise que « le concessionnaire peut être chargé de construire un ouvrage ou d'acquérir des biens nécessaires au service ». L'article L. 1411-1 du Code général des collectivités territoriales énonce ainsi que « les collectivités territoriales, leurs groupements ou leurs établissements publics peuvent confier la gestion d'un service public dont elles ont la responsabilité à un ou plusieurs opérateurs économiques par une convention de délégation de service public définie à l'article L. 1121-3 du Code de la commande publique préparée, passée et exécutée conformément à la troisième partie de ce code ».

Les nouvelles règles visées par le Code de la commande publique n'ont toutefois pas remis en cause l'existence de trois grandes catégories de contrats de délégation de service public : la concession (non pas au sens européen mais au sens restreint résultant de la jurisprudence du Conseil d'Etat), l'affermage et - ce qui est moins évident - la régie intéressée.

A – Concession

1453.- Définition.- Historiquement, c'est le premier type de contrat de délégation de service public qui est apparu dès le début du XIX° siècle. Selon la définition de M. Guglielmi et Mme. Koubi : « c'est un mode de gestion par lequel une personne publique dite concédante confie par contrat la gestion opérationnelle d'un service public à une personne physique ou morale, publique ou privée, dite concessionnaire, qu'elle a librement choisi » (Droit du service public, ouv. précité). Il s'agit donc d'un type particulier de concession au sens de l'ordonnance du 29 janvier 2016, qui ne se confond pas avec la notion plus large utilisée par ce texte, lequel emploie une terminologie directement empruntée au droit de l'Union européenne.

1454.- Régime juridique.- Ce contrat est d'abord apparu dans la pratique, avant d'être identifié et de voir son régime juridique défini par le juge administratif. Plus précisément, c'est le commissaire du gouvernement Chardenet qui a défini dans l'arrêt Compagnie générale d'électricité de Bordeaux du 30 mars 1916 les trois éléments caractéristiques du contrat de concession (requête numéro 59928, préc.) : le concessionnaire gère le service public à ses frais et risques, ce principe connaissant toutefois une exception lorsque s'applique la théorie de l'imprévision ; il est tenu de respecter le cahier des charges qui lui est imposé ; il se rémunère principalement par des redevances perçues sur les usagers.

On rappellera toutefois que conformément à l'ordonnance n°2016-65 du 29 janvier 2016, le critère du prix a été remplacé par celui de risque d'exploitation et que cette évolution a été confirmée par le Code de la commande publique. Il ainsi logiquement été jugé par le conseil d'Etat qu'un contrat dénommé « concession provisoire de service public » qui ne fait en réalité peser qu'un risque économique mineur sur le délégataire constitue non pas un contrat de concession mais un marché public (CE, 24 mai 2017, requête numéro 407213, Société Régal des îles : AJCT 2017, p.513 ; AJDA 2017, p. 1957, note Martin ; BJCP 2017, p. 279, concl. Pellissier : Contrats-Marchés publ. 2017, comm. 182, note Eckert).

1455.- Concession d'un service public et concession de travaux.- Très souvent, la concession d'un service public s'accompagne d'une concession de travaux publics. En d'autres termes, le concessionnaire est généralement tenu de supporter les frais de premier établissement des ouvrages publics nécessaires à l'exploitation du service qu'il est chargé d'assurer. Ceci explique pourquoi les contrats de concession sont conclus pour une durée qui est généralement longue, bien qu'elle soit aujourd'hui limitée comme pour l'ensemble des délégations de service public (V. Code de la commande publique, art. L. 3114-7) : il s'agit de permettre au concessionnaire de couvrir ses frais et de tirer un bénéfice de son exploitation.

S'agissant des ouvrages qui sont construits une distinction est faite entre différents types de biens. Cette distinction qui est d'origine jurisprudentielle (CE Ass., 21 décembre 2012, requête numéro 342788, Commune de Douai : Rec. p. 477, concl. Dacosta ; AJCT 2013, p. 91, note Didriche ; AJDA 2013, p. 457, chron. Domino et Bretonneau et p. 724, note Fatôme et Terneyre ; BJCP 2013, p. 136, concl. Dacosta ; Contrats-marchés publ. 2013, comm. 2, note Llorens et Soler-Couteaux et comm. 41, note Eckert ; Dr. adm. 2013, comm. 20, note Eveillard ; JCP A 2013, comm. 2044, note Boda et Guellier ; RFDA 2013, p. 513, note Janicot et Lafaix) a été reprise et précisée par l'article L. 3132-4 du Code de la commande publique. Selon cet article il convient de distinguer trois catégories de biens. Les biens de retour, tout d'abord, « qui résultent d'investissements du concessionnaire et sont nécessaires au fonctionnement du service public ». Dans le silence du contrat, ils sont et demeurent la propriété de la personne publique dès leur réalisation ou leur acquisition. Les biens de reprise, ensuite « qui ne sont pas remis au concessionnaire par l'autorité concédante de droit public et qui ne sont pas indispensables au fonctionnement du service public ». Ils sont la propriété du concessionnaire, sauf stipulation contraire prévue par le contrat de concession. Enfin, les biens propres sont ceux qui « ne sont ni des biens de retour, ni des biens de reprise ». Ils sont et demeurent la propriété du concessionnaire.

B – Affermage

1456.- Définition.- Ce contrat est très proche de la concession, mais il s'en éloigne toutefois sur certains points. Selon la définition de M. Guglielmi et de Mme. Koubi « c'est un contrat par lequel la personne publique responsable du service charge un tiers, appelé fermier, de gérer le service public, éventuellement grâce à des ouvrages qu'elle lui remet, moyennant le versement à cette personne publique d'une rémunération prélevée sur les redevances versées par les usagers » (Droit du service public, ouv. précité).

1457.- Différences avec le contrat de concession.- Il existe ainsi deux différences majeures entre le contrat d'affermage et le contrat de concession.

Tout d'abord, le fermier ne supporte pas les frais de premier établissement des ouvrages nécessaires au fonctionnement du service public qu'il a en charge. Cette caractéristique explique que les contrats d'affermage sont conclus pour des durées généralement moins longues que les contrats de concession. Néanmoins, le fermier peut faire l'avance d'un fond de roulement financier (CE, 3 juin 1987, requête numéro 56733, Société nîmoise de tauromachie : LPA 15 juin 1988, note Poujade) et il peut également financer des installations à condition qu'elles ne présentent qu'un caractère accessoire.

La seconde différence porte sur le mode de rémunération : il est déduit de la rémunération du fermier une redevance, généralement appelée surtaxe, qui est reversée à la personne publique délégante. Il s'agit ainsi de permettre à cette personne publique de compenser les charges liées à la mise à disposition des ouvrages publics nécessaires à l'exploitation du service. Dans tous les cas, cependant, le montant de la surtaxe ne saurait excéder le montant des frais exposés par l'administration pour la construction des ouvrages ainsi que pour l'amortissement du renouvellement de ces ouvrages.

La distinction entre affermage et concession a également des conséquences en matière de responsabilité. En effet, lorsque la délégation est limitée à la seule exploitation de l'ouvrage, comme c'est le cas en matière d'affermage, la responsabilité des dommages imputables à l'existence, à la nature et au dimensionnement d'un ouvrage incombent à la personne publique délégante. C'est uniquement « en cas de concession de service public, c'est-à-dire d'une délégation de sa construction et de son fonctionnement, que peut être réclamée par des tiers la seule responsabilité du concessionnaire, sauf insolvabilité de ce dernier, en cas de dommages imputables à l'existence ou au fonctionnement de cet ouvrage » (CE, 26 novembre 2007, requête numéro 279302, Migliore : AJDA 2008, p. 210, note Dreyfus.- V. également CAA Douai, 7 août 2013, requête numéro 12DA01374, Veolia Eau – Compagnie générale des eaux : Contrats-Marchés publ. 2013, comm. 292, obs. Devillers).

1458.- Requalification possible du contrat.- Dans un arrêt Commune d'Elancourt du 29 avril 1987 (requête numéro 51022 : Rec. p.152 ; AJDA 1987, p.543, obs. Prétot ; RFDA 1987, p.525, concl. Robineau) le Conseil d'Etat requalifie ainsi un contrat dénommé par les parties « traité de concession » en contrat d'affermage dans la mesure où « si l'article 1er du contrat stipule que la concession a pour objet le captage, l'adduction, le traitement et la distribution d'eau potable dans les communes du syndicat, il est constant que les ouvrages de service étaient déjà établis à la date de passation du contrat et ont été remis par le syndicat intercommunal à la société S., laquelle s'engageait à lui verser une redevance en contrepartie de cette remise ».

C – Régie intéressée

1459.- Définition.- Selon la définition de M. Guglielmi et de Mme. Koubi « c'est un contrat de transfert de la gestion opérationnelle des services publics, dans lequel une personne publique responsable du service en confie la gestion à un tiers, appelé régisseur, qui agit pour le compte de la personne publique et reçoit d'elle une rémunération indexée sur les résultats financiers du service » (Droit du service public, ouv. précité). Ainsi, l'adjectif intéressé doit être compris dans le sens où le régisseur est intéressé aux bénéfices réalisés par le service. Pour le reste, ce mode de gestion des services publics se rapproche à la fois de la régie et de la concession.

D'une part, à la différence du concessionnaire qui agit pour son propre compte, le régisseur intéressé agit pour le compte de la collectivité publique contractante qui assure la direction de l'exploitation.

D'autre part, cependant, le régisseur bénéficie d'une autonomie de gestion qui rapproche ce type de contrat de la concession et le différencie de la régie. Cependant, il existe deux différences essentielles entre la situation du concessionnaire et celle du régisseur intéressé. Tout d'abord, les modes de rémunération du concessionnaire et du régisseur intéressé diffèrent. En effet, la rémunération du régisseur intéressé est assurée par un intéressement versé par la personne publique. Plus précisément, le régisseur intéressé touche une prime fixée en pourcentage du chiffre d'affaire, complétée d'une prime variable calculée en fonction des résultats de l'exploitation et éventuellement par une part des bénéfices. Ensuite, le régisseur intéressé n'est pas normalement tenu de supporter les frais de premier établissement, ni les pertes du service.

1460.- Remise en cause du classement des contrats de régie intéressé dans la catégorie des DSP.- Manifestement, les contrats de régie intéressée correspondaient aux deux critères de définition du contrat de délégation de service public tels qu'ils résultaient de la loi n°93-122 du 29 janvier 1993 : la prise en charge d'un service public ; une rémunération substantiellement liée aux résultats de l'exploitation. Cette solution a été expressément admise par le Conseil d'Etat à l'occasion de l'arrêt Syndicat mixte du traitement des ordures ménagères centre ouest Seine-et-marnais (SMITOM) du 30 juin 1999 (requête numéro 198147, préc. -

V. également, CAA Douai, 29 janvier 2004, requête numéro 01DA01060, Commune d'Amiens c/ Société d'exploitation de la gare d'Amiens).

Toutefois, un contrat de régie intéressé qui prévoirait certes un intéressement aux résultats d'exploitation, mais dans une proportion qui ne pourrait être considérée comme « substantielle », serait qualifié de marché public par la jurisprudence. Ceci étant, le lien entre rémunération et résultat de l'exploitation devant être seulement « substantiel », il est admis que la rémunération liée à l'exploitation connaisse des modalités variées et puisse ne pas être majoritaire : tel est le cas dans l'affaire « SMITOM », où la part des recettes autres que celles correspondant au prix payé était d'environ 30 %.

Cependant, la jurisprudence Département de la Vendée (CE, 7 novembre 2008, requête numéro 291794, préc.) puis l'ordonnance n°2016-65 du 29 janvier 2016, en privilégiant le critère du risque d'exploitation, devait nécessairement aboutir à une remise en cause de cette analyse. Au cas d'espèce, les juges ont estimé « (qu'une) part significative du risque d'exploitation demeurant à la charge (du) cocontractant, sa rémunération doit être regardée comme substantiellement liée aux résultats de l'exploitation ». Cette nouvelle approche doit aboutir plus facilement à qualifier de marchés publics les contrats de régie intéressée, ces contrats étant conçus généralement pour effacer tout risque de perte pour le cocontractant de l'administration. C'est d'ailleurs ce qui avait été retenu dans une ordonnance déjà ancienne du juge des référés du tribunal administratif de Besançon, qui retient la qualification de marché public dans un cas où « le mode d'intéressement du cocontractant de l'administration ne fait dépendre qu'à la marge sa rémunération de l'efficacité de sa gestion et des résultats qu'il aura obtenus » (TA Besançon, ord. réf., 26 novembre 2001, Société Gesclub : BJCP 2002, p. 154, obs. Schwartz). Ce n'est que dans les cas où, d'après les clauses du contrat de régie intéressé, le cocontractant assume une part signification du risque d'exploitation que la qualification de délégation de service public devrait être retenue.

Pour aller plus loin :

- **Bligh (G.)**, De la grève comme d'un conflit civil : l'évolution du pouvoir de réquisition des grévistes en droit administratif : RFDA 2017, p.958.

- **Bui-Xuan (O.)**, les ambiguïtés de l'étude du Conseil d'Etat relative à la neutralité religieuse dans les services publics : AJDA 2014, p. 249.

- **Chenot (B.),** La notion de service public dans la jurisprudence économique du Conseil d'Etat : EDCE, 1950, p. 77.

- **Chevallier (J.)**, Les transformations du statut d'établissement public : JCP 1972, 2496.

- **Degoffe (M.),** A propos du service public virtuel : CJEG 1993, p. 535.

- **Delannoy (V.), Bourgeois (M.)**, La loi relative à la gratuité et aux modalités de la réutilisation des informations du secteur public : JCP A2016, 2034.

- **Donnier (V.)**, Les lois du service public : entre tradition et modernité : RFDA 2007, p. 1219.

- **Douence (J.-C)**, Les contrats de délégation de service public : RFDA 1993, p. 936.

- **Douence (J.-C)**, Les incidences du caractère national ou local du service public : AJDA 1997, n° spécial, p. 118.

- **Dumont (G.)**, Gratuité et service public : (in)actualité d'un principe : AJDA 2020, p. 980.

- **Dreyfus (J.-D)**, Associations et délégations de service public : AJDA 2002, p.894.

- **Durand-Prinborgne (C.)**, La loi sur la laïcité, une volonté politique au centre des débats de société : AJDA 2004, p.704.

- **Eckert (G.)**, La SEMOP, instrument du renouveau de l'action publique locale ? : AJDA 2014, p. 1941.

- **Eckert (G.)**, Le champ d'application du nouveau droit des concessions : Contrats-Marchés publ. 2016, dossier 2.

- **Fatôme (E.)**, A propos du rattachement des établissements publics : Mélanges Moreau, Economica 2003, p.138.

- **Jean-Pierre (D.)**, Le principe de laïcité des agents publics : JCP A 2015, comm. 2308.

- **Lecerf (M.) et Blanc (G.)**, La gratuité des services publics à l'égard des usagers : JCP 1998, I, comm. 168.

- **Linditch (F.)**, Les contrats de délégation de service public après l'ordonnance du 29 janvier 2016, Contrats-marchés publ. 2017, dossier 6.

- **Lombard (M.)**, Mots et valeurs du service public : AJDA 2008, p.1225.

- **Lombard (M.)**, Service public et service universel ou la double inconstance : Mélanges Jeanneau, Dalloz 2002, p.507.

- **Mallavaux (L.)**, La régie intéressée et le droit des concessions : une destinée identique à la gérance ?: JCP A 2018, comm. 2248

- **Marcou (G.)**, Maintenir l'expression et la notion de service public : AJDA 2008, p.833.

- **Ménéménis (A.)**, note sur CE 28 juin 2006, Syndicat intercommunal d'alimentation en eau de la moyenne vallée du Gier : Droit adm. 2006, 85.

- **Quiot (G.)**, La doctrine et la distinction des services publics nationaux et des services publics locaux : observations critiques. Mélanges H. Charles : PU Nice Sophia Antipolis, 2001, p. 305.

- **Schwartz (R.)**, Laïcité et enseignement public : Cahiers FP 1999, n°176, p.14.

- **Toulemonde (B.)**, Le port de signes d'appartenance religieuse à l'école : la fin des interrogations ? : AJDA 2005, p.2044.

- **Truchet (D.)**, Nouvelles récentes d'un illustre vieillard, label de service public et statut de service public » : AJDA 1982, p. 427.

- **Truchet (D.)**, Renoncer à l'expression « service public » : AJDA 2008, p.553.

- **Venezia (J.-C)**, Le principe d'adaptation : Clés pour le siècle, Dalloz 2000, p.1661.

SIXIEME PARTIE – RESPONSABILITE ADMINISTRATIVE

1461.- Plan.- Les règles de responsabilité permettent d'abord de déterminer quelle est la personne publique responsable du préjudice dont il est demandé réparation et d'opérer une distinction entre la responsabilité de l'administration et celle de ses agents. Elles définissent également les conditions d'engagement de la responsabilité administrative.

CHAPITRE UN – DETERMINATION DE LA PERSONNE PUBLIQUE RESPONSABLE

1462.- Principe et cas particuliers.- Le principe est que la personne publique responsable est celle qui exerce la compétence à laquelle est rattaché le préjudice dont il est demandé réparation.

Si la règle apparaît simple dans son énoncé, sa mise en œuvre suscite un certain nombre de difficultés.

Exemples :
- CE, 27 février 2004, requête numéro 217257, Popin (Rec. p. 86, concl. Schwartz ; AJDA 2004, p. 423, étude Courtial et p.653, chron. Donnat et Casas, concl. Schwartz ; Dr. adm. 2004, comm. 86, note Lombard ; D. 2004, p. 1922, note Legrand ; LPA n° 208, 18 octobre 2004, p. 13, note Melleray) : la justice est rendue de façon indivisible au nom de l'Etat. Dès lors, il n'appartient qu'à celui-ci de répondre, à l'égard des justiciables, des dommages pouvant résulter pour eux de l'exercice de la fonction juridictionnelle assurée, sous le contrôle du Conseil d'Etat, par les juridictions administratives. Il en va ainsi alors même que la loi a conféré à des instances relevant d'autres personnes morales - en l'espèce était en cause la section disciplinaire du conseil d'administration d'une université - compétence pour connaître, en premier ressort ou en appel, de certains litiges.
- CE Sect., 12 mai 2004, requête numéro 236834, Gillot (Rec. p. 221 ; AJDA 2007, p. 1484, note Deguergue ; D. 2004, p. 261, note Weisse-Marchal ; Europe 2004, comm. 249, note Cassia ; JCP A 2004, comm. 1422, note Moreau ; RFDA 2004, p. 1021, concl. Seners) : un règlement communautaire est directement applicable dans l'ordre juridique interne et ne laisse aux autorités nationales aucun pouvoir d'appréciation pour la mise en œuvre des règles qu'il fixe. Ces autorités sont tenues, aussi longtemps que la juridiction communautaire compétente n'a pas constaté leur invalidité, d'appliquer ces dispositions. Dès lors, à supposer même qu'un règlement soit contraire à une norme juridique supérieure et qu'une circulaire nationale qui, sans prescrire l'application d'aucune mesure qui n'ait été prévue par le règlement, ni méconnaître son sens ou sa portée, le réitère et

soit, pour ce motif, entachée d'illégalité, la faute ainsi commise ne serait pas de nature à engager la responsabilité de l'Etat.

Si ces difficultés concernent la détermination de la personne publique responsable qui peut être attaquée devant le juge administratif, elles peuvent également déboucher sur des questions de compétence de la juridiction administrative.

Exemple :
- CE Sect., 21 décembre 2007, requête numéro 305966, Lipietz et a. (Rec. p. 540 ; Dr. adm. 2008, comm. 39, note Melleray ; RFDA 2008, p.80, concl. Prada-Bordenave) : le juge administratif ne peut être saisi de la responsabilité d'une personne privée que « si le dommage se rattache à l'exercice par cette personne... de prérogatives de puissance publique qui lui ont été conférées pour l'exécution de la mission de service public dont elle a été investie ».

Enfin, dans l'hypothèse où le préjudice subi par le requérant trouve son origine directe non pas dans une convention internationale – hypothèse permettant de rechercher la responsabilité sans faute de l'Etat – mais dans le fait d'un Etat étranger, la responsabilité sans faute de l'Etat français sur le terrain de l'égalité devant les charges publiques doit être écartée (CE, 20 décembre 2013, requête numéro 335235, Fano et a. : Rec. tables, p. 826 ; AJDA 2014, p. 1241 ; JCPA 2014, comm. 40, note Ziani).

CHAPITRE DEUX – RESPONSABILITE ADMINISTRATIVE ET RESPONSABILITE DES AGENTS DE L'ADMINISTRATION

1463.- Plan.- Dans les hypothèses où un agent de l'administration occasionne un préjudice dont il est demandé réparation, trois questions vont se poser (R. Chapus, Droit administratif général, t.1, ouv. précité, p. 1383 s.).

Il s'agit, tout d'abord, de déterminer s'il convient d'engager la responsabilité personnelle de l'agent, la responsabilité de l'administration dont il relève ou bien les deux.

Si c'est la responsabilité de l'administration qui est recherchée, il faut ensuite déterminer si elle doit supporter la charge définitive de la responsabilité, ou si elle peut se retourner contre son agent.

Enfin, si c'est au contraire l'agent qui est attaqué, il se pose la question de l'exercice éventuel d'une action récursoire à l'encontre de l'administration.

La résolution de la première question suppose que l'on s'interroge sur la distinction entre la faute de service et la faute personnelle. La résolution des deux autres questions pose le problème de la répartition de la charge de la dette.

Section I – Faute personnelle et faute de service

1464.- Ancien système de garantie des fonctionnaires.- La distinction opérée entre la responsabilité personnelle et la responsabilité du service public est issue de l'arrêt Pelletier du Tribunal des conflits du 30 juillet 1873 (requête 00035 : Rec. 1er supplt, concl. David ; D. 1974, III, p.5, note David), qui fait suite à l'abandon du système de la garantie des fonctionnaires qui résultait de l'article 75 de la Constitution de l'an VIII. En application de ce texte, un agent public ne pouvait voir sa responsabilité civile ou pénale mise en cause qu'en cas d'autorisation donnée par le Conseil d'Etat.

1465.- Distinction entre fait personnel et fait de service.- Ce système, qui a été source de nombreux abus, avait été supprimé par un décret-loi du 19 septembre 1870. Cet abandon ne signifiait pas, pour autant, que les fonctionnaires pouvaient désormais être attaqués devant les juridictions judiciaires pour l'ensemble des dommages résultant de leurs activités. Le Tribunal des conflits a donc défini une règle de compétence qui conduit à distinguer deux hypothèses : celle où les faits reprochés à l'agent se rapportent à un fait personnel et celle où ils se rapportent à un fait de fonction.

1466.- Distinction entre faute personnelle et faute de service.- La terminologie employée par le Conseil d'Etat a ensuite évolué pour aboutir à une nouvelle distinction établie entre la faute de service, qui n'est pas détachable de l'exercice des fonctions, et les autres fautes qui sont qualifiées de fautes personnelles.

§I – Notion de faute de service

1467.- Définition en creux de la faute de service.- A l'époque des arrêts Blanco (requête numéro 00012, préc.) et Pelletier, il n'est pas encore question de responsabilité pour faute de l'administration. Cependant, la distinction entre la faute de service et la faute personnelle avait déjà été ébauchée par Laferrière dans ses conclusions sur l'arrêt du Tribunal des conflits du 5 mai 1877 Laumonnier-Carriol : « si l'acte dommageable est impersonnel, s'il révèle un administrateur … plus ou moins sujet à erreur, et non l'homme avec ses faiblesses, ses passions, ses imprudences, l'acte reste administratif et ne peut être déféré aux tribunaux » (Rec. p. 437).

Cette approche, qui permet d'appréhender en creux ce qu'est une faute de service, permet de distinguer deux types de fautes relevant de cette catégorie.

1468.- Faute de service anonyme.- Dans certains cas, la faute de service est anonyme, c'est-à-dire qu'il est impossible ou très difficile de déterminer la personne physique qui est l'auteur des agissements qui la constituent.

Exemple :
- CE Ass., 10 avril 1992, requête numéro 79027, Epoux V. (Rec. p.171, concl. Legal ; AJDA 1992, p.355, concl. Legal ; RFDA 1992, p.571, concl. Legal ; D. 1993 somm. comm. p.146, obs. Bon et Terneyre ; JCP 1992, II, comm. 218881, note Moreau ; LPA 3 juillet 1992, note Haïm) : une succession d'erreurs commises par plusieurs agents d'un établissement de santé public sont constitutifs d'une faute de nature à engager la responsabilité de cet établissement.

Dans cette hypothèse, les juges se bornent à relever l'existence d'un dysfonctionnement qui permet d'engager la responsabilité de l'administration.

Même s'il s'agit d'une fiction - et plus précisément d'un anthropomorphisme - ils considèrent que c'est l'administration elle-même qui est l'auteur de la faute, négligeant par là même l'agissement individuel qui est nécessairement à son origine.

Exemple :
- CAA Marseille, 8 février 2007, requête numéro 03MA01445, Commune de Cavalaire-sur-mer : les « fautes commises » par l'Etat, la commune de Cavalaire-sur-mer, la commune de la Croix Valmer et le SIVOM du littoral des Maures permettent de regarder ces personnes morales de droit public comme responsables du préjudice subi par une société à l'occasion de la mise en œuvre d'une opération d'aménagement.

1469.- Faute de service dont l'auteur est identifié.- Dans d'autres cas, l'auteur de l'agissement à l'origine de la faute de service est identifié, mais la faute n'est pas considérée comme détachable du service et seule l'administration peut être poursuivie.

Exemple :
- TC, 5 novembre 2004, requête numéro C3426, Préfet des Hauts-de-Seine : les propos tenus par le directeur de la police aux frontières d'un aéroport, dans l'exercice de ses fonctions, en réponse aux questions d'un journaliste, qui visait à expliquer les motifs d'une décision prise par l'autorité administrative, sur sa proposition, à l'encontre d'un fonctionnaire employé à la sécurité aérienne dont il n'a pas révélé l'identité, ne saurait être regardés comme constitutifs d'une faute personnelle détachable du service.

§II – Notion de faute personnelle

1470.- Une notion autonome et pouvant présenter différents aspects.- La notion de faute personnelle présente un certain nombre de spécificités et elle peut revêtir différents aspects.

I – Spécificité de la notion de faute personnelle

1471.- Faute personnelle et faute pénale.- La notion de faute personnelle présente un caractère original, qui ne permet pas de la confondre avec d'autres notions.

Ainsi, la faute personnelle ne se confond pas avec la faute pénale (TC, 14 janvier 1935, requête numéro 00820, Thépaz : Rec. p. 1224 ; S. 1935, III, p. 17, note Alibert), particulièrement lorsque sont en cause une « maladresse, imprudence, inattention, négligence ou manquement à une obligation de prudence ou de sécurité imposée par la loi ou le règlement » (Code pénal, art. 221-6 et 221-19), ou encore l'omission de porter secours (Code pénal, art. 223-6 et art. 223-7).

Exemples :
- CAA Nantes, 28 décembre 2006, requête numéro 06NT00975, Fonds de garantie des victimes d'actes de terrorisme et autres infractions : une patiente, placée dans la salle d'isolement du service psychiatrique d'un centre hospitalier des armées, a volontairement déclenché un incendie qui a provoqué la mort de cinq patients. A raison de ces faits, le tribunal correctionnel de Rennes a condamné le médecin-chef et l'officier de sécurité du centre hospitalier à dix mois d'emprisonnement avec sursis pour homicide involontaire, à titre de peine principale, mais a déclaré irrecevables, en l'absence de faute personnelle détachable du service commise par ces deux officiers, les demandes de dommages-intérêts présentées par les ayants droits des victimes. En l'espèce, la cour relève que les dommages subis sont imputables à la fois à l'auteur de l'incendie et à l'absence de consignes et d'exercices pratiques concernant les problèmes d'incendie et la prise en charge spécifique des malades devant être isolés en secteur psychiatrique, ainsi qu'à l'absence d'une installation centralisée de détection incendie. Ces faits ont été aggravés par l'absence de fouille de la patiente, qui a été laissée en possession de son briquet. Ainsi, ces différents manquements révèlent une faute dans l'organisation du service. La cour confirme la décision contestée du tribunal administratif de Rennes qui avait mis à la charge de l'Etat 75 % des dommages dont il est demandé réparation, les 25% restants étant à la charge de l'auteur de l'incendie.

La notion de faute personnelle ne se confond pas non plus avec la notion de faute disciplinaire. En effet, comme le rappelle le Conseil d'Etat dans son arrêt Blanc et a. du 6 avril 2016 (requête numéro 380570, préc) : « la décision par laquelle une autorité administrative inflige, dans l'exercice de son pouvoir disciplinaire, une sanction à un agent placé sous son autorité a pour seul objet de tirer, en vue du bon fonctionnement du service, les conséquences que le comportement de cet agent emporte sur sa situation vis-à-vis de l'administration ». Au demeurant « la victime d'un dommage causé par un agent public dans l'exercice de ses fonctions a la possibilité d'engager une action en réparation, en recherchant, soit la responsabilité de l'administration pour faute de service, soit la responsabilité personnelle de l'agent », ce qui implique bien que des faits identiques ne seront pas nécessairement qualifiés de faute personnelle et de faute disciplinaire.

1472.- Faute personnelle et faute disciplinaire.- De la même façon, des faits constitutifs d'une voie de fait ne sont pas nécessairement constitutifs d'une faute personnelle.

Exemple :
- TC, 2 décembre 1991, requête numéro 02682, Paolucci (Rec. p. 482 ; D. 1992, inf. rap. p. 67 ; Droit adm. 1992, comm. 139) : les juges précisent qu'en l'espèce aucune voie de fait ni aucune faute personnelle n'ont été commises, ce qui implique qu'il s'agit bien de deux notions distinctes.

Ces solutions peuvent paraître contestables, mais elles se justifient par le fait que l'agent mis en cause pouvait penser agir dans l'intérêt du service. Il est évident, toutefois, dans l'hypothèse d'une faute pénale, que plus l'infraction commise est grave, plus la faute personnelle aura des chances d'être reconnue. Ainsi, s'il est possible qu'un délit résultant d'une imprudence soit qualifié de faute de service, un crime doit normalement être qualifié de faute personnelle.

1473.- Appréciation de la faute personnelle dans le contentieux de la protection fonctionnelle.- Il faut enfin souligner que la faute personnelle ne doit pas être appréciée de manière identique par le juge selon qu'elle est appréhendée dans le cadre du contentieux de la responsabilité administrative ou dans celui du contentieux de la protection fonctionnelle (sur cette notion V. infra). A l'occasion de son arrêt Garde des sceaux du 11 février 2015 le Conseil d'Etat a précisé qu'est une faute personnelle commise à l'occasion du service et justifiant l'exclusion de la protection fonctionnelle « une faute d'un agent de l'Etat qui, eu égard à sa nature, aux conditions dans lesquelles elle a été commise, aux objectifs poursuivis par son auteur et aux fonctions exercées par celui-ci est d'une particulière gravité » (requête numéro 372359 : Rec. p. 60 ; AJDA 2015, p. 944, concl. Van Coester ; Dr. adm. 2015, comm. 43, note Fort ; JCP A 2015, comm. 2112, note Jean-Pierre). Dans une autre affaire, le Conseil d'Etat a jugé que «présentent le caractère d'une faute personnelle détachable des fonctions de maire des faits qui révèlent des préoccupations d'ordre privé, qui procèdent d'un comportement incompatible avec les obligations qui s'imposent dans l'exercice de fonctions publiques ou qui, eu égard à leur nature et aux conditions dans lesquelles ils ont été commis, revêtent une particulière gravité » (CE, 30 décembre 2015, requête numéro 391800, requête numéro 391798, Commune de Roquebrune-sur-Argens : AJDA 2016, 1575, note Rihal ; AJCT 2016, p. 163, obs. Yazi-Roman).

Ces solutions apparaissent de prime abord en décalage avec la jurisprudence du Tribunal des conflits dont il résulte que la faute commise par un agent « qui n'était animé par aucun intérêt personnel ... dans l'exercice de ses fonctions et avec les moyens du service ... ne saurait être regardée, quelle que soit sa gravité, comme une faute personnelle détachable du service » (TC, 19 octobre 1988, requête numéro 3131, Préfet du Tarn c. CA Toulouse : Rec. p. 822 ; D. 1999, jurispr. p. 127, note Gohin ; JCP G 1999, II comm. 10225, concl. Sainte-Rose, note du Cheyron). Elle semble également ne pas concorder avec la jurisprudence de la Cour de cassation dont il résulte qu'une faute personnelle n'est détachable du service « que s'il est démontré que leur auteur a agi dans une intention malveillante ou pour satisfaire un intérêt personnel étranger au service public » (Cass. Civ 1ère, 9 décembre 1986, Bull. civ. I n°295).

Ces deux dernières décisions concernent toutefois l'appréciation de la faute personnelle dans le contentieux de la responsabilité administrative, et non pas dans le contentieux de la protection fonctionnelle. Dans le contentieux de la responsabilité administrative, dans le but de mieux protéger les victimes, le Conseil d'Etat prône à la fois une conception extensive de la faute de service, et une conception étroite de la faute personnelle détachable du service, de façon à faire jouer plus facilement le mécanisme de cumul des responsabilités (sur cette notion V. infra). Dans une affaire célèbre, il a ainsi été admis qu'une faute personnelle commise par un gendarme coupable d'un assassinat n'est pas dépourvue de tout lien avec le service « alors même qu'il a été commis … en dehors de ses heures de service et avec son arme personnelle » (CE, 18 novembre 1988, requête numéro 74952, Epoux Raszewski : Rec. p. 416 ; JCP G 1989, II, comm. 21211, note Pacteau). La situation est différente, en revanche, dès lors que c'est l'agent qui demande la protection fonctionnelle. Dans ce cas, en effet, il n'y a aucune raison de lui offrir une garantie qu'il ne mérite pas lorsqu'il fait preuve d'une incompétence manifeste où, comme dans l'arrêt du 11 février 2015, d'un manquement avéré aux principes déontologiques de sa profession.

II – Les différents types de fautes personnelles

1474.- Distinction entre trois types de fautes personnelles.- Selon la présentation proposée par le professeur Chapus (Droit administratif général, t.1, préc. p.1387 s.), il convient de distinguer trois types de fautes personnelles qui se caractérisent toutes par le fait qu'elles sont détachables de l'exercice des fonctions de l'agent.

A – Fautes personnelles commises à l'occasion des fonctions de l'agent

1475.- Notion de faute personnelle commise à l'occasion du service.- Dans certains cas, la faute personnelle a été commise à l'occasion des fonctions de l'agent, mais les agissements de celui-ci présentent une telle gravité qu'ils ne sauraient être qualifiés de faute de service.

Exemples :
- TC, 21 juin 2004, requête numéro C3389, Quitman : commet une faute personnelle un policier chargé de régler la circulation automobile qui, après avoir fait signe de s'arrêter à un automobiliste, a volontairement sorti son arme et fait feu sur celui-ci, sans motif légitime.
- CE, 2 mars 2007, requête numéro 283257, Banque française commerciale de l'océan indien : commet une faute personnelle le maire d'une commune qui a établi des certificats administratifs attestant faussement de la réalisation de travaux dans un but d'enrichissement personnel.
- CE, 12 décembre 2008, requête numéro 296982, Ministre de l'Education nationale c. Hammann : pendant une période de deux ans un instituteur à infligé des violences consistant notamment en gifles et coups, sur une quinzaine d'enfants de l'école primaire où il travaillait. Ces agissements sont d'une gravité suffisante pour caractériser, bien qu'ils soient intervenus dans le service, une faute personnelle détachable de l'exercice par l'enseignant de ses fonctions. Si des rapports d'inspection font état d'un climat de confiance régnant dans la classe ainsi que des qualités manifestées par l'intéressé dans ses fonctions tant d'enseignant que de directeur d'école, ces circonstances ne sont pas de nature à retirer aux faits leur gravité.

Plus généralement, comme l'a relevé la chambre criminelle de la Cour de cassation dans un arrêt du 30 septembre 2008 (pourvoi numéro 07-82.249), est une faute personnelle « détachable de la fonction d'un agent public, même si elle n'est pas dépourvue de tout lien avec son service, celle qui révèle un manquement volontaire et inexcusable à des obligations d'ordre professionnel et déontologique, qui comporte une intention de nuire ou présente une gravité inadmissible ou particulière compte tenu des règles déontologiques de la profession ».

Un arrêt plus récent de la chambre criminelle se montre quant à lui plus favorable à une conception particulièrement restrictive de la faute personnelle en considérant que « la faute, quelle que soit sa gravité, commise par un agent du service public, dans l'exercice de ses fonctions et avec les moyens du service, n'est pas détachable de ses fonctions » (Cass. crim., 30 novembre 2010, pourvoi numéro 10-80.447, G. : AJDA 2011, p. 349).

Toutefois, la jurisprudence la plus récente de la chambre criminelle paraît avoir renoué avec celle de 2008, mais sans pour autant se référer expressément à la notion de « faute personnelle détachable du service », notion dont il faut bien reconnaître qu'elle est peu propice à s'appliquer à des fautes, mêmes graves, commises dans le cadre du service. Dans un arrêt du 29 novembre 2016 (pourvoi numéro 15-80.229.- V. aussi Cass. crim., 11 septembre 2018, pourvoi numéro 17-

82.272) elle a en effet considéré que « si la responsabilité de l'Etat, des collectivités territoriales et de leurs établissements publics est engagée en raison des fautes commises par leurs agents lorsque ces fautes ne sont pas dépourvues de tout lien avec le service, cette responsabilité n'est pas exclusive de celle des agents auxquels est reproché un manquement volontaire et inexcusable à des obligations d'ordre professionnel et déontologique ». Elle précise ce principe en affirmant que « la seule circonstance que le prévenu (ait) commis les faits reprochés dans l'exercice de ses fonctions ne pouvait exclure que son comportement relevât d'un manquement volontaire et inexcusable à des obligations d'ordre professionnel et déontologique ».

B – Fautes personnelles commises en dehors de l'exercice des fonctions de l'agent mais présentant un lien avec elles

1476.- Fautes commises dans le prolongement du service.- Ces fautes sont considérées, selon l'expression consacrée par la jurisprudence, comme « non dépourvues de tout lien avec le service ».

Le plus souvent, il s'agit de fautes commises dans le prolongement de l'accomplissement du service.

> Exemple :
> - CAA Paris, 26 juin 2006, requête numéro 03PA01323, Ministre de la Défense : le chauffeur militaire qui détourne la destination normale du véhicule qui lui a été confié pour l'accomplissement d'une mission déterminée commet une faute personnelle.

1477.- Fautes commises grâce aux moyens du service.- Relèvent également de cette catégorie les fautes commises en dehors du service grâce aux moyens du service.

Ces moyens peuvent être matériels.

> Exemple :
> - CE Ass., 26 octobre 1973, requête numéro 81977, Sadoudi (Rec. p. 603 ; AJDA 1973, p. 582, chron. Franc et Boyon ; D. 1974, p. 255, note Auby ; JCP 1974, comm. 17596, note Franck ; RDP 1974, p. 554, note Waline et p. 936, concl. Bernard) : un accident survenu en dehors du temps de service peut néanmoins être tenu pour lié au service, si son auteur était astreint à porter l'arme à l'origine des dommages dont il est demandé réparation en dehors des heures de service.

En revanche, la faute personnelle n'est pas rattachable au service dans le cas où l'arme a été sciemment utilisée pour perpétrer un homicide volontaire (CE, 12 mars 1975, requête numéro 94207, Pothier : Rec. p. 190 ; Rev. adm. 1975, p. 268, note Moderne).

Ces moyens peuvent également consister en la connaissance des dossiers qu'un agent, animé d'intentions malveillantes, peut acquérir du fait des fonctions qui sont les siennes.

Exemple :
- CAA Paris, 17 décembre 2003, requête numéro 99PA04181, Ministre de l'Intérieur, de la Sécurité intérieure et des Libertés locales : commet une faute personnelle non détachable du service un enquêteur de police qui a profité de ses contacts avec un indicateur, exerçant la profession de serrurier, pour cambrioler une bijouterie.

Mais la distinction entre faute de service et faute personnelle n'est pas toujours évidente à établir. Tel est le cas notamment dans une affaire où il a été jugé, de façon assez surprenante, que si le fait, pour l'ancien directeur central des renseignements généraux d'avoir, après avoir quitté ses fonctions, conservé à son domicile des carnets relatant des informations dont la vocation était d'être utilisées pour le service constitue une faute, celle-ci, « dès lors que l'intéressé n'a pas conservé ces carnets en vue de s'en servir à des fins personnelles, n'a pas revêtu le caractère d'une faute personnelle » alors même que des extraits étaient publiés dans la presse (CE, 20 avril 2011, requête numéro 332255, Bertrand : Rec. p. 166 ; AJDA 2011, p. 1441, note Lagrange). Notons aussi que la question de la qualification de la faute se posait dans dans le contexte d'une demande de protection fonctionnelle, domaine dans lequel la faute personnelle est conçue de façon plus large que dans le droit de la responsabilité administrative (sur ce point V. supra).

C – Fautes personnelles dépourvues de tout lien avec le service

1478.- Fautes de caractère exclusivement « privé ».- Généralement, il est assez facile d'identifier ce type de faute. En effet, elle présente un caractère exclusivement « privé » : elle n'a pas été commise à l'occasion du service et elle n'a pas été rendue possible par la détention régulière de moyens du service.

Exemple :
- CE, 13 mai 1991, requête numéro 82316, Société d'assurances Les mutuelles unies (Droit adm. 1991, comm. 351 ; LPA 27 mai 1992, p. 15, note Pacteau ; RDP 1991, p. 1642) : un pompier allume un incendie en dehors de ses heures de service. Bien qu'il ait utilisé les connaissances acquises lors de l'exercice de sa profession, la faute personnelle ainsi commise est considérée comme dépourvue de tout lien avec le service.

Section II – Détermination de la charge de la dette

1479.- Difficultés.- De prime abord, cette question peut être facilement résolue. En effet, on pourrait penser qu'en cas de faute de service, c'est l'administration qui doit être poursuivie devant le juge administratif et qu'en cas de faute personnelle, c'est l'agent qui doit être poursuivi devant le juge judiciaire, et cela y compris dans le contentieux des dommages de travaux public (TC, 15 mai 2017, requête numéro 4080, Homand : Dr. adm. 2017, comm. 45, note Eveillard). La réalité est toutefois plus complexe. Il existe en effet des hypothèses de cumul et de substitution de responsabilités ainsi que des possibilités de recours contre l'administration par l'agent condamné et contre cet agent par l'administration si c'est elle qui a fait l'objet d'une condamnation.

§I – Cumul et substitution de responsabilités

1480.- Des solutions favorables aux victimes.- La responsabilité personnelle de l'agent n'est pas nécessairement exclusive de la responsabilité de l'administration : dans certains cas, la victime dispose d'une option. Elle peut attaquer soit l'agent soit l'administration. C'est le système de cumul des responsabilités qui a été dégagé par la jurisprudence. Dans d'autres cas, la responsabilité personnelle de l'agent est écartée au profit de la responsabilité de l'administration. C'est le système de substitution de responsabilité, qui résulte nécessairement d'un texte.

Dans tous les cas la solution est favorable à la victime : en effet, l'administration est toujours solvable et il sera donc plus intéressant d'engager une action devant le juge administratif plutôt que devant le juge judiciaire.

I – Cumul des responsabilités

1481.- Cumul des fautes.- Avant de reconnaître la possibilité d'un cumul des responsabilités, le Conseil d'Etat a d'abord admis la possibilité d'un cumul des fautes dans l'arrêt du 3 février 1911 Anguet (requête numéro 34922 : Rec. p. 146 ; S. 1911, III, p. 137, note Hauriou).

En l'espèce, un usager s'était retrouvé enfermé dans un bureau de poste dont la porte principale avait été fermée prématurément parce que l'horloge du bureau avançait. Une faute de service avait donc été commise. L'usager a ensuite été contraint d'emprunter une porte réservée au service. Il s'est retrouvé alors dans une salle où des agents réalisaient le tri de valeurs postales. Les postiers l'ont expulsé violemment ce qui lui a occasionné des blessures sérieuses. Une faute personnelle avait donc également été commise.

Dans de telles hypothèses de coexistence d'une faute personnelle et d'une faute de service, le Conseil d'Etat admet la possibilité pour la victime de demander la réparation de l'ensemble du préjudice subi au juge administratif.

1482.- Cumul des responsabilités.- Le cumul des responsabilités a ensuite été admis à l'occasion de l'arrêt Epoux Lemonnier du 26 juillet 1918 (requête numéro 49595, requête numéro 55240 : Rec. p. 761 ; D. 1918, III, p. 9, concl. Blum, note Hauriou). En l'espèce, un concours de tir avait été organisé dans une commune. Les tireurs et les cibles étaient placés sur les deux rives d'une rivière, les cibles se trouvant devant un sentier pour promeneurs. Des promeneurs se sont alors plaints des balles qui sifflaient à leurs oreilles, mais le maire négligea de prendre les mesures nécessaires.

Le Conseil d'Etat admet ici que lorsqu'une faute personnelle du premier type est commise - c'est-à-dire une faute personnelle commise à l'occasion du service - la victime dispose d'une option : elle peut rechercher la responsabilité personnelle de l'agent, ou celle de l'administration (sur l'application du cumul des responsabilités en cas de conflit négatif et sur l'obligation faite aux juges des deux ordres de juridiction de veiller à ce que le montant total des indemnités accordées ne dépasse pas celui du préjudice. V. TC, 19 mai 2014, requête numéro 3939, Berthet : Rec. p. 461 ; AJDA 2014, p. 1010 ; Dr. adm. 2014, comm. 60, note Eveillard ; JCP A 2015, comm. 2006, note Pauliat). Le cumul des responsabilités constitue donc une sorte de garantie par l'administration des fautes personnelles subies par les victimes.

1483.- Evolution du système de cumul de responsabilités.- Le cumul des responsabilités a ensuite évolué à l'occasion de trois arrêts d'Assemblée du 18 novembre 1949, Mimeur, Defaux et Bethelsemer (Rec. p.492 ; D. 1950 p.667, note J.G. ; JCP 1950, 5286, concl. Gazier ; RDP 1950, p.183, note Waline). Avec cette évolution, la garantie de l'administration est également étendue aux fautes personnelles du second type, c'est-à-dire aux fautes personnelles commises en dehors du service, mais avec les moyens du service.

Dans l'arrêt Mimeur, par exemple, les juges retiennent que dès lors qu'un véhicule a été confié à son conducteur pour l'exécution d'un service public, l'accident imputable à une faute de ce conducteur ne saurait être regardé comme dépourvu de tout lien avec le service et engage la responsabilité de l'administration à l'égard de la victime, même s'il s'est produit alors que ledit conducteur s'était écarté de son itinéraire normal pour des fins strictement personnelles.

Par conséquent, le cumul des responsabilités n'est désormais exclu que pour le troisième type de fautes personnelles, c'est-à-dire pour les fautes sans lien avec le service.

II – Substitution de responsabilité

1484.- Une garantie pour les victimes et pour les agents.- Dans cette hypothèse, le système de garantie bénéficie non seulement aux victimes, mais également aux agents auteurs d'une faute personnelle. En effet, les victimes ne disposent plus d'une option, mais de l'obligation d'actionner la personne publique plutôt que son agent.

Exemples :
- Une loi du 5 avril 1937, codifiée à l'article L.911-4 du Code de l'éducation prévoit que « dans tous les cas où la responsabilité des membres de l'enseignement public est engagée à la suite ou à l'occasion d'un fait dommageable commis, soit par les enfants ou jeunes gens qui leur sont confiés à raison de leurs fonctions, soit à ces enfants ou jeunes gens dans les mêmes conditions, la responsabilité de l'Etat sera substituée à celle desdits membres de l'enseignement, qui ne pourront jamais être mis en cause devant les tribunaux civils par la victime ou ses représentants ». L'Etat, une fois condamné par le juge judiciaire, peut ensuite exercer une action récursoire contre son agent, voire contre un tiers, conformément au droit commun de la responsabilité administrative, c'est-à-dire devant le juge administratif lorsqu'est en cause un agent et devant le juge judiciaire si

c'est un tiers qui est attaqué (CE, 13 juillet 2007, requête numéro 297390, Ministre de l'Education nationale : Rec. p. 336).
- La loi n°57-1424 du 31 décembre 1957 attribue aux tribunaux judiciaires compétence exclusive pour connaître de toute action en responsabilité extracontractuelle formée en raison de dommages causés par un véhicule quelconque appartenant à une personne publique ou placé sous sa garde. La responsabilité de la personne publique est alors substituée à celle de l'agent.

§II – Recours ouverts à l'administration contre son agent

1485.- Impossibilité de recours en cas de faute de service.- Lorsque la faute pour laquelle l'administration a été condamnée est une faute de service, elle ne dispose d'aucune possibilité pour se retourner contre son agent.

1486.- Admission d'une action récursoire en cas de faute personnelle.- A l'origine, lorsque cette faute est une faute personnelle, qu'elle soit la seule cause du dommage ou qu'elle coexiste avec une faute de service, l'administration condamnée n'était pas autorisée à se retourner contre son agent. Cette solution, qui aboutissait à une immunité totale de l'agent était critiquable à la fois d'un point de vue moral, mais également du point des finances publiques et de celui du bon fonctionnement des services publics (V. par ex. à propos d'une officier qui avait fait fusiller un civil CE, 28 mars 1924, Poursines : S. 1926, III, p. 17, note Hauriou).

Le Conseil d'Etat va finalement admettre le principe d'une action récursoire. Comme le précisent les arrêts d'Assemblée du 28 août 1951, Laruelle et Delville (requête numéro 01074, requête numéro 04032 : Rec. p.464 ; D. 1951, p.623, note Nguyen Do ; JCP 1951, comm. 6532, note J.-J. R. ; JCP 1952, comm. 6734, note Eisenmann ; RDP 1951, p. 1087, note Waline ; S. 1952, III, p. 25, note Mathiot) « si les fonctionnaires et agents des collectivités publiques ne sont pas pécuniairement responsables des conséquences dommageables de leurs fautes de service, il ne saurait en être ainsi lorsque le préjudice qu'ils ont causé à ces collectivités est imputable à des fautes personnelles détachables de l'exercice de leurs fonctions ». Les mêmes arrêts admettent le principe de la compétence de la juridiction administrative pour connaître de cette action (V. également se ralliant à cette solution TC, 26 mai 1954, Moritz : Rec. p. 708 ; JCP G 1954, II, comm. 8334, note Vedel ; S. 1954, III, p. 85, concl. Letourneur ; Cass. 1re civ., 21 octobre 1957 : AJDA 1958, n° 52, p. 45).

Si le dommage a pour seule origine une faute personnelle, la personne publique peut exercer une action récursoire pour le tout.

Exemple :
- CE, 17 décembre 1999, requête numéro 199598, Moine (JCP G, 2001, II, comm. 10508, note Piastra) : le requérant, militaire de carrière, avait tué une personne par un tir à balles réelles en dehors de tout exercice organisé par l'autorité supérieure. Cette faute a été de nature à engager envers l'Etat la responsabilité pécuniaire du requérant. La circonstance que celui-ci a, du fait de tels agissements, été radié des cadres de l'armée

active par mesure disciplinaire « pour faute grave dans le service » ne faisait pas obstacle à la possibilité qu'avait le ministre de la Défense d'engager une action récursoire à l'encontre de cet agent en se fondant sur le fait que la faute commise, bien qu'étant intervenue dans le service, avait le caractère d'une faute personnelle détachable de l'exercice par l'intéressé de ses fonctions. En raison de son extrême gravité, cette faute justifie qu'ait été mise à la charge du requérant la totalité des conséquences dommageables qui en sont résultées.

Il faut relever que l'administration peut prendre en considération les transactions intervenues pour clore le litige civil relatif aux conséquences de l'accident causé par l'agent auteur de la faute personnelle, même si celui-ci n'y était pas partie, et lui réclamer le remboursement des sommes versées au titre de ces transactions (CE, 8 août 2008, requête numéro 297044, requête numéro 311386, Mazière : Rec. tables, p. 612 ; JCP A 2008, comm. 2302, note Moreau ; AJDA 2008, p. 1565).

Si le dommage a pour origine une faute personnelle et une faute de service, l'action récursoire peut être exercée seulement pour une partie du préjudice subi, en fonction de l'influence respective de la faute personnelle et de la faute de service.

Exemple :
- CAA Bordeaux, 21 mars 2006, requête numéro 03BX00225, Mongaboure : un accident de la circulation occasionné par un agent à l'occasion du service est imputable à la fois à une faute personnelle de cet agent, qui se trouvait au moment de l'accident en état d'ébriété et à une faute de service. Eu égard à la gravité de la faute commise par le requérant et aux circonstances de fait, le ministre de l'Intérieur n'a pas commis d'erreur manifeste dans l'appréciation de la part de responsabilité incombant à l'intéressé, en mettant à sa charge cinquante pour cent des conséquences dommageables qui sont résultées de l'accident.

1487.- Absence de responsabilité solidaire en cas de pluralité de fautes personnelles.- Enfin, si le dommage a pour origine les fautes personnelles de plusieurs agents, ces agents ne sont pas tenus solidairement vis-à-vis de l'administration, ce qui constitue une différence notable avec les principes de la responsabilité civile. L'administration devra donc exercer autant d'actions qu'il y a d'agents fautifs, en fonction de la gravité respective de leurs fautes, comme le Conseil d'Etat l'a précisé dans l'arrêt de Section Jeannier du 22 mars 1957 (Rec. p. 196, concl. Kahn ; AJDA 1957 p. 186, chron. Fournier et Braibant ; JCP 1957, comm. 10303 bis, note Louis-Lucas ; D. 1957 p. 748, concl Kahn, note Weil). Comme l'a rappelé ultérieurement le Conseil d'Etat, dans une affaire qui concernait la réparation des préjudices occasionnés par des faites de harcèlement moral, « si ces agissements sont imputables en tout ou partie à une faute personnelle d'un autre ou d'autres agents publics, le juge administratif, saisi en ce sens par l'administration, détermine la contribution de cet agent ou de ces agents à la charge de la réparation » (CE 28 juin 2019, requête numéro 415863 : AJCT 2019, p. 523, note Derridj).

§III – Recours ouverts à l'agent contre l'administration

1488.- Une composante de la garantie fonctionnelle.- Un agent qui fait l'objet d'une action en responsabilité devant le juge civil, alors que la faute à l'origine du dommage dont il est demandé réparation est une faute de service, a le droit à être couvert par son administration d'origine. Ce droit est une composante de la garantie fonctionnelle qui est reconnue aux fonctionnaires, en application de l'article 11 du Titre I du statut général de la fonction publique qui précise que « lorsqu'un fonctionnaire a été poursuivi par un tiers pour faute de service et que le conflit d'attribution n'a pas été élevé, la collectivité publique doit, dans la mesure où une faute personnelle détachable de l'exercice de ses fonctions n'est pas imputable à ce fonctionnaire, le couvrir des condamnations civiles prononcées contre lui ». En dehors de cette problématique de responsabilité civile, le même article précise que « lorsque le fonctionnaire fait l'objet de poursuites pénales à raison de faits qui n'ont pas le caractère d'une faute personnelle détachable de l'exercice de ses fonctions, la collectivité publique doit lui accorder sa protection ».

1489.- Bénéficiaires de la garantie fonctionnelle.- Ce principe s'applique à l'ensemble des agents publics, y compris lorsqu'il s'agit d'une autorité élue d'un établissement public (CE Sect., 8 juin 2011, requête numéro 312700, Farre : Rec. p. 170) ou d'un agent de la banque de France (CAA Versailles, 12 octobre 2017, requête numéro 15VE02740, Gaudin : AJDA 2018, p. 57, concl. Mégret) et alors même que l'intéressé a perdu la qualité d'agent public à la date de la décision statuant sur cette demande (CE, 26 juillet 2011, requête numéro 336114, Mirmiran : Rec. tables, p. 982). Elle s'étend aux collaborateurs occasionnels du service public (CE, 13 janvier 2017, requête numéro 386799, Fievet, préc.) voire même à un agent gréviste si les faits dommageables sont en relation avec l'exercice de ses fonctions (CE, 22 mai 2017, requête numéro 396453, Commune de Sète : JCP A 2017, comm. 2200, note Fort) ainsi qu'a un agent en congé de maladie (CE, 12 mars 2010, requête numéro 308974, Commune de Hoenheim (AJDA 2010, p. 1138, chron. Liéber et Botteghi ; AJFP 2010, p. 255, concl. Geffray ; JCP A 2010, comm. 2154, note Jean-Pierre ; JCP G 2010, act. 389, obs. Sorbara).

Pour les agents qui ne relèvent pas du statut général de la fonction publique, ce droit résulte d'un principe général du droit dégagé par le Conseil d'Etat à l'occasion de l'arrêt de Section du 26 avril 1963, Centre hospitalier régional de Besançon (Rec. p. 242, concl. Chardeau ; S. 1963, p. 338).

Ce principe a été reformulé de façon plus générale par le Conseil d'Etat - dissipant notamment des doutes concernant les agents relevant de statuts spécifiques - dans son arrêt Garde des sceaux du 11 février 2015 (requête numéro 372359, préc.) dont il résulte qu'il existe un « principe général du droit qui s'applique à tous les agents publics, (selon lequel) lorsqu'un agent public est mis en cause par un tiers à raison de ses fonctions (en vertu duquel) il incombe à la collectivité publique dont il dépend de lui accorder sa protection dans le cas où il fait l'objet de poursuites pénales, sauf s'il a commis une faute personnelle ».

Les agents publics étrangers soumis par leur contrat non pas au droit français mais au droit local, comme par exemple les civils afghans recrutés par l'armée française à l'occasion de sa mission en Afghanistan, ont semblé dans un premier temps ne pas devoir bénéficier de la protection fonctionnelle (CE, 16 octobre 2017, requête numéro 408344, Sadeqi.- CE, 16 octobre 2017, requête numéro 408374, M. et Mme Khodadad, préc.). Il s'agissait ici d'une application de la jurisprudence Tegos qui admet que ce type de contrats peuvent ne pas être régis par le droit français (CE Sect., 19 novembre 1999, requête numéro 183648, Tegos : Rec. p. 356 ; JDI 2000, p. 742, note Flauss ; RFDA 2000, p. 833, concl. Arrighi de Casanova). Le Conseil d'Etat a finalement fait évoluer sa jurisprudence pour considérer que le principe général du droit reconnaissant la protection fonctionnelle « s'étend aux agents non-titulaires de l'Etat recrutés à l'étranger, alors même que leur contrat est soumis au droit local » (CE, 1er février 2019, requête numéro 421694). La mise en œuvre effective de ce principe peut conduire exceptionnellement à délivrer un visa ou un titre de séjour à l'intéressé et à sa famille (V. aussi CE, 26 février 2020, requête numéro 436176).

1490.- Différents aspects de la protection fonctionnelle.- Le droit à la protection fonctionnelle implique notamment l'obligation, pour l'administration, de prendre en charge les frais de justice engagés par l'agent lorsqu'il est mis en cause pour des faits relatifs à l'exercice de ses fonctions, devant le juge civil ou devant le juge pénal.

Le caractère approprié des mesures de protection relève de l'appréciation souveraine des juges du fond (CE, 25 juin 2020, requête numéro 421643 : JCP A 2020, act. 494, obs. Touzeil-Divina).

1491.- Fin de la protection fonctionnelle.- Si l'autorité administrative a accordé la protection, elle peut y mettre fin pour l'avenir si elle constate postérieurement, et sous le contrôle du juge, l'existence d'une faute personnelle. En revanche, la décision accordant le bénéfice de la protection, qui est une décision créatrice de droits, ne peut être retirée, si elle est illégale, que dans un délai de quatre mois à compter de sa signature. Le retrait ayant un effet rétroactif, l'administration pourra réclamer à l'agent le remboursement des frais engagés pour assurer sa protection (CE, 22 janvier 2007, requête numéro 285710, Ministre des affaires étrangères : JCP A 2007, comm. 2046, concl. Aguila, note Jean-Pierre ; AJDA 2007, p. 1190, note Chanlair). Enfin, la décision accordant la protection ne peut légalement être assortie d'une condition suspensive ou résolutoire, par exemple en indiquant qu'elle fait droit à la demande mais qu'elle pourra demander le remboursement des frais engagés si « une juridiction pénale venait à établir une faute personnelle » (CE, 14 mars 2008, requête numéro 283943, Portalis : Rec. p. 99, concl. Boulouis ; AJDA 2008, p. 800, chron. Boucher et Bourgeois-Machureau ; AJFP 2008, p. 140 ; RFDA 2008, p. 482, concl. Boulouis ; RFDA 2008, p. 931, note Seiller). En effet, une telle condition ne peut porter que sur un événement futur, alors que la faute personnelle commise par l'agent est par nature antérieure à la décision accordant la protection. C'est seulement si des éléments nouveaux font apparaître une faute personnelle, que l'autorité compétente peut décider d'abroger pour l'avenir la décision octroyant la protection. Et encore faut-il rappeler que la possibilité d'abroger la décision accordant la protection fonctionnelle dans un tel cas, qui n'est pas soumise à une condition de délai par l'arrêt Portalis, paraît remise en cause par les dispositions de l'article L. 242-2 du Code des relations entre le public et l'administration qui réserve cette dérogation aux principes généraux du retrait des décisions créatrices de droit aux seules décisions conditionnelles (V. sur ce point supra Cinquième partie, Chapitre un, Section quatre).

1492.- Possibilité de se retourner contre l'administration en cas de condamnation de l'agent pour faute de service.- Enfin, lorsqu'un agent est condamné par le juge judiciaire, alors que la faute à l'origine du dommage est une faute de service ou, plus fréquemment, lorsque la faute personnelle qui a été commise coexiste avec une faute de service, celui-ci peut se retourner contre l'administration.

Exemples :
- CE Ass., 5 avril 2002, requête numéro 238689, Papon (RDP 2002, p. 1513, note Degoffe et p. 1532, note Alvis) : le 2 avril 1998 Maurice Papon a été condamné par la cour d'assises de la Gironde pour complicité de crimes contre l'humanité pour ses activités en tant que secrétaire général de la préfecture de la Gironde durant l'occupation. Le 3 avril, la cour, statuant sur les dommages-intérêts l'a condamné à verser aux parties civiles une somme globale équivalent à plus de 700 000 euros. Il a alors demandé à l'Etat de le couvrir pour l'intégralité de cette somme. Le Conseil d'Etat a jugé que le comportement zélé du requérant « qui ne peut s'expliquer par la seule pression exercée … par l'occupant allemand, revêt, eu égard à la gravité exceptionnelle des faits et de leurs conséquences, un caractère inexcusable et constitue par là-même une faute personnelle détachable de l'exercice des fonctions ». Cependant, une faute de service doit également être retenue, la politique de l'Etat français sous l'occupation, ayant « permis et facilité, indépendamment de l'action de M. Papon, les opérations qui ont été le prélude à la déportation ». Compte tenu de la coexistence d'une faute personnelle et d'une faute de service, l'Etat est condamné à prendre à sa charge la moitié du montant total des condamnations civiles prononcées à l'encontre du requérant.

§IV – Recours subrogatoires

1493.- Bénéficiaires des recours subrogatoires.- Lorsque la victime est un assuré social, le juge peut être saisi à la fois d'un recours de la victime d'un dommage corporel et d'un recours subrogatoire de l'organisme de sécurité sociale à laquelle elle est affiliée.

Notons au préalable que cette possibilité n'est pas réservée aux seules caisses de sécurité sociale et aux sociétés d'assurance. Peut être également concerné le tiers co-auteur d'un dommage avec l'administration.

Exemple :

- CE Ass., 9 novembre 2015, requête numéro 342468, SAS Constructions mécaniques de Normandie et requête numéro 359548, MAIF et a. (AJDA 2016, p. 213, note Jacquemet-Gauché ; Energie-Env.-Infrastr. 2016, comm. 15, note Trébulle ; JCP G 2016, comm. 92, note Paillard ; JCP A 2015, act. 974, obs. Touzeil-Divina ; JCP S 2015, comm. 1474, note Pradel, Pradel-Boureux et Pradel) : la commission par un employeur d'une faute inexcusable qui a justifié sa condamnation à l'égard de la victime par le juge judiciaire ne l'empêche pas d'engager une action subrogatoire contre l'Etat qui a également commis une faute en ne prenant pas les mesures nécessaires en vue de la prévention des risques liés à l'exposition des travailleurs aux poussières d'amiante. Il en ira toutefois autrement si l'employeur a commis délibérément une faute d'une particulière gravité.

1494.- Recours subrogatoire des caisses de sécurité sociale.- Si l'on revient maintenant aux caisses de sécurité sociale, la loi n°2006-1640 du 21 décembre 2006 de financement de la sécurité sociale pour 2007 a opéré une réforme du droit des recours des tiers payeurs en modifiant le régime de l'exercice des recours subrogatoires des caisses contre le responsable d'un dommage corporel causé à un assuré social (Code de la sécurité sociale, article L. 376-1). Ce texte prévoit notamment que les recours subrogatoires des caisses de sécurité sociale contre les tiers doivent s'exercer poste par poste sur les seules indemnités qui réparent les préjudices qu'elles ont pris en charge, à l'exclusion des préjudices à caractère personnel. Le même article précise que si le tiers payeur établit qu'il a effectivement et préalablement versé à la victime une prestation indemnisant de manière incontestable un poste de préjudice personnel, son recours peut s'exercer sur ce poste de préjudice.

En d'autres termes, excepté ce cas particulier, avant de statuer sur les droits respectifs de la victime et de la caisse, les juges doivent évaluer le montant total de l'indemnité à la charge du tiers, en distinguant la part revenant exclusivement à la victime destinée à réparer les préjudices de caractère personnel non couverts par les prestations sociales (CE, 8 août 2008, requête numéro 272033, Assistance publique Hôpitaux de Marseille). En effet, dans son ancienne rédaction, l'article L. 376-1 du Code de la sécurité sociale permettait aux caisses de demander au tiers responsable, même en cas de responsabilité partielle, le remboursement de toutes leurs dépenses, dans la limite de l'indemnité mise à la charge de ce tiers en application du droit commun de la responsabilité civile ou administrative. Ce recours était prioritaire par rapport à celui exercé par l'assuré social, lorsqu'il estimait que certains préjudices subis par lui n'avaient pas été réparés par les prestations de sécurité sociale. Ainsi, l'assiette des recours des caisses de sécurité sociale est désormais limitée et l'indemnisation des victimes est améliorée.

Dans un avis Magiet et Consorts Guignon du 4 juin 2007 (requête numéro 303422, requête numéro 304214 : AJDA 2017, p. 1800, concl. Boucher et Bourgeois-Machureau ; JCP A 2007, act. 601 ; JCP A 2008, comm. 2055 ; JCP E 2007, comm. 1897, note Guettier ; JCP S 2007, comm. 1840, note Vachet ; RTD civ. 2017, p. 577, obs. Jourdain.- V. également CE Sect., 5 mars 2008, requête numéro 272447,

CPAM Seine-Saint-Denis), le Conseil d'Etat a précisé ces dispositions. Il résulte de cette jurisprudence que les juridictions compétentes doivent effectuer quatre séries d'opérations :

- L'évaluation du montant du préjudice total subi par l'assuré social selon les règles du droit commun de la responsabilité administrative ;

- La fixation, poste de préjudice par poste de préjudice, de la part du montant de ce poste demeurée à la charge de l'assuré, faute pour le préjudice d'avoir été entièrement réparé par les prestations de sécurité sociale correspondantes. Il convient ici de distinguer les postes suivants : dépenses de santé, frais liés au handicap, pertes de revenus, incidence professionnelle et scolaire du dommage corporel (V. CE, 8 mars 2013, requête numéro 361273, Doget : AJDA 2013, p. 548, obs. Poupeau), autres dépenses liées au dommage corporel, et préjudices personnels ;

- La détermination, pour chaque poste, du montant de l'indemnité mise à la charge du tiers responsable. Compte tenu de la méthode retenue, ce montant sera égal à celui du poste si la responsabilité du tiers est entière, mais à une partie seulement de ce poste si elle n'est que partielle ;

- L'octroi à la victime, pour chaque poste, dans la limite de l'indemnité mise à la charge du tiers responsable, d'une somme correspondant à la part du montant de ce poste demeurée à sa charge, le solde de l'indemnité étant, s'il n'est pas nul, accordé à la caisse.

Le Conseil d'Etat a eu ensuite l'occasion de préciser que les rentes qui ont été versées par les caisses primaires d'assurance maladie à la suite d'un accident du travail doivent être classées dans la catégorie des préjudices à caractère patrimonial (CE, 5 mars 2008, requête numéro 272447, CPAM Seine-Saint-Denis : AJDA 2008, p. 497, obs. Royer, concl. Thiellay ; D. 2008, p. 921 ; Gaz. Pal. 2-3 avril 2008, note Bernfeld et Bibal ; Resp. civ. et assur. 2008, comm. 189 ; JCP A 2008, act. 242 ; JCP G 2008, IV, comm. 1640 ; JCP S 2008, comm. 1359, note Vachet ; Dr. adm. 2008, comm. 87. – CE, 5 mars 2008, requête numéro 290962, Bencheikh : AJDA 2008, p. 941, concl. Thiellay). Cette précision est importante puisque, dans le nouveau dispositif législatif, seuls les préjudices patrimoniaux sont soumis aux recours des tiers payeurs.

La portée de l'arrêt du 5 mars 2008 a ensuite été explicitée par un avis du 8 mars 2013 (requête numéro 361273.- V. également CE, 7 octobre 2013, requête numéro 337851, Ministre de la Défense). Le Conseil d'Etat rappelle, tout d'abord, que la rente d'accident du travail doit être regardée comme ayant pour objet exclusif de réparer, sur une base forfaitaire, les préjudices subis par la victime dans sa vie professionnelle en conséquence de l'accident, c'est-à-dire ses pertes de gains professionnels et l'incidence professionnelle de l'incapacité. En conséquence, le recours exercé par la caisse au titre d'une rente d'accident du travail ne saurait s'exercer que sur ces deux postes de préjudice et en particulier la rente ne saurait être imputée sur un poste de préjudice personnel.

Pour aller plus loin :

- **Carius (M.)**, La gravité de la faute personnelle de l'agent public à l'épreuve du dualisme jurisdictionnel : AJFP 2018, p.6.

- **Chifflot (N.)**, La causalité dans le droit de la responsabilité administrative. Passé d'une notion en quête d'avenir : Dr. adm. 2011, étude 20.

- **Huet (P.)**, Observations sur le recours de l'Administration contre l'agent public ou la faute du lampiste : Rev. adm. 1970, p. 523.

- **Long (M.)**, La responsabilité de l'administration pour les fautes personnelles : EDCE 1953, p. 80 s.

-**Paillard (Ch.)**, Le préjudice indemnisable en droit administratif : Dr. Adm. 2011, étude 1.

- **Vedel (G.)**, L'obligation de l'Administration de couvrir les agents publics des condamnations civiles pour fautes de service : Mélanges R. Savatier, Dalloz 1965, p. 915 s.

- **Weckel (P.)**, L'évolution de la notion de faute personnelle : RDP 1990, p.1525.

CHAPITRE TROIS – CONDITIONS D'ENGAGEMENT DE LA RESPONSABILITE DE L'ADMINISTRATION

1495.- Similitudes avec le droit civil.- Comme en droit civil, il existe trois conditions d'engagement de la responsabilité de l'administration : l'existence d'un préjudice, un lien de causalité entre le préjudice et le fait générateur et un fait générateur.

Section I – Préjudice

1496.- Règles applicables.- Il convient de déterminer quelle est l'étendue du droit à réparation et quelles sont les personnes qui sont titulaires de ce droit avant de définir quels caractères doit présenter le préjudice pour être réparé et comment est assurée la réparation de ce préjudice.

§I – Etendue du droit à réparation

1497.- Principe de réparation intégrale et exceptions.- Les victimes ont le droit à la réparation intégrale du préjudice subi, mais ce principe connaît un certain nombre d'exceptions.

I – Principe de réparation intégrale

1498.- Droit de la victime à l'entière réparation du préjudice.- Comme le juge civil, le juge administratif doit « faire du dommage une évaluation telle qu'elle assure à la victime l'entière réparation du préjudice » (CE, 21 mars 1947, requête numéro 80338, Aubry : Rec. p. 123 ; D. 1947, jurispr. p. 225, note PLJ ; JCP G 1947, II, comm. 3864 ; S. 1947, III, p. 65, note DP ; RDP 1947, p. 198, note Jèze).

Exemples :
- CE, 24 novembre 2004, requête numéro 247080, X. : la circonstance qu'un patient se trouve placé dans un état végétatif chronique, ne conduit, par elle-même, à exclure aucun chef d'indemnisation ni ne fait obstacle à ce que le préjudice subi par la victime soit réparé en tous ses éléments.
- CE, 6 avril 2007, requête numéro 280494, Bernardet (AJDA 2008, p. 419, note Landais): en décidant qu'une personne hospitalisée d'office ne pouvait émettre des courriers qu'à la condition qu'ils soient adressés à leurs destinataires par l'intermédiaire d'un avocat, un centre hospitalier spécialisé a illégalement restreint le droit de l'intéressé d'émettre des courriers. Son correspondant est donc fondé à demander réparation du préjudice moral que lui a causé la limitation apportée par l'administration au droit de l'intéressé de correspondre avec lui.

- CE Sect., 3 décembre 2018, requête numéro 412010, Bermond : AJDA 2019, p. 279, chron. Faure et Malverti ; AJDA 2019, p. 897, trib. Jacquemet-Gauché ; Dr. adm. 2019, comm. 17, note Fort ; JCP A 2018, act. 913, obs. Friedrich) : les conditions de détention s'apprécient au regard de l'espace de vie individuel réservé aux personnes détenues, de la promiscuité engendrée, le cas échéant, par la sur-occupation des cellules, du respect de l'intimité à laquelle peut prétendre tout détenu, dans les limites inhérentes à la détention, de la configuration des locaux, de l'accès à la lumière, de l'hygiène et de la qualité des installations sanitaires et de chauffage. Seules des conditions de détention qui porteraient atteinte à la dignité humaine, appréciées à l'aune de ces critères et des dispositions du Code de procédure pénale, révèlent l'existence d'une faute de nature à engager la responsabilité de la puissance publique. Une telle atteinte, si elle est caractérisée, est de nature à engendrer, par elle-même, un préjudice moral pour la personne qui en est la victime qu'il incombe à l'Etat de réparer. A conditions de détention constantes, le seul écoulement du temps aggrave l'intensité du préjudice subi.

1499.- L'administration ne saurait être condamnée à une somme qu'elle ne doit pas.- En revanche, la réparation ne saurait excéder le montant du préjudice. En effet, une personne morale de droit public ne peut jamais être condamnée pour une somme qu'elle ne doit pas. Cette interdiction est d'ordre public et elle doit être soulevée d'office par la juridiction à laquelle une telle condamnation est demandée (CE Sect., 19 mars 1971, requête numéro 79962, Mergui : Rec. p. 235, concl. Rougevin-Baville ; AJDA 1971, p. 274 ; chron. Labetoulle et Cabanes).

Exemple :
- CAA Lyon, 18 janvier 2000, requête numéro 95LY01329, Chouag : la cour estime que le tribunal administratif dont le jugement est attaqué n'a pas mal interprété les conclusions de l'expert, en décidant qu'aucun préjudice n'était imputable à l'administration du fait d'une erreur de plâtrage d'un enfant d'un an et demi. Le juge administratif ne pouvant pas condamner une personne publique à payer une somme qu'elle ne doit pas, la circonstance que devant les premiers juges, l'administration a proposé une indemnisation est sans incidence sur le bien-fondé de la solution retenue par le tribunal administratif.

1500.- La question des doubles indemnisations.- Dans le même ordre d'idées, la victime ne saurait obtenir une réparation excessive. Ainsi, il appartient au juge saisi d'éviter les doubles indemnisations qui peuvent résulter de la dualité des ordres de juridiction.

Exemple :
- CE, 28 juillet 1999, requête numéro 179656, requête numéro 190500, Fonds d'indemnisation des transfusés et hémophiles : lorsque le juge condamne l'Etat à verser à la victime d'une contamination par le virus de l'immunodéficience acquise une indemnité assurant la réparation intégrale du préjudice résultant de sa contamination et que le fonds d'indemnisation des transfusés et hémophiles avait proposé à l'intéressé, qui avait accepté cette offre, une indemnité comprenant une somme devant lui être versée en cas d'apparition du syndrome de l'immunodéficience acquise, il y a lieu de subroger l'Etat dans les droits éventuels de l'intéressé à percevoir cette somme, sous

réserve de l'exercice par le fonds de l'action subrogatoire prévue par l'article 47-IX de la loi n° 91-1406 du 31 décembre 1991.

1501.- Principe de réparation intégrale et demande de la victime.- Le principe de réparation intégrale doit enfin être combiné avec la règle qui veut que la demande de la victime constitue la limite maximum de ce que peuvent accorder les juges. Cependant, les juges ont la possibilité, eu égard aux circonstances de l'espèce, d'accorder une somme inférieure que celle que l'administration s'était déclarée disposer à verser au requérant (CE, 29 novembre 2004, requête numéro 242384, Tibère : AJDA 2005, p.399). Tel est le cas, en particulier, lorsque les juges considèrent que la somme proposée est supérieure au montant du dommage, en application du principe d'ordre public selon lequel « les personnes morales de droit public ne peuvent jamais être condamnées à payer une somme qu'elles ne doivent pas » (CE Sect., 19 mars 1971, requête numéro 79962, Mergui, préc.).

1502.- Cas particulier de l'agent irrégulièrement évincé.- Dans le même ordre d'idées, un agent irrégulièrement évincé ne peut prétendre aux traitements non perçus durant la période où il a été écarté du service, ce qui s'explique par l'absence de service fait. Il peut seulement réclamer une indemnité en réparation du préjudice occasionné par la faute commise par l'administration du fait de cette illégalité fautive (CE, 7 avril 1933, requête numéro 04711, Deberles : Rec. p.439). La jurisprudence Deberles a toutefois subi une évolution récente, le Conseil d'Etat admettant désormais que l'indemnité doit prendre en compte, non seulement le traitement et ses accessoires, mais également, dès lors que l'intéressé a été privé d'une chance sérieuse de les obtenir, les primes et indemnités autres que celles qui, « eu égard à leur nature, à leur objet et aux conditions dans lesquelles elles sont versées, sont seulement destinées à compenser des frais, charges ou contraintes liés à l'exercice effectif des fonctions » (CE sect., 6 décembre 2013, requête numéro 365155, Commune d'Ajaccio : AJDA 2013, p. 2463, obs. Pastor ; AJDA 2014, p. 219, chron. Bretonneau et Lessi ; Dr. adm. 2014, comm. 27, note Eveillard ; RFDA 2014, p. 276, concl. Dacosta). En revanche, l'indemnité n'est pas due, faute de lien de causalité, dans les cas où l'annulation d'une décision de révocation a été prononcée pour des motifs de légalité externe, dès lors que l'agent a commis des fautes dont la gravité était suffisante pour justifier son éviction définitive du service (CE, 5 octobre 2016, requête numéro 380783, Leleu.- V. également CE, 28 mars 2018, requête numéro 398851, M. B...A...).

II – Exceptions au principe de réparation intégrale

1503.- Limitation par le législateur ou par des principes jurisprudentiels.- Le principe de réparation intégrale du préjudice est écarté lorsque le droit à réparation est limité par le législateur ou par des principes jurisprudentiels.

Ainsi, l'article L. 160-5 du Code de l'urbanisme prévoit que les servitudes d'urbanisme n'ouvrent droit à aucune indemnité, sauf « s'il résulte de ces servitudes une atteinte à des droits acquis ou une modification à l'état antérieur des lieux déterminant un dommage direct, matériel et certain ». Le Conseil d'Etat considère que ces dispositions sont conformes aux stipulations de l'article 1er du protocole n°1 de la Convention européenne des droits de l'homme qui laisse au législateur « une marge d'appréciation étendue, en particulier pour mener une politique d'urbanisme » (CE, 3 juillet 1998, requête numéro 158592, Bitouzet : Rec. p. 288, concl. Abraham ; AJDA 1998, p. 639, chron. Raynaud et Fombeur ; CJEG 1998, p. 441, concl. Abraham ; RFDA 1998, p. 1243, concl. Abraham ; RFDA 1999, p. 841, obs. de Béchillon). L'article L. 160-5 du Code de l'urbanisme est bien conforme à ces stipulations dès lors qu'elles prévoient une indemnisation dans le cas où le propriétaire dont le bien est frappé d'une servitude supporte « une charge spéciale et exorbitante, hors de proportion avec l'objectif d'intérêt général poursuivi ». Toutefois, dans la pratique, il est très rare que des servitudes d'urbanisme donnent lieu à réparation en application de ces dispositions. De fait, il a fallu attendre l'arrêt du Conseil d'Etat du 29 juin 2016 Société Château-Barrault pour voir l'administration condamnée en application de cette jurisprudence (requête numéro 375020 : Rec. tables, p. 937 ; RD imm. 2016, p. 559, note Soler-Couteaux ; RFDA 2017, p. 768, chron. Dupré de Boulois).

Doit également être mentionnée la règle qui voulait qu'un agent public, victime d'un accident en service ou d'une maladie professionnelle, ne possède d'autres droits à l'encontre de l'Etat que ceux qui découlent de son statut et de la législation sur les pensions (CE Sect., 16 octobre 1981, requête numéro 24977, requête numéro 00161, René Guillaume et Germanaud : AJDA 1982, p. 43, concl. Dutheillet de Lamothe ; Rec. p. 370). Cette règle du forfait de pension avait été dégagée par la jurisprudence (CE, 12 janvier 1906, Paillotin : Rec. p. 36 ; D. 1906, III, p. 81). Cependant, cette règle ne s'applique plus en principe, en l'état actuel de la jurisprudence, que pour les atteintes à l'intégrité physique couvertes par la rente d'invalidité. En revanche, les souffrances physiques et morales ainsi que les préjudices esthétiques ou d'agrément, qui ne sont pas couverts par le forfait de pension, peuvent être réparés à l'issue d'une action en indemnité même en l'absence de faute (CE, 4 juillet 2003, requête numéro 211106, Moya-Caville : Rec. p. 323 ; RFDA 2003, p. 990, concl. Chauvaux, et p. 1001, note Bon ; AJDA 2003, p. 1598, chron. Donnat et Casas ; Resp. civ. et assur. 2003, comm. 17, note Guettier.- V. dans le même sens : CE, 21 mai 2008, requête numéro 276357, Valois). Qui plus est, en cas de faute de l'administration ou de mauvais entretien d'un ouvrage public, la règle du forfait de pension est écartée et l'agent peut donc obtenir du juge la réparation de l'intégralité du préjudice subi. Il est à noter, enfin, que le Conseil d'Etat fait bénéficier de cette jurisprudence les agents titulaires d'une allocation temporaire d'invalidité (CE, 25 juin 2008, requête numéro 286910, Baron : Rec. tables, p.922 ; AJDA 2008, p. 1776, concl. Thiellay).

§II – Titulaires du droit à réparation

1504.- Victimes immédiates.- Les victimes immédiates du fait dommageable disposent d'un droit à réparation, mais elles ne sont pas les seules.

1505.- Victimes par ricochet.- En effet, ce droit est étendu aux victimes par ricochet lesquelles, du fait du préjudice occasionné à la victime immédiate, subissent un préjudice spécifique, ce qui peut parfois susciter des difficultés.

Exemples :
- CE, 27 juin 2005, requête numéro 261574, Consorts Rougier (AJDA 2005, p. 2301, concl. Chauvaux ; JCP A 2005, comm. 108) : la perte, pour les enfants d'une patiente victime d'un accident médical, de la possibilité d'avoir des frères et des sœurs ne constitue pas un préjudice indemnisable.
- CE Sect., 3 juin 2019, requête numéro 414098, Fougère-Derouet et Miez (AJDA 2019, p. 1578, chron. Malverti et Beaufils ; Dr. adm. 2019, comm. 44, note Eveillard ; Dr. famille 2019, repère 9, obs. M. Nicod ; JCP A 2019, act. 409, obs. Touzeil-Divina ; Resp. civ. et assur. 2019, comm. 254, note Bloch ; RDSS 2019, p. 888, note Cristol) : en prévoyant l'indemnisation au titre de la solidarité nationale des ayants droit d'une personne décédée en raison d'un accident médical, d'une affection iatrogène ou d'une infection nosocomiale, le 1er alinéa du II de l'article L. 1142-1 du Code de la santé publique ouvre un droit à réparation aux proches de la victime, qu'ils aient ou non la qualité d'héritiers, qui entretenaient avec elle des liens étroits, dès lors qu'ils subissent du fait de son décès un préjudice direct et certain. Par ailleurs, lorsque la victime a subi avant son décès, en raison de l'accident médical, de l'affection iatrogène ou de l'infection nosocomiale, des préjudices pour lesquels elle n'a pas bénéficié d'une indemnisation, les droits qu'elle tirait des dispositions précitées sont transmis à ses héritiers en application des règles du droit successoral résultant du Code civil. En l'espèce, depuis leur divorce prononcé en 2006, les parents de la victime en assuraient la garde alternée. Leurs nouveaux conjoints respectifs ont noué des liens affectifs étroits avec l'adolescente et ont été très présents à ses côtés suite à un accident dont elle a été victime, ce qui fonde leur demande de réparation du préjudice moral subi par eux.

1506.- Transmission du droit à réparation.- La transmission aux ayants droits du droit à réparation de la victime immédiate, comme celui de la victime par ricochet, est également admise. Sur cette question, cependant, une distinction a longtemps été opérée entre les dommages causés aux biens et les dommages causés aux personnes.

S'agissant des dommages causés aux biens, le principe retenu était que l'héritier à titre gratuit dispose de plein droit de la créance, alors qu'en cas de transmission à titre onéreux, il était nécessaire que le contrat contienne des stipulations expresses le précisant.

S'agissant maintenant des dommages causés aux personnes, les juges considéraient que si les préjudices matériels étaient transférés dans le patrimoine des ayants droit, les préjudices personnels subis par la personne décédée – notamment le pretium doloris et le pretium affectionis – n'étaient pas transmissibles. Cette solution a toutefois été abandonnée par le Conseil d'Etat à l'occasion de son arrêt de Section du 29 mars 2000, Assistance publique - Hôpitaux de Paris c. Consorts Jacquié (requête numéro 195662 : Rec. p.147, concl. Chauvaux ; JCP G 2000, II, comm. 10360, note Derrien ; RFDA 2000, p. 850, concl. Chauvaux ; D. 2000, jurispr. p. 563, note Bourrel ; D. 2000, inf. rap. p. 131 ; JCP G 2000, II, comm. 10360, note Derrien ; JCP G 2000, IV, comm. 2123, obs. Rouault ; Dr. adm. 2000, comm. 122, note Esper ; RRJ 2001, p. 2133, note Laucci ; LPA 22 septembre 2000, n° 190, p. 13, note Fouletier).

Une solution identique a été appliquée dans une affaire où il a été jugé que la réparation du préjudice subi du fait de la durée excessive de jugement, qui constitue un préjudice moral, se transmet aux héritiers d'une personne décédée (CE, 19 juin 2006, requête numéro 286459, Loupias et a. : JCP A 2006, act. 573, obs. Rouault ; Procédures 2006, comm. 93, note Deygas). De même est transmissible la réparation de la douleur morale subie du fait de la conscience d'une espérance de vie réduite (CE, 24 octobre 2008, requête numéro 301851, Pietri : JCP A 2009, comm. 2168, note Deygas). Il a été récemment jugé que les ayants droit d'un bénéficiaire du droit au logement opposable peuvent demander réparation des préjudices subis par lui, en cas de décès de celui-ci qui serait imputable à la carence fautive de l'Etat dans l'attribution effective d'un logement adapté (CE, 31 décembre 2019, requête numéro 432867 : JCPA 2020, comm. 2260, note Harada).

Relevons enfin que lorsque la victime a engagé une action en réparation avant son décès ou lorsque ses héritiers ont ultérieurement eux-mêmes engagé une telle action, ces derniers doivent être regardés comme des « personnes concernées » au sens des articles 2 et 39 de la loi n°78-17 du 6 janvier 1978 pour l'exercice de leur droit d'accès aux données à caractère personnel concernant le défunt « dans la mesure nécessaire à l'établissement du préjudice que ce dernier a subi en vue de sa réparation et pour les seuls besoins de l'instance engagée » (CE, 7 juin 2017, requête numéro 399446, M. A...B...).

§III – Caractères du préjudice

1507.- La nomenclature Dintilhac ne s'impose pas au juge administratif.- L'appréhension du préjudice est différente selon que le juge compétent est le juge administratif ou le bien le juge judiciaire. S'agissant des dommages corporels, le juge judiciaire se réfère ainsi à la nomenclature Dintilhac de 2005 qui répertorie l'ensemble de postes de préjudice indemnisables à la fois pour les victimes directes et indirectes.

Le juge administratif, en revanche, ne se réfère pas, en principe, à cette nomenclature - qui n'est à l'heure actuelle rendue obligatoire par aucun texte - mais à celle résultant de sa jurisprudence antérieure (CE Sect., avis, 4 juin 2007, requête numéro 303422, requête numéro 303422, requête numéro 304214, Lagier et Guignon : Rec. p. 228 ; AJDA 2007, p. 1800, chron. Boucher et Bourgeois-Machureau ; JCP E 2007, comm. 1897, étude Guettier ; RDSS 2007, p. 680, concl.

Derepas ; RTD civ. 2007, p. 577, obs. Jourdain). La nomenclature retenue par le juge administratif est plus simple, dès lors qu'elle est ventilée autour de 6 postes contre 29 pour la jurisprudence Dintilhac. En revanche, elle conduit à une appréciation moins précise des préjudices subis par les victimes.

1508.- Le juge administratif peut se référér à la nomenclature Dintilhac.- Toutefois, la possibilité pour le juge administratif de se référer à la nomenclature Dintilhac pour l'évaluation des préjudices corporels a finalement été admise par le Conseil d'Etat (CE, 7 octobre 2013, requête numéro 337851, Ministre de la Défense c/ Hamblin : AJDA 2014, p. 295, note Leleu ; JCP A 2014, comm. 2212, note Logéat. – CE, 16 décembre 2013, requête numéro 346575, De Moraes : AJDA 2014, p. 524, note Lambolez ; RFDA 2014, p. 317, note Lantero. – CE, 28 mai 2014, requête numéro 351237, AP-HP c/ Consorts Ancey). Dans le projet de réforme de la responsabilité civile, présenté en mars 2017, le ministère de la justice envisageait même d'aller plus loin en consacrant l'existence d'une nomenclature unique des préjudices résultant d'un dommage corporel.

Au regard de la jurisprudence administrative, ne sont réparés que les préjudices qui présentent un caractère certain et qui sont réparables.

I – Caractère certain

1509.- Préjudice dont l'existence est établie.- Le préjudice présente un caractère certain dès lors que son existence est établie.

Exemples :
- CAA Bordeaux, 29 avril 2003, requête numéro 99BX00949, Laffite : si la requérante soutient que son époux décédé lors d'un accident d'hélicoptère effectuait épisodiquement des vols rémunérés en tant que pilote, elle n'apporte aucune précision sur la fréquence de réalisation de cette activité au cours des années précédant l'accident, laquelle ne peut dès lors être regardée comme constituant une source de revenus certaine et régulière.
- CAA Douai, 6 décembre 2005, requête numéro 04DA00376, Tellier (AJDA 2006, p. 443, concl. Le Goff ; Resp. civ. et ass. 2006, comm. 246, note Guettier ; JCPA 2006, comm. 1095, chron. Mesmin ; Dict. perm. bioéthique, bull. n° 156, p. 6525) : le service public hospitalier est responsable, même en l'absence de faute de sa part, des conséquences dommageables pour les usagers du fonctionnement défectueux d'une bonbonne d'azote liquide contenant des embryons congelés. Cependant, le couple qui avait déposé ces embryons n'obtient pas réparation, faute d'établir l'existence d'un préjudice, ce couple n'ayant pas de nouveau projet parental.

Dans un arrêt récent, le Conseil d'Etat a considéré que la reconnaissance du caractère indemnisable d'un préjudice n'est pas subordonnée à l'avance préalable, par la victime, des frais correspondant à la réparation des dommages en cause (CE, 31 mars 2014, requête numéro 360603, X.).

Par ailleurs, il n'est pas nécessaire que le préjudice présente un caractère actuel, un préjudice futur pouvant également être réparé, à condition qu'il présente un degré suffisant de certitude.

Exemple :
- CE, 24 juillet 2019, requête numéro 408624 (JCP G 2019, comm. 1028, note Guettier) : lorsque la victime se trouve, du fait d'un accident corporel survenu dans son jeune âge, privée de toute possibilité d'exercer un jour une activité professionnelle, la seule circonstance qu'il soit impossible de déterminer le parcours professionnel qu'elle aurait suivi ne fait pas obstacle à ce que soit réparé le préjudice, qui doit être regardé comme présentant un caractère certain, résultant pour elle de la perte des revenus qu'une activité professionnelle lui aurait procurés et de la pension de retraite consécutive.

1510.- Préjudice éventuel.- En revanche, le préjudice dont la réalisation n'est qu'une éventualité n'ouvre pas le droit à réparation.

Exemple :
- CAA Paris, 19 juillet 1994, requête numéro 92PA00365, requête numéro 92PA00380, Ministre de la Santé et de l'Action humanitaire : doit être rejetée la demande d'une caisse primaire d'assurance maladie tendant à ce que l'Etat soit condamné à lui rembourser le capital représentatif de frais médicaux et pharmaceutiques futurs qu'elle sera appelée à verser à une personne contaminée par le virus de l'immunodéficience humaine. En effet, ces frais, en raison de la nature même de la maladie, ne sauraient présenter un caractère certain.

1511.- Perte de chance.- Au titre du préjudice futur, le juge administratif accepte de réparer la perte de chance subie par la victime. Cette jurisprudence est d'abord apparue dans le droit de la fonction publique à l'occasion d'un arrêt de Section Bacon du 3 août 1928 (Rec., p.1035).

La perte de chance est fréquemment invoquée par les candidats non reçus à un examen ou à un concours, dans l'hypothèse où cet examen ou ce concours ont été préalablement annulés par le juge en raison de leur irrégularité.

Exemple :
- CE, 6 novembre 2000, requête numéro 189398, Gregory : le Conseil d'Etat annule un concours d'admission à l'école nationale supérieure en raison de l'irrégularité du déroulement de l'épreuve orale d'admission de biologie-biochimie tenant, principalement, au défaut d'impartialité de l'examinateur. Le requérant, classé sixième après les épreuves d'admission du concours, alors que quatre places étaient à pourvoir et que l'épreuve orale de biologie-biochimie était affectée d'un fort coefficient, a été privé d'une chance sérieuse de réussite à ce concours.

Cette jurisprudence s'est également développée dans le domaine de la responsabilité hospitalière, avec les notions de perte de chance de survie ou de guérison, ou encore avec la perte de chance de se soustraire au risque présenté par une intervention chirurgicale.

Exemple :
- CAA Nancy, 15 février 2007, requête numéro 06NC00010, Kremer : la Cour répare le préjudice résultant de la perte de chance de se soustraire à un risque dont la requérante n'a pas été informée et qui s'est réalisé après une opération, pour le traitement d'une fistule recto-vaginale basse.

S'agissant de la dernière hypothèse visée, le Conseil d'Etat considère désormais, qu'indépendamment de la perte d'une chance de refuser l'intervention, le manquement des médecins à leur obligation d'informer le patient des risques encourus ouvre pour l'intéressé, lorsque ces risques se réalisent, le droit d'obtenir réparation des troubles qu'il a pu subir du fait qu'il n'a pas pu se préparer à cette éventualité, notamment en prenant certaines dispositions personnelles (CE, 10 octobre 2012, requête numéro 350426, Beaupère, Lemaitre : AJDA 2012, p. 2231, note Lantero ; JCP G 2012, comm. 1252, note Vialla ; RDSS 2013, p. 92, note Cristol).

Pour que la perte de chance soit réparée, elle doit être réelle, ce qui signifie que le préjudice doit être suffisamment certain, et non pas seulement hypothétique.

Exemples :
- CAA Paris, 15 février 2007, requête numéro 04PA02103, N'gambi N'gambi : l'expulsion du requérant d'une salle d'examen ne l'a pas privé d'une chance sérieuse de réussir l'examen litigieux compte tenu du niveau de ses notes lors de la session de juin ainsi qu'aux deux premières épreuves de la session de septembre, et du caractère très improbable de l'obtention de résultats suffisants lors des deux dernières épreuves. Par suite, l'intéressé ne peut pas plus se prévaloir de la perte d'une chance sérieuse de trouver un emploi d'agent de maîtrise faute d'obtention de sa licence.
- CAA Paris, 19 mars 2008, requête numéro 06PA02185, Ledoux : une personne qui a été exposée au nuage radioactif résultant de l'explosion de la centrale nucléaire de Tchernobyl ne peut utilement engager la responsabilité de l'Etat français pour insuffisance d'information sur la réalité de la situation dès lors qu'elle n'établit pas, d'une part, que le cancer dont elle est atteinte résulte directement des retombées radioactives provenant de l'explosion, et que, d'autre part, l'Etat a commis une faute l'ayant privé d'une chance sérieuse d'échapper à ladite affection.

1512.- Calcul de l'indemnité en cas de perte de chance.- Lorsqu'il répare une perte de chance, la question se pose de savoir si le juge doit proportionner la réparation au coefficient de chances qu'avait la victime et qu'elle a perdu ou s'il doit réparer la réalisation de la situation défavorable ou l'absence de situation favorable en résultant. De fait, la perte de chance est elle-même affectée d'un aléa : en matière hospitalière, par exemple, il n'est jamais sûr que l'application d'un traitement approprié aurait permis d'éviter le dommage. D'une façon générale, cependant, si la chance perdue est suffisamment sérieuse le juge réparera l'intégralité des conséquences de la situation dommageable qui résulte de cette perte. C'est cette solution qui s'applique à la plupart des hypothèses précédemment décrites.

Toutefois, cette solution connaît deux exceptions en matière de responsabilité hospitalière.

C'est le cas, tout d'abord, lorsque la perte de chances résulte d'un défaut d'information du patient sur les risques encourus (CE Sect., 5 janvier 2000, requête numéro 181899, Consorts Telle : Rec. p. 5, concl. Chauvaux ; AJDA 2000, p. 137, chron. Guyomar et Collin ; Dr. adm. 2000, repère 1, note Auby ; Dr. adm. 2000, comm. 46, note Esper ; JCP G 2000, I, comm. 251, chron. Boiteau ; JCP G 2000, II, comm. 10271, note Moreau ; RDP 2001, p. 412, chron. Guettier ; RDSS 2000, p. 357, note Dubouis ; RFDA 2000, p. 641, concl. Chauvaux et p. 654, note Bon).

Exemple :
- CE Ass., 19 mai 2004, requête numéro 216039, requête numéro 216040, Caisse régionale d'assurance maladie d'Ile-de-France et Caisse primaire d'assurance maladie du Val-de-Marne c. Truszkowski (Rec. p. 228 ; JCP G 2004, IV, comm. 2862, obs. Rouault ; JCP A 2004, comm. 1781, note Guettier et 1807, note Moquet-Anger ; AJDA 2004, p. 1361, chron. Landais et Lénica) : la faute commise par les praticiens qui ont omis d'informer un patient des risques de décès ou d'invalidité encourus à raison d'un acte médical n'entraîne pour ce patient que la perte de chance de se soustraire au risque qui s'est réalisé. La réparation du dommage résultant de cette perte doit donc être fixée en fonction des différents chefs de préjudice en rapprochant, d'une part, les risques inhérents à l'acte médical et, d'autre part, les risques encourus en cas de renonciation à cet acte.

Concernant cette obligation d'information, le Conseil d'Etat a précisé que si le législateur l'a limitée aux risques fréquents ou graves normalement prévisibles (Code de la santé publique, art. L. 1111-2), elle s'étend aux risques exceptionnels (CE, 10 octobre 2012, requête numéro 350426, Beaupère et a. : Rec. p. 357 ; JCP G 2013, doctr. 158, n° 4, obs. Eveillard), à condition toutefois qu'ils présentent le caractère de risques graves (CE, 19 octobre 2016, requête numéro 391538, Centre hospitalier d'Issoire et a. : Rec. p. 435 ; Resp. civ. assur. 2016, comm. 347, note Bloch). En outre, si à l'origine la réparation de la perte de chance était exclue lorsque l'acte médical en cause était nécessaire (CE Sect., 5 janvier 2000, requête numéro 181899, Consorts Telle, préc.) elle ne l'est plus que dans le seul cas où l'intervention était impérativement requise (CE, 10 octobre 2012, requête numéro 350426, Beaupère et a., préc.). Pour apprécier si l'intervention est impérative le juge doit prendre en compte « l'état de santé du patient et son évolution prévisible en l'absence de réalisation de l'acte, des alternatives thérapeutiques qui pouvaient lui être proposées ainsi que de tous autres éléments de nature à révéler le choix qu'il aurait fait, qu'informé de la nature et de l'importance de ce risque, il aurait consenti à l'acte en question » (CE Sect., 20 novembre 2020, requête numéro 419778 , Valquin : AJDA 2020, p. 2494, chron. Malverti et Beaufils ; JCP A 2020, act. 682, obs. Touzeil-Divina; Resp. civ. assur. 2021, comm. 34, note Bloch).

La seconde exception à la réparation de l'intégralité des conséquences de la situation dommageable qui résulte de la perte de chance concerne, ensuite, celle qui résulte d'un retard dans le diagnostic ou les soins (CE Sect., 21 décembre 2007,

Centre hospitalier de la Vienne (requête numéro 289328 : AJDA 2008, p. 135, chron. Boucher et Bourgeois-Machureau.- V. également CE, 21 mars 2008, requête numéro 266154, Centre hospitalier universitaire de Bordeaux : JCP A 2008, comm. 2078, note Paillard.- CE, 3 avril 2009, requête numéro 306777, Hospices civils de Lyon.- CAA Marseille, 21 décembre 2012, requête numéro 10MA02198, Centre hospitalier universitaire de Montpellier).

Enfin, il faut relever que, dans toutes ces hypothèses, l'appréciation de la perte de chance est difficile à réaliser.

Exemple :
- TA Marseille, 12 février 1982, Centre hospitalier de Marseille c. Perthuis (RHF 1982, p. 744) : la victime d'une paralysie d'un nerf se retrouve atteinte d'une incapacité permanente de 40% alors que pour le même type d'affection ce taux est normalement de 30%. Il convenait donc de déterminer dans quelle mesure cet écart de 10 points était dû au retard dans la mise en œuvre d'un traitement efficace.

II – Caractère réparable

1513.- Pretium doloris.- Tous les préjudices invoqués par la victime ou ses ayants droit ne donnent pas lieu à indemnisation.

Le Conseil d'Etat a ainsi longtemps rejeté la réparation du pretium doloris, c'est-à-dire du préjudice résultant de souffrances morales et physiques, ce qui se justifiait implicitement par le fait que, selon l'adage, « les larmes ne se monnayent pas ».

Cette jurisprudence extrêmement critiquée a toutefois été abandonnée à l'occasion de l'arrêt d'Assemblée du 24 novembre 1961, Letisserand (Rec. p.661 ; D. 1962, p.34, concl. Heumann ; RDP 1962, p. 330, note Waline ; S. 1962, p. 82, concl. Vignes).

1514.- Préjudice d'inquiétude.- Le Conseil d'Etat va même jusqu'à admettre dans sa jurisprudence récente la réparation du préjudice d'inquiétude pour un patient contaminé par le virus de l'hépatite C (CE, 27 mai 2015, requête numéro 371697, Cogez : Rec. tables, p. 835 ; AJDA 2015, p. 2340, note Pouillaude). Les conditions de réparation de ce préjudice ont été précisées dans une autre affaire concernant les victimes du Mediator dans laquelle les juges se réfèrent expressément à un préjudice « d'anxiété ». Le Conseil d'Etat exige ici que le requérant justifie « personnellement de l'existence d'un préjudice direct et certain lié à la crainte de développer une pathologie grave après la prise de Mediator ». Il doit donc être en mesure de faire état d'éléments personnels et circonstanciés pertinents permettant de justifier le préjudice qu'il invoque. Le fait que le requérant se prévaut « des données générales relatives au risque de développement d'une hypertension artérielle pulmonaire et du retentissement médiatique » ne suffit pas à établir ce préjudice (CE, 9 novembre 2016, requête numéro 393108, Mme A...B...- CE, 9 novembre 2016, requête numéro 393902, requête numéro 393926, Faure.- CE, 9 novembre 2016, requête numéro 393904, Georgel : AJDA 2017, p. 426, note Brimo ; Dr. adm. 2017, comm. 3, note Lantero ; JCP G 2017, comm. 58, note

Rotoullié ; Resp. civ et assur. 2017, étude 1, Bloch ; JCP G 2016, comm. 1251). Il semble donc, compte tenu de ces restrictions, que la réparation de ce préjudice doive généralement être écartée par le juge. Cela n'a toutefois pas empêché le Conseil d'Etat de réparer l'anxiété au titre du préjudice moral dans plusieurs décisions récentes.

Exemple :
- CE, 3 mars 2017, requête numéro 401395, Ministre de la Défense (Rec. p. 81 ; Dr. adm. 2017, alerte 74 ; JCP A 2017, act. 190) : les travailleurs des directions des constructions navales ayant été exposés à l'amiante ont bénéficié d'un dispositif spécifique de cessation anticipée d'activité. Les dispositions législatives et réglementaires relatives à l'allocation spécifique de cessation anticipée d'activité visent à tenir compte, pour les personnes qui remplissent à titre individuel des conditions de temps, de lieu et d'activité limitativement définies, du risque élevé de baisse d'espérance de vie du fait de leur exposition effective à l'amiante. Par conséquent, dès lors qu'un ouvrier d'Etat ayant exercé dans la construction navale a été intégré dans ce dispositif, compte tenu d'éléments personnels et circonstanciés tenant à des conditions de temps, de lieu et d'activité, il peut être regardé comme justifiant l'existence de préjudices tenant à l'anxiété due au risque élevé de développer une pathologie grave, et par là-même d'une espérance de vie diminuée, à la suite de son exposition aux poussières d'amiante.
- CE, 20 décembre 2018, requête numéro 417457 : en matière de responsabilité hospitalière, le Conseil d'Etat juge qu'une cour administrative d'appel a souverainement relevé sans dénaturer les pièces du dossier qui lui étaient soumises la prise en charge inadéquate d'une patiente avait entraîné une augmentation notable du risque de récidive locale d'un cancer sans que ce risque ne se réalise. En évaluant à 3 000 euros le préjudice d'anxiété de la requérante en lien avec ce risque accru de récidive, la cour a également porté sur les faits de l'espèce une appréciation souveraine exempte de dénaturation.

1515.- Préjudice subi par le concubin de la victime directe. Dans un autre domaine, le Conseil d'Etat n'a admis la réparation du préjudice subi par une personne du fait du décès de son concubin qu'à l'occasion de l'arrêt d'Assemblée Müesser du 3 mars 1978 (requête numéro 94827 : Rec. p. 116 ; AJDA 1978, p. 210, chron. Nauwelaers et Dutheillet de Lamothe ; CJEG 1978, p.123, note Le Galcher-Baron ; JCP 1978, comm. 18986, concl. Dondoux).

1516- Situation illégitime de la victime.- Jusqu'alors, c'est parce que la situation de la concubine était jugée illégitime que la responsabilité de l'administration était écartée. Cette notion d'illégitimité continue d'ailleurs à être appliquée dans d'autres domaines, principalement dans les cas où la victime s'est elle-même placée dans une situation irrégulière. Tel est le cas, par exemple, pour des occupants irréguliers du domaine public victimes d'un dommage, dont l'administration avait mis fin, même irrégulièrement, à l'occupation (CE, 22 février 1961, requête numéro 46273, Société Honnorat : Rec. p. 140. – CE Sect., 20 juin 1980, requête numéro 04592, requête numéro 04872, requête numéro 15025, Commune d'Aix-les-Thermes : Rec. p. 281 ; AJDA 1980, p. 527, chron. Feffer et Pinault ; RDP 1980, p. 1726, concl. Rougevin-Baville). Cette solution a été récemment nuancée par le Conseil d'Etat, à l'occasion d'un arrêt Imbert du 30 janvier 2013 (requête numéro 339918 : Rec. p. 9 ; AJDA

2013, p. 792, chron. Domino et Bretonneau ; JCP A 2013, comm. 2259, note Pontier ; RJEP 2013, comm. 14, note Connil.- V. également CAA Lyon, 5 avril 2018, requête numéro 16LY03228, Société Pougues loisirs). Les juges considèrent que « la responsabilité de l'administration ne saurait être engagée pour la réparation des dommages qui ne trouvent pas leur cause dans l'illégalité mais découlent directement et exclusivement de la situation irrégulière dans laquelle la victime s'est elle-même placée ». En conséquence, dès lors que la situation irrégulière de la victime n'est pas « directement et exclusivement » la cause des dommages subis, la réparation du préjudice ne pourra plus être écartée. Tel est le cas dans l'affaire Imbert. Le préjudice résultant pour un éleveur de sangliers, de la destruction illégale de son cheptel sur ordre du préfet, est indemnisable, le fait qu'il exploitait son établissement sans autorisation ne pouvant constituer la cause directe et exclusive du préjudice subi.

En revanche, d'autres préjudices demeurent irréparables en raison de leur nature.

1517.- Préjudice moral des personnes expropriées.- Ainsi, notamment, l'article L. 321-1 du Code de l'expropriation exclut implicitement l'indemnisation du préjudice moral subi à l'occasion d'une procédure d'expropriation. Le Conseil constitutionnel a récemment considéré que ces dispositions sont conformes aux normes constitutionnelles protégeant le droit de propriété (CC, 21 janvier 2011, numéro 2010-87 QPC : Rec. CC, p. 72 ; AJCT 2011, p. 132 ; AJDA 2011, p. 447, note Hostiou ; D. 2011, p. 2127, chron. Forest). Posent également des difficultés la réparation des préjudices occasionnés par la naissance d'un enfant handicapé.

1518.- Préjudices liés à la naissance.- Une dernière difficulté concerne le préjudice de « wrongfull life » ce qui vise plus globalement les préjudices liés à la naissance.

A l'occasion du célèbre arrêt d'Assemblée plénière Perruche du 17 novembre 2000, la Cour de cassation avait admis qu'un enfant était fondé à engager la responsabilité d'un médecin pour être né gravement handicapé. Les juges considéraient, dans cette hypothèse, qu'une erreur de diagnostic prénatal de la maladie contractée par la mère au cours de la grossesse n'avait pas mis celle-ci en situation de décider librement de son interruption volontaire de grossesse. En d'autres termes, les juges admettaient qu'une personne pouvait obtenir réparation du seul fait d'être né (pourvoi numéro 99-13701 : Bull. civ. 2000, n° 9, p. 319 et p. 389 ; D. 2001, p. 332, note Mazeaud et note Jourdain ; D. 2001, somm. p. 2796, obs. Vasseur Lambry ; JCP G 2000, II, comm. 10438, rapp. Sargos., concl. Sainte-Rose, note Chabas ; Gaz. Pal. 2001, 37, rapp. Sargos, concl. Sainte-Rose, note Guigne ; Dr. famille 2001, comm. 11, note Murat ; Contrats conc. consom. 2001, comm. 39, note Leveneur ; RTD civ. 2001, p. 103, obs. Hauser ; Ibid p. 149, obs. Jourdain ; Ibid p. 226, obs. Libchaber).

Largement critiquée par la doctrine, cette position différait de celle du Conseil d'Etat, précisée notamment par l'arrêt de Section du 14 février 1997, Centre hospitalier de Nice c. Quarez (requête numéro 133238 : Rec. p. 44, concl. Pécresse ;

AJDA 1997, p. 430, chron. Chauvaux et Girardot ; D. 1999, somm. comm., p. 60, obs. Bon et de Béchillon ; Droit adm. 1997, comm. 146, obs. Esper ; JCP 1997, I, comm. 4025, obs. Viney ; JCP 1997, comm. 4072, obs. Petit ; JCP 1977, comm. 22928, note Moreau ; LPA 1997, n°64, p.5, note Alloiteau ; Quot. Jur. 1997, n°36, note Pellissier ; RDP 1997, p. 1139, note Auby et p. 1147, note Waline ; RDSS 1998, p. 94, note Mallol ; RFDA 1997, p. 374, concl. Pécresse, note Mathieu). Dans une affaire similaire à celle qui avait donné lieu à l'arrêt Perruche, le Conseil d'Etat avait accepté de réparer le préjudice subi par les parents du fait de la naissance. En revanche, il avait refusé de condamner l'établissement hospitalier du fait du préjudice subi par l'enfant.

S'agissant de cette question, la loi n°2002-303 du 4 mars 2002 relative aux droits des malades et à la qualité du système de santé a infirmé la solution retenue à l'occasion de l'arrêt Perruche. L'article 1er de la loi, codifié à l'article L. 114-5 du Code de l'action sociale et des familles, précise en effet que « nul ne peut se prévaloir d'un préjudice du seul fait de sa naissance ».

Cependant, la loi ne consacre pas entièrement la jurisprudence Quarez qui permettait aux parents de l'enfant d'obtenir réparation dans des hypothèses où « des circonstances ou une situation particulière (seraient) susceptibles d'être invoquées par l'intéressée ». Ainsi, dans l'arrêt Quarez, l'absence d'information des parents sur la fiabilité du test génétique pratiqué est à l'origine de la condamnation du centre hospitalier.

D'après la loi du 4 mars 2002, la réparation du préjudice subi par les parents d'un enfant né avec un handicap non décelé pendant la grossesse suppose désormais la preuve d'une « faute caractérisée », alors que la démonstration d'une faute simple était seulement requise selon la jurisprudence du Conseil d'Etat. Surtout, les parents ne peuvent plus demander qu'une indemnité au titre de leur seul préjudice, à l'exclusion des charges particulières découlant de ce handicap tout au long de la vie de l'enfant, celles-ci relevant de la solidarité nationale. Concrètement ce nouveau dispositif avait pour effet de réduire de façon drastique le montant des indemnités auxquelles pouvaient prétendre les parents.

En revanche, la cour administrative d'appel de Bordeaux a récemment jugé que les dispositions de l'article L. 114-5 du Code de l'action sociale et des familles n'avaient pas pour objet d'interdire l'indemnisation des préjudices moraux et des troubles dans leurs conditions d'existence subis par d'autres membres de la famille et notamment par la fratrie de l'enfant né handicapé (JCP A 2019, comm. 2352, note Sourzat).

L'application de ces dispositions « aux instances en cours, à l'exception de celles où il a été irrévocablement statué sur le principe de l'indemnisation » a fait l'objet d'un contentieux devant la Cour européenne des droits de l'homme. Le Conseil d'Etat a, dans un premier temps, estimé que la loi ne violait pas les stipulations de l'article 1er du premier Protocole additionnel de la Convention européenne des droits de l'homme selon lequel « toute personne physique ou morale a droit au respect de ses biens ». (CE Ass., avis, 2 décembre 2002, requête numéro 250167, Draon : Rec.

p. 423 ; AJDA 2003, p. 283, chron. Donnat et Casas ; JCP 2003, IV, comm. 2190, obs. Rouault et I, comm. 110, obs. Malaurie ; RFDA 2003, p. 339, note Petit ; JCP A 2003, comm. 1104), cette analyse étant également partagée par la Cour de cassation. Mais dans deux décisions du 6 octobre 2005 rendues en grande chambre, la Cour européenne des droits de l'homme a estimé que cette application de la loi aux instances en cours constituait une ingérence dans le droit au respect des biens contraire à l'article 1er du premier Protocole additionnel (CEDH, Gr. Ch., 6 octobre 2005, affaire numéro 11810/03, Draon c. France et affaire numéro 1513/03, Maurice c. France : JCP G 2006, I, comm. 109, chron. Sudre ; JCP G 2006, II, comm. 10061, note Zollinger : RTDH 2006, n° 67, p. 667, obs. Bellivier). La Cour de cassation (Cass. 1re civ., 24 janvier 2006, pourvoi numéro 02-12.260, CPAM Loir et Cher c. Société Le Sou médical et a. : Dr. famille 2006, comm. 104 ; JCP G 2006, II, comm. 10062, note Gouttenoire et Porchy-Simon) puis le Conseil d'Etat se sont ralliés à cette jurisprudence (CE, 24 février 2006, requête numéro 250704, Levenez : Rec. p. 83 ; JCP A 2006, comm. 1074, concl. Olson ; JCP G 2006, II, comm. 10062 ; AJDA 2006, p. 1272, note Hennette-Vauchez).

Par la suite, le Conseil constitutionnel a validé le dispositif légal anti-Perruche, exception faite des dispositions transitoires qu'il a déclaré anticonstitutionnelles (CC, 11 juin 2010, QPC numéro 2010-2, Viviane L. : AJDA 2010, p. 1178, note Brondel ; Rev. gén. droit médical 2010, p. 291, note Zollinger).

Cette décision n'était toutefois pas exempte d'ambigüités puisqu'elle semblait opérer une distinction selon la date de l'introduction de l'instance, ce qui a donné lieu à une divergence d'interprétation entre le Conseil d'Etat et la Cour de cassation. Pour le Conseil d'Etat, la décision du Conseil constitutionnel devait être comprise comme déclarant inconstitutionnelle la loi en cela qu'elle s'applique aux instances en cours (CE Ass., 13 mai 2011, requête numéro 329290, Lazare : Rec. p. 235 ; AJDA 2011, p. 1136, chron. Domino et Bretonneau ; JCP A 2011, comm. 2257, note Pacteau ; RDSS 2011, 749, note Cristol ; RFDA 2011, p. 772, concl. Thiellay et p. 806, note Verpeaux ; RTD civ. 2012, p. 71, note Deumier.- V. également CE, 31 mars 2014, requête numéro 345812, Centre hospitalier de Senlis : JCP G 2014, comm. 665, note Zollinger). Ainsi, la loi anti-Perruche devait s'appliquer à la « réparation de dommages dont le fait générateur (la naissance) était antérieur à la date d'entrée en vigueur de cette loi mais qui, à cette date, n'avaient pas encore donné lieu à une action indemnitaire ». Pour la Cour de cassation, en revanche, la déclaration d'inconstitutionnalité concerne l'application de la loi nouvelle aux instances en cours le jour de son entrée en vigueur. Ainsi, la loi ne s'applique pas, dans tous les cas de figure, aux naissances survenues avant son entrée en vigueur, alors même qu'une action en justice n'aurait été intentée qu'après l'entrée en vigueur de la loi du 4 mars 2002 (Cass. 1re civ., 15 décembre 2011, pourvoi numéro 10-27.473 : Bull. civ. 2011, I, n° 216 ; JCP G 2012, comm. 72, note Sargos ; Resp. civ. et assurances, comm. 72, note Radé ; RTD civ. 2012, p. 75, note Deumier).

§III – Modalités de réparation du préjudice

1519.- Règles de la décision préalable.- Le contentieux de la responsabilité n'échappe pas à la règle de la décision préalable qui s'applique désormais, rappelons-le, y compris dans le contentieux des dommages de travaux publics (CJA, art. R. 421-1), à défaut de quoi le recours serait frappé d'irrecevabilité.

1520.- Date d'évaluation de l'indemnité.- Par ailleurs, les juges ont longtemps considéré que l'indemnité devait être évaluée au jour du dommage (CE, 21 novembre 1941, SNCF : Rec. p. 199.- CE, 17 avril 1942, Servant : Rec. p. 129) ce qui a pu poser un certain nombre de difficultés durant les périodes d'inflation. Le Conseil d'Etat a donc fait évoluer les principes applicables en distinguant les dommages aux biens des dommages aux personnes.

Pour ce qui concerne les dommages aux biens, les biens sont évalués à la date où il était possible de procéder à leur réparation ou à leur reconstitution (CE Ass., 21 mars 1947, requête numéro 77529, Compagnie générale des eaux : Rec. p. 122.).

Exemple :
- CE, 17 juin 1985, requête numéro 42018, requête numéro 42313, requête numéro 47643, requête numéro 59450, Société Bouygues, Régie autonome des transports parisiens : dès lors que le préjudice était connu des sociétés requérantes dans toute son étendue et pouvait être évalué par elles dès la date du sinistre, le tribunal administratif a à bon droit évalué les indemnités dues en appliquant au montant non contesté du préjudice en dollars le taux de change du dollar contre des francs qui avait cours à la date du sinistre.

Pour ce qui concerne les dommages aux personnes, l'évaluation se fait au jour du jugement. Cependant, si la victime a volontairement retardé le jugement, en tardant à présenter sa demande d'indemnité ou en refusant systématiquement les propositions qui lui sont faites par l'administration, l'évaluation se fait à la date où la décision aurait dû normalement intervenir (CE, 21 mars 1947, requête numéro 80338, Aubry, préc.).

1521.- Rente ou capital.- L'indemnité peut être allouée sous forme de rente ou de capital. En général c'est toutefois le versement d'un capital qui est privilégié pour les dommages causés aux biens.

L'indemnité produit des intérêts qui sont fixés par les juges sur le fondement des articles 1153 et 1154 du Code civil. Le requérant a le droit à des intérêts moratoires sur le fondement de ces dispositions. Dans un arrêt Ribot du 16 janvier 1987 le Conseil d'Etat a ainsi précisé que « même en l'absence de demande tendant à l'allocation d'intérêts, tout jugement prononçant une condamnation à une indemnité fait courir les intérêts du jour de son prononcé jusqu'à son exécution au taux légal, puis … au taux majoré s'il n'est pas exécuté dans les deux mois de sa notification » (requête numéro 66309 : Rec. p. 9, concl. Roux ; AJDA 1987, p. 131 ; Rev. adm. mars-avr. 1987, n° 236, p. 145, note Terneyre ; Dr. adm. 1987, comm. 127). En cas de mauvaise volonté caractérisée de l'administration, le juge est également susceptible d'allouer, en sus des intérêts moratoires, des dommages intérêts compensatoires (CE, 2 mai 1962, Caucheteux et Desmat : Rec. p. 291 ; AJDA 1962, p. 458, obs. Galabert et Gentot ; RDP 1963, p. 279, note Waline).

1522.- Réparation en nature.- Si la réparation des préjudices subis donne en principe lieu au versement d'une indemnité, il n'en va pas toujours nécessairement ainsi.

Elle peut d'abord se faire, dans certaines rares hypothèses, en nature.

Exemple :
- TA Paris, 3 février 2021, requête numéro 1904967, requête numéro 1904968, requête numéro 1904972, requête numéro 1904976/4-1, Association Oxfam France et a. (JCP A 2021, comm. 2088, note Torre-Schaub et Bozo) : l'Etat est responsable d'une carence fautive créant un préjudice écologique pour la période 2015-2018 du fait du non respect de ses obligations en matière de lutte contre le réchauffement climatique. L'article 1249 du Code civil prévoit que la réparation du préjudice écologique, qui est un préjudice non personnel, s'effectue par priorité en nature et que ce n'est qu'en cas d'impossibilité ou d'insuffisance des mesures de réparation que le juge condamne la personne responsable à verser des dommages et intérêts au demandeur, ceux-ci étant affectés à la réparation de l'environnement.

1523.- Autres modalités.- Ensuite, de façon assez originale, le Conseil d'Etat a récemment admis des modalités de réparation du préjudice autres que financières. Il a ainsi considéré, à l'occasion d'un avis Hoffman de l'Assemblée du contentieux du 16 février 2009 (requête numéro 315499 : Rec. p. 43, concl. Lenica ; AJDA 2009, p. 589, chron. Liéber et Botteghi ; Dr. adm. 2009, comm. 60, note Melleray ; JCP A 2009, comm. 2139, note Markus ; RFDA 2009, p. 316, concl. Lenica ; RFDA 2009, p. 525, note Delaunay ; RFDA 2009, p. 536, note Roche) que « la réparation des souffrances exceptionnelles endurées par les personnes victimes des persécutions antisémites ne pouvait se borner à des mesures d'ordre financier ». Ces mesures « prises dans leur ensemble et bien qu'elles aient procédé d'une démarche très graduelle et reposé sur des bases largement forfaitaires, ces mesures, comparables, tant par leur nature que dans leur montant, à celles adoptées par les autres Etats européens dont les autorités ont commis de semblables agissements, doivent être regardées comme ayant permis, autant qu'il a été possible, l'indemnisation… des préjudices de toute nature causés par les actions de l'Etat qui ont concouru à la déportation ». Mais en dehors de cette réparation pécuniaire la souffrance exceptionnelle subie par les victimes « appelait la reconnaissance solennelle du préjudice collectivement subi par ces personnes, du rôle joué par l'Etat dans leur déportation ainsi que du souvenir que doivent à jamais laisser, dans la mémoire de la nation, leurs souffrances et celles de leurs familles ». Les juges considèrent que cette reconnaissance a été accomplie par un ensemble d'actes et d'initiatives des autorités publiques françaises, entre autres la déclaration du Président de la République du 16 juillet 1995 reconnaissant solennellement, la responsabilité de l'Etat au titre des préjudices exceptionnels causés par la déportation des personnes considérées comme juives. Il faut donc considérer que les victimes ont vu leur préjudice intégralement réparé. Cette approche restrictive des droits pécuniaires des ayants-droits des victimes a été validée par la Cour européenne des droits de l'homme dans sa décision du 24 novembre 2009, J.H. et a. c. France (affaire numéro 49637/09 : RDP 2010, p.667, note Martin).

Il faut noter, en revanche, que dans une affaire concernant la responsabilité de l'Etat du fait du traitement des harkis après la guerre d'Algérie, le Conseil d'Etat a considéré que le préjudice résultant de cette faute n'a pas été intégralement réparé par les mesures financières collectives mises en place ultérieurement par l'Etat ni par la reconnaissance solennelle, de la part de ce dernier, notamment par la loi n° 2005-158, en faveur des femmes et des hommes « qui ont participé à l'oeuvre accomplie par la France dans les anciens départements français d'Algérie … » (CE Sect., 3 octobre 2018, numéro 410611, Tamazount et a., préc.). Cette solution est très certainement justifiée par les difficultés qu'ont pu éprouver les harkis et leurs descendants dans leur insertion dans la société française.

Pour aller plus loin :

- **Chauvaux (D.)**, concl. sur CE, 4 juillet 2003, Moya-Caville : RFDA 2003, p. 990.

- **Defoort (B.)**, Le principe de réparation intégrale : Dr. adm. 2018, comm. 8.

- **Deguergue (M.)**, A propos de l'arrêt du Conseil d'Etat du 19 février 2003, Maurice, AP-HP, une faute caractérisée ouvre droit à réparation des préjudices propres subis par les parents d'un enfant handicapé : AJDA 2004, p.855.

- **Hennette-Vauchez (S.)**, note sur CE 24 février 2006, Levenez : AJDA 2006, p.1272.

- **Hourson (S.)**, L'indemnisation de la douleur morale : AJDA 2018, p. 2062.

- **Jacquemet-Gauché (A.)**, Responsabilité et préjudice : Dr. adm. 2018, comm. 2.

- **Moniolle (C.)**, Faut-il conserver la règle du forfait de pension en cas d'accident de service ? : AJDA 2002, p. 956.

- **Muscat (H.), Paillard (Ch.)**, Le préjudice d'anxiété dans la jurisprudence administrative : JCP A 2019, comm. 2171.

- **Pontier (J.-M.)**, La notion de réparation intégrale en droit administratif : AJDA 2019, p. 848.

- **Ravelet (A.)**, Le juge administratif et la loi anti-Perruche : Droit adm. 2004, 20.

Section II – Lien de causalité

1524.- Etablissement et rupture du lien de causalité.- Pour que l'administration soit déclarée responsable il est nécessaire que le préjudice se rattache à un fait qui lui est imputable, ce qui pose la question de l'appréhension du lien de causalité et celui de la rupture de ce lien.

§I – Appréhension du lien de causalité

1525.- Le choix de la théorie de la causalité adéquate.- Il existe deux principales approches du lien de causalité : la théorie de l'équivalence des conditions selon laquelle un événement est réputé causal lorsque le dommage n'aurait pu survenir sans lui, même si cette cause est lointaine ; la théorie de la causalité adéquate selon laquelle on ne peut mettre à la charge d'une personne que les conséquences normales et directes de ses actes.

La jurisprudence administrative privilégie la seconde approche (CE Sect., 14 octobre 1966, requête numéro 60783, Marais : Rec. p. 548 ; D. 1966, p. 636, concl. Galmot), qui présente toutefois l'inconvénient d'être très subjective.

Exemples :
- CE, 10 mai 1985, requête numéro 48517, Ramade (Rec. p. 147 ; AJDA 1985, p. 568, note L.R ; JCP G 1986, II, comm. 20603, note Crozafon) : il n'existe pas de lien de causalité entre la faute à l'origine de l'évasion d'un détenu et les meurtres commis par celui-ci 48 jours après.
- CE Sect., 29 avril 1987, requête numéro 61015, Banque populaire de la région économique de Strasbourg (Rec. p. 58 ; AJDA 1987, p.454, chron. Azibert et de Boisdeffre ; D. 1988, somm. comm. p. 60, obs. Moderne et Bon ; RFDA 1987, p. 831, concl. Vigouroux) : sont ici en cause des braquages réalisés deux mois après l'obtention par trois détenus respectivement d'une permission de sortie, d'un régime de semi-liberté et d'une libération conditionnelle. Mais en l'espèce, le Conseil d'Etat relève que c'est seulement quelques jours après leur défection que les individus concernés ont repris leurs activités criminelles. Le lien de causalité est donc établi entre le fait générateur - l'obtention des mesures de libération conditionnelle, de semi-liberté et de permission de sortie - et les dommages subis.

1526.- Hypothèses d'application de la théorie de l'équivalence des conditions.- L'application de la théorie de l'équivalence des conditions n'est toutefois pas totalement écartée, notamment dans des cas où il y a pluralité d'auteurs.

Par ailleurs, sur certaines questions, la jurisprudence a pu évoluer. C'est le cas notamment concernant l'imputabilité au service d'un suicide d'un agent public survenu sur son lieu de travail. A l'origine, le Conseil d'Etat considérait qu'en raison de son caractère volontaire, cet acte se détachait du service, sauf circonstances particulières l'y rattachant (CE, 28 juillet 1993, requête numéro 121702, Ministre de la Défense c/ Stéfani : AJDA 1993, p. 685, chron. Maugüé et Touvet et p. 746, note Moreau ; D. 1994, p. 364, obs. Terneyre et Bon ; RFDA 1994, p. 575, note Bon). La jurisprudence a toutefois fini par évoluer en sens inverse, en calquant la solution retenue par les juges de l'ordre judiciaire. Désormais, le suicide ou la tentative de suicide d'un fonctionnaire intervenant sur le lieu et dans le temps de travail est imputable au service, sauf circonstance particulière l'en détachant (CE Sect., 16 juillet 2014, requête numéro 361820, Commune de Floirac : AJDA 2014, p. 1706, chron. Bretonneau et Lessi ; Cah. fonct. publ. 2014, n° 349, p. 98, concl. Daumas ; RDSS 2014, p. 945, note Lerouge).

Exemple :
-CE, 24 octobre 2014, requête numéro 362723, Paour : la pathologie dépressive de l''intéressée, a l'origine d'une tentative de suicide, si elle a pu être favorisée par certaines conditions de son activité professionnelle, s'était déjà manifestée précédemment et trouvait son origine dans sa personnalité. En conséquence, la responsabilité de l'administration est écartée.

152è.- Appréciation souveraine des juges du fond.- Il faut enfin relever que si le contrôle même de l'existence du lien de causalité relève de l'appréciation souveraine des juges du fond (CE, 28 juillet 1993, requête numéro 117449, Consorts Dubouloz : Rec. p. 250 ; AJDA 1993, p. 685, chron. Maugüé et Touvet ; D. 1995, p. 237, obs. Farge et 1994, p. 364, obs. Terneyre et Bon ; RFDA 1994, p. 35, concl. Bonichot) l'appréciation de son caractère direct est une question de qualification juridique des faits qui est contrôlée par le juge de cassation (CE, 26 novembre 1993, requête numéro 108851, SCI « Les jardins de Bibémus », : Rec. p. 327 ; D. 1994, p. 366, obs. Terneyre et Bon ; RFDA 1994, p. 575, obs. Bon.- CE, 12 janvier 2009, requête numéro 308454, SIED et SAUR). Sur cette question, la jurisprudence est particulièrement casuistique.

Exemple :
- CE, 9 décembre 1974, Matherey, dit Philippe Clay (Rec. p. 830) : un artiste, illégalement évincé du secteur de l'audiovisuel public, a subi un préjudice direct du fait de la perte des cachets qu'il n'a pas perçus. En revanche, son préjudice est indirect s'agissant de la diminution de ses ventes de disques.

§II – Rupture du lien de causalité

1528.- Faute de la victime et cause étrangère.- Dans certains cas, le préjudice est lié non pas exclusivement à la personne que la victime estime être responsable, mais à une faute de la victime elle-même, ou à une cause étrangère.

I – Faute de la victime

1529.- Limitation ou exclusion de la responsabilité de l'administration.- La faute de la victime peut constituer la cause totale ou partielle du dommage dont il est demandé réparation, ce qui va permettre de limiter ou d'exclure l'engagement de la responsabilité de l'administration.

Exemples :
- CE, 23 août 2006, requête numéro 273902, A. : en maintenant pendant trois ans la requérante dans une situation marquée par une insuffisance caractérisée de ses horaires

de cours, le président de l'université qui l'emploie a commis une faute de nature à engager la responsabilité de l'université. Il résulte toutefois de l'instruction que Mme A. a, en faisant preuve d'une attitude difficile à l'égard de ses collègues, contribué à cette situation et commis ainsi une faute de nature à exonérer l'université de la moitié de sa responsabilité.
- CAA Bordeaux, 23 février 2007, requête numéro 03BX00837, Fonds de garantie des victimes des actes de terrorisme et d'autres infractions : l'insuffisance d'une signalisation qui interdit la baignade sur une plage réservée à l'accès des engins de sport nautique est constitutive d'une faute de nature à engager la responsabilité de la commune. Toutefois, il résulte de l'instruction que la victime connaissait les lieux pour y pratiquer habituellement la planche à voile et la pêche, ainsi que l'interdiction de s'y baigner. Ainsi, l'intéressé, qui était mineur au moment de l'accident, a commis une grave imprudence en allant pratiquer la plongée en apnée dans cette zone. En outre, sa famille, sous la responsabilité de laquelle il se trouvait, a commis une faute en le laissant aller se baigner, et en ne faisant pas en sorte qu'il quitte la zone où il se baignait pour rejoindre la plage. Ces fautes sont de nature à exonérer totalement la commune de sa responsabilité.
- CAA Lyon, 10 juin 2008, requête numéro 05LY01218, Ijjou : les dommages subis par un nouveau-né sont exclusivement imputables aux fautes commises par le père de la victime, lequel, invoquant ses convictions religieuses, s'est physiquement opposé à toute présence masculine dans la salle d'accouchement, notamment des médecins obstétriciens et anesthésistes et de l'interne de garde, malgré les demandes insistantes de ces derniers.

1530.- Cas particulier du harcèlement moral.- En revanche, le Conseil d'Etat, rompant avec sa jurisprudence antérieure, a considéré que le comportement de la victime n'est pas une cause exonératoire du harcèlement moral dans la fonction publique (CE Sect., 11 juillet 2011, requête numéro 321225, Montaut : Rec. p. 349, concl. Guyomar ; AJDA 2011, p. 1072, concl. Guyomar ; Dr. adm. 2011, comm. 88, note Melleray ; JCP A 2011, comm. 2377, note Jean-Pierre.- V. également CE, 14 mars 2016, requête numéro 390731, Chambre de commerce et d'industrie de Vaucluse).

1531.- Prise en compte de la faute de la victime dans les régimes de responsabilité sans faute.- Le caractère exonératoire de la faute commise par la victime joue également dans les hypothèses de responsabilité sans faute.

Exemples :
- CE, 21 mai 2008, requête numéro 276357, Valois : un praticien contaminé par le virus de l'hépatite C, en n'écartant pas lui-même les instruments tranchants ou piquants souillés dans un réceptacle à aiguilles au fur et à mesure de leur utilisation au cours de ses interventions, ou en ne veillant pas à ce que l'infirmière de salle le fasse, a commis une imprudence de nature à atténuer de moitié la responsabilité du centre hospitalier.
- CE, 30 avril 2003, requête numéro 212113, Compagnie Préservatrice foncière assurances (JCP A 2003, comm. 1572, obs. Moreau) : la requérante peut rechercher la responsabilité d'un centre hospitalier spécialisé sur le fondement du risque spécial créé par la sortie d'essai que cet établissement avait accordée à un usager. Il résulte de l'instruction que le fait pour l'usager d'avoir allumé l'incendie dommageable est

constitutif d'une faute qui est de nature, dans les circonstances de l'espèce, à exonérer totalement le centre hospitalier spécialisé de sa responsabilité à l'égard de la compagnie requérante.

1532.- Contrôle du juge de cassation.- Le juge de cassation exerce un contrôle de qualification juridique des faits sur la faute de l'administré de nature à exonérer l'administration de sa responsabilité (CE, 20 juin 2007, requête 256974, Boutin : Rec. tables, p. 1047).

1533.- Cas où la victime a accepté d'être soumise à un risque.- Une hypothèse proche de la faute de la victime est celle où celle-ci a accepté d'être soumise au risque à l'origine du dommage dont elle demande réparation. Dans ce cas, la responsabilité de l'administration est écartée.

Exemple :
-CE, 10 juillet 1996, requête numéro 143487, Meunier (Rec. p. 289 ; RDP 1996, p. 246, concl. Stahl) : le requérant exploitait depuis 1970 un commerce installé dans une cave creusée dans le rocher. Il a dû interrompre son activité pendant plusieurs mois en exécution d'arrêtés municipaux fondés sur l'existence de risques d'éboulements souterrains. Les juges du fond ont rejeté la demande d'indemnité après avoir relevé, d'une part, que le requérant en installant son commerce dans des caves dont « la solidité dépend nécessairement de la stabilité du terrain environnant, doit être considéré comme ayant pris en compte l'éventualité d'une mesure d'interdiction pour des motifs de sécurité publique » et, d'autre part, que l'intéressé « ne pouvait ignorer les risques que comportait l'aménagement d'un établissement recevant du public dans un tel site alors que, par lettre du 20 juin 1981, le maire avait attiré son attention sur l'existence de mouvements de terrain susceptibles d'affecter la stabilité de ses caves ». Après avoir souverainement estimé qu'il résultait de ces constatations que la victime avait accepté en connaissance de cause les risques d'instabilité auxquels était exposé son établissement, la cour n'a pas méconnu les règles qui régissent la responsabilité des personnes publiques en décidant que le préjudice résultant d'une situation à laquelle celle-ci s'était sciemment exposée ne lui ouvrait pas droit à réparation.

II – Cause étrangère

153'.- Hypothèses.- La cause étrangère peut résulter du fait d'un tiers, d'un cas de force majeure, ou d'un cas fortuit.

A – Fait du tiers

1535.- Une influence variable sur la causalité.- Le fait du tiers a une influence variable sur l'établissement de la causalité, selon que le régime applicable est un régime de responsabilité pour faute ou de responsabilité sans faute.

1° Responsabilité pour faute

1536.- Limitation ou exclusion de la responsabilité de l'administration.- Le fait d'un tiers - ou plus précisément d'une personne publique ou privée distincte de la victime - peut permettre de limiter ou d'exclure la responsabilité de l'administration.

Cette solution est clairement admise dans le cadre des régimes de responsabilité pour faute.

Exemple :
- CAA Paris, 3 juin 1996, requête numéro 94PA00325, Compagnie Préservatrice Foncière Assurances (Rec. p. 586) : un accident survenu dans le petit bassin d'une piscine municipale a été rendu possible par les carences des agents municipaux dans l'organisation et l'exécution de la surveillance de ce bassin. Toutefois, l'exercice sans agrément d'une activité de garderie, l'insuffisance du nombre et de la vigilance du personnel chargé de l'encadrement des enfants à la piscine, la participation à la baignade de la victime, inscrite seulement pour la pratique du tennis, constituent, de la part des responsables de la garderie et de leurs préposés, des fautes de nature à exonérer la commune de la moitié de sa responsabilité.

Toutefois, il est nécessaire que le fait du tiers ait directement influé sur la production du dommage ce qui donne lieu, ici également, à une jurisprudence casuistique.

Exemple :
- CE, 20 juin 2007, requête numéro 282574, Puig (Rec. tables, p. 1071) : absence de lien direct de causalité entre la faute de l'administration qui a favorisé un démarchage commercial effectué dans les enceintes militaires pour des placements financiers, et le préjudice impliqué par la faillite frauduleuse de la société concernée à laquelle les victimes avaient confié leur épargne.

1537.- Cas des tiers coauteurs du dommage.- Il faut relever que traditionnellement lorsque l'administration et un tiers sont reconnus coauteurs du dommage, le Conseil d'Etat considérait qu'ils étaient tenus, non pas solidairement comme c'est la règle en droit civil, mais seulement pour leur part respective dans la réalisation de ce dommage (CE Sect., 11 mai 1951, Pierret, Pintal et a. : Rec., p. 259. – CE Sect., 29 février 1952, Servel : Rec. p. 147. – CE Sect., 29 juillet 1953, Epoux Glasner : Rec. p. 427).

Ainsi, comme l'a exposé Raymond Odent « lorsqu'un préjudice a plusieurs auteurs et que la responsabilité est engagée sur le fondement de la faute, la victime de ce dommage ne peut demander à chaque coauteur que la réparation de la fraction du dommage correspondant à la part de responsabilité personnellement encourue par chacun d'eux » (Contentieux administratif, t. 2 : réimpression Dalloz, 2007, p. 210-211).

Cette solution était généralement justifiée par des raisons d'ordre pratique. Il s'agissait de faire en sorte que les victimes ne mettent en cause systématiquement les personnes publiques pour des raisons tenant au fait qu'elles sont toujours solvables. Le souci de l'économie des deniers publics s'opposerait à une telle solution, l'administration risquant, quant à elle, dans le cadre d'une action récursoire, de se retourner contre un coresponsable insolvable.

Ce principe connaissait toutefois plusieurs exceptions. Il ne s'appliquait pas, tout d'abord, en matière de responsabilité contractuelle (CE Sect., 8 novembre 1968, Compagnie d'assurances générales contre l'incendie et les explosions : Rec. p. 558), en matière de responsabilité sans faute (CE Sect., 1er février 2006, requête numéro 268147, Garde des Sceaux, ministre de la Justice c/ MAIF : Rec. p. 42, concl. Guyomar ; AJDA 2006, p.586, chron. Landais et Lenica ; RFDA 2006, p. 602, concl. Guyomar et p. 614, note Bon) et en matière de responsabilité du fait des travaux publics (CE Sect., 29 janvier 1971, Association « Jeunesse et Reconstruction » : Rec. p. 81).

Dans le cadre de la responsabilité pour faute, une autre exception concernait le cas où le dommage résulte du fait de plusieurs collectivités publiques qui collaborent à l'occasion de l'exécution d'une même mission de service public. Dans cette hypothèse, la victime peut agir, pour la réparation de la totalité du préjudice subi, contre l'une de ces collectivités, ou contre toutes en demandant leur condamnation in solidum.

Exemple :
- CE Ass., 9 avril 1993, requête numéro 138652, requête numéro 138653, requête numéro 138663 (Rec. p. 110, concl. Legal ; AJDA 1993, p. 344, chron. Maugüé et Touvet ; D. 1993, p.312, concl. Legal ; JCP G 1993, I, comm. 3700, chron. Picard ; JCP G 1993, comm. 21110, Debouy ; RFDA 1993, p. 583, concl. Legal) : la responsabilité de l'Etat peut être engagée par toute faute commise dans l'exercice des attributions relatives à l'organisation générale du service public de la transfusion sanguine, au contrôle des établissements qui sont chargés de son exécution et à l'édiction des règles propres à assurer la qualité du sang humain. En outre, dans le cas où cette responsabilité serait engagée, l'Etat ne pourrait s'en exonérer en invoquant des fautes commises par les établissements de transfusion sanguine.

Le Tribunal des conflits avait également décidé, à l'occasion d'un arrêt Ratinet du 14 février 2000 rendu à propos d'un déni de justice que « chacun des coauteurs d'un même dommage, conséquence de leurs fautes respectives, doit être condamné in solidum à la réparation de l'entier dommage, chacune de ces fautes ayant concouru à le causer tout entier, sans qu'il y ait lieu de tenir compte du partage de responsabilité entre les coauteurs, lequel n'affecte que les rapports réciproques de ces derniers, mais non le caractère et l'étendue de leur obligation à l'égard de la victime du dommage » (requête numéro 2929, préc.). En l'espèce, un centre hospitalier régional est reconnu responsable des trois-quarts du dommage consécutif à l'accident survenu à un patient et l'anesthésiste de la clinique responsable de ce dommage à hauteur du quart, le centre hospitalier et le praticien étant condamnés in solidum à indemniser la victime. Cette décision, rendue dans le cadre de la procédure très atypique de jugement au fond organisée initialement par la loi du 20 avril 1932, pouvait toutefois s'expliquer par la volonté du Tribunal de mettre un terme définitif au litige.

Finalement, la jurisprudence a franchi un pas décisif dans l'admission d'une responsabilité in solidum à l'occasion de l'arrêt Madranges du 2 juillet 2010 (requête numéro 323890 : Rec. p. 236 ; AJDA 2011, p. 116, note Belrhali-Bernard ; Dr. adm. 2010, comm. 135, note Melleray.- V. également CAA Bordeaux, 30 novembre 2010, requête numéro 10BX00135, Centre hospitalier universitaire de Bordeaux.- CE, 24 avril 2012, requête numéro 34210, Massioui : Rec. p. 175 ; AJDA 2012, p. 1665, étude Belrhali-Bernard.- CAA Lyon, 25 février 2021, requête numéro 19LY02722), le Conseil d'Etat admettant que « lorsqu'un dommage trouve sa cause dans plusieurs fautes qui, commises par des personnes différentes ayant agi de façon indépendante, portaient chacune en elle normalement ce dommage au moment où elles se sont produites, la victime peut rechercher la réparation de son préjudice en demandant la condamnation de l'une de ces personnes ou de celles-ci conjointement, sans préjudice des actions récursoires que les coauteurs du dommage pourraient former entre eux ».

La portée de cette décision n'est toutefois pas évidente à appréhender. Le considérant susvisé mentionne en effet « des personnes différentes » sans qualifier leur nature. Il n'est donc pas certain que la reconnaissance d'une obligation in solidum s'étende au cas où les coauteurs ne sont pas que des personnes publiques - comme c'est le cas dans l'affaire Madranges - mais des personnes publiques et privées. C'est bien dans ce sens que paraît s'orienter le Conseil d'Etat qui a récemment refusé de reconnaître le principe d'une responsabilité in solidum dans l'affaire du médiator entre l'Etat, défaillant dans sa mission de contrôle, et le laboratoire qui a élaboré ce médicament (CE, 9 novembre 2016, requête numéro 393108, Mme A...B..., préc.- CE, 9 novembre 2016, requête numéro 393902, requête numéro 393926, Faure, préc.- CE, 9 novembre 2016, requête numéro 393904, Georgel, préc.- V. dans le même sens CE, 19 juillet 2017, requête numéro393288 : JCP A 2017, act. 540, obs. Friedrich).

Quoi qu'il en soit, la solution retenue dans l'arrêt Madranges a vocation, par exemple, à s'appliquer en cas de suicide d'un détenu, les défaillances dans la surveillance du détenu pouvant coexister avec une faute commise par les services d'un établissement de santé qui a mal évalué son état psychologique (CE, 24 avril 2012, requête numéro 342104, Missaoui : JCPA 2012, comm. 2034, note Arbousset.- CE, 4 juin 2014, requête numéro 359244, Bendjebel). Dans cette hypothèse, lorsque les ayants droit du détenu recherchent la responsabilité de l'Etat du fait des services pénitentiaires, « ils peuvent utilement invoquer à l'appui de cette action en responsabilité, indépendamment du cas où une faute serait exclusivement imputable à l'établissement public de santé où a été soigné le détenu, une faute du personnel de santé de l'unité de consultations et de soins ambulatoires de l'établissement public de santé auquel est rattaché l'établissement pénitentiaire s'il s'avère que cette faute a contribué à la faute du service public pénitentiaire ».

2° Responsabilité sans faute et dommages de travaux publics

1538.- Absence d'effet exonératoire du fait du tiers.- Le fait du tiers ne présente pas, en principe, de caractère exonératoire dans le cadre des régimes de responsabilité sans faute, comme pour la réparation des dommages de travaux publics. Cette solution s'explique par le fait que le risque, qui est l'élément déclencheur de la plupart des régimes de responsabilité sans faute, est toujours considéré comme la cause déterminante du dommage.

Exemple :
- CE, 31 juillet 1996, requête numéro 129158, Fonds de garantie automobile (Rec. p. 337 ; CJEG 1997, p. 149, concl. Stahl) : un véhicule a heurté un autre véhicule, après avoir fait un écart pour éviter une tranchée creusée dans la chaussée par Gaz de France. A la suite de cet accident, le tribunal correctionnel a condamné le conducteur à l'origine de l'accident à verser une indemnité à l'autre conducteur. Le fonds de garantie automobile s'est substitué au conducteur condamné, insolvable, puis a intenté devant la juridiction administrative une action contre Gaz de France afin d'obtenir le remboursement de la somme versée à la victime. Celle-ci étant usager de la voie publique, la responsabilité de Gaz de France est engagée à son égard pour défaut d'entretien normal, sans que celle-ci puisse invoquer le fait d'un tiers pour s'exonérer de tout ou partie de cette responsabilité.

D'une façon générale, seule la faute de la victime ou un cas de force majeure peut atténuer la responsabilité de l'administration. Il a ainsi récemment été jugé que « dans le cas d'un dommage causé à un immeuble, la fragilité ou la vulnérabilité de celui-ci ne peuvent être prises en compte pour atténuer la responsabilité du maître de l'ouvrage, sauf lorsqu'elles sont elles-mêmes imputables à une faute de la victime » (CE, 10 février 2014, requête numéro 361280, Chavent : Rec. p. 28 ; AJCT 2014, p. 391, obs. Josselin ; AJDA 2014, p. 1221, note Foulquier).

1539.- Exception.- Par exception, le fait du tiers présente un caractère exonératoire lorsque, en application de textes spécifiques, l'administration n'a pas la possibilité d'exercer une action récursoire contre le tiers auteur ou coauteur du préjudice. Il ne serait pas normal, en effet, que l'administration supporte seule la charge du dommage dans un tel cas. Cette situation se présente notamment dans l'hypothèse où le tiers, qui est coauteur d'un dommage dont la réparation relève de la législation des accidents du travail, se trouve exonéré de toute responsabilité du fait de l'application de cette législation (Code de la sécurité sociale, art. L. 451-1.- V. CE Sect., 2 juillet 1971, requête numéro 76533, Société Le piver : Rec. p.504 ; Dr. Soc. 1972, p.50, note Moderne).

B – Force majeure

1540.- Elément constitutif de la force majeure.- La force majeure est caractérisée par son imprévisibilité, son extériorité et son irrésistibilité. Lorsque ces conditions sont réunies, les personnes publiques sont exonérées de leur responsabilité, que l'on se situe dans le cadre d'un régime de responsabilité pour faute ou dans celui d'un régime de responsabilité sans faute.

S'il est relativement aisé d'apprécier la condition d'extériorité, il est en revanche plus difficile d'apprécier celles d'imprévisibilité et d'irresistibilité. Comme l'expose le professeur Chapus, il est nécessaire, pour que ces conditions soient réunies « que l'événement ait été raisonnablement absolument inattendu et absolument imparable » (Droit administratif général, t.1, ouv. précité, p. 1249).

D'une façon générale, ces conditions sont appréciées strictement par les juges.

Exemples :
- CE, 15 novembre 2017, requête numéro 403367, Société Swisslife de biens et a. (Rec. tables, p. 840) : les précipitations qui ont touché le quart sud-est de la France en décembre 2003 ont été d'une ampleur exceptionnelle et ont provoqué la saturation des sols et des ouvrages hydrauliques. Cet évènement pluviométrique a constitué l'un des trois évènements les plus importants des deux derniers siècles. A ce premier phénomène exceptionnel s'était ajoutée une tempête marine qui avait freiné le déversement des eaux du Rhône. Enfin, d'une part, la crue du Rhône a conduit à un débit qui, même s'il est resté inférieur à ce qui a été observé en 1840 et 1856, a été estimé à 11 500 m3 par seconde à Beaucaire, ce qui correspond à une période de retour légèrement supérieure à cent ans et, d'autre part, la hauteur de la crue avait été, notamment au droit des ouvrages en cause, nettement supérieure à celle qui avait été observée en 1856. Eu égard à l'ensemble de ces éléments, une conjonction exceptionnelle de phénomènes de grande intensité s'est produite qui présente un caractère imprévisible et irrésistible et qui caractérise un cas de force majeure.
- CAA Lyon, 13 mai 1997, requête numéro 94LY00923, requête numéro 94LY01204, Balusson et mutuelles du Mans (Rec. p. 1072 ; D. 1998, jurispr. p. 11, note Schaegis ; Dr. adm. 1997, comm. 14, concl. Erstein) : cette affaire concernait la catastrophe du Grand-Bornand qui avait résulté du débordement d'un torrent qui avait déjà eu lieu plusieurs fois au XIX° siècle et une fois en 1936. L'évènement n'était donc pas imprévisible et par conséquent la force majeure n'a pas été retenue.
- TA Nice, 22 janvier 2002, requête numéro requête numéro 96-2073, Basset et SARL Pierre Basset c. Commune de Salernes : des pluies diluviennes à l'origine d'une inondation ne constituent pas un cas de force majeure. Les juges relèvent en effet que si les débits du cours d'eau étaient, en janvier et novembre 1994, élevés par rapport à ceux enregistrés de 1970 à 1994, ce même cours d'eau avait connu un débit supérieur en janvier 1978 et en février 1974.

1541.- Contrôle du juge de cassation.- Le juge de cassation exerce un contrôle de la qualification juridique des faits sur la notion de force majeure. Le Conseil d'Etat exige que les faits qui conduisent les juges du fond à retenir cette qualification soient précisément définis.

Exemple :
-CE, 16 octobre 1995, requête numéro 150319, Epoux Mériadec (Rec. p. 355) : pour statuer sur l'imputabilité des dommages causés par l'inondation de la propriété des requérants du fait des pluies d'orage, les juges du fond se sont bornés à relever « qu'il

résulte de l'instruction que ces précipitations ont présenté, en raison de leur violence et de leur intensité exceptionnelles et imprévisibles, le caractère d'un évènement de force majeure ». En se bornant à faire ainsi référence aux résultats de l'instruction et en s'abstenant de préciser les faits sur lesquels a porté son appréciation, la cour administrative d'appel ne met pas le juge de cassation en mesure d'exercer son contrôle sur la qualification juridique qu'elle a donnée à ces faits en jugeant qu'ils étaient constitutifs d'un cas de force majeure.

1542.- Force majeure et cas fortuit.- Il faut enfin distinguer la force majeure du cas fortuit, lequel est un événement irrésistible, imprévisible, mais qui n'est pas extérieur aux parties.

Comme l'expose Maurice Hauriou dans sa note sur l'arrêt Ambrosini du 10 mai 1912 « le cas fortuit échappe aux prévisions humaines, mais se rattache au fonctionnement même de l'entreprise ou du service; par exemple, dans une usine, c'est l'explosion d'une chaudière, dans une mine, c'est l'inflammation du grisou; la force majeure, c'est encore un phénomène imprévu; mais, de plus, il est extérieur à l'entreprise ou au service; par exemple, c'est un tremblement de terre, une inondation, un cyclone, une guerre civile, une invasion étrangère » (requête numéro 33336 : S. 1912, III, p.161).

Exemple :
- Dans l'arrêt Ambrosini le Conseil d'Etat reconnaît que l'explosion d'un navire est liée à une cause interne à celui-ci, mais demeurée inconnue.

Puisqu'il ne s'agit pas d'une cause étrangère, le cas fortuit n'a aucun effet sur l'établissement de la causalité. Toutefois, le cas fortuit a une incidence sur l'engagement de la responsabilité de l'auteur du dommage puisqu'il concerne, non pas la causalité, mais le fait générateur. En effet, si l'on se trouve dans le domaine de la responsabilité pour faute, la faute ne sera pas retenue dans l'hypothèse d'un cas fortuit. En revanche, le cas fortuit n'est pas exonératoire dans les régimes de responsabilité sans faute (CE Ass., 9 juillet 1948, Capot et Denis : Rec. p. 326).

Pour aller plus loin :

- **Bénoit (F.-P)**, Essai sur les conditions de la responsabilité en droit public et privé (problèmes de causalité et d'imputabilité) : JCP G 1957, I, comm. 1351.

- **Bénoit (F.-P)**, Le cas fortuit dans la jurisprudence administrative : JCP G 1956, I, comm. 1328.

- **Brard (Y.)**, propos de la notion de fait du tiers : JCP G 1980, I, comm. 297.

- **Couzinet (J.-F)**, Cas de force majeure et cas fortuit : causes d'exonération de la responsabilité administrative : RDP 1993, p. 1385.

- **Esmein (P.)**, Le nez de Cléopâtre ou les affres de la causalité : D. 1964, chron. p. 205.

- **Lemaire (F.)**, La force majeure : un événement irrésistible : RDP 1999, p. 1723.

- **Moderne (F.)**, Recherches sur l'obligation in solidum dans la jurisprudence administrative : EDCE 1973, p. 15

- **Ségur (P.)**, Le cas fortuit en droit administratif ou l'échec d'une construction doctrinale : AJDA 1994, p. 185.

- **Sousse (M.)**, La notion de « force majeure non exonératoire » : RRJ 1995, p. 129.

Section III – Fait générateur

1543.- Responsabilité pour faute et responsabilité sans faute.- Si la nature de la responsabilité administrative a longtemps été incertaine, il ne fait pas de doute qu'elle est aujourd'hui, en principe, une responsabilité pour faute et dans des cas de moins en moins exceptionnels une responsabilité sans faute.

§I – Données historiques du problème

1544.- Dogme de l'infaillibilité des personnes publiques.- Si l'arrêt Blanco touche à l'ensemble du droit administratif, tant pour les questions de fond que pour les questions de compétence, il concernait au premier chef un problème de responsabilité. Il résulte en effet de cet arrêt que la responsabilité des personnes publiques « n'est ni générale ni absolue, qu'elle a ses règles spéciales qui varient suivant les besoins du service et la nécessité de concilier les droits de l'Etat avec les droits privés » (TC, 8 février 1873, requête numéro 00012, préc.).

Si, par conséquent, l'arrêt Blanco définit les grandes lignes de la responsabilité administrative, il ne précise pas la nature même de cette responsabilité. En particulier, l'arrêt Blanco ne se réfère aucunement à la notion de responsabilité pour faute de l'Etat. Or, cette omission est très certainement volontaire. En effet, en 1873, le droit de la responsabilité administrative est encore dominé par l'adage hérité de l'Ancien Régime selon lequel « le souverain ne saurait mal faire ».

Il découlait de cet adage ce que Paul Duez appelait le « dogme de l'irresponsabilité de la puissance publique » (La responsabilité de la puissance publique, Dalloz 2éme éd. 1934). Cette expression est fréquemment employée pour expliquer l'état du droit de la responsabilité administrative jusqu'au début du XX° siècle. Or, cette expression est imprécise : en réalité, s'il existait un dogme c'était celui non pas de l'irresponsabilité administrative, mais celui de son infaillibilité. En effet, ce que refusait de faire le juge, c'était de reconnaître que le souverain pouvait mal faire, c'est-à-dire d'engager la responsabilité pour faute de l'administration. En revanche, aucun obstacle ne s'opposait à la reconnaissance d'une responsabilité sans faute.

1545.- Admission d'une responsabilité sans faute de l'administration.- Et, de fait, les premiers cas dans lesquels la responsabilité de l'administration a été reconnue sont des hypothèses de responsabilité sans faute. Plus précisément, c'est dans le domaine de la réparation des dommages de travaux publics causés aux propriétés privées des tiers que s'est développée cette responsabilité dès le début du XIX° siècle. Un tel système de responsabilité permettait en effet de concilier deux principes très importants à cette époque : celui de l'infaillibilité de l'administration, et le caractère absolu du droit de propriété reconnu par l'article 544 du Code civil, ainsi que les caractères inviolable et sacré de ce droit visé par l'article 17 de la Déclaration des Droits de l'Homme et du Citoyen.

Certes, ces mécanismes de responsabilité sans faute constituaient l'exception. Dans de nombreux domaines, on le verra, l'Etat était à l'origine irresponsable. Les îlots d'irresponsabilité de l'administration ont toutefois progressivement disparu. En l'état actuel de la jurisprudence il semble qu'ils ne recouvrent que deux hypothèses : les actes de gouvernement (et encore semble-t-il que la responsabilité sans faute liée à l'application des traités internationaux pourrait recevoir application V. sur ce point supra Quatrième partie, Chapitre un, Section une) et les dommages occasionnés par les opérations militaires (CE, 23 juillet 2010, requête numéro 328757, Société Touax : Rec. p. 344 ; AJDA 2010, p. 2229, note Belrhali-Bernard).

1546.- Admission d'une responsabilité pour faute de l'administration.- Ce n'est qu'au début du XX° siècle que la responsabilité pour faute de l'administration a été admise et est devenue le régime de responsabilité administrative de droit commun avec l'arrêt Tomaso Grecco du 10 février 1905 (requête numéro 10365, préc.).

§II – Responsabilité pour faute

1547.- Définition de la faute de service.- La faute de service peut se voir appliquer la définition civiliste de Planiol selon laquelle « la faute est un manquement à une obligation préexistante » (Droit civil, t. II, n°913, LGDJ, 3ème éd 1949), la définition de ces obligations pouvant, le cas échéant, résulter d'un texte.

> Exemple :
> - CAA Bordeaux, 15 janvier 2008, requête numéro 05BX01753, Monges : l'article L. 4151-3 du Code de la santé publique prévoit « (qu'en) cas d'accouchement dystocique ... (les sages-femmes) doivent faire appeler un médecin ». Les juges estiment qu'il résulte de ces dispositions que lorsque survient une dystocie pendant un accouchement se déroulant sous la surveillance d'une sage-femme, celle-ci a l'obligation d'appeler un médecin. L'absence d'un médecin dans de telles circonstances est constitutive d'un défaut dans l'organisation et le fonctionnement du service engageant la responsabilité du service public hospitalier, à moins qu'il ne soit justifié d'une circonstance d'extrême urgence ayant fait obstacle à ce que la sage-femme appelle le médecin ou que le médecin appelé ait été, pour des motifs légitimes, placé dans l'impossibilité de se rendre au chevet de la parturiente.

En l'absence de texte, la qualification de faute du comportement à l'origine d'un préjudice n'est pas toujours évidente.

Exemple :
- CE, 22 février 2008, requête numéro 280931, Syndicat mixte central de traitement des ordures ménagères de l'agglomération parisienne : l'Etat ne commet aucune faute du fait de l'abandon d'un projet de construction d'une usine d'incinération d'ordures ménagères.
- CE, 27 juin 2016, requête numéro 382319, Bernabé : une disposition législative - il s'agit des accords d'Evian - posant le principe de l'intervention d'une loi ultérieure ne constitue pas une promesse dont le non-respect serait susceptible d'engager la responsabilité pour faute de l'Etat.

La faute de service peut prendre différents aspects : elle peut résulter d'un acte matériel comme d'un acte juridique, d'une action comme d'une abstention.

1548.- Principales problématiques.- Deux difficultés notables se posent : celle de la charge de la preuve de la faute et celle du degré de gravité de la faute susceptible d'engager la responsabilité de l'administration.

I – Charge de la preuve

1549.- Une responsabilité pour faute prouvée.- La responsabilité administrative est en principe une responsabilité pour faute prouvée. Cependant, il existe, comme en droit civil, un certain nombre d'hypothèses dans lesquelles la faute est présumée.

1550.- Hypothèses de responsabilité pour faute présumée.- Les mécanismes présomptifs recouvrent deux types de procédés logiques différents (V. L. de Gastines, Les présomptions en droit administratif français, Bibliothèque de droit public, t. 163, LGDJ 1998).

1551.- Mécanisme de présomption affirmation.- Le premier procédé est celui de présomption affirmation : dans ce cas une affirmation sera tenue pour vraie jusqu'à la preuve ou la démonstration du contraire ou même, dans certains cas, nonobstant la preuve ou la démonstration du contraire.

Il peut s'agir de présomptions légales résultant d'un texte de loi.

Exemple :
- L'article L. 1142-1 du Code de la santé publique précise que « les établissements, services et organismes susmentionnés sont responsables des dommages résultant d'infections nosocomiales, sauf s'ils rapportent la preuve d'une cause étrangère ».

Il peut également s'agir de présomptions quasi-légales résultant d'une règle jurisprudentielle.

Exemple :
- CE Sect., 6 juin 2008, requête numéro 299203, Société Tradition Securities and Futures (AJDA 2008, p. 1321, chron. Bourgeois-Machureau et Geffray ; JCP A 2008, I, 191, chron. Plessix.- V. également CE Sect., 6 juin 2008, requête numéro 300619, Société CM CIC Securities) : les sociétés prestataires de services d'investissement sont au nombre des personnes auxquelles l'ex-Conseil des marchés financiers et l'ex-

Commission des opérations de bourse peuvent, en cas de manquement à leurs obligations professionnelles, infliger une sanction. Pour l'application de ces dispositions et en raison des responsabilités qui incombent à ces prestataires … les manquements commis non seulement par les dirigeants et représentants de ces sociétés mais aussi par leurs préposés sont de nature à leur être directement imputés en leur qualité de personnes morales, sans que soit méconnu le principe constitutionnel de responsabilité personnelle, dès lors que ces préposés ont agi dans le cadre de leurs fonctions. Mais en l'absence, toutefois, au regard de ce principe, de toute présomption de caractère irréfragable, les prestataires ont, au cours de la procédure engagée à leur encontre, la faculté de faire valoir en défense, pour s'exonérer de leur responsabilité, qu'ils ont adopté et effectivement mis en œuvre des modes de fonctionnement et d'organisation de nature à prévenir et à détecter les manquements professionnels de leurs préposés, sauf pour ces derniers précisément à s'affranchir du cadre de leurs fonctions, notamment en agissant à des fins étrangères à l'intérêt de leurs commettants.

L'hypothèse la plus connue est toutefois la notion de défaut d'entretien normal, même s'il s'agit d'une hypothèse atypique, notamment parce qu'à la différence des cas de responsabilité pour faute, le fait du tiers n'a pas ici d'effet exonératoire et parce que cette notion, à la différence de celle de faute, ne relève pas du contrôle de qualification juridique des faits opéré par le juge de cassation (CE Sect., 26 juin 1992, requête numéro 144728, Commune de Béthoncourt, préc.).

Lorsqu'un usager est victime de dommages de travaux publics, l'administration sera condamnée à moins qu'elle ne démontre qu'elle a entretenu normalement l'ouvrage public. Ceci signifie que le mauvais entretien de l'ouvrage est présumé, mais que l'administration peut renverser la charge de la preuve en établissant qu'elle n'a pas commis de faute (CE Sect., 26 juin 1992, requête numéro 114728, Commune de Béthoncourt, préc.- CE, 17 janvier 2020, requête numéro 433506, Société EDF c/ Régie des eaux du canal de Belletrud : Dr. adm. 2020, comm. 21, note Eveillard ; JCP A 2020, comm. 2324, note Reneau).

Un défaut d'entretien normal peut également résulter de la signalisation insuffisante de dangers.

Exemple :
- CAA Douai, 10 avril 2012, requête numéro 11DA00792, Bobkiewicz : l'absence de signalisation particulière du danger constitué par une chaussée déformée, révèle un défaut d'entretien normal de la voie publique de nature à engager la responsabilité d'une commune.

1552.- Mécanisme de présomption induction.- Le second procédé utilisé par les juges, principalement en matière de responsabilité hospitalière, est celui de présomption induction. Il s'agit d'un raisonnement par lequel un fait sera tenu pour établi sur la preuve de faits voisins ou connexes. Cette hypothèse existe notamment dans le cas où le dommage résulte d'une intervention courante et à caractère bénin.

Exemple :
- CE, 19 mai 1976, requête numéro 94813, Centre hospitalier régional de Poitiers : au cours d'exercices de rééducation, un malade a été victime d'un accident qui a entraîné une fracture de la diaphyse de son fémur gauche et a nécessité une intervention chirurgicale. S'agissant de soins courants et de caractère bénin, les troubles qui en sont résultés ne peuvent être regardés que comme révélant une faute dans l'organisation ou le fonctionnement du service, de nature à engager la responsabilité du centre hospitalier.

Ce type de présomptions se retrouve dans d'autres hypothèses.

- CE, 17 octobre 2012, requête numéro 348440, Bussa (JCP A 2013, comm. 2025, note Vocanson) : la circonstance que la mère biologique d'un enfant confié à sa naissance au service de l'aide sociale à l'enfance, puis adopté, ait eu connaissance des informations relatives à la nouvelle identité de cet enfant et à celle de ses parents adoptifs révèle une faute dans le fonctionnement du service de l'aide sociale à l'enfance du département de nature à engager la responsabilité de ce dernier, sauf à ce que celui-ci établisse que la divulgation des informations en cause est imputable à un tiers ou à la victime elle-même

1553.- Une possible étape intermédiaire avant l'établissement d'un régime de responsabilité sans faute.- Il faut relever que l'exigence d'une faute présumée constitue dans certains cas une étape dans l'évolution des règles de responsabilité, avant l'admission d'un régime de responsabilité sans faute. Cette hypothèse s'est vérifiée par deux fois en matière de responsabilité des établissements hospitaliers.

Tel est le cas, tout d'abord, en matière d'infections nosocomiales. Dans ce domaine, le régime de présomption de faute défini par les juges (CE, 9 décembre 1988, requête numéro 65087, Cohen : Rec. p. 431 ; AJDA 1989, p. 405, obs. Moreau ; D. 1989, somm. obs. Moderne et Bon ; D. 1990, jurispr. p. 487, note Thouroude et Touchard ; Quot. jur. 23 février 1989, note Moderne) a fait place à un régime de responsabilité sans faute institué par la loi n°2002-303 du 4 mars 2002 (V. Code de la santé, art. L. 1141-1).

C'est le cas, ensuite, pour les dommages occasionnés par des produits ou des appareils utilisés par les établissements de santé publics. Mais dans cette hypothèse, l'évolution est liée à un revirement de jurisprudence (CE, 9 juillet 2003, requête numéro 220437, Assistance publique - Hôpitaux de Paris c. Marzouk : Rec. p. 338 ; JCP A 2003, comm. 1897, note Chavrier ; AJDA 2003, p. 1946, note Deguergue.- V. le régime antérieur de présomption de faute défini par CE, 1er mars 1989, requête numéro 67255, Epoux Peyres : Rec. p. 65 ; D. 1990, somm. p. 298, obs. Bon et Terneyre).

II – Gravité de la faute

1554.- Une responsabilité ni générale ni absolue.- L'arrêt Blanco énonce que la responsabilité de l'Etat « n'est ni générale ni absolue » (TC, 8 février 1873, requête numéro 00012, préc.). Par conséquent, si en droit civil une faute légère suffit à engager la responsabilité de la personne mise en cause, il n'en va pas nécessairement ainsi en droit administratif.

Certes, dans de nombreux cas, la preuve d'une faute non qualifiée - c'est-à-dire d'une faute simple - suffit à engager la responsabilité de l'administration. Mais dans d'autres cas, c'est une faute qualifiée qui est exigée. Si l'évolution des règles de responsabilité de l'administration va dans le sens d'un constant recul de la faute qualifiée, et notamment de la faute lourde, celle-ci se maintient néanmoins dans différents domaines.

A – Recul de la faute lourde

1555.- Volonté de mieux protéger les victimes.- Dans de nombreux domaines, l'exigence d'une faute qualifiée a longtemps été liée à la difficulté du service assuré. Elle se justifiait par des considérations d'intérêt général et plus précisément par le fait que la crainte d'être trop facilement condamnée en cas de dommage pouvait inciter l'administration à ne pas agir.

Désormais, cet argument est passé au second plan, derrière la volonté de protéger plus efficacement les intérêts des victimes.

Le recul de la faute lourde s'observe principalement dans quatre domaines : les activités médicales et chirurgicales, les activités de police, les activités des services pénitentiaires et les activités des services fiscaux.

1° Activités médicales et chirurgicales

1556.- Exigence initiale de la faute lourde.- L'état initial de la jurisprudence résultait des arrêts de Section du Conseil d'Etat du 8 novembre 1935, Veuves Loiseau et Philipponeau (requête numéro 31999 : Rec. p.1019 et p.1020 ; D. 1936, III, p. 15, note Heilbronner). Le Conseil d'Etat estimait à cette époque que la gravité de la faute exigée dépendait de l'origine du dommage. Lorsqu'était en cause une activité liée à l'organisation ou au fonctionnement de l'hôpital, la preuve d'une faute simple suffisait à engager sa responsabilité. En revanche, une faute lourde était requise en cas de dommages liés à une activité médicale ou chirurgicale.

Un tel système aboutissait à un rejet quasi-systématique de la demande d'indemnité dans le second cas.

1557.- Recul de la faute lourde.- La rigueur de ces règles a été ensuite atténuée, notamment par l'utilisation de deux techniques.

Il s'agit, tout d'abord, de l'utilisation des présomptions qui se sont développées, comme on l'a vu, dans différents domaines.

Les juges ont également réduit le domaine de la faute lourde qui a été recentré sur les activités médicales des praticiens hospitaliers. Ainsi comme l'évoque le commissaire du gouvernement Fournier dans ses conclusions sur l'arrêt de Section Rouzet du 26 juin 1959 (requête numéro 92099 : Rec. p. 405 ; AJDA 1959, p. 273, concl. Fournier), doivent être considérés « comme médicaux tous les actes, qu'ils soient intellectuels ou matériels, dont l'accomplissement présente des difficultés sérieuses et requiert des connaissances spéciales acquises au prix d'études prolongées ». Ceci permet de distinguer les actes médicaux et chirurgicaux des simples actes de soins qui peuvent être accomplis, par exemple, par des infirmières et des sages-femmes, et qui relèvent du domaine de la faute simple.

1558.- Abandon de la faute lourde.- Finalement, la faute lourde a été abandonnée à l'occasion de l'arrêt d'Assemblée Epoux V. du 10 avril 1992 (requête numéro 79027, préc.).

Il est ici important de relever que si une faute simple est désormais suffisante, le fait qu'un malade ne soit pas guéri ou sauvé ne suffit pas à caractériser une telle faute. Encore faut-il, en effet, que cette faute, qui se distingue d'une simple erreur, soit suffisamment caractérisée. Ainsi, le contexte dans lequel a été commise la faute est toujours déterminant. Notamment, même si le degré de la faute exigée a été abaissé, il sera toujours plus difficile de prouver une faute simple dans des cas où une opération est pratiquée dans des conditions d'extrême urgence, que lorsqu'elle est réalisée dans des conditions normales.

Exemple :
- CAA Nancy, 15 mars 2007, requête numéro 06NC00092, Casel : la cour confirme le jugement du tribunal administratif de Strasbourg qui avait rejeté la demande des requérants tendant à ce que les Hôpitaux universitaires de Strasbourg soient déclarés responsables des conséquences dommageables de la coupure de l'auriculaire de la main gauche occasionnée à leur fils lors d'un accouchement par césarienne.

2° Activités de police

1559.- Exigence généralisée de la faure lourde.- L'arrêt Tomaso Grecco (préc.) avait marqué l'abandon du principe de l'irresponsabilité de l'Etat en matière de police. Par la suite l'arrêt Clef du 13 mars 1925 (Rec. p. 266 ; RDP 1925, p.274, concl. Rivet) a précisé que c'est la preuve d'une faute lourde qui est exigée lorsque sont en cause des activités de police. Comme l'exposait le commissaire du gouvernement Rivet dans ses conclusions sur cet arrêt il s'agissait d'éviter « d'énerver (les services de police) par des menaces permanentes de complications contentieuses ».

1560.- Distinction entre activités juridiques et activités de terrain.- La jurisprudence a ensuite opéré une distinction entre deux catégories d'activités de police, en raison de leur degré différencié de complexité : les activités de terrain, pour lesquelles la faute lourde est en principe exigée, et les activités juridiques qui relèvent en principe de la faute simple.

Exemple :
- CE, 5 avril 1991, requête numéro 76309, Société européenne de location et de service (Dr. adm. 1991, 237 ; JCP G 1991, IV, p. 177) : le Conseil d'Etat précise que seule une faute lourde de l'Etat peut engager sa responsabilité pour le retard dans l'identification du propriétaire d'un véhicule volé. En revanche, une faute simple suffit pour ce qui

concerne les dommages subis par le véhicule laissé en fourrière en plein air et sans protection pendant plusieurs mois.

1561.- Restriction du domaine de la faute lourde.- Depuis quelques années, cependant, la jurisprudence a tendu à restreindre le domaine de la faute lourde. Ainsi, dans différents cas, l'exigence d'une faute qualifiée a été abandonnée alors que les activités en cause sont pourtant d'ordre matériel et, en outre, sont très difficiles à mettre en œuvre.

Le premier arrêt ne concerne pas les activités de police, mais un domaine proche de celles-ci, compte tenu des difficultés pratiques présentées. A l'occasion de l'arrêt de Section Theux du 20 juin 1997, le Conseil d'Etat a abandonné la faute lourde en matière de responsabilité des établissements hospitaliers en cas de dommages résultant de l'organisation et du fonctionnement de leurs services d'aide médicale urgente (requête numéro 139495 : Rec. p. 254, concl. Stahl ; RFDA 1998, p. 82, concl. Stahl ; Dr. adm. 1997, comm. 358, obs. Esper ; D. 1999, somm. comm. p.46, obs. Bon et de Béchillon).

Cet arrêt est le premier d'une série de trois décisions qui ont généralisé l'abandon de la faute lourde pour l'ensemble des activités de secours et de sauvetage mises en œuvre par l'administration.

Dans un arrêt de Section Améon du 13 mars 1998, le Conseil d'Etat a ainsi abandonné l'exigence de la faute lourde pour la réparation des dommages résultant des activités de sauvetage en mer de personnes en détresse (requête numéro 89370 : Rec. p. 82 ; AJDA 1998, p. 418, chron. Raynaud et Fombeur ; JCP G 1998, IV, comm. 2935 ; JCP G 1998, I, comm. 181, chron. Petit ; CJEG 1998, p.197, concl. Touvet ; D. 1998, p. 535, note Lebreton ; D. 2000, somm. comm. p. 246, obs. Bon et de Béchillon).

A l'occasion de l'arrêt Commune de Hannappes du 29 avril 1998, le Conseil d'Etat revient sur l'exigence de la faute lourde pour la mise en cause des services de lutte contre l'incendie (requête numéro 164012 : Rec. p. 185 ; D. 1998, p. 535, note Lebreton ; D. 2000, somm. comm. p. 247, obs. Bon et de Béchillon ; JCP 1999, comm. 10109, note Genovese ; LPA 1999, n°49, note Pieraccini ; RDP 1998, p. 1001, note Prétot ; Droit adm. 1998, comm. 219 ; RFDA 1998, p. 658). Le même mouvement de recul de la faute lourde s'observe plus généralement concernant les activités de police, y compris en matière de règlementation, dans le domaine de la police du bruit où elle était habituellement exigée, comme cela ressort de l'arrêt du Conseil d'Etat du 28 novembre 2003, Commune de Moissy-Cramayel (requête numéro 238349 : JCP A 2004, comm. 1053, note Moreau ; AJDA 2004, p. 989, note Deffigier ; Dr. adm. 2004, comm. 36 ; RFDA 2004, p. 205).

De nombreuses autres illustrations peuvent être mentionnées : en matière de responsabilité de fait de la police des édifices menaçant ruine (CE, 27 septembre 2006, requête numéro 284022, Commune de Baalon : Rec. tables, p. 986 ; BJCL 2006, p. 838, concl. Olson ; JCP A 2006, comm. 1305, note Pellissier), pour l'édiction des décisions d'hospitalisation d'office des malades mentaux (CE, 14 avril

1999, requête numéro194462, Société assurances générales de France : Rec. tables, p. 1007), pour l'exercice des pouvoirs de police phytosanitaire (CE, 7 août 2008, requête numéro 278624, Ministre de l'Agriculture c. Société Durance Crau : JCP A 2012, act. 756), pour la responsabilité à raison des activités du service de contrôle de la navigation aérienne (CE, 2 avril 2010, requête numéro 310562, Ministre d'Etat, ministre de l'Ecologie, de l'Energie, du Développement durable et de l'Aménagement du territoire : Rev. Dr. Transports 2010, comm. 175, note Dhers), ou encore pour les perquisitions administratives accomplies dans le cadre de l'état d'urgence (CE Ass., 6 juillet 2016, Napol et a., avis numéro 398234 et Thomas et a., avis numéro 399135, préc.).

Plus récemment, le Conseil d'Etat a confirmé l'abandon de la faute lourde en cas de carence à édicter une règlementation appropriée, les difficultés de l'activité de police administrative n'exonérant pas les services compétents de leur obligation de prendre des mesures appropriées. Le Conseil d'Etat a toutefois voulu préciser que les autorités de police ne sont pas tenues à une obligation de résultat dans ce domaine. Il est seulement exigé - au cas d'espèce – que les usagers puissent bénéficier d'un niveau raisonnable de sécurité et de salubrité (CE, 9 novembre 2018, requête numéro 411626, requête numéro 411632, Préfet de police et a. : JCP A 2019, comm. 2220, note Pauliat).

Quoi qu'il en soit, il apparaît donc que l'ancienne distinction entre les activités matérielles et les activités juridiques n'a plus de valeur explicative globale. Un avis de la section des travaux publics du 29 juillet 2008 (avis numéro 381725 : EDCE 2009, p. 320 ; Dr. adm. 2009, comm. 120, note Melleray ; Environnement 2009, comm. 138, étude Billet) paraît même indiquer que la faute lourde a été définitivement abandonnée en matière d'activités de police. Dans cet avis, le Conseil d'Etat précise en effet que « la responsabilité des personnes investies d'un pouvoir de police peut être recherchée devant le juge administratif pour faute simple résultant soit de l'illégalité de décisions ou d'agissements contraires aux objectifs de protection de l'ours soit, à l'inverse, d'une carence à prendre les mesures nécessaires ou à faire appliquer les mesures prises, qu'il s'agisse de la protection de l'animal ou de la prévention des risques qu'il cause ».

1562. Un abandon qui n'est pas généralisé.- Le Conseil d'Etat n'a toutefois pas encore rendu de grand arrêt de principe qui confirmerait à coup sûr l'abandon total de la faute lourde en matière d'activités de police.

L'arrêt du Conseil d'Etat du 30 décembre 2016, sociétés Logidis comptoirs modernes (requête numéro 389835 : AJDA 2017, p. 524, chron. Dutheillet de Lamothe et Odinet ; Dr. adm. 2017, comm. 15, note Diemer ; JCP A 2017, comm. 2087, note Halpern) tendrait même à démontrer que la faute lourde pourrait se maintenir dans certaines hypothèses. Tel est le cas, dans cette affaire, où les juges ont validé le raisonnement des juges du fond qui avaient estimé que l'absence d'intervention des forces de l'ordre lors d'un blocage de la plateforme d'approvisionnement de magasins de grande distribution ne constituait pas une faute lourde de nature à engager la responsabilité de l'Etat.

Doit aussi être mentionné l'arrêt du Conseil d'Etat du 18 juillet 2018, Chennouf (requête numéro 411156 : Rec. tables, p. 900 ; AJDA 2018, p. 1915, concl. Marion ; Dr. adm. 2018, comm. 56, note Minet-Leleu ; JCP G 2018, comm. 989, note Duprau; JCP A 2018, act. 646, obs. Friedrich) qui retient, dans la tristement célèbre affaire Merah, que « seule une faute lourde est de nature à engager la responsabilité de l'Etat à l'égard des victimes d'acte de terrorisme à raison des carences des services de renseignement dans la surveillance d'un individu ou d'un groupe d'individus. ». Mais il s'agit ici d'activités proches des activités de contrôle et de tutelle qui, comme on le verra, continuent en principe de relever de la faute lourde.

La même analogie se retrouve en matière de police sanitaire relative aux dispositifs médicaux, comme on peut le voir dans une affaire qui se rattache au scandale des prothèses mammaires « PIP ». Le Conseil d'Etat a récemment jugé dans ce domaine que « la responsabilité de l'Etat peut être engagée par toute faute commise dans l'exercice de (ses) attributions, pour autant qu'il en soit résulté un préjudice direct et certain » (CE, 16 novembre 2020, requête numéro 431159, Karatepe : JCP G 2021, comm. 98, note Brimo ; JCP A 2020, act. 685, obs. Erstein ; Resp. civ. et assur. 2021, alerte 1, focus Bloch ; Dr. adm. 2021, comm. 9, note Lantero). Ainsi, une faute simple suffit pour condamner l'Etat « eu égard à la nature des pouvoirs conférés » à l'agence qui agissait en son nom et « aux buts en vue desquels ces pouvoirs lui ont été attribués». On retrouve ici encore un raisonnement proche de celui suivi par le Conseil d'Etat en matière d'activités de contrôle et de tutelle lorsque sont en cause des scandales sanitaires. Dans ces hypothèses, on le verra, la faute simple suffit également à faire condamner l'Etat, « eu égard tant à l'étendue des pouvoirs » qui lui sont conférés par les textes ainsi « qu'aux buts en vue desquels ces pouvoirs leur ont été attribués » (V. notamment concernant l'affaire du sang contaminé, CE Ass., 9 avril 1993, requête numéro 138652, requête numéro 138653, requête numéro 138663, M. D. M.G. et Epoux B., préc.).

3° Activités des établissements pénitentiaires

1563.- Exigence de la faute lourde.- La difficulté de la mission de surveillance des détenus dans les établissements pénitentiaires a longtemps justifié l'exigence d'une faute manifeste et de particulière gravité (CE, 4 janvier 1918, deux arrêts, Zulémaro et Duchesne : Rec. p. 9) puis d'une faute lourde (CE Sect., 3 octobre 1958, Rakotoarivony : Rec. p. 470 ; JCP 1958, II, comm. 10845).

Exemple :

- CAA Bordeaux, 29 mai 1995, requête numéro 94BX00794, Ministre de la justice c. Brioux : un fonctionnaire de police incarcéré dans un établissement pénitentiaire est victime d'une agression commise par d'autres détenus. Cependant, s'il a été placé en cellule au même étage que d'autres détenus condamnés à de lourdes peines et s'est ainsi trouvé en contact avec eux pendant les promenades, aucun incident ne s'est produit entre la date de son incarcération et celle de l'agression. En outre, le requérant n'a informé l'administration pénitentiaire ni de menaces proférées à son encontre, ni de l'existence d'un risque d'agression. Enfin, les conditions dans lesquelles le personnel pénitentiaire a mis fin à l'agression dont il a été victime ne révèlent aucun défaut de surveillance ou retard dans l'intervention. Il en résulte que dans les circonstances de l'espèce, l'administration n'a commis aucune faute lourde susceptible d'engager la responsabilité de l'Etat.

1564.- Abandon de la faute lourde.- La faute lourde a été abandonnée par le Conseil d'Etat à l'occasion de l'arrêt Chabba du 23 mai 2003 (requête numéro 244663 : AJDA 2004, p. 157, note Albert ; Dr. adm. 2003, comm. 207, note Lombard ; JCP A 2003, comm. 1718, note Broyelle et comm. 1751, note Moreau ; RFDA 2003, p. 850. – V. également CAA Nancy, 17 mars 2005, requête numéro 00NC00415, Tahar Sidhoum : LPA 23 mai 2006, n° 102, note Combeau).

En l'espèce, les juges ont estimé que le suicide d'un détenu devait être regardé « comme la conséquence directe d'une succession de fautes imputables au service pénitentiaire ». Par ailleurs, une faute simple unique est également susceptible d'engager la responsabilité de l'administration. Dans ce sens on peut citer un arrêt garde des Sceaux, Ministre de la justice c/ Boussouar du 31 mars 2008 (requête numéro 291342) dans lequel le Conseil d'Etat a rappelé que « la responsabilité de l'Etat du fait des services pénitentiaires en cas de dommage résultant du suicide d'un détenu peut être recherchée en cas de faute … dès lors, le moyen tiré de ce que la cour aurait commis une erreur de droit en ne recherchant pas si l'administration avait commis une faute lourde ou une succession de fautes de nature à engager sa responsabilité, ne saurait être accueilli ».

4° Activités des services fiscaux

1565.- De l'irresponsabilité à l'exigence de la faute lourde.- A l'origine l'Etat était irresponsable dans ce domaine. A partir du début du XX° siècle, c'est une faute d'une gravité exceptionnelle (CE, 1er juillet 1927, Demoreuil : D. 1928, III, p.21, note Trotabas ; S. 1927, III, p.105, note Hauriou) puis une faute manifeste et de particulière gravité (CE, 30 octobre 1954, Murat : Rec. p.566) dont la preuve a été exigée. Par la suite, à partir de l'arrêt de Section du 21 décembre 1962, Husson-Chiffre le Conseil d'Etat a exigé la preuve d'une faute lourde (Rec. p.701 ; AJDA 1963, p.90, chron. Gentot et Fourré ; D. 1963, p.558, note Lemasurier).

1566.- Partage entre la faute lourde et la faute simple.- Comme en matière hospitalière, la preuve d'une faute lourde était très difficile à établir, ce qui a conduit le Conseil d'Etat à opérer une distinction entre deux types d'activités des services fiscaux, à l'occasion de l'arrêt de Section Bourgeois du 27 juillet 1990 (requête numéro 44676 : Rec. p.242 ; AJDA 1991, p. 346, note Debbasch ; D. 1991, somm. comm., p. 287, obs. Bon et Terneyre ; RFDA 1990, p. 899, note Chahid-Nouraï).

Dans cette affaire, les juges estiment que les erreurs constatées dans la saisie et le traitement informatisé de déclarations et dans l'exécution automatique de prélèvements mensuels ont été commises lors de l'exécution d'opérations « qui, si elles se rattachent aux procédures d'établissement et de recouvrement de l'impôt, ne comportent pas de difficultés particulières tenant à l'appréciation de la situation des contribuables ». Ces opérations « engagent, lorsqu'elles sont constitutives d'une faute, la responsabilité de l'Etat sur le terrain de la faute simple ».

En revanche, dès lors qu'une opération d'assiette ou de recouvrement de l'impôt présente des difficultés particulières, c'est une faute lourde qu'il fallait établir (V. par exemple CE, 13 mai 1991, requête numéro 79933, Commune de Garges-lès-Gonesse: AJDA 1991, p. 750, note Julien-Laferrière ; Dr. fisc. 1992, comm. 158, concl. Chahid-Nouraï ; D. 1992, somm. comm., p. 146, obs. Bon et Terneyre).

Cette solution a été maintenue par le Conseil d'Etat, dans son arrêt de Section du 29 décembre 1997, Commune d'Arcueil (requête numéro 151472 : Rec. p. 512 ; AJDA 1998, p. 112, chron. Girardot et Raynaud ; RFDA 1998, p.97, concl. Goulard ; RJF 2/1998, 189, concl. Goulard, p. 81), à l'époque où la faute lourde commençait à être abandonnée dans d'autres domaines.

1567.- Abandon de la faute lourde.- L'exigence de la faute lourde a finalement été abandonnée à l'occasion d'un arrêt de Section Krupa du 21 mars 2011 (requête numéro 306225 : AJDA 2011, p 1278, note Barque JCPA 2011, 2185, note Erstein ; RJEP 2011, comm. 30, note Collet ; RJF 2001, comm. 742 ; BDCF 2011, 76, concl. Legras ; RFDA 2011, p. 340, concl. Legras) dont il ressort qu'une « faute commise par l'administration lors de l'exécution d'opérations se rattachant aux procédures d'établissement et de recouvrement de l'impôt est de nature à engager la responsabilité de l'Etat à l'égard du contribuable ou de toute autre personne si elle leur a directement causé un préjudice ». Cette solution a été rapidement étendue au bénéfice des collectivités territoriales (CE, 16 novembre 2011, requête numéro 344621, Commune de Cherbourg-Octeville : Dr. fisc. 2011, n° 47, act. 355.- CE, 31 décembre 2011, requête numéro 313100, SA Aprochim : Dr. fisc. 2012, n° 1, act. 31.- CE, 24 avril 2012, requête numéro 337802, Commune de Valdoie.- CE, 4 octobre 2013, requête numéro 365066, Castelnau). L'abandon de la faute lourde concerne également les opérations de recouvrement de créances non fiscales (CE, 10 février 2014, requête numéro 360677 : AJDA 2014, p. 381 ; JCP A 2014, act. 180, obs. Tesson). Dans ce cas, le préjudice « ne saurait résulter du seul paiement de la créance » mais il « peut être constitué des conséquences matérielles des décisions prises par l'administration et, le cas échéant, des troubles dans les conditions d'existence dont le débiteur justifie ».

B – Exigence maintenue de la faute lourde

1568.- Absence d'explication globale du maintien de la faute lourde.- Le maintien de l'exigence de la faute lourde dans certains domaines peut trouver plusieurs explications.

Traditionnellement, l'exigence de la faute lourde se justifiait par le fait que les activités en cause présentaient un degré élevé de difficulté. Toutefois, comme on l'a vu, cette explication est insuffisante, puisque le Conseil d'Etat a abandonné l'exigence de la faute lourde pour toute une série d'activités pourtant réputées difficiles, notamment les activités de secours.

Elle pouvait également se justifier par le fait qu'elle s'appliquait principalement à des services régaliens. Mais une fois encore, l'argument n'est pas entièrement convaincant, puisque certaines activités de services publics appartenant par essence à l'Etat - notamment les activités des services fiscaux et des établissements pénitentiaires - ne relèvent plus du régime de la faute lourde

Une autre explication, plus convaincante a priori, résulte de l'observation que dans la plupart des cas la faute lourde est exigée pour la mise en cause d'activités juridiques de l'administration lorsqu'il s'agit de sanctionner des illégalités commises par elle. En effet, à partir du moment où l'on doit considérer que toute illégalité est fautive, ce qui est logique, ne pas exiger la preuve d'une faute lourde aboutirait à une condamnation systématique de l'administration en cas de dommage (CE Sect., 26 janvier 1973, requête numéro 84768, Driancourt : Rec. p. 77 ; AJDA 1973, p. 245, chron. Cabanes et Léger ; Gaz. Pal. 1073, II, p. 859, note Rougeaux ; Rev. Adm. 1974, p. 29, note Moderne). Toutefois, on l'a vu, de nombreuses activités juridiques de l'administration relèvent aujourd'hui du régime de la faute simple.

1569.- Domaines concernés.- Si aucun de ces arguments n'est entièrement satisfaisant, on peut observer un maintien de la faute lourde dans deux domaines : les activités du service public de la justice et les activités de contrôle et de tutelle.

1° Activités du service public de la justice

1570.- Distinction entre trois hypothèses.- Les règles applicables au service public de la justice présentent une certaine originalité, du point de vue de la détermination du juge compétent, mais également du point de vue des règles de fond applicables. Une distinction doit être opérée entre la justice judiciaire et la justice administrative. Cependant, il convient de relativiser cette distinction lorsque les dysfonctionnements relevés concernent à la fois les juridictions administratives et les juridictions judiciaires.

a- Justice judiciaire

1571.- Compétence du juge judiciaire en cas de mauvaise exécution du service public.- A l'occasion de l'arrêt Préfet de Guyane du 27 novembre 1952 (requête numéro 01420, préc.), le Tribunal des conflits a précisé que les litiges relatifs à l'exercice de la fonction juridictionnelle des tribunaux judiciaires - c'est-à-dire tout ce qui concerne la mise en cause de la décision de justice elle-même ainsi que des actes qui la préparent et ceux qui visent à assurer leur exécution - relèvent de la compétence du juge judiciaire.

1572.- Responsabilité reconnue par les textes.- Longtemps, la responsabilité du fait de la justice judicaire n'était admise que dans les cas où elle était expressément prévue par des textes.

Exemples :
-L'article 626-1 du Code de procédure pénale prévoit que suite à une procédure de révision « un condamné reconnu innocent (...) a droit à réparation intégrale du préjudice matériel et moral que lui a causé la condamnation ».
- Selon l'article 149 du Code de procédure pénale la personne qui a fait l'objet d'une détention provisoire au cours d'une procédure terminée à son égard par une décision de non-lieu, de relaxe ou d'acquittement devenue définitive a droit, à sa demande, à réparation intégrale du préjudice moral et matériel que lui a causé cette détention.

1573.- Application ponctuelle des principes de la jurisprudence administrative par le juge judiciaire.- La Cour de cassation a ensuite admis la responsabilité sans faute de l'Etat au titre du fonctionnement du service public de la justice (Cass. Civ. II, 23 novembre 1956, Trésor public c. Docteur Giry : Bull. civ. II, 407 ; D. 1957, p. 34, concl. Lemoine ; AJDA 1957, II, p. 91, chron. Fournier et Braibant ; JCP G 1956, II, comm. 9681, note Esmein ; RDP 1958, p. 298, note Waline.- notons au passage qu'il s'agit de l'une des rares hypothèses où le juge judiciaire fait application des règles de responsabilité administrative, V. par ailleurs Cass. civ. I, 6 février 2007, pourvoi numéro 06-10.403, Panafieu c. O. et a. : AJDA 2008, p. 530, note Van Lang ; JCP A 2007, comm. 2131, chron. Renard-Payen ; JCPA 2007, comm. 2272, note Massip ; Dr. famille 2007, comm. 53, note Larribau-Terneyre). Cette solution était toutefois réservée aux seuls collaborateurs occasionnels du service public.

1574.- Exigence de la faute lourde par la loi du 5 juillet 1972.- La loi du 5 juillet 1972, codifiée à l'article L. 141-1 du Code de l'organisation judiciaire est alors intervenue pour préciser que « l'Etat est tenu de réparer le dommage causé par le fonctionnement défectueux du service public de la justice ». Cependant, le même texte prévoit qu'il n'y a lieu de réparer les dommages subis par la victime « sauf dispositions particulières » qu'en cas de « faute lourde ou de déni de justice ».

1575.- Contournement de cette exigence.- Pour autant, la Cour de cassation a maintenu la jurisprudence Giry qui continue à s'appliquer lorsque la victime est un collaborateur occasionnel de l'activité des services de police judiciaire.

Exemple :
- Cass. civ. I, pourvoi numéro 91-20.266, 30 janvier 1996 (Bull. civ. I, n°94 ; D. 1997, p. 83) : un mandataire liquidateur, auxiliaire de justice, est un collaborateur occasionnel du service public de la justice. Pour obtenir réparation du préjudice que lui aurait causé le service public de la justice en refusant systématiquement de lui confier un mandat judiciaire, il n'est pas tenu de rapporter la preuve de l'existence d'une faute de service.

La responsabilité sans faute de l'administration peut également être recherchée lorsque la victime est un tiers qui a été blessé lors d'une opération de police judiciaire (comme on le verra il s'agit d'une autre hypothèse de responsabilité sans faute). En effet, il résulte de la jurisprudence que le « service public de la justice » mentionné par la loi n'inclut pas cette activité.

Exemple :
- Cass. civ. I, 10 juin 1986, pourvoi numéro 84-15740, Consorts Pourcel (Bull. civ. I, n° 160 ; JCP G 1986, II, 20683, rapp. Sargos) : bénéficie d'un régime de responsabilité sans faute le tiers blessé par une arme à feu lors d'une opération de police judiciaire.

Enfin, dans les cas où la victime est un usager du service public de la justice, et que le régime de la faute lourde est donc applicable, les juges ont tendance à l'apprécier de façon très souple, à tel point qu'elle pourrait presque être assimilée à une faute simple. Cette démarche est notamment très visible dans l'arrêt d'Assemblée plénière du 23 février 2001, Consorts Bolle-Laroche dans lequel il est précisé que « toute déficience caractérisée par un fait ou une série de faits traduisant l'inaptitude du service public de la justice à remplir la mission qui lui est investie » est constitutive d'une faute lourde (Cass. Ass. plén., 23 février 2001, pourvoi numéro 99-16.165 : Bull. inf. C. cass. 1er avril 2001, p. 9, concl. de Gouttes et rapp. Collomp ; Bull. civ, Ass. plén. n° 5 ; Resp. civ. et assur. 2001, comm. 10, note Vaillier ; D. 2001, p. 1752, note Debbasch).

b- Justice administrative

1576.- Le principe d'une responsabilité pour faute lourde.- Dans l'arrêt d'Assemblée Darmont du 29 décembre 1978, le Conseil d'Etat a jugé qu'il y a lieu d'appliquer, pour réparer les dommages occasionnés par la justice administrative, non pas les dispositions de l'article L. 781-1 du Code de l'organisation judiciaire, mais les « principes généraux régissant la responsabilité de la puissance publique » (requête numéro 96004 : Rec. p. 542 ; AJDA 1979, n° 11, p. 45, note Lombard ; D. 1979, jurispr. p. 279, note Vasseur ; RDP 1979, p. 1742, note Auby.- V. récemment CE, 16 avril 2019, requête numéro 423643, Société Fauba France). Plus précisément, seule une faute lourde commise dans l'exercice de la fonction juridictionnelle par une juridiction administrative est susceptible d'ouvrir droit à indemnité. Cette action en responsabilité relève du tribunal administratif, quand bien même la personne sanctionnée serait un fonctionnaire nommé par décret du Président de la République (CE, 29 septembre 2017, requête numéro 401679.- V. aussi CE, 21 septembre 2016, requête numéro 394360, SNC Lactalis ingrédients).

1577.- Une responsabilité pour faute simple en cas de violation du principe de délai raisonnable de jugement.- Par exception, cependant, la preuve d'une faute simple suffit dès lors qu'est en cause la méconnaissance du droit à un délai raisonnable de jugement, tel que ce droit est reconnu par les articles 6§1 et 13 de la Convention européenne des droits de l'homme et par « les principes généraux qui gouvernent le fonctionnement des juridictions administratives » (CE Ass., 28 juin 2002, requête numéro 239575, Ministre de la Justice c. Magiera, préc..-V. dans le même sens, CE, 22 janvier 2007, requête numéro 286292, Forzy : AJDA 2007, p. 1036, concl. Keller ; JCP A 2007, act. 114 ; Dr. adm. 2007, comm. 63.- CE, 7 mars 2008, requête numéro 301622, Viallet). Cette solution s'applique y compris dans les cas où l'affaire est encore pendante (CE, 25 janvier 2006, requête numéro 284013, SARL Potchou et a. : AJDA 2006, p. 589, chron. Landais et Lenica ; Dr. fisc. 2006, comm. 494 ; JCPA 2006, comm. 1110, note Guettier ; RFDA 2006, p. 299, note Struillou.- CE, 28 mars 2018, requête numéro 389911). Dans cette hypothèse, la durée excessive de la procédure est présumée occasionner par elle-même un préjudice moral dépassant les préoccupations habituellement causées par un procès, sauf circonstances particulières en démontrant l'absence (CE, 19 octobre 2007, requête numéro 296529, Blin : AJDA 2008, p. 597, note Albert).

L'appréciation de la notion de « délai raisonnable » prend en compte trois critères directement inspirés de la jurisprudence de la Cour européenne des droits de l'homme (CEDH, 25 juin 2000, affaire numéro 30979/96, Frydlender c. France) : complexité de l'affaire ; conditions de déroulement de la procédure ; intérêt qu'il peut y avoir pour l'une ou l'autre des parties à ce que le litige soit tranché rapidement.

La grande plasticité de ces critères conduit nécessairement à une jurisprudence particulièrement casuistique.

Exemples :
- CE Sect., 17 juillet 2009, requête numéro 295653, Ville de Brest (Rec. p. 286 ; AJDA 2009, p.1605, chron. Liéber et Botteghi ; Dr. adm. 2009, comm. 121, note Melleray ; RDP 2010, p. 1135, note Braud) : l'Etat est responsable vis-à-vis d'une commune pour la durée excessive d'une procédure qui l'a opposée à des entreprises liées à elle par un marché de travaux. La procédure a duré onze ans et sept mois, dont trois sont considérés comme ayant dépassé le délai raisonnable.
- CE, 13 février 2012, requête numéro 346549, Barellon (AJDA 2012, p. 357) : eu égard à l'absence de difficultés particulières propres à l'affaire et à l'intérêt qui s'attachait à ce que la demande de sursis à exécution de la décision de la section disciplinaire du conseil d'administration de l'université prononçant son exclusion de tout établissement public d'enseignement supérieur pour une durée de deux ans dont un an avec sursis fût examinée rapidement, le délai de onze mois qui s'est écoulé entre la date à laquelle le requérant l'a présentée devant le Conseil national de l'enseignement supérieur et de la recherche et celle où elle est devenue sans objet du fait de la décision rendue au fond le relaxant au bénéfice du doute est excessif.

1578.- Limite à la responsabilité de l'Etat.- Il faut enfin insister sur le fait que l'autorité qui s'attache à la chose jugée s'oppose, en principe, à la mise en jeu de la responsabilité de l'Etat, dans le cas où la faute lourde alléguée résulterait du contenu même de la décision juridictionnelle et où cette décision serait devenue définitive (CE Ass., 28 décembre 1978, Darmont, préc.).

Une brèche a toutefois été ouverte dans ce principe par l'arrêt Gestas du 18 juin 2008 (requête numéro 295831 : Rec. p. 230 ; RFDA 2008, p. 755, concl. de Salins et p. 1178, note Pouyaud ; Dr. adm. 2008, comm. 120, note Gautier ; JCPA 2008, comm. 2187, note Moreau). Dans cet arrêt, en effet, le Conseil d'Etat a admis que la responsabilité de l'Etat peut être engagée en cas de faute lourde, lorsque celle-ci résulte du contenu même de la décision juridictionnelle qui est entachée d'une violation manifeste du droit de l'Union européenne ayant pour objet de conférer des droits aux particuliers. Mais il s'agit ici d'une conséquence logique de la jurisprudence de la Cour de justice dont il résulte que le « principe de la responsabilité de l'Etat inhérent à l'ordre juridique communautaire exige … une réparation » lorsqu'une violation du droit de l'Union européenne lui est imputable, y compris lorsqu'elle découle du contenu d'une décision d'une juridiction statuant en dernier ressort (CJCE, 30 septembre 2003, affaire numéro C-244/01, Kobler c/ Autriche : AJDA 2003, p. 2146, note Belorgey, Gervasoni et Lambert et p. 423, note Courtial ; RJF 2004, p. 12, note Lhernould, Mavridis et Michéa).

Cette solution a été récemment précisée par l'avis du Conseil d'Etat du 9 octobre 2020, Société Lactalis Ingrédients (requête numéro 414423 : AJDA 2020, p. 2579, note Jacquemet-Gauché ; JCP A 2021, comm. 2024, note Wernert ; Procédures 2020, comm. 239, note Chifflot). Il en résulte qu'il « appartient au juge administratif de tenir compte de tous les éléments caractérisant la situation qui lui est soumise, notamment du degré de clarté et de précision de la règle de droit de l'Union en question, de l'étendue de la marge d'appréciation que cette règle laisse aux autorités nationales, du caractère intentionnel ou involontaire du manquement commis ou du préjudice causé, du caractère excusable ou inexcusable de l'éventuelle erreur de droit, de la position prise, le cas échéant, par une institution de l'Union européenne et ayant pu contribuer à l'adoption ou au maintien de mesures ou de pratiques nationales contraires au droit de l'Union ainsi que de la méconnaissance, par la juridiction en cause, de son obligation de renvoi préjudiciel ». En l'espèce, les juges estiment qu'une violation du droit de l'Union est suffisamment caractérisée lorsque la décision juridictionnelle concernée est intervenue « en méconnaissance manifeste d'une jurisprudence bien établie de la Cour de justice de l'Union européenne en la matière ».

c- Mise en cause conjointes des juridictions administrative et judiciaire

1579.- Délai déraisonnable de jugement imputable au dualisme juridictionnel.- La durée excessive d'une procédure peut être liée, comme dans l'affaire Magiera, à la lenteur d'un seul ordre de juridiction, mais elle peut également résulter du dualisme juridictionnel et des difficultés éprouvées par le justiciable pour trouver son juge. La première chambre civile de la Cour de cassation avait précisé, dans son arrêt Vallar c. agent judiciaire du Trésor du 22 mars 2005 (pourvoi numéro 03-10355 : Gaz. Pal. 5-6 oct. 2005, p. 10, note Gonzalez) que dans un tel cas, le justiciable devait saisir les juridictions compétentes de chaque ordre pour apprécier la part respective de responsabilité qui leur est imputable dans ce dysfonctionnement.

1580.- Juridiction compétente.- Cette solution présentait le mérite d'être conforme aux principes de répartition des compétences et, plus précisément, de respecter l'indépendance à la fois du juge judiciaire et du juge administratif. Toutefois, elle présentait de sérieux inconvénients d'un point de vue pratique. D'une part, en effet, elle contraignait le justiciable à actionner l'Etat devant deux juridictions différentes. D'autre part, ce n'était pas la lenteur de la procédure devant chaque ordre de juridiction qui était en cause, mais bien le fait qu'il y ait eu une difficulté de procédure qui a conduit le justiciable à saisir successivement les deux ordres de juridiction. En d'autres termes, ce n'est pas la juridiction administrative ou la juridiction judiciaire qui étaient directement en cause, mais l'organisation juridictionnelle dans son ensemble et sa clé de voûte que constitue le dualisme juridictionnel.

Le refus de la Cour de cassation de tenir compte de la durée de la procédure devant les juridictions administratives a été désavoué par la Cour européenne des droits de l'Homme (CEDH, 4 octobre 2007, affaire numéro 27314/02, Vallar c. France). Celle-ci a en effet considéré que cette solution revenait à allonger encore la durée de la procédure, ce qui est donc contraire à l'article 6§I de la Convention européenne des droits de l'homme.

Saisie d'une affaire similaire à celle qui avait donné lieu à ce contentieux, le Conseil d'Etat a préféré recourir à la procédure de l'article 35 du décret du 26 octobre 1849 pour saisir le Tribunal des conflits de ce qu'il considérait être une « difficulté sérieuse » (CE, 5 décembre 2007, requête numéro 297215, Bernardet : AJDA 2008, p. 535, concl. Keller ; RLDC 2008/51, p. 57, obs. Miniato ; RLCT 2008/34, p. 65, note Rouault).

Le Tribunal des conflits, faisant exception aux règles de droit commun de répartition des compétences, a décidé que « lorsque la durée totale de procédure qu'un justiciable estime excessive résulte d'instances introduites successivement devant les deux ordres de juridiction en raison des difficultés de détermination de la juridiction compétente, que le Tribunal des conflits ait été amené à statuer ou non, l'action en réparation du préjudice allégué doit être portée devant l'ordre de juridiction compétent pour connaître du fond du litige, objet desdites instances » (TC, 30 juin 2008, requête numéro 3682, Bernardet, préc.). Dans ce cas, « la juridiction saisie de la demande d'indemnisation, conformément aux règles de compétence et de procédure propres à l'ordre de juridiction auquel elle appartient, est compétente pour porter une appréciation globale sur la durée de la procédure devant les deux ordres de juridiction et, le cas échéant, devant le Tribunal des conflits ».

Les règles ont encore évolué suite à la loi n° 2015-177 du 16 février 2015 relatif au Tribunal des conflits. L'article 13 de cette loi insère dans la loi du 24 mai 1872 un nouvel article 16 conférant un nouveau chef de compétence au Tribunal des conflits en tant que juge du fond : « il est seul compétent pour connaître d'une action en indemnisation du préjudice découlant d'une durée totale excessive des procédures afférentes à un même litige et conduites entre les mêmes parties devant les juridictions des deux ordres en raison des règles de compétence applicables et, le cas échéant, devant lui ». Cette solution, qui n'enlève rien au pragmatisme des nouvelles règles issues de la jurisprudence, est plus satisfaisante du point de vue des principes, puisqu'elle confie à une juridiction paritaire, et non plus à une juridiction judiciaire ou administrative, la compétence pour réparer les dommages directement imputables au système juridictionnel français dans son ensemble.

2° Activités de contrôle et de tutelle

1581.- Principe d'une responsabilité pour faute lourde.- Pour ces activités, également, c'est en principe la faute lourde qui est exigée.

Exemples :
- CE Sect., 6 octobre 2000, requête numéro 205959, Commune de Saint-Florent (préc.) : le retard mis par le préfet, dans le cadre de son contrôle administratif des collectivités territoriales, pour prononcer la dissolution d'un syndicat intercommunal n'est susceptible d'engager la responsabilité de l'Etat qu'en cas de faute lourde.
- CE Ass., 30 novembre 2001, requête numéro 219562, Ministre de l'Economie c. Kechichian (Rec. p.74, concl. Seban ; AJDA 2002, p. 133, chron. Guyomar et Collin ; CJEG 2002, p. 380, concl. Seban ; Dr. adm. 2002, comm. 58, obs. Fairgrieve ; LPA 8 novembre 2002, p. 11, note Bourrel ; JCP G 2002, II, comm. 10042, note Menuret) : eu égard à la nature des pouvoirs qui sont dévolus à la Commission bancaire, la responsabilité que peut encourir l'Etat pour les dommages causés par les insuffisances ou carences de celle-ci dans l'exercice de sa mission ne peut être engagée qu'en cas de faute lourde.
- CE Sect., 18 novembre 2005, requête numéro 271898, Société fermière de Campoloro (AJDA 2006, p.137, chron. Landais et Lenica ; Droit adm. 2006, comm. 33, note Guettier ; JCP 2006, II, comm. 10044, note Moustier et Beatrix ; RFDA 2006, p. 341.- V. également CE, 29 octobre 2010, requête numéro 338001, Ministre de l'agriculture : AJDA 2010, p. 2077, obs. de Montecler ; JCP A 2010, act. 833) : si le préfet s'abstient ou néglige de faire usage du pouvoir de substitution à l'égard des collectivités territoriales qui refusent d'exécuter la chose jugée, le créancier de la collectivité territoriale concernée est en droit de se retourner contre l'Etat en cas de faute lourde commise dans l'exercice du pouvoir de tutelle.
- CE, 16 mars 2012, requête numéro 342490, Pinon et a. : la responsabilité de l'Etat du fait de l'insuffisance du contrôle des mutuelles relève du régime de la faute lourde.
- CE, 6 mars 2015, requête numéro 368730, requête numéro 274340, Ministre de l'agriculture, de l'agroalimentaire et de la forêt (Dr. rur. 2015, comm. 187, note Robbe) : lorsqu'une association foncière s'abstient de réaliser des travaux décidés par les commissions d'aménagement foncier dans le cadre d'une opération de remembrement, la responsabilité de l'Etat ne peut être engagée, s'agissant de l'exercice d'un pouvoir de tutelle, que si, alors que les conditions légales d'exercice de ce pouvoir en cas de carence de l'association étaient réunies, le préfet s'est abstenu de le mettre en oeuvre dans un délai raisonnable à compter de la date à laquelle il a eu connaissance de son obligation d'agir, dans des conditions constitutives d'une faute lourde.

1582.- Exceptions.- Par exception, cependant, la preuve d'une faute simple suffit à engager la responsabilité de l'administration lorsqu'il apparaît que l'activité en cause ne présentait pas de difficultés particulières. Dans certaines des hypothèses visées, la gravité des fautes commises aurait pourtant certainement pu justifier la reconnaissance d'une faute lourde. Il est probable que c'est pour des raisons de pure opportunité, dans des affaires souvent médiatiques, que le Conseil d'Etat n'a pas voulu recourir à cette notion dans des cas où l'exigence d'une faute lourde, quand bien même elle aurait été reconnue, aurait mal été comprise par le grand public. Elle peut s'expliquer également par les pouvoirs de contrôle approfondis dont dispose l'Etat dans les différents domaines visés et donc de la vigilance accrue qui est exigée de sa part.

Exemples :
- CE Ass., 9 avril 1993, requête numéro 138652, requête numéro 138653, requête numéro 138663, M. D. M.G. et Epoux B. (préc.) : en novembre 1984, un rapport dénonce les dangers de contamination par le virus de l'immuno-déficience humaine présent pour les patients des produits sanguins non chauffés. La responsabilité de l'Etat qui n'a interdit la diffusion des produits sanguins non chauffés qu'en octobre 1985 est engagée pour faute simple.
- CE Ass., 3 mars 2004, requête numéro 241150, Ministre de l'Emploi c/ Bourdignon (V. dans le même sens : CE Ass., 3 mars 2004, requête numéro 241151, Ministre de l'Emploi c. Botella .-CE Ass., 3 mars 2004, requête numéro 241153, Ministre de l'Emploi c. Xueref .- CE Ass., 3 mars 2004, requête numéro 241152, Ministre de l'Emploi c. Thomas : AJDA 2004, p. 974, note Donnat et Casas ; D. 2004, p. 973, note Arbousset ; Dr. adm. 2004, comm. 87, note Delaloy ; Dr. soc. 2004, p. 569, note Prétot ; JCP A 2004, comm. 1224, obs. Benoît ; JCP G 2004, II, comm. 10098, note Trébulle ; JCP G 2004, I, comm. 163, étude Viney ; RDP 2004, p.1431, note Delhoste ; RFDA 2004, p. 612, concl. Prada-Bordenave.- V. également CE Ass., 9 novembre 2015, requête numéro 342468, SAS Constructions mécaniques de Normandie, préc. et requête numéro 359548, MAIF et a. , préc.) : une faute des pouvoirs publics est retenue, dès lors que, bien que le caractère nocif des poussières d'amiante fût connu de longue date, aucune recherche n'avait été entreprise afin d'évaluer les risques pesant sur les travailleurs exposés à ces poussières d'amiante et qu'aucune mesure destinée à éliminer ou à limiter les dangers n'avait été prise.

Le Conseil d'Etat a également condamné pour faute simple l'Etat en raison de l'absence de suspension ou de retrait de l'autorisation de mise sur le marché du Mediator. Mais ici c'est une activité de police administrative, et plus précisément de police sanitaire relative aux médicaments, qui est en cause, même si on reconnaîtra que la frontière entre cette activité et les activités de contrôle est difficile à établir (CE, 9 novembre 2016, requête numéro 393108, Bindjouli : Rec. p. 496, concl. Lessi.- CE, 9 novembre 2016, requête numéro 393902, requête numéro 393926, Faure.- CE, 9 novembre 2016, requête numéro 393904, Georgel, préc.).

On retrouve une logique assez proche de celles des jurisprudences consacrées à l'affaire du sang contaminé et au scandale de l'amiante dans une affaire où était en cause une faute commise par l'inspection du travail dans l'exercice des pouvoirs qui sont les siens pour veiller à l'application des dispositions légales relative à l'hygiène et à la sécurité au travail. Seule une faute simple est exigée ce qui s'explique notamment par le fait que les « membres de l'inspection du travail (…) disposent d'une large marge d'appréciation dans le choix des moyens juridiques qui leur apparaissent les plus appropriés pour assurer l'application effective des dispositions légales par les entreprises soumises à leur contrôle, d'adapter le type et la fréquence de leurs contrôles à la nature et à la gravité des risques que présentent les activités exercées et à la taille des entreprises » (CE, 18 décembre 2020, requête numéro 437314, Ministre du Travail).

Dans d'autres cas, l'absence d'exigence de la faute lourde résiste à toute analyse.

Exemple :
- CE, 31 mars 2008, requête numéro 303159, Société Capraro et cie (AJDA 2008, p. 1780, note Toulemonde) : les services de la direction régionale de l'industrie et de la recherche, en ne relevant pas, lors des contrôles annuels effectués entre 1991 et 1998 sur un véhicule tracteur du camion semi-remorque, la non-conformité d'une réparation de fortune réalisée en 1991, ont commis une faute (simple) de nature à engager la responsabilité de l'Etat.
- CE, 24 avril 2017, requête numéro 394651, Aubry-Dumont (AJDA 2017, p. 1469, concl. Domino ; Dr. adm. 2017, comm. 34, note Camguilhem ; JCP A 2017, comm. 2131, note Pauliat : une solution identique a été retenue dans une affaire où une défaillance des services de contrôle aux frontières avait conduit au départ d'une mineure en Syrie où elle avait rejoint les rangs de l'organisation terroriste « Etat islamique ». Dans cette affaire, c'est probablement la proximité des activités en cause avec les activités de police qui a conduit à l'exigence d'une faute simple. Si l'Etat a été condamné en l'espèce, la faute simple n'avait pas été retenue dans une affaire antérieure (CE, 9 décembre 2015, requête numéro 386817, Ali-Mehenni : AJDA 2016, p. 332, concl. Domino ; JCP A 2015, act. 1074, obs. Erstein).
- CE, 27 novembre 2020, requête numéro 417165, Pellegrini (Dr. adm. 2021, comm. 20, note Barbé) : l'octroi d'une aide publique à une entreprise, alors même que sa situation était irrémédiablement compromise à la date à laquelle elle a été accordée, ne permet de caractériser l'existence d'une faute que si cette aide a été accordée en méconnaissance des textes applicables ou qu'il est manifeste, qu'à la date de son octroi, cette aide était insusceptible de permettre la réalisation d'un objectif d'intérêt général ou que son montant était sans rapport avec la poursuite de cet objectif. Il en résulte que si la faute lourde n'est pas exigée, la faute simple n'est reconnue qu'en cas de manquement grave de l'administration à ses obligations, ce qui pourrait tout aussi bien caractériser une faute lourde. En outre, saisi d'une demande indemnitaire sur le fondement d'une aide illégale accordée à une entreprise, il appartient au juge d'apprécier si le préjudice allégué présente un caractère certain et s'il existe un lien de causalité direct entre la faute de l'administration et le préjudice allégué par les requérants.

§III – Responsabilité sans faute

1583.- Catégories de régimes de responsabilité sans faute.- L'étude de la jurisprudence permet de distinguer deux grandes catégories de régimes de responsabilité sans faute, en fonction des conditions exigées par les juges pour déclencher leur engagement.

Dans certains cas, c'est l'intensité du risque créé par l'administration résultant de l'activité à l'origine du dommage, qui conditionne l'engagement de sa responsabilité.

Dans d'autres hypothèses, c'est la nature des dommages subis par les victimes qui justifient l'engagement de la responsabilité administrative. Plus précisément, lorsque l'activité de l'administration ne présente pas de risque particulier, le principe d'égalité devant les charges publiques impose de réparer les dommages subis par certaines catégories de victimes.

I – Responsabilité pour risque

1584.- Choses dangereuses et méthodes dangereuses.- L'engagement de la responsabilité sans faute pour risque de l'administration est possible dans deux hypothèses : lorsqu'elle utilise des choses dangereuses ou lorsqu'elle fait usage de méthodes dangereuses.

A – Choses dangereuses

1585.- Origine de la notion de choses dangereuses.- La notion de chose dangereuse est apparue à l'occasion de l'arrêt du Conseil d'Etat du 28 mars 1919 Regnault-Desroziers (requête numéro 62273 : Rec. p.329 ; RDP 1919, p. 239, concl. Corneille ; S. 1919, III, p. 25, note Hauriou).

Suite à l'explosion d'un fort, les ayants droit des victimes avaient demandé réparation à l'Etat. En l'espèce il était reproché à l'autorité militaire d'avoir entreposé dans des conditions d'organisation sommaires des munitions en centre-ville. Toutefois, une faute n'est pas retenue, les circonstances de guerre ayant un effet exonératoire. Cependant, les juges estiment que ces opérations « comportaient des risques excédant les limites de ceux qui résultent normalement du voisinage et que de tels risques étaient de nature, en cas d'accident … à engager indépendamment de toute faute la responsabilité de l'Etat ».

Par conséquent, ce qui déclenche la responsabilité de l'administration, dans cette affaire, c'est le fait qu'elle ait soumis des tiers à des risques excédant ceux qui sont normalement inhérents à un type d'activité donné. En effet, si les munitions avaient été stockées dans des conditions normales, seule la responsabilité pour faute de l'Etat aurait pu être recherchée.

1586.- Ouvrages publics exceptionnellement dangereux.- Le même raisonnement se retrouve dans l'arrêt d'Assemblée Dalleau du 6 juillet 1973 (requête numéro 82406 : Rec. p. 482 ; D. 1973, p. 740, note Moderne ; JCP 1974, comm. 17625, note Tedeschi). Si les usagers d'une voie publique se voient appliquer, en cas de dommage, un régime de présomption - l'administration pouvant s'exonérer de toute responsabilité en démontrant qu'elle a normalement entretenu l'ouvrage - ils bénéficient d'un régime de responsabilité sans faute dès lors que l'ouvrage en cause présente un caractère exceptionnellement dangereux. Cette reconnaissance est toutefois soumise à des conditions très strictes, et l'arrêt Dalleau demeure la seule illustration positive de cette jurisprudence (V. ainsi, refusant de qualifier d'ouvrage public exceptionnellement dangereux un passage à niveaux CE, 8 août 2008, requête numéro 290876, Choteau : AJDA 2008, p. 1965, concl. Thiellay.- V. également à propos d'un cheminement piétonnier constitué par le tapis semi-rigide en matière synthétique posé sur le sable d'une plage CAA Marseille, 28 juin 2012, requête numéro 10MA00593, Brunet).

1587.- Armes et engins comportant des risques exceptionnels pour les personnes.- En revanche, les règles appliquées aux tiers victimes de dommages occasionnés par l'utilisation, par les services de police, d'armes et d'engins « comportant des risques exceptionnels pour les personnes et pour les biens » ont vocation à s'appliquer de manière plus fréquente (CE Ass., 24 juin 1949, requête numéro 87335, Lecomte : Rec. p. 307 ; JCP 1949, comm. 5092, concl. Barbet, note George ; RDP 1949, p. 583, note Waline)

Cependant l'existence de ces risques « exceptionnels » ne suffit pas à engager à elle seule la responsabilité de l'Etat. Il est également nécessaire que « les dommages subis dans de telles circonstances excèdent, par leur gravité, les charges qui doivent être normalement supportées par les particuliers en contrepartie des avantages résultant de l'existence de ce service public ».

Exemple :
-CAA Nantes, 5 juillet 2018, requête numéor 17NT00411, Ministre de l'Intérieur (JCP A 2018, comm. 2234, concl. Bréchot) : le flash-ball est une arme dangereuse comportant des risques exceptionnels pour les personnes. En conséquence, la responsabilité de la puissance publique peut être engagée sans faute, si la victime d'un tir est un tiers à l'opération de police, ou pour faute simple du service de police, dans le cas où elle était visée par cette opération.

L'existence de cette condition restrictive paraît s'expliquer par le fait que les juges considèrent systématiquement que toutes les armes présentent de tels risques exceptionnels, ce qui évite, en cas de dommage, l'engagement automatique de la responsabilité de l'administration.

B – Méthodes dangereuses

1588.- Mineurs délinquants en milieu semi-ouvert.- La responsabilité pour risque du fait de l'utilisation de choses dangereuses a été étendue aux méthodes dites « dangereuses » par l'arrêt de Section Thouzellier du 3 février 1956 (Rec. p. 49 ; D. 1956, jurispr. p. 597, note Auby ; JCP G 1956, II, comm. 9608, note Lévy ; RDP 1956, p. 854, note Waline ; AJDA 1956, p. 51, note Bénoit). Dans cette affaire les juges appliquent un régime de responsabilité sans faute pour la réparation des dommages causés par les pensionnaires de certains établissements d'éducation surveillée pratiquant des méthodes libérales de rééducation en milieu semi-ouvert. Cette solution s'applique que le mineur ait été confié à un établissement spécialisé, ou à une « personne digne de confiance » au sens de l'ordonnance n°45-174 du 2 février 1945 relative à l'enfance délinquante et aujourd'hui de l'article L. 112-14 Code de la justice pénale des mineurs entré en vigueur le 30 septembre 2021 (CE,

5 décembre 1997, requête numéro 142263, Garde des Sceaux, Ministre de la Justice c/ Pelle .- CE, 26 juillet 2007, requête numéro 292391, Garde des Sceaux, Ministre de la Justice c/ Jaffuer : AJDA 2008, p.101, note Chalus.- CE, 6 décembre 2012, requête numéro 351158, Garde des Sceaux, Ministre de la Justice et des Libertés c/ Association JCLT).

1589.- Malades mentaux bénéficiant de méthodes thérapeutiques libérales.- La jurisprudence relative aux méthodes dangereuses concerne également les victimes de dommages occasionnés par les malades mentaux qui bénéficient de méthodes thérapeutiques libérales, c'est-à-dire les malades qui sont juridiquement internés sans pour autant entre enfermés (CE, 13 juillet 1967, requête numéro 65735, Département de la Moselle : Rec. p. 341 ; D. 1967, jurispr. p. 675, note Moderne ; RDP 1968, p. 391, note Waline : AJDA 1968, p. 419, note Moreau).

Exemple :
- CE, 13 mai 1987, Piollet et Anson, requête numéro 49199 (Rec. p. 172 ; AJDA 1987, p. 459, chron. Azibert et de Boisdeffre ; D. 1988, jurispr. p. 163, obs. Moderne et Bon) : le Conseil d'Etat précise que le placement familial surveillé fait partie des traitements propres à assurer la réadaptation progressive des malades mentaux à des conditions normales de vie. Si, durant le temps où cette méthode thérapeutique est appliquée, les malades restent sous la responsabilité de l'hôpital, cette méthode crée un risque spécial pour les tiers qui ne bénéficient plus des garanties inhérentes aux habituelles méthodes d'internement. La responsabilité de l'hôpital se trouve en conséquence engagée, même sans faute de sa part, pour les dommages que cause aux tiers un malade placé sous ce régime.

En revanche, cette solution ne s'applique pas à l'hypothèse d'un dommage occasionné par un mineur qui suit un traitement psychiatrique en hôpital de jour, ce mode de traitement ne présentant pas de risque spécial de dommage, ce mineur n'ayant pas vocation, a priori, à être interné (CE, 17 février 2012, requête numéro 334766, Société Maaf Assurances : Dr. adm. 2012, comm. 60, note Muscat ; JCPA 2012, comm. 2182, note Pauliat). Ce raisonnement avait déjà utilisé dans des cas comparables où le patient n'est pas interné mais est en service libre (CE Sect., 30 juin 1978, requête numéro 99514, requête numéro 01582, Hôpital psychiatrique départemental de Rennes c/ Clotault : Rec. p. 289).

1590.- Détenus bénéficiant d'un régime de détention aménagée.- La responsabilité sans faute est également admise en cas de dommages occasionnés par des détenus bénéficiant d'un régime de détention aménagée qui les amène à quitter la prison durant l'exécution de leur peine.

Exemple :
- CE Sect., 29 avril 1987, requête numéro 61015, Banque populaire de la région économique de Strasbourg, (Rec. p .58 ; AJDA 1987, p. 454, chron. Azibert et de Boisdeffre ; D. 1988, somm. comm. p. 60, obs. Moderne et Bon ; RFDA 1987, p. 831, concl. Vigouroux) : les juges précisent que les mesures de libération conditionnelle, de permission de sortie et de semi-liberté constituent des modalités d'exécution des peines

qui ont été instituées à des fins d'intérêt général et qui créent, lorsqu'elles sont utilisées, un risque spécial pour les tiers susceptible d'engager, même en l'absence de faute, la responsabilité de l'Etat.

On retrouve, dans toutes ces affaires où il est question de risque comme condition d'engagement de la responsabilité des personnes publiques, la même logique que dans la jurisprudence Regnault-Desroziers : l'utilisation de méthodes libérales n'est pas en principe fautive sauf, par exemple, si une faute de diagnostic permet de faire bénéficier un malade dangereux d'une méthode libérale de traitement. L'absence de faute s'explique, dans tous les cas, par le fait que les méthodes employées sont censées être bénéfiques, non seulement pour le mineur, le malade ou le détenu qui en est le destinataire, mais également pour la société qui tirerait un bénéfice de leur réinsertion. Toutefois, ces méthodes créent un risque spécial de dommage pour les tiers qui y sont exposés, c'est-à-dire un risque supérieur à celui qui aurait existé si le mineur dangereux, le malade ou le détenu étaient demeurés enfermés, ce qui justifie l'engagement de la responsabilité sans faute de l'administration.

Cette jurisprudence appelle deux observations complémentaires.

1591.- Patient bénéficiant d'une méthode thérapeutique nouvelle.- D'une part, en toute logique, seuls les tiers peuvent bénéficier de ce régime, puisque les usagers sont censés avoir accepté les risques présentés par le service. Ce principe ne connaît qu'une exception en application de la solution dégagée par la cour administrative d'appel de Lyon dans l'arrêt Gomez du 21 décembre 1990 (requête numéro 89LY01742 : Rec. p. 498 ; AJDA 1991, p. 126, chron. Jouguelet et Loloum ; D. 1991, somm. comm. p. 292, obs. Bon et Terneyre ; Gaz. Pal. 21 juillet 1991, p. 258, note Medouze ; RFDA 1991, p. 466, obs. C.B.). Dans cette affaire, la cour fait bénéficier un patient d'un régime de responsabilité sans faute dans le cas d'un dommage lié à l'emploi d'une méthode thérapeutique nouvelle. Dans un tel cas, ce sont les risques spéciaux liés à la nouveauté de cette méthode qui justifient la solution retenue.

D'autre part, il convient de relever que la seule condition d'engagement de la responsabilité sans faute, du point de vue du fait générateur, tient à l'exigence d'un risque spécial. En revanche, aucune condition n'est exigée du point de vue de la gravité des dommages subis. Ici encore, cependant, l'arrêt Gomez fait exception à la règle, puisque dans cet arrêt il est exigé, en plus de l'existence d'un risque spécial, un dommage « exceptionnel et anormalement grave ». Le fait que ces conditions soient plus restrictives paraît pouvoir être expliqué par la qualité d'usager de la victime qui ne saurait bénéficier d'un régime aussi avantageux que celui appliqué aux tiers.

II – Responsabilité pour rupture de l'égalité devant les charges publiques

1592.- Logique de garantie sociale.- Le fait générateur de ce type de responsabilité sans faute n'est pas constitué par l'existence d'un risque d'une intensité particulière, mais par la survenance d'un dommage qui doit présenter, dans certaines hypothèses, des caractéristiques particulières. L'engagement de la responsabilité sans faute de l'administration permet alors de rétablir l'égalité entre la victime et le reste de la population.

On se situe ici plus dans une logique de garantie sociale que dans une logique de responsabilité, puisqu'il ne s'agit plus de savoir qui de la victime ou de l'auteur du dommage devra supporter la charge de la dette. C'est pour cette raison que c'est parfois le législateur qui va intervenir en vue de rétablir l'égalité devant les charges publiques, comme on pourra l'observer dans différentes hypothèses.

1593.- Un ensemble hétérogène.- Il est primordial d'insister sur le fait que certains des arrêts relevant de ce type de responsabilité sans faute se réfèrent pourtant à un risque. Toutefois, il s'agit toujours, dans de tels cas, non pas de risques spéciaux mais de risques inhérents à un type d'activité donné. En outre, dans de telles affaires, il est question non pas de l'intensité du risque - qui le distingue du risque inhérent à un type d'activité donné - mais seulement de la réalisation de ce risque, c'est-à-dire d'un dommage.

Relèvent également de ce type de responsabilité sans faute les hypothèses de responsabilité du fait de la garde des choses. Enfin, sont concernées la responsabilité du fait des décisions administratives régulières, la responsabilité du fait des lois et des normes internationales, la responsabilité du fait des difficultés d'accès des handicapés à des bâtiments publics, et la responsabilité du fait des dommages occasionnés à des tiers durant une perquisition administrative ordonnée dans le cadre de l'état d'urgence

A – Réalisation de risques inhérents à certaines activités administratives

1594.- Hypothèses.- Certains risques inhérents à l'activité administrative permettent d'engager la responsabilité de l'administration lorsqu'ils se réalisent. Cette hypothèse s'applique aux victimes qui ont été placées, pour des raisons liées à une activité professionnelle, dans des situations dangereuses, aux victimes d'attroupements et de rassemblements, aux collaborateurs des services publics, aux tiers victimes de dommages de travaux publics et à certaines victimes de l'activité des établissements hospitaliers et de transfusion sanguine.

1° Situations dangereuses

1595.- Illustrations.- Alors que la jurisprudence consacrée aux choses et aux méthodes dangereuses relève clairement de la responsabilité pour risque, celle relative aux situations dangereuses doit être classée parmi les hypothèses de responsabilité sans faute objective.

En effet, dans ce cas, ce qui conditionne l'engagement de la responsabilité de l'administration, ce n'est pas, comme dans les hypothèses susvisées, le fait que la victime a été soumise à un risque d'intensité supérieure à celui normalement inhérent à un type d'activité donné. En d'autres termes, la réparation n'est pas accordée en raison des risques spécifiques présentés par une méthode particulière d'accomplissement d'une activité donnée, mais parce que le risque, précisément circonscrit, est susceptible d'occasionner, en se réalisant, des dommages particulièrement graves.

Exemples :
- CE, 6 novembre 1968, requête numéro 72636, Dame Saulze (requête numéro 72636 : Rec. p. 550 ; AJDA 1969, p. 287, chron. Dewost et Denoix de Saint Marc ; RDP 1969, p. 505, concl. Bertrand, note Waline Rev. adm. 1968, p. 174, note Chaudet) : dans le cas d'une épidémie de rubéole, le fait pour une institutrice en état de grossesse d'être exposée en permanence aux dangers de la contagion comporte pour l'enfant à naître un risque spécial et anormal qui, lorsqu'il entraîne des dommages graves pour la victime, est de nature à engager au profit de celle-ci la responsabilité de l'Etat.
- CE Sect., 19 octobre 1962, Perruche (Rec. p. 555 ; AJDA 1962, p. 668, chron. Gentot et Fourré) : le Consul de France à Séoul a droit à réparation du pillage de ses biens par les troupes nord-coréennes à raison du fait que le gouvernement l'a placé « dans une situation qui comportait des risques exceptionnels pour sa personne comme pour ses biens ».
- TA Versailles, 3 juillet 1997, Cohen (LPA, 5 septembre 1997, n° 107, note Lemoyne de Forges) : le fait pour un chirurgien d'être exposé dans l'accomplissement de sa fonction exercée dans l'intérêt de la santé publique et selon les règles définies par l'Etat au danger de la contamination par le syndrome de l'immunodéficience humaine constitue un risque anormal et spécial qui, lorsqu'il entraîne des dommages graves pour la victime, est de nature à engager au profit de celle-ci la responsabilité de l'Etat.

Certains régimes législatifs de responsabilité peuvent être rattachées à cette hypothèse. Tel est cas particulièrement de celui dont relèvent les victimes d'essais nucléaires (L. n°2010-2, 5 janvier 2010).

2° Collaborateurs des services publics

1596.- Collaborateurs permanents.- La jurisprudence relative aux collaborateurs de l'administration a pour origine l'arrêt du Conseil d'Etat Cames du 21 juin 1895 (requête numéro 82490 : Rec. p.509, concl. Romieu ; D. 1896, III, p.65, concl. Romieu ; S. 1897, III, p.33, concl. Romieu, note Hauriou). En l'espèce, le Conseil d'Etat était saisi d'une demande de réparation exercée par un ouvrier employé par l'Etat suite à un accident survenu dans un arsenal en l'absence de toute faute. Le Conseil d'Etat accepte néanmoins de condamner l'Etat, sans même se référer à la gravité des dommages subis. En d'autres termes, le fait que des agents publics soient soumis à des risques professionnels, inhérents à leur activité, justifie à lui seul la condamnation de l'administration en cas de dommages.

Le développement des systèmes de couverture sociale a pratiquement vidé de son intérêt cette jurisprudence jusqu'à l'arrêt d'Assemblée du 22 novembre 1946 Commune de Saint-Priest-la-plaine (requête numéro 74725 : Rec. p. 279 ; D. 1947, p.375, note Blavoet ; S. 1947, III, p.105, note Bénoit.- V. également CE, 30 avril 2004, requête numéro 244143, Perroud).

1597.- Collaborateurs occasionnels requis-. Cet arrêt fait bénéficier d'un régime de responsabilité sans faute les collaborateurs occasionnels de l'administration. En l'espèce, deux bénévoles avaient été blessés après avoir accepté à la demande du maire de tirer un feu d'artifice à l'occasion d'une fête locale, ce qui en faisait des collaborateurs du service public.

1598.- Collaborateurs spontanés.- Par la suite, le Conseil d'Etat a également appliqué cette solution, qui était jusqu'alors réservée aux collaborateurs sollicités (V. par exemple CAA Paris, 27 juin 2005, requête numéro 01PA00620, Commune de Jouy-le-Moutier), aux collaborateurs spontanés de l'administration.

Exemple :
- CE Sect., 25 septembre 1970, requête numéro 73707, requête numéro 73727, Commune de Batz-sur-mer (Rec. p. 540 ; AJDA 1971, p. 37, chron. Labetoulle et Cabannes ; D. 1971, jurispr. p. 55, concl. Morizot ; JCP G 1970, II, comm. 16525, note X. ; RTDSS 1971, p. 294, note Dubouis) : est un collaborateur occasionnel du service public de secours un individu qui a péri en tentant de porter secours à des personnes en danger de noyade en mer, alors même que son intervention était spontanée.

L'intervention doit cependant être justifiée par une « urgente nécessité ».

Exemple :
- CE, 12 novembre 2007, requête numéro 06MA00829, Mme. Odile X. : en tentant de porter secours à son fils qui, venant de tomber du sommet d'une barre rocheuse, était accroché à la paroi les pieds dans le vide, et alors qu'il y avait une urgente nécessité d'agir, le requérant s'est comporté en collaborateur bénévole du service public de secours qui incombait à la commune.

1599.- Collaborateurs occasionnels et titulaires d'un contrat de travail.- Une difficulté se pose lorsque le collaborateur occasionnel est titulaire d'un contrat de travail et qu'il est susceptible de se voir ouvrir un droit à réparation en application du régime de couverture des risques professionnels dont il bénéficie. Dans ce cas, pour éviter une double indemnisation, il a le droit, comme le cas échéant ses ayants cause, à être indemnisé, par la collectivité publique ayant bénéficié de son concours, seulement dans la mesure où le préjudice n'a pas été réparé par son employeur ou par son régime de couverture des risques professionnels (CE, 12 octobre 2009, requête numéro 297075, Chevillard et Consorts Bancherelle : Rec. p. 387 ; AJDA 2009, p. 2170, chron. Liéber et Botteghi ; Dr. adm. 2009, comm. 170, note Melleray ; JCP A 2009, comm. 2306, note Idoux ; RD transp. 2011. 228, obs.

Carré ; RFDA 2010, p. 410, note Lemaire). Etait concerné dans cette affaire un pilote d'hélicoptère qui avait participé à une opération de secours en mer après avoir été envoyé sur les lieux par une entreprise privée qui relayait une demande de secours des pouvoirs publics.

3° Victimes de rassemblements et d'attroupements

1600.- Un régime législatif.- La loi du 16 avril 1914 a créé un régime de responsabilité sans faute, sur le fondement de la notion de « risque social » au bénéfice des victimes de dommages occasionnés lors de rassemblements et d'attroupements. En application de ce texte, c'est la responsabilité de plein droit des communes qui devait être recherchée devant le juge judiciaire.

La loi n°83-8 du 7 janvier 1983 a ensuite transféré la charge de la responsabilité sur l'Etat, et la loi n°86-29 du 9 janvier 1986 a prévu la compétence du juge administratif pour connaître des litiges occasionnés par des rassemblements ou des attroupements.

Ces textes ont été codifiés à l'article L. 2216-3 du Code général des collectivités territoriales, abrogé et reproduit à l'article L. 211-10 du Code de sécurité intérieure, qui prévoit que « l'Etat est civilement responsable des dégâts et dommages résultant des crimes et délits commis, à force ouverte ou par violence, par des attroupements ou rassemblements armés ou non armés, soit contre les personnes, soit contre les biens ». Le même texte précise que l'Etat peut exercer une action récursoire contre la commune lorsque la responsabilité de celle-ci se trouve engagée. Il a été récemment complété par la loi n° 2019-290 du 10 avril 2019 visant à renforcer et garantir le maintien de l'ordre public lors des manifestations qui confirme que l'Etat peut également exercer une action récursoire contre les auteurs du fait dommageable, conformément aux règles de la responsabilité civile extracontractuelle.

Sont réparables tous les dommages matériels ainsi que ceux qui ont le caractère d'un préjudice commercial résultant d'une perte de recettes d'exploitation (CE, 15 juin 2001, requête numéro 215435, SNCF : Rec. p. 272).

Le régime de responsabilité décrit par l'article L. 211-10 du Code de sécurité intérieure est d'ordre public. Il appartient en conséquence au juge administratif de soulever d'office la responsabilité sans faute de l'Etat pour les dommages causés par les attroupements (CE, 30 juin 1999, requête numéro 190038, Foucher : RFDA 1999, p. 1210, concl. Bergeal).

1601.- Conditions d'engagement de la responsabilité sans faute de l'administration.- La mise en œuvre de la responsabilité sans faute de l'administration est conditionnée par le respect de plusieurs conditions.

Tout d'abord, le dommage dont il est demandé réparation doit être en relation avec un rassemblement ou un attroupement précisément identifié et agissant de façon spontanée. Cette question fait l'objet d'une jurisprudence très fournie.

Exemples :

- CE Sect., 29 décembre 2000, requête numéro 188974, Assurances générales de France (AJDA 2001, p. 164, chron. Guyomar et Collin ; D. 2002, somm. p. 527, obs. de Béchillon ; LPA 2002, n°164, p.8, note Guettier) : des jeunes gens se sont regroupés dans un quartier de Meaux à la suite du décès accidentel d'un jeune homme poursuivi par la police et ont procédé, après ce rassemblement, à diverses destructions et dégradations de bâtiments publics. Les dommages ainsi causés ont résulté de délits commis à force ouverte contre des biens. Ces actes doivent être regardés comme étant le fait d'un attroupement ou d'un rassemblement.
- CAA Versailles, 22 avril 2020, requête numéro 17VE01202 : la circonstance que l'incendie d'un entrepôt, commis par des individus isolés, se soit déroulé au cours d'une nuit durant laquelle des violences urbaines ont été commises en attroupement sur l'ensemble du territoire national ne suffit pas à établir que les agissements à l'origine des dommages en cause ont été spontanés et commis par un attroupement ou un rassemblement au sens l'actuel article L. 211-10 du Code de sécurité intérieure.
- TA Grenoble, 9 février 1996, Société Le Fourgan Dauphinois Bellier (Gaz. Pal. 1996, 2, somm. p. 76) : doit être rejetée la requête d'une société qui ne précise pas l'implantation, la nature, les conditions de formation et la durée des barrages routiers à l'origine de son préjudice, et est dépourvue des précisions permettant au tribunal d'apprécier l'existence d'attroupements et le lien éventuel entre ces attroupements et les préjudices qu'elle a subis.
- CAA Bordeaux, 10 juillet 2007, requête numéro 05BX01097, Dornbusch c. Garde des Sceaux, ministre de la Justice (AJDA 2007, p. 1999 et 2008, p.367, note Arbousset ; JCPA 2007, 2257, chron. Garrido) : l'émeute de détenus au sein d'une maison centrale a revêtu le caractère d'un mouvement général, spontané et violent au cours duquel ont notamment été incendiés des ateliers de travail.
- CE, 11 juillet 2011, requête numéro 331669, Société mutuelle d'assurances des collectivités locales (JCP 2010, comm. 2323, obs. Pacteau) : ne peuvent être regardés comme résultant d'attroupements qui engagent la responsabilité de l'Etat, des dommages résultant de la destruction d'un gymnase causée par l'embrasement d'une voiture bélier qui en avait forcé l'accès, les agissements à l'origine des dommages en cause ayant été commis selon des méthodes révélant leur caractère prémédité et organisé.
- CE, 30 décembre 2016, requête numéro 386535, Société Covéa risks : un rassemblement d'une foule très hostile à la suite du décès de deux adolescents ayant péri dans une collision avec un véhicule de police est suivi du déplacement de plusieurs centaines de personnes vers l'endroit où les corps avaient été déposés puis dans une avenue de la commune où un garage a été incendié. Bien que, d'une part, les auteurs des dégradations aient utilisé des moyens de communication ainsi que des cocktails Molotov et des battes de base-ball et qu'ils aient formé des groupes mobiles, et alors que, d'autre part, un restaurant de la même commune avait fait l'objet d'une attaque une heure avant le décès des deux adolescents, cet incendie a été le fait d'un attroupement ou rassemblement dès lors qu'il a été provoqué par des personnes qui étaient au nombre de celles qui s'étaient spontanément rassemblées, peu de temps auparavant, pour manifester leur émotion après le décès des deux adolescents et que l'attaque d'un restaurant était sans rapport avec cette manifestation.
-CE, 30 décembre 2016, requête numéro 389835, Société Generali IARD et a. : un délit d'entrave à la circulation, consistant dans le blocage de l'accès à une plateforme

d'approvisionnement des magasins de grande distribution d'une société dans une commune, commis par un groupe de producteurs de lait qui s'était constitué et organisé à seule fin de le commettre à l'aide de moyens matériels révèle une action préméditée. Les dommages dont il est demandé réparation ne peuvent donc être regardés comme résultant d'attroupements qui engagent la responsabilité de l'Etat.

Il est nécessaire, ensuite, que les actes à l'origine des dommages soient constitutifs de crimes ou de délits.

Exemple :
-TA Dijon, 20 août 1991, requête numéro 893005, Société des autoroutes Paris-Rhin-Rhône : des camionneurs, qui dressent des barrages sur une autoroute avec leurs véhicules, font obstacle à la circulation et commettent un délit prévu par l'article L. 7 du Code de la route. Par suite, l'Etat doit être condamné à indemniser le concessionnaire de l'autoroute de la perte de recettes d'exploitation subie par lui.

Enfin, les dommages dont il est demandé réparation doivent être la conséquence directe et certaine de ces crimes ou délits.

Exemple :
- CAA Marseille, 27 février 2007, requête numéro 05MA01397, Société Sofiran : dans la mesure où la société requérante, détentrice de la majorité du capital social de la Société BDA, soutient que les préjudices qu'elle invoque trouvent leur origine dans l'occupation des locaux du fonds de commerce acquis par la seule Société BDA, ces préjudices, à les supposer établis, n'ont pu résulter que des liens juridiques existant entre ces deux sociétés et ne sauraient dès lors être regardés comme procédant directement de cette occupation.

4° Dommages de travaux publics permanents subis par des tiers

1602.- Responsabilité du maître de l'ouvrage.- Le maître de l'ouvrage est responsable, même en l'absence de faute, des dommages que les ouvrages publics dont il a la garde peuvent causer aux tiers tant en raison de leur existence que de leur fonctionnement, le tiers se définissant comme « toute personne qui n'utilise pas effectivement l'ouvrage public » (conclusions Combarnous sur CE Sect. 11 mai 1960, Ministre des transports publics c/ Consorts Duboul de Malafosse : AJDA 1962, p. 588). Il ne peut dégager sa responsabilité que s'il établit que ces dommages résultent de la faute de la victime ou d'un cas de force majeure.

La présence ou le fonctionnement d'ouvrages publics est susceptible d'occasionner des dommages aux tiers qui peuvent obtenir leur réparation sans avoir à démontrer qu'une faute a été commise par l'administration. Cette solution est plus favorable que celle appliquée aux usagers, qui se voient appliquer un régime de faute présumée. La question de la distinction entre les tiers et les usagers a en conséquence une importance singulière dans le droit de la responsabilité du fait des dommages occasionnés par des travaux publics ou un ouvrage public et elle est susceptible de poser un certain nombre de difficultés.

Exemple :

-CE, 17 janvier 2020, requête numéro 433506, Société EDF c/ Régie des eaux du canal de Belletrud (préc.) : contrairement aus juges du fond, le Conseil d'Etat décide que pour être considéré comme un usager d'un canal il suffit que la victime ait été autorisée à prélever de l'eau dans le canal et qu'elle ait usé effectivement de ce droit et cela quel que soit le moment exact où le dommage s'est produit.

1603.- Dommages permanents et dommages accidentels.- L'évolution récente de la jurisprudence aboutit toutefois à distinguer deux types de dommages. Les dommages dits « permanents » sont liés à la seule présence de l'ouvrage public, à son fonctionnement et à son entretien normal et aux troubles que cela engendre pour les propriétés voisines. Ces dommages ne sont réparés que s'ils présentent un caractère anormal et spécial. En revanche les dommages « accidentels » sont réparés de plein droit par le gardien de l'ouvrage public.

Dans deux arrêts du 4 mai 2006 le Conseil d'Etat a ainsi eu l'occasion de décider que « le maître d'ouvrage est responsable, même en l'absence de faute, des dommages que les ouvrages publics dont il a la gestion peuvent causer aux tiers en raison tant de leur existence que de leur fonctionnement » (requête numéro 261657, requête numéro 262041, Ministe de l'Ecologie et du Développement durable, Commune de Bollène et a. et requête numéro 262046, Commune de Bollène et Syndicat intercommunal pour l'aménagement et l'entretien du réseau hydraulique du Nord-Vaucluse : AJDA 2007, p. 204, note Deguergue). De façon plus claire encore, dans un arrêt du 10 avril 2019, Compagnie nationale du Rhône (requête numéro 411961 : AJDA 2019, p. 1821, note Ferreira) le Conseil d'Etat a jugé que l'envasement «exceptionnel » d'aménagements de la Compagnie nationale du Rhône à la suite d'opérations de chasse de sédiments effectuées par EDF à proximité de barrages avait un caractère accidentel, de sorte que la victime n'avait pas à démontrer le caractère anormal et spécial du préjudice dont elle demandait réparation.

S'agissant des dommages permanents, l'engagement de la responsabilité de la personne publique poursuivie est seulement conditionné par le caractère anormal et spécial des dommages subis, ce qui donne lieu à une jurisprudence assez casuistique.

Exemples :
- CAA Nancy, 19 mars 2007, requête numéro 05NC01521, Schwarz et a. : un chenil construit par la fourrière municipale d'une commune constitue un ouvrage public à l'égard duquel les requérants, victimes de nuisances sonores occasionnées par les cris continuels des chiens hébergés dans l'établissement, ont la qualité de tiers. Le préjudice dont ils se plaignent est la conséquence directe du fonctionnement de cet ouvrage et présente un caractère anormal et spécial sans que la commune soit fondée à opposer le classement des terrains concernés en zone naturelle par le plan d'occupation des sols, rendu public, puis approuvé, postérieurement à la construction de leur habitation par les requérants.

- CAA Douai, 29 décembre 2006, requête numéro 05DA01477, Epoux Giard : depuis la construction d'un parking les requérants sont privés du caractère agréable du lotissement où ils habitent qui résultait de la présence d'un espace vert. Ils supportent, par ailleurs, les inconvénients liés au voisinage d'un parking qui, au-delà de son aspect inesthétique, engendre des nuisances liées à son utilisation et tenant aux allées et venues des véhicules et de leurs occupants. Ainsi, le dommage subi par les requérants présente un caractère anormal et spécial.

1604.- Allongements de parcours.- Il faut également relever que les allongements de parcours, occasionnés par la présence d'un ouvrage public nouvellement édifié, ne sont pas en principe considérés comme constituant un préjudice réparable (CE, 11 février 1991, requête numéro 90975, SCI Croix d'Argent : RD imm. 1991, p. 220, obs. Llorens et Terneyre). Il en va autrement, cependant, si la gêne occasionnée au requérant est importante.

Exemple :
- CE, 22 octobre 2003, requête numéro 217493, EDF : un poste de transformation électrique construit par EDF sur un terrain, est enclavé dans les terres exploitées par les requérants et situé à 150 m des bâtiments de leur ferme et de leur maison d'habitation. Cet ouvrage, dont l'emprise au sol est de quatre hectares et dont la hauteur peut atteindre 60 mètres, oblige l'exploitant à prendre des précautions particulières contre d'éventuels accidents et à contourner les installations avec ses matériels agricoles. Par la gêne visuelle et par les troubles qu'elle induit dans les conditions d'exploitation de la ferme des requérants, la présence de cet ouvrage leur cause un préjudice anormal et spécial de nature à engager la responsabilité d'EDF.

1605.- Problèmes de détermination de la qualité de la victime.- Par ailleurs, il se pose assez fréquemment, en jurisprudence, la question de la détermination de la qualité de la victime. En effet, si les usagers relèvent d'un régime de présomption, l'administration arrivera très fréquemment à démontrer qu'aucun défaut d'entretien normal de l'ouvrage public ne saurait lui être reproché. Dans des situations où la qualité de la victime n'est pas évidente à déterminer, celles-ci auront donc tout intérêt à invoquer un statut de tiers par rapport à l'ouvrage public, de manière à se voir appliquer un régime de responsabilité sans faute.

Exemple :
- CAA Lyon, 24 décembre 2007, requête numéro 04LY01175, Ministre de l'Ecologie, du Développement, et de l'Aménagement durables (AJDA 2008, p. 606) : l'usager d'une voie publique qui s'engage sur une autre voie à une intersection que celui qui s'apprête à cette manœuvre en s'assurant notamment de la possibilité de l'effectuer sans risque, compte tenu de la visibilité d'ensemble de la circulation, doit être considéré à cet instant, non pas comme un tiers, mais comme un usager des deux voies de l'intersection. Ainsi, la victime, dont le véhicule a été percuté alors qu'elle franchissait la route nationale pour partir sur sa gauche et qui s'était engagée sur cette voie après avoir marqué un arrêt obligatoire au débouché de la voie communale, doit être regardée comme usager de cette intersection de voies.

5° Activités des établissements hospitaliers

1606.- Réparation de risques sériels.- A l'occasion de l'arrêt d'Assemblée Bianchi du 9 avril 1993, le Conseil d'Etat a décidé que « lorsqu'un acte médical nécessaire au diagnostic ou au traitement du malade présente un risque dont l'existence est connue mais dont la réalisation est exceptionnelle et dont aucune raison ne permet de penser que le patient y soit particulièrement exposé, la responsabilité du service public hospitalier est engagée si l'exécution de cet acte est la cause directe de dommages sans rapport avec l'état initial du patient comme avec l'évolution prévisible de cet état, et présentant un caractère d'extrême gravité » (requête numéro 69336 : Rec. p. 127, concl. Daël ; RFDA 1993, p. 573, concl. Daël ; AJDA 1993, p. 344, chron. Maugüé et Touvet ; D. 1994, somm. comm. p. 65, obs. Bon et Terneyre ; JCP 1993, II, comm. 22061, note Moreau ; RDP 1993, p. 1099, note Paillet ; Rev. Adm. 1993, p. 561, note Fraissex).

Dans cette affaire, la victime avait subi une artériographie vertébrale, qui constitue un acte médical courant. Cependant, comme tout acte médical, celui-ci présente un aléa : on sait que dans environ 0,0003% des cas, le patient va subir de graves dommages, ce qui était le cas en l'espèce.

Dans de telles hypothèses, la responsabilité pour faute est nécessairement exclue. Il n'y a pas lieu non plus de faire jouer la responsabilité sans faute pour risque, dans la mesure où le risque n'est pas lié à l'emploi d'une méthode particulière créant un risque spécial. C'est donc la situation particulière de la victime, la volonté de ne pas laisser le dommage subi sans réparation, qui justifient l'engagement de la responsabilité de l'établissement hospitalier

Cette jurisprudence, qui ne pouvait bénéficier qu'à une dizaine de personnes par an, a ensuite été étendue aux victimes d'autres dommages présentant les caractéristiques visées par l'arrêt Bianchi. C'est notamment le cas des victimes d'anesthésies générales, y compris dans les hypothèses où l'opération pratiquée n'a pas de visée thérapeutique (CE Sect., 3 novembre 1997, requête numéro 153686, Hôpital Joseph Imbert d'Arles : AJDA 1997, p. 1016, chron. Girardot et Raynaud ; RFDA 1998, p. 90, concl. Pécresse ; RDSS 1998, p. 519, note Clément ; JCP G 1998, II, comm. 10016, note Moreau).

1607.- Loi n°2002-203 du 4 mars 2002.- Cette jurisprudence a été remise en cause par la loi n°2002-303 du 4 mars 2002 relative aux droits des malades et à la qualité du système de santé qui a instauré un régime spécial d'indemnisation des conséquences des accidents médicaux et aléas thérapeutiques fondé sur la solidarité nationale et crée l'office national d'indemnisation des accidents médicaux, affections iatrogènes et infections nosocomiales (ONIAM). Cette loi interdit en principe aux juges de statuer sur un autre fondement que celui de la responsabilité pour faute (V. Code de la santé publique, art. L. 1142-1). Cependant, pour les faits antérieurs au 5 septembre 2001, le juge applique toujours la jurisprudence Bianchi (V. par exemple CE, 19 mars 2010, requête numéro 313457, Ancey : AJDA 2010, p. 586, note Royer ; JCPA 2010, comm.1316, note Lantero).

1608.- Illustratiosn proches.- Ce type de mécanisme de responsabilité sans faute, fondé sur la notion de garantie sociale, mais également - parfois - sur une volonté inavouée de limiter la réparation des préjudices subis par les administrés, connaît d'autres illustrations. On peut citer ici la loi n°64-643 du 1er juillet 1964 concernant les dommages dus aux accidents vaccinatoires. On doit aussi mentionner la loi n°91-1406 du 31 décembre 1991 dont l'article 47 crée un fonds d'indemnisation au profit des victimes de préjudices résultant de la contamination par le virus du SIDA causée par une transfusion de produits sanguins ou une injection de produits dérivés du sang. Mentionnons également la loi n°2000-1257 du 23 décembre 2002 qui crée le fonds d'indemnisation des victimes de l'amiante ou encore - dans un autre domaine que celui de la santé - la loi n°86-1020 du 9 septembre 1986 qui crée le fonds de garantie des victimes des actes de terrorisme.

B – Responsabilité du fait de la garde des choses ou des personnes

1609.- Dommages de travaux publics subis par des tiers.- La responsabilité de la garde du fait des choses, en droit administratif, est plus ancienne qu'il n'y paraît de prime abord. Dans le contentieux de la réparation des dommages de travaux publics occasionnés aux tiers, elle a été reconnue par le Conseil d'Etat dans l'arrêt d'Assemblée Département du Var du 28 mai 1971 (requête numéro 76216 : Rec. p. 630). Dans cette affaire, qui concerne la catastrophe occasionnée par la rupture du barrage de Malpasset, le Conseil d'Etat admet que « le maître de l'ouvrage est responsable, même en l'absence de faute, des dommages que les ouvrages publics dont il a la garde peuvent causer aux tiers tant en raison de leur existence que de leur fonctionnement ». Cette solution a été reprise plusieurs fois par la suite (V. notamment CE, 4 mai 2007, requête numéro 261657, requête numéro 262041, Ministe de l'Ecologie et du Développement durable, Commune de Bollène et a. et requête numéro 262046, Commune de Bollène et Syndicat intercommunal pour l'aménagement et l'entretien du réseau hydraulique du Nord-Vaucluse : AJDA 2007, p. 204, note Deguergue). Elle a surtout été confirmée de façon plus claire encore, dans un arrêt du 10 avril 2019, Compagnie nationale du Rhône (requête numéro 411961, préc.) qui énonce que « les tiers ne sont pas tenus de démontrer le caractère grave et spécial du préjudice qu'ils subissent lorsque le dommage présente un caractère accidentel ». C'est donc bien la responsabilité de plein droit du gardien de la chose qui est engagée dans une telle hypothèse.

1610.- Contaminations par voie transfusionnelle.- L'idée se retrouve ensuite dans la jurisprudence consacrée à certaines hypothèses concernant les dommages occasionnés par des services de santé. Alors que l'arrêt Bianchi concernait des risques exceptionnels, certaines victimes de risques sériels, c'est-à-dire de risques statistiquement élevés, ont également bénéficié d'un régime de responsabilité sans faute objective en application de la solution dégagée par les arrêts d'Assemblée du 26 mai 1995, N'Guyen Jouan et Pavan (requête numéro 143238, requête numéro 143673, requête numéro 151798 : Rec. p. 221 ; AJDA 1995, p. 508, chron.

Stahl et Chauvaux ; JCP 1995, comm. 22467, note Moreau ; LPA 17 mai 1996, p. 12, note Mallol ; LPA 31 mai 1996, p. 21, note Cartron ; Quot. Jur. 26 octobre 1995, p. 25, note Deguergue ; RDP 1995, p. 1609, note de Lajartre ; RFDA 1995, p. 748, concl. Daël ; EDCE 1996, n°47, p. 373). Cette solution est réservée aux victimes du sida ou de l'hépatite C contaminées par des produits sanguins non chauffés, à une époque où les risques de contamination présentaient un caractère sériel.

Dans ces arrêts, les juges relèvent « qu'eu égard tant à la mission qui leur est … confiée par la loi qu'aux risques que présente la fourniture de produits sanguins, les centres de transfusion sont responsables, même en l'absence de faute, des conséquences dommageables de la mauvaise qualité des produits fournis ». C'est donc une véritable responsabilité de plein droit du fait des choses que l'on a sous sa garde qu'institue le Conseil d'Etat.

Il faut également relever que pour les victimes de la contamination par le virus du sida, la loi n°91-1406 du 31 décembre 1991 a créé un fonds d'indemnisation. Par la suite la loi n°2004-809 du 13 août 2004 a modifié l'article L. 3122-1 du Code de santé publique qui prévoit désormais une indemnisation par l'ONIAM. Toutefois, l'existence de ce fonds ne constitue pas un obstacle à la saisine du juge administratif en vue de l'obtention d'éventuels compléments d'indemnisation. Enfin, la loi n°2008-1330 du 17 décembre 2008 permet également aux personnes contaminées par l'hépatite C d'être indemnisées par l'ONIAM (Code de la santé publique, art. L. 1221-14)

1611.- Défaillance de produits et d'appareils de santé des établissements hospitaliers.- L'idée de garde de la chose est également présente dans la jurisprudence consacrée aux dommages occasionnés pour les usagers par la défaillance des produits et appareils de santé que les établissements hospitaliers utilisent (CE, 9 juillet 2003, requête numéro 220437, Assistance publique - Hôpitaux de Paris c. Marzouk, préc.). Cette jurisprudence a été reconnue conforme à la directive n° 85/374/CEE du 25 juillet 1985 relative à la responsabilité du fait des produits défectueux (CJUE, 21 décembre 2011, affaire numéro C-495/10, Centre hospitalier universitaire de Besançon c. Dutrueux : JCP A 2012, comm. 2078, note Oberdorff ; AJDA 2012, p. 36, chron. Aubert, Broussy et Donnat ; D. 2012, p. 926, note Borghetti ; Europe 2012, comm. 100, note Larché) ce qui a permis au Conseil d'Etat de la maintenir (CE, 12 mars 2012, requête numéro 327449, Centre hospitalier universitaire de Besançon : AJDA 2012, p. 1665, note Belrhali-Bernard ; D. 2013, p. 40, obs. Brun et Gout ; JCP G 2012, comm. 623, note Tifine ; RFDA 2012, p. 961, obs. Mayeur-Carpentier, Clément-Wilz et Martucci ; RDSS 2012, p. 716, note Peigné ; RTDE 2012, p. 925, obs. Ritleng.- V. également CE, 25 juillet 2013, requête numéro 339922, Falempin : JCP G 2013, comm. 1079, note Paillard ; JCP G 2014, comm. 568, note Bloch ; D. 2013, p. 2433, note Bacache ; D. 2014, p. 55, obs. Gout ; RTD civ. 2014, p. 134, obs. Jourdain). Dans l'hypothèse où la responsabilité sans faute d'un établissement de santé est engagée, celui-ci a toutefois la possibilité d'exercer un recours en garantie à l'encontre du producteur sur le fondement des dispositions du Code civil transposant la directive. C'est le juge administratif qui est compétent pour connaître de cette action, dès lors qu'elle concerne un litige relatif au marché public conclu entre l'établissement de santé et le producteur du produit défectueux (TC, 11 avril 2016, requête numéro 4044, Centre Hospitalier de Chambéry).

1612.- Dommages occasionnés par des mineurs faisant l'objet d'une mesure d'assistance éducative.- Enfin, il existe des hypothèses de responsabilité sans faute du fait des personnes que l'on a sous sa garde. Si le Conseil d'Etat considère que l'Etat crée un risque spécial en mettant en œuvre des méthodes libérales de rééducation des mineurs délinquants, les juges ont longtemps refusé de faire bénéficier d'un même régime les victimes de dommages causés par des mineurs en danger placés au titre de l'assistance éducative (C. civ., art. 775 s.). Cette solution était logique : placer un mineur en danger - même s'il est fragilisé - ne créée aucun risque spécial de dommage, ce qui est le cas, en revanche, lorsqu'un mineur délinquant bénéficie d'une mesure de rééducation au lieu d'être enfermé. La preuve d'une faute était donc nécessaire lorsque le mineur était placé auprès d'une institution de droit public, relevant soit du département soit de l'Etat, alors que la Cour de cassation avait admis, pour les structures éducatives privées, le principe d'une responsabilité de plein droit sur le fondement de la garde d'autrui (Cass. Ass. plén., 29 mars 1991, pourvoi numéro 89-15231, Blieck : JCP G 1991, II, comm. 21673, concl. Doutenwille, note Ghestin ; D. 1991, p. 324, note Larroumet ; D. 1991, p. 157, note Viney ; Gaz. Pal. 1992, II, p. 513, note Chabas ; Defrénois 1991, p. 729, obs. Aubert ; RTD civ. 1991, p. 312, obs. Hauser et p. 541, obs. Jourdain).

Cette divergence a finalement conduit le Conseil d'Etat à reconnaître la responsabilité sans faute de l'Etat pour les dommages causés par les mineurs faisant l'objet d'une mesure d'assistance éducative (CE Sect., 11 février 2005, requête numéro 252169, GIE Axa Courtage : Rec. p. 45, concl. Devys ; AJDA 2005, p. 663, chron. Landais et Lenica ; BJCL 2005, p. 260, note Robineau-Israel et Vialettes ; JCP G 2005, II, comm. 10070, concl. Devys, note Rouault ; JCP A 2005, comm. 1132, note Moreau ; RDSS 2005, p. 466, note Cristol ; RFDA 2005, p. 595, concl. Devys, note Bon). Cet arrêt emprunte au droit privé la notion de garde d'autrui et ne se réfère plus à la notion de « méthode dangereuse », ce qui est logique dans la mesure où les mineurs qui font l'objet de ces mesures de placement ne sont pas censés être « dangereux ».

Les critères d'identification du gardien ont été précisés par le Conseil d'Etat à l'occasion de son arrêt du 13 février 2009, Département de Meurthe-et-Moselle (requête numéro 294265 : Rec. tables p. 632 ; JCP A 2009, act. 225 ; RDSS 2009, p.377, obs. Cristol) : sont concernées les décisions par lesquelles le juge des enfants confie la garde d'un mineur, dans le cadre d'une mesure d'assistance éducative à l'une des personnes mentionnées à l'article 375-3 du Code Civil, transférant à la personne qui en est chargée la responsabilité d'organiser, diriger et contrôler la vie du mineur. Le Conseil d'Etat a précisé que la responsabilité du gardien est engagée, même lorsque le placement est fait à la demande des parents

(CE, 26 mai 2008, requête numéro 290495, Département des Côtes-d'Armor : AJDA 2008, p. 2081, note Fort). Il en va de même lorsque cette demande est faite par le président du conseil régional (CE, 1er juillet 2016, requête numéro 375076, Groupama Grand Est : AJDA 2016, p. 2292, note Camguilhem ; JCP A 2016, comm. 2230, concl. Decout-Paolini, note Habchi ; JCP G 2016, comm. 1114, note Perdrix). En revanche, cette solution ne s'applique pas à un mineur souffrant de troubles psychologiques traité en hôpital de jour. Dans ce cas, en effet, la garde du mineur incombe aux parents et non à l'établissement hospitalier (CE, 17 février 2012, requête numéro 334766, Société Maaf Assurances, préc.).

Le Conseil d'Etat avait jugé que cette solution s'appliquait y compris lorsque le mineur ne se trouve pas au moment des faits sous la surveillance effective du gardien (CE, 17 décembre 2008, requête numéro 319782, Garde des Sceaux, Ministre de la Justice c. Lauze : Rec. p. 906 ; AJDA 2009, p. 661, concl. de Silva), et même lorsqu'il est momentanément hébergé chez ses parents (CE, 3 juin 2009, requête numéro 300924, Garde des Sceaux, ministre de la Justice c/ Société Gan assurances). Dans cette dernière affaire il a ainsi été jugé que dans le cas où le mineur a été confié à un service ou un établissement qui relève de son autorité, l'Etat est responsable « dès lors qu'aucune décision judiciaire n'a suspendu ou interrompu cette mission éducative ».

Ces deux solutions ont été en partie remises en cause par le Conseil d'Etat qui a considéré, dans un arrêt Groupama Grand Est du 1er juillet 2016, qu'est responsable celui qui assure « la prise en charge durable et globale du mineur » (CE, 1er juillet 2016, requête numéro 375076, Groupama Grand Est, préc.). L'existence d'une décision judiciaire de placement n'est donc plus le seul critère d'identification du gardien du mineur. Cet arrêt met en oeuvre un critère matériel dont l'utilisation s'avère beaucoup plus incertaine.

Exemple :
-Dans cette affaire les juges relèvent que les agissements délictueux du mineur avaient été commis à proximité du domicile de son père dans le Jura, alors qu'il était accueilli durant la semaine dans un centre de formation de la Haute-Saône et les samedis et dimanches par son père à son domicile. Les juges du fond en ont déduit que, intervenus alors que le mineur était sous la garde de l'un de ses parents, les faits n'engageaient pas la responsabilité du département du Jura. Le Conseil d'Etat estime qu'en se fondant sur la seule circonstance que le mineur était accueilli en fin de semaine par son père pour en déduire que la responsabilité du département n'était pas engagée, sans rechercher si la décision par laquelle le président du conseil général avait décidé de le prendre en charge, formalisée dans des contrats de placement, avait eu pour effet de transférer au département la responsabilité d'organiser, diriger et contrôler sa vie pendant la durée de cette prise en charge, la cour a commis une erreur de droit.

Il faut noter également que la circonstance que la victime soit un usager, et non pas un tiers, ne fait pas obstacle à l'application du régime de responsabilité sans faute du fait des dommages causés par des mineurs placés (CE, 13 novembre 2009, requête numéro 306517, Ministre de la Justice : JCP A 2010, comm. 2033, concl. de Silva, note Albert ; JCP G 2010, comm. 32, note Van Lang ; RDSS 2010, p.141, note Cristol). Cette responsabilité demeure encourue même si le juge avait formulé le souhait que l'enfant soit placé dans un foyer privé désigné par sa décision (CE, 13 févier 2009, requête numéro 294265 : D. 2009, p. 631 ; JCP G 2009, comm. 10059, note Tifine ; RTD civ. 2009, p. 314, obs. Hauser). Il faut aussi préciser que la responsabilité du gardien peut également être engagée à l'égard de la personne auprès de laquelle le mineur a été placé par le département. Tel est le cas dans une affaire où la garde de mineurs avait été confiée au département, qui les a ensuite placés dans une fondation, qui assurait leur prise en charge en qualité de participante à l'exécution du service public de l'aide sociale à l'enfance (CE, 19 juin 2015, requête numéro 378293, Département des Bouches-du-Rhône : JCP A 2015, comm. 2301, concl. Daumas).

1613.- Modification des règles de responsabilité en cas de dommages occasionnés par un mineur délinquant.- Cette innovation jurisprudentielle a conduit le Conseil d'Etat à modifier les règles applicables à la responsabilité de l'Etat du fait des mineurs délinquants, en intégrant la notion de garde d'autrui tout en en conservant la possibilité d'engager la responsabilité sans faute de l'Etat pour le risque spécial occasionné par lui (CE Sect., 1er février 2006, requête numéro 268147, Garde des Sceaux, ministre de la Justice c/ MAIF, préc.- V. également (CE, 17 février 2012, requête numéro 334766, Société MAAF Assurances : Rec. p. 51 ; JCP G 2012, act. 256, obs. Touzeil-Divina). La même solution s'applique pour la réparation des dommages occasionnés aux tiers lorsque, au cours d'une phase d'instruction d'une infraction mettant en cause un mineur et en dépit des risques découlant du comportement délictueux antérieur de l'intéressé, le juge d'instruction ou des enfants a décidé, plutôt que de mettre en œuvre les mesures de contrainte prévues à l'article 11 de l'ordonnance de 1945, de confier, par une mesure de placement, la garde du mineur à une personne digne de confiance (CE, 26 juillet 2007, requête numéro 292391, Ministre de la Justice c. Jaffuer, préc.). La même décision précise que les grands-parents du mineur doivent être regardés comme ayant la qualité de personnes dignes de confiance au sens des dispositions de l'article 10 de l'ordonnance du 2 février 1945, alors même que ceux-ci ne sont pas liés avec l'Etat par une convention spécifique, une habilitation ou un agrément particulier. En revanche, cette solution demeure réservée aux tiers victimes de dommages. Ainsi, un mineur victime d'une agression perpétrée par un autre mineur accueilli comme lui dans un lieu de vie et d'accueil en vue de son insertion sociale est un usager du service public de la justice qui a décidé d'un tel placement et il ne peut donc bénéficier du régime de responsabilité sans faute de l'Etat (CE, 17 décembre 2010, requête numéro 334797, Garde des Sceaux : Dr. adm. 2011, comm. 43, note Pauliat).

C – Responsabilité du fait des décisions administratives régulières

1614.- Décisions concernées et conditions d'engagement de la responsabilité sans faute de l'administration.- Il est nécessaire de déterminer la nature des décisions administratives régulières pouvant permettre l'engagement de la responsabilité sans faute de l'administration avant de définir les conditions de cet engagement.

1° Nature des décisions susceptibles de permettre l'engagement de la responsabilité sans faute de l'administration

1615.- Jurisprudence Couitéas.- Le principe d'une responsabilité sans faute du fait de décisions administratives individuelles régulières a été admis par le Conseil d'Etat à l'occasion de l'arrêt Couitéas du 30 novembre 1923 (requête numéro 38284, requête numéro 48688 : Rec. p. 789 ; D. 1923, III, p.59, concl. Rivet ; RDP 1924, p. 75, concl. Rivet et p. 208, note Jèze ; S. 1923, III, p.57, concl. Hauriou.- V. dans le même sens CE Sect., 27 mai 1977, requête numéro 98122, requête numéro 98123, SA Victor Delforge : Rec. p. 253 ; JCP G 1978, II, 18778, note Pacteau ; Rev. adm. 1977, p.489, note Darcy.- CE, 19 décembre 2007, requête numéro 296453, Margaillan c/ Ministre de l'Intérieur.- CE, 17 janvier 2011, requête numéro 325663, SA HLM France Habitation).

En l'espèce, un préfet avait refusé au requérant le concours de la force publique pour exécuter une décision de justice ordonnant l'expulsion de tribus nomades du terrain dont il était propriétaire en Tunisie. Des impératifs d'ordre public justifiaient cette décision qui ne pouvait ainsi être considérée comme fautive. Cependant, les juges estiment que « le préjudice qui peut résulter de ce refus ne saurait, s'il excède une certaine durée, être regardé comme une charge incombant normalement à l'intéressé et qu'il appartient au juge de déterminer la limite à partir de laquelle il doit être supporté par la collectivité (…) la privation de jouissance totale et sans limitation de durée résultant, pour le requérant, de la mesure prise à son égard, lui a imposé, dans l'intérêt général, un préjudice pour lequel il est fondé à demander une réparation pécuniaire ».

1616.- Loi n°91-650 du 9 juillet 1991.- Ces principes ont été repris par l'article 16 de la loi n° 91-650 du 9 juillet 1991 portant réforme des procédures civiles d'exécution, codifié à l'article L. 153-1 du Code des procédures civiles d'exécution qui précise que « l'Etat est tenu de prêter son concours à l'exécution des jugements et des autres titres exécutoires. Le refus de l'Etat de prêter son concours ouvre droit à réparation» (sur l'application de cette loi V. par ex. CE, 19 octobre 2016, requête numéro 383543, Ministre de l'Intérieur). De même, pour le Conseil constitutionnel « toute décision de justice est exécutoire (...) la force publique devant (…) prêter main-forte à cette exécution ». Toutefois « dans des circonstances exceptionnelles tenant à la sauvegarde de l'ordre public, l'autorité administrative peut (…) ne pas prêter son concours » (CC, 29 juillet 10998, numéro 98-403 DC : AJDA 1998, p. 705, chron. Schoettl ; RFDC 1998, p. 765, note Trémeau).

1617.- Jurisprudence de la CEDH.- De son côté, la Cour européenne des droits de l'homme considère qu'un Etat peut refuser le concours de la force publique pour l'exécution d'une décision de justice dans la mesure où des considérations tenant à la préservation de l'ordre public justifient l'inexécution (CEDH, 28 juillet 1999, affaire numéro 22774/93, Immobiliare Saffi c. Italie : JCP G 2000, I, 203, chron. Sudre.– CEDH, 31 mars 2005, affaire numéro 62740/00, Matheus c. France : AJDA 2005, p. 1886, chron. Flauss ; AJDI 2005, p. 928, obs. Raynaud ; Europe 2005, comm. 234, note Deffains ; JCP G 2005, I, comm. 159, chron. Sudre ; JCP G 2005, I, comm. 181, chron. Périnet-Marquet ; RDP 2006, p. 785). Cette inexécution peut également être valablement fondée sur des raisons liées à la politique sociale de l'Etat (CEDH, 31 mars 2005, Matheus c. France, préc.) ou plus généralement sur la prise en compte de la situation sociale particulière des occupants (CEDH, 2 décembre 2010, affaire numéro 6722/05, Sud Est Réalisations c. France). Cependant, ces considérations ne permettent pas l'inexécution permanente de la décision de justice. Elles créent un « sursis à l'exécution » pendant un temps « strictement nécessaire » qui doit permettre à l'Etat de trouver une issue. Ainsi, une inexécution qui a duré plus de seize ans a pu être qualifiée par la Cour de non « strictement nécessaire » ce qui caractérise une violation de l'article 1 du Protocole n° 1 de la Convention européenne des droits de l'homme (même décision).

1618.- Autres hypothèses.- Cette jurisprudence n'a pas vocation à s'appliquer qu'aux seuls cas de refus du concours de la force publique pour l'exécution des jugements, mais également à d'autres décisions administratives.

C'est le cas notamment des décisions refusant d'expulser des grévistes d'un lieu de travail (CE, 3 juin 1938, requête numéro 58698, requête numéro 58699, Société La Cartonnerie et Imprimerie Saint-Charles : Rec. p. 539 ; DP 1938, III, p. 65, note Appleton ; DP 1939, III, p. 9, concl. Darras.- V. aussi concernant le blocage du domaine public portuaire CE, 30 septembre 2019, requête numéro 416615 : Contrats-Marchés publ. 2019, comm. 385, note Soler-Couteaux ; Dr. adm. 2020, comm 5., note Eveillard ; JCP A 2019, act. 625, obs. Touzeil-Divina).

De nombreux autres exemples peuvent être mentionnés :

- CE Sect., 23 décembre 1970, requête numéro 73453, EDF c. Farsat (Rec. p.790 ; AJDA 1971, 16820, note Beaufrère) : les juges réparent les dommages subis par un propriétaire du fait de la renonciation d'EDF à poursuivre l'expropriation de son terrain.
- CE, 15 novembre 2000, requête numéro 03BX01092, Chambre de commerce et d'industrie de Colmar et du Centre Alsace et Commune de Morschwiller-le-Bas (CJEG 2001, p. 118, concl. Seban) : en renonçant à la réalisation du projet de liaison fluviale à grand gabarit entre la Saône et le Rhin, l'Etat n'a commis aucune faute de nature à engager sa responsabilité à l'égard d'une commune. Toutefois, cette commune a subi un préjudice particulier, en raison de l'incidence de l'abandon du projet Saône-Rhin sur la fréquentation d'une voie navigable reliant le canal d'Alsace au port de Mulhouse, dont elle n'avait contribué à financer les travaux de mise à grand gabarit que dans la perspective de la réalisation de l'ensemble du projet de liaison Saône-Rhin.

-CE, 8 juin 2017, requête numéro 390424, Bozidarevic (JCP A 2017, comm. 2166, note Vioujas) : un praticien hospitalier suspendu pendant huit ans a subi une diminution difficilement remédiable de ses compétences chirurgicales compromettant ainsi la possibilité pour lui de reprendre son exercice professionnel. Ce préjudice grave, qui a revêtu un caractère spécial, ne peut être regardé, alors que le requérant a été relaxé des poursuites pénales qui avaient motivé la suspension et n'a pas fait l'objet d'une sanction disciplinaire, comme une charge qui lui incombait normalement

A l'occasion de l'arrêt de Section Commune de Gavarnie du 22 février 1963, le Conseil d'Etat a étendu la jurisprudence Couitéas aux actes règlementaires (requête numéro 50438 : Rec. p.113 ; AJDA 1963, p. 208, chron. Gentot et Fourré ; RDP 1963, p.1019, note Waline).

Enfin, si l'Etat engage sa responsabilité et doit dédommager le bailleur pendant toute la période où l'occupant s'est maintenu dans les lieux, il convient de prendre en considération les sursis accordés par la loi ou par le juge pour quitter les lieux. De la même façon, il a été jugé que la responsabilité de l'Etat à raison de son refus d'accorder le concours de la force publique cesse d'être engagée à compter de la signature d'un protocole d'accord de prévention de l'expulsion entre le bailleur et l'occupant comportant les engagements réciproques prévus par les dispositions de l'article L. 353-15-2 du Code de la construction et de l'habitation. L'organisme bailleur retrouve le droit de poursuivre l'exécution de l'ordonnance une fois constatée la défaillance de l'occupant du logement à remplir ses engagements financiers. La notification par le bailleur au préfet de la dénonciation du protocole doit être regardée, même lorsqu'elle ne le mentionne pas expressément, comme valant réquisition de prêter le concours de la force publique à l'expulsion du locataire. En conséquence, le défaut de réponse à cette réquisition dans un délai de deux mois équivaut à un refus, qui est de nature à engager la responsabilité de l'Etat (CE, 16 avril 2008, requête numéro 300268, OPHLM de Seine et Marne).

2° Conditions d'engagement de la responsabilité sans faute de l'administration

1619.- Exigence d'un dommage anormal et spécial.- Quelle que soit la nature de la décision à l'origine du dommage, celui-ci ne sera réparé que s'il présente un caractère anormal et spécial ce qui, une fois encore, donne lieu à une jurisprudence particulièrement casuistique.

Exemples :
- CE, 31 mars 1995, requête numéro 137573, Lavaud (AJDA 1995, p. 422, chron. Touvet et Stahl) : la décision d'un office public d'HLM, de fermer dix tours d'un ensemble immobilier, en liaison avec de graves incidents survenus dans le quartier des Minguettes dans la banlieue lyonnaise, a causé un préjudice commercial grave et spécial pour un pharmacien.
- CE, 22 février 2002, requête numéro 224809, Michel (Dr. adm. 2002, comm. 97) : les maladies infectieuses qui peuvent toucher les animaux sauvages et les mesures que sont, dans ces cas, amenées à prendre les autorités compétentes et qui peuvent, comme dans

les circonstances de l'espèce, consister, notamment, en une interdiction de commercialiser le gibier abattu, constituent un aléa que doivent, en principe, supporter les personnes titulaires de droit de chasse. En l'espèce, le dommage qu'a pu subir un chasseur, mis dans le cours de l'année cynégétique 1992-1993 dans l'impossibilité de commercialiser les sangliers abattus sur les lots de chasse dont il est titulaire dans la commune, ne peut être regardé comme anormal.

1620.- Hypothèse de l'exclusion de la responsabilité sans faute.- Enfin, quelle que soit la nature des mesures contestées, le principe d'une responsabilité sans faute de l'administration est écarté dans deux hypothèses.

C'est le cas, tout d'abord, lorsque l'objet même de la mesure à l'origine du dommage est de provoquer une rupture d'égalité devant les charges publiques.

Exemple :
- CE, 15 mai 1987, requête numéro 46257, Société Transports et affrètements fluviaux (Rec. p. 176 ; D. 1988, somm. comm. p. 167, obs. Moderne et Bon) : en l'absence de dispositions législatives en disposant expressément autrement et eu égard à l'objet en vue duquel a été établie la règlementation des activités de transport par voie navigable, les décisions légalement prises en application de cette règlementation ne sauraient engager la responsabilité de l'Etat ou de l'Office national de la navigation sur le fondement du principe d'égalité devant les charges publiques.

De même, la responsabilité sans faute de l'administration est écartée lorsque la décision à l'origine du dommage poursuit un intérêt général considéré comme prééminent. Dans ce cas, le silence de l'auteur de la décision quant à la question de l'indemnisation est interprété comme un refus implicite.

Exemples :
- CE, 30 juillet 1997, requête numéro 118521, Boudin : les mesures permettant au ministre de la Santé de mettre en garde le public contre des produits dont la consommation présente un risque grave pour la santé, eu égard à l'objectif de protection de la santé publique qu'elles poursuivent, ne peuvent ouvrir droit à indemnisation que si elles sont constitutives d'une faute.
- CE, 23 décembre 1988, requête numéro 75201, Martin (Rec. p.470 ; D. 1989, p.267, note Moulin ; D. 1989, somm. comm. p.344, obs. Moderne et Bon) : la loi n° 66-1006 du 28 décembre 1966 a eu pour objet de restreindre le transfert des capitaux à l'étranger en vue de la protection de la monnaie. En l'absence de toute disposition législative en disposant expressément, les règlements légalement pris en application de cette législation ne sauraient engager la responsabilité sans faute de l'Etat.

Cependant, la responsabilité sans faute est malgré tout admise lorsque l'intérêt invoqué ne présente pas un tel caractère prééminent.

Exemple :
- CE Ass., 23 mars 1984, requête numéro 24832, Société Alivar (Rec. p.127 ; AJDA 1984, p. 396, note Genevois ; AJDA 1985, p. 536, chron. Hubac et Schoettl ; D. 1986, inf. rap. p. 24, obs. Moderne et Bon ; JCP 1985, comm. 20423, note Davignon ; Rev.

adm. 1984, p. 375, note Pacteau ; RTDE 1984, p.351, concl. Denoix de Saint Marc) : le refus de visa d'une déclaration d'exportation en Italie de pommes de terre a été pris pour des motifs d'intérêt général tirés de l'état de pénurie de ce marché (et non des marchés en général). Dès lors l'Etat français ne saurait être tenu à réparation envers cette société que sur le fondement de la responsabilité sans faute au cas où il serait justifié d'un préjudice anormal et spécial imputable à l'intervention de l'administration française.

Si l'on raisonne par analogie avec les solutions retenues en matière de responsabilité du fait des lois, il faut enfin relever, comme on l'évoquera plus loin, que cette notion d'intérêt prééminent est en net recul. Il n'est pas sûr, à l'heure actuelle, qu'elle permette d'écarter l'application du régime de responsabilité sans faute.

D – Responsabilité du fait des lois et des conventions internationales

1° Responsabilité du fait des lois

1621.- Rejet de la responsabilité sans faute.- L'existence d'une responsabilité sans faute du fait des lois est liée, en grande partie, au refus longtemps inflexible de considérer que le législateur peut commettre une faute dans le cadre de ses activités. L'admission d'une responsabilité pour faute de l'Etat législateur s'est en effet très longtemps heurtée au vieux principe, hérité du légicentrisme, selon lequel « le souverain ne peut mal faire ». En d'autres termes, le Parlement, parce qu'il représente la nation souveraine, ne saurait commettre de faute dans le cadre de son action.

1622.- Hypothèse particulière de la méconnaissance par le législateur des normes internationales.- Cette solution pose toutefois un problème dans les cas où le législateur est mis en cause pour avoir méconnu ses obligations résultant des normes internationales, et notamment du droit de l'Union européenne. En effet, en refusant de reconnaître une faute, le juge administratif n'assure pas le respect de l'article 55 de la Constitution qui prévoit la supériorité des traités sur les lois ni celui de l'article 88-1 qui impose le respect du droit de l'Union.

Après avoir longtemps esquivé la question, le Conseil d'Etat a finalement admis la responsabilité de l'Etat législateur pour non transposition des objectifs d'une directive à l'occasion de l'arrêt Gardedieu du 8 février 2007 (requête numéro 279522, préc.). Il reconnaît en l'espèce que « la responsabilité de l'Etat du fait des lois est susceptible d'être engagée … en raison des obligations qui sont les siennes pour assurer le respect des conventions internationales par les autorités publiques, pour réparer l'ensemble des préjudices qui résultent de l'intervention d'une loi adoptée en méconnaissance des engagements internationaux de la France ». Cette solution s'applique également en cas de méconnaissance par la loi des principes généraux du droit de l'Union européenne (CE, 23 juillet 2014, requête numéro 354365, Société d'éditions et de protection route, préc.). En revanche, elle ne s'applique pas dans les cas où ce n'est pas la loi elle-même qui est en cause, mais la portée qui lui a été ultérieurement conférée par la jurisprudence (Ibid.).

1623.- Transposition de ce raisonnement à l'hypothèse de la violation par le législateur de normes constitutionnelles.- C'est ce raisonnement qui a ensuite été transposé par le Conseil d'Etat pour la réparation des préjudices résultant de lois contraires à la Constitution à l'occasion de trois arrêts d'Assemblée du 24 décembre 2019 (requête numéro 425983, Société hôtelière Paris Eiffel Suffren ; requête numéro 428162, Laillat ; requête numéro 425981, Société Paris Clichy, préc). Ainsi, la responsabilité de l'Etat peut être engagée « en raison des exigences inhérentes à la hiérarchie des normes, pour réparer l'ensemble des préjudices qui résultent de l'application d'une loi méconnaissant la Constitution (…) ». Toutefois, cette hypothèse de responsabilité pour faute -qui ne dit pas son non- est cantonnée aux cas où le Conseil constitutionnel a au préalable déclarée inconstitutionnelle la loi incriminée. Sa mise en œuvre concrète est également rendue difficile par une appréciation stricte du lien de causalité entre le fait générateur (la loi inconstitutionnelle) et le préjudice subi et par une application restrictive de la règle de la déchéance quadriennale.

En revanche, le législateur ne pouvant lui-même se lier, une disposition législative posant le principe de l'intervention d'une loi ultérieure ne saurait constituer une promesse dont le non respect constituerait une faute susceptible d'engager, devant le juge administratif, la responsabilité de l'Etat (CE, 27 juin 2016, requête numéro 382319, Bernarbé et a. : Rec. p. 935 ; AJDA 2017, p. 67, note Jacquemet-Gauché).

Les exceptions visées par l'arrêt Gardedieu et les arrêts du 24 décembre 2019 mises à part, c'est le principe d'une responsabilité sans faute de l'Etat législateur qui prévaut, tel qu'il a été admis par le Conseil d'Etat à l'occasion de l'arrêt d'Assemblée du 14 janvier 1938, Société des produits laitiers La Fleurette (requête numéro 51704 : Rec. p. 25 ; D. 1938, III, p. 41, concl. Roujou, note Rolland ; RDP 1938, p. 87, concl. Roujou, note Jèze ; S. 1938, III, p.25, concl. Roujou, note Laroque).

C'est ainsi qu'en matière de responsabilité de l'Etat législateur du fait des lois inconstitutionnelles le Conseil d'Etat a mis en place un régime dual. Ainsi, cette responsabilité « est susceptible d'être engagée, d'une part, sur le fondement de l'égalité des citoyens devant les charges publiques », ce qui est la solution classiquement retenue en matière de responsabilité du fait des lois. Elle peut également être engagée « d'autre part, en raison des exigences inhérentes à la hiérarchie des normes, pour réparer l'ensemble des préjudices qui résultent de l'application d'une loi méconnaissant la Constitution ou les engagements internationaux de la France ». On retrouve ici la même hypothèse que dans l'arrêt Gardedieu.

1624- Responsabilité sans faute de l'Etat législateur.- Pour en revenir à la responsabilité sans faute, dans l'affaire Société des produits laitiers La Fleurette était en cause la loi du 9 juillet 1934 relative à la protection du marché du lait avait interdit la fabrication de produits présentant l'aspect de la crème, destinés aux mêmes usages, mais ne provenant pas exclusivement du lait. Elle occasionnait un préjudice important à la société requérante qui avait dû renoncer à la production d'un produit portant le nom bien peu appétissant de « gradine ».

Les juges estiment que « rien, ni dans le texte même de la loi ou dans ses travaux préparatoires, ni dans l'ensemble des circonstances de l'affaire, ne permet de penser que le législateur a entendu faire supporter à l'intéressée une charge qui ne lui incombe pas normalement ». Il en résulte que cette charge, créée dans l'intérêt général, doit être supportée par la collectivité.

Comme pour ce qui concerne les décisions administratives régulières, le principe d'une responsabilité sans faute est écarté lorsque l'objet même de la mesure à l'origine du dommage est de provoquer une rupture d'égalité devant les charges publiques. En revanche, la notion d'intérêt général prééminent qui manifesterait la volonté tacite du législateur d'exclure la responsabilité est aujourd'hui abandonnée (CE, 2 novembre 2005, requête numéro 266564, Société coopérative agricole Ax'ion : AJDA 2006, p. 142, chron. Landais et Lenica ; RFDA 2006, p. 214 et p. 349, concl. Guyomar, note Guettier ; Droit adm. 2006, comm. 34.- CE, 25 juillet 2007, requête numéro 278190, Leberger : Rec. p. 392.- CE, 1er février 2012, requête numéro 347205, Bizouerne et a. : JCP A 2012, comm. 2146, note Pacteau.- CAA Douai, 24 avril 2008, requête numéro 05DA00307, Société Lepicard : AJDA 2008, p. 1559).

Exemples :
- CE Sect., 30 juillet 2003, requête numéro 215957, Association pour le développement de l'aquaculture en région Centre (Rec. p. 367 ; JCP A 2003, comm. 1896, note Broyelle ; JCP G 2003, II, comm. 10173, note Jobart ; AJDA 2003, p. 1815, chron. Donnat et Casas ; RFDA 2004, p. 144, concl. Lamy, notes Bon et Pouyaud) : il ne ressort ni de l'objet ni des termes de la loi n°76-629 du 10 juillet 1976 relative à la protection de la nature, non plus que de ses travaux préparatoires, que le législateur ait entendu exclure que la responsabilité de l'Etat puisse être engagée en raison d'un dommage anormal que l'application de ces dispositions pourrait causer à des activités - notamment agricoles - autres que celles qui sont de nature à porter atteinte à l'objectif de protection des espèces que le législateur s'était assigné. Le préjudice résultant de la prolifération des animaux sauvages appartenant à des espèces dont la destruction a été interdite en application de ces dispositions doit faire l'objet d'une indemnisation par l'Etat lorsque, excédant les aléas inhérents à l'activité en cause, il revêt un caractère grave et spécial et ne saurait, dès lors, être regardé comme une charge incombant normalement aux intéressés.
- CE, 12 octobre 2016, requête numéro 383423, Fonds départemental d'indemnisation du Bas-Rhin : l'article L. 429-27 du Code de l'environnement institue un dispositif de mutualisation entre les titulaires du droit de chasse de la charge de l'indemnisation des dégâts causés par les sangliers aux cultures, dont ils ont la responsabilité collective de réguler la population. Il ne résulte toutefois ni de ces dispositions, telles qu'éclairées par les travaux préparatoires de la loi du 23 février 2005 relative au développement des territoires ruraux dont elles sont issues, ni de celles sur le fondement desquelles le décret du 2 septembre 1997 a été pris, ni d'aucune autre disposition législative, que le législateur aurait entendu exclure que les fonds départementaux d'indemnisation des dégâts de sangliers puissent rechercher la responsabilité de l'Etat sur le fondement de la

rupture d'égalité devant les charges publiques, au titre d'un préjudice financier grave et spécial causé par des décisions légales de l'administration, telles que celles ayant pour objet d'interdire l'exercice de la chasse dans une réserve naturelle.

Pour être réparé, le préjudice subi doit présenter un caractère anormal et spécial, ce qui est susceptible de poser un certain nombre de difficultés.

Exemples :
-CE, 23 juillet 2014, requête numéro 354365, Société d'éditions et de protection route (préc.) : quelle que soit la portée conférée par la Cour de cassation aux dispositions de l'article L. 321-1-3 du Code du travail en ce qui concerne notamment l'obligation d'établir un plan social, ces dispositions se sont appliquées à tous les employeurs envisageant, dans le cadre d'une restructuration, le licenciement de plus de dix salariés à la suite de leur refus d'une modification substantielle de leur contrat de travail. La cour administrative d'appel n'a pas dénaturé les faits de l'espèce en jugeant qu'au regard de ce texte, tous les employeurs étaient placés dans la même situation. La société requérante n'était donc pas fondée, faute de pouvoir se prévaloir d'un préjudice spécial, à mettre en cause la responsabilité de l'Etat sur le fondement de l'égalité devant les charges publiques.
-CE, 1er février 2012, requête numéro 347205, Bizouerne (Rec. p. 14 ; AJDA 2012, p. 1079, note Belrhali-Bernard ; Dr. adm. 2012, comm. 53, note Broyelle ; JCP A 2012, comm. 2146, note Pacteau ; RFDA 2012, p. 333, concl. Roger-Lacan) : le juge indemnise les préjudices résultant de la prolifération des animaux sauvages appartenant à des espèces dont la destruction a été interdite en application des dispositions de la loi n° 76-629 du 10 juillet 1976. Ces préjudices ne doivent toutefois faire l'objet d'une indemnisation que lorsque, et dans la mesure où, excédant les aléas inhérents à l'activité en cause, ils revêtent un caractère grave et spécial et ne sauraient, dès lors, être regardés comme une charge incombant normalement aux intéressés. Par conséquent, l'indemnisation est seulement due pour la part du préjudice excédant les pertes résultant normalement de l'aléa d'exploitation.

Enfin, il faut relever que la mise en cause de l'Etat législateur ne peut avoir lieu que devant les juridictions administratives (TC, 31 mars 2008, requête numéro C3631, Société Boiron c. Direction générale des douanes et droits indirects.- CE, 15 février 2016, requête numéro 378625, Département de la Guadeloupe : Rec. p. 683).

2° Responsabilité du fait des conventions internationales

1625.- Conditions d'engagement de la responsabilité sans faute de l'Etat.- Le principe d'une responsabilité sans faute pour la réparation des dommages causés par les conventions internationales a été admis à l'occasion de l'arrêt d'Assemblée du Conseil d'Etat du 30 mars 1966, Compagnie générale d'énergie radioélectrique (requête numéro 50515, préc.). Les juges relèvent que « la responsabilité de l'Etat est susceptible d'être engagée sur le fondement de l'égalité devant les charges publiques pour assurer la réparation du préjudice né de conventions conclues par la France avec d'autres Etats et incorporées régulièrement dans l'ordre interne, à la condition que ni cette convention, ni la loi qui en a éventuellement autorisé la ratification, n'aient entendu exclure toute indemnisation, et que le préjudice soit suffisamment grave et présente un caractère spécial ».

Encore faut-il toutefois que l'acte en cause soit bien une convention internationale et que le préjudice subi découle directement de son application. Tel n'est pas le cas des accords d'Evian relatifs à l'indépendance de l'Algérie (CE, 27 juin 2001, requête numéro 230383, Tounsi-Mohand)

Depuis l'arrêt Almayrac et a. du 29 décembre 2004 (requête numéro 262190, requête numéro 262323 : Rec. p. 465 ; AJDA 2005, p. 427, chron. Landais et Lenica ; Droit adm. 2005, comm. 42 ; RFDA 2005, p. 586, concl. Stahl), il n'est plus exigé, cependant, que le traité ait été régulièrement incorporé dans l'ordre juridique interne. A partir de cet arrêt, il suffit en effet qu'il y soit entré en vigueur.

Mais à l'occasion d'un arrêt Susilawati du 11 février 2011 (requête numéro 325253 : AJDA 2011, p. 906, note Belrhali-Bernard ; Dr adm. 2011, comm. 42, note Melleray ; JCP A 2011, act. 133, obs. Dubreuil ; JCP A 2011, comm. 2103, note Pacteau ; RFDA 2011, p.573, concl. Roger-Lacan ; LPA, 21 avril 2011, p.5, note Muller ; RDP 2012, p. 491, comm. Pauliat), le Conseil d'Etat est revenu à son exigence initiale en réservant l'application du régime de responsabilité sans faute au cas des traités régulièrement incorporés dans l'ordre juridique interne.

Notons également que dans un arrêt de Section Om Hashem Saleh et a. du 14 octobre 2011 (requête numéro 329788, requête numéro 329789, requête numéro 329790, requête numéro 329791 : Rec. p. 473, concl. Roger-Lacan ; AJDA 2011, p. 2482, note Broyelle ; JCPA 2012, comm. 2097, note Pacteau ; RFDA 2012, p.46, concl. Roger-Lacan ; RFDA 2013, p.417, chron. Santulli), le Conseil d'Etat a étendu le principe de la responsabilité de l'Etat français pour la réparation du préjudice grave et spécial né d'une règle de droit international coutumier, en l'espèce relative aux immunités diplomatiques, qui interdit le recouvrement de créances. Cependant, le Conseil d'Etat a aussi précisé que le juge qui doit statuer sur la responsabilité de l'Etat en raison de la créance non réglée par un débiteur bénéficiant d'une immunité, doit tenir compte d'une éventuelle autre voie de droit ouverte au demander, notamment à l'arbitrage, dès lors qu'elle lui offre « une chance raisonnable de recouvrer sa créance » (CE, 11 déc. 2015, requête numéro 383835, Ministre des Affaires étrangères et du développement international).

E – Responsabilité du fait des difficultés d'accès des handicapés à des bâtiments publics

1626.- Une hypothèse précisément circonscrite.- Dans un arrêt d'Assemblée Bleitrach du 22 octobre 2010 (requête numéro 301572 : Rec. p. 399, concl. Roger-Lacan ; AJDA 2010, p. 2207, chron. Botteghi et Lallet ; Dr adm. 2010, 162, note Busson ; JCP A 2011, comm. 2186, note Baudoin ; JCP G 2010, comm. 1284, note Dagorne-Labe ; RDP 2011, p. 568, note Pauliat) le Conseil d'Etat retient la responsabilité sans faute de l'Etat à l'égard d'une avocate contrainte de se déplacer en fauteuil roulant et ayant souffert de l'étalement important de travaux d'accessibilité de certains palais de justice.

Il est à noter ici que le préjudice indemnisé n'est pas un préjudice matériel mais un préjudice moral dont les éléments sont très particuliers : il s'agit des troubles de toute nature causés à la requérante dans les conditions d'exercice de sa profession eu égard notamment au caractère pénible des situations régulièrement provoquées pour elle par ses difficultés d'accès au palais de justice. C'est la première fois que la réparation d'un tel préjudice est reconnue dans le cadre d'une responsabilité fondée sur le principe d'égalité devant les charges publiques.

F – Responsabilité du fait des dommages occasionnés à des tiers durant une perquisition administrative ordonnée dans le cadre de l'état d'urgence

1627.- Distinction entre les personnes visées par l'opération et les tiers.- Comme l'a précisé le Conseil d'Etat dans un avis d'Assemblée du 6 juillet 2016, Napol et a. et Thomas et a. (avis numéro 398234, avis numéro 399135, préc.) dans le cadre de l'état d'urgence, c'est la responsabilité pour faute de l'Etat qui est susceptible d'être engagée, dans l'exécution de perquisitions administratives, lorsque la victime est une personne concernée par la perquisition. Peut d'abord être mise en cause l'illégalité de la décision de perquisition. Il s'agit ici d'une hypothèse classique de responsabilité pour illégalité commise par les autorités administratives. Ensuite, le requérant peut faire condamner l'Etat pour une faute commise dans les conditions d'exécution de la perquisition. Dans ces deux hypothèses, la démonstration d'une faute simple suffit.

En revanche, lorsque la victime est un tiers, par exemple une personne perquisitionnée par erreur, la responsabilité de l'Etat est engagée sans faute, sur le fondement de l'égalité des citoyens devant les charges publiques. Il est probable, même si l'avis du Conseil d'Etat ne le dit pas expressément, que la réparation des dommages subis soit conditionnée par leur caractère anormal et spécial.

Pour aller plus loin :

- **Amselek (P.)**, La responsabilité sans faute des personnes publiques d'après la jurisprudence administrative : Mélanges Eisenmann, Cujas 1975, p.233.

- **Chavrier (G.)**, Essai de justification et de conceptualisation de la faute lourde : AJDA 2003, p.1026.

- **Cotteret (J.-M)**, Le régime de la responsabilité pour risque en droit administratif : Etudes de droit public, Cujas 1964.

- **Disant (M.)**, La responsabilité de l'Etat du fait de la loi inconstitutionnelle : RFDA 2021, p. 1181.

- **Deguergue (M.),** Le contentieux de la responsabilité : politique jurisprudentielle et jurisprudence politique : AJDA, n° spécial, juin 1995, p. 211.

- **Deliancourt (S.)**, La responsabilité pour faute de l'Etat du fait des suicides en milieu carcéral : JCP A 2005, comm. 1124.

- **Dubouis (L.)**, La responsabilité médicale devant la distinction droit public - droit privé : Mélanges Waline, Dalloz 2002, p.195.

- **Fraysse (E.)**, Le collaborateur occasionnel du service public, catégorie d'avenir du droit administratif : RDP 2020, p. 915.

- **Guettier (C.)**, Du droit de la responsabilité administrative dans ses rapports avec la notion de risque : AJDA 2005, p.1499.

- **Gaudemet (Y.)**, La responsabilité de l'administration du fait de ses activités de contrôle : Mélanges Waline, Dalloz 2002, p.561.

- **Jacquemet-Gauché (A.)**, La jurisprudence Couitéas, du mythe doctrinal à la réalité indemnitaire : AJDA 2014, p.1821.

- **Lombard (M.)**, La responsabilité du service public de la justice : Mélanges Waline, Dalloz 2002, p.657.

- Moreau (J.), L'évolution des sources du droit de la responsabilité administrative : Mélanges Terré, Dalloz, 1999 p. 719.

- **Poulet-Gibot Leclerc (N.)**, La faute lourde n'a pas disparu, elle ne disparaîtra pas ? : LPA 2002, n°132, p.16.

- **Tesson (F.),** La responsabilité administrative du fait de la garde des mineurs : un mécanisme de réparation à l'âge adulte ? : JCP A 2015, comm. 2005.

- **Tifine (P.)**, La place des ouvrages publics exceptionnellement dangereux dans la structure de la responsabilité du fait des ouvrages publics : RDP, p. 1405.

- **Tifine (P.)**, La responsabilité des hôpitaux publics du fait des produits et appareils de santé : RGDM 2012/3, p.131.

INDEX – TOME I

Les numéros renvoient aux pages

INDEX – TOME II

Les numéros renvoient aux pages

TABLE DES MATIERES – TOME I

TABLE DES MATIERES – TOME II

More Books!

I want morebooks!

Buy your books fast and straightforward online - at one of world's fastest growing online book stores! Environmentally sound due to Print-on-Demand technologies.

Buy your books online at
www.morebooks.shop

Achetez vos livres en ligne, vite et bien, sur l'une des librairies en ligne les plus performantes au monde!
En protégeant nos ressources et notre environnement grâce à l'impression à la demande.

La librairie en ligne pour acheter plus vite
www.morebooks.shop

info@omniscriptum.com
www.omniscriptum.com

OMNIScriptum

FSC
www.fsc.org
MIX
Papier | Fördert
gute Waldnutzung
FSC® C083411

Kolibri 360 GmbH
Ferdinand-Jühlke-Straße 7
99095 Erfurt, Deutschland
produktsicherheit@kolibri360.de

Druck:
CPI Druckdienstleistungen GmbH
im Auftrag der
Kolibri 360 GmbH
Ferdinand-Jühlke-Str. 7
99095 Erfurt